KB260420

산업재산권 4법 대조식과 지적재산권관련 법, 판례, 조약, 규정, 협약들을 총 수록한

지적재산권법총람

편저 : 대한법률편찬연구회

글로벌시대에 분쟁이 가장 많은 분야인
지적재산권을 지켜내기 위해 로펌, 변호사,
특허법률사무소, 기업체의 실무자들이라면
반드시 읽어야 할 필독서!!!

대한민국 법률지식의 중심
법문 북스

머 리 말

지식산업분야에서는 특허전쟁이라는 말이 나올 정도로 지금 세계 각국 사이에 경쟁이 치열하게 벌어지고 있습니다. 이러한 상황에서 지식산업은 곧 한 국가의 미래를 결정한다 해도 과언이 아닐 것입니다. 지식산업분야에서 권리분쟁의 발생가능성이 증가하면서 이를 법적으로 체계화하여 해결하려는 움직임이 그 어느 때보다 빠른 속도로 진행되고 있습니다. 본서는 이러한 추세에 따라 지적재산권 전반에 걸쳐 관련 법령들을 편리하게 대조, 비교할 수 있도록 수록하였습니다. 법률은 그 용어부터가 난해하여 쉽게 접근하기가 어렵고 이를 체계적으로 이해하기는 더더욱 쉽지 않습니다. 본서는 이러한 점을 고려하여 일일이 법전을 뒤적일 필요 없이 특허법, 실용신안법, 디자인보호법, 상표법을 쉽게 비교해가며 공부할 수 있도록 편집하였고, 저작권법 및 그 밖에 지적재산권과 관련된 법령들도 수록하였습니다. 특히 실무자들이 활용할 수 있도록 관련 법령 및 시행규칙 등도 빠짐없이 실어서 지적재산권과 관련해서는 별도의 법령집이 필요 없이 본서만으로 충분하도록 하였습니다. 또한 법조문 뿐 아니라 관련되는 중요판례들을 수록하여 조문에 대한 이해를 돕도록 하였습니다. 본서를 잘 활용한다면 독자들은 산업재산권법 전반을 보다 효과적으로 파악할 수 있을 것입니다. 본서는 주로 지적재산권 관련업무에 종사하는 실무자들을 대상으로 하였지만 , 변리사 시험을 준비하는 수험생들에게도 본서가 많이 활용 될 수 있으리라 생각됩니다. 아무쪼록 본서가 지적재산권 관련 분야에서 일하는 분들이 특허전쟁에서 승리할 수 있도록, 또한 변리사 수험생들에게는 합격이라는 목표를 조기에 달성할 수 있도록 작은 도움이나마 되었으면 하는 바람입니다.

본서가 출간되기까지 물심양면으로 지원을 아끼지 않고 도움을 주신 법문북스의 김현호 사장님에게 감사드리며, 한 여름의 무더위 속에서 땀방울을 흘렸던 편집실의 노고에도 고마움을 표합니다.

2010. 9. 대한법률편찬연구회

차   례

산업재산권법 4법 대조

특허법　실용신안법　디자인보호법　상표법

p.1 - p.336　　p.1 - p.336　　p.1 - p.336　　p.1 - p.336

특허법	실용신안법	디자인보호법	상표법
[시행 2010. 7.28] [법률 제9985호, 2010. 1.27, 일부개정]	[시행 2009. 7. 1] [법률 제9371호, 2009. 1.30, 일부개정]	[시행 2010. 5. 5] [법률 제10012호, 2010. 2. 4, 타법개정]	[시행 2010. 7.28] [법률 제9987호, 2010. 1.27, 일부개정]
제1장 총칙	**제1장 총칙**	**제1장 총칙**	**제1장 총칙**
제1조 【목적】 이 법은 발명을 보호·장려하고 그 이용을 도모함으로써 기술의 발전을 촉진하여 산업발전에 이바지함을 목적으로 한다.	**제1조 【목적】** 이 법은 실용적인 고안을 보호·장려하고 그 이용을 도모함으로써 기술의 발전을 촉진하여 산업발전에 이바지함을 목적으로 한다.	**제1조 【목적】** 이 법은 디자인의 보호 및 이용을 도모함으로써 디자인의 창작을 장려하여 산업발전에 이바지함을 목적으로 한다. <개정 2004.12.31>	**제1조 【목적】** 이 법은 상표를 보호함으로써 상표사용자의 업무상의 신용유지를 도모하여 산업발전에 이바지함과 아울러 수요자의 이익을 보호함을 목적으로 한다.
제2조 【정의】 이 법에서 사용하는 용어의 정의는 다음과 같다. <개정 1995.12.29> 1. "발명"이라 함은 자연법칙을 이용한 기술적 사상의 창작으로서 고도한 것을 말한다. 2. "특허발명"이라 함은 특허를 받은 발명을 말한다. 3. "실시"라 함은 다음 각목의 1에 해당하는 행위를 말한다. 　가. 물건의 발명인 경우에는 그 물건을 생산·사용·양도·대여 또는 수입하거나 그 물건의 양도 또는 대여의 청약(양도 또는 대여를 위한 전시를 포함한다. 이하 같다)을 하는 행위	**제2조 【정의】** 이 법에서 사용하는 용어의 정의는 다음과 같다. 1. "고안"이라 함은 자연법칙을 이용한 기술적 사상의 창작을 말한다. 2. "등록실용신안"이라 함은 실용신안등록을 받은 고안을 말한다. 3. "실시"라 함은 고안에 관한 물품을 생산·사용·양도·대여 또는 수입하거나 그 물품의 양도 또는 대여의 청약(양도 또는 대여를 위한 전시를 포함한다. 이하 같다)을 하는 행위를 말한다.	**제2조 【정의】** 이 법에서 사용하는 용어의 정의는 다음과 같다. <개정 1995.12.29, 1997.8.22, 2001.2.3, 2004.12.31> 1. "디자인"이라 함은 물품[물품의 부분(제12조를 제외한다) 및 글자체를 포함한다. 이하 같다]의 형상·모양·색채 또는 이들을 결합한 것으로서 시각을 통하여 미감을 일으키게 하는 것을 말한다. 1의2. "글자체"라 함은 기록이나 표시 또는 인쇄 등에 사용하기 위하여 공통적인 특징을 가진 형태로 만들어진 한 벌의 글자꼴(숫자, 문장부호 및 기호 등의 형태를 포함한다)을 말한	**제2조 【정의】** ①이 법에서 사용하는 용어의 정의는 다음과 같다. <개정 1995.12.29, 1997.8.22, 2004.12.31, 2007.1.3> 1. "상표"라 함은 상품을 생산·가공·증명 또는 판매하는 것을 업으로 영위하는 자가 자기의 업무에 관련된 상품을 타인의 상품과 식별되도록 하기 위하여 사용하는 다음 각 목의 어느 하나에 해당하는 것(이하 "표장"이라 한다)을 말한다. 　가. 기호·문자·도형·입체적 형상·색채·홀로그램·동작 또는 이들을 결합한 것 　나. 그 밖에 시각적으로 인식할 수 있는 것

특허법

나. 방법의 발명인 경우에는 그 방법을 사용하는 행위

다. 물건을 생산하는 방법의 발명인 경우에는 나목의 행위 외에 그 방법에 의하여 생산한 물건을 사용·양도·대여 또는 수입하거나 그 물건의 양도 또는 대여의 청약을 하는 행위

▶판례

특허법 제2조에서 규정하는 '물건을 생산하는 방법'에 속하는 특허발명의 특허청구범위에 기재된 용도 한정을 특허발명의 기술내용으로 인정할 수 있는지 여부(원칙적 소극)

특허법 제2조에서 규정하는 '물건을 생산하는 방법'에 속하는 특허발명은 판례법상 물건의 알려지지 않은 용도를 발견한 것에 가치를 인정하여 특허를 부여하는 '용도발명'에 해당하지 아니하므로, 특허청구범위에 기재된 용도 한정이 나머지 구성의 '생산방법'에 영향을 줄 수 있는 것이 아닌 한 특허발명의 기술내용으로 인정할 수 없다(특허법원 2007.12.28. 선고 2007허4571 판결).

▶판례

미생물기탁제도의 적용대상에서

실용신안법

▶판례

선출원의 의장이 후출원의 실용신안의 신규성 유무의 판단자료로 될수 있는지 여부(적극)

실용신안의 목적은 실용적 가치에 있고 의장은 심미적 가치를 목적으로 하는 것이기는 하나, 그것은 모두 물건의 형상, 모양에 구현되는 것이므로 심미적 가치를 목적으로 의장의 대상이 동시에 실용신안의 대상이 될수도 있는 것이므로, 선출원된 인용의장의 형상 및 모양이 본원 실용신안과 동일 또는 유사한 것인 이상 그 출원이전에 동 분야에서 공지, 공용된 것인지 여부 즉 신규성 유무의 판단자료로 삼았다 하여 위법이 있다고 할 수 없다. (대법원 1983.3.22. 선고 82후56 판결)

디자인보호법

다.

2. "등록디자인"이라 함은 디자인등록을 받은 디자인을 말한다.

3. "디자인등록"이라 함은 디자인심사등록 및 디자인무심사등록을 말한다.

4. "디자인심사등록"이라 함은 디자인등록출원이 디자인등록요건의 전부를 갖추고 있는지를 심사하여 행하는 디자인등록을 말한다.

5. "디자인무심사등록"이라 함은 디자인등록출원이 이 법에 의한 디자인의 등록요건중 제26조제2항의 규정에 의하여 적용이 제외되는 등록요건 외의 등록요건을 갖추고 있는지를 심사하여 행하는 디자인등록을 말한다.

6. "실시"라 함은 디자인에 관한 물품을 생산·사용·양도·대여 또는 수입하거나 그 물품의 양도 또는 대여의 청약(양도나 대여를 위한 전시를 포함한다. 이하 같다)을 하는 행위를 말한다.

▶판례

디자인의 유사 여부에 관한 판단 기준 및 디자인보호법이 요

상표법

2. "서비스표"라 함은 서비스업을 영위하는 자가 자기의 서비스업을 타인의 서비스업과 식별되도록 하기 위하여 사용하는 표장을 말한다.

3. "단체표장"이라 함은 상품을 생산·제조·가공·증명 또는 판매하는 것 등을 업으로 영위하는 자나 서비스업을 영위하는 자가 공동으로 설립한 법인이 직접 사용하거나 그 감독하에 있는 소속단체원으로 하여금 자기 영업에 관한 상품 또는 서비스업에 사용하게 하기 위한 표장을 말한다.

3의2. "지리적 표시"라 함은 상품의 특정 품질·명성 또는 그 밖의 특성이 본질적으로 특정 지역에서 비롯된 경우에 그 지역에서 생산·제조 또는 가공된 상품임을 나타내는 표시를 말한다.

3의3. "동음이의어(同音異義語) 지리적 표시"라 함은 동일한 상품에 대한 지리적 표시에 있어서 타인의 지리적 표시와 발음은 동일하지만 해당 지역이 다른 지리적 표시를 말한다.

3의4. "지리적 표시 단체표장"이라 함은 지리적 표시를 사용할 수 있는 상품을 생산·제조

특허법	실용신안법	디자인보호법	상표법
제외되는 공지의 균주인지 여부의 판단 시점(특허출원시) 미생물의 기탁은 출원명세서의 기재를 보완하고자 하는 것이어서 그 미생물들이 공지의 균주이거나 그 발명이 속하는 기술분야에서 통상의 지식을 가진 자가 용이하게 얻을 수 있는 것인지 여부는 명세서 제출 당시인 출원시를 기준으로 하는 것이고, 그 명세서 공개 당시를 기준으로 판단하는 것은 아니다. (대법원 1997. 3. 25. 선고 96후658 판결)		**구하는 객관적 창작성의 의미** 디자인의 유사 여부는 이를 구성하는 각 요소를 분리하여 개별적으로 대비할 것이 아니라 그 외관을 전체적으로 대비 관찰하여 보는 사람으로 하여금 상이한 심미감을 느끼게 하는지 여부에 따라 판단하여야 하므로 그 지배적인 특징이 유사하다면 세부적인 점에 다소 차이가 있을지라도 유사하다고 보아야 하고, 디자인보호법이 요구하는 객관적 창작성이란 과거 또는 현존의 모든 것과 유사하지 아니한 독특함만을 말하는 것은 아니므로 과거 및 현존의 것을 기초로 하여 거기에 새로운 미감을 주는 미적 창작이 결합되어 그 전체에서 종전의 디자인과는 다른 미감적 가치가 인정되는 정도면 디자인등록을 받을 수 있으나, 부분적으로는 창작성이 인정된다고 하여도 전체적으로 보아서 종전의 디자인과 다른 미감적 가치가 인정되지 않는다면 디자인등록을 받을 수 없다(대법원 2008.9.25. 선고 2008도3797 판결).	또는 가공하는 것을 업으로 영위하는 자만으로 구성된 법인이 직접 사용하거나 그 감독하에 있는 소속단체원으로 하여금 자기 영업에 관한 상품에 사용하게 하기 위한 단체표장을 말한다. 4. "업무표장"이라 함은 영리를 목적으로 하지 아니하는 업무를 영위하는 자가 그 업무를 표상하기 위하여 사용하는 표장을 말한다. 5. "등록상표"라 함은 상표등록을 받은 상표를 말한다. 6. "상표의 사용"이라 함은 다음 각목의 1에 해당하는 행위를 말한다. 　가. 상품 또는 상품의 포장에 상표를 표시하는 행위 　나. 상품 또는 상품의 포장에 상표를 표시한 것을 양도 또는 인도하거나 그 목적으로 전시·수출 또는 수입하는 행위 　다. 상품에 관한 광고·정가표·거래서류·간판 또는 표찰에 상표를 표시하고 전시 또는 반포하는 행위 ②제1항제6호 가목 내지 다목의 규정에 의한 상품, 상품의 포장, 광고, 간판 또는 표찰에

특허법	실용신안법	디자인보호법	상표법
			상표를 표시하는 행위에는 상품, 상품의 포장, 광고, 간판 또는 표찰을 표장의 형상으로 하는 것을 포함한다. <신설 1997.8.22> ③서비스표·단체표장 및 업무표장에 관하여는 이 법에서 특별히 규정한 것을 제외하고는 이 법중 상표에 관한 규정을 적용한다. ▶판례 **명함의 이면, 거래명세서에 상표를 표시하고 이를 거래 상대방에게 교부한 행위 및 신문에 상표를 표시하고 광고하는 행위** 명함의 이면, 거래명세서에 상표를 표시하고 이를 거래 상대방에게 교부한 행위 및 신문에 상표를 표시하고 광고하는 행위는 상표법 제2조 제1항 제6호 (다)목이 규정하고 있는 상표의 사용행위에 해당한다고 본 사례. (대법원 2002. 11. 13. 자 2000마4424 결정)
제3조【미성년자등의 행위능력】 ①미성년자·한정치산자 또는 금치산자는 법정대리인에 의하지 아니하면 특허에 관한 출원·청구 기타의 절차(이하 "	**제3조【「특허법」의 준용】** 「특허법」 제3조 내지 제7조, 제7조의2, 제8조 내지 제26조, 제28조, 제28조의2 내지 제28조의5의 규정은 실용신안에 관	**제4조【미성년자 등의 행위능력】** ①미성년자·한정치산자 또는 금치산자는 법정대리인에 의하지 아니하면 디자인등록에 관한 출원·청구, 그 밖의 절차	**제5조【「특허법」의 준용】** 「특허법」 제3조 내지 제26조 및 제28조 내지 제28조의5의 규정은 상표에 관하여 이를 준용한다. 이 경우 동법 제3조제2항

특허법	실용신안법	디자인보호법	상표법
특허에 관한 절차"라 한다)를 밟을 수 없다. 다만, 미성년자와 한정치산자가 독립하여 법률행위를 할 수 있는 경우에는 그러하지 아니하다. ②제1항의 법정대리인은 친족회의 동의없이 상대방이 청구한 심판 또는 재심에 대한 절차를 밟을 수 있다. <개정 1995.1.5, 1997.4.10, 2006.3.3> ③삭제 <2006.3.3>	하여 이를 준용한다.	(이하 "디자인에 관한 절차"라 한다)를 밟을 수 없다. 다만, 미성년자와 한정치산자가 독립하여 법률행위를 할 수 있는 경우에는 그러하지 아니하다. ②제1항의 법정대리인은 친족회의 동의 없이 상대방이 청구한 디자인무심사등록이의신청·심판 또는 재심에 대한 절차를 밟을 수 있다. [전문개정 2009.6.9]	중 "심판"은 "상표등록이의신청·심판"으로 보고, 동법 제4조 중 "출원심사의 청구인"은 "상표등록이의신청인"으로 보며, 동법 제6조·제11조제1항제4호 및 제17조 본문 중 "제132조의3"은 각각 "제70조의2 또는 제70조의3"으로 보고, 동법 제15조제1항 중 "제132조의3"은 "제26조의 규정에 따른 상표등록이의신청 이유 등의 보정기간, 제70조의2 또는 제70조의3"으로 보며, 동법 제28조제2항 단서 중 "특허권 및 특허"는 "상표권 및 상표"로, "「특허협력조약」 제2조(vii)"는 "「표장의 국제등록에 관한 마드리드협정에 대한 의정서」(이하 "의정서"라 한다) 제2조(2)"로 본다. <개정 2007.1.3>
제4조 【법인이 아닌 사단등】 법인이 아닌 사단 또는 재단으로서 대표자 또는 관리인이 정하여져 있는 경우에는 그 사단 또는 재단의 이름으로 출원심사의 청구인, 심판의 청구인 및 피청구인 또는 재심의 청구인 및 피청구인이 될 수 있다. <개정 2001.2.3, 2006.3.3>	**제3조 【「특허법」의 준용】**	**제4조의2 【법인이 아닌 사단 등】** 법인이 아닌 사단 또는 재단으로서 대표자 또는 관리인이 정하여져 있는 경우에는 그 사단 또는 재단의 이름으로 디자인무심사등록이의신청인, 심판의 청구인 및 피청구인 또는 재심의 청구인 및 피청구인이 될 수 있다. [본조신설 2009.6.9]	**제5조 【「특허법」의 준용】**

특허법	실용신안법	디자인보호법	상표법
제5조 【재외자의　특허관리인】 ①국내에 주소 또는 영업소를 가지지 아니하는 자(이하 "재외자"라 한다)는 재외자(법인의 경우에는 그 대표자)가 국내에 체재하는 경우를 제외하고는 그 재외자의 특허에 관한 대리인으로서 국내에 주소 또는 영업소를 가지는 자(이하 "특허관리인"이라 한다)에 의하지 아니하면 특허에 관한 절차를 밟거나 이 법 또는 이 법에 의한 명령에 의하여 행정청이 한 처분에 대하여 소를 제기할 수 없다. <개정 2001.2.3> ②특허관리인은 수여된 범위안에서 특허에 관한 모든 절차 및 이 법 또는 이 법에 의한 명령에 의하여 행정청이 한 처분에 관한 소송에 대하여 본인을 대리한다. <개정 2001.2.3> ③ 삭제 <2001.2.3> ④ 삭제 <2001.2.3>	**제3조** 【「특허법」의 준용】	**제4조의3 【재외자의　디자인관리인】** ①국내에 주소 또는 영업소가 없는 자(이하 "재외자"라 한다)는 재외자(법인인 경우에는 그 대표자)가 국내에 체재하는 경우를 제외하고는 그 재외자의 디자인에 관한 대리인으로서 국내에 주소 또는 영업소가 있는 자(이하 "디자인관리인"이라 한다)에 의하지 아니하면 디자인에 관한 절차를 밟거나 이 법 또는 이 법에 따른 명령에 따라 행정청이 한 처분에 대하여 소를 제기할 수 없다. ②디자인관리인은 위임된 권한의 범위에서 디자인에 관한 절차 및 이 법 또는 이 법에 따른 명령에 따라 행정청이 한 처분에 관한 소송에 대하여 본인을 대리한다. [본조신설 2009.6.9]	**제5조** 【「특허법」의 준용】
제6조 【대리권의 범위】 국내에 주소 또는 영업소를 가진 자로부터 특허에 관한 절차를 밟을 것을 위임받은 대리인은 특별한 수권을 얻지 아니하면 특허출원의 변경·포기·취하, 특	**제3조** 【「특허법」의 준용】	**제4조의4 【대리권의 범위】** 국내에 주소 또는 영업소가 있는 자로부터 디자인에 관한 절차를 밟을 것을 위임받은 대리인은 특별히 권한을 위임받지 아니하면 다음 각 호에 해당하는	**제5조** 【「특허법」의 준용】

특허법	실용신안법	디자인보호법	상표법
허권의 존속기간의 연장등록출원의 취하, 특허권의 포기, 신청의 취하, 청구의 취하, 제55조제1항의 규정에 의한 우선권 주장이나 그 취하, 제132조의3의 규정에 의한 심판청구 또는 복대리인의 선임을 할 수 없다. <개정 1993.12.10, 1995.1.5, 1998.9.23, 2001.2.3, 2006.3.3>		행위를 할 수 없다. 1. 디자인등록출원의 포기·취하, 디자인권의 포기 2. 신청의 취하 3. 청구의 취하 4. 제67조의2 또는 제67조의3에 따른 심판청구 5. 복대리인의 선임 [본조신설 2009.6.9]	
제7조 【대리권의 증명】 특허에 관한 절차를 밟는 자의 대리인(특허관리인을 포함한다. 이하 같다)의 대리권은 이를 서면으로써 증명하여야 한다. <개정 2001.2.3>	제3조 【「특허법」의 준용】	제4조의5 【대리권의 증명】 디자인에 관한 절차를 밟는 자의 대리인(디자인관리인을 포함한다. 이하 같다)의 대리권은 서면으로 증명하여야 한다. [본조신설 2009.6.9]	제5조 【「특허법」의 준용】
제7조의2 【행위능력 등의 흠에 대한 추인】 행위능력 또는 법정대리권이 없거나 특허에 관한 절차를 밟음에 필요한 수권(授權)이 흠결된 자가 밟은 절차는 보정된 당사자나 법정대리인의 추인이 있는 때에는 행위시에 소급하여 그 효력이 발생한다. [본조신설 2006.3.3]	제3조 【「특허법」의 준용】	제4조의6 【행위능력 등의 흠결에 대한 추인】 행위능력 또는 법정대리권이 없거나 디자인에 관한 절차를 밟는데 필요한 권한의 위임이 흠결된 자가 밟은 절차는 보정된 당사자나 법정대리인의 추인이 있으면 행위시로 소급하여 그 효력이 발생한다. [본조신설 2009.6.9]	
제8조 【대리권의 불소멸】 특허에 관한 절차를 밟는 자의 위임에 의한 대리인의 대리권은	제3조 【「특허법」의 준용】	제4조의7 【대리권의 불소멸】 디자인에 관한 절차를 밟는 자의 위임에 의한 대리인의 대리권	제5조 【「특허법」의 준용】

특허법	실용신안법	디자인보호법	상표법
본인의 사망이나 능력의 상실, 본인인 법인의 합병에 의한 소멸, 본인인 수탁자의 신탁임무의 종료, 법정대리인의 사망이나 능력의 상실 또는 대리권의 소멸이나 변경으로 인하여 소멸하지 아니한다.		은 다음 각 호의 사유로 소멸하지 아니한다. 1. 본인의 사망이나 행위능력의 상실 2. 본인인 법인의 합병에 의한 소멸 3. 본인인 수탁자의 신탁임무의 종료 4. 법정대리인의 사망이나 행위능력의 상실 5. 법정대리인의 대리권의 소멸이나 변경 [본조신설 2009.6.9]	
제9조 【개별대리】 특허에 관한 절차를 밟는 자의 대리인이 수인이 있는 때에는 특허청 또는 특허심판원에 대하여 각 자가 본인을 대리한다. <개정 1995.1.5>	**제3조 【「특허법」의 준용】**	**제4조의8 【개별대리】** 디자인에 관한 절차를 밟는 자의 대리인이 2명 이상이면 특허청장 또는 특허심판원장에 대하여 각각의 대리인이 본인을 대리한다. [본조신설 2009.6.9]	**제5조 【「특허법」의 준용】**
제10조 【대리인의 개임등】 ①특허청장 또는 심판장은 특허에 관한 절차를 밟는 자가 그 절차를 원활히 수행할 수 없거나 구술심리에서 진술할 능력이 없다고 인정되는 등 그 절차를 밟는데 적당하지 아니하다고 인정되는 때에는 대리인에 의하여 그 절차를 밟도록 명할	**제3조 【「특허법」의 준용】**	**제4조의9 【대리인의 개임 등】** ①특허청장 또는 심판장은 디자인에 관한 절차를 밟는 자가 그 절차를 원활히 수행할 수 없거나 구술심리에서 진술할 능력이 없다고 인정되는 등 그 절차를 밟는데 적당하지 아니하다고 인정되면 대리인에 의하여 그 절차를 밟도록 명할	**제5조 【「특허법」의 준용】**

특허법	실용신안법	디자인보호법	상표법
수 있다. <개정 2001.2.3> ②특허청장 또는 심판장은 특허에 관한 절차를 밟는 자의 대리인이 그 절차를 원활히 수행할 수 없거나 구술심리에서 진술할 능력이 없다고 인정되는 등 그 절차를 밟는데 적당하지 아니하다고 인정되는 때에는 그 개임을 명할 수 있다. <개정 2001.2.3> ③특허청장 또는 심판장은 제1항 및 제2항의 경우에 변리사로 하여금 대리하게 할 것을 명할 수 있다. ④특허청장 또는 심판장은 제1항 또는 제2항의 규정에 의하여 명령을 한 후 제1항 또는 제2항의 규정에 의한 대리인의 선임 또는 개임전에 제1항의 특허에 관한 절차를 밟는 자 또는 제2항의 대리인이 특허청 또는 특허심판원에 대하여 한 특허에 관한 절차는 무효로 할 수 있다. <개정 1995.1.5>		수 있다. ②특허청장 또는 심판장은 디자인에 관한 절차를 밟는 자의 대리인이 그 절차를 원활히 수행할 수 없거나 구술심리에서 진술할 능력이 없다고 인정되는 등 그 절차를 밟는데 적당하지 아니하다고 인정되면 그 대리인을 바꿀 것을 명할 수 있다. ③특허청장 또는 심판장은 제1항 및 제2항의 경우에 변리사로써 대리하게 할 것을 명할 수 있다. ④특허청장 또는 심판장은 제1항 또는 제2항에 따라 명령을 한 후 제1항 또는 제2항에 따른 대리인의 선임 또는 개임 전에 제1항의 디자인에 관한 절차를 밟는 자 또는 제2항의 대리인이 특허청장 또는 특허심판원장에 대하여 한 디자인에 관한 절차의 전부 또는 일부를 무효로 할 수 있다. [본조신설 2009.6.9]	
제11조 【복수당사자의 대표】 ① 2인이상이 특허에 관한 절차를 밟는 때에는 다음 각 호의 어느 하나에 해당하는 사항을 제외하고는 각 자가 전원을 대표	제3조 【「특허법」의 준용】	제4조의10 【복수당사자의 대표】 ① 2명 이상이 공동으로 디자인에 관한 절차를 밟는 때에는 다음 각 호의 어느 하나에 해당하는 사항을 제외하고는 각	제5조 【「특허법」의 준용】

특허법	실용신안법	디자인보호법	상표법
한다. 다만, 대표자를 선정하여 특허청 또는 특허심판원에 신고한 때에는 그러하지 아니하다. <개정 1995.1.5, 1998.9.23, 2001.2.3, 2006.3.3> 1. 특허출원의 변경·포기·취하 또는 특허권의 존속기간의 연장등록출원의 취하 2. 신청의 취하·제55조제1항의 규정에 의한 우선권주장 또는 그 취하 3. 청구의 취하 4. 제132조의3의 규정에 의한 심판청구 ②제1항 단서의 규정에 의하여 신고한 때에는 대표자로 선임된 사실을 서면으로 증명하여야 한다.		자가 전원을 대표한다. 다만, 대표자를 선정하여 특허청장 또는 특허심판원장에게 신고하면 그 대표자가 전원을 대표한다. 1. 디자인등록출원의 포기·취하 2. 신청의 취하 3. 청구의 취하 4. 제67조의2 또는 제67조의3에 따른 심판청구 ②제1항 단서에 따라 신고한 때에는 대표자로 선임된 사실을 서면으로 증명하여야 한다. [본조신설 2009.6.9]	
제12조【「민사소송법」의 준용】 이 법에서 대리인에 관하여 특별한 규정이 있는 것을 제외하고는 「민사소송법」 제1편제2장제4절의 규정을 준용한다. <개정 2006.3.3>	제3조【「특허법」의 준용】	제4조의11【「민사소송법」의 준용】 이 법에서 대리인에 관하여 특별한 규정이 있는 것을 제외하고는 「민사소송법」 제1편제2장제4절을 준용한다. [본조신설 2009.6.9]	제5조【「특허법」의 준용】
제13조【재외자의 재판적】 재외자의 특허권 또는 특허에 관한 권리에 관하여 특허관리인이 있는 때에는 그 특허관리인의 주소 또는 영업소를, 특허관리	제3조【「특허법」의 준용】	제4조의12【재외자의 재판관할】 재외자의 디자인권 또는 디자인에 관한 권리에 관하여 디자인관리인이 있으면 그 디자인관리인의 주소 또는 영업소를,	제5조【「특허법」의 준용】

특허법	실용신안법	디자인보호법	상표법
인이 없는 때에는 특허청 소재지를 「민사소송법」 제11조의 규정에 의한 재산소재지로 본다. <개정 2002.1.26, 2006.3.3>

제14조【기간의 계산】 이 법 또는 이 법에 의한 명령에 의한 기간의 계산은 다음 각호에 의한다. <개정 1995.12.29, 2001.2.3, 2006.3.3>
1. 기간의 초일은 이를 산입하지 아니한다. 다만, 그 기간이 오전 영시부터 시작하는 때에는 그러하지 아니하다.
2. 기간을 월 또는 연으로 정한 때에는 역에 의하여 계산한다.
3. 월 또는 연의 처음부터 기간을 기산하지 아니하는 때에는 최후의 월 또는 연에서 그 기산일에 해당하는 날의 전일로 기간이 만료한다. 다만, 월 또는 년으로 정한 경우에 최종의 월에 해당 일이 없는 때에는 그 월의 말일로 기간이 만료한다.
4. 특허에 관한 절차에 있어서 기간의 말일이 공휴일(「근로자의 날 제정에 관한 법률」에 의한 근로자의 날 및 토요일을 | 제3조【「특허법」의 준용】 | 디자인관리인이 없으면 특허청 소재지를 「민사소송법」 제11조에 따른 재산이 있는 곳으로 본다.
[본조신설 2009.6.9]

제4조의13【기간의 계산】 이 법 또는 이 법에 따른 명령에 따른 기간의 계산은 다음 각 호에 따른다.
1. 기간의 초일은 산입하지 아니한다. 다만, 그 기간이 오전 0시부터 시작하는 때에는 그러하지 아니하다.
2. 기간을 월 또는 연으로 정한 때에는 역(력)에 따라 계산한다.
3. 월 또는 연의 처음부터 기간을 기산하지 아니하는 때에는 마지막 월 또는 연에서 그 기산일에 해당하는 날의 전일로 기간이 만료한다. 다만, 월 또는 연으로 정한 경우에 마지막 월에 해당 일이 없으면 그 월의 말일로 기간이 만료한다.
4. 디자인에 관한 절차에 있어서 기간의 말일이 토요일이나 공휴일(「근로자의 날 제정에 관한 법률」에 따른 근로자의 날을 포함한다)에 해당하면 기간은 그 다음 날로 만료한다. | 제5조【「특허법」의 준용】 |

특허법	실용신안법	디자인보호법	상표법
포함한다)에 해당하는 때에는 기간은 그 다음날로 만료한다. **제15조 【기간의 연장등】** ①특허청장 또는 특허심판원장은 청구에 따라 또는 직권으로 제132조의3에 따른 심판의 청구기간을 1회에 한하여 30일 이내에서 연장할 수 있다. 다만, 교통이 불편한 지역에 있는 자의 경우에는 그 횟수 및 기간을 추가로 연장할 수 있다. <개정 2009.1.30> ②특허청장·특허심판원장·심판장 또는 심사관은 이 법에 따라 특허에 관한 절차를 밟을 기간을 정한 때에는 청구에 따라 그 기간을 단축 또는 연장하거나 직권으로 그 기간을 연장할 수 있다. 이 경우 특허청장 등은 해당절차의 이해관계인의 이익이 부당하게 침해되지 아니하도록 단축 또는 연장 여부를 결정하여야 한다. <개정 2007.1.3> ③심판장 또는 심사관은 이 법의 규정에 의하여 특허에 관한 절차를 밟을 기일을 정한 때에는 청구에 의하여 또는 직권으로 그 기일을 변경할 수 있다.	**제3조 【「특허법」의 준용】**	[본조신설 2009.6.9] **제4조의14 【기간의 연장 등】** ①특허청장 또는 특허심판원장은 청구에 따라 또는 직권으로 제29조의3에 따른 디자인무심사등록이의신청이유 등의 보정기간, 제67조의2 또는 제67조의3에 따른 심판의 청구기간을 1회에 한하여 30일 이내에서 연장할 수 있다. 다만, 교통이 불편한 지역에 있는 자의 경우에는 그 횟수 및 기간을 추가로 연장할 수 있다. ②특허청장·특허심판원장·심판장 또는 심사관은 이 법에 따라 디자인에 관한 절차를 밟을 기간을 정한 때에는 청구에 따라 그 기간을 단축 또는 연장하거나 직권으로 그 기간을 연장할 수 있다. 이 경우 특허청장 등은 해당 절차의 이해관계인의 이익이 부당하게 침해되지 아니하도록 단축 또는 연장 여부를 결정하여야 한다. ③심판장 또는 심사관은 이 법에 따라 디자인에 관한 절차를 밟을 기일을 정한 때에는 청구에 따라 또는 직권으로 그 기일을 변경할 수 있다.	**제5조 【「특허법」의 준용】**

특허법	실용신안법	디자인보호법	상표법
▶특허청 – 현행 「특허법」 제15조제1항이 법률 제7871호로 삭제된 특허이의신청에 관한 취소결정 불복심판의 청구기간에 대하여도 적용되는지 여부(「특허법」 제15조제1항, 부칙 제7조 등 관련) [법제처 09-0187, 2009.6.26, 특허청 특허심사정책과] 【질의요지】 현행 「특허법」 제15조제1항이 2006. 3. 3. 법률 제7871호로 삭제된 특허이의신청에 관한 특허 취소결정 불복심판의 청구기간에 대하여도 적용되는지? 【회답】 현행 「특허법」 제5조제1항은 2006. 3. 3. 법률 제7871호로 삭제된 특허이의신청에 관한 특허 취소결정 불복심판의 청구기간에 대하여는 적용되지 않습니다.		[본조신설 2009.6.9]	
제16조 【절차의 무효】 ①특허청장 또는 특허심판원장은 제46조의 규정에 의한 보정명령을 받은 자가 지정된 기간 이내에 그 보정을 하지 아니한 경우에는 특허에 관한 절차를 무효로 할 수 있다. 다만, 제82조제2항의 규정에 의한 심사청구료를 납부하지 아니하여 보정명령을	제3조 【「특허법」의 준용】	제4조의15 【절차의 무효】 ①특허청장 또는 특허심판원장은 제17조에 따른 보정명령을 받은 자가 지정된 기간 이내에 그 보정을 하지 아니하면 디자인에 관한 절차를 무효로 할 수 있다. ②특허청장 또는 특허심판원장은 제1항에 따라 디자인에 관	제86조의11 【절차의 무효】 특허청장은 제86조의10의 규정에 의하여 보정명령을 받은 자가 지정된 기간 이내에 그 수수료를 납부하지 아니하는 경우에는 당해 절차를 무효로 할 수 있다. [본조신설 2001.2.3]

특허법	실용신안법	디자인보호법	상표법
받은 자가 지정된 기간 이내에 그 심사청구료를 납부하지 아니한 경우에는 특허출원서에 첨부한 명세서에 관한 보정을 무효로 할 수 있다. ②특허청장 또는 특허심판원장은 제1항의 규정에 의하여 특허에 관한 절차가 무효로 된 경우로서 지정된 기간을 지키지 못한 것이 보정명령을 받은 자가 책임질 수 없는 사유에 의한 것으로 인정되는 때에는 그 사유가 소멸한 날부터 14일 이내에 보정명령을 받은 자의 청구에 의하여 그 무효처분을 취소할 수 있다. 다만, 지정된 기간의 만료일부터 1년이 경과한 때에는 그러하지 아니하다. ③특허청장 또는 특허심판원장은 제1항 본문·단서의 규정에 따른 무효처분 또는 제2항 본문의 규정에 따른 무효처분의 취소처분을 할 때에는 그 보정명령을 받은 자에게 처분통지서를 송달하여야 한다. <신설 2007.1.3> [전문개정 2001.2.3] **제17조 【절차의 추후보완】** 특허에 관한 절차를 밟은 자가 책임질 수 없는 사유로 인하여		한 절차가 무효로 된 경우로서 지정된 기간을 지키지 못한 것이 보정명령을 받은 자가 책임질 수 없는 사유에 의한 것으로 인정되면 그 사유가 소멸한 날부터 14일 이내에 보정명령을 받은 자의 청구에 따라 그 무효처분을 취소할 수 있다. 다만, 지정된 기간의 만료일부터 1년이 지난 때에는 그러하지 아니하다. ③특허청장 또는 특허심판원장은 제1항에 따른 무효처분 또는 제2항 본문에 따른 무효처분의 취소처분을 할 때에는 그 보정명령을 받은 자에게 처분통지서를 송달하여야 한다. [본조신설 2009.6.9]	**제5조 【「특허법」의 준용】**
	제3조 【「특허법」의 준용】	**제4조의16 【절차의 추후 보완】** 디자인에 관한 절차를 밟은 자가 책임질 수 없는 사유로 인	**제5조 【「특허법」의 준용】**

특허법	실용신안법	디자인보호법	상표법
제132조의3의 규정에 의한 심판의 청구기간, 제180조제1항의 규정에 의한 재심의 청구기간을 준수할 수 없을 때에는 그 사유가 소멸한 날부터 14일 이내에 지키지 못한 절차를 추후보완할 수 있다. 다만, 그 기간의 만료일부터 1년이 경과한 때에는 그러하지 아니하다. <개정 2001.2.3>		하여 제67조의2 또는 제67조의3에 따른 심판의 청구기간, 제73조의3에 따른 재심의 청구기간을 지킬 수 없을 때에는 그 사유가 소멸한 날부터 14일 이내에 지키지 못한 절차를 추후보완할 수 있다. 다만, 그 기간의 만료일부터 1년이 지난 때에는 그러하지 아니하다. [본조신설 2009.6.9]	
제18조【절차의 효력의 승계】 특허권 또는 특허에 관한 권리에 관하여 밟은 절차의 효력은 그 특허권 또는 특허에 관한 권리의 승계인에게 미친다.	제3조【「특허법」의 준용】	제4조의17【절차의 효력의 승계】 디자인권 또는 디자인에 관한 권리에 관하여 밟은 절차의 효력은 그 디자인권 또는 디자인에 관한 권리의 승계인에게 미친다. [본조신설 2009.6.9]	제5조【「특허법」의 준용】
제19조【절차의 속행】 특허청장 또는 심판장은 특허에 관한 절차가 특허청 또는 특허심판원에 계속중에 특허권 또는 특허에 관한 권리의 이전이 있는 때에는 그 특허권 또는 특허에 관한 권리의 승계인에 대하여 그 절차를 속행하게 할 수 있다. <개정 1995.1.5, 2001.2.3>	제3조【「특허법」의 준용】	제4조의18【절차의 속행】 특허청장 또는 심판장은 디자인에 관한 절차가 특허청 또는 특허심판원에 계속(繫屬) 중에 디자인권 또는 디자인에 관한 권리가 이전되면 그 디자인권 또는 디자인에 관한 권리의 승계인에 대하여 그 절차를 속행하게 할 수 있다. [본조신설 2009.6.9]	제5조【「특허법」의 준용】
제20조【절차의 중단】 특허에	제3조【「특허법」의 준용】	제4조의19【절차의 중단】 디자	제5조【「특허법」의 준용】

특허법	실용신안법	디자인보호법	상표법
관한 절차가 다음 각 호의 어느 하나에 해당하는 경우에는 특허청 또는 특허심판원에 계속중인 절차는 중단된다. 다만, 절차를 밟을 것을 위임받은 대리인이 있는 경우에는 그러하지 아니하다. <개정 1995.1.5, 2001.2.3, 2006.3.3> 1. 당사자가 사망한 경우 2. 당사자인 법인이 합병에 의하여 소멸한 경우 3. 당사자가 절차를 밟을 능력을 상실한 경우 4. 당사자의 법정대리인이 사망하거나 그 대리권을 상실한 경우 5. 당사자의 신탁에 의한 수탁자의 임무가 종료한 경우 6. 제11조제1항 단서의 규정에 의한 대표자가 사망하거나 그 자격을 상실한 경우 7. 파산관재인 등 일정한 자격에 의하여 자기 이름으로 남을 위하여 당사자가 된 자가 그 자격을 잃거나 사망한 경우		인에 관한 절차가 다음 각 호의 어느 하나에 해당하는 경우에는 특허청 또는 특허심판원에 계속 중인 절차는 중단된다. 다만, 절차를 밟을 것을 위임받은 대리인이 있으면 그러하지 아니하다. 1. 당사자가 사망한 경우 2. 당사자인 법인이 합병에 따라 소멸한 경우 3. 당사자가 절차를 밟을 능력을 상실한 경우 4. 당사자의 법정대리인이 사망하거나 그 대리권을 상실한 경우 5. 당사자의 신탁에 의한 수탁자의 임무가 끝난 경우 6. 제4조의10제1항 각 호 외의 부분 단서에 따른 대표자가 사망하거나 그 자격을 상실한 경우 7. 파산관재인 등 일정한 자격에 따라 자기 이름으로 다른 사람을 위하여 당사자가 된 자가 그 자격을 잃거나 사망한 경우 [본조신설 2009.6.9]	
제21조 【중단된 절차의 수계】 제20조의 규정에 의하여 특허청 또는 특허심판원에 계속중	제3조 【「특허법」의 준용】	제4조의20 【중단된 절차의 수계】 제4조의19에 따라 특허청 또는 특허심판원에 계속 중인	제5조 【「특허법」의 준용】

특허법	실용신안법	디자인보호법	상표법
인 절차가 중단된 때에는 다음 각 호의 어느 하나에 해당하는 자가 그 절차를 수계하여야 한다. <개정 1995.1.5, 2001.2.3, 2006.3.3> 1. 제20조제1호의 경우에는 그 상속인·상속재산관리인 또는 법률에 의하여 절차를 속행할 자. 다만, 상속인은 상속을 포기할 수 있을 때까지 그 절차를 수계하지 못한다. 2. 제20조제2호의 경우에는 합병에 의하여 설립되거나 합병 후 존속하는 법인 3. 제20조제3호 및 제4호의 경우에는 절차를 밟을 능력을 회복한 당사자 또는 법정대리인이 된 자 4. 제20조제5호의 경우에는 새로운 수탁자 5. 제20조제6호의 경우에는 새로운 대표자 또는 각 당사자 6. 제20조제7호의 경우에는 같은 자격을 가진 자		절차가 중단된 때에는 다음 각 호의 어느 하나에 해당하는 자가 그 절차를 이어 밟아야 한다. 1. 제4조의19제1호의 경우에는 그 상속인·상속재산관리인 또는 법률에 따라 절차를 속행할 자. 다만, 상속인은 상속을 포기할 수 있을 때까지 그 절차를 이어 밟지 못한다. 2. 제4조의19제2호의 경우에는 합병에 따라 설립되거나 합병 후 존속하는 법인 3. 제4조의19제3호 및 제4호의 경우에는 절차를 밟을 능력을 회복한 당사자 또는 법정대리인이 된 자 4. 제4조의19제5호의 경우에는 새로운 수탁자 5. 제4조의19제6호의 경우에는 새로운 대표자 또는 각 당사자 6. 제4조의19제7호의 경우에는 같은 자격을 가진 자 [본조신설 2009.6.9]	
제22조 【수계신청】 ①제20조의 규정에 의하여 중단된 절차에 관한 수계신청은 상대방도 할 수 있다. ②특허청장 또는 심판장은 제20조의 규정에 의하여 중단된	**제3조 【「특허법」의 준용】**	**제4조의21 【수계신청】** ①제4조의19에 따라 중단된 절차에 관한 수계신청은 제4조의20 각 호에 규정된 자 및 상대방도 할 수 있다. ②특허청장 또는 심판장은 제4	**제5조 【「특허법」의 준용】**

특허법	실용신안법	디자인보호법	상표법
절차에 관한 수계신청이 있는 때에는 이를 상대방에게 통지하여야 한다. ③특허청장 또는 심판관은 제20조의 규정에 의하여 중단된 절차에 관한 수계신청에 대하여 직권으로 조사하여 이유없다고 인정한 때에는 결정으로 기각하여야 한다. <개정 1995.1.5> ④특허청장 또는 심판관은 결정 또는 심결의 등본을 송달한 후에 중단된 절차에 관한 수계신청에 대하여는 수계하게 할 것인가의 여부를 결정하여야 한다. <개정 1995.1.5, 2001.2.3> ⑤특허청장 또는 심판관은 제21조에 규정된 자가 중단된 절차를 수계하지 아니하는 경우에는 직권으로 기간을 정하여 수계를 명하여야 한다. <개정 1995.1.5> ⑥제5항의 규정에 의한 기간내에 수계가 없는 경우에는 그 기간이 만료되는 날의 다음날에 수계가 있는 것으로 본다. ⑦특허청장 또는 심판장은 제6항의 규정에 의하여 수계가 있는 것으로 본 경우에는 이를 당사자에게 통지하여야 한다.		조의19에 따라 중단된 절차에 관한 수계신청이 있는 때에는 이를 상대방에게 알려야 한다. ③특허청장 또는 심판관은 제4조의19에 따라 중단된 절차에 관한 수계신청에 대하여 직권으로 조사하여 이유 없다고 인정한 때에는 결정으로 기각하여야 한다. ④특허청장 또는 심판관은 결정 또는 심결의 등본을 송달한 후에 중단된 절차에 관한 수계신청에 대하여는 수계하게 할 것인가의 여부를 결정하여야 한다. ⑤특허청장 또는 심판관은 제4조의20에 규정된 자가 중단된 절차를 이어 밟지 아니하면 직권으로 기간을 정하여 수계를 명하여야 한다. ⑥제5항에 따른 기간에 이어 밟지 아니하면 그 기간이 만료되는 날의 다음 날에 이어 밟은 것으로 본다. ⑦특허청장 또는 심판장은 제6항에 따라 수계가 있는 것으로 본 경우에는 이를 당사자에게 알려야 한다. [본조신설 2009.6.9]	

특허법	실용신안법	디자인보호법	상표법
제23조 【절차의 중지】 ①특허청장 또는 심판관이 천재·지변 기타 불가피한 사유로 인하여 그 직무를 행할 수 없는 때에는 특허청 또는 특허심판원에 계속중인 절차는 그 사유가 소멸될 때까지 중지된다. <개정 1995.1.5, 2001.2.3> ②특허청장 또는 심판관은 당사자가 부정기간의 장애로 특허청 또는 특허심판원에 계속 중인 절차를 속행할 수 없는 때에는 결정으로 그 중지를 명할 수 있다. <개정 1995.1.5, 2001.2.3> ③특허청장 또는 심판관은 제2항의 규정에 의한 결정을 취소할 수 있다. <개정 1995.1.5> ④제1항 및 제2항의 규정에 의한 중지 또는 제3항의 규정에 의한 취소를 한 때에는 특허청장 또는 심판장은 이를 각각 당사자에게 통지하여야 한다. <개정 2001.2.3>	제3조 【「특허법」의 준용】	제4조의22 【절차의 중지】 ①특허청장 또는 심판관이 천재지변이나 그 밖의 불가피한 사유로 인하여 그 직무를 행할 수 없는 때에는 특허청 또는 특허심판원에 계속 중인 절차는 그 사유가 없어질 때까지 중지된다. ②당사자에게 일정하지 아니한 기간 특허청 또는 특허심판원에 계속 중인 절차를 속행할 수 없는 장애사유가 생긴 경우에는 특허청장 또는 심판관은 결정으로 그 절차의 중지를 명할 수 있다. ③특허청장 또는 심판관은 제2항에 따른 결정을 취소할 수 있다. ④제1항 및 제2항에 따른 중지 또는 제3항에 따른 취소를 한 때에는 특허청장 또는 심판장은 이를 각각 당사자에게 알려야 한다. [본조신설 2009.6.9]	제5조 【「특허법」의 준용】
제24조 【중단 또는 중지의 효과】 특허에 관한 절차가 중단 또는 중지된 경우에는 그 기간의 진행은 정지되고 그 절차의 수계통지를 하거나 그 절차를 속행한 때부터 다시 모든 기간	제3조 【「특허법」의 준용】	제4조의23 【중단 또는 중지의 효과】 디자인에 관한 절차가 중단되거나 중지된 경우에는 그 기간의 진행은 정지되고 그 절차의 수계통지를 하거나 그 절차를 속행한 때부터 전체기간	제5조 【「특허법」의 준용】

특허법	실용신안법	디자인보호법	상표법
이 진행된다. <개정 1993.12.10> **제25조 【외국인의 권리능력】** 재외자중 외국인은 다음 각호의 1에 해당하는 경우를 제외하고 특허권 또는 특허에 관한 권리를 향유할 수 없다. 1. 그 자가 속하는 국가에서 대한민국 국민에 대하여 그 국민과 동일한 조건으로 특허권 또는 특허에 관한 권리의 향유를 인정하는 경우 2. 대한민국이 그 외국인에 대하여 특허권 또는 특허에 관한 권리의 향유를 인정하는 경우에는 그 자가 속하는 국가에서 대한민국 국민에 대하여 그 국민과 동일한 조건으로 특허권 또는 특허에 관한 권리의 향유를 인정하는 경우 3. 조약 및 이에 준하는 것(이하 "조약"이라 한다)에 의하여 특허권 또는 특허에 관한 권리의 향유를 인정하고 있는 경우 **제26조 【조약의 효력】** 특허에 관하여 조약에 이 법에서 규정	**제3조 【「특허법」의 준용】** **제3조 【「특허법」의 준용】**	이 새로이 진행된다. [본조신설 2009.6.9] **제4조의24 【외국인의 권리능력】** 재외자 중 외국인은 다음 각호의 어느 하나에 해당하는 경우를 제외하고 디자인권 또는 디자인에 관한 권리를 향유할 수 없다. 1. 그 자가 속하는 국가에서 대한민국 국민에 대하여 그 국민과 같은 조건으로 디자인권 또는 디자인에 관한 권리의 향유를 인정하는 경우 2. 대한민국이 그 외국인에 대하여 디자인권 또는 디자인에 관한 권리의 향유를 인정하는 경우에는 그 자가 속하는 국가에서 대한민국 국민에 대하여 그 국민과 같은 조건으로 디자인권 또는 디자인에 관한 권리의 향유를 인정하는 경우 3. 조약 및 이에 준하는 것(이하 "조약"이라 한다)에 따라 디자인권 또는 디자인에 관한 권리의 향유를 인정하고 있는 경우 [본조신설 2009.6.9] **제4조의25 【조약의 효력】** 디자인에 관하여 조약에 이 법에서	**제5조 【「특허법」의 준용】** **제5조 【「특허법」의 준용】**

특허법	실용신안법	디자인보호법	상표법
한 것과 다른 규정이 있는 경우에는 그 규정에 따른다. **제27조 삭제** <2001.2.3> **제28조【서류제출의 효력발생시기】** ①이 법 또는 이 법에 의한 명령에 의하여 특허청 또는 특허심판원에 제출하는 출원서·청구서 기타의 서류(물건을 포함한다. 이하 이 조에서 같다)는 특허청 또는 특허심판원에 도달된 날부터 그 효력이 발생된다. <개정 1995.1.5> ②제1항의 출원서·청구서 기타의 서류를 우편으로 특허청 또는 특허심판원에 제출하는 경우에 우편물의 통신일부인에서 표시된 날이 분명한 경우에는 그 표시된 날, 그 표시된 날이 불분명한 경우에는 우체국에 제출한 날을 우편물의 수령증에 의하여 증명한 날에 특허청 또는 특허심판원에 도달한 것으로 본다. 다만, 특허권 및 특허에 관한 권리의 등록신청서류와 「특허협력조약」 제2조(vii)의 규정에 의한 국제출원(이하 "국제출원"이라 한다)에 관한 서류를 우편으로 제출하는 경우에는 그러하지 아니	**제3조【「특허법」의 준용】**	규정한 것과 다른 규정이 있으면 그 규정에 따른다. [본조신설 2009.6.9] **제4조의26【서류제출의 효력발생시기】** ①이 법 또는 이 법에 따른 명령에 따라 특허청장 또는 특허심판원장에게 제출하는 출원서·청구서, 그 밖의 서류(물건을 포함한다. 이하 이 조에서 같다)는 특허청장 또는 특허심판원장에게 도달한 날부터 그 효력이 발생한다. ②제1항의 출원서·청구서, 그 밖의 서류를 우편으로 특허청장 또는 특허심판원장에게 제출하는 경우에 우편물의 통신일부인(通信日附印)에서 표시된 날이 분명한 경우에는 그 표시된 날, 그 표시된 날이 불분명한 경우에는 우편물의 수령증에 의하여 증명한 날에 특허청장 또는 특허심판원장에게 도달한 것으로 본다. 다만, 디자인권 및 디자인에 관한 권리의 등록신청서류를 우편으로 제출하는 경우에는 그러하지 아니하다. ③제1항 및 제2항에 규정된 것 외의 우편물의 지연, 우편물의	**제5조【「특허법」의 준용】**

특허법	실용신안법	디자인보호법	상표법
하다. <개정 1995.1.5, 1998.9.23, 2006.3.3> ③삭제 <1998.9.23> ④제1항 및 제2항에 규정된 것 외의 우편물의 지연·우편물의 망실 및 우편업무의 중단으로 인한 서류제출에 관하여 필요한 사항은 지식경제부령으로 정한다.　<개정 1993.3.6, 1995.12.29, 1998.9.23, 2001.2.3, 2008.2.29>		망실(亡失) 및 우편업무의 중단으로 인한 서류제출에 필요한 사항은 지식경제부령으로 정한다. [본조신설 2009.6.9]	
제28조의2【고유번호의 기재】 ①특허에 관한 절차를 밟는 자 중 지식경제부령이 정하는 자(제2항 또는 제3항의 규정에 의하여 이미 고유번호를 부여받은 자를 제외한다)는 특허청 또는 특허심판원에 자신의 고유번호의 부여를 신청하여야 한다. <개정 2001.2.3, 2008.2.29> ②특허청장 또는 특허심판원장은 제1항의 규정에 의한 신청이 있는 경우에 신청인의 고유번호를 부여하고 이를 통지하여야 한다. ③특허청장 또는 특허심판원장은 제1항의 규정에 의한 특허에 관한 절차를 밟는 자가 고유번호의 부여 신청을 하지 아니하는 경우에는 직권으로 고	**제3조【「특허법」의 준용】**	**제4조의27【고유번호의 기재】** ①디자인에 관한 절차를 밟는 자 중 지식경제부령으로 정하는 자는 특허청장 또는 특허심판원장에게 자신의 고유번호의 부여를 신청하여야 한다. ②특허청장 또는 특허심판원장은 제1항에 따른 신청이 있는 경우에 신청인의 고유번호를 부여하고 이를 알려야 한다. ③특허청장 또는 특허심판원장은 제1항에 따라 고유번호의 부여 신청을 하지 아니하는 자에 대하여는 직권으로 고유번호를 부여하고 이를 알려야 한다. ④제2항 또는 제3항에 따라 고유번호를 부여받은 자가 디자인에 관한 절차를 밟는 경우에	**제5조【「특허법」의 준용】**

특허법	실용신안법	디자인보호법	상표법
유번호를 부여하고 이를 통지하여야 한다. ④제2항 또는 제3항의 규정에 의하여 고유번호를 부여받은 자가 특허에 관한 절차를 밟는 경우에는 지식경제부령이 정하는 서류에 자신의 고유번호를 기재하여야 한다. 이 경우 이 법 또는 이 법에 의한 명령의 규정에 불구하고 당해 서류에 주소(법인인 경우에는 영업소의 소재지)를 기재하지 아니할 수 있다. <개정 2001.2.3, 2008.2.29> ⑤제1항 내지 제4항의 규정은 특허에 관한 절차를 밟는 자의 대리인에 관하여 이를 준용한다. ⑥고유번호의 부여 신청, 고유번호의 부여 및 통지 기타 고유번호에 관하여 필요한 사항은 지식경제부령으로 정한다. <개정 2008.2.29> [본조신설 1998.9.23]		는 지식경제부령으로 정하는 서류에 자신의 고유번호를 적어야 한다. 이 경우 이 법 또는 이 법에 따른 명령의 규정에도 불구하고 해당 서류에 주소(법인인 경우에는 영업소의 소재지)를 적지 아니할 수 있다. ⑤디자인에 관한 절차를 밟는 자의 대리인에 관하여는 제1항부터 제4항까지의 규정을 준용한다. ⑥고유번호의 부여 신청, 고유번호의 부여 및 통지, 그 밖에 고유번호에 필요한 사항은 지식경제부령으로 정한다. [본조신설 2009.6.9]	
제28조의3 【전자문서에 의한 특허에 관한 절차의 수행】 ①특허에 관한 절차를 밟는 자는 이 법에 의하여 특허청장 또는 특허심판원장에게 제출하는 특허출원서, 기타 서류를 지식경	**제3조 【「특허법」의 준용】**	**제4조의28 【전자문서에 의한 디자인에 관한 절차의 수행】** ① 디자인에 관한 절차를 밟는 자는 이 법에 따라 특허청장 또는 특허심판원장에게 제출하는 디자인등록출원서, 그 밖의 서	**제5조 【「특허법」의 준용】**

특허법	실용신안법	디자인보호법	상표법
제부령이 정하는 방식에 따라 전자문서화하고 이를 정보통신망을 이용하여 제출하거나 플로피디스크 또는 광디스크 등 전자적 기록매체에 수록하여 제출할 수 있다. <개정 2001.2.3, 2006.3.3, 2008.2.29> ②제1항의 규정에 의하여 제출된 전자문서는 이 법에 의하여 제출된 서류와 동일한 효력을 가진다. ③제1항의 규정에 의하여 정보통신망을 이용하여 제출된 전자문서는 당해 문서의 제출인이 정보통신망을 통하여 접수번호를 확인한 때에 특허청 또는 특허심판원에서 사용하는 접수용 전산정보처리조직의 파일에 기록된 내용으로 접수된 것으로 본다. <개정 2001.2.3> ④제1항의 규정에 의하여 전자문서로 제출할 수 있는 서류의 종류·제출방법 기타 전자문서에 의한 서류의 제출에 관하여 필요한 사항은 지식경제부령으로 정한다. <개정 2008.2.29> [본조신설 1998.9.23]		류를 지식경제부령으로 정하는 방식에 따라 전자문서화하고 이를 정보통신망을 이용하여 제출하거나 플로피디스크 또는 광디스크 등 전자적 기록매체에 수록하여 제출할 수 있다. ②제1항에 따라 제출된 전자문서는 이 법에 따라 제출된 서류와 같은 효력을 가진다. ③제1항에 따라 정보통신망을 이용하여 제출된 전자문서는 해당 문서의 제출인이 정보통신망을 통하여 접수번호를 확인한 때에 특허청 또는 특허심판원에서 사용하는 접수용 전산정보처리조직의 파일에 기록된 내용으로 접수된 것으로 본다. ④제1항에 따라 전자문서로 제출할 수 있는 서류의 종류·제출방법, 그 밖에 전자문서에 의한 서류의 제출에 필요한 사항은 지식경제부령으로 정한다. [본조신설 2009.6.9]	
제28조의4【전자문서 이용신고 및 전자서명】 ①전자문서에 의하여 특허에 관한 절차를 밟	**제3조【「특허법」의 준용】**	**제4조의29【전자문서 이용신고 및 전자서명】** ①전자문서에 의하여 디자인에 관한 절차를	**제5조【「특허법」의 준용】**

특허법	실용신안법	디자인보호법	상표법
고자 하는 자는 미리 특허청장 또는 특허심판원장에게 전자문서 이용신고를 하여야 하며, 특허청 또는 특허심판원에 제출하는 전자문서에 제출인을 식별할 수 있도록 전자서명을 하여야 한다. ②제28조의3의 규정에 의하여 제출된 전자문서는 제1항의 규정에 의한 전자서명을 한 자가 제출한 것으로 본다. ③제1항의 규정에 의한 전자문서 이용신고 절차·전자서명 방법등에 관하여 필요한 사항은 지식경제부령으로 정한다. <개정 2008.2.29> [본조신설 1998.9.23]		밟으려는 자는 미리 특허청장 또는 특허심판원장에게 전자문서 이용신고를 하여야 하며, 특허청장 또는 특허심판원장에게 제출하는 전자문서에 제출인을 식별할 수 있도록 전자서명을 하여야 한다. ②제4조의28에 따라 제출된 전자문서는 제1항에 따른 전자서명을 한 자가 제출한 것으로 본다. ③제1항에 따른 전자문서 이용신고 절차, 전자서명 방법 등에 필요한 사항은 지식경제부령으로 정한다. [본조신설 2009.6.9]	
제28조의5 【정보통신망을 이용한 통지등의 수행】 ①특허청장·특허심판원장·심판장·심판관·심사장 또는 심사관은 제28조의4제1항의 규정에 의하여 전자문서 이용신고를 한 자에게 서류의 통지 및 송달(이하 "통지등"이라 한다)을 하고자 하는 경우에는 정보통신망을 이용하여 이를 행할 수 있다. <개정 2001.2.3> ②제1항의 규정에 따라 정보통신망을 이용하여 행한 서류의	제3조 【「특허법」의 준용】	제4조의30 【정보통신망을 이용한 통지등의 수행】 ①특허청장·특허심판원장·심판장·심판관·심사장 또는 심사관은 제4조의29제1항에 따라 전자문서 이용신고를 한 자에게 서류의 통지 및 송달(이하 "통지등"이라 한다)을 하려는 경우에는 정보통신망을 이용하여 할 수 있다. ②제1항에 따라 정보통신망을 이용하여 한 서류의 통지등은 서면으로 한 것과 같은 효력을	제5조 【「특허법」의 준용】

특허법	실용신안법	디자인보호법	상표법
통지등은 서면으로 행한 것과 동일한 효력을 가진다. <개정 2001.2.3> ③제1항의 규정에 의한 서류의 통지등은 당해 통지등을 받는 자가 사용하는 전산정보처리조직의 파일에 기록된 때에 특허청 또는 특허심판원에서 사용하는 발송용 전산정보처리조직의 파일에 기록된 내용으로 도달한 것으로 본다. <개정 2001.2.3> ④제1항의 규정에 의하여 정보통신망을 이용하여 행하는 통지등의 종류·방법등에 관하여 필요한 사항은 지식경제부령으로 정한다. <개정 2001.2.3, 2008.2.29> [본조신설 1998.9.23]		가진다. ③제1항에 따른 서류의 통지등은 해당 통지등을 받는 자가 사용하는 전산정보처리조직의 파일에 기록된 때에 특허청 또는 특허심판원에서 사용하는 발송용 전산정보처리조직의 파일에 기록된 내용으로 도달한 것으로 본다. ④제1항에 따라 정보통신망을 이용하여 행하는 통지등의 종류·방법 등에 필요한 사항은 지식경제부령으로 정한다. [본조신설 2009.6.9]	
제2장 특허요건 및 특허출원	**2장 실용신안등록요건 및 실용신안등록출원**	**제2장 디자인등록요건 및 디자인등록출원** <개정 2004.12.31>	**제2장 상표등록요건 및 상표등록출원**
제29조 【특허요건】 ①산업상 이용할 수 있는 발명으로서 다음 각 호의 어느 하나에 해당하는 것을 제외하고는 그 발명에 대하여 특허를 받을 수 있다. <개정 2001.2.3, 2006.3.3>	**제4조 【실용신안등록의 요건】** ①산업상 이용할 수 있는 물품의 형상·구조 또는 조합에 관한 고안으로서 다음 각 호의 어느 하나에 해당하는 것을 제외하고는 그 고안에 대하여 실	**제5조 【디자인등록의 요건】** ① 공업상 이용할 수 있는 디자인으로서 다음 각호의 1에 해당하는 것을 제외하고는 그 디자인에 대하여 디자인등록을 받을 수 있다. <개정 2001.2.3,	**제6조 【상표등록의 요건】** ①다음 각호의 1에 해당하는 상표를 제외하고는 상표등록을 받을 수 있다. <개정 1997.8.22> 1. 그 상품의 보통명칭을 보통으로 사용하는 방법으로 표시

특허법	실용신안법	디자인보호법	상표법
▶판례 **특허법상 발명의 진보성 유무의 판단 기준** 특허법 제29조 제1항 제2호, 제2항의 각 규정은 특허출원 전에 국내 또는 국외에서 반포된 간행물에 기재된 발명이나, 선행의 공지기술로부터 용이하게 도출될 수 있는 창작일 때에는 신규성이나 진보성을 결여한 것으로 보고 특허를 받을 수 없도록 하려는 취지인바, 이와 같은 진보성 유무를 가늠하는 창작의 난이도는 그 기술구성의 차이와 작용효과를 고려하여 판단하여야 하는 것이므로, 특허된 기술의 구성이 선행기술과 차이가 있을 뿐 아니라 그 작용효과에 있어서 선행기술에 비하여 현저하게 향상 진보된 것인 때에는, 기술의 진보발전을 도모하는 특허제도의 목적에 비추어 특허발명의 진보성을 인정하여야 하고, 특허발명의 유리한 효과가 상세한 설명에 기재되어 있지 아니하더라도 그 발명이 속하는 기술분야에서 통상의 지식을 가진 자가 상세한 설명의 기재로부터 유리한 효과를 추론할 수 있을 때에는 진보성 판단을 함에 있어서 그 효과도 참작	용신안등록을 받을 수 있다. 1. 실용신안등록출원 전에 국내 또는 국외에서 공지되었거나 공연히 실시된 고안 2. 실용신안등록출원 전에 국내 또는 국외에서 반포된 간행물에 게재되거나 대통령령이 정하는 전기통신회선을 통하여 공중이 이용할 수 있는 고안 ②실용신안등록출원 전에 그 고안이 속하는 기술분야에서 통상의 지식을 가진 자가 제1항 각 호의 어느 하나에 규정된 고안에 의하여 극히 용이하게 고안할 수 있는 것일 때에는 그 고안에 대하여는 제1항의 규정에 불구하고 실용신안등록을 받을 수 없다. ③실용신안등록출원한 고안이 그 실용신안등록출원을 한 날 전에 실용신안등록출원 또는 특허출원을 하여 그 실용신안등록출원을 한 후에 출원공개되거나 등록공고된 다른 실용신안등록출원 또는 특허출원의 출원서에 최초로 첨부된 명세서 또는 도면에 기재된 고안 또는 발명과 동일한 경우 그 고안에 대하여는 제1항의 규정에 불구하고 실용신안등록을 받을 수 없다. 다만, 그 실용신	2004.12.31> 1. 디자인등록출원전에 국내 또는 국외에서 공지되었거나 공연히 실시된 디자인 2. 디자인등록출원전에 국내 또는 국외에서 반포된 간행물에 게재되었거나 전기통신회선을 통하여 공중이 이용가능하게 된 디자인 3. 제1호 또는 제2호에 해당하는 디자인에 유사한 디자인 ②디자인등록출원전에 그 디자인이 속하는 분야에서 통상의 지식을 가진 자가 제1항제1호 또는 제2호에 해당하는 디자인의 결합에 의하거나 국내에서 널리 알려진 형상·모양·색채 또는 이들의 결합에 의하여 용이하게 창작할 수 있는 디자인(제1항 각호의 1에 해당하는 디자인을 제외한다)에 대하여는 제1항의 규정에 불구하고 디자인등록을 받을 수 없다. <개정 1997.8.22, 2001.2.3, 2004.12.31> ▶판례 **디자인보호법 제5조 제1항 제1호 또는 제2호에 해당하는 디자인의 결합뿐만 아니라 위 디자인 각각에 의하여 용이하게 창작될 수**	한 표장만으로 된 상표 2. 그 상품에 대하여 관용하는 상표 3. 그 상품에 산지·품질·원재료·효능·용도·수량·형상(포장의 형상을 포함한다)·가격·생산방법·가공방법·사용방법 또는 시기를 보통으로 사용하는 방법으로 표시한 표장만으로 된 상표 ▶판례 **등록상표 "Linux"가 서적 등의 지정상품에 사용될 경우 식별력이 없는 상표라거나 수요자 기만 상표에 해당한다고 볼 수 없다고 한 사례** 컴퓨터 운영체제 프로그램의 보통명칭 내지 관용표장으로 널리 알려진 등록상표 "Linux"가 그 지정상품 중 '서적, 팸플릿, 학습지, 녹화된 테이프(음악이 아닌 것), 녹화된 콤팩트디스크(음악이 아닌 시디(CD)}'에 사용될 경우 그 상품의 내용이 그 프로그램에 관련된 것임을 암시할 가능성이 없는 것은 아니지만, 위 지정상품의 일반 수요자가 상표보다는 그 상품에 수록된 창작물의 내용이나 그 내용을 나타내는 제목에 중점을 두고 상품을 거래하는 점

특허법	실용신안법	디자인보호법	상표법
하여야 한다. (대법원 2002. 8. 23. 선고 2000후3234 판결) 1. 특허출원전에 국내 또는 국외에서 공지되었거나 공연히 실시된 발명 ▶판례 구 특허법 제29조 제1항 제1호에서 말하는 '특허출원 전'의 의미 및 어떤 발명 또는 기술이 특허출원 전에 공지 또는 공연 실시된 것인지를 인정함에 있어 특허출원 후에 작성된 문건들을 기초로 삼을 수 있는지 여부(적극) 구 특허법(2001. 2. 3. 법률 제6411호로 개정되기 전의 것) 제29조 제1항 제1호 소정의 '특허출원 전에 국내에서 공지되었거나 공연히 실시된 발명'에서 '특허출원 전'의 의미는 발명의 공지 또는 공연 실시된 시점이 특허출원 전이라는 의미이지 그 공지 또는 공연 실시된 사실을 인정하기 위한 증거가 특허출원 전에 작성된 것을 의미하는 것은 아니므로, 법원은 특허출원 후에 작성된 문건들에 기초하여 어떤 발명 또는 기술이 특허출원 전에 공지 또는 공연 실시된 것인지 여부를 인정할 수 있다(대	안등록출원의 고안자와 다른 실용신안등록출원의 고안자나 특허출원의 발명자가 동일한 경우 또는 그 실용신안등록출원 당시 출원인과 다른 실용신안등록출원이나 특허출원의 출원인이 동일한 경우에는 그러하지 아니하다. ▶판례 구 실용신안법 제4조 제3항 소정의 '고안의 동일성'에 대한 판단 기준 구 실용신안법(1993. 12. 10. 법률 제4596호로 개정되기 전의 것) 제4조 제3항에서 규정하고 있는 고안의 동일성을 판단함에 있어서는 양 고안의 기술적 구성이 동일한가 여부에 의하여 판단하되 고안의 효과도 참작하여야 할 것인바, 기술적 구성에 차이가 있더라도 그 차이가 과제 해결을 위한 구체적 수단에 있어서 주지관용기술의 부가, 삭제, 변경 등으로 새로운 효과의 발생이 없는 정도의 미세한 차이에 불과하다면 양 고안은 서로 동일하다고 보아야 한다(대법원 2003. 2. 26. 선고 2001후1624 판결). ④제3항을 적용할 때 다른 실용신안등록출원 또는 특허출원	있는 것도 디자인보호법 제5조 제2항에 의하여 디자인등록을 받을 수 없는지 여부 및 그 규정의 취지 디자인보호법 제5조 제2항은 그 디자인이 속하는 분야에서 통상의 지식을 가진 자가 제1항 제1호 또는 제2호에 해당하는 디자인의 결합에 의하여 용이하게 창작할 수 있는 것은 디자인등록을 받을 수 없도록 규정하고 있는데, 여기에는 위 각 호에 해당하는 디자인의 결합뿐만 아니라 위 디자인 각각에 의하여 용이하게 창작할 수 있는 디자인도 포함된다고 봄이 타당하고, 그 규정의 취지는 위 각 호에 해당하는 디자인의 형상·모양·색채 또는 이들의 결합을 거의 그대로 모방 또는 전용하였거나, 이를 부분적으로 변형하였다고 하더라도 그것이 전체적으로 볼 때 다른 미감적 가치가 인정되지 않는 상업적·기능적 변형에 불과하거나, 또는 그 디자인 분야에서 흔한 창작수법이나 표현방법에 의해 이를 변경·조합하거나 전용하였음에 불과한 디자인 등과 같이 창작수준이 낮은 디자인은 그 디자인이 속하는 분야에서 통상의	등에 비추어 볼 때, 위 컴퓨터 운영체제 프로그램에 관한 내용이 위 지정상품에 수록될 수 있다는 사정만으로 일반 수요자가 등록상표를 보고 위 지정상품에 수록된 내용을 보통으로 사용하는 방법으로 표시한 것으로 인식한다고 보기 어려워, 등록상표가 상표법 제6조 제1항 제3호의 상표에 해당한다고 볼 수 없고, 또 등록상표가 위 지정상품의 용도나 효용 등을 보통으로 사용하는 방법으로 표시한 표장만으로 된 상표에 해당하지 아니하는 이상, 등록상표의 사용으로 수요자들이 상품의 품질을 오인할 염려가 있다고 볼 수도 없어 등록상표가 상표법 제7조 제1항 제11호의 상품의 품질을 오인하게 하거나 수요자를 기만할 염려가 있는 상표에 해당한다고 볼 수도 없다고 한 사례. (대법원 2002. 12. 10. 선고 2000후3418 판결) 4. 현저한 지리적 명칭·그 약어 또는 지도만으로 된 상표 5. 흔히 있는 성 또는 명칭을 보통으로 사용하는 방법으로 표시한 표장만으로 된 상표 6. 간단하고 흔히 있는 표장만

특허법	실용신안법	디자인보호법	상표법
법원 2007.4.27. 선고 2006후2660 판결). 2. 특허출원전에 국내 또는 국외에서 반포된 간행물에 게재되거나 대통령령이 정하는 전기통신회선을 통하여 공중이 이용가능하게 된 발명 ②특허출원전에 그 발명이 속하는 기술분야에서 통상의 지식을 가진 자가 제1항 각호의 1에 규정된 발명에 의하여 용이하게 발명할 수 있는 것일 때에는 그 발명에 대하여는 제1항의 규정에 불구하고 특허를 받을 수 없다. <개정 2001.2.3> ▶판례 구 특허법 제29조 제2항에 의한 발명의 진보성 유무의 판단 방법 및 진보성 판단의 대상이 된 발명의 명세서에 개시되어 있는 기술을 알고 있음을 전제로 하여 사후적으로 통상의 기술자가 그 발명을 용이하게 발명할 수 있는지를 판단할 수 있는지 여부(소극) 구 특허법(2006. 3. 3. 법률 제7871호로 개정되기 전의 것) 제29조 제2항 규정에 의하여 선행기술에 의하여 용이하게 발명할 수 있는 것인지에 좇아 발명의	이 다음 각 호의 어느 하나에 해당하는 경우 제3항 중 "출원공개"는 "출원공개 또는 「특허협력조약」 제21조에 따른 국제공개"로, "출원서에 최초로 첨부된 명세서 또는 도면에 기재된 고안 또는 발명"은 국어로 출원한 경우 "국제출원일에 제출한 국제출원의 명세서, 청구의 범위 또는 도면에 기재된 고안 또는 발명"으로, 외국어로 출원한 경우 "국제출원일에 제출한 국제출원의 명세서, 청구의 범위 또는 도면과 그 출원번역문에 다 같이 기재된 고안 또는 발명"으로 본다. <개정 2009.1.30> 1. 다른 실용신안등록출원이 제34조제1항에 따라 실용신안등록출원으로 보는 국제출원(제40조제4항에 따라 실용신안등록출원으로 되는 국제출원을 포함한다)인 경우 2. 특허출원이 「특허법」 제199조제1항에 따라 특허출원으로 보는 국제출원(「특허법」 제214조제4항에 따라 특허출원으로 되는 국제출원을 포함한다)인 경우	지식을 가진 자가 용이하게 창작할 수 있는 것이어서 디자인등록을 받을 수 없다는 데 있다(대법원 2010.5.13. 선고 2008후2800 판결). ③디자인등록출원한 디자인이 당해 디자인등록출원을 한 날 전에 디자인등록출원을 하여 당해 디자인등록출원을 한 후에 출원공개·등록공고 또는 제23조의6의 규정에 따라 디자인공보에 게재된 타디자인등록출원의 출원서의 기재사항 및 출원서에 첨부된 도면·사진 또는 견본에 표현된 디자인의 일부와 동일하거나 유사한 경우에 그 디자인에 대하여는 제1항의 규정에 불구하고 디자인등록을 받을 수 없다. <신설 2001.2.3, 2004.12.31, 2007.1.3>	으로 된 상표 7. 제1호 내지 제6호외에 수요자가 누구의 업무에 관련된 상품을 표시하는 것인가를 식별할 수 없는 상표 ②제1항제3호 내지 제6호에 해당하는 상표라도 제9조의 규정에 의한 상표등록출원전에 상표를 사용한 결과 수요자간에 그 상표가 누구의 업무에 관련된 상품을 표시하는 것인가 현저하게 인식되어 있는 것은 그 상표를 사용한 상품을 지정상품(제10조제1항 및 제47조제2항제3호의 규정에 의하여 지정한 상품 및 추가로 지정한 상품을 말한다. 이하 같다)으로 하여 상표등록을 받을 수 있다. <개정 2001.2.3> ▶판례 원래 식별력 없는 표장이 상표법 제6조 제2항에 의해 상표등록을 받을 수 있는 요건인 '사용에 의한 식별력'을 취득하였는지 여부의 판단 기준 및 동일성이 인정되는 상표의 장기간 사용이 상표법 제6조 제2항의 '사용에 의한 식별력' 취득에 영향을 미치는지 여부(적극) [1] 상표법 제6조 제2항이 상표

특허법	실용신안법	디자인보호법	상표법
진보성 유무를 판단함에 있어서는, 적어도 선행기술의 범위와 내용, 진보성 판단의 대상이 된 발명과 선행기술의 차이 및 통상의 기술자의 기술수준에 대하여 증거 등 기록에 나타난 자료에 기하여 파악한 다음, 이를 기초로 하여 통상의 기술자가 특허출원 당시의 기술수준에 비추어 진보성 판단의 대상이 된 발명이 선행기술과 차이가 있음에도 그러한 차이를 극복하고 선행기술로부터 그 발명을 용이하게 발명할 수 있는지를 살펴보아야 한다. 이 경우 진보성 판단의 대상이 된 발명의 명세서에 개시되어 있는 기술을 알고 있음을 전제로 하여 사후적으로 통상의 기술자가 그 발명을 용이하게 발명할 수 있는지를 판단해서는 안 된다(대법원 2009.11.12. 선고 2007후3660 판결). ▶**판례** **특허청구범위의 청구항이 복수의 구성요소로 되어 있는 경우 진보성 판단의 대상 및 특허발명의 진보성 판단의 기초가 되는 기술적 곤란성의 평가 방법** 특허발명의 진보성을 판단함에 있어서는 그 특허청구범위의 청			를 등록출원 전에 사용한 결과 수요자 사이에 그 상표가 누구의 상품을 표시하는 상표인가가 현저하게 인식되어 있는 것은, 같은 법 제6조 제1항 제3호 내지 제6호의 규정에 불구하고 상표등록을 받을 수 있도록 규정한 것은, 원래 식별력이 없는 표장이어서 특정인에게 독점사용하도록 하는 것이 적당하지 않은 표장에 대하여 대세적 권리를 부여하는 것이므로 그 기준은 엄격하게 해석·적용되어야 할 것이지만, 상표의 사용기간, 사용횟수 및 사용의 계속성, 그 상표가 부착된 상품의 생산·판매량 및 시장점유율, 광고·선전의 방법, 횟수, 내용, 기간 및 그 액수, 상품품질의 우수성, 상표사용자의 명성과 신용, 상표의 경합적 사용의 정도 및 태양 등을 종합적으로 고려할 때, 당해 상표가 사용된 상품에 대한 거래자 및 수요자 대다수에게 특정인의 상품을 표시하는 것으로 인식되기에 이르렀다면 사용에 의한 식별력의 취득을 인정할 수 있다. [2] 사용에 의한 식별력을 취득하는 상표는 실제로 사용한 상표 그 자체에 한하고 그와 유사한

특허법	실용신안법	디자인보호법	상표법
구항에 기재된 기술적 사항이 그 판단의 대상이 되는 것이지만, 특허청구범위의 청구항이 복수의 구성요소로 되어 있는 경우에는 각 구성요소가 유기적으로 결합한 전체로서의 기술사상이 진보성 판단의 대상이 되는 것이지 각 구성요소가 독립하여 진보성 판단의 대상이 되는 것은 아니므로, 어느 특허발명의 진보성 판단의 기초가 되는 기술적 구성의 곤란성을 평가함에 있어서도 과제의 해결원리를 배제한 채 특허청구범위에 기재된 복수의 구성을 하나 하나 분해한 후 비교되는 발명의 대응구성요소로부터 각각 분해된 개별 구성요소를 도출하는 데 기술적인 어려움이 있는지만을 따져서는 아니 되고, 특유의 과제의 해결원리에 기초하여 그 발명에 채용된 특유한 구성요소들과 나머지 구성요소들 사이의 결합관계를 포함하여 유기적으로 결합된 전체로서의 구성의 곤란성을 살펴보아야 한다. (특허법원 2007.4.6. 선고 2006허6099 판결) ③특허출원한 발명이 당해 특허출원을 한 날전에 특허출원 또는 실용신안등록출원을 하여			상표에 대하여까지 식별력 취득을 인정할 수는 없지만, 그와 동일성이 인정되는 상표의 장기간의 사용은 위 식별력 취득에 도움이 되는 요소이다(대법원 2008.9.25. 선고 2006후2288 판결). ③제1항제3호(산지에 한한다) 또는 제4호의 규정에 해당하는 표장이라도 그 표장이 특정 상품에 대한 지리적 표시인 경우에는 그 지리적 표시를 사용한 상품을 지정상품으로 하여 지리적 표시 단체표장등록을 받을 수 있다. <신설 2004.12.31> ▶판례 **영어참고서를 지정상품으로 한 등록상표 "영어 실력기초" 의 특별현저성 유무(소극)** 영어참고서를 지정상품으로 한 등록상표 "영어 실력기초"를 구성하고 있는, "영어", "실력", "기초" 등의 각 단어는 특별현저성이 결여된 기술적 표장에 불과한 것으로서, 위 상표는 그 지정상품과 관련지어 볼 때 "영어 실력을 향상시키는 기초적인 영어참고서" 로 인식되어지프로, 구 상표법 제8조 제1항 제3호에 해당되어 같은 법 제46조 제1호에 의하여 무효이다. (대법

특허법	실용신안법	디자인보호법	상표법
당해 특허출원을 한 후에 출원공개되거나 등록공고된 타특허출원 또는 실용신안등록출원의 출원서에 최초로 첨부된 명세서 또는 도면에 기재된 발명 또는 고안과 동일한 경우에 그 발명에 대하여는 제1항의 규정에 불구하고 특허를 받을 수 없다. 다만, 당해 특허출원의 발명자와 타특허출원의 발명자나 실용신안등록출원의 고안자가 동일한 경우 또는 당해 특허출원의 특허출원시의 특허출원인과 타특허출원이나 실용신안등록출원의 출원인이 동일한 경우에는 그러하지 아니하다. <개정 1993.12.10, 1997.4.10, 1998.9.23, 2001.2.3, 2006.3.3> ④제3항을 적용할 때 다른 특허출원 또는 실용신안등록출원이 다음 각 호의 어느 하나에 해당하는 경우 제3항 중 "출원공개"는 "출원공개 또는 「특허협력조약」 제21조에 따른 국제공개"로, "출원서에 최초로 첨부된 명세서 또는 도면에 기재된 발명 또는 고안"은 국어로 출원한 경우 "국제출원일에 제출한 국제출원의 명세서, 청구의 범위 또는 도면에 기재된 발명 또는 고안"으로, 외국어로			원 1990.11.27. 선고 90후410 판결)

특허법	실용신안법	디자인보호법	상표법
출원한 경우 "국제출원일에 제출한 국제출원의 명세서, 청구의 범위 또는 도면과 그 출원번역문에 다 같이 기재된 발명 또는 고안"으로 본다. <개정 2009.1.30> 1. 다른 특허출원이 제199조제1항에 따라 특허출원으로 보는 국제출원(제214조제4항에 따라 특허출원으로 되는 국제출원을 포함한다)인 경우 2. 실용신안등록출원이 「실용신안법」 제34조제1항에 따라 실용신안등록출원으로 보는 국제출원(같은 법 제40조제4항에 따라 실용신안등록출원으로 되는 국제출원을 포함한다)인 경우 ▶판례 **선택발명의 특허 요건 및 명세서 기재의 정도** 선행 또는 공지의 발명에 구성요건이 상위개념으로 기재되어 있고 위 상위개념에 포함되는 하위개념만을 구성요건 중의 전부 또는 일부로 하는 이른바 선택발명은 선행발명이 선택발명을 구성하는 하위개념을 구체적으로 개시하지 아니하고, 선택발명에 포함되는 하위개념들 모두가 선행			

특허법	실용신안법	디자인보호법	상표법
발명이 갖는 효과와 질적으로 다른 효과를 갖고 있거나, 질적인 차이가 없더라도 양적으로 현저한 차이가 있는 경우에 한하여 특허를 받을 수 있고, 선택발명의 상세한 설명에 그와 같은 효과가 있음을 구체적으로 확인할 수 있는 비교실험자료로 또는 대비 결과까지 기재하여야 하는 것은 아니라고 하더라도 통상의 기술자가 선택발명으로서의 효과를 이해할 수 있을 정도로 명확하고 충분하게 기재하여야 명세서 기재요건이 구비되었다고 할 수 있다. (대법원 2007.9.6.선고 2005후3338 판결) 제30조 [공지 등이 되지 아니한 발명으로 보는 경우] ①특허를 받을 수 있는 권리를 가진 자의 발명이 다음 각 호의 어느 하나에 해당하는 경우에는 그 날부터 6월 이내에 특허출원을 하면 그 특허출원된 발명에 대하여 제29조제1항 또는 제2항의 규정을 적용함에 있어서 제29조제1항 각 호의 어느 하나에 해당하지 아니한 것으로 본다. <개정	제5조 [공지 등이 되지 아니한 고안으로 보는 경우] ①실용신안등록을 받을 수 있는 권리를 가진 자의 고안이 다음 각 호의 어느 하나에 해당하는 경우에는 그 날부터 6월 이내에 실용신안등록출원을 하면 그 실용신안등록출원된 고안에 대하여 제4조제1항 또는 제2항의 규정을 적용함에 있어서 제4조제1항 각 호의 어느 하나에 해당하지 아니하는 것으로 본		

특허법	실용신안법	디자인보호법	상표법
1993.12.10, 2001.2.3, 2006.3.3> 1. 특허를 받을 수 있는 권리를 가진 자에 의하여 그 발명이 제29조제1항 각 호의 어느 하나에 해당하게 된 경우. 다만, 조약 또는 법률에 따라 국내 또는 국외에서 출원공개되거나 등록공고된 경우를 제외한다. 2. 특허를 받을 수 있는 권리를 가진 자의 의사에 반하여 그 발명이 제29조제1항 각호의 1에 해당하게 된 경우 3. 삭제 <2006.3.3> ②제1항제1호의 규정을 적용받고자 하는 자는 특허출원서에 그 취지를 기재하여 출원하고, 이를 증명할 수 있는 서류를 특허출원일부터 30일이내에 특허청장에게 제출하여야 한다. <개정 2006.3.3>	다. 1. 실용신안등록을 받을 수 있는 권리를 가진 자에 의하여 그 고안이 제4조제1항 각 호의 어느 하나에 해당하게 된 경우. 다만, 조약 또는 법률에 따라 국내 또는 국외에서 출원공개되거나 등록공고된 경우를 제외한다. 2. 실용신안등록을 받을 수 있는 권리를 가진 자의 의사에 반하여 그 고안이 제4조제1항 각 호의 어느 하나에 해당하게 된 경우 ②제1항제1호의 규정을 적용받고자 하는 자는 실용신안등록출원서에 그 취지를 기재하여 출원하고, 이를 증명할 수 있는 서류를 실용신안등록출원일부터 30일 이내에 특허청장에게 제출하여야 한다.		
제31조 삭제 <2006.3.3>			
제32조 【특허를 받을 수 없는 발명】 공공의 질서 또는 선량한 풍속을 문란하게 하거나 공중의 위생을 해할 염려가 있는 발명에 대하여는 제29조제1항 및 제2항의 규정에 불구하고 특허를 받을 수 없다.	**제6조 【실용신안등록을 받을 수 없는 고안】** 다음 각 호의 어느 하나에 해당하는 고안에 대하여는 제4조의 규정에 불구하고 실용신안등록을 받을 수 없다. 1. 국기 또는 훈장과 동일하거	**제6조 【디자인등록을 받을 수 없는 디자인】** 다음 각 호의 어느 하나에 해당하는 디자인에 대하여는 제5조의 규정에 불구하고 디자인등록을 받을 수 없다. <개정 2004.12.31> 1. 국기·국장·군기·훈장·	**제7조 【상표등록을 받을 수 없는 상표】** ①다음 각 호의 어느 하나에 해당하는 상표는 제6조에도 불구하고 상표등록을 받을 수 없다. <개정 1993.12.10, 1997.8.22, 2001.2.3, 2004.12.31, 2007.1.3, 2010.1.27>

특허법	실용신안법	디자인보호법	상표법
[전문개정 1995.12.29] ▶판례 **인체를 필수 구성요건으로 하는 발명이 인체에 행하여지는 수술 또는 치료방법 등 의료행위에 해당하지 않는 경우, 특허로서 보호받을 수 있는지 여부(한정 적극)** 인체를 필수 구성요건으로 하는 발명이 특허의 대상에서 제외된다고 보아 온 근거는, 의료행위는 인간의 존엄 및 생존에 깊이 관계되어 있는 점, 모든 사람은 의사의 도움을 통하여 질병의 진단, 치료, 경감 또는 예방할 수 있는 의료방법을 선택하고 접근할 수 있는 권리가 보호되어야 한다는 점, 의료행위에 관한 발명을 특허의 대상으로 하게 되면 의사가 의료행위를 수행함에 있어 특허의 침해 여부를 신경쓰게 되어 의료행위에 대한 자유로운 접근이 어렵게 되는 점 등을 들 수 있는바, 인체를 필수 구성요건으로 하는 발명이라 하더라도 인체에 행하여지는 수술 또는 치료방법 등 의료행위에 해당하지 않는 한, 그 발명을 실행할 때 필연적으로 신체를 손상하거나, 신체의 자유를 비인도적으로 구	나 유사한 고안 2. 공공의 질서 또는 선량한 풍속을 문란하게 하거나 공중의 위생을 해할 염려가 있는 고안	포장·기장 기타 공공기관등의 표장과 외국의 국기·국장 또는 국제기관등의 문자나 표지와 동일 또는 유사한 디자인 2. 디자인이 주는 의미나 내용 등이 일반인의 통상적인 도덕관념인 선량한 풍속에 어긋나거나 공공질서를 해칠 우려가 있는 디자인 3. 타인의 업무에 관계되는 물품과 혼동을 가져올 염려가 있는 디자인 4. 물품의 기능을 확보하는데 불가결한 형상만으로 된 디자인	1. 대한민국의 국기(國旗), 국장(國章), 군기(軍旗), 훈장, 포장(襃章), 기장(記章), 대한민국 또는 공공기관의 감독용이나 증명용 인장(印章) 또는 기호와 동일하거나 이와 유사한 상표 ▶판례 **상표법 제7조 제1항 제1호 소정의 '저명한 국제기관'의 의미** 상표법 제7조 제1항 제1호의 입법 취지에 비추어 볼 때 여기서 말하는 저명한 국제기관이라 함은 원칙적으로 상표등록 사정 당시 존재하는 기관으로서 그 조직이나 활동상황 등에 의해 국제적으로 널리 알려질 것을 요고, 이미 오래 전에 폐지되어 위 사정 당시에 활동을 하지 않는 경우에는 이에 해당하지 않는다. (대법원 1998. 6. 26. 선고 97후1443 판결) 1의2. 「공업소유권의 보호를 위한 파리협약」(이하 "파리협약"이라 한다) 동맹국, 세계무역기구 회원국 또는 「상표법조약」 체약국(이하 이 항에서 "동맹국등"이라 한다)의 국기와 동일하거나 이와 유사한 상표 1의3. 국제적십자, 국제올림픽

특허법	실용신안법	디자인보호법	상표법
속하여 특허법 제32조 소정의 '공공의 질서 또는 선량한 풍속을 문란하게 하거나 공중의 위생을 해할 염려가 있는 발명'에 해당되어 특허가 허용될 수 없는 경우를 제외하고는, 산업상 이용이 가능하여 특허로서 보호받을 수 있다. (특허법원 2004. 7. 15. 선고 2003허6104 판결)			위원회 또는 저명한 국제기관의 명칭, 약칭, 표장과 동일하거나 이와 유사한 상표. 다만, 국제적십자, 국제올림픽위원회 또는 저명한 국제기관이 자기의 명칭, 약칭 또는 표장을 상표등록출원한 때에는 그러하지 아니하다. 1의4. 파리협약 제6조의3에 따라 세계지적소유권기구로부터 통지받아 특허청장이 지정한 동맹국등의 문장(紋章), 기(旗), 훈장, 포장, 기장 또는 동맹국등이 가입한 정부 간 국제기구의 명칭, 약칭, 문장, 기, 훈장, 포장, 기장과 동일하거나 이와 유사한 상표. 다만, 동맹국 또는 동맹국등이 가입한 정부 간 국제기구가 자기의 명칭·약칭(동맹국등이 가입한 정부 간 국제기구에 한정한다), 표장을 상표등록출원한 때에는 그러하지 아니하다. 1의5. 파리협약 제6조의3에 따라 세계지적소유권기구로부터 통지받아 특허청장이 지정한 동맹국등 또는 그 공공기관의 감독용이나 증명용 인장 또는 기호와 동일하거나 유사한 상표로서 그 인장 또는 기호가 사용되고 있는 상품과 동일하

특허법	실용신안법	디자인보호법	상표법
			거나 유사한 상품에 관하여 사용하는 것 2. 국가·인종·민족·공공단체·종교 또는 저명한 고인과의 관계를 허위로 표시하거나 이들을 비방 또는 모욕하거나 이들에 대하여 나쁜 평판을 받게 할 염려가 있는 상표 3. 국가·공공단체 또는 이들의 기관과 공익법인의 영리를 목적으로 하지 아니하는 업무 또는 영리를 목적으로 하지 아니하는 공익사업을 표시하는 표장으로서 저명한 것과 동일 또는 유사한 상표. 다만, 국가·공공단체 또는 이들의 기관과 공익법인 또는 공익사업체에서 자기의 표장을 상표등록출원한 때에는 그러하지 아니하다. 4. 상표 그 자체 또는 상표가 상품에 사용되는 경우 수요자에게 주는 의미와 내용 등이 일반인의 통상적인 도덕관념인 선량한 풍속에 어긋나거나 공공의 질서를 해칠 우려가 있는 상표 ▶판례 상표법 제7조 제1항 제4호의 '공공의 질서 또는 선량한 풍속을

특허법	실용신안법	디자인보호법	상표법
			문란하게 할 염려가 있는 상표'의 의미 구 상표법 제7조 제1항 제4호는 '공공의 질서 또는 선량한 풍속을 문란하게 할 염려가 있는 상표'는 상표등록을 받을 수 없다고 규정하고 있는바, 여기서 '공공의 질서 또는 선량한 풍속을 문란하게 할 염려가 있는 상표'라고 함은 상표의 구성 자체 또는 그 상표가 지정상품에 사용되는 경우 일반 수요자에게 주는 의미나 내용이 사회 공공의 질서에 위반하거나 사회 일반인의 통상적인 도덕관념인 선량한 풍속에 반하는 경우뿐만 아니라, 그 상표를 등록하여 사용하는 행위가 공정한 상품유통질서나 국제적 신의와 상도덕 등 선량한 풍속에 위배되는 경우도 포함되며 (대법원 2000. 4. 21. 선고 97후860, 877(병합), 884(병합) 판결 참조), 또한 그 상표의 사용이 사회 공공의 이익을 침해하는 것이라면 이는 공공의 질서에 위반되는 것으로서 허용될 수 없다고 보아야 할 것이다(대법원 2009.5.28. 선고 2007후3325 판결). ▶판례 상표 "JAMES DEAN"이 저명한

특허법	실용신안법	디자인보호법	상표법
			고인과의 관계를 허위로 표시한 상표에 해당하는지 여부(소극) 출원상표 "JAMES DEAN"은 단순히 고인의 성명 그 자체를 상표로 사용한 것에 지나지 아니할 뿐 동인과의 관련성에 관한 아무런 표시가 없어 이를 가리켜 상표법 제7조 제1항 제2호 소정의 고인과의 관계를 허위로 표시한 상표에 해당하지 않는다. (대법원 1997. 7. 11. 선고 96후2173 판결) 5. 정부가 개최하거나 정부의 승인을 얻어 개최하는 박람회 또는 외국정부가 개최하거나 외국정부의 승인을 얻어 개최하는 박람회의 상패·상장 또는 포장과 동일 또는 유사한 표장이 있는 상표. 다만, 그 상패·상장 또는 포장을 받은 자가 당해 박람회에서 수상한 상품에 관하여 상표의 일부로서 그 표장을 사용할 때에는 그러하지 아니하다. 6. 저명한 타인의 성명·명칭 또는 상호·초상·서명·인장·아호·예명·필명 또는 이들의 약칭을 포함하는 상표. 다만, 그 타인의 승낙을 얻은 경우에는 그러하지 아니하다.

특허법	실용신안법	디자인보호법	상표법
			7. 선출원에 의한 타인의 등록 상표(지리적 표시 등록단체표장을 제외한다)와 동일 또는 유사한 상표로서 그 지정상품과 동일 또는 유사한 상품에 사용하는 상표 ▶판례 **양 상표가 서로 유사해 보이더라도 거래실정상 일반 수요자들이 상품의 품질이나 출처에 관한 오인·혼동할 염려가 없는 경우, 그 등록이 무효인지 여부(소극)** 비록 상표 자체의 외관, 칭호, 관념에서 서로 유사하여 일반적·추상적·정형적으로는 양 상표가 서로 유사해 보인다 하더라도 당해 상품을 둘러싼 일반적인 거래실정, 즉 시장의 성질, 고객층의 재산이나 지식정도, 전문가인지 여부, 연령, 성별, 당해 상품의 속성과 거래방법, 거래장소, 고장수리의 사후보장 여부, 상표의 현존 및 사용상황, 상표의 주지정도, 당해 상품과의 관계, 수요자의 일상 언어생활 등을 종합적·전체적으로 고려하여 거래사회에서 수요자들이 구체적·개별적으로는 명백히 상품의 품질이나 출처에 오인·혼동의 염려가 없을 경우에는, 양 상표가 공존하더라

특허법	실용신안법	디자인보호법	상표법
			도 당해 상표권자나 수요자 및 거래자들의 보호에 아무런 지장이 없다 할 것이어서 그러한 상표의 등록을 금지하거나 등록된 상표를 무효라고 할 수는 없다. (대법원 1996. 9. 24. 선고 96후153,96후-191 판결) 7의2. 선출원에 의한 타인의 지리적 표시 등록단체표장과 동일 또는 유사한 상표로서 그 지정상품과 동일한 상품에 사용하는 상표 8. 상표권이 소멸한 날(상표등록을 무효로 한다는 심결이 있은 경우에는 심결확정일을 말한다)부터 1년을 경과하지 아니한 타인의 등록상표(지리적 표시 등록단체표장을 제외한다)와 동일 또는 유사한 상표로서 그 지정상품과 동일 또는 유사한 상품에 사용하는 상표 8의2. 지리적 표시 단체표장권이 소멸한 날(단체표장등록을 무효로 한다는 심결이 있은 경우에는 심결확정일을 말한다)부터 1년을 경과하지 아니한 타인의 지리적 표시 등록단체표장과 동일 또는 유사한 상표로서 그 지정상품과 동일한 상품에 사용하는 상표

특허법	실용신안법	디자인보호법	상표법
			9. 타인의 상품을 표시하는 것이라고 수요자간에 현저하게 인식되어 있는 상표(지리적 표시를 제외한다)와 동일 또는 유사한 상표로서 그 타인의 상품과 동일 또는 유사한 상품에 사용하는 상표 9의2. 특정 지역의 상품을 표시하는 것이라고 수요자간에 현저하게 인식되어 있는 타인의 지리적 표시와 동일 또는 유사한 상표로서 그 지리적 표시를 사용하는 상품과 동일한 상품에 사용하는 상표 10. 수요자간에 현저하게 인식되어 있는 타인의 상품이나 영업과 혼동을 일으키게 할 염려가 있는 상표 ▶판례 **상표법 제7조 제10호에 따른 상표 부등록사유의 판단 기준** 상표법 제7조 제1항 제10호에 따른 부등록사유란, 타인의 선사용상표 또는 서비스표의 저명 정도, 당해 상표와 타인의 선사용상표 또는 서비스표의 각 구성, 상품 혹은 영업의 유사 내지 밀접성 정도, 선사용상표 또는 서비스표 권리자의 사업다각화 정도, 이들 수요자 층의 중복 정도

특허법	실용신안법	디자인보호법	상표법
			등을 비교·종합한 결과, 당해 상표의 수요자가 그 상표로부터 타인의 저명한 상표 또는 서비스표나 그 상품 또는 영업 등을 쉽게 연상하여 출처에 혼동을 일으키게 할 염려가 있는 경우를 의미한다(대법원 2010.5.27. 선고 2008후2510 판결). 11. 상품의 품질을 오인하게 하거나 수요자를 기만할 염려가 있는 상표 ▶판례 상표법 제7조 제1항 제11호에서 규정하고 있는 '수요자를 기만할 염려가 있는 상표'에 해당하는지 여부의 판단 기준 등록상표가 상표법 제7조 제1항 제11호에서 규정하고 있는 수요자를 기만할 염려가 있는 상표에 해당하려면, 그 등록상표나 지정상품과 대비되는 선사용상표나 그 사용상품이 반드시 저명하여야 할 필요까지는 없고, 국내 수요자나 거래자에게 그 상표나 상품이라고 하면 곧 특정인의 상표나 상품이라고 인식될 수 있을 정도로 알려져 있으면 되며, 이러한 경우 그 선사용상표와 동일·유사한 상표가 그 사용상품과 동일·유사한 상품에 사용되

특허법	실용신안법	디자인보호법	상표법
			고 있거나, 또는 어떤 상표가 선사용상표와 동일·유사하고, 선사용상표의 구체적인 사용실태나 양 상표가 사용되는 상품 사이의 경제적인 견련의 정도 기타 일반적인 거래실정 등에 비추어, 그 상표가 선사용상표의 사용상품과 동일·유사한 상품에 사용된 경우에 못지않을 정도로 선사용상표의 권리자에 의하여 사용되고 있다고 오인될 만한 특별한 사정이 있으면 수요자로 하여금 출처의 오인·혼동을 일으켜 수요자를 기만할 염려가 있다고 보아야 한다(대법원 2010.1.28. 선고 2009후3275 판결). ▶판례 **화장품류를 지정상품으로 하는 상표 "NECTAR"가 상표법 제7조 제1항 제11호에 해당하는지 여부** 출원상표의 "NECTAR"라는 영문단어 자체는 그리이스 신화에 나오는 "신주(신주)"에서 유래한 것이나, 오늘날 일반수요자의 입장에서 출원상표에 의하여 인식하는 상품은 "감미로운 음료, 감로, 과즙" 정도라 할 것인데, 출원상표의 지정상품들인 화장품류(향수, 향유, 로션 등)와는 동

특허법	실용신안법	디자인보호법	상표법
			일 계통에 속하는 상품이라거나 재료, 용도, 외관, 제법, 판매 등의 점에서 계통을 공통히 하는 관계에 있다 할 수 없고, 양자가 같은 액체 형상을 하고 있어 캔이나 병 등의 용기에 담아 거래된다고 하는 경우에도 음료류와 화장품류는 그 용기에 있어서나 판매처에 있어서 확연히 구별되므로 거래통념상 화장품류의 일반수요자들 사이에서 출원상표로 인하여 상품 자체나 그 품질을 오인할 염려는 없는 것으로 보아야 한다. (대법원 1994.12.9. 선고 94후623 판결) 12. 국내 또는 외국의 수요자 간에 특정인의 상품을 표시하는 것이라고 인식되어 있는 상표(지리적 표시를 제외한다)와 동일 또는 유사한 상표로서 부당한 이익을 얻으려 하거나 그 특정인에게 손해를 가하려고 하는 등 부정한 목적을 가지고 사용하는 상표 12의2. 국내 또는 외국의 수요자간에 특정 지역의 상품을 표시하는 것이라고 인식되어 있는 지리적 표시와 동일 또는 유사한 상표로서 부당한 이익

특허법	실용신안법	디자인보호법	상표법
			을 얻으려 하거나 그 지리적 표시의 정당한 사용자에게 손해를 가하려고 하는 등 부정한 목적을 가지고 사용하는 상표 13. 상표등록을 받고자 하는 상품 또는 그 상품의 포장의 기능을 확보하는데 불가결한 입체적 형상만으로 되거나 색채 또는 색채의 조합만으로 된 상표 14. 세계무역기구 회원국내의 포도주 및 증류주의 산지에 관한 지리적 표시로서 구성되거나 동 표시를 포함하는 상표로서 포도주·증류주 또는 이와 유사한 상품에 사용하고자 하는 상표. 다만, 지리적 표시의 정당한 사용자가 그 해당 상품을 지정상품으로 하여 제9조제3항의 규정에 따른 지리적 표시단체표장등록출원을 한 때에는 그러하지 아니하다. 15. 「종자산업법」 제111조에 따라 등록된 품종명칭과 동일하거나 유사한 상표로서 그 품종명칭과 동일 또는 이와 유사한 상품에 대하여 사용하는 상표 ②제1항제6호·제9호·제9호의2 및 제10호의 규정에 해당하는 상표라도 상표등록출원시에

특허법	실용신안법	디자인보호법	상표법
			이에 해당(상표등록출원인이 당해 규정의 타인에 해당하는지 여부에 관한 사항을 제외한다)하지 아니하는 것에 대하여는 당해 규정은 적용하지 아니한다. <개정 2004.12.31, 2007.1.3> ③제1항제7호·제7호의2·제8호 및 제8호의2는 상표등록출원 시에 이에 해당하는 것에 대하여 적용한다. 다만, 상표등록출원인(이하 "출원인"이라 한다)이 해당 규정의 타인에 해당하는지 여부에 관하여는 상표등록출원시를 기준으로 하지 아니한다. <개정 1997.8.22, 2004.12.31, 2007.1.3, 2010.1.27> ④제1항제8호 및 제8호의2는 다음 각 호의 어느 하나에 해당하는 경우에는 적용하지 아니한다. <개정 1993.12.10, 1997.8.22, 2004.12.31, 2007.1.3, 2010.1.27> 1. 등록상표가 상표권이 소멸한 날부터 소급하여 1년 이상 사용되지 아니한 경우 2. 등록상표가 제1항제6호·제9호·제9호의2·제10호·제11호·제12호 및 제12호의2, 제8조 또는 제73조제1항제7호의 규정에 위반한 것을 사유로 무효 또는 취소의 심결이 확정된

특허법	실용신안법	디자인보호법	상표법
			후 그 정당한 출원인이 상표등록출원한 경우 3. 등록상표에 대한 상표권의 존속기간갱신등록신청이 되지 아니한 채 제43조제2항 단서에 따른 6개월의 기간이 지난 후에 상표등록출원한 경우 4. 제8조제5항 및 동조 제6항의 규정에 따라 취소심판청구인이 상표등록출원한 경우 5. 제8조제5항 각 호의 어느 하나에 해당하는 경우로서 동항의 규정에 따라 취소심판청구인이 상표등록을 받을 수 있는 기간이 지난 후에 상표등록출원이 있는 경우 ⑤제73조제1항제2호·제3호·제5호 내지 제12호의 규정에 해당한다는 것을 이유로 상표등록의 취소심판이 청구되고 그 청구일이후에 다음 각호의 1에 해당하게 된 때에는 상표권자 및 그 상표를 사용한 자는 그 해당하게 된 날부터 3년이 경과한 후에 상표등록출원을 하지 아니하면 소멸된 등록상표와 동일 또는 유사한 상표를 그 지정상품과 동일 또는 유사한 상품(지리적 표시 단체표장의 경우에는 동일한 상품에 한한다)에 대하여 상표등록

특허법	실용신안법	디자인보호법	상표법
			을 받을 수 없다. <개정 1997.8.22, 2004.12.31> 1. 존속기간의 만료로 인하여 상표권이 소멸한 경우 2. 상표권자가 상표권 또는 지정상품의 일부를 포기한 경우 3. 상표등록 취소의 심결이 확정된 경우 ⑥제1항제7호의2·제8호의2 및 제9호의2의 규정은 동음이의어 지리적 표시 단체표장 상호간에는 이를 적용하지 아니한다. <신설 2004.12.31> [2006헌바113, 2006헌바114(병합), 2009.4.30. 상표법(1997. 8. 22. 법률 제5355호로 개정된 것) 제7조 제3항 본문의 "타인의 등록상표가 제71조 제3항의 규정에 의하여 무효로 된 경우에도 이에 해당하는 것으로 본다"중 제7조 제1항 제7호에 관한 부분은 헌법에 위반된다.] ▶판례 **표장이 의장적 기능도 있는 경우, 상표로서의 사용에 해당하는지 여부의 판단 기준** 의장과 상표는 배타적, 선택적인 관계에 있는 것이 아니므로 의장이 될 수 있는 형상이나 모양이라고 하더라도 그것이 상표의 본

특허법	실용신안법	디자인보호법	상표법
			질적인 기능이라고 할 수 있는 자타상품의 출처표시를 위하여 사용되는 것으로 볼 수 있는 경우에는 위 사용은 상표로서의 사용이라고 보아야 한다. (대법원 2000. 12. 26. 선고 98도2743 판결)
제33조 【특허를 받을 수 있는 자】 ①발명을 한 자 또는 그 승계인은 이 법에서 정하는 바에 의하여 특허를 받을 수 있는 권리를 가진다. 다만, 특허청직원 및 특허심판원직원은 상속 또는 유증의 경우를 제외하고는 재직중 특허를 받을 수 없다. <개정 1995.1.5, 2001.2.3> ②2인이상이 공동으로 발명한 때에는 특허를 받을 수 있는 권리는 공유로 한다.	제11조 【「특허법」의 준용】 실용신안등록요건 및 실용신안등록출원에 관하여는 「특허법」 제33조부터 제35조까지, 제37조, 제38조, 제41조, 제43조, 제44조, 제46조, 제47조, 제51조, 제52조 및 제54조부터 제56조까지의 규정을 준용한다. [전문개정 2009.1.30]	제3조 【디자인등록을 받을 수 있는 자】 ①디자인을 창작한 자 또는 그 승계인은 이 법에서 정하는 바에 의하여 디자인등록을 받을 수 있는 권리를 가진다. 다만, 특허청직원 및 특허심판원직원은 상속 또는 유증의 경우를 제외하고는 재직중 디자인등록을 받을 수 없다. <개정 1993.12.10, 1995.1.5, 2001.2.3, 2004.12.31> ②2인 이상이 공동으로 디자인을 창작한 때에는 디자인등록을 받을 수 있는 권리는 공유로 한다. <개정 1993.12.10, 2004.12.31>	제3조 【상표등록을 받을 수 있는 자】 국내에서 상표를 사용하는 자 또는 사용하고자 하는 자는 자기의 상표를 등록받을 수 있다. 다만, 특허청직원 및 특허심판원직원은 상속 또는 유증의 경우를 제외하고는 재직중 상표를 등록받을 수 없다. <개정 1995.1.5>
			제3조의2 【단체표장의 등록을 받을 수 있는 자】 상품을 생산·제조·가공·증명 또는 판매하는 것 등을 업으로 영위하는 자나 서비스업을 영위하는

특허법	실용신안법	디자인보호법	상표법
			자가 공동으로 설립한 법인(지리적 표시 단체표장의 경우에는 그 지리적 표시를 사용할 수 있는 상품을 생산·제조 또는 가공하는 것을 업으로 영위하는 자만으로 구성된 법인에 한한다)은 자기의 단체표장을 등록받을 수 있다. [본조신설 2004.12.31]
			제4조【업무표장의 등록을 받을 수 있는 자】 국내에서 영리를 목적으로 하지 아니하는 업무를 영위하는 자는 자기의 업무표장을 등록받을 수 있다.
제34조【무권리자의 특허출원과 정당한 권리자의 보호】 발명자가 아닌 자로서 특허를 받을 수 있는 권리의 승계인이 아닌 자(이하 "무권리자"라 한다)가 한 특허출원이 제33조제1항 본문의 규정에 의한 특허를 받을 수 있는 권리를 가지지 아니한 사유로 제62조제2호에 해당되어 특허를 받지 못하게 된 경우에는 그 무권리자의 특허출원후에 한 정당한 권리자의 특허출원은 무권리자가 특허출원한 때에 특허출원한 것으로 본다. 다만, 무권리자가 특허를	**제11조 【「특허법」의 준용】**	**제14조【무권리자의 디자인등록출원과 정당한 권리자의 보호】** 디자인 창작자가 아닌 자로서 디자인등록을 받을 수 있는 권리의 승계인이 아닌 자(이하 "무권리자"라 한다)가 한 디자인등록출원이 제3조제1항 본문의 규정에 따른 디자인등록을 받을 수 있는 권리를 가지지 아니한 사유로 제26조제1항제3호에 해당되어 디자인등록을 받지 못하게 된 경우에는 그 무권리자의 디자인등록출원후에 한 정당한 권리자의 디자인등록출원은 무권리자가 디자	

특허법	실용신안법	디자인보호법	상표법
받지 못하게 된 날부터 30일을 경과한 후에 출원을 한 경우에는 그러하지 아니하다. <개정 2001.2.3> [전문개정 1997.4.10]		인등록출원한 때에 디자인등록출원한 것으로 본다. 다만, 무권리자가 디자인등록을 받지 못하게 된 날부터 30일을 경과한 후에 정당한 권리자가 디자인등록출원을 한 경우에는 그러하지 아니하다. <개정 2004.12.31>	
제35조 【무권리자의 특허와 정당한 권리자의 보호】 제33조제1항 본문의 규정에 의한 특허를 받을 수 있는 권리를 가지지 아니한 자에 대하여 제133조제1항제2호에 해당되어 특허를 무효로 한다는 심결이 확정된 경우에는 그 특허출원 후에 한 정당한 권리자의 특허출원은 무효로 된 그 특허의 출원시에 특허출원한 것으로 본다. 다만, 그 특허의 등록공고가 있는 날부터 2년을 경과한 후 또는 심결이 확정된 날부터 30일을 경과한 후에 특허출원을 한 경우에는 그러하지 아니하다. [전문개정 2006.3.3]	**제11조 【「특허법」의 준용】**	**제15조 【무권리자의 디자인등록과 정당한 권리자의 보호】** 제3조제1항 본문의 규정에 의한 디자인등록을 받을 수 있는 권리를 가지지 아니한 사유로 그 디자인등록에 대한 취소결정 또는 무효로 한다는 심결이 확정된 경우에는 그 디자인등록출원후에 한 정당한 권리자의 디자인등록출원은 취소 또는 무효로 된 그 등록디자인의 디자인등록출원시에 디자인등록출원한 것으로 본다. 다만, 취소결정 또는 심결이 확정된 날부터 30일을 경과한 후에 디자인등록출원을 한 경우에는 그러하지 아니하다. <개정 2004.12.31>	
제36조 【선출원】 ①동일한 발명에 대하여 다른 날에 2이상의 특허출원이 있는 때에는 먼저	**제7조 【선출원】** ①동일한 고안에 대하여 다른 날에 2 이상의 실용신안등록출원이 있는 때에	**제16조 【선출원】** ①동일 또는 유사한 디자인에 대하여 다른 날에 2이상의 디자인등록출원	**제8조 【선출원】** ①동일 또는 유사한 상품에 사용할 동일 또는 유사한 상표에 관하여 다른 날

특허법	실용신안법	디자인보호법	상표법
특허출원한 자만이 그 발명에 대하여 특허를 받을 수 있다. ▶판례 **구 특허법 제36조의 적용에 있어 두 발명이 물건의 발명과 방법의 발명으로 서로 발명의 범주가 다르다고 하여 '동일한 발명'이 아니라고 단정할 수 있는지 여부 (소극)** 구 특허법(2001. 2. 3. 법률 제6411호로 개정되기 전의 것) 제36조를 적용하기 위한 전제로서 두 발명이 서로 동일한 발명인지 여부는 대비되는 두 발명의 실체를 파악하여 따져보아야 할 것이지 표현양식에 따른 차이에 따라 판단할 것은 아니므로, 대비되는 두 발명이 각각 물건의 발명과 방법의 발명으로 서로 발명의 범주가 다르다고 하여 곧바로 동일한 발명이 아니라고 단정할 수 없다(대법원 2007.1.12. 선고 2005후3017 판결). ②동일한 발명에 대하여 같은 날에 2이상의 특허출원이 있는 때에는 특허출원인의 협의에 의하여 정하여진 하나의 특허출원인만이 그 발명에 대하여 특허를 받을 수 있다. 협의가 성립하지 아니하거나 협의를	는 먼저 실용신안등록출원한 자만이 그 고안에 대하여 실용신안등록을 받을 수 있다. ②동일한 고안에 대하여 같은 날에 2 이상의 실용신안등록출원이 있는 때에는 실용신안등록출원인 간의 협의에 의하여 정하여진 하나의 실용신안등록출원인만이 그 고안에 대하여 실용신안등록을 받을 수 있다. 협의가 성립하지 아니하거나 협의를 할 수 없는 때에는 어느 실용신안등록출원인도 그 고안에 대하여 실용신안등록을 받을 수 없다. ③실용신안등록출원된 고안과 특허출원된 발명이 동일한 것으로서 그 실용신안등록출원과 특허출원이 다른 날에 출원된 것일 때에는 제1항의 규정을 준용하고, 그 실용신안등록출원과 특허출원이 같은 날에 출원된 것일 때에는 제2항의 규정을 준용한다. ④실용신안등록출원 또는 특허출원이 무효·취하 또는 포기되거나 거절결정이나 거절한다는 취지의 심결이 확정된 때에는 그 실용신안등록출원 또는 특허출원은 제1항 내지 제3항의 규정을 적용함에 있어서는	이 있는 때에는 먼저 디자인등록출원한 자만이 그 디자인에 관하여 디자인등록을 받을 수 있다. <개정 2004.12.31> ②동일 또는 유사한 디자인에 대하여 같은 날에 2이상의 디자인등록출원이 있는 때에는 디자인등록출원인의 협의에 의하여 정하여진 하나의 디자인등록출원인만이 그 디자인에 대하여 디자인등록을 받을 수 있다. 협의가 성립하지 아니하거나 협의를 할 수 없는 때에는 어느 디자인등록출원인도 그 디자인에 대하여 디자인등록을 받을 수 없다. <개정 2004.12.31> ③디자인등록출원이 무효·취하·포기 또는 거절결정이나 거절한다는 취지의 심결이 확정된 때에는 그 디자인등록출원은 제1항 및 제2항의 규정을 적용함에 있어서는 처음부터 없었던 것으로 본다. 다만, 제2항 후단에 해당하여 그 디자인등록출원에 대하여 거절결정이나 거절한다는 취지의 심결이 확정된 때에는 그러하지 아니하다. <개정 2007.1.3> ④디자인을 창작한 자가 아닌 자로서 디자인등록을 받을 수	에 2 이상의 상표등록출원이 있는 때에는 먼저 출원한 자만이 그 상표에 관하여 상표등록을 받을 수 있다. ▶판례 **등록상표 '생활정보'의 특별현저성의 유무** 등록상표가 한자로 '생활정보'라고 횡서표기한 문자상표라면 그 '생활정보'라는 용어는 우리의 생활 주변에서 일어나는 여러가지 뜻을 전달하는 뜻이 있으므로 이 사건 등록상표는 그 지정상품인 잡지와의 관계에 있어서 그 효능이나 용도 등 상품의 성질을 보통으로 사용하는 방법으로 표시한 표장만으로 된 상표이므로 자타 상품을 식별할 수 있는 기능이 결여되는 것으로서 상표로서의 특별현저성이 없다. (대법원 1987.8.18. 선고 86후190 판결) ②동일 또는 유사한 상품에 사용할 동일 또는 유사한 상표에 관하여 같은 날에 2 이상의 상표등록출원이 있는 때에는 출원인의 협의에 의하여 정하여진 하나의 출원인만이 그 상표에 관하여 상표등록을 받을 수 있다. 협의가 성립하지 아니하

특허법	실용신안법	디자인보호법	상표법
할 수 없는 때에는 어느 특허출원인도 그 발명에 대하여 특허를 받을 수 없다. ③특허출원된 발명과 실용신안등록출원된 고안이 동일한 경우 그 특허출원과 실용신안등록출원이 다른 날에 출원된 것일 때에는 제1항의 규정을 준용하고, 그 특허출원과 실용신안등록출원이 같은 날에 출원된 것일 때에는 제2항의 규정을 준용한다. <개정 1998.9.23, 2001.2.3, 2006.3.3> ④특허출원 또는 실용신안등록출원이 무효·취하 또는 포기되거나 거절결정이나 거절한다는 취지의 심결이 확정된 때에는 그 특허출원 또는 실용신안등록출원은 제1항 내지 제3항의 규정을 적용함에 있어서는 처음부터 없었던 것으로 본다. 다만, 제2항 후단(제3항의 규정에 의하여 준용되는 경우를 포함한다)의 규정에 해당하여 그 특허출원 또는 실용신안등록출원에 대하여 거절결정이나 거절한다는 취지의 심결이 확정된 때에는 그러하지 아니하다. <개정 2001.2.3, 2006.3.3> ⑤발명자 또는 고안자가 아닌 자로서 특허를 받을 수 있는	처음부터 없었던 것으로 본다. 다만, 제2항 후단(제3항의 규정에 의하여 준용되는 경우를 포함한다)의 규정에 해당하여 그 실용신안등록출원 또는 특허출원에 대하여 거절결정 또는 거절한다는 취지의 심결이 확정된 때에는 그러하지 아니하다. ⑤고안자 또는 발명자가 아닌 자로서 실용신안등록을 받을 수 있는 권리 또는 특허를 받을 수 있는 권리의 승계인이 아닌 자가 한 실용신안등록출원 또는 특허출원은 제1항 내지 제3항의 규정을 적용함에 있어서는 처음부터 없었던 것으로 본다. ⑥특허청장은 제2항의 경우에는 실용신안등록출원인에게 기간을 정하여 협의의 결과를 신고할 것을 명하고 그 기간 이내에 신고가 없는 때에는 협의는 성립되지 아니한 것으로 본다.	있는 권리의 승계인이 아닌 자가 한 디자인등록출원은 제1항 및 제2항의 규정을 적용함에 있어서는 처음부터 없었던 것으로 본다. <개정 1993.12.10, 2004.12.31> ⑤특허청장은 제2항의 경우에는 디자인등록출원인에게 기간을 정하여 협의의 결과를 신고할 것을 명하고 그 기간내에 신고가 없는 때에는 제2항의 규정에 의한 협의는 성립되지 아니한 것으로 본다. <개정 2004.12.31>	거나 협의를 할 수 없는 때에는 특허청장이 행하는 추첨에 의하여 결정된 하나의 출원인만이 상표등록을 받을 수 있다. ③상표등록출원이 포기·취하 또는 무효가 된 때 또는 상표등록거절결정이나 심결이 확정된 때에는 그 상표등록출원은 제1항 및 제2항의 규정을 적용함에 있어서는 처음부터 없었던 것으로 본다. <개정 2001.2.3> ④특허청장은 제2항의 경우에는 출원인에게 기간을 정하여 협의의 결과를 신고할 것을 명하고 그 기간내에 신고가 없는 때에는 제2항의 규정에 의한 협의는 성립되지 아니한 것으로 본다. ⑤제73조제1항제3호의 규정에 해당한다는 것을 이유로 상표등록의 취소심판이 청구되고 그 청구일이후에 다음 각 호의 어느 하나에 해당하게 된 때에는 그 해당하게 된 날(제3호의 경우 상표등록 취소의 심결에 대하여 소가 제기된 후 소취하나 상고취하로 그 상표등록 취소의 심결이 확정된 때에는 그 취하일을 말한다)부터 6개월간

특허법	실용신안법	디자인보호법	상표법
권리 또는 실용신안등록을 받을 수 있는 권리의 승계인이 아닌 자가 한 특허출원 또는 실용신안등록출원은 제1항 내지 제3항의 규정을 적용함에 있어서는 처음부터 없었던 것으로 본다. ⑥특허청장은 제2항의 경우에는 특허출원인에게 기간을 정하여 협의의 결과를 신고할 것을 명하고 그 기간내에 신고가 없는 때에는 제2항의 규정에 의한 협의는 성립되지 아니한 것으로 본다. ▶판례 **구 특허법(1980.12.31. 법률 제3325호로 개정되기 전의 것)상 발명의 동일성 여부의 판단방법** 구 특허법(1980.12.31. 법률 제3325호로 개정되기 전의 것)상 출원발명이 선출원의 발명과 동일한 발명인지의 여부를 판단하기 위하여는 먼저 두 발명의 성격(물건에 관한 발명인지, 방법에 관한 발명인지)과 그 특허발명의 범위를 확정하여야 할 것이며 그 중 하나가 물건(장치)에 관한 발명으로 되어 있고 다른 하나가 방법에 관한 발명으로 되어 있을 때에는 그 발명의 실체를 파악하			은 취소심판청구인만이 상표등록출원을 하여 소멸된 등록상표와 동일 또는 유사한 상표를 그 지정상품과 동일 또는 유사한 상품에 대하여 상표등록을 받을 수 있다. <개정 1997.8.22, 2007.1.3> 1. 제43조제2항 단서의 기간이 경과한 경우 2. 상표권자가 상표권 또는 지정상품의 일부를 포기한 경우 3. 상표등록 취소의 심결이 확정된 경우 ⑥제73조제1항제3호에 해당한다는 것을 이유로 상표등록의 취소심판이 청구되고 그 청구일 이후에 다음 각 호의 어느 하나에 해당하는 상표등록출원이 있는 경우에는 취소심판청구인만이 상표등록을 받을 수 있다. <신설 2007.1.3> 1. 상표권의 존속기간 만료로 취소심판이 청구된 등록상표가 소멸되는 경우에 있어서 제43조제2항 단서의 기간 중 그 소멸된 등록상표와 동일하거나 유사한 상표를 그 지정상품과 동일하거나 유사한 상품에 대하여 상표등록출원한 경우 2. 상표등록 취소의 심결에 대하여 소가 제기된 후 소취하나

특허법	실용신안법	디자인보호법	상표법
여 동일한 발명인데 표현양식에 따른 차이가 있는 것에 지나지 아니하는 것인지, 아니면 장치와 방법 양자에 관하여 각각 별개의 발명이 있었는지 여부를 먼저 확정하여 설시하고 이에 터잡아 두 발명의 동일성 여부를 판단하여야 할 것이다. (대법원 1990.2.27. 선고 89후148 판결)			상고취하로 그 상표등록 취소의 심결이 확정되어 취소심판이 청구된 등록상표가 소멸되는 경우에 있어서 그 취소심결의 확정일부터 소취하일 또는 상고취하일까지의 기간 중 그 소멸된 등록상표와 동일 하거나 유사한 상표를 그 지정상품과 동일하거나 유사한 상품에 대하여 상표등록출원한 경우 ⑦제1항 및 제2항의 규정은 다음 각호의 1에 해당하는 경우에는 이를 적용하지 아니한다. <신설 2004.12.31, 2007.1.3> 1. 동일하지 아니한 상품에 대하여 동일 또는 유사한 표장으로 2 이상의 지리적 표시 단체표장등록출원 또는 지리적 표시 단체표장등록출원과 상표등록출원이 있는 경우 2. 서로 동음이의어 지리적 표시에 해당하는 표장으로 2 이상의 지리적 표시 단체 표장등록출원이 있는 경우 ⑧제5항의 규정은 다음 각호의 1에 해당하는 경우에는 이를 적용하지 아니한다. <신설 2004.12.31, 2007.1.3> 1. 소멸된 지리적 표시 등록단체표장과 동일 또는 유사한 표장으로 그 지정상품과 동일하

특허법	실용신안법	디자인보호법	상표법
			지 아니한 상품에 대하여 상표 등록출원을 한 경우 2. 소멸된 지리적 표시 등록단체표장과 서로 동음이의어 지리적 표시에 해당하는 표장으로 지리적 표시 단체표장등록출원을 한 경우
제37조 【특허를 받을 수 있는 권리의 이전등】 ①특허를 받을 수 있는 권리는 이전할 수 있다. ②특허를 받을 수 있는 권리는 질권의 목적으로 할 수 없다. ③특허를 받을 수 있는 권리가 공유인 경우에는 각 공유자는 다른 공유자의 동의를 얻지 아니하면 그 지분을 양도할 수 없다.	제11조 【「특허법」의 준용】	제23조의4 【디자인등록을 받을 수 있는 권리의 이전등】 ①디자인등록을 받을 수 있는 권리는 이전할 수 있다. 다만, 기본디자인등록을 받을 수 있는 권리와 유사디자인등록을 받을 수 있는 권리는 함께 이전하여야 한다. <개정 2004.12.31> ②디자인등록을 받을 수 있는 권리는 질권의 목적으로 할 수 없다. <개정 2004.12.31> ③디자인등록을 받을 수 있는 권리가 공유인 경우에는 각 공유자는 다른 공유자 전원의 동의를 얻지 아니하면 그 지분을 양도할 수 없다. <개정 2004.12.31> [본조신설 1997.8.22]	
제38조 【특허를 받을 수 있는 권리의 승계】 ①특허출원전에 있어서 특허를 받을 수 있는 권리의 승계는 그 승계인이 특	제11조 【「특허법」의 준용】	제24조 【디자인등록을 받을 수 있는 권리의 승계】 ①디자인등록출원 전에 있어서 디자인등록을 받을 수 있는 권리의	

특허법	실용신안법	디자인보호법	상표법
허출원을 하지 아니하면 제3자에게 대항할 수 없다. ②동일한 자로부터 승계한 동일한 특허를 받을 수 있는 권리에 대하여 같은 날에 2이상의 특허출원이 있는 때에는 특허출원인의 협의에 의하여 정한 자외의 자의 승계는 그 효력이 발생하지 아니한다. ③동일한 자로부터 승계한 동일한 발명 및 고안에 대한 특허를 받을 수 있는 권리 및 실용신안등록을 받을 수 있는 권리에 대하여 같은 날에 특허출원 및 실용신안등록출원이 있는 때에도 제2항과 같다. ④특허출원후에 있어서 특허를 받을 수 있는 권리의 승계는 상속 기타 일반승계의 경우를 제외하고는 특허출원인변경신고를 하지 아니하면 그 효력이 발생하지 아니한다. <개정 2001.2.3> ⑤특허를 받을 수 있는 권리의 상속 기타 일반승계가 있는 경우에는 승계인은 지체없이 그 취지를 특허청장에게 신고하여야 한다. ⑥동일인으로부터 승계한 동일한 특허를 받을 수 있는 권리의 승계에 관하여 같은 날에 2		승계는 그 승계인이 디자인등록출원을 하지 아니하면 제3자에게 대항할 수 없다. ②동일한 자로부터 승계한 같은 디자인등록을 받을 수 있는 권리에 대하여 같은 날에 둘 이상의 디자인등록출원이 있는 때에는 디자인등록출원인의 협의에 의하여 정한 자 외의 자의 승계는 그 효력이 발생하지 아니한다. ③디자인등록출원 후에 있어서 디자인등록을 받을 수 있는 권리의 승계는 상속, 그 밖의 일반승계의 경우를 제외하고는 디자인등록출원인변경신고를 하지 아니하면 그 효력이 발생하지 아니한다. ④디자인등록을 받을 수 있는 권리의 상속, 그 밖의 일반승계가 있는 경우에는 승계인은 지체 없이 그 취지를 특허청장에게 신고하여야 한다. ⑤동일인으로부터 승계한 같은 디자인등록을 받을 수 있는 권리의 승계에 관하여 같은 날에 둘 이상의 디자인등록출원인변경신고가 있는 때에는 신고를 한 자 간의 협의에 의하여 정한 자 외의 자의 신고는 그 효력이 발생하지 아니한다.	

특허법	실용신안법	디자인보호법	상표법
이상의 특허출원인변경신고가 있는 때에는 신고를 한 자간의 협의에 의하여 정한 자외의 자의 신고는 그 효력이 발생하지 아니한다. <개정 2001.2.3> ⑦제36조제6항의 규정은 제2항·제3항 및 제6항의 경우에 이를 준용한다. <개정 1993.12.10> **제39조 삭제** <2006.3.3> **제40조 삭제** <2006.3.3> **제41조 【국방상 필요한 발명등】** ①정부는 국방상 필요한 경우에는 외국에의 특허출원을 금지하거나 발명자·출원인 및 대리인에게 그 발명을 비밀로 취급하도록 명할 수 있다. 다만, 정부의 허가를 얻은 때에는 외국에 특허출원을 할 수 있다. ②정부는 특허출원한 발명이 국방상 필요한 경우에는 특허를 하지 아니할 수 있으며, 전시·사변 또는 이에 준하는 비상시에 있어서 국방상 필요한 경우에는 특허를 받을 수 있는 권리를 수용할 수 있다. <개정 1995.12.29>	**제11조 【「특허법」의 준용】**	⑥제2항 및 제5항의 경우에는 제16조제5항을 준용한다. [전문개정 2009.6.9]	

특허법	실용신안법	디자인보호법	상표법
③제1항의 규정에 의한 외국에의 특허출원 금지 또는 비밀취급에 따른 손실에 대하여는 정부는 정당한 보상금을 지급하여야 한다. <개정 2001.2.3> ④제2항의 규정에 의하여 특허하지 아니하거나 수용한 경우에는 정부는 정당한 보상금을 지급하여야 한다. ⑤제1항의 규정에 의한 외국에의 특허출원의 금지 또는 비밀취급명령을 위반한 경우에는 그 발명에 대하여 특허를 받을 수 있는 권리를 포기한 것으로 본다. ⑥제1항의 규정에 의한 비밀취급명령을 위반한 경우에는 비밀취급에 따른 손실보상금의 청구권을 포기한 것으로 본다. ⑦제1항의 규정에 의한 외국에의 특허출원의 금지·비밀취급의 절차·제2항 내지 제4항의 규정에 의한 수용 및 보상금 지급의 절차 기타 필요한 사항은 대통령령으로 정한다.		**제7조 【유사디자인】** ①디자인권자 또는 디자인등록출원인은 자기의 등록디자인 또는 디자인등록출원한 디자인(이하 "기본디자인"이라 한다)에만 유사	

특허법	실용신안법	디자인보호법	상표법
		한 디자인(이하 "유사디자인"이라 한다)에 대하여는 유사디자인만으로 디자인등록을 받을 수 있다. <개정 1997.8.22, 2004.12.31> ▶판례 **확인대상디자인이 유사디자인의 권리범위에 속하기 위한 요건** 유사디자인이 등록되면 그 디자인권은 최초의 등록을 받은 기본디자인권과 합체하고 유사디자인의 권리범위는 기본디자인의 권리범위를 초과하지 않는다고 할 것이므로, 확인대상디자인이 유사디자인의 권리범위에 속한다고 할 수 있으려면 유사디자인과 유사하다는 사정만으로는 부족하고 기본디자인과도 유사하여야 할 것이다(대법원 1989. 8. 8. 선고 89후25 판결, 대법원 1995. 6. 30. 선고 94후1749 판결 등 참조). 이 경우 기본디자인의 권리범위는 유사디자인의 유사범위까지 확장되는 것은 아니다(대법원 2008.12.24. 선고 2006후1643 판결). ②제1항의 규정에 의하여 등록을 받은 유사디자인 또는 디자인등록출원된 유사디자인에만 유사한 디자인에 대하여는 제1항의 규정을 적용하지 아니한	

특허법	실용신안법	디자인보호법	상표법
		다. <개정 2004.12.31> **제8조 【신규성상실의 예외】** ① 디자인등록을 받을 수 있는 권리를 가진 자의 디자인이 제5조제1항제1호 또는 제2호에 해당하게 된 경우 그 디자인은 그 날부터 6개월 이내에 그 자가 디자인등록출원한 디자인에 대하여 동조제1항 및 제2항의 규정을 적용함에 있어서는 동조제1항제1호 또는 제2호에 해당하지 아니한 것으로 본다. <개정 2001.2.3, 2004.12.31, 2007.1.3> ②제1항의 규정을 적용받고자 하는 자는 디자인등록출원시 디자인등록출원서에 그 취지를 기재하여 특허청장에게 제출하고 이를 증명할 수 있는 서류를 디자인등록출원일부터 30일 이내에 특허청장에게 제출하여야 한다. 다만, 자기의 의사에 반하여 그 디자인이 제5조제1항 각호의 1에 해당하게 된 경우에는 그러하지 아니하다. <개정 2001.2.3, 2004.12.31> [전문개정 1997.8.22]	
제42조 【특허출원】 ①특허를 받고자 하는 자는 다음 각호의	**제8조 【실용신안등록출원】** ①실용신안등록을 받고자 하는 자	**제9조 【디자인등록출원】** ①디자인등록을 받고자 하는 자는 다	**제9조 【상표등록출원】** ①상표등록을 받고자 하는 자는 다음

특허법	실용신안법	디자인보호법	상표법
사항을 기재한 특허출원서를 특허청장에게 제출하여야 한다. <개정 2001.2.3> 1. 특허출원인의 성명 및 주소(법인인 경우에는 그 명칭 및 영업소의 소재지) 2. 특허출원인의 대리인이 있는 경우에는 그 대리인의 성명 및 주소나 영업소의 소재지(대리인이 특허법인인 경우에는 그 명칭, 사무소의 소재지 및 지정된 변리사의 성명) 3. 삭제 <2001.2.3> 4. 발명의 명칭 5. 발명자의 성명 및 주소 6. 삭제 <2001.2.3> ②제1항의 규정에 의한 특허출원서에는 다음 각호의 사항을 기재한 명세서와 필요한 도면 및 요약서를 첨부하여야 한다. 1. 발명의 명칭 2. 도면의 간단한 설명 3. 발명의 상세한 설명 4. 특허청구범위	는 다음 각 호의 사항을 기재한 실용신안등록출원서를 특허청장에게 제출하여야 한다. 1. 실용신안등록출원인의 성명 및 주소(법인인 경우에는 그 명칭 및 영업소의 소재지) 2. 실용신안등록출원인의 대리인이 출원하는 경우에는 그 대리인의 성명·주소 및 영업소의 소재지(대리인이 특허법인인 경우에는 그 명칭, 사무소의 소재지 및 지정된 변리사의 성명) 3. 고안의 명칭 4. 고안자의 성명 및 주소 ②제1항의 규정에 의한 실용신안등록출원서에는 다음 각 호의 사항을 기재한 명세서와 도면 및 요약서를 첨부하여야 한다. 1. 고안의 명칭 2. 도면의 간단한 설명 3. 고안의 상세한 설명 4. 실용신안등록청구범위 ③제2항제3호의 규정에 따른 고안의 상세한 설명에는 그 고안이 속하는 기술분야에서 통상의 지식을 가진 자가 그 고안을 쉽게 실시할 수 있도록 지식경제부령이 정하는 기재방법에 따라 명확하고 상세하게	음 각호의 사항을 기재한 디자인심사등록출원서 또는 디자인무심사등록출원서를 특허청장에게 제출하여야 한다. <개정 1993.12.10, 1997.8.22, 2001.2.3, 2004.12.31> 1. 디자인등록출원인의 성명 및 주소(법인인 경우에는 그 명칭 및 영업소의 소재지) 2. 디자인등록출원인의 대리인이 있는 경우에는 그 대리인의 성명 또는 주소나 영업소의 소재지(대리인이 특허법인인 경우에는 그 명칭, 사무소의 소재지 및 지정된 변리사의 성명) 3. 삭제 <2001.2.3> 4. 디자인의 대상이 되는 물품 4의2. 단독디자인등록출원 또는 유사디자인등록출원의 여부 5. 기본디자인의 디자인등록번호 또는 디자인등록출원번호(제7조제1항의 규정에 의하여 유사디자인으로 디자인등록을 받고자 하는 경우에 한한다) 6. 디자인을 창작한 자의 성명 및 주소 7. 제23조제3항에 규정된 사항(우선권주장을 하고자 하는 경우에 한하여 기재한다) ②제1항의 규정에 의한 디자인	각호의 사항을 기재한 상표등록출원서를 특허청장에게 제출하여야 한다. <개정 1993.3.6, 1995.12.29, 2001.2.3, 2008.2.29> 1. 출원인의 성명 및 주소(법인인 경우에는 그 명칭 및 영업소의 소재지) 2. 출원인의 대리인이 있는 경우에는 그 대리인의 성명 및 주소나 영업소의 소재지(대리인이 특허법인인 경우에는 그 명칭, 사무소의 소재지 및 지정된 변리사의 성명) 3. 상표 4. 지정상품 및 그 유구분 5. 제20조제3항에 규정된 사항(우선권주장을 하고자 하는 경우에 한하여 기재한다) 6. 삭제 <2001.2.3> 7. 기타 지식경제부령이 정하는 사항 ②상표등록을 받으려고 하는 상표가 입체적 형상·색채·홀로그램·동작 또는 그 밖에 시각적으로 인식할 수 있는 것으로 된 상표인 경우에는 지식경제부령이 정하는 바에 따라 그 취지를 출원서에 적어야 한다. <개정 2007.1.3, 2008.2.29>
▶판례 발명이 특허장애사유가 있는지를 판단함에 있어서 특허청구범위의 기재만으로 권리범위가 명백하게 되는 경우 발명의 상세한 설명이나 도면 등 다른 기재에 의하여			▶판례

특허법	실용신안법	디자인보호법	상표법
특허청구범위를 제한 해석할 수 있는지 여부(소극) 특허권의 권리범위는 특허청구범위에 기재된 바에 의하여 정해지므로, 발명이 특허를 받을 수 없는 사유가 있는지 여부를 판단함에 있어서 특허청구범위의 기재만으로 권리범위가 명백하게 되는 경우에는 특허청구범위의 기재 자체만을 기초로 하여야 하지 발명의 상세한 설명이나 도면 등 다른 기재에 의하여 특허청구범위를 제한 해석하는 것은 허용되지 않는다. (대법원 2006.10.13. 선고 2004후776 판결) ③제2항제3호의 규정에 따른 발명의 상세한 설명에는 그 발명이 속하는 기술분야에서 통상의 지식을 가진 자가 그 발명을 쉽게 실시할 수 있도록 지식경제부령이 정하는 기재방법에 따라 명확하고 상세하게 기재하여야 한다. <개정 2007.1.3, 2008.2.29> ▶**판례** **의약의 용도발명에 관한 특허출원 명세서에 있어서 '발명의 상세한 설명'을 위한 약리효과의 기재 정도** 특허출원서에 첨부하는 명세서에	기재하여야 한다. <개정 2007.1.3, 2008.2.29> ④제2항제4호의 규정에 의한 실용신안등록청구범위에는 보호를 받고자 하는 사항을 기재한 항(이하 "청구항"이라 한다)이 1 이상 있어야 하며, 그 청구항은 다음 각 호에 해당하여야 한다. 1. 고안의 상세한 설명에 의하여 뒷받침될 것 2. 고안이 명확하고 간결하게 기재될 것 3. 삭제 <2007.1.3> ▶**판례** **구 실용신안법 제8조 제4항 제1호의 규정 취지 및 실용신안 등록청구범위가 '고안의 상세한 설명에 의하여 뒷받침되고 있는지' 여부의 판단 기준** 구 실용신안법(1998. 9. 23. 법률 제5577호로 전문 개정되기 전의 것) 제8조 제4항은 " 제2항 제4호의 규정에 의한 실용신안 등록청구범위에는 보호를 받고자 하는 사항을 기재한 항(이하 '청구항'이라 한다)이 1 또는 2 이상 있어야 하며, 그 청구항은 다음 각 호에 해당하여야 한다."고 규정하고 있고, 제1호에서 고안의 상세한	심사등록출원서 또는 디자인무심사등록출원서에는 각 디자인에 관한 다음 각호의 사항을 기재한 도면을 첨부하여야 한다 <개정 1993.12.10, 1997.8.22, 2001.2.3, 2004.12.31> 1. 디자인의 대상이 되는 물품 2. 디자인의 설명 및 창작내용의 요점 3. 디자인의 일련번호(제11조의2의 규정에 의하여 복수디자인등록출원하는 경우에 한한다) ③디자인등록출원인은 제2항의 도면에 갈음하여 디자인의 사진 또는 견본을 제출할 수 있다 <개정 2001.2.3, 2004.12.31> ④디자인무심사등록을 받고자 하는 자는 디자인무심사등록출원서에 제1항 각호의 사항외에 제11조의2의 규정에 의한 복수디자인등록출원여부 및 디자인의 수를 기재하여야 한다. <개정 1997.8.22, 2001.2.3, 2004.12.31> ⑤제11조의2의 규정에 따라 복수디자인등록출원을 하고자 하는 자는 디자인무심사등록출원서에 제1항 각호의 규정에 따른 사항 및 각 디자인의 일련번호를 기재하여야 한다.	**상표법 제9조 제1항 제2호 소정의 국가 등을 비방, 모욕하거나 악평을 받게 할 염려가 있는지 여부에 대한 판단기준** 상표법 제9조 제1항 제2호는 국가, 민족,…저명한 고인을 표시하는 상표에 대하여는 동조 동항 제1호와는 달리 그 관계를 허위로 표시하거나 이를 비방 또는 모방하거나 악평을 받게 할 염려가 있는 것에 한하여 등록을 불허하고 있는 바, 위와 같은 염려가 있는지의 여부는 당해 표장자체가 가지고 있는 외관, 칭호, 관념과 지정상품 및 일반거래의 실정 등을 종합적으로 관찰하여 객관적으로 판단하여야 한다. (대법원 1989.7.11. 선고 89후346 판결) ③단체표장등록을 받고자 하는 자는 제1항 각호의 사항외에 대통령령이 정하는 단체표장의 사용에 관한 사항을 정한 정관을 첨부한 단체표장등록출원서를 제출하여야 한다. 이 경우 제2조제1항제3호의4의 규정에 의한 지리적 표시단체표장을 등록받고자 하는 자는 그 취지를 단체표장등록출원서에 기재하여야 하고, 제2조제1항제3호

특허법	실용신안법	디자인보호법	상표법
기재될 '발명의 상세한 설명'에는 그 발명이 속하는 기술분야에서 통상의 지식을 가진 자가 당해 발명을 명세서 기재에 의하여 출원시의 기술 수준으로 보아 특수한 지식을 부가하지 않고서도 정확하게 이해할 수 있고 동시에 재현할 수 있도록 그 목적·구성·작용 및 효과를 기재하여야 하고, 특히 약리효과의 기재가 요구되는 의약의 용도발명에 있어서는 그 출원 전에 명세서 기재의 약리효과를 나타내는 약리기전이 명확히 밝혀진 경우와 같은 특별한 사정이 있지 않은 이상 특정 물질에 그와 같은 약리효과가 있다는 것을 약리데이터 등이 나타난 시험 예로 기재하거나 또는 이에 대신할 수 있을 정도로 구체적으로 기재하여야만 비로소 발명이 완성되었다고 볼 수 있는 동시에 명세서의 기재요건을 충족하였다고 볼 수 있다. (대법원 2004. 12. 23. 선고 2003후1550 판결) ④제2항제4호의 규정에 의한 특허청구범위에는 보호를 받고자 하는 사항을 기재한 항(이하 "청구항"이라 한다)이 1 또는 2이상 있어야 하며, 그 청	설명에 의하여 뒷받침될 것을 들고 있는데, 이 조항의 취지는 실용신안 등록출원된 고안의 내용을 제3자가 명세서만으로 쉽게 알 수 있도록 공개하여 실용신안권으로 보호받고자 하는 기술적 내용과 범위를 명확하게 하고자 하는 데 있으므로, 실용신안 등록청구범위가 고안의 상세한 설명에 의하여 뒷받침되고 있는지 여부는 실용신안 등록출원 당시의 기술 수준을 기준으로 하여 그 고안과 관련된 기술 분야에서 평균적 기술 능력을 가진 사람의 입장에서 볼 때, 그 등록청구범위와 고안의 상세한 설명의 각 내용이 일치하여 그 명세서만으로 등록청구범위에 속한 기술구성이나 그 결합 및 작용효과를 일목요연하게 이해할 수 있는가에 의하여 판단하여야 한다(대법원 2003. 8. 22. 선고 2002후2051 판결). ⑤실용신안등록출원인은 제2항의 규정에 불구하고 실용신안등록출원 당시에 제2항제4호의 실용신안등록청구범위를 기재하지 아니한 명세서를 실용신안등록출원서에 첨부할 수 있다. 이 경우 다음 각 호의 구	<개정 2004.12.31> ⑥디자인무심사등록출원할 수 있는 디자인은 제11조제2항의 규정에 의한 물품의 구분중 지식경제부령이 정하는 물품에 한한다. 이 경우 지정된 물품에 대하여는 디자인무심사등록출원으로만 출원할 수 있다. <신설 1997.8.22, 2001.2.3, 2004.12.31, 2008.2.29> ⑦제1항 내지 제6항에 규정된 것외에 디자인등록출원에 관하여 필요한 사항은 지식경제부령으로 정한다. <개정 1993.3.6, 1995.12.29, 1997.8.22, 2001.2.3, 2004.12.31, 2008.2.29>	의2의 규정에 의한 지리적 표시의 정의에 합치함을 입증할 수 있는 대통령령이 정하는 서류를 함께 제출하여야 한다. <개정 2004.12.31> ④업무표장등록을 받고자 하는 자는 제1항 각호의 사항외에 그 업무의 경영사실을 입증하는 서면을 첨부한 업무표장등록출원서를 제출하여야 한다.

특허법	실용신안법	디자인보호법	상표법
구항은 다음 각 호에 해당하여야 한다. <개정 2007.1.3> ▶판례 **특허출원 청구범위가 여러 항인 경우, 하나의 항이라도 거절이유가 있으면 그 전체가 거절사정되어야 하는지 여부** 특허출원에 있어서 청구범위가 둘 이상의 항인 경우에 하나의 항이라도 거절이유가 있는 경우에는 그 출원은 등록이 거절되어야 한다. (대법원 1995. 12. 26. 선고 94후203 판결) 1. 발명의 상세한 설명에 의하여 뒷받침될 것 ▶판례 **특허법 제42조 제4항 제1호의 취지 및 청구항이 발명의 상세한 설명에 의하여 뒷받침되고 있는지 여부의 판단 기준** 특허법 제42조 제4항 제1호의 취지는 특허출원서에 첨부된 명세서의 발명의 상세한 설명에 기재되지 않은 사항이 청구항에 기재됨으로써 출원자가 공개하지 않은 발명에 대하여 특허권이 부여되는 부당한 결과를 막기 위한 것으로서, 청구항이 발명의 상세한 설명에 의하여 뒷받침되고 있	분에 따른 기한까지 실용신안등록청구범위가 기재되도록 명세서를 보정하여야 한다. <신설 2007.1.3> 1. 제15조의 규정에 따라 준용되는 「특허법」 제64조제1항 각 호의 어느 하나에 해당하는 날부터 1년 6개월이 되는 날까지 2. 제1호의 기한 이내에 제15조의 규정에 따라 준용되는 「특허법」 제60조제3항에 따른 출원심사 청구의 취지를 통지받은 날부터 3개월이 되는 날까지(제15조의 규정에 따라 준용되는 「특허법」 제64조제1항 각 호의 어느 하나에 해당하는 날부터 1년 3개월이 되는 날 후에 통지받은 경우에는 제15조의 규정에 따라 준용되는 「특허법」 제64조제1항 각 호의 어느 하나에 해당하는 날부터 1년 6개월이 되는 날까지) ⑥제2항제4호의 규정에 따른 실용신안등록청구범위를 기재할 때에는 보호받고자 하는 사항을 명확히 할 수 있도록 고안을 특정하는데 필요하다고 인정되는 형상·구조 또는 이들의 결합관계 등을 기재하여야 한다. <신설 2007.1.3>		

특허법	실용신안법	디자인보호법	상표법
는지 여부는 특허출원 당시의 기술 수준을 기준으로 하여 그 발명이 속하는 기술분야에서 통상의 지식을 가진 사람의 입장에서 특허청구범위에 기재된 사항과 대응되는 사항이 발명의 상세한 설명에 기재되어 있는지 여부에 의하여 판단하여야 한다(대법원 2007.3.15. 선고 2006후3588 판결). 　2. 발명이 명확하고 간결하게 기재될 것 ▶판례 **특정 물질의 의약용도가 약리기전만으로 기재된 경우에도 특허법 제42조 제4항 제2호에 정한 청구항의 명확성 요건을 충족하는 것으로 볼 수 있는지 여부(한정 적극)** [1] 의약의 용도발명에 있어서는 특정 물질이 가지고 있는 의약의 용도가 발명의 구성요건에 해당하므로 발명의 특허청구범위에는 특정 물질의 의약용도를 대상 질병 또는 약효로 명확히 기재하는 것이 원칙이나, 특정 물질의 의약용도가 약리기전만으로 기재되어 있다 하더라도 발명의 상세한 설명 등 명세서의 다른 기재나 기술상식에 의하여 의약으로서의	⑦실용신안등록출원인이 실용신안등록출원 후에 제5항 각호의 규정에 따른 기한까지 명세서를 보정하지 아니한 경우에는 그 기한이 되는 날의 다음 날에 해당실용신안등록출원은 취하된 것으로 본다. <신설 2007.1.3> ⑧제2항제4호의 규정에 의한 실용신안등록청구범위의 기재방법에 관하여 필요한 사항은 대통령령으로 정한다. <개정 2007.1.3> ⑨제2항의 규정에 의한 요약서의 기재방법 등에 관하여 필요한 사항은 지식경제부령으로 정한다. <개정 2007.1.3, 2008.2.29>		

특허법	실용신안법	디자인보호법	상표법
구체적인 용도를 명확하게 파악할 수 있는 경우에는 특허법 제42조 제4항 제2호가 정한 청구항의 명확성 요건을 충족하는 것으로 볼 수 있다. [2] 명칭이 "포스포리파아제 A2의 효소활성을 억제하기 위한 잠재적 활성물질의 활성 검사방법"인 출원발명의 의약의 용도발명에 관한 특허청구범위 제24항은, 그 용도를 타입 I 또는 타입 II의 포스포리파아제 A2의 효소 활성을 억제한다고 하는 약리기전으로 표현하고 있지만, 발명의 상세한 설명을 참작하여 볼 때 궁극적으로는 피부염증 등을 저감시킨다고 하는 구체적인 의약용도를 명확하게 파악할 수 있으므로, 청구항의 명확성의 요건을 충족한다고 한 사례(대법원 2009.11.12. 선고 2007후5215 판결). 3. 삭제 <2007.1.3> ⑤특허출원인은 제2항의 규정에 불구하고 특허출원당시에 제2항제4호의 특허청구범위를 기재하지 아니한 명세서를 특허출원서에 첨부할 수 있다. 이 경우 다음 각 호의 구분에			

특허법	실용신안법	디자인보호법	상표법
따른 기한까지 특허청구범위가 기재되도록 명세서를 보정하여야 한다. <신설 2007.1.3> 1. 제64조제1항 각 호의 어느 하나에 해당하는 날부터 1년 6개월이 되는 날까지 2. 제1호의 기한 이내에 제60조제3항의 규정에 따른 출원심사 청구의 취지를 통지받은 날부터 3개월이 되는 날까지(제64조제1항 각 호의 어느 하나에 해당하는 날부터 1년 3개월이 되는 날 후에 통지받은 경우에는 동항 각 호의 어느 하나에 해당하는 날부터 1년 6개월이 되는 날까지) ⑥제2항제4호의 규정에 따른 특허청구범위를 기재할 때에는 보호받고자 하는 사항을 명확히 할 수 있도록 발명을 특정하는데 필요하다고 인정되는 구조·방법·기능·물질 또는 이들의 결합관계 등을 기재하여야 한다. <신설 2007.1.3> ⑦특허출원인이 특허출원 후에 제5항 각 호의 규정에 따른 기한까지 명세서를 보정하지 아니한 경우에는 그 기한이 되는 날의 다음 날에 해당특허출원은 취하된 것으로 본다. <신설 2007.1.3>			

특허법	실용신안법	디자인보호법	상표법
⑧제2항제4호의 규정에 의한 특허청구범위의 기재방법에 관하여 필요한 사항은 대통령령으로 정한다. <개정 2007.1.3> ⑨제2항의 규정에 의한 요약서의 기재방법등에 관하여 필요한 사항은 지식경제부령으로 정한다.　　　<개정 1993.3.6, 1995.12.29, 2001.2.3, 2007.1.3, 2008.2.29> ▶판례 **특정 물질의 의약용도가 약리기전만으로 기재된 경우에도 특허법 제42조 제4항 제2호에 정한 청구항의 명확성 요건을 충족하는 것으로 볼 수 있는지 여부(한정 적극)** 의약의 용도발명에서는 특정 물질이 가지고 있는 의약의 용도가 발명의 구성요건에 해당하므로, 발명의 특허청구범위에는 특정 물질의 의약용도를 대상 질병 또는 약효로 명확히 기재하는 것이 원칙이나, 특정 물질의 의약용도가 약리기전만으로 기재되어 있다 하더라도 발명의 상세한 설명 등 명세서의 다른 기재나 기술상식에 의하여 의약으로서의 구체적인 용도를 명확하게 파악할 수 있는 경우에는 특허법 제42조 제			

특허법	실용신안법	디자인보호법	상표법
4항 제2호에 정해진 청구항의 명확성 요건을 충족하는 것으로 볼 수 있다. (대법원 2009.1.30. 선고 2006후3564 판결)			**제9조의2 【출원일의 인정 등】** ①특허청장은 상표등록출원이 다음 각호의 1에 해당하는 경우를 제외하고는 그 상표등록출원에 관한 출원서가 특허청에 도달된 날을 상표등록출원일로 인정하여야 한다. 1. 상표등록을 받고자 하는 취지의 표시가 명확하지 아니한 경우 2. 출원인의 성명이나 명칭의 기재가 없거나 그 기재가 출원인을 특정할 수 없을 정도로 명확하지 아니한 경우 3. 상표등록출원서에 상표등록을 받고자 하는 상표의 기재가 없거나 그 기재가 상표로서 인식할 수 없을 정도로 선명하지 아니한 경우 4. 지정상품의 기재가 없는 경우 5. 국어로 기재되지 아니한 경우 ②특허청장은 상표등록출원이 제1항 각호의 1에 해당되는 경우에는 상표등록을 받고자 하

특허법	실용신안법	디자인보호법	상표법
			는 자에게 상당한 기간을 정하여 상표등록출원에 대하여 보완할 것을 명하여야 한다. ③제2항의 규정에 의한 보완명령에 따라 상표등록출원에 대하여 보완하는 경우에는 절차보완에 관한 서면(이하 "절차보완서"라 한다)을 제출하여야 한다. ④특허청장은 제2항의 규정에 의한 보완명령을 받은 자가 지정기간 이내에 그 보완을 한 경우에는 그 절차보완서가 특허청에 도달된 날을 상표등록출원일로 인정하여야 한다. ⑤특허청장은 제2항의 규정에 의한 보완명령을 받은 자가 지정기간 이내에 그 보완을 하지 아니한 경우에는 당해 상표등록출원은 부적합한 출원으로 이를 반려할 수 있다. [본조신설 2001.2.3]
제43조 【요약서】 제42조제2항의 규정에 의한 요약서는 기술정보로서의 용도로 사용하여야 하며, 특허발명의 보호범위를 정하는 데에는 사용할 수 없다.	**제11조 【「특허법」의 준용】**		
제44조 【공동출원】 제33조제2항	**제11조 【「특허법」의 준용】**	**제10조 【공동출원】** 제3조제2항	

특허법	실용신안법	디자인보호법	상표법
의 규정에 의한 특허를 받을 수 있는 권리가 공유인 경우에는 공유자 전원이 공동으로 특허출원을 하여야 한다. **제45조 【1특허출원의 범위】** ①특허출원은 1발명을 1특허출원으로 한다. 다만, 하나의 총괄적 발명의 개념을 형성하는 1군의 발명에 대하여 1특허출원으로 할 수 있다. ②제1항의 규정에 의한 1특허출원의 요건은 대통령령으로 정한다.	**제9조 【1실용신안등록출원의 범위 <개정 2007.1.3>】** ①실용신안등록출원은 1고안을 1실용신안등록출원으로 한다. 다만, 하나의 총괄적 고안의 개념을 형성하는 1군(군)의 고안에 대하여는 1실용신안등록출원으로 할 수 있다. ②제1항의 규정에 의한 1실용신안등록출원의 요건은 대통령령으로 정한다.	의 규정에 의한 디자인등록을 받을 수 있는 권리가 공유인 경우에는 공유자 전원이 공동으로 디자인등록출원을 하여야 한다. <개정 2004.12.31> **제11조 【1디자인 1디자인등록출원】** ①디자인등록출원은 1디자인마다 1디자인등록출원으로 한다. <개정 2004.12.31> ②디자인등록출원을 하고자 하는 자는 지식경제부령이 정하는 물품의 구분에 따라야 한다. <개정 1993.3.6, 1995.12.29, 1997.8.22, 2001.2.3, 2004.12.31, 2008.2.29> **제11조의2 【복수디자인등록출원】** ①디자인무심사등록출원은 제11조제1항의 규정에 불구하고 20 이내의 디자인을 1디자인등록출원(이하 ″복수디자	의 규정에 의한 디자인등록을 **제10조 【1상표 1출원】** ①상표등록출원을 하고자 하는 자는 지식경제부령이 정하는 상품류구분상 1류구분 이상의 상품을 지정하여 상표마다 출원하여야 한다. 이 경우 지식경제부령이 정하는 바에 따라 하나의 출원서에 상품과 서비스업을 동시에 지정할 수 있다. <개정 1993.3.6, 1995.12.29, 1997.8.22, 2001.2.3, 2007.1.3, 2008.2.29> ②제1항의 규정에 따른 각 상품류 구분에 속하는 구체적인 상품은 특허청장이 정하여 고시한다. <신설 2007.1.3> ③제1항의 규정에 의한 상품류구분은 상품의 유사범위를 정하는 것은 아니다. <개정 2007.1.3>

특허법	실용신안법	디자인보호법	상표법
		인등록출원"이라 한다)으로 할 수 있다. 이 경우 1디자인마다 분리하여 표현하여야 한다. <개정 2004.12.31> ②복수디자인등록출원할 수 있는 디자인의 범위는 제11조제2항의 규정에 의한 물품의 구분상 지식경제부령이 정하는 분류가 동일한 것으로 한다. <개정 2001.2.3, 2004.12.31, 2008.2.29> ③복수디자인등록출원을 하고자 하는 자는 기본디자인과 함께 그 기본디자인에 속하는 유사디자인을 출원할 수 있다. <개정 2001.2.3, 2004.12.31> ④제3항의 규정에 불구하고 자기의 등록디자인 또는 디자인등록출원된 디자인의 유사디자인을 복수디자인등록출원하는 경우에는 1기본디자인에 속하는 유사디자인에 한하여 1복수디자인등록출원으로 할 수 있다. <개정 2001.2.3, 2004.12.31> [본조신설 1997.8.22] **제12조【한 벌의 물품의 디자인】** ①2 이상의 물품이 한 벌의 물품으로 동시에 사용되는 경우 당해 한 벌의 물품의 디자인이 한 벌 전체로서 통일성이 있는 때에는 1디자인으로	

특허법	실용신안법	디자인보호법	상표법
		디자인등록을 받을 수 있다. <개정 2001.2.3, 2004.12.31> ②제1항의 규정에 의한 한 벌의 물품의 구분은 지식경제부령으로 정한다. <개정 1993.3.6, 1995.12.29, 2001.2.3, 2008.2.29> ③삭제 <2001.2.3> **제13조 【비밀디자인】** ①디자인등록출원인은 디자인권의 설정등록일부터 3년이내의 기간을 정하여 그 디자인을 비밀로 할 것을 청구할 수 있다. 다만, 복수디자인등록출원된 디자인에 대한 청구는 출원된 디자인 전부에 대하여 청구하는 경우에 한한다. <개정 1997.8.22, 2001.2.3, 2004.12.31> ②디자인등록출원인은 제1항의 청구를 디자인등록출원을 한 날부터 최초의 디자인등록료를 납부하는 날까지 할 수 있다. 다만, 제35조제1항제1호 및 제2항의 규정에 따라 그 등록료가 면제된 때에는 제39조제2항에 규정된 디자인권을 설정하기 위한 등록을 하는 때까지 할 수 있다. <개정 2007.1.3> ③디자인등록출원인 또는 디자인권자는 제1항의 규정에 의하여 지정한 기간을 청구에 의하	

특허법	실용신안법	디자인보호법	상표법
		여 단축하거나 연장할 수 있다. 이 경우 당해 기간을 연장하는 경우에는 디자인권의 설정등록일부터 3년을 초과할 수 없다. <개정 2004.12.31> ④특허청장은 다음 각호의 1에 해당하는 경우에는 제1항의 규정에 의한 비밀디자인의 열람청구에 응하여야 한다. <개정 1995.1.5, 1997.8.22, 2004.12.31> 1. 디자인권자의 동의를 받은 자의 청구가 있는 경우 2. 그 비밀디자인과 동일 또는 유사한 디자인에 관한 심사·디자인무심사등록이의신청·심판·재심 또는 소송의 당사자나 참가인의 청구가 있는 경우 3. 디자인권 침해의 경고를 받은 사실을 소명한 자의 청구가 있는 경우 4. 법원 또는 특허심판원으로부터 청구가 있는 경우 ⑤제23조의2의 규정에 의한 출원공개신청이 있는 경우에는 제1항의 규정에 의한 청구는 철회된 것으로 본다. <신설 1997.8.22>	제11조 삭제 <1997.8.22>

특허법	실용신안법	디자인보호법	상표법
			제12조 【출원의 승계 및 분할이전등】 ①상표등록출원의 승계는 상속 기타 일반승계의 경우를 제외하고는 출원인변경신고를 하지 아니하면 그 효력이 발생하지 아니한다. <개정 2001.2.3> ②상표등록출원은 그 지정상품마다 분할하여 이전할 수 있다. 이 경우 유사한 지정상품은 함께 이전하여야 한다. ③삭제 <1997.8.22> ④상표등록출원의 상속 기타 일반승계가 있는 경우에는 승계인은 지체없이 그 취지를 특허청장에게 신고하여야 한다. ⑤상표등록출원이 공유인 경우에는 각 공유자는 다른 공유자 전원의 동의를 얻지 아니하면 그 지분을 양도할 수 없다. <개정 1997.8.22> ⑥제2항의 규정에 의하여 분할하여 이전된 상표등록출원은 원상표등록출원을 한 때에 출원한 것으로 본다. 다만, 제20조제3항 및 제4항 또는 제21조제2항의 규정을 적용함에 있어서는 그러하지 아니하다. ⑦업무표장등록출원은 이를 양도할 수 없다. 다만, 그 업무와 함께 양도하는 경우에는 그러

특허법	실용신안법	디자인보호법	상표법
			하지 아니하다. ⑧제7조제1항제1호의3 단서, 제1호의4 단서 및 제3호 단서에 따른 상표등록출원은 양도할 수 없다. 다만, 제7조제1항제1호의3, 제1호의4 및 제3호의 명칭, 약칭 또는 표장과 관련된 업무와 함께 양도하는 경우에는 그러하지 아니하다. <개정 2010.1.27> ⑨단체표장등록출원은 이를 이전할 수 없다. 다만, 법인의 합병의 경우에는 특허청장의 허가를 받아 이전할 수 있다.
제46조 【절차의 보정】 특허청장 또는 특허심판원장은 특허에 관한 절차가 다음 각호의 1에 해당하는 경우에는 기간을 정하여 보정을 명하여야 한다. <개정 1997.4.10, 2001.2.3, 2002.12.11> 1. 제3조제1항 또는 제6조의 규정에 위반된 경우 2. 이 법 또는 이 법에 의한 명령이 정하는 방식에 위반된 경우 3. 제82조의 규정에 의하여 납부하여야 할 수수료를 납부하지 아니한 경우	제11조 【「특허법」의 준용】 실용신안등록요건 및 실용신안등록출원에 관하여는 「특허법」 제33조부터 제35조까지, 제37조, 제38조, 제41조, 제43조, 제44조, 제46조, 제47조, 제51조, 제52조 및 제54조부터 제56조까지의 규정을 준용한다. [전문개정 2009.1.30]	제17조 【절차의 보정】 특허청장 또는 특허심판원장은 디자인등록에 관한 절차가 다음 각 호의 어느 하나에 해당하는 경우에는 기간을 정하여 보정을 명하여야 한다. <개정 2001.2.3, 2002.12.11, 2004.12.31, 2007.1.3, 2009.6.9> 1. 제4조제1항 또는 제4조의4에 위반된 경우 2. 이 법 또는 이 법에 의한 명령이 정하는 방식에 위반된 경우 3. 제34조의 규정에 의하여 납부하여야 할 수수료를 납부하지 아니한 경우	제13조 【절차의 보정】 특허청장 또는 특허심판원장은 상표에 관한 출원·청구 기타의 절차가 다음 각호의 1에 해당하는 경우에는 기간을 정하여 보정을 명하여야 한다. <개정 2001.2.3, 2007.1.3> 1. 제5조의 규정에 의하여 준용되는 「특허법」 제3조제1항 또는 동법 제6조의 규정에 위반된 경우 2. 이 법 또는 이 법에 의한 명령이 정하는 방식에 위반된 경우 3. 제37조의 규정에 의하여 납부하여야 할 수수료를 납부하

특허법	실용신안법	디자인보호법	상표법
			지 아니한 경우 **제14조 【출원공고결정전의 보정】** ①출원인은 최초의 상표등록출원의 요지를 변경하지 아니하는 범위안에서 제15조의 경우를 제외하고는 그 상표등록출원에 관한 지정상품 및 상표를 보정할 수 있다. ②제1항에 따른 보정은 상표등록결정 및 상표등록거절결정의 어느 하나에 해당하는 결정(이하 "상표등록여부결정"이라 한다)의 통지서가 송달된 후에는 할 수 없다. 다만, 제70조의2에 따른 거절결정에 대한 심판을 청구하는 경우에는 그 청구일부터 30일 이내 또는 제81조에 따라 준용되는 제23조제2항, 제46조의4제2항 또는 제48조제2항에 따른 의견서 제출기간 내에 보정할 수 있다. <개정 1993.12.10, 1995.1.5, 2001.2.3, 2010.1.27> **제15조 【출원공고결정후의 보정】** 출원인은 제24조의 규정에 의한 출원공고결정의 등본의 송달후에 제23조제2항 및 제48조제2항의 규정에 의한 거절이유의 통지를 받거나 제25조의 규

특허법	실용신안법	디자인보호법	상표법
			정에 의한 상표등록이의신청이 있는 때 또는 제23조제1항의 규정에 의한 상표등록거절결정 및 제48조제1항의 규정에 의한 지정상품의 추가등록거절결정을 받고 제70조의2의 규정에 의한 거절결정에 대한 심판을 청구한 때에는 다음 각호의 1에 해당하는 기간 이내에 그 거절이유나 이의신청이유 또는 상표등록거절결정 및 지정상품의 추가등록거절결정의 이유에 나타난 사항에 관하여 최초의 상표등록출원의 요지를 변경하지 아니하는 범위 이내에서 지정상품 및 상표를 보정할 수 있다. <개정 1995.1.5, 2001.2.3> 1. 제23조제2항 또는 제48조제2항의 규정에 의한 의견서 제출기간 2. 제27조제1항의 규정에 의한 답변서 제출기간 3. 제70조의2의 규정에 의한 거절결정에 대한 심판의 청구일부터 30일
제47조 【특허출원의 보정】 ①특허출원인은 제42조제5항 각 호에 따른 기한까지 또는 제66조에 따른 특허결정의 등본을 송달하기 전까지 특허출원서에	제11조 【「특허법」의 준용】	제18조 【출원의 보정과 요지변경】 ①디자인등록출원인은 최초의 디자인등록출원의 요지를 변경하지 아니하는 범위안에서 디자인등록출원서의 기재사항,	제16조 【출원의 요지변경】 ①제14조 및 제15조의 규정에 의한 보정이 다음 각호의 1에 해당하는 경우에는 상표등록출원의 요지를 변경하지 아니하는 것

특허법	실용신안법	디자인보호법	상표법
첨부된 명세서 또는 도면을 보정할 수 있다. 다만, 제63조제1항에 따른 거절이유통지(이하 "거절이유통지"라 한다)를 받은 후에는 다음 각 호에서 정하는 기간(제3호의 경우에는 그 때)에만 보정할 수 있다. <개정 2007.1.3, 2009.1.30> 1. 거절이유통지(거절이유통지에 대한 보정에 따라 발생한 거절이유에 대한 거절이유통지는 제외한다)를 최초로 받거나 제2호의 거절이유통지가 아닌 거절이유통지를 받은 경우 해당 거절이유통지에 따른 의견서제출기간 2. 거절이유통지에 대한 보정에 따라 발생한 거절이유에 대하여 거절이유통지를 받은 경우 해당 거절이유통지에 따른 의견서 제출기간 3. 제67조의2에 따른 재심사를 청구할 때 ②제1항의 규정에 의한 명세서 또는 도면의 보정은 특허출원서에 최초로 첨부된 명세서 또는 도면에 기재된 사항의 범위 안에서 이를 할 수 있다. ▶판례 특허법 제47조 제2항에서 정한		디자인등록출원서에 첨부한 도면, 도면의 기재사항 및 사진이나 견본을 보정할 수 있다. ②디자인등록출원인은 유사디자인등록출원을 단독의 디자인등록출원으로, 단독의 디자인등록출원을 유사디자인등록출원으로 변경하는 보정을 할 수 있다. ③제2항의 규정에 따라 유사디자인등록출원을 단독의 디자인등록출원으로 보정함에 있어서 제8조제1항의 규정을 적용받으려는 자는 동조제2항의 규정에 불구하고 그 보정을 하는 때에 보정서에 그 취지를 적어 특허청장에게 제출하고 이를 증명할 수 있는 서류를 보정서 제출일부터 30일 이내에 특허청장에게 제출하여야 한다. <신설 2007.1.3> ④디자인등록출원인은 디자인무심사등록출원을 디자인심사등록출원으로, 디자인심사등록출원을 디자인무심사등록출원으로 변경하는 보정을 할 수 있다. <개정 2007.1.3> ⑤디자인등록출원인은 제1항부터 제4항까지의 규정에 따른 보정을 제28조에 따른 디자인등록결정 또는 제26조에 따른	으로 본다. 1. 지정상품의 범위의 감축 2. 오기의 정정 3. 불명료한 기재의 석명 4. 상표의 부기적인 부분의 삭제 ②출원공고결정등본의 송달전에 한 상표등록출원에 관한 상표 또는 지정상품의 보정이 요지를 변경하는 것으로 상표권의 설정등록이 있은 후에 인정된 때에는 그 상표등록출원은 그 보정서를 제출한 때에 상표등록출원한 것으로 본다. <개정 1997.4.10> ③출원공고결정등본의 송달후에 한 상표등록출원에 관한 상표 또는 지정상품의 보정이 제15조의 규정에 위반된 것으로 상표권의 설정등록이 있은 후에 인정된 때에는 그 상표등록출원은 그 보정을 하지 아니하였던 상표등록출원에 관하여 상표권이 설정등록된 것으로 본다. <신설 1997.4.10>

특허법	실용신안법	디자인보호법	상표법
'최초로 첨부된 명세서 또는 도면에 기재된 사항' 의 의미 특허법 제47조 제2항에서 최초로 첨부된 명세서 또는 도면(이하 '최초 명세서 등' 이라 한다)에 기재된 사항이란 최초 명세서 등에 명시적으로 기재되어 있는 사항이거나 또는 명시적인 기재가 없더라도 그 발명이 속하는 기술분야에서 통상의 지식을 가진 사람이라면 출원시의 기술상식에 비추어 보아 보정된 사항이 최초 명세서 등에 기재되어 있는 것과 마찬가지라고 이해할 수 있는 사항이어야 한다(대법원 2007.2.8. 선고 2005후3130 판결). ③제1항제2호 및 제3호에 따른 보정 중 특허청구범위에 대한 보정은 다음 각 호의 어느 하나에 해당하는 경우에만 할 수 있다. <개정 2009.1.30> 1. 청구항을 한정 또는 삭제하거나 청구항에 부가하여 특허청구범위를 감축하는 경우 2. 잘못된 기재를 정정하는 경우 3. 분명하지 아니한 기재를 명확하게 하는 경우 4. 제2항에 따른 범위를 벗어난 보정에 대하여 그 보정 전		디자인등록거절결정에 해당하는 결정(이하 "디자인등록여부결정"이라 한다)의 통지서가 송달되기 전까지 할 수 있다. 다만, 제27조의2에 따른 재심사를 청구하는 경우에는 재심사를 청구하는 때에 보정할 수 있다. <개정 2007.1.3, 2009.6.9> ⑥제1항 내지 제4항에 따른 보정이 최초의 디자인등록출원의 요지를 변경하는 것으로 디자인권의 설정등록이 있은 후에 인정된 때에는 그 디자인등록출원은 그 보정서를 제출한 때에 디자인등록출원을 한 것으로 본다. <개정 2007.1.3> [전문개정 2004.12.31]	

특허법	실용신안법	디자인보호법	상표법
특허청구범위로 되돌아가거나 되돌아가면서 특허청구범위를 제1호부터 제3호까지의 규정에 따라 보정하는 경우 ④삭제 <2009.1.30> [전문개정 2001.2.3] ▶판례 **특허출원서의 보정기간 경과 후에 특허출원의 일부 취하가 허용되는지 여부(소극)** 특허출원의 일부 취하는 취하하고자 하는 부분을 제외한 나머지 부분만으로 특허출원을 감축하여 그 효과를 특허출원시에 소급시킴으로써 감축된 부분만을 특허출원으로 삼고자 하는 것인바, 특허법에는 이와 같은 목적을 달성하기 위한 절차로 특허출원서에 첨부된 명세서와 도면의 보정이라는 제도 및 그 보정의 시기와 범위를 제한하는 규정을 두고 있을 뿐 특허사정이 되기 전에 특허출원의 일부를 취하할 수 있다고 규정해 놓은 바 없으며, 특허법에 정해진 보정기간 경과 후에도 특허출원의 일부 취하를 허용하는 것은 특허출원의 보정에 엄격한 시기적 제한을 두고 있는 특허법의 취지에도 반하므로 특허출원인이 출원의 일부 취하라			

특허법	실용신안법	디자인보호법	상표법
는 이름의 서류를 제출하였다고 하더라도 보정과 같은 목적을 달성하고자 하는 것이라면 특허법상 보정과 마찬가지로 보아야 한다. (대법원 2003. 3. 25. 선고 2001후1044 판결)			
제66조의2【직권에 의한 보정 등】 ①심사관은 특허결정을 할 때에 특허출원서에 첨부된 명세서, 도면 또는 요약서에 명백히 잘못 기재된 내용이 있으면 직권으로 보정(이하 "직권보정"이라 한다)할 수 있다. ②제1항에 따라 심사관이 직권보정을 하려면 제67조제2항에 따른 특허결정의 등본 송달과 함께 그 직권보정 사항을 특허출원인에게 알려야 한다. ③특허출원인은 직권보정 사항의 전부 또는 일부를 받아들일 수 없으면 제79조제1항에 따라 특허료를 납부할 때까지 그 직권보정 사항에 대한 의견서를 특허청장에게 제출하여야 한다. ④특허출원인이 제3항에 따라 의견서를 제출한 경우 해당 직권보정 사항의 전부 또는 일부	제15조【「특허법」의 준용】 실용신안등록출원의 심사·결정에 관하여는 「특허법」 제57조, 제58조, 제58조의2, 제60조, 제61조, 제63조의2, 제64조부터 제66조까지, 제66조의2, 제67조, 제67조의2, 제68조 및 제78조를 준용한다.		제24조의3【직권에 의한 보정 등】 ①심사관은 출원공고결정을 할 때에 상표등록출원서에 기재된 지정상품 또는 그 유구분(類區分)에 명백히 잘못 기재된 내용이 있으면 직권으로 보정(이하 "직권보정"이라 한다)할 수 있다. ②제1항에 따라 심사관이 직권보정을 하려면 제24조제2항에 따른 출원공고결정의 등본 송달과 함께 그 직권보정 사항을 출원인에게 알려야 한다. ③출원인은 직권보정 사항의 전부 또는 일부를 받아들일 수 없으면 제24조제3항에 따른 출원공고기간까지 그 직권보정 사항에 대한 의견서를 특허청장에게 제출하여야 한다. ④출원인이 제3항에 따라 의견서를 제출한 경우 해당 직권보정 사항의 전부 또는 일부는

특허법	실용신안법	디자인보호법	상표법
는 처음부터 없었던 것으로 본다. ⑤명백히 잘못 기재된 것이 아닌 사항에 대하여 직권보정이 이루어진 경우 그 직권보정은 처음부터 없었던 것으로 본다. [본조신설 2009.1.30] **제48조 삭제** <2001.2.3> **제49조 삭제** <2006.3.3> **제50조 삭제** <1997.4.10> **제51조 【보정각하】** ① 심사관은 제47조제1항제2호 및 제3호에 따른 보정이 같은 조 제2항 및 제3항을 위반하거나 그 보정(같은 조 제3항제1호 및 제4호에 따른 보정 중 청구항을 삭제하는 보정은 제외한다)에 따라 새로운 거절이유가 발생한 것으로 인정하면 결정으로 그 보정을 각하하여야 한다. 다만, 제67조의2에 따른 재심사의 청구가 있는 경우 그 청구 전에 한 보정인 경우에는 그러하지 아니하다. <개정 2009.1.30> ②제1항의 규정에 의한 각하결정은 서면으로 하여야 하며 그 이유를 붙여야 한다.	**제11조 【「특허법」의 준용】**	**제18조의2 【보정각하】** ①심사관은 제18조의 규정에 따른 보정이 디자인등록출원의 요지를 변경하는 것인 때에는 결정으로 그 보정을 각하하여야 한다. <개정 2004.12.31> ②심사관은 제1항의 규정에 의한 각하결정이 있는 때에는 당해 결정등본을 디자인등록출원인에게 송달한 날부터 30일이 경과하기 전까지는 당해 디자인등록출원에 대한 디자인등록여부결정을 하여서는 아니된다. <개정 2004.12.31> ③심사관은 디자인등록출원인이 제1항의 규정에 의한 각하결정에 대하여 제67조의2의 규	처음부터 없었던 것으로 본다. ⑤명백히 잘못 기재된 것이 아닌 사항에 대하여 직권보정이 이루어진 경우 그 직권보정은 처음부터 없었던 것으로 본다. [본조신설 2010.1.27] **제17조 【보정의 각하】** ①심사관은 상표등록출원에 관하여 제14조의 규정에 의한 보정이 출원의 요지를 변경하는 것인 때에는 결정으로 그 보정을 각하하여야 한다. ②심사관은 제1항의 규정에 의한 각하결정이 있는 때에는 당해 결정등본의 송달이 있은 날부터 30일을 경과할 때까지는 당해 상표등록출원에 대한 상표등록여부결정을 하여서는 아니되며, 출원공고할 것을 결정하기 전에 제1항의 규정에 의한 각하결정이 있는 때에는 출원공고결정도 하여서는 아니된다. <개정 2001.2.3>

특허법	실용신안법	디자인보호법	상표법
③ 제1항에 따른 각하결정에 대하여는 불복할 수 없다. 다만, 제132조의3에 따른 특허거절결정에 대한 심판에서 그 각하결정(제67조의2에 따른 재심사의 청구가 있는 경우 그 청구 전에 한 각하결정은 제외한다)에 대하여 다투는 경우에는 그러하지 아니하다. <개정 2009.1.30> [전문개정 2001.2.3] ▶판례 **특허출원인이 거절결정에 대하여 불복심판을 청구하면서 명세서 등에 대한 보정서를 제출하고 거기에서 보정의 적법성에 관하여 주장한 경우, 특허법 제51조 제3항 단서에 해당하는지 여부(적극)** 특허출원인이 거절결정에 대하여 불복심판을 청구하면서 명세서 등에 대한 보정서를 제출하고 거기에서 보정의 적법성에 관하여도 이미 주장한 이상, 그러한 당사자의 의사는 보정된 명세서대로의 특허출원에 등록거절사유가 있는지 여부에 관한 판단을 구하는 것이므로, 비록 특허출원인이 심사전치절차에서의 보정각하결정에 대하여 거절결정 불복심판		정에 의하여 심판을 청구한 때에는 그 심판의 심결이 확정될 때까지 그 디자인등록출원의 심사를 중지하여야 한다. <개정 2004.12.31> ④제1항의 규정에 의한 각하결정은 서면으로 하여야 하며 그 이유를 붙여야 한다. [본조신설 2001.2.3]	③심사관은 출원인이 제1항의 규정에 의한 각하결정에 대하여 제70조의3의 규정에 의한 보정각하결정에 대한 심판을 청구한 때에는 그 심판의 심결이 확정될 때까지 그 상표등록출원의 심사를 중지하여야 한다. <개정 1995.1.5> ④심사관은 상표등록출원에 관하여 제15조의 규정에 의한 보정이 출원의 요지를 변경하는 것인 때에는 결정으로 그 보정을 각하하여야 한다. ⑤제1항 및 제4항의 규정에 의한 각하결정은 서면으로 하여야 하며 그 이유를 붙여야 한다. ⑥제4항의 규정에 의한 각하결정에 대하여는 불복할 수 없다. 다만, 제70조의2의 규정에 의한 거절결정에 대한 심판을 청구하는 경우에는 그러하지 아니하다. <개정 1995.1.5, 2001.2.3>

특허법	실용신안법	디자인보호법	상표법
절차에서 별도로 이를 다툰다는 취지의 서면을 제출하지 아니하였다 하더라도 심결이 있을 때까지 달리 보정의사를 철회하였다고 볼 만한 특별한 사정이 없는 한, 보정의 적법성에 대한 판단도 함께 구하는 것으로 보아 특허법 제51조 제3항 단서의 특허거절결정에 대한 심판에서 특허심사관의 보정 각하결정에 대하여 '다투는 경우'에 해당한다 (대법원 2007.6.1. 선고 2007후609 판결).			
제52조 【분할출원】 ①특허출원인은 2이상의 발명을 하나의 특허출원으로 한 경우에는 그 특허출원의 출원서에 최초로 첨부된 명세서 또는 도면에 기재된 사항의 범위 안에서 다음 각 호의 어느 하나에 해당하는 기간에 그 일부를 하나이상의	제11조 【「특허법」의 준용】	제19조 【출원의 분할】 ①다음 각 호의 어느 하나에 해당하는 자는 디자인등록출원의 일부를 1 이상의 새로운 디자인등록출원으로 분할하여 디자인등록출원할 수 있다. <개정 1997.8.22, 2001.2.3, 2004.12.31, 2009.6.9> 1. 제11조의 규정에 위반하여	제17조의2 【수정정관의 제출】 단체표장등록출원인은 제9조제3항에 규정된 정관의 수정이 필요한 때에는 제14조제2항 또는 제15조의 규정에 의한 기간 이내에 특허청장에게 수정정관을 제출할 수 있다. [본조신설 2004.12.31] 제18조 【출원의 분할】 ①출원인은 2 이상의 상품을 지정상품으로 하여 상표등록출원한 경우에는 제14조 및 제15조의 규정에 의한 보정을 할 수 있는 기간내에 2 이상의 상표등록출원으로 분할할 수 있다. <개정 1997.8.22>

특허법	실용신안법	디자인보호법	상표법
특허출원으로 분할할 수 있다. <개정 2009.1.30> 1. 제47조제1항에 따라 보정을 할 수 있는 기간 2. 특허거절결정등본을 송달받은 후 제132조의3에 따라 심판을 청구할 수 있는 기간 ②제1항의 규정에 의하여 분할된 특허출원(이하 "분할출원"이라 한다)이 있는 경우 그 분할출원은 특허출원한 때에 출원한 것으로 본다. 다만, 그 분할출원에 대하여 다음 각 호의 규정을 적용함에 있어서는 당해 분할출원시에 출원한 것으로 본다.　　<개정 1993.12.10, 1998.9.23, 2006.3.3> 1. 분할출원이 제29조제3항에서 규정하는 타특허출원 또는 「실용신안법」 제4조제3항에서 규정하는 특허출원에 해당하여 제29조제3항 또는 「실용신안법」 제4조제3항의 규정을 적용하는 경우 2. 제30조제2항의 규정을 적용하는 경우 3. 제54조제3항의 규정을 적용하는 경우 4. 제55조제2항의 규정을 적용하는 경우 ③제1항의 규정에 의하여 분할		2이상의 디자인을 1디자인등록출원으로 출원한 자 2. 복수디자인등록출원한 자 3. 삭제 <2001.2.3> ②제1항의 규정에 따라 분할된 디자인등록출원(이하 "분할출원"이라 한다)이 있는 경우 그 분할출원은 최초에 디자인등록출원을 한 때에 출원한 것으로 본다. 다만, 제8조제2항 또는 제23조제3항 및 제4항의 규정을 적용함에 있어서는 그러하지 아니하다. <개정 1993.12.10, 2004.12.31, 2007.1.3> ③ 제1항에 따른 디자인등록출원의 분할은 제18조제5항에 따른 보정을 할 수 있는 기간에 할 수 있다. <개정 2009.6.9> ④ 삭제 <2001.2.3>	②제1항의 규정에 따라 분할된 상표등록출원(이하 "분할출원"이라 한다)이 있는 경우 그 분할출원은 최초에 상표등록출원을 한 때에 출원한 것으로 본다. 다만, 제20조제3항 및 제4항 또는 제21조제2항의 규정을 적용함에 있어서는 그러하지 아니하다. <개정 2007.1.3>

특허법	실용신안법	디자인보호법	상표법
출원을 하는 자는 분할출원서에 그 취지 및 분할의 기초가 된 특허출원의 표시를 하여야 한다. <신설 2001.2.3> ④분할출원의 경우에 제54조의 규정에 의한 우선권을 주장하는 자는 동조제4항의 규정에 의한 서류를 동조제5항에서 규정하는 기간에 불구하고 분할출원을 한 날부터 3월이내에 특허청장에게 제출하여야 한다. <신설 1993.12.10, 2002.12.11> ▶판례 **분할출원을 하면서 원출원 당시 제출한 발명의 상세한 설명이나 도면을 다시 사용할 수 있는지 여부(적극) 및 원출원 발명과 분할출원 발명이 동일한지 여부의 판단 기준** [1] 분할출원이란 단일발명, 단일출원의 원칙 아래 2 이상의 발명을 1 출원으로 한 경우 이를 2 이상의 출원으로 분할하는 것으로서 2 이상의 발명을 1 출원으로 한 경우란 2 이상의 발명이 반드시 특허청구의 범위에 기재된 경우뿐만 아니라 발명의 상세한 설명이나 도면에 기재되어 출원된 경우까지 포함하는 것이므			

특허법	실용신안법	디자인보호법	상표법
로, 분할출원을 하면서 원출원 당시 제출한 발명의 상세한 설명이나 도면을 다시 사용할 수도 있다. [2] 원출원 중 일부 발명이 실시례 등의 상세한 설명에 기재된 것으로서 원출원 발명과 다른 하나의 발명으로 볼 수 있는 경우에는 그 일부를 분할출원할 수 있으며, 이 경우 그 동일성 여부의 판단은 특허청구범위에 기재된 양 발명의 기술적 구성이 동일한가 여부에 의하여 판단하되 그 효과도 참작하여야 할 것인바, 기술적 구성에 차이가 있더라도 그 차이가 주지 관용기술의 부가, 삭제, 변경 등으로 새로운 효과의 발생이 없는 정도에 불과하다면 양 발명은 서로 동일하다고 하여야 한다(대법원 2004. 3. 12. 선고 2002후2778 판결).			
제53조 【변경출원】 ①실용신안 등록출원인은 그 실용신안등록출원의 출원서에 최초로 첨부된 명세서 또는 도면에 기재된 사항의 범위 안에서 그 실용신안등록출원을 특허출원으로 변경할 수 있다. 다만, 그 실용신안등록출원에 관하여 최초의 거절결정등본을 송달받은 날부	**제10조 【변경출원】** ①특허출원인은 그 특허출원의 출원서에 최초로 첨부된 명세서 또는 도면에 기재된 사항의 범위 안에서 그 특허출원을 실용신안등록출원으로 변경할 수 있다. 다만, 그 특허출원에 관하여 최초의 거절결정등본을 송달받은 날부터 30일이 경과한 때에		**제19조 【출원의 변경】** ①다음 각 호의 어느 하나에 해당하는 출원을 한 출원인은 이를 다음 각 호의 어느 하나에 해당하는 다른 출원으로 변경할 수 있다. 1. 상표등록출원 2. 서비스표등록출원 3. 단체표장등록출원(지리적 표

특허법	실용신안법	디자인보호법	상표법
터 30일이 경과한 때에는 특허출원으로 변경할 수 없다. ②제1항의 규정에 의하여 변경된 특허출원(이하 "변경출원"이라 한다)이 있는 경우에 그 변경출원은 실용신안등록출원을 한 때에 특허출원한 것으로 본다. 다만, 그 변경출원이 다음 각 호의 어느 하나에 해당하는 경우에는 그러하지 아니하다. 1. 제29조제3항의 규정에 따른 타특허출원 또는 「실용신안법」 제4조제3항의 규정에 따른 특허출원에 해당하여 제29조제3항 또는 「실용신안법」 제4조제3항의 규정을 적용하는 경우 2. 제30조제2항의 규정을 적용하는 경우 3. 제54조제3항의 규정을 적용하는 경우 4. 제55조제2항의 규정을 적용하는 경우 ③제1항의 규정에 의하여 변경출원을 하는 자는 변경출원서에 그 취지 및 변경출원의 기초가 된 실용신안등록출원의 표시를 하여야 한다. ④변경출원이 있는 경우에는 그 실용신안등록출원은 취하된	는 실용신안등록출원으로 변경할 수 없다. ②제1항의 규정에 의하여 변경된 실용신안등록출원(이하 "변경출원"이라 한다)이 있는 경우에 그 변경출원은 특허출원을 한 때에 실용신안등록출원한 것으로 본다. 다만, 그 변경출원이 다음 각 호의 어느 하나에 해당하는 경우에는 그러하지 아니하다. 1. 제4조제3항에서 규정하는 다른 실용신안등록출원 또는 「특허법」 제29조제3항에서 규정하는 실용신안등록출원에 해당하여 제4조제3항 또는 「특허법」 제29조제3항의 규정을 적용하는 경우 2. 제5조제2항의 규정을 적용하는 경우 3. 제11조의 규정에 의하여 준용되는 「특허법」 제54조제3항의 규정을 적용하는 경우 4. 제11조의 규정에 의하여 준용되는 「특허법」 제55조제2항의 규정을 적용하는 경우 ③제1항의 규정에 의하여 변경출원을 하는 자는 변경출원서에 그 취지 및 변경출원의 기초가 된 특허출원의 표시를 하여야 한다.		시 단체표장등록출원을 제외한다) ②지정상품의 추가등록출원을 한 출원인은 상표등록출원으로 변경할 수 있다. 다만, 지정상품의 추가등록출원의 기초가 된 등록상표에 대하여 무효심판 또는 취소심판이 청구되거나 그 등록상표가 무효심판, 취소심판 등으로 소멸된 경우에는 그러하지 아니하다. <개정 2010.1.27> ③제1항 및 제2항에 따라 변경된 출원(이하 "변경출원"이라 한다)이 있는 경우 그 변경출원은 최초에 제1항 각 호 또는 제2항의 출원을 한 때에 출원한 것으로 본다. 다만, 제20조제3항·제4항 또는 제21조제2항을 적용하는 경우에는 그러하지 아니하다. <개정 2010.1.27> ④제1항 및 제2항에 따른 출원의 변경은 최초에 한 제1항 각 호 또는 제2항의 출원에 대한 등록여부결정 또는 심결이 확정된 후에는 할 수 없다. <개정 2010.1.27> ⑤변경출원이 있는 경우에는 최초에 한 제1항 각 호 또는 제2항의 출원은 취하된 것으로

특허법	실용신안법	디자인보호법	상표법
것으로 본다. ⑤제1항 단서의 규정에 의한 30일의 기간은 「실용신안법」 제3조의 규정에 의하여 준용되는 이 법 제15조제1항의 규정에 의하여 제132조의3에서 규정한 기간이 연장된 때에는 그 연장된 기간에 따라 연장된 것으로 본다. ⑥변경출원에 있어서 제54조의 규정에 의한 우선권을 주장하는 자는 동조제4항의 규정에 의한 서류를 동조제5항에서 규정하는 기간에 불구하고 변경출원을 한 날부터 3월 이내에 특허청장에게 제출하여야 한다. [전문개정 2006.3.3]	④변경출원이 있는 경우에는 그 특허출원은 취하된 것으로 본다. ⑤제1항 단서의 규정에 의한 30일의 기간은 「특허법」 제15조제1항의 규정에 의하여 동법 제132조의3에서 규정한 기간이 연장된 때에는 그 연장된 기간에 따라 연장된 것으로 본다. ⑥변경출원에 있어서 「특허법」 제54조의 규정에 의한 우선권을 주장하는 자는 동조제4항의 규정에 의한 서류를 동조제5항에서 규정하는 기간에 불구하고 변경출원을 한 날부터 3월 이내에 특허청장에게 제출하여야 한다.	제20조 삭제 <2004.12.31> 제20조의2 삭제 <2004.12.31> 제21조 삭제 <1998.9.23> 제22조 삭제 <1998.9.23>	본다. <개정 2010.1.27> [전문개정 2007.1.3]
제54조 【조약에 의한 우선권주장】 ①조약에 의하여 대한민국 국민에게 특허출원에 대한 우선권을 인정하는 당사국 국	제11조 【「특허법」의 준용】	제23조 【조약에 의한 우선권주장】 ①조약에 의하여 대한민국 국민에게 출원에 대한 우선권을 인정하는 당사국 국민이	제20조 【조약에 의한 우선권주장】 ①조약 및 이에 준하는 것(이하 "조약"이라 한다)에 의하여 대한민국 국민에게 상표

특허법	실용신안법	디자인보호법	상표법
민이 그 당사국 또는 다른 당사국에 특허출원을 한 후 동일발명을 대한민국에 특허출원하여 우선권을 주장하는 때에는 제29조 및 제36조의 규정을 적용함에 있어서 그 당사국에 출원한 날을 대한민국에 특허출원한 날로 본다. 대한민국 국민이 조약에 의하여 대한민국 국민에게 특허출원에 대한 우선권을 인정하는 당사국에 특허출원한 후 동일발명을 대한민국에 특허출원한 경우에도 또한 같다. ②제1항의 규정에 의하여 우선권을 주장하고자 하는 자는 우선권주장의 기초가 되는 최초의 출원일부터 1년이내에 특허출원하지 아니하면 이를 주장할 수 없다. ③제1항의 규정에 의하여 우선권을 주장하고자 하는 자는 특허출원시 특허출원서에 그 취지, 최초로 출원한 국명 및 출원의 연월일을 기재하여야 한다. ④제3항의 규정에 의하여 우선권을 주장한 자는 제1호의 서류 또는 제2호의 서면을 특허청장에게 제출하여야 한다. 다만, 제2호의 서면은 지식경제		그 당사국 또는 다른 당사국에 출원을 한 후 동일한 디자인을 대한민국에 디자인등록출원하여 우선권을 주장하는 때에는 제5조 및 제16조의 규정을 적용함에 있어서 그 당사국에 출원한 날을 대한민국에 디자인등록출원한 날로 본다. 대한민국 국민이 조약에 의하여 대한민국 국민에게 출원에 대한 우선권을 인정하는 당사국에 출원한 후 동일한 디자인을 대한민국에 디자인등록출원한 경우에도 또한 같다. <개정 2001.2.3, 2004.12.31> ②제1항의 규정에 의하여 우선권을 주장하고자 하는 자는 우선권주장의 기초가 되는 최초의 출원일부터 6월이내에 디자인등록출원을 하지 아니하면 이를 주장할 수 없다. <개정 2004.12.31> ③제1항의 규정에 의하여 우선권을 주장하고자 하는 자는 디자인등록출원시 디자인등록출원서에 그 취지, 최초로 출원한 국명 및 출원의 년월일을 기재하여야 한다. <개정 2004.12.31> ④제3항의 규정에 의하여 우선권을 주장한 자는 최초로 출원	등록출원에 대한 우선권을 인정하는 당사국 국민이 그 당사국 또는 다른 당사국에 상표등록출원을 한 후 동일한 상표를 대한민국에 상표등록출원하여 우선권을 주장하는 때에는 제8조의 규정을 적용함에 있어서 그 당사국에 출원한 날을 대한민국에 상표등록출원한 날로 본다. 대한민국 국민이 조약에 의하여 대한민국 국민에게 상표등록출원에 대한 우선권을 인정하는 당사국에 상표등록출원한 후 동일한 상표를 대한민국에 상표등록출원한 경우에도 또한 같다. ②제1항의 규정에 의하여 우선권을 주장하고자 하는 자는 우선권주장의 기초가 되는 최초의 출원일부터 6월 이내에 출원하지 아니하면 이를 주장할 수 없다. ③제1항의 규정에 의하여 우선권을 주장하고자 하는 자는 상표등록출원시 상표등록출원서에 그 취지, 최초로 출원한 국명 및 출원의 연월일을 기재하여야 한다. ④제3항의 규정에 의하여 우선권을 주장한 자는 최초로 출원한 국가의 정부가 인정하는 상

특허법	실용신안법	디자인보호법	상표법
부령이 정하는 국가의 경우에 한한다. <개정 2001.2.3, 2008.2.29> 1. 최초로 출원한 국가의 정부가 인정하는 서류로서 특허출원의 연월일을 기재한 서면, 발명의 명세서 및 도면의 등본 2. 최초로 출원한 국가의 특허출원의 출원번호를 기재한 서면 ⑤제4항의 규정에 의한 서류 또는 서면은 다음 각호에 해당하는 날중 최선일부터 1년 4월이내에 제출하여야 한다. <신설 2001.2.3> 1. 조약 당사국에 최초로 출원한 출원일 2. 그 특허출원이 제55조제1항의 규정에 의한 우선권주장을 수반하는 경우에는 그 우선권주장의 기초가 되는 출원의 출원일 3. 그 특허출원이 제3항의 규정에 의한 다른 우선권주장을 수반하는 경우에는 그 우선권주장의 기초가 되는 출원의 출원일 ⑥제3항의 규정에 의하여 우선권을 주장한 자가 제5항의 기간내에 제4항에 규정한 서류를 제출하지 아니한 경우에는 그		한 국가의 정부가 인정하는 출원의 년월일을 기재한 서면 및 도면의 등본을 디자인등록출원일부터 3월이내에 특허청장에게 제출하여야 한다. <개정 2004.12.31> ⑤제3항의 규정에 의하여 우선권을 주장한 자가 제4항의 기간내에 동항에 규정한 서류를 제출하지 아니한 경우에는 그 우선권주장은 효력을 상실한다.	표등록출원의 연월일을 기재한 서면·상표 및 지정상품의 등본을 상표등록출원일부터 3월이내에 특허청장에게 제출하여야 한다. ⑤제3항의 규정에 의하여 우선권을 주장한 자가 제4항의 기간내에 동항에 규정한 서류를 제출하지 아니한 경우에는 그 우선권주장은 효력을 상실한다.

특허법	실용신안법	디자인보호법	상표법
우선권주장은 효력을 상실한다. <개정 2002.12.11> ⑦제1항의 규정에 의하여 우선권주장을 한 자중 제2항의 요건을 갖춘 자는 제5항의 규정에 의한 최선일부터 1년 4월 이내에 당해 우선권주장을 보정하거나 추가할 수 있다. <신설 2001.2.3> ▶판례 특허법 제54조에 정한 '조약에 의한 우선권 주장 제도'의 취지 및 대한민국에 등록된 특허권이 외국에서의 특허출원을 우선권 주장의 기초로 하였다는 사정만으로 그 특허권의 이전등록을 구하는 부분에 대하여 우리나라 법원의 국제재판관할권이 부인되는지 여부(소극) 특허법 제54조에 정한 '조약에 의한 우선권 주장 제도'는 외국에서 일단 특허출원을 하고 일정 기간 내에 대한민국에서 그 특허출원의 우선권을 주장하여 특허출원을 하면 그 외국의 최초 출원일에 출원한 것으로 취급해 줌으로써 최초 출원일과 대한민국에서의 출원일 사이에 제3자가 동일한 발명을 출원하거나 그 기간 내에 신규성을 상실하는 사유			

특허법	실용신안법	디자인보호법	상표법
가 발생하더라도 대한민국에서의 출원을 외국에서의 최초 출원일에 한 것으로 간주하므로 특허거절사유로 되지 않는 효과가 있을 뿐이고, 동일한 발명에 대하여 여러 나라에서 특허등록이 된 경우라도 그 특허권이 부여된 나라별도 별개의 독립된 특허권이 성립하고 이들 특허권은 상호 무관하게 병존하므로 외국에서의 특허권의 발생과 효력, 이전과 소멸은 대한민국 내에서의 특허권의 발생과 효력, 이전과 소멸에 대해 아무런 영향을 미치지 아니하여 대한민국에 등록된 특허권이 외국에서의 특허출원을 우선권 주장의 기초로 하여 출원하였다는 사정만으로는 그 특허권의 이전등록을 구하는 부분에 대한 우리나라 법원의 국제재판관할권을 부인할 수 없다(서울중앙지법 2007.8.23. 선고 2006가합89560 판결).			
제55조 【특허출원 등을 기초로 한 우선권 주장】 ①특허를 받으려는 자는 자신이 특허나 실용신안등록을 받을 수 있는 권리를 가진 특허출원 또는 실용신안등록출원으로 먼저 한 출	**제11조 【「특허법」의 준용】**		

특허법	실용신안법	디자인보호법	상표법
원(이하 "선출원"이라 한다)의 출원서에 최초로 첨부된 명세서 또는 도면에 기재된 발명을 기초로 그 특허출원한 발명에 관하여 우선권을 주장할 수 있다. 다만, 다음 각 호의 어느 하나에 해당하는 경우에는 그러하지 아니하다. 1. 그 특허출원이 선출원의 출원일부터 1년이 지난 후에 출원된 경우 2. 선출원이 제52조제2항(「실용신안법」 제11조에 따라 준용되는 경우를 포함한다)에 따른 분할출원이나 제53조 또는 「실용신안법」 제10조에 따른 변경출원인 경우 3. 그 특허출원을 할 때에 선출원이 포기·무효 또는 취하된 경우 4. 그 특허출원을 할 때에 선출원이 특허 여부의 결정, 실용신안등록 여부의 결정 또는 거절한다는 취지의 심결이 확정된 경우 ②제1항에 따른 우선권을 주장하려는 자는 특허출원을 할 때에 특허출원서에 그 취지와 선출원의 표시를 하여야 한다. ③제1항에 따른 우선권 주장을 수반하는 특허출원된 발명 중			

특허법	실용신안법	디자인보호법	상표법
해당 우선권 주장의 기초가 된 선출원의 출원서에 최초로 첨부된 명세서 또는 도면에 기재된 발명과 같은 발명에 관하여 제29조제1항·제2항, 제29조제3항 본문, 제30조제1항, 제36조제1항부터 제3항까지, 제96조제1항제3호, 제98조, 제103조, 제105조제1항·제2항, 제129조 및 제136조제4항(제133조의2제4항에 따라 준용되는 경우를 포함한다), 「실용신안법」 제7조제3항·제4항 및 제25조, 「디자인보호법」 제45조 및 제52조제3항을 적용할 때에는 그 특허출원은 그 선출원의 출원을 한 때에 특허출원한 것으로 본다. ④제1항에 따른 우선권 주장을 수반하는 특허출원의 출원서에 최초로 첨부된 명세서 또는 도면에 기재된 발명 중 해당 우선권 주장의 기초가 된 선출원의 출원서에 최초로 첨부된 명세서 또는 도면에 기재된 발명과 같은 발명은 그 특허출원이 출원공개되거나 특허가 등록공고되었을 때에 해당 우선권 주장의 기초가 된 선출원에 관하여 출원공개가 된 것으로 보고 제29조제3항 본문 또는 「실용			

특허법	실용신안법	디자인보호법	상표법
신안법」 제4조제3항 본문을 적용한다. ⑤선출원이 다음 각 호의 어느 하나에 해당하면 그 선출원의 출원서에 최초로 첨부된 명세서 또는 도면에 기재된 발명 중 그 선출원에 관하여 우선권 주장의 기초가 된 특허출원의 출원을 한 때에 명세서 또는 도면에 기재된 발명에 대하여는 제3항과 제4항을 적용하지 아니한다. 1. 선출원이 제1항에 따른 우선권 주장을 수반하는 출원인 경우 2. 선출원이 「공업소유권보호를 위한 파리조약」 제4조D(1)에 따른 우선권 주장을 수반하는 출원인 경우 ⑥제4항을 적용할 때 그 선출원이 다음 각 호의 어느 하나에 해당하는 경우 제29조제4항 중 "국제출원일에 제출한 국제출원의 명세서, 청구의 범위 또는 도면과 그 출원번역문에 다 같이 기재된 발명 또는 고안"은 "국제출원일에 제출한 국제출원의 명세서, 청구의 범위 또는 도면에 기재된 발명 또는 고안"으로 본다. 1. 선출원이 제199조제1항에 따			

특허법	실용신안법	디자인보호법	상표법
라 특허출원으로 보는 국제출원(제214조제4항에 따라 특허출원으로 되는 국제출원을 포함한다)인 경우 2. 선출원이 「실용신안법」 제34조제1항에 따라 실용신안등록출원으로 보는 국제출원(같은 법 제40조제4항에 따라 실용신안등록출원으로 되는 국제출원을 포함한다)인 경우 ⑦제1항에 따른 요건을 갖추어 우선권 주장을 한 자는 선출원일(선출원이 2 이상인 경우 최선출원일)부터 1년 4개월 이내에 그 우선권 주장을 보정하거나 추가할 수 있다. [전문개정 2009.1.30] **제56조【선출원의 취하등】** ①제55조제1항에 따른 우선권주장의 기초가 된 선출원은 그 출원일부터 1년 3개월이 지난 때에 취하된 것으로 본다. 다만, 그 선출원이 다음 각 호의 어느 하나에 해당하는 경우에는 그러하지 아니하다. <개정 2009.1.30> 1. 포기, 무효 또는 취하된 경우 2. 특허여부의 결정, 실용신안등록여부의 결정 또는 심결이	**제11조【「특허법」의 준용】**		

특허법	실용신안법	디자인보호법	상표법
확정된 경우 3. 당해 선출원을 기초로 한 우선권주장이 취하된 경우 4. 삭제 <2006.3.3> ②제55조제1항의 규정에 의한 우선권주장을 수반하는 특허출원의 출원인은 선출원의 출원일부터 1년 3월을 경과한 후에는 그 우선권주장을 취하할 수 없다. ③제55조제1항의 규정에 의한 우선권주장을 수반하는 특허출원이 선출원의 출원일부터 1년 3월이내에 취하된 때에는 그 우선권주장도 동시에 취하된 것으로 본다. **제3장 심사** **제57조【심사관에 의한 심사】** ①특허청장은 심사관으로 하여금 특허출원을 심사하게 한다. <개정 2006.3.3> ②심사관의 자격에 관하여 필요한 사항은 대통령령으로 정한다.			
제3장 심사 **제15조【「특허법」의 준용】** 실용신안등록출원의 심사·결정에 관하여는 「특허법」 제57조, 제58조, 제58조의2, 제60조, 제61조, 제63조의2, 제64조부터 제66조까지, 제66조의2, 제67조, 제67조의2, 제68조 및 제78조를 준용한다.		

(본 표는 4개 열로 구성되어 있습니다.)

특허법	실용신안법	디자인보호법	상표법
제58조【선행기술의 조사등】 ① 특허청장은 특허출원의 심사 (국제출원에 대한 국제조사 및 국제예비심사를 포함한다)에 있어서 필요하다고 인정할 때에는 전문기관을 지정하여 선행기술의 조사, 국제특허분류의 부여 그 밖에 대통령령이 정하는 업무를 의뢰할 수 있다. <개정 2001.2.3, 2006.3.3, 2009.1.30> ②특허청장은 특허출원의 심사에 관하여 필요하다고 인정할 때에는 정부기관·당해 기술분야의 전문기관 또는 특허에 관한 지식과 경험이 풍부한 자에게 협조를 요청하거나 의견을 들을 수 있다. 이 경우 특허청장은 예산의 범위안에서 수당 또는 비용을 지급할 수 있다. ③제1항의 규정에 따른 전문기관의 지정기준 등 지정에 관하여 필요한 사항과 선행기술의 조사 또는 국제특허분류의 부여 등의 의뢰절차에 관하여 필요한 사항은 대통령령으로 정한다. <개정 2001.2.3, 2006.3.3>	**제15조【「특허법」의 준용】**	**제25조의2【선행디자인의 조사등】** ①특허청장은 디자인등록출원의 심사에 있어서 필요하다고 인정하는 경우에는 전문기관을 지정하여 선행디자인의 조사, 그 밖에 대통령령으로 정하는 업무를 의뢰할 수 있다. ②특허청장은 디자인등록출원의 심사에 관하여 필요하다고 인정하는 경우에는 관계 행정기관, 해당 디자인 분야의 전문기관 또는 디자인에 관한 지식과 경험이 풍부한 자에게 협조를 요청하거나 의견을 들을 수 있다. 이 경우 특허청장은 예산의 범위에서 수당 또는 비용을 지급할 수 있다. ③제1항에 따른 전문기관의 지정기준 및 선행디자인의 조사 등의 의뢰에 필요한 사항은 대통령령으로 정한다. [본조신설 2009.6.9]	<개정 1997.8.22> **제22조의2【전문조사기관에 대한 상표검색 의뢰등】** ①특허

특허법	실용신안법	디자인보호법	상표법
			청장은 상표등록출원의 심사에 있어서 필요하다고 인정하는 경우에는 전문조사기관을 지정하여 상표검색을 의뢰할 수 있다. <개정 2001.2.3, 2007.1.3> ②특허청장은 상표등록출원의 심사에 관하여 필요하다고 인정하는 경우에는 관계행정기관이나 상표에 관한 지식과 경험이 풍부한 자 또는 관계인에게 협조를 요청하거나 의견을 들을 수 있다. ③특허청장은 「농산물품질관리법」 이나 「수산물품질관리법」 에 의한 지리적 표시 등록 대상품목에 대하여 지리적 표시 단체표장이 출원된 경우 지리적 표시 해당여부에 관하여 농림수산식품부장관의 의견을 들어야 한다. <신설 2004.12.31, 2007.1.3, 2008.2.29> ④제1항의 규정에 의한 전문조사기관의 지정기준 및 상표검색의 의뢰에 관하여 필요한 사항은 대통령령으로 정한다. <개정 2007.1.3> [본조신설 1997.8.22]
제58조의2 【전문기관 지정의 취소 등】 ①특허청장은. 제58조 제1항의 규정에 따른 전문기관	제15조 【「특허법」의 준용】	제25조의3 【전문기관 지정의 취소 등】 ①특허청장은 제25조 의2제1항에 따른 전문기관이	제22조의3 【전문조사기관의 지정취소 등】 ①특허청장은 제22조의2제1항의 규정에 따른

특허법	실용신안법	디자인보호법	상표법
이 제1호에 해당하는 경우에는 전문기관의 지정을 취소하여야 하며, 제2호에 해당하는 경우에는 그 지정을 취소하거나 6개월 이내의 기간을 정하여 업무의 정지를 명할 수 있다. 1. 거짓 그 밖의 부정한 방법으로 전문기관의 지정을 받은 경우 2. 제58조제3항의 규정에 따른 지정기준에 적합하지 아니하게 된 경우 ②특허청장은 제1항의 규정에 따라 전문기관의 지정을 취소하려고 할 때에는 청문을 실시하여야 한다. ③제1항의 규정에 따른 전문기관의 지정취소 및 업무정지의 기준과 절차 등에 관하여 필요한 사항은 지식경제부령으로 정한다. <개정 2008.2.29> [전문개정 2007.1.3] **제59조【특허출원심사의 청구】** ①특허출원은 심사청구가 있을 때에 한하여 이를 심사한다. ②특허출원이 있는 때에는 누구든지 그날부터 5년이내에 특허청장에게 그 특허출원에 관하여 출원심사의 청구를 할 수		제1호에 해당하는 경우에는 전문기관의 지정을 취소하여야 하며, 제2호에 해당하는 경우에는 그 지정을 취소하거나 6개월 이내의 기간을 정하여 업무의 정지를 명할 수 있다. 1. 거짓이나 그 밖의 부정한 방법으로 전문기관의 지정을 받은 경우 2. 제25조의2제3항에 따른 지정기준에 적합하지 아니하게 된 경우 ②특허청장은 제1항에 따라 전문기관의 지정을 취소하려면 청문을 하여야 한다. ③ 제1항에 따른 전문기관의 지정취소 및 업무정지의 기준과 절차 등에 필요한 사항은 지식경제부령으로 정한다. [본조신설 2009.6.9]	전문조사기관이 제1호에 해당하는 경우에는 전문조사기관의 지정을 취소하여야 하며, 제2호에 해당하는 경우에는 그 지정을 취소하거나 6개월 이내의 기간을 정하여 업무의 정지를 명할 수 있다. 1. 거짓 그 밖의 부정한 방법으로 전문조사기관의 지정을 받은 경우 2. 제22조의2제4항의 규정에 따른 지정기준에 적합하지 아니하게 된 경우 ②특허청장은 제1항의 규정에 따라 전문조사기관의 지정을 취소하려고 할 때에는 청문을 실시하여야 한다. ③제1항의 규정에 따른 지정취소 및 업무정지의 기준 그 밖에 필요한 사항은 지식경제부령으로 정한다. <개정 2008.2.29> [본조신설 2007.1.3]
	제12조【실용신안등록출원심사의 청구】 ①실용신안등록출원에 대한 심사는 청구가 있을 때에 한한다. ②실용신안등록출원이 있는 때에는 누구든지 그 날부터 3년 이내에 특허청장에게 그 실용		

특허법	실용신안법	디자인보호법	상표법
있다. 다만, 특허출원인의 경우에는 특허청구범위가 기재된 명세서가 첨부된 때에 한하여 출원심사의 청구를 할 수 있다. <개정 2007.1.3> ③제52조제2항의 규정에 의한 분할출원 또는 제53조제2항의 규정에 의한 변경출원에 관하여는 제2항의 기간이 경과된 후에도 분할출원을 한 날 또는 변경출원을 한 날부터 30일이내에 출원심사의 청구를 할 수 있다. <개정 1998.9.23, 2006.3.3> ④출원심사의 청구는 취하할 수 없다. ⑤제2항 또는 제3항의 규정에 의하여 출원심사의 청구를 할 수 있는 기간내에 출원심사의 청구가 없는 때에는 그 특허출원은 취하한 것으로 본다. **제60조 【출원심사의 청구절차】** ①출원심사의 청구를 하고자 하는 자는 다음 각호의 사항을 기재한 출원심사청구서를 특허청장에게 제출하여야 한다. <개정 2002.12.11> 1. 청구인의 성명 및 주소(법인인 경우에는 그 명칭·영업소	신안등록출원에 관하여 출원심사의 청구를 할 수 있다. 다만, 실용신안등록출원인의 경우에는 실용신안등록청구범위가 기재된 명세서가 첨부된 때에 한하여 출원심사의 청구를 할 수 있다. <개정 2007.1.3> ③변경출원 또는 제11조의 규정에 의하여 준용되는 「특허법」 제52조제2항의 규정에 의한 분할출원에 관하여는 제2항의 기간이 경과된 후에도 변경출원을 한 날 또는 분할출원을 한 날부터 30일 이내에 출원심사의 청구를 할 수 있다. ④출원심사의 청구는 취하할 수 없다. ⑤제2항 또는 제3항의 규정에 의한 기간 이내에 출원심사의 청구가 없는 때에는 그 실용신안등록출원을 취하한 것으로 본다. **제15조 【「특허법」의 준용】**		

특허법	실용신안법	디자인보호법	상표법
의 소재지) 2. 삭제 <2002.12.11> 3. 출원심사의 청구대상이 되는 특허출원의 표시 ②특허청장은 출원공개전에 출원심사의 청구가 있는 때에는 출원공개시에, 출원공개후에 출원심사의 청구가 있는 때에는 지체없이 그 취지를 특허공보에 게재하여야 한다. ③특허청장은 특허출원인이 아닌 자로부터 출원심사의 청구가 있는 때에는 그 취지를 특허출원인에게 통지하여야 한다. 제61조 【우선심사】 특허청장은 다음 각호의 1에 해당되는 특허출원에 대하여는 심사관으로 하여금 다른 특허출원에 우선하여 심사하게 할 수 있다. 1. 출원공개후 특허출원인이 아닌 자가 업으로서 특허출원된 발명을 실시하고 있다고 인정되는 경우 2. 대통령령이 정하는 특허출원으로서 긴급처리가 필요하다고 인정되는 경우 [전문개정 2001.2.3]	제15조 【「특허법」의 준용】	제25조의4 【우선심사】 특허청장은 다음 각 호의 어느 하나에 해당되는 디자인등록출원에 대하여는 심사관으로 하여금 다른 디자인등록출원에 우선하여 심사하게 할 수 있다. 1. 출원공개 후 디자인등록출원인이 아닌 자가 업으로서 디자인등록출원된 디자인을 실시하고 있다고 인정되는 경우 2. 대통령령으로 정하는 디자인등록출원으로서 긴급처리가 필요하다고 인정되는 경우 [본조신설 2009.6.9]	제22조의4 【심사의 순위 및 우선심사】 ①상표등록출원에 대한 심사는 출원의 순위에 따른다. ②특허청장은 다음 각 호의 어느 하나에 해당하는 상표등록출원에 대하여는 제1항에도 불구하고 심사관이 다른 상표등록출원에 우선하여 심사하게 할 수 있다. 1. 상표등록출원 후 출원인이 아닌 자가 정당한 사유 없이 업으로서 상표등록출원된 상표와 동일 또는 유사한 상표를 동일 또는 유사한 지정상품에

특허법	실용신안법	디자인보호법	상표법
			사용하고 있다고 인정되는 경우 2. 상표등록출원인이 상표등록출원한 상표를 지정상품의 전부에 사용하고 있는 등 대통령령으로 정하는 상표등록출원으로서 긴급한 처리가 필요하다고 인정되는 경우 [본조신설 2010.1.27]
제62조 【특허거절결정】 심사관은 특허출원이 다음 각 호의 어느 하나(이하 "거절이유"라 한다)에 해당하는 경우에는 그 특허출원에 대하여 특허거절결정을 하여야 한다. <개정 2001.2.3> 1. 제25조·제29조·제32조·제36조제1항 내지 제3항 또는 제44조의 규정에 의하여 특허할 수 없는 경우 2. 제33조제1항 본문의 규정에 의한 특허를 받을 수 있는 권리를 가지지 아니하거나 동조 동항 단서의 규정에 의하여 특허를 받을 수 없는 경우 3. 조약의 규정에 위반된 경우 4. 제42조제3항·제4항·제8항 또는 제45조에 규정된 요건을 갖추지 아니한 경우 5. 제47조제2항의 규정에 의한	제13조 【실용신안등록거절결정】 제15조의 규정에 따라 준용되는 「특허법」 제57조제1항의 규정에 의한 심사관(이하 "심사관"이라 한다）은 실용신안등록출원이 다음 각 호의 어느 하나(이하 "거절이유"라 한다】에 해당하는 경우에는 그 실용신안등록출원에 대하여 실용신안등록거절결정을 하여야 한다. <개정 2007.1.3> 1. 제4조, 제6조, 제7조제1항 내지 제3항, 제3조의 규정에 의하여 준용되는 「특허법」 제25조 또는 이 법 제11조의 규정에 의하여 준용되는 「특허법」 제44조의 규정에 의하여 실용신안등록을 할 수 없는 경우 2. 제11조의 규정에 의하여 준용되는 「특허법」 제33조제1	제26조 【디자인등록거절결정】 ①심사관은 디자인등록출원이 다음 각 호의 어느 하나에 해당하는 경우에는 디자인등록거절결정을 하여야 한다. <개정 2001.2.3, 2004.12.31, 2009.6.9> 1. 제4조의24, 제5조부터 제7조까지, 제9조제6항, 제10조, 제11조, 제11조의2, 제12조, 제16조제1항 및 제2항에 따라 디자인등록을 할 수 없는 경우 2. 삭제 <2001.2.3> 3. 제3조제1항 본문의 규정에 의한 디자인등록을 받을 수 있는 권리를 가지지 아니하거나 동조동항 단서의 규정에 의하여 디자인등록을 받을 수 없는 경우 4. 조약의 규정에 위반된 경우 5. 유사디자인무심사등록출원이 다음 각 목의 어느 하나에 해	제23조 【상표등록거절결정 및 거절이유통지】 ①심사관은 상표등록출원이 다음 각 호의 어느 하나에 해당하는 경우에는 그 상표등록출원에 대하여 상표등록거절결정을 하여야 한다. <개정 1997.8.22, 2001.2.3, 2004.12.31, 2007.1.3> 1. 제3조 단서, 제6조 내지 제8조, 제10조제1항, 제12조제2항 후단·제5항·제7항 내지 제9항 또는 제5조의 규정에 의하여 준용되는 「특허법」 제25조의 규정에 의하여 상표등록을 할 수 없는 경우 2. 조약의 규정에 위반된 경우 3. 조약당사국에 등록된 상표 또는 이와 유사한 상표로서 그 상표에 관한 권리를 가진 자의 대리인이나 대표자 또는 상표등록출원일전 1년 이내에 대리

특허법	실용신안법	디자인보호법	상표법
범위를 벗어 보정인 경우 6. 제52조제1항의 규정에 의한 범위를 벗어난 분할출원인 경우 7. 제53조제1항의 규정에 의한 범위를 벗어난 변경출원인 경우	항 본문의 규정에 의한 실용신안등록을 받을 수 있는 권리를 가지지 아니하거나 동항 단서의 규정에 의하여 실용신안등록을 받을 수 없는 경우 3. 조약의 규정에 위반된 경우 4. 제8조제3항·제4항·제8항 또는 제9조에 규정된 요건을 갖추지 아니한 경우 5. 제10조제1항의 규정에 의한 범위를 벗어난 변경출원인 경우 6. 제11조의 규정에 의하여 준용되는 「특허법」 제47조제2항의 규정에 의한 범위를 벗어난 보정인 경우 7. 제11조의 규정에 의하여 준용되는 「특허법」 제52조제1항의 규정에 의한 범위를 벗어난 분할출원인 경우	당하는 경우 가. 유사디자인등록된 디자인 또는 유사디자인등록출원된 디자인을 기본디자인으로 표시한 경우 나. 기본디자인의 디자인권이 소멸된 경우 다. 기본디자인에 관한 디자인등록출원이 무효·취하·포기되거나 디자인등록거절결정이 확정된 경우 라. 유사디자인무심사등록출원인이 기본디자인의 디자인권자 또는 기본디자인에 관한 디자인등록출원인과 다른 경우 마. 유사디자인무심사등록출원된 디자인이 기본디자인에 유사하지 아니한 경우 ②제1항의 규정에 불구하고 디자인무심사등록출원에 대하여는 제5조, 제7조, 제16조제1항·제2항의 규정은 이를 적용하지 아니한다. 다만, 디자인무심사등록출원된 디자인이 제5조제1항 본문의 규정에 따른 공업상 이용할 수 없는 것이거나 제5조제2항의 규정 중 국내에서 널리 알려진 형상·모양·색채 또는 이들의 결합에 의하여 용이하게 창작할 수 있는 것인 경우에는 디자인등록거절	인이나 대표자이었던 자가 상표에 관한 권리를 가진 자의 동의를 받지 아니하는 등 정당한 이유없이 그 상표의 지정상품과 동일하거나 이와 유사한 상품을 지정상품으로 상표등록출원을 한 경우. 다만, 그 권리자로부터 상표등록이의신청이 있거나 제22조제3항의 규정에 의한 정보제공이 있는 경우에 한한다.

▶판례

자회사가 대리점 계약 당사자의 실질적인 지배를 받고 있다는 이유만으로 그 자회사를 상표법 제23조 제1항 제3호 소정의 '대리인'으로 볼 수 있는지 여부(소극)

상표법 제73조 제1항 제7호, 제23조 제1항 제3호의 입법 취지에 비추어 볼 때 상표법 제23조 제1항 제3호에서 말하는 '대리인이나 대표자'라 함은 일반적으로 국외에 있는 상표에 관한 권리를 가진 자의 그 상품을 수입하여 판매·광고하는 대리점, 특약점, 위탁판매업자, 총대리점 등을 가리키는 것이고, 대리점 등 계약의 당사자가 자신과 법인격은 다르지만 그 소유와 경영을 실질적으로 지배하고 있는 자회사의 명의

특허법	실용신안법	디자인보호법	상표법
제63조 【거절이유통지】 ①심사관은 제62조의 규정에 의하여 거절결정을 하고자 할 때에는 그 특허출원인에게 거절이유를 통지하고 기간을 정하여 의견서를 제출할 수 있는 기회를 주어야 한다. 다만, 제51조제1항에 따라 각하결정을 하고자 하는 때에는 그러하지 아니하다. <개정 2001.2.3, 2009.1.30> ②심사관은 특허청구범위에 2 이상의 청구항이 있는 특허출원에 대하여 제1항 본문의 규정에 따라 거절이유를 통지할 때에는 그 통지서에 거절되는 청구항을 명시하고 그 청구항에 관한 거절이유를 구체적으로 기재하여야 한다. <신설 2001.2.3, 2009.1.30>	**제14조 【거절이유통지】** ①심사관은 제13조의 규정에 의하여 실용신안등록거절결정을 하고자 할 때에는 그 실용신안등록출원인에게 그 거절이유를 통지하고, 기간을 정하여 의견서를 제출할 수 있는 기회를 주어야 한다. 다만, 제11조에 따라 준용되는 「특허법」 제51조제1항에 따라 각하결정을 하고자 하는 때에는 그러하지 아니하다. <개정 2009.1.30> ②심사관은 실용신안등록청구범위에 2 이상의 청구항이 있는 실용신안등록출원에 대하여 제1항 본문의 규정에 따라 거절이유를 통지하는 때에는 그 통지서에 거절되는 청구항을 명시하고 그 청구항에 관한 거절이유를 구체적으로 기재하여야 한다. <신설 2009.1.30>	결정을 하여야 한다. <개정 2001.2.3, 2004.12.31, 2007.1.3> ③심사관은 제23조의5의 규정에 의한 정보 및 증거의 제공이 있는 디자인등록출원에 대하여는 제2항의 규정에 불구하고 그 정보 및 증거에 근거하여 디자인등록결정을 할 수 있다. <신설 2004.12.31> [전문개정 1997.8.22] **제27조 【거절이유통지】** ①심사관은 제26조의 규정에 의하여 디자인등록거절결정을 하고자 할 때에는 그 디자인등록출원인에게 거절이유(제26조제1항 각호의 1에 해당하는 이유를 말하며, 이하 "거절이유"라 한다)를 통지하고 기간을 정하여 의견서를 제출할 수 있는 기회를 주어야 한다. <개정 1997.8.22, 2001.2.3, 2004.12.31> ②복수디자인등록출원된 디자인 중 일부 디자인에 대하여 거절이유가 있는 경우에는 그 해당 디자인의 일련번호, 디자인의 대상이 되는 물품 및 거절이유를 명시하여야 한다. <신설 1997.8.22, 2001.2.3, 2004.12.31>	로 상표등록을 하면 대리점 등이 스스로 상표를 등록한 것과 동일한 결과가 초래되어 위 규정을 잠탈하는 행위를 방지할 수 없게 되고, 나아가 공정한 국제 상거래 질서를 확보하고 수요자 사이에 혼동을 방지하고자 하는 입법 목적을 달성할 수 없는 문제가 있지만, 그렇다고 하더라도 계약에 의하여 대리인이 된 자가 위 상표법 규정의 적용을 회피하기 위하여 법인을 편의상, 형식적으로 설립하였다는 등의 특별한 사정이 없는 한 별개의 법인격을 가지는 회사가 계약 당사자의 실질적 지배를 받는 관계에 있다는 사정만으로 그 회사를 계약 당사자와 동일시하여 당연히 그 회사가 상표소유권자의 대리인으로서의 지위를 갖게 된다고 할 수는 없다(대법원 2003. 4. 8. 선고 2001후2146 판결]. 4. 제2조제1항제1호 내지 제3호 및 제4호의 규정에 의한 표장의 정의에 합치하지 아니하거나 지리적 표시 단체표장의 경우에 그 지리적 표시와 표장이 동항제3호의2 및 제3호의4의 규정에 의한 지리적 표시와의 표장의 정의에 합치하지 아니

특허법	실용신안법	디자인보호법	상표법
2007.1.3, 2009.1.30>	이유를 구체적으로 기재하여야 한다. <신설 2007.1.3, 2009.1.30>		하는 경우

특허법

2007.1.3, 2009.1.30>

▶판례
특허거절결정의 이유 중에 심사관이 통지하지 않은 거절이유가 일부 포함되어 있다 하더라도, 특허거절결정에 대한 심판청구를 기각하는 심결이유가 심사관이 통지하지 않은 거절이유를 들어 특허거절결정을 유지하는 것이 아닌 경우, 그와 같은 사유만으로 심결을 위법하다고 할 수 있는지 여부(소극)
구 특허법(2007. 1. 3. 법률 제8197호로 개정되기 전의 것) 제63조 본문에 의하면, 심사관은 제62조의 규정에 의하여 특허거절결정을 하고자 할 때에는 그 특허출원인에게 거절이유를 통지하고 기간을 정하여 의견서를 제출할 수 있는 기회를 주어야 한다고 규정되어 있으므로, 심사관이 특허출원인에게 거절이유를 통지하여 의견서를 제출할 수 있는 기회를 주지 않고 특허거절결정을 하는 것은 위 법 제63조 본문에 위반되어 위법한 것이 원칙이다. 그러나 특허거절결정의 이유 중에 심사관이 통지하지 아니한 거절이유가 일부 포함되어 있다 하더라도, 특허거절결정에 대

상표법

하는 경우
5. 지리적 표시 단체표장등록출원에 있어서 그 지리적 표시를 사용할 수 있는 상품을 생산·제조 또는 가공하는 것을 업으로 영위하는 자에 대하여 정관에 의하여 단체의 가입을 금지하거나 정관에 충족하기 어려운 가입조건을 규정하는 등 단체의 가입을 실질적으로 허용하지 아니한 경우
6. 제9조제3항의 규정에 의한 정관에 대통령령이 정하는 단체표장의 사용에 관한 사항의 전부 또는 일부의 기재가 없는 경우
②심사관은 제1항의 규정에 의하여 상표등록거절결정을 하고자 할 때에는 그 출원인에게 거절이유를 통지하고 기간을 정하여 의견서를 제출할 수 있는 기회를 주어야 한다. 이 경우 2 이상의 지정상품의 일부 또는 전부에 거절이유가 있는 때에는 심사관은 그 해당 지정상품별로 거절이유와 근거를 구체적으로 밝혀야 한다. <개정 2001.2.3, 2007.1.3>

▶판례

특허법	실용신안법	디자인보호법	상표법
한 심판청구를 기각하는 심결이 유가 심사관이 통지하지 아니한 거절이유를 들어 특허거절결정을 유지하는 경우가 아니라면, 그와 같은 사유만으로 심결을 위법하다고는 할 수 없다(대법원 2009.12.10. 선고 2007후3820).			**상표의 유사 여부 판단 기준 및 기술적 표장만으로 된 상표와 다른 식별력 있는 상표의 유사 여부를 판단함에 있어 상표의 식별력 유무가 고려대상이 되는지 여부(적극)** 상표의 유사는 상표의 외관·호칭·관념을 수요자의 입장에서 전체적, 객관적, 이격적으로 관찰하여 상품의 출처에 관하여 오인·혼동을 일으킬 우려가 있는지 여부에 의하여 결정하여야 하는 것으로서, 외관·호칭·관념 중에서 어느 하나가 유사하다 하더라도 전체로서의 상표가 수요자들로 하여금 명확히 상품 출처의 오인·혼동을 피할 수 있게 하는 경우에는 유사한 것이라고 할 수 없다 할 것인바, 대비대상이 되는 두 상표 중 하나가 자타 상품의 식별력이 없는 것이라면 설사 그 대비되는 상표와 외관·호칭·관념 중 일부에 동일·유사한 점이 있다 하더라도 상표 전체로서 수요자들로 하여금 상품 출처의 오인·혼동을 피할 수 있게 하는 가능성이 크다 할 것이므로 오로지 기술 표장만으로 된 상표와 다른 식별력 있는 상표의 유사 여부를 판단함에 있

특허법	실용신안법	디자인보호법	상표법
			어서도 상표의 식별력 유무는 고려대상이 되어야 한다. (대법원 2002. 7. 26. 선고 2002후765 판결)
		제23조의6 【거절결정된 출원의 공보게재】 특허청장은 제16조제2항 후단의 규정에 따라 거절결정이나 거절한다는 취지의 심결이 확정 된 때에는 그 디자인등록출원에 관한 사항을 제78조의 규정에 따른 디자인공보에 게재하여야 한다. 다만, 디자인등록출원된 디자인이 제23조의2제2항 단서에 해당하는 경우에는 이를 게재하지 아니할 수 있다. <개정 2009.6.9> [본조신설 2007.1.3]	
제63조의2 【특허출원에 대한 정보제공】 특허출원이 있는 때에는 누구든지 그 특허출원이 거절이유에 해당되어 특허될 수 없다는 취지의 정보를 증거와 함께 특허청장에게 제공할 수 있다. 다만, 제42조제8항 및 제45조에 규정된 요건을 갖추지 아니한 경우에는 그러하지 아니하다. <개정 2007.1.3> [본조신설 2006.3.3]	**제15조 【「특허법」의 준용】**	**제23조의5 【정보제공】** 디자인등록출원된 디자인에 대하여는 누구든지 당해 디자인이 제26조제1항 각호의 1에 해당되어 등록될 수 없다는 취지의 정보를 증거와 함께 특허청장에게 제공할수있다 <개정 2004.12.31> [본조신설 2001.2.3]	

특허법	실용신안법	디자인보호법	상표법
제64조 【출원공개】 ①특허청장은 다음 각 호의 어느 하나에 해당하는 날부터 1년6월이 경과한 때 또는 특허출원일부터 1년 6월이 경과하기 전이라도 출원인의 신청이 있는 때에는 지식경제부령이 정하는 바에 따라 그 특허출원에 관하여 특허공보에 게재하여 출원공개를 하여야 한다. 다만, 제42조제5항 각 호 외의 부분 전단의 규정에 따라 특허청구범위가 기재되지 아니한 명세서를 첨부한 특허출원 및 제87조제3항의 규정에 따라 등록공고를 한 특허의 경우에는 출원공개의 대상이 되지 아니한다. <개정 1995.12.29, 1997.4.10, 2001.2.3, 2007.1.3, 2008.2.29> 1. 제54조제1항의 규정에 의한 우선권주장을 수반하는 특허출원에 있어서는 그 우선권주장의 기초가 된 출원일 2. 제55조제1항의 규정에 의한 우선권주장을 수반하는 특허출원에 있어서는 선출원의 출원일 3. 제54조제1항 또는 제55조제1항의 규정에 의한 2 이상의 우선권주장을 수반하는 특허출원에 있어서는 해당 우선권주	제15조 【「특허법」의 준용】	제23조의2 【출원공개】 ①디자인등록출원인은 지식경제부령이 정하는 바에 따라 자기의 디자인등록출원에 대한 공개를 신청할 수 있다. 다만, 복수디자인등록출원에 대한 신청은 출원된 디자인 전부에 대하여 신청하는 경우에 한한다. <개정 1997.8.22, 2001.2.3, 2004.12.31, 2008.2.29> ②특허청장은 제1항에 따른 공개신청이 있는 때에는 그 디자인등록출원에 관하여 제78조에 따른 디자인공보에 게재하여 출원공개를 하여야 한다. 다만, 디자인등록출원된 디자인이 주는 의미나 내용 등이 일반인의 통상적인 도덕관념인 선량한 풍속에 어긋나거나 공공질서를 해칠 우려가 있는 경우에는 출원공개를 하지 아니할 수 있다. <개정 2004.12.31, 2007.1.3, 2009.6.9> 1. 디자인이 주는 의미나 내용 등이 일반인의 통상적인 도덕관념인 선량한 풍속에 어긋나거나 공공질서를 해칠 우려가 있는 경우 2. 제24조의 규정에 의하여 준용되는 「특허법」 제41조제1항의 규정에 의하여 국방상 비	제24조 【출원공고】 ①심사관은 상표등록출원에 대하여 거절이유를 발견할 수 없는 때에는 출원공고결정을 하여야 한다. 다만, 다음 각 호의 어느 하나에 해당하는 때에는 출원공고결정을 생략할 수 있다. <개정 2007.1.3> 1. 출원공고결정의 등본이 출원인에게 송달된 후 그 출원인이 출원공고된 상표등록출원을 제18조의 규정에 따라 2 이상의 상표등록출원으로 분할한 경우에 있어서 그 분할출원에 대하여 거절이유를 발견할 수 없는 때 2. 상표등록출원의 거절결정에 대하여 취소의 심결이 있는 경우에 있어서 당해 상표등록출원에 대하여 이미 출원공고된 사실이 있고 다른 거절이유를 발견할 수 없는 때 ②특허청장은 제1항의 규정에 의한 결정이 있을 때에는 그 결정의 등본을 출원인에게 송달하고 그 상표등록출원에 관하여 상표공보에 게재하여 출원공고를 하여야 한다. ③특허청장은 출원공고가 있는 날부터 2개월간 상표등록출원서류 및 그 부속서류를 특허청

특허법	실용신안법	디자인보호법	상표법
장의 기초가 된 출원일중 최선일 4. 제1호 내지 제3호의 1에 해당하지 아니하는 특허출원에 있어서는 그 특허출원일 ② 삭제 <2006.3.3> ③제87조제4항은 제1항의 출원공개에 관하여 이를 준용한다. <개정 1997.4.10> ④제1항의 출원공개에 관하여 특허공보에 게재할 사항은 대통령령으로 정한다.		밀로 취급하여야 하는 경우 ③제1항의 규정에 의한 공개신청은 그 디자인등록출원에 대한 최초의 디자인등록여부결정의 등본이 송달된 후에는 이를 할 수 없다. <개정 2001.2.3, 2004.12.31> ④삭제 <2001.2.3> [본조신설 1995.12.29]	에서 공중의 열람에 제공하여야 한다. <개정 2007.1.3> **제24조의2 【손실보상청구권】** ①출원인은 제24조제2항(제49조제3항 및 제81조제1항의 규정에 의하여 준용되는 경우를 포함한다)의 규정에 의한 출원공고가 있은 후 당해 상표등록출원에 관한 지정상품과 동일하거나 이와 유사한 상품에 대하여 당해 상표등록출원에 관한 상표와 동일하거나 이와 유사한 상표를 사용하는 자에게 서면으로 경고할 수 있다. 다만, 출원인이 당해 상표등록출원의 사본을 제시하는 경우에는 출원공고전이라도 서면으로 경고할 수 있다. ②제1항의 규정에 의하여 경고를 한 출원인은 경고후 상표권

특허법	실용신안법	디자인보호법	상표법
			을 설정등록할 때까지의 기간에 발생한 당해 상표의 사용에 관한 업무상 손실에 상당하는 보상금의 지급을 청구할 수 있다. ③제2항의 규정에 의한 청구권은 당해 상표등록출원에 대한 상표권의 설정등록이 있은 후가 아니면 이를 행사할 수 없다. ④제2항의 규정에 의한 청구권의 행사는 상표권의 행사에 영향을 미치지 아니한다. ⑤제52조·제66조·제69조 및 제70조와 「민법」 제760조 및 제766조의 규정은 제2항의 규정에 의한 청구권을 행사하는 경우에 이를 준용한다. 이 경우 「민법」 제766조제1항중 "피해자나 그 법정대리인이 그 손해 및 가해자를 안 날"은 "당해 상표권의 설정등록일"로 본다. <개정 2007.1.3> ⑥상표등록출원이 다음 각 호의 어느 하나에 해당하는 때에는 제2항의 규정에 의한 청구권은 처음부터 발생하지 아니한 것으로 본다. <개정 2007.1.3> 1. 상표등록출원이 포기·취하 또는 무효로 된 때

특허법	실용신안법	디자인보호법	상표법
			2. 상표등록출원에 대한 상표등록거절결정이 확정된 때 3. 제71조의 규정에 의하여 상표등록을 무효로 한다는 심결 (동조제1항제4호 내지 제6호의 규정에 의한 경우를 제외한다)이 확정된 때 [본조신설 2001.2.3]
제65조 【출원공개의 효과】 ①특허출원인은 출원공개가 있은 후 그 특허출원된 발명을 업으로서 실시한 자에게 특허출원된 발명임을 서면으로 경고할 수 있다. ②제1항의 규정에 의한 경고를 받거나 출원공개된 발명임을 알고 그 특허출원된 발명을 업으로 실시한 자에게 특허출원인은 그 경고를 받거나 출원공개된 발명임을 안 때부터 특허권의 설정등록시까지의 기간동안 그 특허발명의 실시에 대하여 통상 받을 수 있는 금액에 상당하는 보상금의 지급을 청구할 수 있다. <개정 1997.4.10> ③제2항의 규정에 의한 청구권은 당해 특허출원에 대한 특허권의 설정등록이 있은 후가 아니면 이를 행사할 수 없다. <개정 1997.4.10>	제15조 【「특허법」의 준용】	제23조의3 【출원공개의 효과】 ①디자인등록출원인은 출원공개가 있은 후 그 디자인등록출원된 디자인 또는 이와 유사한 디자인을 업으로서 실시한 자에게 디자인등록출원된 디자인임을 서면으로 경고할 수 있다. <개정 2004.12.31> ②제1항의 규정에 의한 경고를 받거나 출원공개된 디자인임을 알고 그 디자인등록출원된 디자인 또는 이와 유사한 디자인을 업으로서 실시한 자에게 디자인등록출원인은 그 경고를 받거나 출원공개된 디자인임을 안 때부터 디자인권의 설정등록시까지의 기간동안 그 등록디자인 또는 이와 유사한 디자인의 실시에 대하여 통상 받을 수 있는 금액에 상당하는 보상금의 지급을 청구할 수 있다. <개정 2004.12.31>	

특허법	실용신안법	디자인보호법	상표법
④제2항의 규정에 의한 청구권의 행사는 특허권의 행사에 영향을 미치지 아니한다. <개정 1997.4.10> ⑤제127조·제129조·제132조 또는 민법 제760조 및 동법 제766조의 규정은 제2항의 규정에 의한 청구권을 행사하는 경우에 이를 준용한다. 이 경우 「민법」 제766조제1항중 "피해자나 그 법정대리인이 그 손해 및 가해자를 안 날"은 "당해 특허권의 설정등록일"로 본다. <개정 1997.4.10, 2006.3.3> ⑥출원공개후 특허출원이 포기·무효 또는 취하된 때, 특허출원의 특허거절결정이 확정된 때 및 제133조의 규정에 의한 특허를 무효로 한다는 심결(동조제1항제4호의 규정에 의한 경우를 제외한다)이 확정된 때에는 제2항의 규정에 의한 청구권은 처음부터 발생하지 아니한 것으로 본다. <신설 1997.4.10, 2001.2.3, 2006.3.3> [전문개정 1995.12.29]		③제2항의 규정에 의한 청구권은 당해 디자인등록출원된 디자인에 대한 디자인권의 설정등록이 있은 후가 아니면 이를 행사할 수 없다. <개정 2004.12.31> ④제2항의 규정에 의한 청구권의 행사는 디자인권의 행사에 영향을 미치지 아니한다. <개정 2004.12.31> ⑤제63조·제67조 또는 「민법」 제760조 및 동법 제766조의 규정은 제2항의 규정에 의한 청구권을 행사하는 경우에 이를 준용한다. 이 경우 「민법」 제766조제1항중 "피해자나 그 법정대리인이 그 손해 및 가해자를 안 날"은 "당해 디자인권의 설정등록일"로 본다. <개정 2004.12.31, 2007.1.3> ⑥출원공개후 디자인등록출원이 포기·무효 또는 취하된 때, 디자인등록출원의 디자인등록거절결정이 확정된 때, 제29조의7제3항에 따른 디자인등록취소결정이 확정된 때 또는 제68조에 따른 디자인등록을 무효로 한다는 심결(같은 조 제1항제4호에 따른 경우는 제외한다)이 확정된 때에는 제2항에 따른 청구권은 처음부터 발생하지 아니한 것으로 본다.	

특허법	실용신안법	디자인보호법	상표법
제66조 【특허결정】 심사관은 특허출원에 대하여 거절이유를 발견할 수 없는 때에는 특허결정을 하여야 한다. <개정 2001.2.3> [전문개정 1997.4.10]	**제15조 【「특허법」의 준용】**	<신설 2001.2.3, 2004.12.31, 2009.6.9> [본조신설 1995.12.29] **제28조 【디자인등록결정】** 심사관은 디자인등록출원에 대하여 거절이유를 발견할 수 없는 때에는 디자인등록결정을 하여야 한다 <개정2001.2.3, 2004.12.31>	**제30조 【상표등록결정】** 심사관은 상표등록출원에 대하여 거절이유를 발견할 수 없는 때에는 상표등록결정을 하여야 한다. <개정 2001.2.3>
제67조 【특허여부결정의 방식】 ①특허결정 및 특허거절결정(이하 "특허여부결정"이라 한다)은 서면으로 하여야 하며 그 이유를 붙여야 한다. <개정 2001.2.3> ②특허청장은 특허여부결정이 있는 경우에는 그 결정의 등본을 특허출원인에게 송달하여야 한다. <개정 2001.2.3> [전문개정 1997.4.10]	**제15조 【「특허법」의 준용】**	**제29조 【디자인등록여부결정의 방식】** ①디자인등록여부결정은 서면으로 하여야 하며 그 이유를 붙여야 한다. <개정 2001.2.3, 2004.12.31> ②특허청장은 디자인등록여부결정이 있는 경우에는 그 결정의 등본을 디자인등록출원인에게 송달하여야 한다. <개정 2001.2.3, 2004.12.31>	**제31조 【상표등록여부결정의 방식】** ①상표등록여부결정은 서면으로 하여야 하며 그 이유를 붙여야 한다. <개정 2001.2.3> ②특허청장은 상표등록여부결정이 있는 경우에는 그 결정의 등본을 출원인에게 송달하여야 한다. <개정 2001.2.3>
		제29조의2 【디자인무심사등록이의신청】 ①누구든지 디자인무심사등록출원에 의한 디자인권의 설정등록이 있는 날부터 디자인무심사등록공고일후 3개월이 되는 날까지 해당 디자인무심사등록이 다음 각 호의 어느 하나에 해당하는 것을 이유로 특허청장에게 디자인무심사등	**제25조 【상표등록이의신청】** ①출원공고가 있는 때에는 누구든지 출원공고일부터 2개월 이내에 제23조제1항 각 호 및 제48조제1항제2호·제4호의 어느 하나에 해당한다는 것을 이유로 특허청장에게 상표등록이의신청을할수있다 <개정 2007.1.3> ②상표등록이의신청을 하고자

특허법	실용신안법	디자인보호법	상표법
		록이의신청을 할 수 있다. 이 경우 복수디자인등록출원된 디자인등록에 대하여는 각 디자인마다 디자인무심사등록이의신청을 할 수 있다. <개정 2001.2.3, 2004.12.31, 2009.6.9> 1. 제4조의24, 제5조, 제6조, 제7조제1항, 제10조 및 제16조제1항·제2항에 위반된 경우 2. 제3조제1항 본문의 규정에 의한 디자인등록을 받을 수 있는 권리를 가지지 아니하거나 동조동항 단서의 규정에 의하여 디자인등록을 받을 수 없는 경우 3. 조약에 위반된 경우 ②디자인무심사등록이의신청을 하는 자(이하 "디자인무심사등록이의신청인"이라 한다]는 다음 각호의 사항을 기재한 디자인무심사등록이의신청서에 필요한 증거를 첨부하여 특허청장에게 제출하여야 한다. <개정 2001.2.3, 2004.12.31> 1. 디자인무심사등록이의신청인의 성명 및 주소(법인인 경우에는 그 명칭 및 영업소의 소재지) 1의2. 디자인무심사등록이의신청인의 대리인이 있는 경우에는 그 대리인의 성명 및 주소	하는 자는 다음 각 호의 사항을 기재한 상표등록이의신청서에 필요한 증거를 첨부하여 특허청장에게 제출하여야 한다. <개정 1997.8.22, 2001.2.3, 2007.1.3> 1. 상표등록이의신청인의 성명 및 주소(법인인 경우에는 그 명칭 및 영업소의 소재지) 1의2. 대리인이 있는 경우에는 그 대리인의 성명 및 주소나 영업소의 소재지(대리인이 특허법인인 경우에는 그 명칭, 사무소의 소재지 및 지정된 변리사의 성명】 2. 상표등록이의신청의 대상 3. 삭제 <2007.1.3> 4. 상표등록이의신청사항 5. 상표등록이의신청의 이유 및 필요한 증거의 표시

특허법	실용신안법	디자인보호법	상표법
		나 영업소의 소재지(대리인이 특허법인인 경우에는 그 명칭, 사무소의 소재지 및 지정된 변리사의 성명) 2. 디자인무심사등록이의신청의 대상이 되는 등록디자인의 표시 3. 디자인무심사등록이의신청의 취지 4. 디자인무심사등록이의신청의 이유 및 필요한 증거의 표시 ③제29조의4제3항의 규정에 의하여 지정된 심사장(審査長)은 디자인무심사등록이의신청이 있는 때에는 디자인무심사등록이의신청서 부본을 디자인무심사등록이의신청의 대상이 된 등록디자인의 디자인권자에게 송달하고 기간을 정하여 답변서를 제출할 기회를 주어야 한다. <개정 2001.2.3, 2004.12.31> ④제68조제6항의 규정은 제1항의 디자인무심사등록이의신청에 관하여 이를 준용한다. <개정 2004.12.31> [본조신설 1997.8.22] **제29조의3 【디자인무심사등록이의신청이유등의 보정】** 디자인무심사등록이의신청인은 디자	
			제26조 【상표등록이의신청이유등의 보정】 제25조제1항의 규정에 의하여 상표등록이의신청을

특허법	실용신안법	디자인보호법	상표법
		인무심사등록이의신청한 날부터 30일이내에 디자인무심사등록이의신청서에 기재한 이유 또는 증거를 보정할 수 있다. <개정 2004.12.31> [본조신설 1997.8.22] **제29조의4 【심사·결정의 합의체】** ①디자인무심사등록이의신청은 3인의 심사관합의체가 심사·결정한다. <개정 2004.12.31> ②특허청장은 각 디자인무심사등록이의신청에 대하여 심사관합의체를 구성할 심사관을 지정하여야 한다. <개정 2004.12.31> ③특허청장은 제2항의 규정에 의하여 지정된 심사관중 1인을 심사장으로 지정하여야 한다. ④ 심사관합의체 및 심사장에 관하여는 제72조의7제2항·제72조의8제2항 및 제72조의9제2항·제3항을 준용한다. <개정 2009.6.9> [본조신설 1997.8.22] **제29조의5 【디자인무심사등록이의신청 심사에서의 직권심사】** ①디자인무심사등록이의신청에 관한 심사를 할 때에는 디자인	한 자(이하 "이의신청인"이라 한다) 는 상표등록이의신청 기간의 경과후 30일 이내에 상표등록이의신청서에 기재한 이유 및 증거를 보정할 수 있다.

특허법	실용신안법	디자인보호법	상표법
		권자나 디자인무심사등록이의신청인이 신청하지 아니한 이유에 대하여도 이를 심사할 수 있다. 이 경우 디자인권자나 디자인무심사등록이의신청인에게 기간을 정하여 그 이유에 관하여 의견을 진술할 수 있는 기회를 주어야 한다. ②디자인무심사등록이의신청에 관한 심사를 할 때에는 디자인무심사등록이의신청인이 신청하지 아니한 등록디자인에 관하여는 심사할 수 없다. [본조신설 2007.1.3] [종전 제29조의5는 제29조의7로 이동 <2007.1.3>] **제29조의6 【디자인무심사등록이의신청의 병합 또는 분리】** 심사관합의체는 2 이상의 디자인무심사등록이의신청을 병합하거나 분리하여 심사·결정할 수 있다. [본조신설 2007.1.3] **제29조의7 【디자인무심사등록이의신청에 대한 결정】** ①심사관합의체는 제29조의2제3항 및 제29조의3의 규정에 의한 기간이 경과한 후에 디자인무심사등록이의신청에 대한 결정을	**제27조 【상표등록이의신청에 대한 결정】** ①심사관은 상표등록이의신청이 있는 때에는 상표등록이의신청서 부본을 출원인에게 송달하고 기간을 정하여 답변서를 제출할 수 있는

특허법	실용신안법	디자인보호법	상표법
		하여야 한다. 〈개정 2004.12.31〉 ②심사장은 디자인무심사등록이의신청인이 그 이유 및 증거를 제출하지 아니한 경우에는 제29조의2제3항의 규정에 불구하고 제29조의3의 규정에 의한 기간의 경과후에 결정으로 디자인무심사등록이의신청을 각하할 수 있다. 〈개정 2001.2.3, 2004.12.31〉 ③심사관합의체는 디자인무심사등록이의신청이 이유가 있다고 인정될 때에는 그 등록디자인을 취소한다는 취지의 결정(이하 ”디자인등록취소결정”이라 한다】을 하여야 한다. 〈개정 2001.2.3, 2004.12.31〉 ④디자인등록취소결정이 확정된 때에는 그 디자인권은 처음부터 없었던 것으로 본다. 〈개정 2001.2.3, 2004.12.31〉 ⑤심사관합의체는 디자인무심사등록이의신청이 이유없다고 인정될 때에는 그 디자인등록을 유지한다는 취지의 결정(이하 ”디자인등록유지결정”이라 한다)을 하여야 한다. 〈개정 2001.2.3, 2004.12.31〉 ⑥디자인무심사등록이의신청에 대한 각하결정 및 디자인등록	기회를 주어야 한다. ②심사관은 제26조의 규정에 의한 기간 및 제1항의 규정에 의한 기간 경과후에 상표등록이의신청에 관하여 결정을 하여야 한다. ③이의신청인이 그 이유나 증거를 제출하지 아니한 경우에는 제1항의 규정에 불구하고 제26조의 규정에 의한 기간 경과후에 결정으로 상표등록이의신청을 각하할 수 있다. 〈개정 2007.1.3〉 ④상표등록이의신청에 대한 결정은 서면으로 하여야 하며 그 이유를 붙여야 한다. ⑤특허청장은 제2항의 결정이 있는 때에는 그 결정의 등본을 출원인 및 이의신청인에게 송달하여야 한다. ⑥상표등록이의신청에 대한 결정에 대하여는 불복할 수 없다. ⑦제4항의 규정에 의하여 결정이유를 붙임에 있어서 2 이상의 지정상품에 대한 결정이유가 다른 경우에는 상품마다 결정이유를 붙여야 한다. 〈신설 1997.8.22〉

특허법	실용신안법	디자인보호법	상표법
		유지결정에 대하여는 불복할 수 없다. <개정 2001.2.3, 2004.12.31> [본조신설 1997.8.22] [제29조의5에서 이동 <2007.1.3>] **제29조의8 【디자인무심사등록이의신청에 대한 결정방식】** ① 디자인무심사등록이의신청에 대한 결정은 다음 각 호의 사항을 적은 서면으로 하여야 하며, 결정을 한 심사관은 이에 기명날인하여야 한다. 1. 디자인무심사등록이의신청사건의 번호 2. 디자인권자와 디자인무심사등록이의신청인의 성명 및 주소(법인인 경우에는 그 명칭 및 영업소의 소재지) 3. 디자인권자와 디자인무심사등록이의신청인의 대리인이 있는 경우에는 그 대리인의 성명 및 주소나 영업소의 소재지(대리인이 특허법인인 경우에는 그 명칭, 사무소의 소재지 및 지정된 변리사의 성명) 4. 결정에 관련된 디자인의 표시 5. 결정의 결론 및 이유 6. 결정연월일 ②심사장은 디자인무심사등록	

특허법	실용신안법	디자인보호법	상표법
		이의신청에 대한 결정이 있는 때에는 그 등본을 디자인무심사등록이의신청인과 디자인권자에게 송달하여야 한다. [본조신설 2007.1.3] **제29조의9 【디자인무심사등록이의신청의 취하】** ①디자인무심사등록이의신청은 제29조의5제1항 후단의 규정에 따른 의견진술의 통지가 있거나 제29조의8제2항의 규정에 따른 결정등본의 송달이 있은 후에는 이를 취하할 수 없다. ②디자인무심사등록이의신청을 취하하면 그 이의신청은 처음부터 없었던 것으로 본다. <개정 2009.6.9> [본조신설 2007.1.3]	
제67조의2 【재심사의 청구】 ① 특허출원인은 그 특허출원에 관하여 거절결정등본을 송달받은 날부터 30일(제15조제1항에 따라 제132조의3에 따른 기간이 연장된 경우 그 연장된 기간을 말한다) 이내에 그 특허출원의 특허출원서에 첨부된 명세서 또는 도면을 보정하여 해당 특허출원에 관하여 재심사(이하 "재심사"라 한다)를 청	**제15조 【「특허법」의 준용】**	**제27조의2 【재심사의 청구】** ① 디자인등록출원인은 그 디자인등록출원에 관하여 거절결정등본을 송달받은 날부터 30일(제4조의14제1항에 따라 제67조의3에 따른 기간이 연장된 경우 그 연장된 기간을 말한다) 이내에 그 디자인등록출원서에 첨부된 도면, 도면의 기재사항 및 사진이나 견본을 보정하여 해당 디자인등록출원에 관하여	

특허법	실용신안법	디자인보호법	상표법
구할 수 있다. 다만, 재심사에 따른 특허거절결정이 있거나 제132조의3에 따른 심판청구가 있는 경우에는 그러하지 아니하다. ②제1항에 따른 재심사의 청구가 있는 경우 해당 특허출원에 대하여 종전에 이루어진 특허거절결정은 취소된 것으로 본다. ③제1항에 따른 재심사의 청구는 취하할 수 없다. [본조신설 2009.1.30] **제68조 【심판규정의 심사에의 준용】** 제148조제1호 내지 제5호 및 제7호의 규정은 특허출원의 심사에 관하여 이를 준용한다. [전문개정 1997.4.10]	**제15조 【「특허법」의 준용】**	재심사(이하 "재심사"라 한다)를 청구할 수 있다. 다만, 재심사에 따른 디자인등록거절결정이 있거나 제67조의3에 따른 심판청구가 있는 경우에는 그러하지 아니하다. ②제1항에 따른 재심사의 청구가 있는 경우 해당 디자인등록출원에 대하여 종전에 이루어진 디자인등록거절결정은 취소된 것으로 본다. ③제1항에 따른 재심사의 청구는 취하할 수 없다. [본조신설 2009.6.9] **제30조 【심판규정의 심사에의 준용】** 디자인등록출원의 심사에 관하여는 제72조의11(같은 조 제6호는 제외한다)을 준용한다. 이 경우 "심판"은 "심사"로, "심판관"은 "심사관"으로 본다. [전문개정 2009.6.9]	**제28조 【상표등록출원공고후의 직권에 의한 상표등록거절결정】** ①심사관은 출원공고후 거절이유를 발견한 경우 직권에 의하여 제23조의 규정에 의한 상표등록거절결정을 할 수 있다. <개정 2001.2.3> ②제1항의 규정에 의하여 상표

특허법	실용신안법	디자인보호법	상표법
			등록거절결정을 할 경우에는 제25조의 규정에 의한 상표등록이의신청이 있더라도 그 상표등록이의신청에 대하여는 결정을 하지 아니한다. <개정 2001.2.3> ③특허청장은 제1항의 규정에 의하여 상표등록거절결정을 한 경우에는 이의신청인에게 상표등록거절결정등본을 송달하여야 한다. <개정 2001.2.3> **제29조 【상표등록이의신청의 경합】** ①심사관은 2 이상의 상표등록이의신청에 대하여 심사 또는 결정을 병합하거나 분리할 수 있다. ②심사관은 2 이상의 상표등록이의신청이 있는 경우에 그중 어느 하나의 상표등록이의신청에 대하여 심사한 결과 그 이의신청의 이유가 있다고 인정한 때에는 다른 상표등록이의신청에 대하여는 결정을 하지 아니할 수 있다. ③특허청장은 제2항의 규정에 의하여 상표등록이의신청에 대한 결정을 하지 아니한 이의신청인에 대하여도 상표등록거절결정등본을 송달하여야 한다. <개정 2001.2.3>

특허법	실용신안법	디자인보호법	상표법
제69조 삭제 <2006.3.3>			
제70조 삭제 <2006.3.3>			
제71조 삭제 <2006.3.3>			
제72조 삭제 <2006.3.3>			
제73조 삭제 <2006.3.3>			
제74조 삭제 <2006.3.3>			
제75조 삭제 <2006.3.3>			
제76조 삭제 <2006.3.3>			
제77조 삭제 <2006.3.3>			
제78조 【심사 또는 소송절차의 중지】 ①특허출원의 심사에 있어서 필요한 때에는 심결이 확정될 때까지 또는 소송절차가 완결될 때까지 당해 심사의 절차를 중지할 수 있다. <개정 2006.3.3> ②법원은 소송에 있어서 필요한 경우에는 특허출원에 대한 결정이 확정될 때까지 그 소송절차를 중지할 수 있다. <개정 2006.3.3> ③제1항 및 제2항의 규정에 의	제15조 【「특허법」의 준용】	제30조의2 【심사 또는 소송절차의 중지】 ①디자인등록출원의 심사는 필요한 경우에는 심결이 확정될 때까지 또는 소송절차가 완결될 때까지 그 절차를 중지할 수 있다. ②법원은 필요한 경우에는 디자인등록출원에 대한 결정이 확정될 때까지 그 소송절차를 중지할 수 있다. ③제1항 및 제2항에 따른 중지에 대하여는 불복할 수 없다. [본조신설 2009.6.9]	제32조 【심사 또는 소송절차의 중지】 ①상표등록출원의 심사에 있어서 필요한 때에는 심결이 확정될 때까지 또는 소송절차가 완결될 때까지 그 상표등록출원의 심사의 절차를 중지할 수 있다. ②법원은 소송에 있어서 필요한 때에는 상표등록여부결정이 확정될 때까지 그 소송절차를 중지할 수 있다. <개정 2001.2.3>

특허법	실용신안법	디자인보호법	상표법
한 중지에 대하여는 불복할 수 없다. [전문개정 1997.4.10] 제78조의2 삭제 <2006.3.3> **제4장 특허료 및 특허등록등** **제79조 【특허료】** ①제87조제1항에 따른 특허권의 설정등록을 받으려는 자는 설정등록을 받으려는 날(이하 "설정등록일"이라 한다)부터 3년분의 특허료를 납부하여야 하고, 특허권자는 그 다음 연도분부터의 특허료를 해당 권리의 설정등록일에 해당하는 날을 기준으로 매년 1년분씩 납부하여야 한다. ②제1항에도 불구하고 특허권자는 특허료를 그 납부연차 순서에 따른 수년분 또는 모든 연차분을 함께 납부할 수 있다. ③제1항 및 제2항에 따른 특허료, 납부 방법, 납부 기간, 그 밖에 필요한 사항은 지식경제부령으로 정한다.	**제4장 등록료 및 실용신안등록 등** **제16조 【등록료】** ①제21조제1항에 따른 실용신안권의 설정등록을 받으려는 자는 설정등록을 받으려는 날(이하 "설정등록일"이라 한다)부터 3년분의 등록료를 납부하여야 하고, 실용신안권자는 그 다음 연도분부터의 등록료를 해당 권리의 설정등록일에 해당하는 날을 기준으로 매년 1년분씩 납부하여야 한다. ②제1항에도 불구하고 실용신안권자는 등록료를 그 납부연차 순서에 따른 수년분 또는 모든 연차분을 함께 납부할 수 있다. ③제1항 및 제2항에 따른 등록료, 납부방법, 납부기간, 그 밖에 필요한 사항은 지식경제부령으로 정한다.	**제4장 등록료 및 디자인등록등** <개정 2004.12.31> **제31조 【디자인등록료】** ①제39조제1항에 따른 디자인권의 설정등록을 받으려는 자는 설정등록을 받으려는 날(이하 "설정등록일"이라 한다)부터 3년분의 디자인등록료(이하 "등록료"라 한다)를 납부하여야 하며, 디자인권자는 그 다음 연도분부터의 등록료를 해당 권리의 설정등록일에 해당하는 날을 기준으로 매년 1년분씩 납부하여야 한다. <개정 2009.6.9> ②제1항에도 불구하고 디자인권자는 그 다음 연도분부터의 등록료를 그 납부연차 순서에 따라 수년분 또는 모든 연차분을 함께 납부할 수 있다. <개정 2009.6.9> ③제1항 및 제2항에 따른 등록	**제4장 상표등록료 및 상표등록등** **제34조 【상표등록료】** ①상표권의 설정등록, 지정상품의 추가등록 또는 상표권의 존속기간갱신등록을 받으려는 자는 상표등록료를 납부하여야 한다. 이 경우 상표권의 설정등록 또는 존속기간갱신등록을 받으려는 자는 상표등록료를 2회로 분할하여 납부할 수 있다. ②이해관계인은 제1항에 따른 상표등록료를 납부하여야 할 자의 의사와 관계없이 상표등록료를 납부할 수 있다. ③제1항에 따른 상표등록료, 그 납부방법, 납부기간 및 분할납부 등에 관하여 필요한 사항은 지식경제부령으로 정한다. [전문개정 2010.1.27]

특허법	실용신안법	디자인보호법	상표법
[전문개정 2009.1.30]	[전문개정 2009.1.30]	료, 납부방법, 납부기간, 그 밖에 필요한 사항은 지식경제부령으로 정한다. <신설 2009.6.9> **제31조의2 【디자인등록료를 납부할 때의 디자인별 포기】** ① 복수디자인등록출원에 대한 디자인등록결정을 받은 자가 등록료를 납부하는 때에는 디자인별로 이를 포기할 수 있다. <개정 2004.12.31> ②제1항의 규정에 의한 디자인의 포기에 관하여 필요한 사항은 지식경제부령으로 정한다. <개정 2004.12.31, 2008.2.29> [본조신설 2001.2.3]	**제34조의2 【상표등록료를 납부할 때의 일부 지정상품의 포기】** ①2 이상의 지정상품이 있는 상표등록출원에 대한 상표등록결정을 받은 자, 지정상품의 추가등록출원에 대한 지정상품의 추가등록결정을 받은 자 또는 상표권의 존속기간갱신등록신청을 한 자가 상표등록료(제34조제1항 후단에 따라 분할납부하는 경우에는 1회차 상표등록료를 말한다)를 납부하는 때에는 지정상품별로 포기할 수 있다. <개정 2010.1.27> ②제1항의 규정에 의한 지정상품의 포기에 관하여 필요한 사항은 지식경제부령으로 정한다. <개정 2008.2.29> [본조신설 2001.2.3] **제35조 【상표등록료의 납부기간 연장】** 특허청장은 제34조제3항의 규정에 의한 상표등록료의 납부기간을 청구에 의하여 30일의 기간 이내에서 연장할

특허법	실용신안법	디자인보호법	상표법
제80조 【이해관계인에 의한 특허료의 납부】 ①이해관계인은 납부하여야 할 자의 의사에 불구하고 특허료를 납부할 수 있다. ②이해관계인은 제1항의 규정에 의하여 특허료를 납부한 경우에는 납부하여야 할 자가 현재 이익을 받은 한도에서 그 비용의 상환을 청구할 수 있	제20조 【「특허법」의 준용】 「특허법」 제80조·제81조·제81조의2·제81조의3·제83조 및 제84조의 규정은 등록료 및 실용신안등록에 관하여 이를 준용한다.	제32조 【이해관계인에 의한 등록료의 납부】 ①이해관계인은 납부하여야 할 자의 의사에 불구하고 등록료를 납부할 수 있다. ②이해관계인은 제1항의 규정에 의하여 등록료를 납부한 경우에는 납부하여야 할 자가 현재 이익을 받는 한도에서 그 비용의 상환을 청구할 수 있	수 있다. 제36조 【상표등록료의 미납으로 인한 출원 또는 신청의 포기】 제34조제3항 및 제35조에 따른 납부기간에 해당 상표등록료(제34조제1항 후단에 따라 분할납부하는 경우에는 1회차 상표등록료를 말한다)를 납부하지 아니한 때(납부기간이 만료되더라도 제36조의2에 따라 보전을 명한 경우에는 그 보전기간 이내에 보전하지 아니한 때를, 제36조의3에 해당하는 경우에는 그 해당 기간 이내에 납부하지 아니한 때를 말한다)에는 상표등록출원이나 지정상품의 추가등록출원 또는 상표권의 존속기간갱신등록신청은 포기한 것으로 본다. [전문개정 2010.1.27]

특허법	실용신안법	디자인보호법	상표법
다. **제81조 【특허료의 추가납부 등】** ①특허권의 설정등록을 받고자 하는 자 또는 특허권자는 제79조제3항에 따른 특허료 납부기간이 경과한 후에도 6개월이내에 특허료를 추가납부할 수 있다. <개정 2009.1.30> ② 제1항에 따라 특허료를 추가납부할 때에는 납부하여야 할 특허료의 2배 이내의 범위에서 지식경제부령으로 정한 금액을 납부하여야 한다. <개정 2009.1.30> ③제1항의 규정에 의한 추가납부기간 이내에 특허료를 납부하지 아니한 때(추가납부기간이 만료되더라도 제81조의2제2항의 규정에 의한 보전기간이 만료되지 아니한 경우에는 그 보전기간 이내에 보전하지 아니한 때를 말한다)에는 특허권의 설정등록을 받고자 하는 자의 특허출원은 이를 포기한 것으로 보며, 특허권자의 특허권은 제79조제1항 또는 제2항에 따라 납부된 특허료에 해당되는 기간이 만료되는 날의 다음 날로 소급하여 소멸된 것으로 본다.	제20조 【「특허법」의 준용】	다. **제33조 【등록료의 추가납부 등】** ① 디자인권의 설정등록을 받으려는 자 또는 디자인권자는 제31조제3항에 따른 등록료 납부기간이 지난 후에도 6개월 이내에 등록료를 추가납부할 수 있다. <개정 2009.6.9> ②제1항에 따라 등록료를 추가납부할 때에는 납부하여야 할 등록료의 2배의 범위에서 지식경제부령으로 정하는 금액을 납부하여야 한다. <개정 2009.6.9> ③제1항에 따른 추가납부기간에 등록료를 납부하지 아니한 때(추가납부기간이 만료되더라도 제33조의2제2항에 따른 보전기간이 만료되지 아니한 경우에는 그 보전기간에 보전하지 아니한 때를 말한다)에는 디자인권의 설정등록을 받으려는 자의 디자인등록출원은 포기한 것으로 보며, 디자인권자의 디자인권은 제31조제1항 또는 제2항에 따라 납부된 등록료에 해당하는 기간이 만료되는 날의 다음 날로 소급하여 그 디자인권이 소멸된 것으로 본다. <개정 2009.6.9>	

특허법	실용신안법	디자인보호법	상표법
<개정 2002.12.11, 2009.1.30> **제81조의2 【특허료의 보전】** ①특허청장은 특허권의 설정등록을 받으려는 자 또는 특허권자가 제79조제3항 또는 제81조제1항에 따른 기간 이내에 특허료의 일부를 납부하지 아니한 경우에 특허료의 보전(補塡)을 명하여야 한다. <개정 2009.1.30> ②제1항의 규정에 의하여 보전명령을 받은 자는 그 보전명령을 받은 날부터 1월 이내에 특허료를 보전할 수 있다. ③제2항에 따라 특허료를 보전하는 자는 다음 각 호의 어느 하나에 해당하는 경우에 납부하지 아니한 금액의 2배 이내의 범위에서 지식경제부령으로 정한 금액을 납부하여야 한다. <개정 2009.1.30> 1. 특허료를 제79조제3항에 따른 납부기간을 경과하여 보전하는 경우 2. 특허료를 제81조제1항의 규정에 의한 추가납부기간을 경과하여 보전하는 경우 [본조신설 2002.12.11] [종전 제81조의2는 제81조의3으로 이동 <2002.12.11>]	제20조 【「특허법」의 준용】	**제33조의2 【등록료의 보전】** ①특허청장은 디자인권의 설정등록을 받으려는 자 또는 디자인권자가 제31조제3항 또는 제33조제1항에 따른 기간 이내에 등록료의 일부를 납부하지 아니한 경우에는 등록료의 보전(補塡)을 명하여야 한다. <개정 2004.12.31, 2009.6.9> ②제1항의 규정에 의하여 보전명령을 받은 자는 그 보전명령을 받은 날부터 1월 이내에 등록료를 보전할 수 있다. ③제2항에 따라 등록료를 보전하는 자는 다음 각 호의 어느 하나에 해당하는 경우에 납부하지 아니한 금액의 2배의 범위에서 지식경제부령으로 정하는 금액을 납부하여야 한다. <개정 2009.6.9> 1. 등록료를 제31조제3항에 따른 납부기간이 지난 후 보전하는 경우 2. 등록료를 제33조제1항에 따른 추가납부기간이 지난 후 보전하는 경우 [본조신설 2002.12.11] [종전 제33조의2는 제33조의3으로 이동 <2002.12.11>]	**제36조의2 【상표등록료의 보전】** ①특허청장은 상표권의 설정등록, 지정상품의 추가등록, 상표권의 존속기간갱신등록을 받으려는 자 또는 상표권자가 제34조제3항 또는 제35조에 따른 납부기간에 상표등록료의 일부를 납부하지 아니한 경우에 상표등록료의 보전(補塡)을 명하여야 한다. <개정 2010.1.27> ②제1항의 규정에 의하여 보전명령을 받은 자는 그 보전명령을 받은 날부터 1월 이내에 상표등록료를 보전할 수 있다. ③제2항의 규정에 의하여 상표등록료를 보전하는 자는 제34조제3항 또는 제35조의 규정에 의한 납부기간을 경과하여 상표등록료를 보전하는 경우에 납부하지 아니한 금액의 2배의 범위에서 지식경제부령으로 정하는 금액을 납부하여야 한다. <개정 2009.5.21> [본조신설 2002.12.11]

특허법	실용신안법	디자인보호법	상표법
제81조의3 【특허료의　추가납부 또는 보전에 의한 특허출원과 특허권의 회복 등】 ①특허권의 설정등록을 받고자 하는 자 또는 특허권자가 책임질 수 없는 사유로 말미암아 제81조제1항의 규정에 의한 추가납부기간 이내에 특허료를 납부하지 아니하였거나 제81조의2제2항의 규정에 의한 보전기간 이내에 보전하지 아니한 경우에는 그 사유가 종료한 날부터 14일 이내에 그 특허료를 납부하거나 보전할 수 있다. 다만, 추가납부기간의 만료일 또는 보전기간의 만료일중 늦은 날부터 6월이 경과한 때에는 그러하지 아니하다. <개정 2002.12.11> ②제1항의 규정에 의하여 특허료를 납부하거나 보전한 자는 제81조제3항의 규정에 불구하고 그 특허출원을 포기하지 아니한 것으로 보며, 그 특허권은 계속하여 존속하고 있던 것으로 본다. <개정 2002.12.11, 2009.1.30> ③제81조제1항의 규정에 따른 추가납부기간 이내에 특허료를 납부하지 아니하였거나 제81조의2제2항의 규정에 따른 보전	제20조　【「특허법」의 준용】	제33조의3 【등록료의　추가납부 또는 보전에 의한 디자인등록출원과 디자인권의 회복 등】 ①디자인권의 설정등록을 받으려는 자 또는 디자인권자가 책임질 수 없는 사유로 말미암아 제33조제1항에 따른 추가납부기간 이내에 등록료를 납부하지 아니하였거나 제33조의2제2항에 따른 보전기간 이내에 보전하지 아니한 경우에는 그 사유가 종료한 날부터 14일 이내에 그 등록료를 납부하거나 보전할 수 있다. 다만, 추가납부기간의 만료일 또는 보전기간의 만료일 중 늦은 날부터 6개월이 지난 때에는 그러하지 아니하다. <개정 2002.12.11, 2004.12.31, 2009.6.9> ②제1항에 따라 등록료를 납부하거나 보전한 자는 제33조제3항에도 불구하고 그 디자인등록출원을 포기하지 아니한 것으로 보며, 그 디자인권은 계속하여 존속하고 있던 것으로 본다. <개정 2002.12.11, 2004.12.31, 2009.6.9> ③제33조제1항에 따른 추가납	제36조의3 【상표등록료 납부 또는 보전에 의한 상표등록출원의 회복 등】 ①상표등록출원 또는 지정상품의 추가등록출원의 출원인, 상표권의 존속기간갱신등록신청의 신청인 또는 상표권자가 책임질 수 없는 사유로 말미암아 제34조제3항 또는 제35조에 따른 납부기간 이내에 상표등록료를 납부하지 아니하였거나 제36조의2제2항에 따른 보전기간 이내에 보전하지 아니한 경우에는 그 사유가 종료한 날부터 14일 이내에 그 상표등록료를 납부하거나 보전할 수 있다. 다만, 납부기간의 만료일 또는 보전기간의 만료일중 늦은 날부터 6개월이 지난 때에는 그러하지 아니하다. <개정 2002.12.11, 2010.1.27> ②제1항에 따라 상표등록료를 납부하거나 보전한 자(제34조제1항 후단에 따라 분할납부하는 경우에는 1회차 상표등록료를 납부하거나 보전한 자를 말한다)는 제36조에도 불구하고 그 상표등록출원·지정상품의 추가등록출원 또는 상표권의 존속기간갱신등록신청을 포기

특허법	실용신안법	디자인보호법	상표법
기간 이내에 보전하지 아니하여 실시 중인 특허발명의 특허권이 소멸한 경우 그 특허권자는 추가납부기간 또는 보전기간 만료일부터 3개월 이내에 제79조의 규정에 따른 특허료의 3배를 납부하고 그 소멸한 권리의 회복을 신청할 수 있다. 이 경우 그 특허권은 계속하여 존속하고 있던 것으로 본다. <신설 2005.5.31, 2009.1.30> ④제2항 또는 제3항의 규정에 의한 특허출원 또는 특허권의 효력은 특허료 추가납부기간이 경과한 날부터 납부하거나 보전한 날까지의 기간(이하 이 조에서 "효력제한기간"이라 한다)중에 다른 사람이 특허발명을 실시한 행위에 대하여는 그 효력이 미치지 아니한다. <개정 2002.12.11, 2005.5.31> ⑤효력제한기간중 국내에서 선의로 제2항 또는 제3항의 규정에 의한 특허출원된 발명 또는 특허권에 대하여 그 발명의 실시사업을 하거나 그 사업의 준비를 하고 있는 자는 그 실시 또는 준비를 하고 있는 발명 또는 사업의 목적의 범위안에서 그 특허출원된 발명에 대한		부기간 이내에 등록료를 납부하지 아니하였거나 제33조의2제2항에 따른 보전기간 이내에 보전하지 아니하여 실시 중인 등록디자인의 디자인권이 소멸한 경우 그 디자인권자는 추가납부기간 또는 보전기간 만료일부터 3개월 이내에 제31조에 따른 등록료의 3배를 납부하고 그 소멸한 권리의 회복을 신청할 수 있다. 이 경우 그 디자인권은 계속하여 존속하고 있던 것으로 본다. <신설 2005.5.31, 2009.6.9> ④제2항 또는 제3항에 따른 디자인등록출원 또는 디자인권의 효력은 등록료 추가납부기간이 지난 날부터 납부하거나 보전한 날까지의 기간(이하 이 조에서 "효력제한기간"이라 한다)중에 다른 사람이 그 디자인 또는 이와 유사한 디자인을 실시한 행위에 대하여는 효력이 미치지 아니한다. <개정 2002.12.11, 2004.12.31, 2005.5.31, 2009.6.9> ⑤효력제한기간중 국내에서 선의로 제2항 또는 제3항의 규정에 의한 디자인등록출원된 디자인, 등록디자인 또는 이와 유사한 디자인을 업으로 실시	하지 아니한 것으로 본다. <개정 2002.12.11, 2010.1.27> ③제2항의 규정에 의하여 상표등록출원·지정상품의 추가등록출원 또는 상표권이 회복된 경우에는 그 상표등록출원·지정상품의 추가등록출원 또는 상표권의 효력은 제34조제3항 또는 제35조의 규정에 의한 납부기간이 경과한 후 상표등록출원·지정상품의 추가등록출원 또는 상표권이 회복되기 전에 그 상표와 동일하거나 이와 유사한 상표를 그 지정상품과 동일하거나 이와 유사한 상품에 사용한 행위에는 미치지 아니한다. [본조신설 2001.2.3]

특허법	실용신안법	디자인보호법	상표법
특허권에 대하여 통상실시권을 가진다. <개정 2005.5.31> ⑥제5항의 규정에 의하여 통상실시권을 가진 자는 특허권자 또는 전용실시권자에게 상당한 대가를 지급하여야 한다. <개정 2005.5.31> [본조신설 2001.2.3] [제81조의2에서 이동 <2002.12.11>]		하거나 이를 준비하고 있는 자는 그 실시 또는 준비를 하고 있는 디자인 또는 사업목적의 범위안에서 그 디자인권에 대하여 통상실시권을 가진다. <개정 2004.12.31, 2005.5.31> ⑥제5항의 규정에 의하여 통상실시권을 가진 자는 디자인권자 또는 전용실시권자에게 상당한 대가를 지급하여야 한다. <개정 2004.12.31, 2005.5.31> [본조신설 2001.2.3][제33조의2에서 이동 <2002.12.11>]	
제82조 【수수료】 ①특허에 관한 절차를 밟는 자는 수수료를 납부하여야 한다. ②특허출원인이 아닌 자가 출원심사의 청구를 한 후 그 특허출원서에 첨부한 명세서를 보정하여 특허청구범위에 기재한 청구항의 수가 증가한 때에는 그 증가한 청구항에 관하여 납부하여야 할 심사청구료는 특허출원인이 납부하여야 한다. <개정 2001.2.3> ③제1항의 규정에 의한 수수료·그 납부방법·납부기간 그 밖에 필요한 사항은 지식경제부령으로 정한다. <개정 1993.3.6, 1995.12.29, 2002.12.11,	제17조 【수수료】 ①실용신안등록에 관한 절차를 밟는 자는 수수료를 납부하여야 한다. ②실용신안등록출원인이 아닌 자가 출원심사의 청구를 한 후 그 실용신안등록출원서에 첨부한 명세서를 보정하여 실용신안등록청구범위에 기재한 청구항의 수가 증가한 때에는 그 증가한 청구항에 관하여 납부하여야 할 심사청구료는 실용신안등록출원인이 납부하여야 한다. ③제1항의 규정에 의한 수수료와 그 납부방법 및 납부기간 그 밖에 필요한 사항은 지식경제부령으로 정한다.	제34조 【수수료】 ①디자인등록출원·청구 및 기타의 절차를 밟는 자는 수수료를 납부하여야 한다. <개정 2004.12.31> ②제1항의 규정에 의한 수수료·그 납부방법 및 납부기간 그 밖에 필요한 사항은 지식경제부령으로 정한다. <개정 1993.3.6, 1995.12.29, 2001.2.3, 2004.12.31, 2008.2.29>	제37조 【수수료】 ①상표에 관한 출원·청구 기타의 절차를 밟는 자는 수수료를 납부하여야 한다. 다만, 제71조제1항 및 제72조제1항의 규정에 의하여 심사관이 청구하는 무효심판에 관한 수수료는 그러하지 아니하다. ②제1항의 규정에 의한 수수료·그 납부방법 및 납부기간 등에 관하여 필요한 사항은 지식경제부령으로 정한다. <개정 1993.3.6, 1995.12.29, 2001.2.3, 2008.2.29> ③ 제43조제2항 단서에 따른 기간에 상표권의 존속기간갱신등록신청을 하려는 자는 제2항

특허법	실용신안법	디자인보호법	상표법
2008.2.29>	<개정 2008.2.29>		에 따른 수수료에 지식경제부령으로 정하는 금액을 더하여 납부하여야 한다. <개정 2010.1.27> **제86조의9 【수수료의 납부】** ① 다음 각호의 1에 해당하는 자는 수수료를 특허청장에게 납부하여야 한다. 1. 국제출원을 하고자 하는 자 2. 사후지정을 신청하고자 하는 자 3. 제86조의7의 규정에 의하여 국제등록존속기간의 갱신을 신청하고자 하는 자 4. 제86조의8의 규정에 의하여 국제등록명의변경등록을 신청하고자 하는 자 ②제1항의 규정에 의한 수수료·그 납부방법 및 납부기간 등에 관하여 필요한 사항은 지식경제부령으로 정한다. <개정 2008.2.29> [본조신설 2001.2.3] **제86조의10 【수수료 미납부에 대한 보정】** 특허청장은 제86조의9제1항 각호의 1에 해당하는 자가 동조제2항의 규정에 의하여 납부하여야 하는 수수료를 납부하지 아니하는 경우에는

특허법	실용신안법	디자인보호법	상표법
제83조 【특허료 또는 수수료의 감면】 ①특허청장은 다음 각 호의 1에 해당하는 특허료 및 수수료는 제79조 및 제82조의 규정에 불구하고 이를 면제한다. 1. 국가에 속하는 특허출원 또는 특허권에 관한 수수료 또는 특허료 2. 제133조제1항·제134조제1항 또는 제137조제1항의 규정에 의한 심사관의 무효심판청구에 대한 수수료 ②특허청장은 「국민기초생활보장법」 제5조의 규정에 의한 수급권자 및 지식경제부령이 정하는 자가 한 발명에 관한 특허출원인 경우에는 제79조 및 제82조의 규정에 불구하고 특허권의 설정등록을 받기 위한 최초 3년분의 특허료 및 지식경제부령이 정하는 수수료를 감면할 수 있다. <개정 1993.3.6, 1995.12.29, 1999.9.7, 2002.12.11, 2006.3.3, 2008.2.29> ③제2항의 규정에 의하여 특허	**제20조 【「특허법」의 준용】**	**제35조 【등록료 또는 수수료의 감면】** ①특허청장은 다음 각 호의 1에 해당하는 등록료 및 수수료는 제31조 및 제34조의 규정에 불구하고 이를 면제한다. <개정 2004.12.31> 1. 국가에 속하는 디자인등록출원 또는 디자인권에 관한 수수료 또는 등록료 2. 제68조제1항의 규정에 의한 심사관의 무효심판청구에 대한 수수료 ②특허청장은 「국민기초생활보장법」 제5조의 규정에 의한 수급권자 및 지식경제부령이 정하는 자가 한 디자인등록출원인 경우에는 제31조 및 제34조의 규정에 불구하고 디자인권의 설정등록을 받기 위한 최초 3년분의 등록료 및 지식경제부령이 정하는 수수료를 감면할 수 있다. <개정 1993.3.6, 1995.12.29, 1999.9.7, 2001.2.3, 2004.12.31, 2007.1.3, 2008.2.29> ③제2항의 규정에 의하여 등록료 및 수수료를 감면받고자 하	기간을 정하여 보정을 명할 수 있다. [본조신설 2001.2.3]

특허법	실용신안법	디자인보호법	상표법
료 및 수수료를 감면받고자 하는 자는 지식경제부령이 정하는 서류를 특허청장에게 제출하여야 한다. <개정 1993.3.6, 1995.12.29, 2002.12.11, 2008.2.29>		는 자는 지식경제부령이 정하는 서류를 특허청장에게 제출하여야 한다. <개정 1993.3.6, 1995.12.29, 2001.1.29, 2001.2.3, 2008.2.29>	
제84조 【특허료등의 반환】 ①납부된 특허료 및 수수료는 이를 반환하지 아니한다. 다만, 다음 각 호의 어느 하나에 해당하는 경우에는 납부한 자의 청구에 의하여 이를 반환한다. <개정 1997.4.10, 2001.2.3, 2006.3.3, 2007.1.3> 1. 잘못 납부된 특허료 및 수수료 2. 특허를 무효로 한다는 심결이 확정된 연도의 다음 연도부터의 특허료 해당분 3. 특허권의 존속기간의 연장등록을 무효로 한다는 심결이 확정된 연도의 다음 연도부터의 특허료 해당분 4. 특허출원(분할출원, 변경출원 및 우선심사의 신청이 있는 특허출원을 제외한다) 후 1개월 이내에 해당특허출원을 취하하거나 포기한 경우에 이미 납부된 수수료 중 특허출원료 및 심사청구료	**제20조 【「특허법」의 준용】**	**제36조 【등록료등의 반환】** ①납부된 등록료 및 수수료는 이를 반환하지 아니한다. 다만, 다음 각 호의 어느 하나에 해당하는 경우에는 납부한 자의 청구에 의하여 이를 반환한다. <개정 1997.8.22, 2001.2.3, 2004.12.31, 2007.1.3> 1. 잘못 납부된 등록료 및 수수료 2. 디자인등록취소결정 또는 디자인등록을 무효로 한다는 심결이 확정된 연도의 다음 연도부터의 등록료 해당분 3. 디자인등록출원(우선심사신청이 있는 디자인등록출원, 분할출원 또는 분할출원의 기초가 된 디자인등록출원을 제외한다) 후 1개월 이내에 해당 디자인등록출원을 취하하거나 포기한 경우 이미 납부된 수수료 중 디자인등록출원료 ②특허청장은 납부된 등록료와 수수료가 제1항 각 호의 어느	**제38조 【상표등록료 등의 반환】** ①납부된 상표등록료와 수수료는 반환하지 아니한다. 다만, 다음 각 호의 어느 하나에 해당하는 경우에는 납부한 자의 청구에 따라 반환한다. <개정 2010.1.27> 1. 상표등록료와 수수료가 잘못 납부된 경우 2. 상표등록출원(분할출원, 변경출원, 분할출원 또는 변경출원의 기초가 된 상표등록출원, 우선심사의 신청이 있는 출원 및 제86조의14제1항에 따라 이 법에 따른 상표등록출원으로 보는 국제상표등록출원은 제외한다) 후 1개월 이내에 해당 상표등록출원을 취하하거나 포기한 경우 이미 납부된 수수료 중 상표등록출원료 및 상표등록출원의 우선권주장 신청료 ②특허청장은 납부된 상표등록료와 수수료가 제1항 각 호의 어느 하나에 해당하는 경우에

특허법	실용신안법	디자인보호법	상표법
②특허청장은 제1항 각 호의 어느 하나에 해당하는 경우에는 이를 납부한 자에게 통지하여야 한다. <신설 2001.2.3, 2006.3.3> ③제1항 단서의 규정에 따른 반환은 제2항의 규정에 따른 통지를 받은 날부터 3년을 경과한 때에는 이를 청구할 수 없다. <개정 2006.3.3, 2007.5.17> [전문개정 1993.12.10]		하나에 해당하는 경우에는 이를 납부한 자에게 통지하여야 한다. <개정 2007.1.3> ③제1항 각 호 외의 부분 단서의 규정에 따른 등록료와 수수료의 반환을 위한 청구는 제2항의 규정에 따른 통지를 받은 날부터 3년을 경과한 때에는 할 수 없다. <개정 2007.1.3, 2007.5.17> [전문개정 1993.12.10]	는 이를 납부한 자에게 통지하여야 한다. ③제1항 각 호 외의 부분 단서에 따른 상표등록료와 수수료의 반환을 위한 청구는 제2항의 규정에 따른 통지를 받은 날부터 3년을 경과한 때에는 할 수 없다. <개정 2007.5.17> [전문개정 2007.1.3]
제85조 【특허원부】 ①특허청장은 특허청에 특허원부를 비치하고 다음 각호의 사항을 등록한다. <개정 2002.12.11> 1. 특허권의 설정·이전·소멸·회복·처분의 제한 또는 존속기간의 연장 2. 전용실시권 또는 통상실시권의 설정·보존·이전·변경·소멸 또는 처분의 제한 3. 특허권·전용실시권 또는 통상실시권을 목적으로 하는 질권의 설정·이전·변경·소멸 또는 처분의 제한 ②제1항의 규정에 의한 특허원부는그 전부 또는 일부를 자기테이프등으로 작성할 수 있다. ③제1항 및 제2항에 규정된 것	**제18조 【실용신안등록원부】** ① 특허청장은 특허청에 실용신안등록원부를 비치하고 다음 각호의 사항을 등록한다. 1. 실용신안권의 설정·이전·소멸·회복 또는 처분의 제한 2. 전용실시권 또는 통상실시권의 설정·보존·이전·변경·소멸 또는 처분의 제한 3. 실용신안권·전용실시권 또는 통상실시권을 목적으로 하는 질권의 설정·이전·변경·소멸 또는 처분의 제한 ②제1항의 규정에 의한 실용신안등록원부는 그 전부 또는 일부를 자기테이프 등으로 작성할 수 있다. ③그 밖에 등록사항 및 등록절	**제37조 【디자인등록원부】** ①특허청장은 특허청에 디자인등록원부를 비치하고 다음 각호의 사항을 등록한다. <개정 2002.12.11, 2004.12.31> 1. 디자인권의 설정·이전·소멸·회복 또는 처분의 제한 2. 전용실시권 또는 통상실시권의 설정·보존·이전·변경·소멸 또는 처분의 제한 3. 디자인권·전용실시권 또는 통상실시권을 목적으로 하는 질권의 설정·이전·변경·소멸 또는 처분의 제한 ②제1항의 규정에 의한 디자인등록원부는 그 전부 또는 일부를 전자적 기록 등으로 작성할 수 있다.	**제39조 【상표원부】** ①특허청장은 특허청에 상표원부를 비치하고 다음 각호의 사항을 등록한다. <개정 2001.2.3, 2002.12.11> 1. 상표권의 설정·이전·변경·소멸·회복·존속기간의 갱신·제46조의2의 규정에 의한 상품분류전환·지정상품의 추가 또는 처분의 제한 2. 전용사용권 또는 통상사용권의 설정·보존·이전·변경·소멸 또는 처분의 제한 3. 상표권·전용사용권 또는 통상사용권을 목적으로 하는 질권의 설정·이전·변경·소멸 또는 처분의 제한 ②제1항의 규정에 의한 상표원

특허법	실용신안법	디자인보호법	상표법
외의 등록사항 및 등록절차등에 관하여 필요한 사항은 대통령령으로 정한다. ④특허발명의 명세서 및 도면 기타 대통령령이 정하는 서류는 특허원부의 일부로 본다. **제86조 【특허증의 교부】** ①특허청장은 특허권의 설정등록을 한 때에는 특허권자에게 특허증을 교부하여야 한다. ②특허청장은 특허증이 특허원부 기타 서류와 부합되지 아니한 때에는 신청에 의하여 또는 직권으로 특허증을 회수하여 정정교부하거나 새로운 특허증을 교부하여야 한다. ③특허청장은 제136조제1항의 정정심판의 심결이 확정된 때에는 그 심결에 따라 새로운 특허증을 교부하여야 한다.	차 등에 관하여 필요한 사항은 대통령령으로 정한다. ④등록실용신안의 명세서 및 도면 그 밖에 대통령령이 정하는 서류는 실용신안등록원부의 일부로 본다. **제19조 【실용신안등록증의 교부】** ①특허청장은 실용신안권의 설정등록을 한 때에는 실용신안권자에게 실용신안등록증을 교부하여야 한다. ②특허청장은 실용신안등록증이 실용신안등록원부 그 밖의 서류와 맞지 아니한 때에는 신청에 의하여 또는 직권으로 실용신안등록증을 회수하여 정정교부하거나 새로운 실용신안등록증을 교부하여야 한다. ③특허청장은 제33조의 규정에 의하여 준용되는 「특허법」 제136조제1항의 규정에 따른 정정심판의 심결이 확정된 때에는 그 심결에 따라 새로운 실용신안등록증을 교부하여야 한다.	<개정 2001.2.3, 2004.12.31> ③제1항 및 제2항에 규정된 것 외의 등록사항 및 등록절차등에 관하여 필요한 사항은 대통령령으로 정한다. **제38조 【디자인등록증의 교부】** ①특허청장은 디자인권의 설정등록을 한 때에는 디자인권자에게 디자인등록증을 교부하여야 한다. <개정 2004.12.31> ②특허청장은 디자인등록증이 디자인등록원부 기타 서류와 부합되지 아니한 때에는 신청에 의하여 또는 직권으로 디자인등록증을 회수하여 정정교부하거나 새로운 디자인등록증을 교부하여야 한다. <개정 2004.12.31>	부는 그 전부 또는 일부를 자기테이프등으로 작성할 수 있다. ③제1항 및 제2항에 규정된 것 외의 등록사항 및 등록절차등에 관하여 필요한 사항은 대통령령으로 정한다. **제40조 【상표등록증의 교부】** ①특허청장은 상표권의 설정등록을 한 때에는 상표권자에게 상표등록증을 교부하여야 한다. ②특허청장은 상표등록증이 상표원부와 부합되지 아니할 때에는 신청에 의하여 또는 직권으로 상표등록증을 회수하여 정정교부하거나 새로운 상표등록증을 교부하여야 한다.
제5장 특허권	**제5장 실용신안권**	**제5장 디자인권** <개정 2004.12.31>	**제5장 상표권**

특허법	실용신안법	디자인보호법	상표법
제87조 【특허권의 설정등록 및 등록공고】 ①특허권은 설정등록에 의하여 발생한다. ②특허청장은 다음 각 호의 어느 하나에 해당하는 경우에는 특허권을 설정하기 위한 등록을 하여야 한다. <개정 2006.3.3> 1. 제79조제1항의 규정에 의하여 특허료를 납부한 때 2. 제81조제1항의 규정에 의하여 특허료를 추가납부한 때 3. 제81조의2제2항의 규정에 의하여 특허료를 보전한 때 4. 제81조의3제1항의 규정에 의하여 특허료를 납부하거나 보전한 때 5. 제83조제1항제1호 및 제2항의 규정에 의하여 그 특허료가 면제된 때 ③특허청장은 제2항의 규정에 의한 등록이 있는 때에는 그 특허에 관하여 특허공보에 게재하여 등록공고를 하여야 한다. <개정 1997.4.10> ④비밀취급을 요하는 특허발명에 대하여는 비밀취급의 해제시까지 등록공고를 보류하여야 하며, 그 비밀취급이 해제된 때에는 지체없이 등록공고를 하여야 한다. <신설 1997.4.10>	제21조 【실용신안권의 설정등록 및 등록공고】 ①실용신안권은 설정등록을 함으로써 발생한다. ②특허청장은 다음 각 호의 어느 하나에 해당하는 경우에는 실용신안권을 설정하기 위한 등록을 하여야 한다. 1. 제16조제1항의 규정에 의하여 등록료를 납부한 때 2. 제20조의 규정에 의하여 준용되는 「특허법」 제81조제1항의 규정에 의하여 등록료를 추가 납부한 때 3. 제20조의 규정에 의하여 준용되는 「특허법」 제81조의2제2항의 규정에 의하여 등록료를 보전한 때 4. 제20조의 규정에 의하여 준용되는 「특허법」 제81조의3제1항의 규정에 의하여 등록료를 추가 납부하거나 보전한 때 5. 제20조의 규정에 의하여 준용되는 「특허법」 제83조제1항제1호 및 제2항의 규정에 의하여 그 등록료가 면제된 때 ③특허청장은 제2항의 규정에 의한 등록이 있는 때에는 그 등록실용신안에 관하여 실용신안공보에 게재하여 등록공고를 하여야 한다.	제39조 【디자인권의 설정등록】 ①디자인권은 설정등록에 의하여 발생한다. <개정 2004.12.31> ②특허청장은 제31조제1항의 규정에 의하여 등록료를 납부한 때, 제33조제1항의 규정에 의하여 등록료를 추가납부한 때, 제33조의2제2항의 규정에 의하여 등록료를 보전한 때, 제33조의3제1항의 규정에 의하여 등록료를 납부하거나 보전한 때 또는 제35조제1항제1호 및 제2항의 규정에 의하여 그 등록료가 면제된 때에는 디자인권을 설정하기 위한 등록을 하여야 한다. <개정 2002.12.11, 2004.12.31> ③특허청장은 제2항의 규정에 따른 등록을 한 경우에는 디자인권자의 성명·주소 및 디자인등록번호 등 대통령령이 정하는 그 디자인에 관한 사항을 디자인공보에 게재하여 등록공고를 하여야 한다. <개정 2007.1.3>	제41조 【상표권의 설정등록】 ① 상표권은 설정등록에 의하여 발생한다. ② 특허청장은 제34조제1항 또는 제35조에 따라 상표등록료(제34조제1항 후단에 따라 분할납부하는 경우에는 1회차 상표등록료를 말한다. 이하 이 항에서 같다)를 납부한 때, 제36조의2제2항에 따라 상표등록료를 보전한 때 또는 제36조의3제1항에 따라 상표등록료를 납부하거나 보전한 때에는 상표권을 설정하기 위한 등록을 하여야 한다. <개정 2010.1.27>

특허법	실용신안법	디자인보호법	상표법
⑤특허청장은 등록공고가 있는 날부터 3월간 출원서류 및 그 부속물건을 공중의 열람에 제공하여야 한다. <신설 1997.4.10> ⑥제3항의 규정에 의한 등록공고에 관하여 특허공보에 게재할 사항은 대통령령으로 정한다. <신설 1997.4.10>	④제3항의 규정에 불구하고 특허청장은 제11조의 규정에 의하여 준용되는 「특허법」 제41조제1항의 규정에 의하여 비밀로 취급하도록 명령된 실용신안등록출원에 대하여는 비밀취급명령이 해제될 때까지 제3항의 규정에 따른 등록공고를 보류하여야 하며, 그 비밀취급명령이 해제된 때에는 지체 없이 등록공고를 하여야 한다. ⑤특허청장은 제3항의 규정에 따른 등록공고가 있는 날부터 3월간 출원서류 및 그 부속물건을 공중의 열람에 제공하여야 한다. ⑥제3항의 규정에 의한 등록공고에 관하여 실용신안공보에 게재할 사항은 대통령령으로 정한다.		
제88조 【특허권의 존속기간】 ① 특허권의 존속기간은 제87조제1항의 규정에 의한 특허권의 설정등록이 있는 날부터 특허출원일후 20년이 되는 날까지로 한다. <개정 1997.4.10, 2001.2.3> ②정당한 권리자의 특허출원에 대하여 제34조 및 제35조의 규정에 의하여 특허된 경우에는	제22조 【실용신안권의 존속기간】 ①실용신안권의 존속기간은 제21조제1항의 규정에 의한 실용신안권의 설정등록을 한 날부터 실용신안등록출원일 후 10년이 되는 날까지로 한다. ②제11조의 규정에 의하여 준용되는 「특허법」 제34조 및 제35조의 규정에 의하여 정당한 권리자의 실용신안이 등록	제40조 【디자인권의 존속기간】 ①디자인권의 존속기간은 디자인권의 설정등록이 있는 날부터 15년으로 한다. 다만, 유사디자인의 디자인권의 존속기간 만료일은 그 기본디자인의 디자인권의 존속기간 만료일로 한다. <개정 1993.12.10, 1997.8.22, 2004.12.31>	제42조 【상표권의 존속기간】 ① 상표권의 존속기간은 상표권의 설정등록이 있는 날부터 10년으로 한다. ②상표권의 존속기간은 상표권의 존속기간갱신등록신청에 따라 10년씩 갱신할 수 있다. <개정 2010.1.27> ③제1항 및 제2항에도 불구하고 제34조제1항 후단에 따라

특허법	실용신안법	디자인보호법	상표법
제1항의 특허권의 존속기간은 무권리자의 특허출원일의 다음 날부터 기산한다. <개정 1995.12.29> ③삭제 <2001.2.3> ④삭제 <2006.3.3>	된 경우에는 제1항의 실용신안권의 존속기간은 무권리자의 실용신안등록출원일의 다음 날부터 기산한다.	②정당한 권리자의 디자인등록출원에 대하여 제15조의 규정에 의하여 디자인권이 설정등록된 경우에는 제1항의 디자인권의 존속기간은 무권리자가 한 디자인권의 설정등록일의 다음날부터 기산한다. <개정 2001.2.3, 2004.12.31>	상표등록료를 분할납부하는 경우로서 같은 조 제3항 및 제35조에 따른 납부기간에 2회차 상표등록료를 납부하지 아니한 경우(납부기간이 만료되더라도 제36조의2에 따라 보전을 명한 경우에는 그 보전기간 이내에 납부하지 아니한 경우를, 제36조의3에 해당하는 경우에는 그 해당 기간 이내에 납부하지 아니한 경우를 말한다)에 그 상표권은 상표권의 설정등록일 또는 존속기간갱신등록일부터 5년이 지나면 소멸한다. <신설 2010.1.27>
제89조 【특허권의 존속기간의 연장】 특허발명을 실시하기 위하여 다른 법령의 규정에 의하여 허가를 받거나 등록등을 하여야 하고, 그 허가 또는 등록등(이하 "허가등"이라 한다)을 위하여 필요한 활성·안전성등의 시험으로 인하여 장기간이 소요되는 대통령령이 정하는 발명인 경우에는 제88조제1항의 규정에 불구하고 그 실시할 수 없었던 기간에 대하여 5년의 기간내에서 당해 특허권의 존속기간을 연장할 수 있다. <개정 1998.9.23>			**제43조 【상표권의 존속기간갱신등록신청】** ①제42조제2항에 따라 상표권의 존속기간갱신등록을 받으려는 자는 다음 각 호의 사항을 적은 상표권의 존속기간갱신등록신청서를 특허청장에게 제출하여야 한다. <개정 1997.8.22, 2001.2.3, 2010.1.27> 1. 제9조제1항제1호·제2호·제4호 및 제7호의 사항 2. 등록상표의 등록번호 3. 삭제 <1993.12.10> ②상표권의 존속기간갱신등록신청서는 상표권의 존속기간 만료 전 1년 이내에 제출하여

특허법	실용신안법	디자인보호법	상표법
			야 한다. 다만, 이 기간에 상표권의 존속기간갱신등록신청을 하지 아니한 자는 상표권의 존속기간이 끝난 후 6개월 이내에 상표권의 존속기간갱신등록신청을 할 수 있다. <개정 2010.1.27> ③상표권이 공유인 경우에는 공유자 전원이 공동으로 상표권의 존속기간갱신등록신청을 하여야 한다. <개정 2010.1.27> ④제1항부터 제3항까지에서 규정한 사항 외에 상표권의 존속기간갱신등록신청에 필요한 사항은 지식경제부령으로 정한다. <개정 2010.1.27> [제목개정 2010.1.27] ▶판례 **선출원된 타인의 등록상표 "노이에루"가 기술적 표장에 불과하여 그 유사상표의 사용이 상품출처의 혼동 등을 일으킬 염려가 없다고 본 사례** 등록상표 "노엘"의 상표권자가 사용한 실사용상표 또는 "노엘 NEUER"가 선출원되어 등록된 타인의 상표인 대상상표 "노이에루(NEUER)"와 로마문자의 표기가 동일, 유사하더라도 대상상표인 중 한글 부분인 "노이에

특허법	실용신안법	디자인보호법	상표법
			루"는 로마문자인 "NEUER"의 독일어 발음의 한글표기에 불과하고, "NEUER"는 독일어로 "더욱 새로운"의 뜻을 가진 형용사이어서, 이를 그 지정상품인 소화성 궤양치료제에 사용할 경우 일반 수요자나 소비자에게 "더욱 새로와진 소화제" 등의 뜻으로 인식될 것이므로 이는 지정상품의 품질이나 효능을 보통으로 사용하는 방법으로 표시한 이른바 기술적 표장에 불과할 뿐 상표로서의 특별현저성을 갖춘 것이라고는 보기 어려우므로, 실사용 상표와 대상상표가 유사하더라도 상품의 출처의 혼동이나 품질의 오인을 일으키게 할 염려가 있다고 할 수 없다. (대법원 1990.1.25. 선고 88후1328 판결)
제90조 【특허권의 존속기간의 연장등록출원】 ①제89조의 규정에 의하여 특허권의 존속기간의 연장등록출원을 하고자 하는 자(이하 "연장등록출원인"이라 한다)는 다음 각호의 사항을 기재한 특허권의 존속기간의 연장등록출원서를 특허청장에게 제출하여야 한다. <개정 1993.3.6, 1995.12.29,			

특허법	실용신안법	디자인보호법	상표법
2001.2.3, 2008.2.29> 1. 연장등록출원인의 성명 및 주소(법인인 경우에는 그 명칭 및 영업소의 소재지) 2. 연장등록출원인의 대리인이 있는 경우에는 그 대리인의 성명 및 주소나 영업소의 소재지(대리인이 특허법인인 경우에는 그 명칭, 사무소의 소재지 및 지정된 변리사의 성명) 3. 연장대상특허권의 특허번호 및 연장대상특허청구범위의 표시 4. 연장신청의 기간 5. 제89조의 허가등의 내용 6. 지식경제부령이 정하는 연장이유(이를 증명할 수 있는 자료를 첨부하여야 한다) ②특허권의 존속기간의 연장등록출원은 제89조의 규정에 의한 허가등을 받은 날부터 3월 이내에 출원하여야 한다. 다만, 제88조에서 규정하는 특허권의 존속기간의 만료전 6월이후에는 할 수 없다. ③특허권이 공유인 경우에는 공유자 전원이 공동으로 특허권의 존속기간의 연장등록출원을 하여야 한다. ④특허권의 존속기간의 연장등록출원이 있는 때에는 그 존속			

특허법	실용신안법	디자인보호법	상표법
기간은 연장된 것으로 본다. 다만, 그 출원에 관하여 제91조제1항의 연장등록거절결정이 확정된 때에는 그러하지 아니하다. <개정 1997.4.10, 2001.2.3> ⑤특허청장은 특허권의 존속기간의 연장등록출원이 있는 때에는 제1항 각호의 사항을 특허공보에 게재하여야 한다. ⑥연장등록출원인은 심사관이 연장등록여부결정등본을 송달하기 전까지 연장등록출원서에 기재된 사항 중 제1항제3호부터 제6호까지의 사항(제3호 중 연장대상특허권의 특허번호는 제외한다)에 대하여 보정할 수 있다. 다만, 제93조에 따라 준용되는 거절이유통지를 받은 후에는 해당 거절이유통지에 따른 의견서 제출기간에만 보정할 수 있다. <신설 2001.2.3, 2009.1.30> **제91조【특허권의 존속기간의 연장등록거절결정】** ①심사관은 특허권의 존속기간의 연장등록출원이 다음 각호의 1에 해당하는 경우에는 그 출원에 대하여 연장등록거절결정을 하여야 한다. <개정 2001.2.3>			

특허법	실용신안법	디자인보호법	상표법
1. 그 특허발명의 실시가 제89조의 규정에 의한 허가등을 받을 필요가 있는 것으로 인정되지 아니하는 경우 2. 그 특허권자 또는 그 특허권의 전용실시권이나 등록된 통상실시권을 가진 자가 제89조의 규정에 의한 허가등을 받지 아니한 경우 3. 연장신청의 기간이 그 특허발명을 실시할 수 없었던 기간을 초과하는 경우 4. 연장등록출원인이 당해 특허권자가 아닌 경우 5. 제90조제3항의 규정에 위반하여 연장등록출원을 한 경우 6. 삭제 <1998.9.23> ②특허권자에게 책임있는 사유로 인하여 소요된 기간은 제1항제3호의 "그 특허발명을 실시할 수 없었던 기간"에 포함되지 아니한다. <개정 1998.9.23> **제92조【특허권의 존속기간의 연장등록결정 등】** ①심사관은 특허권의 존속기간의 연장등록출원에 대하여 제91조제1항 각호의 1의 사유를 발견할 수 없는 때에는 연장등록결정을 하여야 한다. <개정 2001.2.3>			

특허법	실용신안법	디자인보호법	상표법
②특허청장은 제1항의 연장등록결정이 있는 때에는 특허권의 존속기간의 연장을 특허원부에 등록하여야 한다. <개정 2001.2.3> ③제2항의 등록이 있는 때에는 다음 각호에 기재된 사항을 특허공보에 게재하여야 한다. <개정 2001.2.3> 1. 특허권자의 성명 및 주소(법인인 경우에는 그 명칭 및 영업소의 소재지) 2. 특허번호 3. 연장등록의 연월일 4. 연장의 기간 5. 제89조의 규정에 의한 허가 등의 내용 **제93조 【준용규정】** 제57조제1항·제63조·제67조 및 제148조제1호 내지 제5호 및 제7호의 규정은 특허권의 존속기간의 연장등록출원의 심사에 관하여 이를 준용한다. <개정 1997.4.10>		**제30조의3 【준용규정】** 디자인무심사등록이의신청의 심사·결정에 관하여는 제30조의2, 제72조의5, 제72조의11(같은 조 제6호는 제외한다), 제72조의18 제7항, 제72조의21, 제72조의29 제3항부터 제6항까지 및 제72조의30을 준용한다. [본조신설 2009.6.9]	**제49조 【준용규정】** ①존속기간 갱신등록신청 절차의 보정에 관하여는 제13조를 준용한다. <개정 2010.1.27> ②제10조제1항·제13조·제14조·제16조·제17조·제22조 및 제30조 내지 제32조와 「특허법」 제148조제1호 내지 제5호 및 제7호의 규정은 상품분류전환등록신청에 관하여 이를 준용한다. <신설 2001.2.3, 2007.1.3> ③지정상품의 추가등록출원에

특허법	실용신안법	디자인보호법	상표법
제94조 【특허권의 효력】 특허권자는 업으로서 그 특허발명을 실시할 권리를 독점한다. 다만, 그 특허권에 관하여 전용실시권을 설정한 때에는 제100조제2항의 규정에 의하여 전용실시권자가 그 특허발명을 실시할 권리를 독점하는 범위안에서는 그러하지 아니하다.	**제23조 【실용신안권의 효력】** 실용신안권자는 업으로서 그 등록실용신안을 실시할 권리를 독점한다. 다만, 그 실용신안권에 관하여 제28조의 규정에 의하여 준용되는 「특허법」 제100조제1항의 규정에 의하여 타인에게 전용실시권을 설정한 때에는 동조제2항의 규정에 따라 전용실시권자가 그 등록실용신안을 실시할 권리를 독점하는 범위 안에서는 그러하지 아니하다.	**제41조 【디자인권의 효력】** 디자인권자는 업으로서 등록디자인 또는 이와 유사한 디자인을 실시할 권리를 독점한다. 다만, 그 디자인권에 관하여 전용실시권을 설정한 때에는 제47조제2항의 규정에 의하여 전용실시권자가 그 등록디자인 또는 이와 유사한 디자인을 실시할 권리를 독점하는 범위안에서는 그러하지 아니하다. <개정 2004.12.31> **제42조 【유사디자인의 디자인권】** 제7조제1항의 규정에 의한 유사디자인의 디자인권은 그 기본디자인의 디자인권과 합체한다. <개정 2004.12.31>	관하여는 제9조의2, 제10조제1항, 제13조부터 제17조까지, 제17조의2, 제20조부터 제22조까지, 제22조의4, 제24조, 제24조의2, 제24조의3, 제25조부터 제32조까지, 「특허법」 제142조, 제148조제1호부터 제5호까지 및 제7호, 제157조, 「민사소송법」 제143조·제299조 및 제367조를 준용한다. <개정 2010.1.27> **제50조 【상표권의 효력】** 상표권자는 지정상품에 관하여 그 등록상표를 사용할 권리를 독점한다. 다만, 그 상표권에 관하여 전용사용권을 설정한 때에는 제55조제3항의 규정에 의하여 전용사용권자가 등록상표를 사용할 권리를 독점하는 범위안에서는 그러하지 아니하다.

특허법	실용신안법	디자인보호법	상표법
제95조 【존속기간이 연장된 경우의 특허권의 효력】 특허권의 존속기간이 연장된 특허권의 효력은 그 연장등록의 이유가 된 허가등의 대상물건(그 허가등에 있어 물건이 특정의 용도가 정하여져 있는 경우에 있어서는 그 용도에 사용되는 물건)에 관한 그 특허발명의 실시외의 행위에는 미치지 아니한다.			제44조 삭제 <2010.1.27> 제45조 삭제 <2010.1.27> **제46조 【상표권의 존속기간갱신 등록신청 등의 효력】** ①제43조제2항에 따른 기간에 상표권의 존속기간갱신등록신청을 하면 상표권의 존속기간이 갱신된 것으로 본다. <개정 2010.1.27> ②상표권의 존속기간갱신등록은 원등록의 효력이 끝나는 다음 날부터 효력이 발생한다. [제목개정 2010.1.27] **제46조의2 【상품분류전환등록의 신청】** ①법률 제5355호 상표법중개정법률의 시행전 종전의 제10조제1항의 규정에 의한 통상산업부령이 정하는 상품류구분에 따라 상품을 지정하여 상표권의 설정등록·지정상품의 추가등록 또는 상표권의 존속기간갱신 등록을 받은 상표권자는 당해 지정상품을 지식경제부령이 정하는 상품류구분에 따라 전환(이하 "상품분류전환"이라 한다)하여 등록을 받아야 한다. 다만, 법률 제5355호 상표법중개정법률 제10조제1항

특허법	실용신안법	디자인보호법	상표법
			의 규정에 의한 통상산업부령이 정하는 상품류 구분에 따라 상품을 지정하여 상표권의 존속기간갱신등록을 받은 자는 그러하지 아니하다. <개정 2008.2.29> ②제1항에 따른 상품분류전환의 등록(이하 "상품분류전환등록"이라 한다)을 받으려는 자는 다음 각 호의 사항을 적은 상품분류전환등록신청서를 특허청장에게 제출하여야 한다. <개정 2010.1.27> 1. 신청인의 성명 및 주소(법인인 경우 그 명칭 및 영업소의 소재지) 2. 대리인이 있는 경우 그 대리인의 성명 및 주소나 영업소의 소재지(대리인이 특허법인인 경우에는 그 명칭, 사무소의 소재지 및 지정된 변리사의 성명) 3. 등록상표의 등록번호 4. 전환하여 등록받고자 하는 지정상품 및 그 유구분(類區分) ③상품분류전환등록신청은 상표권의 존속기간 만료일 1년전부터 존속기간 만료후 6월 이내의 기간에 하여야 한다. ④상표권이 공유인 경우에는

특허법	실용신안법	디자인보호법	상표법
			공유자 전원이 공동으로 상품분류전환등록을 신청하여야 한다. [본조신설 2001.2.3] **제46조의3 삭제** <2010.1.27> **제46조의4 【상품분류전환등록거절결정 및 거절이유의 통지】** ①심사관은 상품분류전환등록신청이 다음 각 호의 어느 하나에 해당하는 경우에는 그 신청에 대하여 상품분류전환등록 거절결정을 하여야 한다. <개정 2007.1.3, 2008.2.29, 2010.1.27> 1. 상품분류전환등록신청의 지정상품을 당해 등록상표의 지정상품이 아닌 상품으로 하거나 지정상품의 범위를 실질적으로 확장한 경우 2. 상품분류전환등록신청의 지정상품이 지식경제부령이 정하는 상품류구분에 일치하지 아니하는 경우 3. 상품분류전환등록을 신청한 자가 당해 등록상표의 상표권자가 아닌 경우 4. 제46조의2의 규정에 따른 상품분류전환등록신청 요건을 갖추지 못한 경우

특허법	실용신안법	디자인보호법	상표법
			5. 상표권이 소멸하거나 상표권의 존속기간갱신등록신청을 포기·취하하거나 존속기간갱신등록신청이 무효로 된 경우 ②심사관은 제1항의 규정에 의하여 상품분류전환등록거절결정을 하고자 하는 때에는 그 신청인에게 거절이유를 통지하고 기간을 정하여 의견서를 제출할 수 있는 기회를 주어야 한다. [본조신설 2001.2.3] **제46조의5 【상품분류전환등록】** 특허청장은 제49조제2항의 규정에 의하여 준용되는 제30조의 규정에 의한 상품분류전환등록결정이 있는 경우에는 지정상품의 분류를 전환하여 등록하여야 한다. [본조신설 2001.2.3] **제47조 【지정상품의 추가등록출원】** ①상표권자 또는 출원인은 등록상표 또는 상표등록출원의 지정상품을 추가하는 지정상품의 추가등록을 받을 수 있다. <개정 1997.8.22> ②제1항의 규정에 의한 지정상품의 추가등록을 받고자 하는 자는 다음 각 호의 사항을 기

특허법	실용신안법	디자인보호법	상표법
			재한 지정상품의 추가등록출원서를 특허청장에게 제출하여야 한다. <개정 2001.2.3, 2007.1.3> 1. 제9조제1항제1호·제2호·제5호 및 제7호의 사항 2. 등록상표의 등록번호 또는 상표등록출원의 출원번호 3. 추가로 지정할 상품 및 그 유구분 **제48조 【지정상품의 추가등록거절결정 및 거절이유통지】** ① 심사관은 지정상품의 추가등록출원이 다음 각 호의 어느 하나에 해당하는 경우에는 그 지정상품의 추가등록출원에 대하여 지정상품의 추가등록거절결정을 하여야 한다. <개정 2001.2.3, 2007.1.3> 1. 제23조제1항 각호의 1에 해당할 경우 2. 지정상품의 추가등록출원인이 당해 상표권자 또는 출원인이 아닌 경우 3. 삭제 <2007.1.3> 4. 등록상표의 상표권이 소멸하거나 상표등록출원이 포기·취하 또는 무효되거나 상표등록출원에 대한 상표등록거절결정이 확정된 경우

특허법	실용신안법	디자인보호법	상표법
제96조 【특허권의 효력이 미치지 아니하는 범위】　①특허권의 효력은 다음 각 호의 어느 하나에 해당하는 사항에는 미치지 아니한다. <개정 2010.1.27> 1. 연구 또는 시험(「약사법」에 따른 의약품의 품목허가·품목신고 및 「농약관리법」에 따른 농약의 등록을 위한 연구 또는 시험을 포함한다)을 하기 위한 특허발명의 실시 2. 국내를 통과하는데 불과한 선박·항공기·차량 또는 이에 사용되는 기계·기구·장치 기타의 물건 3. 특허출원시부터 국내에 있는 물건 ②2이상의 의약(사람의 질병의 진단·경감·치료·처치 또는 예방을 위하여 사용되는 물건을 말한다. 이하 같다)을 혼합함으로써 제조되는 의약의 발명 또는 2이상의 의약을 혼합	**제24조 【실용신안권의 효력이 미치지 아니하는 범위】**　실용신안권의 효력은 다음 각 호의 어느 하나에 해당하는 사항에는 미치지 아니한다. 1. 연구 또는 시험을 하기 위한 등록실용신안의 실시 2. 국내를 통과하는데 불과한 선박·항공기·차량 또는 이에 사용되는 기계·기구·장치 그 밖의 물건 3. 실용신안등록출원시부터 국내에 있는 물건	**제44조 【디자인권의 효력이 미치지 아니하는 범위】**　①디자인권의 효력은 다음 각호의 1에 해당하는 사항에는 미치지 아니한다. <개정 2004.12.31> 1. 연구 또는 시험을 하기 위한 등록디자인의 실시 2. 국내를 통과하는데 불과한 선박·항공기·차량 또는 이에 사용되는 기계·기구·장치 기타의 물건 3. 디자인등록출원시부터 국내에 있는 물건 ②글자체가 디자인권으로 설정등록된 경우 그 디자인권의 효력은 다음 각호의 1에 해당하는 경우에는 미치지 아니한다. <신설 2004.12.31> 1. 타자·조판 또는 인쇄 등의 통상적인 과정에서 글자체를 사용하는 경우 2. 제1호의 규정에 따른 글자체의 사용으로 생산된 결과물	②심사관은 제1항의 규정에 의하여 지정상품의 추가등록거절결정을 하고자 할 때에는 그 출원인에게 거절이유를 통지하고 기간을 정하여 의견서를 제출할 수 있는 기회를 주어야 한다. <개정 2001.2.3> **제51조 【상표권의 효력이 미치지 아니하는 범위】**　①상표권(지리적 표시 단체표장권을 제외한다)은 다음 각 호의 어느 하나에 해당하는 경우에는 그 효력이 미치지 아니한다. <개정 1997.8.22, 2001.2.3, 2004.12.31, 2007.1.3> 1. 자기의 성명·명칭 또는 상호·초상·서명·인장 또는 저명한 아호·예명·필명과 이들의 저명한 약칭을 보통으로 사용하는 방법으로 표시하는 상표. 다만, 상표권의 설정등록이 있은 후에 부정경쟁의 목적으로 그 상표를 사용하는 경우에는 그러하지 아니하다. ▶판례 **등록상표권자의 상표권의 행사가 권리남용에 해당하기 위한 요건** 상표권자가 당해 상표를 출원·등록하게 된 목적과 경위, 상표권

특허법	실용신안법	디자인보호법	상표법
하여 의약을 제조하는 방법의 발명에 관한 특허권의 효력은 「약사법」에 의한 조제행위와 그 조제에 의한 의약에는 미치지 아니한다. <개정 2006.3.3>		인 경우	을 행사하기에 이른 구체적·개별적 사정 등에 비추어, 상대방에 대한 상표권의 행사가 상표사용자의 업무상의 신용유지와 수요자의 이익보호를 목적으로 하는 상표제도의 목적이나 기능을 일탈하여 공정한 경쟁질서와 상거래 질서를 어지럽히고 수요자 사이에 혼동을 초래하거나 상대방에 대한 관계에서 신의성실의 원칙에 위배되는 등 법적으로 보호받을 만한 가치가 없다고 인정되는 경우에는, 그 상표권의 행사는 비록 권리행사의 외형을 갖추었다 하더라도 등록상표에 관한 권리를 남용하는 것으로서 허용될 수 없고, 상표권의 행사를 제한하는 위와 같은 근거에 비추어 볼 때 상표권 행사의 목적이 오직 상대방에게 고통을 주고 손해를 입히려는 데 있을 뿐 이를 행사하는 사람에게는 아무런 이익이 없어야 한다는 주관적 요건을 반드시 필요로 하는 것은 아니다. (대법원 2007.1.25. 선고 2005다67223 판결) 2. 등록상표의 지정상품과 동일 또는 유사한 상품의 보통명칭·산지·품질·원재료·효능·용도·수량·형상(포장의

특허법	실용신안법	디자인보호법	상표법
			형상을 포함한다)·가격 또는 생산방법·가공방법·사용방법 및 시기를 보통으로 사용하는 방법으로 표시하는 상표 ▶판례 **상표법 제51조 제1항 제2호의 '상품의 품질·원재료 등을 보통으로 사용하는 방법으로 표시하는 표장'에 해당하는지 여부의 판단 기준** [1]등록상표의 지정상품과 동일 또는 유사한 상품의 품질·원재료 등을 보통으로 사용하는 방법으로 표시하는 표장에 대하여는 상표권의 효력이 미치지 아니한다고 규정한 상표법 제51조 제1항 제2호가 적용되는 경우로서 '상품의 품질·원재료 등을 보통으로 사용하는 방법으로 표시하는 표장'에 해당하는지 여부는 그 표장이 지니고 있는 관념, 사용상품과의 관계, 거래사회의 실정 등을 감안하여 객관적으로 판단하여야 하며, 수요자가 그 사용상품을 고려하였을 때 품질·원재료 등의 성질을 표시하고 있는 것으로 직감할 수 있으면 이에 해당한다. [2] '보쌈' 체인사업을 운영하는 자가, 특허청에 상표등록을 마친

특허법	실용신안법	디자인보호법	상표법
			갑 회사의 "족쌈"과 동일한 상표가 부착된 포스터와 메뉴판을 제작하여 40여 개의 체인점에 게시하게 함으로써 갑 회사의 상표권을 침해하였다는 공소사실에 대하여, '족쌈'은 '족발'의 '족' 부분과 '보쌈'의 '쌈' 부분을 결합하여 만든 것으로서 사전에 등재되어 있지 아니한 조어이기는 하지만, 그 사용상품과 관련하여 볼 때 수요자에게 '족발을 김치와 함께 쌈으로 싸서 먹는 음식' 또는 '족발을 보쌈김치와 함께 먹는 음식' 등의 뜻으로 직감될 수 있다고 봄이 상당하고, 따라서 피고인이 사용한 '족쌈'은 비록 보통명칭화한 것이라고는 할 수 없다 하더라도 그 실제의 사용태양 등에 비추어 사용상품의 품질·원재료 등을 보통으로 사용하는 방법으로 표시하는 표장에 해당하여 갑 회사의 상표권의 효력이 미치지 아니한다는 이유로, 위 공소사실을 무죄로 판단한 원심을 수긍한 사례(대법원 2010.6.10. 선고 2010도2536 판결). 2의2. 제9조제2항의 규정에 따른 입체적 형상으로 된 등록상표에 있어서 그 입체적 형상이 누구의 업무에 관련된 상품을

특허법	실용신안법	디자인보호법	상표법
			표시하는 것인지 식별할 수 없는 경우에 등록상표의 지정상품과 동일하거나 유사한 상품에 사용하는 등록상표의 입체적 형상과 동일하거나 유사한 형상으로 된 상표 3. 등록상표의 지정상품과 동일 또는 유사한 상품에 대하여 관용하는 상표와 현저한 지리적 명칭 및 그 약어 또는 지도로 된 상표 4. 등록상표의 지정상품 또는 그 지정상품의 포장의 기능을 확보하는데 불가결한 입체적 형상으로 되거나 색채 또는 색채의 조합으로 된 상표 ②지리적 표시 단체표장권은 다음 각호의 1에 해당하는 경우에는 그 효력이 미치지 아니한다. <신설 2004.12.31> 1. 제1항제1호·제2호(산지에 해당하는 경우를 제외한다) 또는 제4호에 해당하는 상표 2. 지리적 표시 등록단체표장의 지정상품과 동일한 상품에 대하여 관용하는 상표 3. 지리적 표시 등록단체표장의 지정상품과 동일한 상품에 사용하는 지리적 표시로서 당해 지역에서 그 상품을 생산·제조 또는 가공하는 것을 업으

특허법	실용신안법	디자인보호법	상표법
			로 영위하는 자가 사용하는 지리적 표시 또는 동음이의어 지리적 표시 4. 선출원에 의한 등록상표가 지리적 표시 등록단체표장과 동일 또는 유사한 지리적 표시를 포함하고 있는 경우에 상표권자·전용사용권자 또는 통상사용권자가 지정상품에 사용하는 등록상표 ▶판례 **상표권 침해를 이유로 한 손해배상청구사건에서 등록상표가 보통명칭화 되었는지 여부를 판단하는 기준 시기(=사실심 변론종결시)** 어느 상표가 보통명칭화 되었는가의 여부는 그 나라에 있어서 당해 상품의 거래실정에 따라서 이를 결정하여야 하고, 한편 등록상표는 등록사정 당시에 이미 보통명칭화 된 경우도 있을 수 있지만, 상표등록 이후에 상표관리를 태만히 하였거나 혹은 상표관리에도 불구하고 보통명칭화 되는 경우도 있을 수 있으므로 상표권자가 상표권침해로 인한 손해배상을 구하는 경우에 있어서는 사실심 변론종결 당시를 기준으로 등록상표가 보통명칭화 되

특허법	실용신안법	디자인보호법	상표법
			있는지의 여부를 가려야 할 것이다. (대법원 2003. 1. 24. 선고 2002다6876 판결)
제97조 【특허발명의 보호범위】 특허발명의 보호범위는 특허청구범위에 기재된 사항에 의하여 정하여진다. ▶**판례** **특허출원인이 거절이유통지를 받고 원출원의 특허청구범위를 한정하는 보정을 하면서 일부를 별개의 발명으로 분할출원한 경우, 분할출원한 발명이 보정된 발명의 보호범위에서 의식적으로 제외한 것에 해당하는지 여부(적극)** 특허출원인이 특허청 심사관으로부터 기재불비 및 진보성 흠결을 이유로 한 거절이유통지를 받고서 거절결정을 피하기 위하여 원출원의 특허청구범위를 한정하는 보정을 하면서 원출원발명 중 일부를 별개의 발명으로 분할출원한 경우, 이 분할출원된 발명은 특별한 사정이 없는 한 보정된 발명의 보호범위로부터 의식적으로 제외한 것이라고 보아야 한	**제28조 【「특허법」의 준용】** 「특허법」 제97조, 제99조 내지 제103조, 제106조 내지 제111조, 제111조의2, 제112조 내지 제116조, 제118조 내지 제125조 및 제125조의2의 규정은 실용신안권에 관하여 이를 준용한다.	**제43조 【등록디자인의 보호범위】** 등록디자인의 보호범위는 디자인등록출원서의 기재사항 및 그 출원서에 첨부한 도면·사진 또는 견본과 도면에 기재된 디자인의 설명에 표현된 디자인에 의하여 정하여 진다. <개정 2004.12.31>	**제52조 【등록상표등의 보호범위】** ①등록상표의 보호범위는 상표등록출원서에 기재된 상표에 의하여 정하여 진다. ②지정상품의 보호범위는 상표등록출원서 또는 상품분류전환등록신청서에 기재된 상품에 의하여 정하여 진다. <개정 2001.2.3> ▶**판례** **상표등록 당시 식별력이 없던 부분이 그 후 사용에 의한 식별력을 취득한 경우, 식별력 있는 요부가 될 수 있는지 여부(소극)** 상표법 제41조 제1항에서는 "상표권은 설정등록에 의하여 발생한다" 라고 규정하여 일정한 요건과 절차를 거쳐서 특허청에 등록된 상표만을 보호하고 있고, 상표법 제52조 제1항에서는 "등록상표의 보호범위는 상표등록출원서에 기재된 상표에 의하여 정하여진다" 라고 규정하여 등록상표의 보호범위를 정할 때 상표가

특허법	실용신안법	디자인보호법	상표법
다. (대법원 2008.4.10. 선고 2006다 35308 판결)			실제 사용되고 있는 태양은 고려하지 않고 있으므로, 등록상표의 구성 중 일부분이 등록결정 당시 식별력이 없었다면 그 부분은 상표법이 정한 일정한 요건과 절차를 거쳐 등록된 것이 아니어서 그 부분만을 분리하여 보호할 수 없고, 그 등록상표의 등록결정 이후 그 부분만을 분리하여 사용한 실태를 고려할 수 있는 것도 아니어서, 식별력이 없던 부분은 등록상표의 등록결정 이후 사용에 의한 식별력을 취득하였더라도 등록상표에서 중심적 식별력을 가지는 부분이 될 수 없다(대법원 2007.12.13. 선고 2005후728 판결).
제98조 【타인의 특허발명등과의 관계】 특허권자·전용실시권자 또는 통상실시권자는 특허발명이 그 특허발명의 특허출원일전에 출원된 타인의 특허발명·등록실용신안 또는 등록디자인이나 이와 유사한 디자인을 이용하거나 특허권이 그 특허발명의 특허출원일전에 출원된 타인의 디자인권 또는 상표권과 저촉되는 경우에는 그 특허권자·실용신안권자·디자인권자 또는 상표권자의 허락	제25조 【타인의 등록실용신안 등의 관계】 실용신안권자·전용실시권자 또는 통상실시권자는 등록실용신안이 그 등록실용신안의 실용신안등록출원일 전에 출원된 타인의 등록실용신안·특허발명 또는 등록디자인이나 이와 유사한 디자인을 이용하거나 실용신안권이 그 등록실용신안의 실용신안등록출원일전에 출원된 타인의 디자인권 또는 상표권과 저촉되는 경우에는 그 실용신안권자·특허권	제45조 【타인의 등록디자인등과의 관계】 ①디자인권자·전용실시권자 또는 통상실시권자는 등록디자인이 그 디자인등록출원일전에 출원된 타인의 등록디자인 또는 이와 유사한 디자인·특허발명·등록실용신안 또는 등록상표를 이용하거나 디자인권이 그 디자인권의 디자인등록출원일전에 출원된 타인의 특허권·실용신안권 또는 상표권과 저촉되는 경우에는 그 디자인권자·특허권자·실	제53조 【타인의 디자인권등과의 관계】 상표권자·전용사용권자 또는 통상사용권자는 그 등록상표를 사용할 경우에 그 사용상태에 따라 그 상표등록출원일전에 출원된 타인의 특허권·실용신안권·디자인권 또는 그 상표등록출원일전에 발생한 타인의 저작권과 저촉되는 경우에는 지정상품중 저촉되는 지정상품에 대한 상표의 사용은 특허권자·실용신안권자·디자인권자 또는 저작권자

특허법	실용신안법	디자인보호법	상표법
을 얻지 아니하고는 자기의 특허발명을 업으로서 실시할 수 없다. <개정 1993.12.10, 2001.2.3, 2004.12.31> ▶판례 **이용발명의 성립 요건** 특허발명이 특허법 제98조에서 규정하는 이용관계가 성립하기 위해서는, 후 고안이 선 특허발명의 요지를 모두 포함하고 이를 그대로 이용하되, 후 고안 내에선 특허발명이 발명으로서의 일체성을 유지하여야 한다(특허법원 2004. 3. 25. 선고 2003허2270 판결).	자·디자인권자 또는 상표권자의 허락을 얻지 아니하고는 자기의 등록실용신안을 업으로서 실시할 수 없다.	용신안권자 또는 상표권자의 허락을 얻지 아니하거나 제70조의 규정에 의하지 아니하고는 자기의 등록디자인을 업으로서 실시할 수 없다. <개정 1997.8.22, 2001.2.3, 2004.12.31> ②디자인권자·전용실시권자 또는 통상실시권자는 그 등록디자인에 유사한 디자인이 그 디자인등록출원일전에 출원된 타인의 등록디자인 또는 이와 유사한 디자인·특허발명·등록실용신안 또는 등록상표를 이용하거나 그 디자인권의 등록디자인에 유사한 디자인이 디자인등록출원일전에 출원된 타인의 디자인권·특허권·실용신안권 또는 상표권과 저촉되는 경우에는 그 디자인권자·특허권자·실용신안권자 또는 상표권자의 허락을 얻지 아니하거나 제70조의 규정에 의하지 아니하고는 자기의 등록디자인에 유사한 디자인을 업으로서 실시할 수 없다. <신설 1997.8.22, 2001.2.3, 2004.12.31> ③디자인권자·전용실시권자·통상실시권자는 등록디자인 또는 이와 유사한 디자인이 그 디자인등록출원일전에 발생한 타인의 저작권을 이용하거나	의 동의를 얻지 아니하고는 그 등록상표를 사용할 수 없다. <개정 2004.12.31> ▶판례 **상표법 제53조에 의하여 저작권자의 동의를 얻지 아니하고는 상표권자가 등록상표를 사용할 수 없는 경우, 자신의 등록상표를 무단으로 사용하는 제3자를 상대로 상표 사용의 금지를 청구할 수 있는지 여부(적극)** 상표법 제53조에서 등록상표가 그 등록출원 전에 발생한 저작권과 저촉되는 경우에 저작권자의 동의 없이 그 등록상표를 사용할 수 없다고 한 것은 저작권자에 대한 관계에서 등록상표의 사용이 제한됨을 의미하는 것이므로, 저작권자와 관계없는 제3자가 등록상표를 무단으로 사용하는 경우에는 상표권자는 그 사용금지를 청구할 수 있다(대법원 2006.9.11.자 2006마232 결정).

특허법	실용신안법	디자인보호법	상표법
제99조 【특허권의 양도 및 공유】 ①특허권은 이를 양도할 수 있다. ②특허권이 공유인 경우에는 각 공유자는 다른 공유자의 동의를 얻지 아니하면 그 지분을 양도하거나 그 지분을 목적으로 하는 질권을 설정할 수 없다. ③특허권이 공유인 경우에는 각 공유자는 계약으로 특별히 약정한 경우를 제외하고는 다른 공유자의 동의를 얻지 아니하고 그 특허발명을 자신이 실시할 수 있다. ④특허권이 공유인 경우에는 각 공유자는 다른 공유자의 동의를 얻지 아니하면 그 특허권에 대하여 전용실시권을 설정하거나 통상실시권을 허락할 수 없다.	제28조 【「특허법」의 준용】 「특허법」 제97조, 제99조 내지 제103조, 제106조 내지 제111조, 제111조의2, 제112조 내지 제116조, 제118조 내지 제125조 및 제125조의2의 규정은 실용신안권에 관하여 이를 준용한다.	저촉되는 경우에는 저작권자의 허락을 얻지 아니하고는 자기의 등록디자인 또는 이와 유사한 디자인을 업으로서 실시할 수 없다. <개정 2001.2.3, 2004.12.31> 제46조 【디자인권의 양도 및 공유】 ①디자인권은 이를 양도할 수 있다. 다만, 기본디자인의 디자인권과 유사디자인의 디자인권은 함께 양도하여야 한다. <개정 2004.12.31> ②디자인권이 공유인 경우에 각 공유자는 다른 공유자의 동의를 얻지 아니하면 그 지분을 양도하거나 그 지분을 목적으로 하는 질권을 설정할 수 없다. <개정 2004.12.31> ③디자인권이 공유인 경우에는 각 공유자는 계약으로 특별히 약정한 경우를 제외하고는 다른 공유자의 동의를 얻지 아니하고 그 등록디자인 또는 이와 유사한 디자인을 자신이 실시할 수 있다. <개정 1993.12.10, 2004.12.31> ④디자인권이 공유인 경우에는 각 공유자는 다른 공유자의 동의를 얻지 아니하면 그 디자인권에 대하여 전용실시권을 설	제54조 【상표권등의 이전 및 공유】 ①상표권은 그 지정상품마다 분할하여 이전할 수 있다. 이 경우 유사한 지정상품은 함께 이전하여야 한다. ②삭제 <1997.8.22> ③삭제 <1997.8.22> ④삭제 <1997.8.22> ⑤상표권이 공유인 경우에는 각 공유자는 다른 공유자 전원의 동의를 얻지 아니하면 그 지분을 양도하거나 그 지분을 목적으로 하는 질권을 설정할 수 없다. <개정 1997.8.22> ⑥상표권이 공유인 경우에는 각 공유자는 다른 공유자 전원의 동의를 얻지 아니하면 그 상표권에 대하여 전용사용권 또는 통상사용권을 설정할 수 없다. <개정 1997.8.22> ⑦업무표장권은 이를 양도할 수 없다. 다만, 그 업무와 함께 양도하는 경우에는 그러하지 아니하다.

특허법	실용신안법	디자인보호법	상표법
		정하거나 통상실시권을 허락할 수 없다. <개정 2004.12.31> ⑤복수디자인등록된 디자인권은 각 디자인권마다 분리하여 이전할 수 있다. <신설 1997.8.22, 2001.2.3, 2004.12.31>	⑧제7조제1항제1호의3 단서, 제1호의4 단서 및 제3호 단서에 따라 등록된 상표권은 양도할 수 없다. 다만, 제7조제1항제1호의3, 제1호의4 및 제3호의 명칭, 약칭 또는 표장과 관련된 업무와 함께 양도하는 경우에는 그러하지 아니하다. <개정 2010.1.27> ⑨단체표장권은 이를 이전할 수 없다. 다만, 법인의 합병의 경우에는 특허청장의 허가를 받아 이전할 수 있다. ⑩업무표장권, 단체표장권, 제7조제1항제1호의3 단서, 제1호의4 단서 및 제3호 단서에 따른 상표권을 목적으로 하는 질권은 설정할 수 없다. <개정 2010.1.27> **제54조의2 【상표권의 분할】** ① 상표권의 지정상품이 2 이상인 경우에는 그 상표권을 지정상품별로 분할할 수 있다. ②제1항의 분할은 제71조제2항의 규정에 의한 무효심판이 청구된 때에는 심결이 확정되기까지는 상표권이 소멸된 후에도 할 수 있다. [본조신설 1997.8.22]

특허법	실용신안법	디자인보호법	상표법
제100조 【전용실시권】 ①특허권자는 그 특허권에 대하여 타인에게 전용실시권을 설정할 수 있다. ②제1항의 규정에 의한 전용실시권의 설정을 받은 전용실시권자는 그 설정행위로 정한 범위안에서 업으로서 그 특허발명을 실시할 권리를 독점한다. ③전용실시권자는 실시사업과 같이 이전하는 경우 또는 상속 기타 일반승계의 경우를 제외하고는 특허권자의 동의를 얻지 아니하면 그 전용실시권을 이전할 수 없다. ④전용실시권자는 특허권자의 동의를 얻지 아니하면 그 전용실시권을 목적으로 하는 질권을 설정하거나 통상실시권을 허락할 수 없다. ⑤제99조제2항 내지 제4항의 규정은 전용실시권에 관하여 이를 준용한다.	제28조 【「특허법」의 준용】	제47조 【전용실시권】 ①디자인권자는 그 디자인권에 대하여 타인에게 전용실시권을 설정할 수 있다. <개정 2004.12.31> ②제1항의 규정에 의한 전용실시권의 설정을 받은 전용실시권자는 그 설정행위로 정한 범위안에서 업으로서 그 등록디자인 또는 이와 유사한 디자인을 실시할 권리를 독점한다. <개정 2004.12.31> ③전용실시권자는 실시사업과 같이 이전하는 경우 또는 상속 기타 일반승계의 경우를 제외하고는 디자인권자의 동의를 얻지 아니하면 그 전용실시권을 이전할 수 없다. <개정 2004.12.31> ④전용실시권자는 디자인권자의 동의를 얻지 아니하면 그 전용실시권을 목적으로 하는 질권을 설정하거나 통상실시권을 허락할 수 없다. <개정 2004.12.31> ⑤제46조제2항 내지 제4항의 규정은 전용실시권에 관하여 이를 준용한다.	제55조 【전용사용권】 ①상표권자는 그 상표권에 관하여 타인에게 전용사용권을 설정할 수 있다. ②업무표장권 또는 단체표장권에 관하여는 전용사용권을 설정할 수 없다. ③제1항의 규정에 의한 전용사용권의 설정을 받은 전용사용권자는 그 설정행위로 정한 범위안에서 지정상품에 관하여 등록상표를 사용할 권리를 독점한다. ④전용사용권자는 그 상품에 자기의 성명 또는 명칭을 표시하여야 한다. ⑤전용사용권자는 상속 기타 일반승계의 경우를 제외하고는 상표권자의 동의를 얻지 아니하면 그 전용사용권을 이전할 수 없다. ⑥전용사용권자는 상표권자의 동의를 얻지 아니하면 그 전용사용권을 목적으로 하는 질권을 설정하거나 통상사용권을 설정할 수 없다. ⑦제54조제5항 및 제6항의 규정은 전용사용권에 관하여 이를 준용한다. ▶판례

특허법	실용신안법	디자인보호법	상표법
			상표권자와 사이에 전용사용권 설정계약을 체결하고 나아가 상표권자로부터 통상사용권 설정에 관한 사전 동의를 얻은 자가 전용사용권 설정등록을 마치지 아니한 경우, 등록상표의 전용사용권자로서 다른 사람에게 통상사용권을 설정하여 줄 수 있는지 여부(소극) 상표법 제56조 제1항에 의하면 전용사용권의 설정은 이를 등록하지 아니하면 그 효력이 발생하지 아니하는 것이어서, 설령 상표권자와 사이에 전용사용권 설정계약을 체결한 자라고 하더라도 그 설정등록을 하지 않았다면 상표법상의 전용사용권을 취득할 수 없는 것이고, 상표법 제57조 제1항 및 제55조 제6항에 의하면 통상사용권은 상표권자 혹은 상표권자의 동의를 얻은 전용사용권자만이 설정하여 줄 수 있는 것이므로, 설령 상표권자와 사이에 전용사용권 설정계약을 체결하고 나아가 상표권자로부터 통상사용권 설정에 관한 사전 동의를 얻은 자라고 하더라도 전용사용권 설정등록을 마치지 아니하였다면 등록상표의 전용사용권자로서 다른 사람　　통상사용권

특허법	실용신안법	디자인보호법	상표법
			을 설정하여 줄 수 없다. (대법원 2006.5.12. 선고 2004후2529 판결)
제101조 【특허권 및 전용실시권의 등록의 효력】 ①다음 각호에 해당하는 사항은 이를 등록하지 아니하면 그 효력이 발생하지 아니한다. <개정 2001.2.3> 1. 특허권의 이전(상속 기타 일반승계에 의한 경우를 제외한다)·포기에 의한 소멸 또는 처분의 제한 2. 전용실시권의 설정·이전(상속 기타 일반승계에 의한 경우를 제외한다)·변경·소멸(혼동에 의한 경우를 제외한다) 또는 처분의 제한 3. 특허권 또는 전용실시권을 목적으로 하는 질권의 설정·이전(상속 기타 일반승계에 의한 경우를 제외한다)·변경·소멸(혼동에 의한 경우를 제외한다) 또는 처분의 제한 ②제1항 각호의 규정에 의한 특허권·전용실시권 및 질권의 상속 기타 일반승계의 경우에는 지체없이 그 취지를 특허청장에게 신고하여야 한다.	제28조 【「특허법」의 준용】	제48조 【디자인권 및 전용실시권의 등록의 효력】 ①다음 각호에 해당하는 사항은 등록하지 아니하면 그 효력이 발생하지 아니한다. 1. 디자인권의 이전(상속, 그 밖의 일반승계에 의한 경우는 제외한다)·포기에 의한 소멸 또는 처분의 제한 2. 전용실시권의 설정·이전(상속, 그 밖의 일반승계에 의한 경우는 제외한다)·변경·소멸(혼동에 의한 경우는 제외한다) 또는 처분의 제한 3. 디자인권 또는 전용실시권을 목적으로 하는 질권의 설정·이전(상속, 그 밖의 일반승계에 의한 경우는 제외한다)·변경·소멸(혼동에 의한 경우는 제외한다) 또는 처분의 제한 ②제1항 각 호에 따른 디자인권·전용실시권 및 질권의 상속, 그 밖의 일반승계의 경우에는 지체 없이 그 취지를 특허청장에게 신고하여야 한다. [본조신설 2009.6.9]	제56조 【상표권 및 전용사용권등의 등록의 효력】 ①다음 각호에 해당하는 사항은 이를 등록하지 아니하면 그 효력이 발생하지 아니한다. <개정 2001.2.3, 2007.1.3> 1. 상표권의 이전(상속 기타 일반승계에 의한 경우를 제외한다)·변경·포기에 의한 소멸·존속기간의 갱신·상품분류전환·지정상품의 추가 또는 처분의 제한 2. 전용사용권의 설정·이전(상속 기타 일반승계에 의한 경우를 제외한다)·변경·소멸(권리의 혼동에 의한 경우를 제외한다) 또는 처분의 제한 3. 상표권 또는 전용사용권을 목적으로 하는 질권의 설정·이전(상속 기타 일반승계에 의한 경우를 제외한다)·변경·소멸(권리의 혼동에 의한 경우를 제외한다) 또는 처분의 제한 ②제1항 각호의 규정에 의한 상표권·전용사용권 및 질권의

특허법	실용신안법	디자인보호법	상표법
			상속 기타 일반승계의 경우에는 지체없이 그 취지를 특허청장에게 신고하여야 한다. ▶판례 상표에 대한 전용사용권은 그 설정계약이 해지되면 등록 여부에 관계없이 그 효력을 상실하는지 여부(적극) 전용사용권은 그 설정계약이 해지되면 등록 여부에 관계없이 그 효력을 상실하며, 종전과 동일한 내용으로 전용사용권설정계약을 부활하는 묵시적 합의가 있었다고 하더라도 새로이 설정등록을 하지 않고서는 상표법상의 전용사용권을 취득할 수 없다. (대법원 2004. 9. 13. 선고 2002후703 판결)
제102조 【통상실시권】 ①특허권자는 그 특허권에 대하여 타인에게 통상실시권을 허락할 수 있다. ②통상실시권자는 이 법의 규정에 의하여 또는 설정행위로 정한 범위안에서 업으로서 그 특허발명을 실시할 수 있는 권리를 가진다. <개정 1993.12.10> ③제107조의 규정에 의한 통상	제28조 【「특허법」의 준용】	제49조 【통상실시권】 ①디자인권자는 그 디자인권에 대하여 타인에게 통상실시권을 허락할 수 있다. <개정 2004.12.31> ②통상실시권자는 이 법의 규정에 의하여 또는 설정행위로 정한 범위안에서 업으로서 그 등록디자인 또는 이와 유사한 디자인을 실시할 수 있는 권리를 가진다. <개정 1993.12.10, 2004.12.31>	제57조 【통상사용권】 ①상표권자는 그 상표권에 관하여 타인에게 통상사용권을 설정할 수 있다. ②제1항의 규정에 의한 통상사용권의 설정을 받은 통상사용권자는 그 설정행위로 정한 범위안에서 지정상품에 관하여 등록상표를 사용할 권리를 가진다. ③통상사용권은 상속 기타 일

특허법	실용신안법	디자인보호법	상표법
실시권은 실시사업과 같이 이전하는 경우에 한하여 이전할 수 있다. <개정 1995.12.29> ④제138조, 「실용신안법」 제32조 또는 「디자인보호법」 제70조의 규정에 의한 통상실시권은 그 통상실시권자의 당해 특허권·실용신안권 또는 디자인권과 함께 이전되고 당해 특허권·실용신안권 또는 디자인권이 소멸된 때에는 함께 소멸된다. <개정 1998.9.23, 2004.12.31, 2006.3.3> ⑤제3항 및 제4항외의 통상실시권은 실시사업과 같이 이전하는 경우 또는 상속 기타 일반승계의 경우를 제외하고는 특허권자(전용실시권에 관한 통상실시권에 있어서는 특허권자 및 전용실시권자)의 동의를 얻지 아니하면 이를 이전할 수 없다. <개정 1995.12.29, 2001.2.3> ⑥제3항 및 제4항외의 통상실시권은 특허권자(전용실시권에 관한 통상실시권에 있어서는 특허권자 및 전용실시권자)의 동의를 얻지 아니하면 그 통상실시권을 목적으로 하는 질권을 설정할 수 없다. ⑦제99조제2항 및 제3항의 규		③제70조에 따른 통상실시권은 그 통상실시권자의 해당 디자인권과 함께 이전되고 해당 디자인권이 소멸된 때에는 함께 소멸된다. <개정 2009.6.9> ④제3항 외의 통상실시권은 실시사업과 같이 이전하는 경우 또는 상속, 그 밖의 일반승계의 경우를 제외하고는 디자인권자(전용실시권자에 관한 통상실시권에 있어서는 디자인권자 및 전용실시권자)의 동의를 받지 아니하면 이전할 수 없다. <신설 2009.6.9> ⑤제3항 외의 통상실시권은 디자인권자(전용실시권자에 관한 통상실시권에 있어서는 디자인권자 및 전용실시권자)의 동의를 받지 아니하면 그 통상실시권을 목적으로 하는 질권을 설정할 수 없다. <신설 2009.6.9> ⑥통상실시권에 관하여는 제46조제2항·제3항을 준용한다. <신설 2009.6.9>	반승계의 경우를 제외하고는 상표권자(전용사용권에 관한 통상사용권에 있어서는 상표권자 및 전용사용권자)의 동의를 얻지 아니하면 이를 이전할 수 없다. ④통상사용권은 상표권자(전용사용권에 관한 통상사용권에 있어서는 상표권자 및 전용사용권자)의 동의를 얻지 아니하면 그 통상사용권을 목적으로 하는 질권을 설정할 수 없다. ⑤제54조제5항·제55조제2항 및 제4항의 규정은 통상사용권에 관하여 이를 준용한다.

특허법	실용신안법	디자인보호법	상표법
정은 통상실시권에 관하여 이를 준용한다. <개정 1993.12.10> **제103조 【선사용에 의한 통상실시권】** 특허출원시에 그 특허출원된 발명의 내용을 알지 못하고 그 발명을 하거나 그 발명을 한 자로부터 지득하여 국내에서 그 발명의 실시사업을 하거나 그 사업의 준비를 하고 있는 자는 그 실시 또는 준비를 하고 있는 발명 및 사업의 목적의 범위안에서 그 특허출원된 발명에 대한 특허권에 대하여 통상실시권을 가진다. <개정 2001.2.3>	**제28조 【「특허법」의 준용】**	**제50조 【선사용에 의한 통상실시권】** 디자인등록출원시에 그 디자인등록출원된 디자인의 내용을 알지 못하고 그 디자인을 창작하거나 그 디자인을 창작한 자로부터 지득하여 국내에서 그 등록디자인 또는 이와 유사한 디자인의 실시사업을 하거나 그 사업의 준비를 하고 있는 자는 그 실시 또는 준비를 하고 있는 디자인 및 사업의 목적의 범위안에서 그 디자인등록출원된 디자인에 대한 디자인권에 대하여 통상실시권을 가진다. <개정 1993.12.10, 2004.12.31, 2007.1.3>	**제57조의3 【선사용에 따른 상표를 계속 사용할 권리】** ①타인의 등록상표와 동일하거나 유사한 상표를 그 지정상품과 동일하거나 유사한 상품에 사용하는 자로서 다음 각 호의 요건을 모두 갖춘 자(그 지위를 승계한 자를 포함한다. 이하 이 조에서 "선사용자"라 한다)는 해당상표를 그 사용하는 상품에 대하여 계속하여 사용할 권리를 가진다. 1. 부정경쟁의 목적이 없이 타인의 상표등록출원 전부터 국내에서 계속하여 사용하고 있을 것 2. 제1호의 규정에 따라 상표를 사용한 결과 타인의 상표등록출원시에 국내 수요자 간에 그 상표가 특정인의 상품을 표시하는 것이라고 인식되어 있을 것 ②상표권자나 전용사용권자는 선사용자에게 자기의 상품과 선사용자의 상품 간의 출처의 오인이나 혼동을 방지할 수 있는 적당한 표시를 할 것을 청

특허법	실용신안법	디자인보호법	상표법
			구할 수 있다. [본조신설 2007.1.3]
		제50조의2 【선출원에 따른 통상실시권】 타인의 디자인권이 설정등록되는 때에 그 디자인등록출원된 디자인의 내용을 알지 못하고 그 디자인을 창작하거나 그 디자인을 창작한 자로부터 지득하여 국내에서 그 디자인 또는 이와 유사한 디자인의 실시사업을 하거나 그 사업의 준비를 하고 있는 자(제50조에 해당하는 자를 제외한다)는 다음 각 호의 요건을 갖춘 경우에 한하여 그 실시 또는 준비를 하고 있는 디자인 및 사업의 목적 범위 안에서 그 디자인권에 대하여 통상실시권을 가진다. 1. 타인이 디자인권을 설정등록받기 위하여 디자인등록출원을 한 날 이전에 그 디자인 또는 이와 유사한 디자인에 대하여 디자인등록출원을 하고, 그 디자인등록출원에 관한 디자인의 실시사업을 하거나 그 사업의 준비를 하였을 것 2. 제1호 중 먼저 디자인등록출원한 디자인이 제5조제1항 각 호의 어느 하나에 해당하여	

특허법	실용신안법	디자인보호법	상표법
제104조 【무효심판청구등록전의 실시에 의한 통상실시권】 ① 다음 각 호의 어느 하나에 해당하는 자가 특허 또는 실용신안등록에 대한 무효심판청구의 등록전에 자기의 특허발명 또는 등록실용신안이 무효사유에 해당되는 것을 알지 못하고 국내에서 그 발명 또는 고안의 실시사업을 하거나 그 사업의 준비를 하고 있는 경우에는 그 실시 또는 준비를 하고 있는 발명 또는 고안 및 사업의 목적의 범위안에서 그 특허권에 대하여 통상실시권을 가지거나 특허나 실용신안등록이 무효로 된 당시에 존재하는 특허권에 대한 전용실시권에 대하여 통상실시권을 가진다. <개정 1998.9.23, 2006.3.3> 1. 동일발명에 대한 2이상의 특허중 그 하나를 무효로 한 경우의 원특허권자 2. 특허발명과 등록실용신안이 동일하여 그 실용신안등록을 무효로 한 경우의 원실용신안권자	제26조 【무효심판청구 전의 실시에 의한 통상실시권】 ①다음 각 호의 어느 하나에 해당하는 자가 실용신안등록 또는 특허에 대한 무효심판청구 전에 자기의 등록실용신안 또는 특허발명이 무효사유에 해당되는 것을 알지 못하고 국내에서 그 고안 또는 발명의 실시사업을 하거나 그 사업의 준비를 하고 있는 경우에는 그 실시 또는 준비를 하고 있는 고안 또는 발명 및 사업의 목적의 범위안에서 그 실용신안권에 대하여 통상실시권을 가지거나 실용신안등록이나 특허가 무효로 된 당시에 존재하는 전용실시권에 대하여 통상실시권을 가진다. 1. 동일 고안에 대한 2 이상의 실용신안등록 중 하나를 무효로 한 경우의 원실용신안권자 2. 등록실용신안과 특허발명이 동일하여 그 특허를 무효로 한 경우의 원특허권자 3. 실용신안등록을 무효로 하고 동일한 고안에 관하여 정당	거절결정이나 거절한다는 취지의 심결이 확정되었을 것 [본조신설 2007.1.3] 제51조 【무효심판청구등록 전의 실시에 의한 통상실시권】 ① 디자인등록에 대한 무효심판청구의 등록 전에 다음 각 호의 어느 하나에 해당하는 자가 등록디자인이 무효사유에 해당되는 것을 알지 못하고 국내에서 그 디자인 또는 이와 유사한 디자인의 실시사업을 하거나 그 사업의 준비를 하고 있는 경우에는 그 실시 또는 준비를 하고 있는 디자인 및 사업의 목적의 범위에서 그 디자인권 또는 디자인등록을 무효로 한 당시에 존재하는 전용실시권에 대하여 통상실시권을 가진다. <개정 2004.12.31, 2007.1.3, 2009.6.9> 1. 동일 또는 유사한 디자인에 대한 2이상의 등록디자인중 그 하나의 디자인등록을 무효로 한 경우의 원디자인권자 2. 디자인등록을 무효로 하고 동일 또는 유사한 디자인에 관하여 정당한 권리자에게 디자인등록을 한 경우의 원디자인권자	

특허법	실용신안법	디자인보호법	상표법
3. 특허를 무효로 하고 동일한 발명에 관하여 정당한 권리자에게 특허를 한 경우의 원특허권자 4. 실용신안등록을 무효로 하고 그 고안과 동일한 발명에 관하여 정당한 권리자에게 특허를 한 경우의 원실용신안권자 5. 제1호 내지 제4호의 경우에 있어서 그 무효로 된 특허권 또는 실용신안권에 대하여 무효심판청구의 등록 당시에 이미 전용실시권이나 통상실시권 또는 그 전용실시권에 대한 통상실시권을 취득하고 그 등록을 받은 자. 다만, 제118조제2항의 규정에 해당하는 자인 경우에는 등록을 요하지 아니한다. ②제1항의 규정에 의하여 통상실시권을 가진 자는 특허권자 또는 전용실시권자에게 상당한 대가를 지급하여야 한다.	한 권리자에게 실용신안등록을 한 경우의 원실용신안권자 4. 특허를 무효로 하고 그 발명과 동일한 고안에 관하여 정당한 권리자에게 실용신안등록을 한 경우의 원특허권자 5. 제1호 내지 제4호의 경우에 있어서 무효로 된 실용신안권 또는 특허권에 대하여 무효심판청구 당시에 이미 전용실시권이나 통상실시권 또는 그 전용실시권에 대한 통상실시권을 취득하고 등록한 자. 이 경우 제28조의 규정에 의하여 준용되는 「특허법」 제118조제2항의 규정에 해당하는 자인 경우에는 등록을 요하지 아니한다. ②제1항의 규정에 의하여 통상실시권을 가진 자는 실용신안권자 또는 전용실시권자에게 대가를 지급하여야 한다.	3. 제1호 및 제2호의 경우에 있어서 그 무효로 된 디자인권에 대하여 무효심판청구의 등록 당시에 이미 전용실시권이나 통상실시권 또는 그 전용실시권에 대한 통상실시권을 취득한 자로서 다음 각 목의 어느 하나에 해당하는 자 가. 해당 통상실시권 또는 전용실시권의 등록을 받은 자 나. 제52조의2제2항에 해당하는 통상실시권을 취득한 자 ②제1항의 규정에 의하여 통상실시권을 가진 자는 디자인권자 또는 전용실시권자에게 상당한 대가를 지급하여야 한다. <개정 2004.12.31>	
제105조【디자인권의 존속기간 만료후의 통상실시권】 ①특허출원일전 또는 특허출원일과 같은 날에 출원되어 등록된 디자인권이 그 특허권과 저촉되는 경우 그 디자인권의 존속기	**제27조【디자인권의 존속기간 만료 후의 통상실시권】** ①실용신안등록출원일 전 또는 실용신안등록출원일과 같은 날에 출원되어 등록된 디자인권이 그 실용신안권과 저촉되는 경	**제52조【디자인권 등의 존속기간 만료 후의 통상실시권】** ①등록디자인에 유사한 디자인이 그 디자인등록출원일전 또는 디자인등록출원일과 같은 날에 출원되어 등록된 디자인권(이	**제57조의2【특허권 등의 존속기간 만료후에 상표를 사용하는 권리】** ①상표등록출원일전 또는 상표등록출원일과 동일한 날에 출원되어 등록된 특허권이 그 상표권과 저촉되는 경우

특허법	실용신안법	디자인보호법	상표법
간이 만료되는 때에는 그 원디자인권자는 원디자인권의 범위안에서 당해 특허권 또는 그 디자인권의 존속기간이 만료되는 당시에 존재하는 전용실시권에 대하여 통상실시권을 가진다. <개정 2004.12.31> ②특허출원일전 또는 특허출원일과 같은 날에 출원되어 등록된 디자인권이 그 특허권과 저촉되는 경우 그 디자인권의 존속기간이 만료되는 때에는 그 만료되는 당시에 존재하는 디자인권에 대한 전용실시권 또는 그 디자인권이나 전용실시권에 관한 디자인보호법 제61조의 규정에 의하여 준용되는 제118조제1항의 효력을 가지는 통상실시권을 가진 자는 원권리의 범위안에서 당해 특허권 또는 디자인권의 존속기간이 만료되는 당시에 존재하는 전용실시권에 대하여 통상실시권을 가진다. <개정 2004.12.31> ③제2항의 규정에 의하여 통상실시권을 가진 자는 특허권자 또는 전용실시권자에게 상당한 대가를 지급하여야 한다.	우 그 디자인권의 존속기간이 만료되는 때에는 그 원디자인권자는 원디자인권의 범위 안에서 그 실용신안권 또는 그 디자인권의 존속기간이 만료되는 당시에 존재하는 전용실시권에 대하여 통상실시권을 가진다. ②실용신안등록출원일 전 또는 실용신안등록출원일과 같은 날에 출원되어 등록된 디자인권이 그 실용신안권과 저촉되는 경우 그 디자인권의 존속기간이 만료되는 때에는 그 만료되는 당시에 존재하는 디자인권에 대한 전용실시권 또는 그 디자인권이나 전용실시권에 관한 「디자인보호법」 제61조의 규정에 의하여 준용되는 「특허법」 제118조제1항의 규정에 의한 효력이 있는 통상실시권을 가진 자는 원권리의 범위안에서 그 실용신안권 또는 디자인권의 존속기간이 만료되는 당시에 존재하는 전용실시권에 대하여 통상실시권을 가진다. ③제2항의 규정에 의하여 통상실시권을 가진 자는 실용신안권자 또는 전용실시권자에게 상당한 대가를 지급하여야 한다.	하 "원디자인권"이라 한다)과 저촉되는 경우 원디자인권의 존속기간이 만료되는 때에는 원디자인권자는 원디자인권의 범위안에서 그 디자인권에 대하여 통상실시권을 가지거나 원디자인권의 존속기간 만료 당시에 존재하는 그 디자인권에 대한 전용실시권에 대하여 통상실시권을 가진다. <개정 2004.12.31> ②제1항의 경우에 있어서 원디자인권의 만료 당시에 존재하는 원디자인권에 대한 전용실시권자 또는 제52조의2제1항에 따라 등록된 통상실시권자는 원권리의 범위에서 그 디자인권에 대하여 통상실시권을 가지거나 원디자인권의 존속기간 만료 당시에 존재하는 그 디자인권에 대한 전용실시권에 대하여 통상실시권을 가진다. <개정 2001.2.3, 2004.12.31, 2007.1.3, 2009.6.9> ③제1항 및 제2항의 규정은 등록디자인 또는 이와 유사한 디자인이 그 디자인등록출원일전 또는 디자인등록출원일과 같은 날에 출원되어 등록된 특허권·실용신안권과 저촉되고 그 특허권 또는 실용신안권의 존	그 특허권의 존속기간이 만료되는 때에는 그 원특허권자는 원특허권의 범위안에서 그 등록상표의 지정상품과 동일하거나 이와 유사한 상품에 대하여 그 등록상표와 동일하거나 이와 유사한 상표를 사용할 권리를 가진다. 다만, 부정경쟁의 목적으로 그 상표를 사용하는 경우에는 그러하지 아니하다. ②상표등록출원일전 또는 상표등록출원일과 동일한 날에 출원되어 등록된 특허권이 그 상표권과 저촉되는 경우 그 특허권의 존속기간이 만료되는 때에는 그 만료되는 당시에 존재하는 특허권에 대한 전용실시권 또는 그 특허권이나 전용실시권에 대한 「특허법」 제118조제1항의 효력을 가지는 통상실시권을 가지는 자는 원권리의 범위안에서 그 등록상표의 지정상품과 동일하거나 이와 유사한 상품에 대하여 그 등록상표와 동일하거나 이와 유사한 상표를 사용할 권리를 가진다. 다만, 부정경쟁의 목적으로 그 상표를 사용하는 경우에는 그러하지 아니하다. <개정 2007.1.3> ③제2항의 규정에 의하여 상표

특허법	실용신안법	디자인보호법	상표법
		속기간이 만료하는 경우에 관하여 이를 준용한다. <개정 2004.12.31> ④제2항(제3항에서 준용하는 경우를 포함한다)의 규정에 의하여 통상실시권을 가지는 자는 그 디자인권자 또는 그 디자인권에 대한 전용실시권자에게 상당한 대가를 지급하여야 한다. <개정 2004.12.31> [전문개정 1997.8.22]	를 사용할 권리를 가진 자는 상표권자 또는 전용사용권자에게 상당한 대가를 지급하여야 한다. ④당해 상표권자 또는 전용사용권자는 제1항 또는 제2항의 규정에 의하여 상표를 사용할 권리를 가진 자에게 그 자의 업무에 관한 상품과 자기의 업무에 관한 상품간에 혼동을 방지하는데 필요한 표시를 하도록 청구할 수 있다. ⑤제1항 및 제2항의 규정에 의한 상표를 사용할 권리를 이전(상속 기타 일반승계에 의한 경우를 제외한다)하고자 하는 때에는 상표권자 또는 전용사용권자의 동의를 얻어야 한다. ⑥제1항 내지 제5항의 규정은 상표등록출원일전 또는 상표등록출원일과 동일한 날에 출원되어 등록된 실용신안권 또는 디자인권이 그 상표권과 저촉되는 경우 그 실용신안권 또는 디자인권의 존속기간이 만료되는 때에 이를 준용한다. <개정 2004.12.31> [본조신설 2001.2.3]
제106조【특허권의 수용】 ①정부는 특허발명이 전시, 사변	**제28조【「특허법」의 준용】**		

특허법	실용신안법	디자인보호법	상표법
또는 이에 준하는 비상시에 있어서 국방상 필요한 때에는 특허권을 수용할 수 있다. <개정 2010.1.27> ②특허권이 수용되는 때에는 그 특허발명에 관한 특허권외의 권리는 소멸된다. ③ 정부는 제1항에 따라 특허권을 수용하는 경우에는 특허권자, 전용실시권자 또는 통상실시권자에 대하여 정당한 보상금을 지급하여야 한다. <개정 2010.1.27> ④특허권의 수용 및 보상금의 지급에 관하여 필요한 사항은 대통령령으로 정한다. <개정 2010.1.27> [제목개정 2010.1.27] **제106조의2 【정부 등에 의한 특허발명의 실시】** ①정부는 특허발명이 국가 비상사태, 극도의 긴급상황 또는 공공의 이익을 위하여 비상업적으로 실시할 필요가 있다고 인정하는 경우에는 그 특허발명을 실시하거나 정부 외의 자로 하여금 실시하게 할 수 있다. ②정부 또는 정부 외의 자는 타인의 특허권이 존재한다는 사실을 알았거나 알 수 있을			

특허법	실용신안법	디자인보호법	상표법
때에는 제1항의 실시 사실을 특허권자, 전용실시권자 또는 통상실시권자에게 신속하게 통지하여야 한다. ③정부 또는 정부 외의 자는 제1항에 따라 특허발명을 실시하는 경우에는 특허권자, 전용실시권자 또는 통상실시권자에게 정당한 보상금을 지급하여야 한다. ④특허발명의 실시 및 보상금의 지급에 관하여 필요한 사항은 대통령령으로 정한다. [본조신설 2010.1.27] **제107조 【통상실시권 설정의 재정】** ①특허발명을 실시하고자 하는 자는 특허발명이 다음 각 호의 1에 해당하고 그 특허발명의 특허권자 또는 전용실시권자와 합리적인 조건하에 통상실시권 허락에 관한 협의(이하 이 조에서 "협의"라 한다)를 하였으나 합의가 이루어지지 아니하는 경우 또는 협의를 할 수 없는 경우에는 특허청장에게 통상실시권 설정에 관한 재정(이하 "재정"이라 한다)을 청구할 수 있다. 다만, 공공의 이익을 위하여 비상업적으로 실시하고자 하는 경우와 제4호의	**제28조 【「특허법」의 준용】**		

특허법	실용신안법	디자인보호법	상표법
규정에 해당하는 경우에는 협의를 하지 아니하여도 재정을 청구할 수 있다. <개정 2005.5.31> 1. 특허발명이 천재·지변 기타 불가항력 또는 대통령령이 정하는 정당한 이유없이 계속하여 3년이상 국내에서 실시되고 있지 아니한 경우 2. 특허발명이 정당한 이유없이 계속하여 3년이상 국내에서 상당한 영업적 규모로 실시되지 아니하거나 적당한 정도와 조건으로 국내수요를 충족시키지 못한 경우 3. 특허발명의 실시가 공공의 이익을 위하여 특히 필요한 경우 4. 사법적 절차 또는 행정적 절차에 의하여 불공정거래행위로 판정된 사항을 시정하기 위하여 특허발명을 실시할 필요가 있는 경우 5. 자국민 다수의 보건을 위협하는 질병을 치료하기 위하여 의약품(의약품 생산에 필요한 유효성분, 의약품 사용에 필요한 진단키트를 포함한다)을 수입하고자 하는 국가(이하 이 조에서 "수입국"이라 한다)에 그 의약품을 수출할 수 있도록			

특허법	실용신안법	디자인보호법	상표법
특허발명을 실시할 필요가 있는 경우 ②제1항제1호 및 제2호의 규정은 특허발명이 특허출원일부터 4년을 경과하지 아니한 경우에는 이를 적용하지 아니한다. ③특허청장은 재정을 함에 있어서는 매 청구별로 통상실시권 설정의 필요성을 검토하여야 한다. ④특허청장은 제1항제1호 내지 제3호 또는 제5호의 규정에 따른 재정을 함에 있어서 재정을 받는 자에게 다음 각 호의 조건을 부과하여야 한다. <개정 2005.5.31> 1. 제1항제1호 내지 제3호의 규정에 따른 재정의 경우에는 통상실시권을 국내수요충족을 위한 공급을 주목적으로 실시할 것 2. 제1항제5호의 규정에 따른 재정의 경우에는 생산된 의약품 전량을 수입국에 수출할 것 ⑤특허청장은 재정을 함에 있어서 상당한 대가가 지급될 수 있도록 하여야 한다. 이 경우 제1항제4호 또는 제5호의 규정에 따른 재정을 함에 있어서는 다음 각 호의 사항을 대가 결정에 참작할 수 있다.			

특허법	실용신안법	디자인보호법	상표법
<개정 2005.5.31> 1. 제1항제4호의 규정에 따른 재정의 경우에는 불공정거래행위를 시정하기 위한 취지 2. 제1항제5호의 규정에 따른 재정의 경우에는 당해 특허발명을 실시함으로써 발생하는 수입국에서의 경제적 가치 ⑥반도체 기술에 대하여는 제1항제3호(공공의 이익을 위한 비상업적 실시에 한한다) 또는 제4호의 경우에 한하여 재정을 청구할 수 있다. <개정 2005.5.31> ⑦수입국은 세계무역기구회원국 중 세계무역기구에 다음 각 호의 사항을 통지한 국가 또는 세계무역기구회원국이 아닌 국가 중 대통령령이 정하는 국가로서 다음 각 호의 사항을 대한민국정부에 통지한 국가에 한한다. <신설 2005.5.31> 1. 수입국이 필요로 하는 의약품의 명칭과 수량 2. 국제연합총회의 결의에 따른 최빈개발도상국이 아닌 경우 당해 의약품의 생산을 위한 제조능력이 없거나 부족하다는 수입국의 확인 3. 수입국에서 당해 의약품이 특허된 경우 강제적인 실시를			

특허법	실용신안법	디자인보호법	상표법
허락하였거나 허락할 의사가 있다는 그 국가의 확인 ⑧제1항제5호의 규정에 따른 의약품은 다음 각 호의 어느 하나에 해당하는 것을 말한다. <신설 2005.5.31> 1. 특허된 의약품 2. 특허된 제조방법으로 생산된 의약품 3. 의약품 생산에 필요한 특허된 유효성분 4. 의약품 사용에 필요한 특허된 진단키트 ⑨재정을 청구하는 자가 제출하여야 하는 서류, 그 밖에 재정에 관하여 필요한 사항은 대통령령으로 정한다. <신설 2005.5.31> [전문개정 1995.12.29]			
제108조【답변서의 제출】 특허청장은 재정의 청구가 있은 때에는 그 청구서의 부본을 그 청구에 관련된 특허권자·전용실시권자 기타 그 특허에 관하여 등록을 한 권리를 가지는 자에게 송달하고 기간을 정하여 답변서를 제출할 수 있는 기회를 주어야 한다.	**제28조 【「특허법」의 준용】**		
제109조【산업재산권분쟁조정위	**제28조 【「특허법」의 준용】**		

특허법	실용신안법	디자인보호법	상표법
원회 및 관계 부처의 장의 의견청취] 특허청장은 재정을 함에 있어 필요하다고 인정하는 경우에는 「발명진흥법」 제41조의 규정에 따른 산업재산권분쟁조정위원회 및 관계부처의 장의 의견을 들을 수 있고, 관계 행정기관이나 관계인에게 협조를 요청할 수 있다. <개정 2006.3.3, 2007.4.11> [전문개정 2005.5.31] **제110조 【재정의 방식 등】** ① 재정은 서면으로 하고 그 이유를 명시하여야 한다. ②제1항의 재정에는 다음 각호의 사항을 명시하여야 한다. <개정 1995.12.29, 2005.5.31> 1. 통상실시권의 범위 및 기간 2. 대가와 그 지급방법 및 지급시기 3. 제107조제1항제5호의 규정에 따른 재정의 경우에는 그 특허발명의 특허권자·전용실시권자 또는 통상실시권자(재정에 의한 경우를 제외한다)가 공급하는 의약품과 외관상 구분할 수 있는 포장·표시 및 재정에서 정한 사항을 공시할 인터넷 주소 4. 그 밖에 재정을 받은 자가	제28조 【 「특허법」 의 준용】		

특허법	실용신안법	디자인보호법	상표법
그 특허발명을 실시함에 있어 법령 또는 조약에 규정된 내용을 이행하기 위하여 필요한 준수사항 ③특허청장은 정당한 사유가 있는 경우를 제외하고는 재정청구일부터 6월 이내에 재정에 관한 결정을 하여야 한다. <신설 2005.5.31> ④제107조제1항제5호의 규정에 따른 재정청구가 동조제7항 및 제8항의 규정에 해당하고 동조제9항의 규정에 따른 서류가 모두 제출된 경우에는 특허청장은 정당한 사유가 있는 경우를 제외하고는 통상실시권 설정의 재정을 하여야 한다. <신설 2005.5.31> **제111조 【재정서등본의 송달】** ①특허청장은 재정을 한 때에는 당사자 및 그 특허에 관하여 등록을 한 권리를 가지는 자에게 재정서등본을 송달하여야 한다. ②제1항의 규정에 의하여 당사자에게 재정서등본이 송달된 때에는 재정서에 명시된 바에 따라 당사자 사이에 협의가 성립된 것으로 본다.	**제28조 【「특허법」의 준용】**		

특허법	실용신안법	디자인보호법	상표법
제111조의2 【재정서의 변경】 ①재정을 받은 자는 재정서에 명시된 제110조제2항제3호의 사항에 관하여 변경이 필요한 경우 그 원인을 증명하는 서류를 첨부하여 특허청장에게 이를 청구할 수 있다. ②특허청장은 제1항의 청구가 이유있다고 인정되는 경우 재정서에 명시된 사항을 변경할 수 있다. 이 경우 이해관계인의 의견을 들어야 한다. ③제111조의 규정은 제2항의 경우에 이를 준용한다. [본조신설 2005.5.31]	**제28조 【「특허법」의 준용】**		
제112조 【대가의 공탁】 제110조제2항제2호의 대가를 지급하여야 할 자는 다음 각호의 1에 해당하는 경우에는 그 대가를 공탁하여야 한다. 1. 대가를 받을 자가 수령을 거부하거나 수령할 수 없는 경우 2. 대가에 대하여 제190조제1항의 규정에 의한 소송이 제기된 경우 3. 당해 특허권 또는 전용실시권을 목적으로 하는 질권이 설정되어 있는 경우. 다만, 질권자의 동의를 얻은 때에는 그러	**제28조 【「특허법」의 준용】**		

특허법	실용신안법	디자인보호법	상표법
하지 아니하다. **제113조 【재정의 실효】** 재정을 받은 자가 제110조제2항제2호의 지급시기까지 대가(대가를 정기 또는 분할하여 지급할 경우에는 최초의 지급분)를 지급하지 아니하거나 공탁을 하지 아니한 때에는 그 재정은 효력을 잃는다. **제114조 【재정의 취소】** ①특허청장은 재정을 받은 자가 다음 각호의 1에 해당하는 경우에는 이해관계인의 신청에 의하여 또는 직권으로 그 재정을 취소할 수 있다. 다만, 제2호의 경우에는 재정을 받은 통상실시권자의 정당한 이익이 보호될 수 있는 경우에 한한다. <개정 1995.12.29, 2005.5.31> 1. 재정을 받은 목적에 적합하도록 그 특허발명을 실시하지 아니한 경우 2. 통상실시권을 재정한 사유가 없어지고 그 사유가 다시 발생하지 아니할 것이라고 인정되는 경우 3. 정당한 사유 없이 재정서에 명시된 제110조제2항제3호 또는 제4호의 사항을 위반하였을	**제28조 【「특허법」의 준용】** **제28조 【「특허법」의 준용】**		

특허법	실용신안법	디자인보호법	상표법
경우 ②제108조·제109조·제110조 제1항 및 제111조제1항의 규정은 제1항의 경우에 이를 준용한다. ③제1항의 규정에 의한 재정의 취소가 있는 때에는 통상실시권은 그때부터 소멸된다. **제115조 【재정에 대한 불복이유의 제한】** 재정에 대하여 「행정심판법」에 의하여 행정심판을 제기하거나 「행정소송법」에 의하여 취소소송을 제기하는 경우에는 그 재정으로 정한 대가를 불복이유로 할 수 없다. <개정 2001.2.3, 2006.3.3> **제116조 【특허권의 취소】** ①특허청장은 제107조제1항제1호의 사유로 인한 재정이 있은 날부터 계속하여 2년이상 그 특허발명이 국내에서 실시되고 있지 아니하는 경우에는 이해관계인의 신청에 의하여 또는 직권으로 그 특허권을 취소할 수 있다. ②제108조·제109조·제110조 제1항 및 제111조제1항의 규정은 제1항의 경우에 이를 준용한다.	**제28조 【「특허법」의 준용】** **제28조 【「특허법」의 준용】**		

특허법	실용신안법	디자인보호법	상표법
③제1항의 규정에 의한 특허권의 취소가 있는 때에는 특허권은 그때부터 소멸된다. **제117조 삭제** <2001.2.3> **제118조【통상실시권의 등록의 효력】** ①통상실시권을 등록한 때에는 그 등록후에 특허권 또는 전용실시권을 취득한 자에 대하여도 그 효력이 발생한다. ②제81조의3제5항·제103조 내지 제105조·제122조·제182조·제183조 및 「발명진흥법」 제10조제1항에 따른 통상실시권은 등록이 없더라도 제1항의 규정에 의한 효력이 발생한다. <개정 2001.2.3, 2006.3.3, 2007.1.3, 2007.4.11> ③통상실시권의 이전·변경·소멸 또는 처분의 제한, 통상실시권을 목적으로 하는 질권의 설정·이전·변경·소멸 또는 처분의 제한은 이를 등록하지 아니하면 제3자에게 대항할 수 없다.	**제28조【「특허법」의 준용】**	**제52조의2【통상실시권의 등록의 효력】** ①통상실시권을 등록한 때에는 그 등록 후에 디자인권 또는 전용실시권을 취득한 자에 대하여도 그 효력이 발생한다. ②제33조의3제5항, 제50조, 제50조의2, 제51조, 제52조, 제58조, 제74조의2, 제74조의3 및 「발명진흥법」 제10조제1항에 따른 통상실시권은 등록이 없더라도 제1항에 따른 효력이 발생한다. ③통상실시권의 이전·변경·소멸 또는 처분의 제한, 통상실시권을 목적으로 하는 질권의 설정·이전·변경·소멸 또는 처분의 제한은 등록하지 아니하면 제3자에게 대항할 수 없다. [본조신설 2009.6.9] **제53조【디자인권의 포기】** 디자	**제58조【통상사용권등의 등록의 효력】** ①다음 각호에 해당하는 사항은 이를 등록하지 아니하면 제3자에게 대항할 수 없다. 1. 통상사용권의 설정·이전(상속 기타 일반승계에 의한 경우를 제외한다)·변경·포기에의한 소멸 또는 처분의 제한 2. 통상사용권을 목적으로 하는 질권의 설정·이전(상속 기타 일반승계에 의한 경우를 제외한다)·변경·포기에 의한 소멸 또는 처분의 제한 ②통상사용권을 등록한 때에는 그 등록후에 상표권 또는 전용사용권을 취득한 자에 대하여도 그 효력이 발생한다. ③제1항 각호의 규정에 의한 통상사용권 및 질권의 상속 기타 일반승계의 경우에는 지체없이 그 취지를 특허청장에게 신고하여야 한다. **제59조【상표권의 포기】** 상표권

특허법	실용신안법	디자인보호법	상표법
		인권자는 디자인권을 포기할 수 있다. <개정 2004.12.31>	자는 상표권에 관하여 지정상품마다 이를 포기할 수 있다.
제119조 【특허권등의 포기의 제한】 ①특허권자는 전용실시권자·질권자 또는 제100조제4항·제102조제1항 및 「발명진흥법」 제10조제1항에 따른 통상실시권자의 동의를 얻지 아니하면 특허권을 포기할 수 없다. <개정 1993.12.10, 2007.1.3, 2007.4.11> ②전용실시권자는 질권자 또는 제100조제4항의 규정에 의한 통상실시권자의 동의를 얻지 아니하면 전용실시권을 포기할 수 없다. ③통상실시권자는 질권자의 동의를 얻지 아니하면 통상실시권을 포기할 수 없다.	제28조 【「특허법」의 준용】	제54조 【디자인권등의 포기의 제한】 ①디자인권자는 전용실시권자·질권자 또는 제47조제4항·제49조제1항 또는 「발명진흥법」 제10조제1항의 규정에 의한 통상실시권자의 동의를 얻지 아니하면 디자인권을 포기할 수 없다. <개정 2004.12.31, 2006.3.3, 2007.4.11> ②전용실시권자는 질권자 또는 제47조제4항의 규정에 의한 통상실시권자의 동의를 얻지 아니하면 전용실시권을 포기할 수 없다. ③통상실시권자는 질권자의 동의를 얻지 아니하면 통상실시권을 포기할 수 없다.	제60조 【상표권등의 포기의 제한】 ①상표권자는 전용사용권자·통상사용권자 또는 질권자의 동의를 얻지 아니하면 상표권을 포기할 수 없다. ②전용사용권자는 제55조제6항의 규정에 의한 질권자 또는 통상사용권자의 동의를 얻지 아니하면 전용사용권을 포기할 수 없다. ③통상사용권자는 제57조제4항의 규정에 의한 질권자의 동의를 얻지 아니하면 통상사용권을 포기할 수 없다.
제120조 【포기의 효과】 특허권·전용실시권 및 통상실시권의 포기가 있는 때에는 특허권·전용실시권 및 통상실시권은 그때부터 소멸된다.	제28조 【「특허법」의 준용】	제55조 【포기의 효과】 디자인권·전용실시권 및 통상실시권의 포기가 있는 때에는 디자인권·전용실시권 및 통상실시권은 그때부터 효력이 소멸된다. <개정 2004.12.31>	제61조 【포기의 효과】 상표권·전용사용권·통상사용권 및 질권의 포기가 있는 때에는 상표권·전용사용권·통상사용권 및 질권은 그때부터 소멸된다.
제121조 【질권】 특허권·전용실시권 또는 통상실시권을 목	제28조 【「특허법」의 준용】	제56조 【질권】 디자인권·전용실시권 또는 통상실시권을 목	제62조 【질권】 상표권·전용사용권 또는 통상사용권을 목적

특허법	실용신안법	디자인보호법	상표법
적으로 하는 질권을 설정한 때에는 질권자는 계약으로 특별히 정한 경우를 제외하고는 당해 특허발명을 실시할 수 없다.		적으로 하는 질권을 설정한 때에는 질권자는 계약으로 특별히 정한 경우를 제외하고는 당해 등록디자인을 실시할 수 없다. <개정 2004.12.31>	으로 하는 질권을 설정한 경우 질권자는 당해 등록상표를 사용할 수 없다.
제122조 【질권행사로 인한 특허권의 이전에 따른 통상실시권】 특허권자는 특허권을 목적으로 하는 질권설정 이전에 그 특허발명을 실시하고 있는 경우에는 그 특허권이 경매등에 의하여 이전되더라도 그 특허발명에 대하여 통상실시권을 가진다. 이 경우에는 특허권자는 경매등에 의하여 특허권을 이전받은 자에게 상당한 대가를 지급하여야 한다. <개정 1993.12.10>	제28조 【「특허법」의 준용】	제58조 【질권행사로 인한 디자인권의 이전에 따른 통상실시권】 디자인권자는 디자인권을 목적으로 하는 질권설정이전에 그 등록디자인 또는 이와 유사한 디자인을 실시하고 있는 경우에는 그 디자인권이 경매등에 의하여 이전되더라도 그 디자인권에 대하여 통상실시권을 가진다. 이 경우 디자인권자는 경매등에 의한 디자인권을 이전받은 자에게 상당한 대가를 지급하여야 한다. <개정 2004.12.31> [전문개정 1993.12.10]	
제123조 【질권의 물상대위】 질권은 이 법에 의한 보상금 또는 특허발명의 실시에 대하여 받을 대가나 물건에 대하여도 이를 행사할 수 있다. 다만, 그 지급 또는 인도전에 이를 압류하여야 한다.	제28조 【「특허법」의 준용】	제57조 【질권의 물상대위】 질권은 이 법에 의한 보상금 또는 등록디자인의 실시에 대하여 받을 대가나 물품에 대하여도 이를 행사할 수 있다. 다만, 그 지급 또는 인도전에 이를 압류하여야 한다. <개정 1997.8.22, 2004.12.31>	제63조 【질권의 물상대위】 질권은 이 법에 의한 상표권의 사용에 대하여 받을 대가나 물건에 대하여도 이를 행사할 수 있다. 다만, 그 지급 또는 인도전에 이를 압류하여야 한다.

특허법	실용신안법	디자인보호법	상표법
제124조 【상속인이 없는 경우의 특허권의 소멸】 특허권은 상속이 개시된 때 상속인이 없는 경우에는 소멸된다.	제28조 【「특허법」의 준용】	제59조 【상속인이 없는 경우의 디자인권의 소멸】 디자인권은 상속이 개시된 때 상속인이 없는 경우에는 소멸된다. 〈개정 2004.12.31〉 제60조 삭제 〈2004.12.31〉	제64조 【상표권의 소멸】 ①상표권자가 사망한 날부터 3년 이내에 상속인이 그 상표권의 이전등록을 하지 아니한 경우에는 상표권자가 사망한 날부터 3년이 되는 날의 다음 날에 상표권이 소멸된다. 〈개정 2007.1.3〉 ②청산절차가 진행 중인 법인의 상표권은 법인의 청산종결등기일(청산종결등기가 되었더라도 청산사무가 사실상 끝나지 아니한 경우에는 청산사무가 사실상 끝난 날과 청산종결등기일부터 6개월이 지난 날 중 빠른 날로 한다. 이하 이 항에서 같다)까지 그 상표권의 이전등록을 하지 아니한 경우에는 청산종결등기일의 다음 날에 소멸한다. 〈신설 2007.1.3〉 제64조의2 【상품분류전환등록이 없는 경우 등의 상표권의 소멸】 ①다음 각 호의 어느 하나에 해당하는 사유가 있는 때에는 상품분류전환등록의 대상이 되는 지정상품에 관한 상표권은 제46조의2제3항의 규정에 의한 상품분류전환등록신청기간의 종료일이 속하는 존속기

특허법	실용신안법	디자인보호법	상표법
			간의 만료일 다음 날에 소멸한다. <개정 2007.1.3> 1. 상품분류전환등록을 받아야 하는 자가 제46조의2제3항의 규정에 의한 기간 이내에 상품분류전환등록을 신청하지 아니하는 경우 2. 상품분류전환등록신청이 취하된 경우 3. 제5조의 규정에 의하여 준용되는 「특허법」 제16조제1항의 규정에 의하여 상품분류전환에 관한 절차가 무효로 된 경우 4. 상품분류전환등록거절결정이 확정된 경우 5. 제72조의2의 규정에 의하여 상품분류전환등록을 무효로 한다는 심결이 확정된 경우 ②상품분류전환등록의 대상이 되는 지정상품으로서 제46조의2제2항의 규정에 의한 상품분류전환등록신청서에 기재되지 아니한 지정상품에 관한 상표권은 상품분류전환등록신청서에 기재된 지정상품이 제46조의5의 규정에 의하여 전환등록되는 날에 소멸한다. 다만, 상품분류전환등록이 상표권의 존속기간만료일 이전에 이루어지는 경우에는 상표권의 존속기

특허법	실용신안법	디자인보호법	상표법
			간만료일의 다음 날에 소멸한다. <개정 2007.1.3> [본조신설 2001.2.3]
제125조 【특허실시보고】 특허청장은 특허권자·전용실시권자 또는 통상실시권자에게 특허발명의 실시여부 및 그 규모 등에 관하여 보고하게 할 수 있다.	제28조 【「특허법」의 준용】		
제125조의2 【대가 및 보상금액에 대한 집행명의】 이 법에 의하여 특허청장이 정한 대가와 보상금액에 관하여 확정된 결정은 집행력 있는 집행명의와 동일한 효력을 가진다. 이 경우 집행력 있는 정본은 특허청 공무원이 이를 부여한다. [본조신설 2001.2.3]	제28조 【「특허법」의 준용】	제61조 【대가 및 보상금액에 대한 집행명의】 이 법에 따라 특허청장이 정한 대가와 보상금액에 관하여 확정된 결정은 집행력 있는 집행명의와 같은 효력을 가진다. 이 경우 집행력 있는 정본은 특허청 소속 공무원이 부여한다. [전문개정 2009.6.9]	
제6장 특허권자의 보호	제6장 실용신안권자의 보호	제6장 디자인권자의 보호 <개정 2004.12.31>	제6장 상표권자의 보호
제126조 【권리침해에 대한 금지청구권등】 ①특허권자 또는 전용실시권자는 자기의 권리를 침해한 자 또는 침해할 우려가	제30조 【「특허법」의 준용】 「특허법」 제126조·제128조 및 제130조 내지 제132조의 규정은 실용신안권자의 보호에	제62조 【권리침해에 대한 금지청구권등】 ①디자인권자 또는 전용실시권자는 자기의 권리를 침해한 자 또는 침해할 우려가	제65조 【권리침해에 대한 금지청구권등】 ①상표권자 또는 전용사용권자는 자기의 권리를 침해한 자 또는 침해할 우려가

특허법	실용신안법	디자인보호법	상표법
있는 자에 대하여 그 침해의 금지 또는 예방을 청구할 수 있다. ②특허권자 또는 전용실시권자가 제1항의 규정에 의한 청구를 할 때에는 침해행위를 조성한 물건(물건을 생산하는 방법의 발명인 경우에는 침해행위로 생긴 물건을 포함한다)의 폐기, 침해행위에 제공된 설비의 제거 기타 침해의 예방에 필요한 행위를 청구할 수 있다.	관하여 이를 준용한다.	있는 자에 대하여 그 침해의 금지 또는 예방을 청구할 수 있다. <개정 2004.12.31> ②제13조제1항의 규정에 따라 비밀로 할 것을 청구한 디자인에 관한 디자인권자 및 전용실시권자는 지식경제부령이 정하는 바에 따라 그 디자인에 관한 다음 각호의 사항에 대하여 특허청장으로부터 증명을 받은 서면을 제시하여 경고한 후가 아니면 제1항의 규정에 따른 청구를 할 수 없다. <신설 2004.12.31, 2008.2.29> 1. 디자인권자 및 전용실시권자(전용실시권자가 청구하는 경우에 한한다)의 성명 및 주소(법인인 경우에는 그 명칭 및 주된 사무소의 소재지를 말한다) 2. 디자인등록출원번호 및 출원일 3. 디자인등록번호 및 등록일 4. 디자인등록출원서에 첨부한 도면·사진 또는 견본의 내용 ③디자인권자 또는 전용실시권자는 제1항의 규정에 의한 청구를 할 때에는 침해행위를 조성한 물품의 폐기, 침해행위에 제공된 설비의 제거 기타 침해의 예방에 필요한 행위를 청구	있는 자에 대하여 그 침해의 금지 또는 예방을 청구할 수 있다. ②상표권자 또는 전용사용권자가 제1항의 규정에 의한 청구를 할 때에는 침해행위를 조성한 물건의 폐기, 침해행위에 제공된 설비의 제거 기타 침해의 예방에 필요한 행위를 청구할 수 있다.

특허법	실용신안법	디자인보호법	상표법
제127조 【침해로 보는 행위】 다음 각호의 1에 해당하는 행위를 업으로서 하는 경우에는 특허권 또는 전용실시권을 침해한 것으로 본다. <개정 1995.12.29, 2001.2.3> 1. 특허가 물건의 발명인 경우에는 그 물건의 생산에만 사용하는 물건을 생산·양도·대여 또는 수입하거나 그 물건의 양도 또는 대여의 청약을 하는 행위 2. 특허가 방법의 발명인 경우에는 그 방법의 실시에만 사용하는 물건을 생산·양도·대여 또는 수입하거나 그 물건의 양도 또는 대여의 청약을 하는 행위 ▶판례 **특허법 제127조 제1호에서 말하는 특허발명 물건의 '생산'의 의미** 특허법 제127조 제1호에서 특허발명 물건의 '생산'이란 특허발명의 구성요건을 충족하지 않은 물건을 받은 자가 이를 사용하여 특허발명의 구성요건을 충	제29조 【침해로 보는 행위】 등록실용신안에 관한 물품의 생산에만 사용하는 물건을 업으로서 생산·양도·대여 또는 수입하거나 업으로서 그 물건의 양도 또는 대여의 청약을 하는 행위는 실용신안권 또는 전용실시권을 침해한 것으로 본다. ▶판례 **등록된 실용신안간의 권리범위의 소극적 확인을 구하는 심판청구의 가부** 등록된 실용신안 사이의 권리범위의 확인을 구하는 심판청구라도 심판청구인의 등록실용신안이 피심판청구인의 등록실용신안의 권리범위에 속하지 않는다는 소극적 확인심판청구는 만일 인용된다고 하더라도 심판청구인의 등록실용신안이 피심판청구인의 등록실용신안의 권리범위에 속하지 않음을 확정하는 것 뿐이고 이로 말미암아 피심판청구인의 등록실용신안권의 효력을 부인하는 결과가 되는 것은 아니므로 이러한 청구를 부적법하다고 볼	할 수 있다. <개정 2004.12.31> 제63조 【침해로 보는 행위】 등록디자인이나 이와 유사한 디자인에 관한 물품의 생산에만 사용하는 물품을 업으로서 생산·양도·대여 또는 수입하거나 업으로서 그 물품의 양도 또는 대여의 청약을 하는 행위는 당해 디자인권 또는 전용실시권을 침해한 것으로 본다. <개정 1993.12.10, 2001.2.3, 2004.12.31>	제66조 【침해로 보는 행위】 ①다음 각호의 1에 해당하는 행위는 상표권(지리적 표시 단체표장권을 제외한다) 또는 전용사용권을 침해한 것으로 본다. <개정 1997.8.22, 2004.12.31> 1. 타인의 등록상표와 동일한 상표를 그 지정상품과 유사한 상품에 사용하거나 타인의 등록상표와 유사한 상표를 그 지정상품과 동일 또는 유사한 상품에 사용하는 행위 2. 타인의 등록상표와 동일 또는 유사한 상표를 그 지정상품과 동일 또는 유사한 상품에 사용하거나 사용하게 할 목적으로 교부·판매·위조·모조 또는 소지하는 행위 3. 타인의 등록상표를 위조 또는 모조하거나 위조 또는 모조하게 할 목적으로 그 용구를 제작·교부·판매 또는 소지하는 행위 4. 타인의 등록상표 또는 이와 유사한 상표가 표시된 지정상품과 동일 또는 유사한 상품을 양도 또는 인도하기 위하여 소지하는 행위

특허법	실용신안법	디자인보호법	상표법
족하는 물건을 만들어 내는 모든 의식적 행위를 의미하므로, 반드시 공업적 생산에 한하지 않고 가공, 조립, 수리 등의 행위도 이에 포함된다. (특허법원 2007.7.13. 선고 2006허3496 판결)	이유가 없다. (대법원 1985.4.23. 선고 84후19 판결)		②다음 각호의 1에 해당하는 행위는 지리적 표시 단체표장권을 침해한 것으로 본다. <신설 2004.12.31> 1. 타인의 지리적 표시 등록단체표장과 유사한 상표(동음이의어 지리적 표시를 제외한다. 이하 이 항에서 같다)를 그 지정상품과 동일한 상품에 사용하는 행위 2. 타인의 지리적 표시 등록단체표장과 동일 또는 유사한 상표를 그 지정상품과 동일한 상품에 사용하거나 사용하게 할 목적으로 교부·판매·위조·모조 또는 소지하는 행위 3. 타인의 지리적 표시 등록단체표장을 위조 또는 모조하거나 위조 또는 모조하게 할 목적으로 그 용구를 제작·교부·판매 또는 소지하는 행위 4. 타인의 지리적 표시 등록단체표장과 동일 또는 유사한 상표가 표시된 지정상품과 동일한 상품을 양도 또는 인도하기 위하여 소지하는 행위 ▶판례 상표등록취소심판을 청구할 수 있는 이해관계인의 의미 및 등록상표가 저명상표인 경우, 그 이해

특허법	실용신안법	디자인보호법	상표법
			관계인의 범위 상표등록취소심판을 청구할 수 있는 이해관계인이라 함은 취소되어야 할 상표등록의 존속으로 인하여 상표권자로부터 상표권의 대항을 받아 그 등록상표와 동일 또는 유사한 상표를 사용할 수 없게 됨으로써 피해를 받을 염려가 있어 그 소멸에 직접적이고도 현실적인 이해관계가 있는 사람을 의미하는 것으로서, 상표법에 의하여 등록상표권에 주어지는 효력인 등록상표와 저촉되는 타인의 상표사용을 금지시킬 수 있는 효력(금지권)은 등록상표의 지정상품과 동일·유사한 상품에 사용되는 상표에 대하여만 인정되는 것이고 이종상품에 사용되는 상표에 대하여까지 그러한 효력이 미치는 것은 아니라고 할 것이며(상표법 제66조), 이는 저명상표의 경우에도 마찬가지이되, 다만 저명상표의 경우에는 상표법 제7조 제1항 제10호의 규정에 의하여 상품출처의 혼동이 생기는 경우 그 지정상품과 동일·유사하지 아니한 상품에 사용되는 동일·유사한 상표의 등록이 허용되지 아니할 뿐일 이치여서 저명상표의 상표권자로부터 그 저

특허법	실용신안법	디자인보호법	상표법
			명상표의 지정상품과 동일·유사하지 아니한 상품에 사용되는 상표에 대한 사용금지의 경고나 등록무효 또는 등록취소의 심판을 청구당한 사실이 있다고 하여, 그 피심판청구인에게도 자신의 상표와 지정상품이 다른 저명상표의 등록취소심판을 청구할 수 있는 이해관계가 있다고 할 수 없다. (대법원 2001. 3. 23. 선고 98후1914 판결)
제128조 【손해액의 추정등】 ① 특허권자 또는 전용실시권자는 고의 또는 과실로 인하여 자기의 특허권 또는 전용실시권을 침해한 자에 대하여 그 침해에 의하여 자기가 입은 손해의 배상을 청구하는 경우 당해 권리를 침해한 자가 그 침해행위를 하게 한 물건을 양도한 때에는 그 물건의 양도수량에 특허권자 또는 전용실시권자가 당해 침해행위가 없었다면 판매할 수 있었던 물건의 단위수량당 이익액을 곱한 금액을 특허권자 또는 전용실시권자가 입은 손해액으로 할 수 있다. 이 경우 손해액은 특허권자 또는 전용실시권자가 생산할 수 있었	제30조 【「특허법」의 준용】	제64조 【손해액의 추정등】 ①디자인권자 또는 전용실시권자는 고의 또는 과실로 인하여 자기의 디자인권 또는 전용실시권을 침해한 자에 대하여 그 침해에 의하여 자기가 입은 손해의 배상을 청구하는 경우 당해 권리를 침해한 자가 그 침해행위를 하게한 물건을 양도한 때에는 그 물건의 양도수량에 디자인권자 또는 전용실시권자가 당해 침해행위가 없었다면 판매할 수 있었던 물건의 단위수량당 이익액을 곱한 금액을 디자인권자 또는 전용실시권자가 입은 손해액으로 할 수 있다. 이 경우 손해액은 디자인권자 또는 전용실시권자가 생산할	제67조 【손해액의 추정등】 ①상표권자 또는 전용사용권자는 자기의 상표권 또는 전용 사용권을 고의 또는 과실로 침해한 자에 대하여 그 침해에 의하여 자기가 받은 손해의 배상을 청구하는 경우 침해한 자가 그 침해행위를 하게 한 상품을 양도한 때에는 그 상품의 양도수량에 상표권자 또는 전용사용권자가 그 침해행위가 없었다면 판매할 수 있었던 상품의 단위수량당 이익액을 곱한 금액을 상표권자 또는 전용사용권자의 손해액으로 할 수 있다. 이 경우 손해액은 상표권자 또는 전용사용권자가 생산할 수 있었던 상품의 수량에서

특허법	실용신안법	디자인보호법	상표법
던 물건의 수량에서 실제 판매한 물건의 수량을 뺀 수량에 단위수량당 이익액을 곱한 금액을 한도로 한다. 다만, 특허권자 또는 전용실시권자가 침해행위 외의 사유로 판매할 수 없었던 사정이 있는 때에는 당해 침해행위 외의 사유로 판매할 수 없었던 수량에 따른 금액을 빼야 한다. <신설 2001.2.3> ②특허권자 또는 전용실시권자가 고의 또는 과실에 의하여 자기의 특허권 또는 전용실시권을 침해한 자에 대하여 그 침해에 의하여 자기가 받은 손해의 배상을 청구하는 경우 권리를 침해한 자가 그 침해행위에 의하여 이익을 받은 때에는 그 이익의 액을 특허권자 또는 전용실시권자가 받은 손해의 액으로 추정한다. ③특허권자 또는 전용실시권자가 고의 또는 과실에 의하여 자기의 특허권 또는 전용실시권을 침해한 자에 대하여 그 침해에 의하여 자기가 받은 손해의 배상을 청구하는 경우 그 특허발명의 실시에 대하여 통상 받을 수 있는 금액에 상당하는 액을 특허권자 또는 전용		수 있었던 물건의 수량에서 실제 판매한 물건의 수량을 뺀 수량에 단위수량당 이익액을 곱한 금액을 한도로 한다. 다만, 디자인권자 또는 전용실시권자가 침해행위 외의 사유로 판매할 수 없었던 사정이 있는 때에는 당해 침해행위 외의 사유로 판매할 수 없었던 수량에 따른 금액을 빼야 한다. <신설 2001.2.3, 2004.12.31> ②디자인권자 또는 전용실시권자가 고의 또는 과실에 의하여 자기의 디자인권 또는 전용실시권을 침해한 자에 대하여 그 침해에 의하여 자기가 받은 손해의 배상을 청구하는 경우 권리를 침해한 자가 그 침해행위에 의하여 이익을 받은 때에는 그 이익의 액을 디자인권자 또는 전용실시권자가 받은 손해의 액으로 추정한다. <개정 2004.12.31> ③디자인권자 또는 전용실시권자가 고의 또는 과실에 의하여 자기의 디자인권 또는 전용실시권을 침해한 자에 대하여 그 침해에 의하여 자기가 받은 손해의 배상을 청구하는 경우 그 등록디자인의 실시에 대하여 통상받을 수 있는 금액에 상당	실제 판매한 상품의 수량을 뺀 수량에 단위수량당 이익액을 곱한 금액을 한도로 한다. 다만, 상표권자 또는 전용사용권자가 당해 침해행위외의 사유로 판매할 수 없었던 사정이 있는 때에는 당해 침해행위외의 사유로 판매할 수 없었던 수량에 따른 금액을 빼야 한다. <신설 2001.2.3> ②상표권자 또는 전용사용권자가 고의 또는 과실에 의하여 자기의 상표권 또는 전용사용권을 침해한 자에 대하여 그 침해에 의하여 자기가 받은 손해의 배상을 청구하는 경우 권리를 침해한 자가 그 침해행위에 의하여 이익을 받은 때에는 그 이익의 액을 상표권자 또는 전용사용권자가 받은 손해의 액으로 추정한다. ③상표권자 또는 전용사용권자가 고의 또는 과실에 의하여 자기의 상표권 또는 전용사용권을 침해한 자에 대하여 그 침해에 의하여 자기가 받은 손해의 배상을 청구하는 경우 그 등록상표의 사용에 대하여 통상 받을 수 있는 금액에 상당하는 액을 상표권자 또는 전용사용권자가 받은 손해의 액으

특허법	실용신안법	디자인보호법	상표법
실시권자가 받은 손해의 액으로 하여 그 손해배상을 청구할 수 있다. ④제3항의 규정에 불구하고 손해의 액이 동항에 규정하는 금액을 초과하는 경우에는 그 초과액에 대하여도 손해배상을 청구할 수 있다. 이 경우 특허권 또는 전용실시권을 침해한 자에게 고의 또는 중대한 과실이 없는 때에는 법원은 손해배상의 액을 정함에 있어서 이를 참작할 수 있다. <개정 2001.2.3> ⑤법원은 특허권 또는 전용실시권의 침해에 관한 소송에 있어서 손해가 발생된 것은 인정되나 그 손해액을 입증하기 위하여 필요한 사실을 입증하는 것이 해당 사실의 성질상 극히 곤란한 경우에는 제1항 내지 제4항의 규정에 불구하고 변론전체의 취지와 증거조사의 결과에 기초하여 상당한 손해액을 인정할 수 있다. <신설 2001.2.3> **제129조 【생산방법의 추정】** 물건을 생산하는 방법의 발명에		하는 액을 디자인권자 또는 전용실시권자가 받은 손해의 액으로 하여 그 손해배상을 청구할 수 있다. <개정 2004.12.31> ④제3항의 규정에 불구하고 손해의 액이 동항에 규정하는 금액을 초과하는 경우에는 그 초과액에 대하여도 손해배상을 청구할 수 있다. 이 경우 디자인권 또는 전용실시권을 침해한 자에게 고의 또는 중대한 과실이 없는 때에는 법원은 손해배상의 액을 정함에 있어서 이를 참작할 수 있다. <개정 2001.2.3, 2004.12.31> ⑤법원은 디자인권 또는 전용실시권의 침해에 관한 소송에 있어서 손해가 발생된 것은 인정되나 그 손해액을 입증하기 위하여 필요한 사실을 입증하는 것이 해당 사실의 성질상 극히 곤란한 경우에는 제1항 내지 제4항의 규정에 불구하고 변론전체의 취지와 증거조사의 결과에 기초하여 상당한 손해액을 인정할 수 있다. <신설 2001.2.3, 2004.12.31>	로 하여 그 손해배상을 청구할 수 있다. ④제3항의 규정에 불구하고 손해의 액이 동항에 규정하는 금액을 초과하는 경우에는 그 초과액에 대하여도 손해배상을 청구할 수 있다. 이 경우 상표권 또는 전용사용권을 침해한 자에게 고의 또는 중대한 과실이 없는 때에는 법원은 손해배상의 액을 정함에 있어서 이를 참작할 수 있다. <개정 2001.2.3> ⑤법원은 상표권 또는 전용사용권의 침해행위에 관한 소송에 있어서 손해가 발생된 것은 인정되나 그 손해액을 입증하기 위하여 필요한 사실을 입증하는 것이 해당 사실의 성질상 극히 곤란한 경우에는 제1항 내지 제4항의 규정에 불구하고 변론전체의 취지와 증거조사의 결과에 기초하여 상당한 손해액을 인정할 수 있다. <신설 2001.2.3>

특허법	실용신안법	디자인보호법	상표법
관하여 특허가 된 경우에 그 물건과 동일한 물건은 그 특허된 방법에 의하여 생산된 것으로 추정한다. 다만, 그 물건이 다음 각호의 1에 해당하는 경우에는 그러하지 아니하다. 1. 특허출원전에 국내에서 공지되었거나 공연히 실시된 물건 2. 특허출원전에 국내 또는 국외에서 반포된 간행물에 게재되거나 대통령령이 정하는 전기통신회선을 통하여 공중이 이용가능하게 된 물건 [전문개정 2001.2.3]			
제130조 【과실의 추정】 타인의 특허권 또는 전용실시권을 침해한 자는 그 침해행위에 대하여 과실이 있는 것으로 추정한다.	제30조 【「특허법」의 준용】	제65조 【과실의 추정】 ①타인의 디자인권 또는 전용실시권을 침해한 자는 그 침해행위에 대하여 과실이 있는 것으로 추정한다. 다만, 제13조제1항의 규정에 의하여 비밀디자인으로 설정등록된 디자인권 또는 전용실시권의 침해에 대하여는 그러하지 아니하다. <개정 2004.12.31> ②제1항의 규정은 디자인무심사등록디자인의 디자인권자·전용실시권자 또는 통상실시권자가 타인의 디자인권 또는 전용실시권을 침해한 경우에 관	제68조 【고의의 추정】 제90조의 규정에 의하여 등록상표임을 표시한 타인의 상표권 또는 전용사용권을 침해한 자는 그 침해행위에 대하여 그 상표가 이미 등록된 사실을 알았던 것으로 추정한다.

특허법	실용신안법	디자인보호법	상표법
제131조 【특허권자등의 신용회복】 법원은 고의 또는 과실에 의하여 특허권 또는 전용실시권을 침해함으로써 특허권자 또는 전용실시권자의 업무상의 신용을 실추하게 한 자에 대하여는 특허권자 또는 전용실시권자의 청구에 의하여 손해배상에 갈음하거나 손해배상과 함께 특허권자 또는 전용실시권자의 업무상의 신용회복을 위하여 필요한 조치를 명할 수 있다.	제30조 【「특허법」의 준용】	하여 이를 준용한다. <신설 1997.8.22, 2001.2.3, 2004.12.31> 제66조 【디자인권자등의 신용회복】 법원은 고의 또는 과실에 의하여 디자인권 또는 전용실시권을 침해함으로써 디자인권자 또는 전용실시권자의 업무상의 신용을 실추하게 한 자에 대하여는 디자인권자 또는 전용실시권자의 청구에 의하여 손해배상에 갈음하거나 손해배상과 함께 디자인권자 또는 전용실시권자의 업무상의 신용회복을 위하여 필요한 조치를 명할 수 있다. <개정 2004.12.31>	제69조 【상표권자등의 신용회복】 법원은 고의 또는 과실에 의하여 상표권 또는 전용사용권을 침해함으로써 상표권자 또는 전용사용권자의 업무상의 신용을 실추하게 한 자에 대하여는 상표권자 또는 전용사용권자의 청구에 의하여 손해배상에 갈음하거나 손해배상과 함께 상표권자 또는 전용사용권자의 업무상의 신용회복을 위하여 필요한 조치를 명할 수 있다.
제132조 【서류의 제출】 법원은 특허권 또는 전용실시권의 침해에 관한 소송에 있어서 당사자의 신청에 의하여 타당사자에 대하여 당해 침해행위로 인한 손해의 계산을 하는 데에 필요한 서류의 제출을 명할 수 있다. 다만, 그 서류의 소지자가 그 서류의 제출을 거절할 정당한 이유가 있는 때에는 그러하지 아니한다.	제30조 【「특허법」의 준용】	제67조 【서류의 제출】 법원은 디자인권 또는 전용실시권의 침해에 관한 소송에 있어서 당사자의 신청에 의하여 해당 침해행위로 인한 손해의 계산을 하는 데에 필요한 서류를 제출하도록 다른 당사자에게 명할 수 있다. 다만, 그 서류의 소지자가 그 서류의 제출을 거절할 정당한 이유가 있는 때에는 그러하지 아니하다. [전문개정 2009.6.9]	제70조 【서류의 제출】 법원은 상표권 또는 전용사용권의 침해에 관한 소송에 있어서 당사자의 신청에 의하여 타당사자에 대하여 당해 침해행위로 인한 손해의 계산을 하는데 필요한 서류의 제출을 명할 수 있다. 다만, 그 서류의 소지자가 그 서류의 제출을 거절할 정당한 이유가 있는 때에는 그러하지 아니하다.

특허법	실용신안법	디자인보호법	상표법
제7장 심판	제7장 심판·재심 및 소송	제7장 심판	제7장 심판
제132조의2 【특허심판원】 ①특허·실용신안·디자인 및 상표에 관한 심판과 재심 및 이에 관한 조사·연구에 관한 사무를 관장하게 하기 위하여 특허청장 소속하에 특허심판원을 둔다. <개정 2004.12.31> ②특허심판원에 원장과 심판관을 둔다. ③특허심판원의 조직과 정원 및 운영에 관하여 필요한 사항은 대통령령으로 정한다. [본조신설 1995.1.5]			
제132조의3 【특허거절결정 등에 대한 심판】 특허거절결정 또는 제91조의 규정에 의한 특허권의 존속기간의 연장등록거절결정을 받은 자가 불복이 있는 때에는 그 결정등본을 송달받은 날부터 30일 이내에 심판을 청구할 수 있다. <개정 2006.3.3> [전문개정 2001.2.3]	제33조 【「특허법」의 준용】 실용신안에 관한 심판·재심 및 소송에 관하여는 「특허법」 제132조의3, 제133조의2, 제135조부터 제137조까지, 제139조, 제140조, 제140조의2, 제141조부터 제153조까지, 제153조의2, 제154조부터 제166조까지, 제170조부터 제172조까지, 제176조, 제178조부터 제188조까지, 제188조의2, 제189조부터 제191조까지 및 제191조의2를 준용한다. [전문개정 2009.1.30]	제67조의3 【디자인등록거절결정 또는 디자인등록취소결정에 대한 심판】 디자인등록거절결정 또는 디자인등록취소결정을 받은 자가 불복하는 때에는 그 결정등본을 송달받은 날부터 30일 이내에 심판을 청구할 수 있다. <개정 2004.12.31> [본조신설 2001.2.3]	제70조의2 【거절결정에 대한 심판】 상표등록거절결정, 지정상품의 추가등록거절결정 및 상품분류전환등록거절결정의 어느 하나에 해당하는 결정(이하 "거절결정"이라 한다)을 받은 자가 불복할 때에는 거절결정등본을 송달받은 날부터 30일 이내에 심판을 청구할 수 있다. [전문개정 2010.1.27]
제132조의4 삭제 <2001.2.3>			

특허법	실용신안법	디자인보호법	상표법
제133조 【특허의 무효심판】 ①이해관계인 또는 심사관은 특허가 다음 각 호의 어느 하나에 해당하는 경우에는 무효심판을 청구할 수 있다. 이 경우 특허청구범위의 청구항이 2 이상인 때에는 청구항마다 청구할 수 있다. 다만, 특허권의 설정등록이 있는 날부터 등록공고일 후 3월 이내에 누구든지 다음 각 호(제2호를 제외한다)의 어느 하나에 해당한다는 이유로 무효심판을 청구할 수 있다. <개정 2006.3.3> 1. 제25조·제29조·제32조·제36조제1항 내지 제3항 또는 제42조제3항·제4항의 각 규정에 위반된 경우 2. 제33조제1항 본문의 규정에 의한 특허를 받을 수 있는 권리를 가지지 아니하거나 제44조의 규정에 위반된 경우 3. 제33조제1항 단서의 규정에 의하여 특허를 받을 수 없는 경우 4. 특허된 후 그 특허권자가 제25조의 규정에 의하여 특허권을 향유할 수 없는 자로 되거나 그 특허가 조약에 위반되는 사유가 발생한 경우	**제31조 【실용신안등록의 무효심판】** ①이해관계인 또는 심사관은 실용신안등록이 다음 각 호의 어느 하나에 해당하는 경우에는 무효심판을 청구할 수 있다. 이 경우 실용신안등록청구범위의 청구항이 2 이상인 때에는 청구항마다 청구할 수 있다. 다만, 실용신안권의 설정등록이 있는 날부터 등록공고일 후 3월 이내에 누구든지 다음 각 호(제5호를 제외한다)의 어느 하나에 해당한다는 이유로 무효심판을 청구할 수 있다. 1. 제4조, 제6조, 제7조제1항 내지 제3항, 제8조제3항·제4항 또는 제3조의 규정에 의하여 준용되는 「특허법」 제25조의 각 규정에 위반된 경우 2. 실용신안등록 후 그 실용신안권자가 제3조의 규정에 의하여 준용되는 「특허법」 제25조의 규정에 의하여 실용신안권을 향유할 수 없는 자로 되거나 그 실용신안등록이 조약에 위반되는 사유가 발생한 경우 3. 조약의 규정에 위반되어 실용신안등록을 받을 수 없는 경우	**제68조 【디자인등록의 무효심판】** ①이해관계인 또는 심사관은 디자인등록이 다음 각 호의 어느 하나에 해당하는 경우에는 무효심판을 청구할 수 있다. 이 경우 제11조의2에 따라 복수디자인등록출원된 디자인등록에 대하여서는 각 디자인마다 청구할 수 있다. <개정 1993.12.10, 1997.8.22, 2001.2.3, 2004.12.31, 2007.1.3, 2009.6.9> 1. 제4조의24, 제5조, 제6조, 제7조제1항, 제10조 및 제16조제1항·제2항에 위반된 경우 2. 제3조제1항 본문의 규정에 의한 디자인등록을 받을 수 있는 권리를 가지지 아니하거나 동조동항 단서의 규정에 의하여 디자인등록을 받을 수 없는 경우 3. 조약에 위반된 경우 4. 디자인등록된 후 그 디자인권자가 제4조의24에 따라 디자인권을 향유할 수 없는 자로 되거나 그 디자인등록이 조약에 위반된 경우 ②제1항의 규정에 의한 심판은 디자인권이 소멸된 후에도 이를 청구할 수 있다. <개정 2004.12.31>	**제71조 【상표등록의 무효심판】** ①이해관계인 또는 심사관은 상표등록 또는 지정상품의 추가등록이 다음 각 호의 어느 하나에 해당하는 경우에는 무효심판을 청구할 수 있다. 이 경우 등록상표의 지정상품이 2 이상 있는 경우에는 지정상품마다 청구할 수 있다. <개정 1997.8.22, 2001.2.3, 2004.12.31, 2007.1.3> 1. 상표등록 또는 지정상품의 추가등록이 제3조 단서, 제6조 내지 제8조, 제12조제2항 후단·제5항 및 제7항 내지 제9항, 제23조제1항제4호 내지 제6호 또는 제5조의 규정에 의하여 준용되는 「특허법」 제25조의 각 규정에 위반된 경우 2. 상표등록 또는 지정상품의 추가등록이 조약에 위반된 경우 3. 상표등록 또는 지정상품의 추가등록이 그 상표등록출원에 의하여 발생한 권리를 승계하지 아니한 자에 의한 경우 3의2. 지정상품의 추가등록이 제48조제1항제4호에 위반된 경우 4. 상표등록후 그 상표권자가

특허법	실용신안법	디자인보호법	상표법
5. 조약의 규정에 위반되어 특허를 받을 수 없는 경우 6. 제47조제2항의 규정에 의한 범위를 벗어난 보정인 경우 7. 제52조제1항의 규정에 의한 범위를 벗어난 분할출원인 경우 8. 제53조제1항의 규정에 의한 범위를 벗어난 변경출원인 경우 ②제1항의 규정에 의한 심판은 특허권이 소멸된 후에도 이를 청구할 수 있다. ③특허를 무효로 한다는 심결이 확정된 때에는 그 특허권은 처음부터 없었던 것으로 본다. 다만, 제1항제4호의 규정에 의하여 특허를 무효로 한다는 심결이 확정된 때에는 특허권은 그 특허가 동호에 해당하게 된 때부터 없었던 것으로 본다. ④심판장은 제1항의 심판의 청구가 있는 때에는 그 취지를 당해 특허권의 전용실시권자 기타 특허에 관하여 등록을 한 권리를 가지는 자에게 통지하여야 한다. ▶판례 동일한 특허발명에 대하여 특허 무효심판과 정정심판이 특허심	4. 제10조제1항의 규정에 의한 범위를 벗어난 변경출원인 경우 5. 제11조의 규정에 의하여 준용되는 「특허법」 제33조제1항 본문의 규정에 의한 실용신안등록을 받을 수 있는 권리를 가지지 아니하거나 동법 제44조의 규정에 위반된 경우 6. 제11조의 규정에 의하여 준용되는 「특허법」 제33조제1항 단서의 규정에 의하여 실용신안등록을 받을 수 없는 경우 7. 제11조의 규정에 의하여 준용되는 「특허법」 제47조제2항의 규정에 의한 범위를 벗어난 보정인 경우 8. 제11조의 규정에 의하여 준용되는 「특허법」 제52조제1항의 규정에 의한 범위를 벗어난 분할출원인 경우 ②제1항의 규정에 의한 심판은 실용신안권이 소멸된 후에도 이를 청구할 수 있다. ③실용신안등록을 무효로 한다는 심결이 확정된 때에는 그 실용신안권은 처음부터 없었던 것으로 본다. 다만, 제1항제2호의 규정에 의하여 실용신안등록을 무효로 한다는 심결이 확정된 때에는 실용신안권은 그	③디자인등록(유사디자인의 디자인등록을 제외한다)을 무효로 한다는 심결이 확정된 때에는 그 디자인권은 처음부터 없었던 것으로 본다. 다만, 제1항제4호의 규정에 의하여 디자인등록을 무효로 한다는 심결이 확정된 때에는 디자인권은 그 디자인등록이 동호에 해당하게 된 때부터 없었던 것으로 본다. <개정 2004.12.31> ④기본디자인의 디자인등록을 무효로 한다는 심결이 확정된 때에는 그 유사디자인의 디자인등록은 무효로 된다. <개정 2004.12.31> ⑤유사디자인의 디자인등록을 무효로 한다는 심결이 확정된 때 또는 제4항의 규정에 의하여 유사디자인의 디자인등록이 무효가 된 때에는 유사디자인의 디자인권은 처음부터 없었던 것으로 본다. 다만, 제1항제4호의 규정에 의하여 유사디자인의 디자인등록을 무효로 한다는 심결이 확정된 때에는 유사디자인의 디자인권은 그 유사디자인의 디자인등록이 동호에 해당하게 된 때부터 없었던 것으로 본다. <개정 2004.12.31>	제5조의 규정에 의하여 준용되는 「특허법」 제25조의 규정에 의하여 상표권을 향유할 수 없는 자로 되거나 그 등록상표가 조약에 위반된 경우 5. 상표등록이 된 후에 그 등록상표가 제6조제1항 각호의 1에 해당하게 된 경우(제6조제2항에 해당하게 된 경우를 제외한다) 6. 제41조의 규정에 따라 지리적 표시 단체표장등록이 된 후에 그 등록단체표장을 구성하는 지리적 표시가 원산지 국가에서 보호가 중단되거나 사용되지 아니하게 된 경우 ②제1항의 규정에 의한 무효심판은 상표권이 소멸된 후에도 이를 청구할 수 있다. ③상표등록을 무효로 한다는 심결이 확정된 때에는 그 상표권은 처음부터 없었던 것으로 본다. 다만, 제1항제4호 내지 제6호의 규정에 의하여 상표등록을 무효로 한다는 심결이 확정된 때에는 상표권은 그 등록상표가 동호에 해당하게 된 때부터 없었던 것으로 본다. <개정 2001.2.3, 2004.12.31> ④제3항 단서의 규정을 적용함에 있어서 등록상표가 제1항제

특허법	실용신안법	디자인보호법	상표법
판원에 동시에 계속중에 있는 경우, 심리·판단의 우선 순위 및 그 판단 대상(=정정심판청구 전 특허발명) 동일한 특허발명에 대하여 특허무효심판과 정정심판이 특허심판원에 동시에 계속중에 있는 경우에는 정정심판제도의 취지상 정정심판을 특허무효심판에 우선하여 심리·판단하는 것이 바람직하나, 그렇다고 하여 반드시 정정심판을 먼저 심리·판단하여야 하는 것은 아니고, 또 특허무효심판을 먼저 심리하는 경우에도 그 판단대상은 정정심판청구 전 특허발명이며, 이러한 법리는 특허무효심판과 정정심판의 심결에 대한 취소소송이 특허법원에 동시에 계속되어 있는 경우에도 적용된다고 볼 것이다. (대법원 2002. 8. 23. 선고 2001후713 판결) 제133조의2 【특허무효심판절차에서의 특허의 정정】 ①제133조제1항에 따른 심판의 피청구인은 제147조제1항 또는 제159조제1항 후단에 따라 지정된 기간 이내에 제136조제1항 각	실용신안등록이 동호에 해당하게 된 때부터 없었던 것으로 본다. ④심판장은 제1항의 심판의 청구가 있는 때에는 그 취지를 그 실용신안권의 전용실시권자 그 밖에 실용신안등록에 관하여 등록을 한 권리를 가진 자에게 통지하여야 한다. 제33조 【「특허법」의 준용】 실용신안에 관한 심판·재심 및 소송에 관하여는 「특허법」 제132조의3, 제133조의2, 제135조부터 제137조까지, 제139조, 제140조, 제140조의2, 제141조	⑥심판장은 제1항의 심판의 청구가 있는 때에는 그 취지를 당해 디자인권의 전용실시권자 기타 디자인에 관하여 등록을 한 권리를 가지는 자에게 통지하여야 한다. <개정 2004.12.31>	4호 내지 제6호에 해당하게 된 때를 특정할 수 없는 경우에는 제1항의 규정에 의한 무효심판이 청구되어 그 청구내용이 등록원부에 공시된 때부터 당해 상표권은 없었던 것으로 본다. <신설 2001.2.3, 2004.12.31> ⑤심판장은 제1항의 심판의 청구가 있는 때에는 그 취지를 당해 상표권의 전용사용권자 기타 상표에 관하여 등록을 한 권리를 가지는 자에게 통지하여야 한다.

특허법	실용신안법	디자인보호법	상표법
호의 어느 하나에 해당하는 경우에 한하여 특허발명의 명세서 또는 도면에 대하여 정정을 청구할 수 있다. 이 경우 심판장이 제147조제1항에 따라 지정된 기간 후에도 청구인의 증거서류의 제출로 인하여 정정의 청구를 허용할 필요가 있다고 인정하는 경우에는 기간을 정하여 정정청구를 하게 할 수 있다. <개정 2007.1.3, 2009.1.30> ②제1항의 규정에 따른 정정청구를 하는 때에는 해당무효심판절차에서 그 정정청구 전에 수행한 정정청구는 취하된 것으로 본다. <신설 2007.1.3> ③심판장은 제1항의 규정에 의한 정정청구가 있는 때에는 그 청구서의 부본을 제133조제1항의 규정에 의한 심판의 청구인에게 송달하여야 한다. <개정 2007.1.3> ④제136조제2항 내지 제5항·제7항 내지 제11항, 제139조제3항 및 제140조제1항·제2항·제5항의 규정은 제1항의 정정청구에 관하여 이를 준용한다. 이 경우 제136조제9항중 "제162조제3항의 규정에 의한 심리종결의 통지가 있기 전(동조	부터 제153조까지, 제153조의2, 제154조부터 제166조까지, 제170조부터 제172조까지, 제176조, 제178조부터 제188조까지, 제188조의2, 제189조부터 제191조까지 및 제191조의2를 준용한다.		

특허법	실용신안법	디자인보호법	상표법
제4항의 규정에 의하여 심리가 재개된 경우에는 그 후 다시 동조제3항의 규정에 의한 심리종결의 통지가 있기 전)에"는 " 제136조제5항의 규정에 의한 통지가 있는 때에는 지정된 기간 이내에"로 본다. <개정 2007.1.3> ⑤제4항의 규정을 적용함에 있어서 제133조제1항의 규정에 따른 특허무효심판이 청구된 청구항을 정정하는 경우에는 제136조제4항의 규정을 준용하지 아니한다. <신설 2006.3.3, 2007.1.3> [본조신설 2001.2.3] 제134조 【특허권의 존속기간의 연장등록의 무효심판】 ①이해관계인 또는 심사관은 특허권의 존속기간의 연장등록이 다음 각호의 1에 해당하는 경우에는 무효심판을 청구할 수 있다. <개정 1997.4.10> 1. 그 특허발명을 실시하기 위하여 제89조의 허가등을 받을 필요가 없는 출원에 대하여 연장등록이 된 경우 2. 그 특허권자 또는 그 특허권의 전용실시권 또는 등록된 통상실시권을 가진 자가 제89			제72조 【상표권의 존속기간갱신등록의 무효심판】 ①이해관계인 또는 심사관은 상표권의 존속기간갱신등록이 다음 각 호의 어느 하나에 해당하는 경우에는 무효심판을 청구할 수 있다. 이 경우 갱신등록된 등록상표의 지정상품이 2 이상 있는 경우에는 지정상품마다 청구할 수 있다. <개정 2010.1.27> 1. 삭제 <1997.8.22> 2. 상표권의 존속기간갱신등록이 제43조제2항의 규정에 위반

특허법	실용신안법	디자인보호법	상표법
조의 허가등을 받지 아니한 출원에 대하여 연장등록이 된 경우 3. 연장등록에 의하여 연장된 기간이 그 특허발명을 실시할 수 없었던 기간을 초과하는 경우 4. 당해 특허권자가 아닌 자의 출원에 대하여 연장등록이 된 경우 5. 제90조제3항의 규정에 위반한 출원에 대하여 연장등록이 된 경우 6. 삭제 <1998.9.23> ②제133조제2항 및 제4항의 규정은 제1항의 심판의 청구에 관하여 이를 준용한다. ③연장등록을 무효로 한다는 심결이 확정된 때에는 그 연장등록에 의한 존속기간의 연장은 처음부터 없었던 것으로 본다. 다만, 연장등록이 제1항제3호의 규정에 해당되어 무효로 된 경우에는 그 특허발명을 실시할 수 없었던 기간을 초과하여 연장된 기간에 대하여만 연장이 없었던 것으로 본다. <개정 2001.2.3>			된 경우 3. 해당 상표권자가 아닌 자가 상표권의 존속기간갱신등록신청을 한 경우 ②제1항의 규정에 의한 무효심판은 상표권이 소멸된 후에도 이를 청구할 수 있다. ③상표권의 존속기간갱신등록을 무효로 한다는 심결이 확정된 때에는 상표권의 존속기간갱신등록은 처음부터 없었던 것으로 본다. ④제71조제5항의 규정은 제1항의 심판의 청구에 관하여 이를 준용한다. <개정 2002.12.11> 제72조의2 【상품분류전환등록의 무효심판】 ①이해관계인 또는

특허법	실용신안법	디자인보호법	상표법
			심사관은 상품분류전환등록이 다음 각호의 1에 해당하는 경우에는 무효심판을 청구할 수 있다. 이 경우 상품분류전환등록에 관한 지정상품이 2 이상 있는 경우에는 지정상품마다 청구할 수 있다. 1. 상품분류전환등록이 당해 등록상표의 지정상품이 아닌 상품으로 되거나 지정상품의 범위가 실질적으로 확장된 경우 2. 상품분류전환등록이 당해 등록상표의 상표권자가 아닌 자의 신청에 의하여 행하여진 경우 3. 상품분류전환등록이 제46조의2제3항의 규정에 위반되는 경우 ②제71조제2항 및 제5항의 규정은 상품분류전환등록의 무효심판에 관하여 이를 준용한다. ③상품분류전환등록을 무효로 한다는 심결이 확정된 경우에는 당해 상품분류전환등록은 처음부터 없었던 것으로 본다. [본조신설 2001.2.3] **제73조 【상표등록의 취소심판】** ①등록상표가 다음 각호의 1에 해당하는 경우에는 그 상표등

특허법	실용신안법	디자인보호법	상표법
			록의 취소심판을 청구할 수 있다. <개정 1997.8.22, 2004.12.31 1. 삭제 <1997.8.22> 2. 상표권자가 고의로 지정상품에 등록상표와 유사한 상표를 사용하거나 지정상품과 유사한 상품에 등록상표 또는 이와 유사한 상표를 사용함으로써 수요자로 하여금 상품의 품질의 오인 또는 타인의 업무에 관련된 상품과의 혼동을 생기게 한 경우 3. 상표권자·전용사용권자 또는 통상사용권자중 어느 누구도 정당한 이유없이 등록상표를 그 지정상품에 대하여 취소심판청구일전 계속하여 3년 이상 국내에서 사용하고 있지 아니한 경우 4. 제54조제1항 후단·제5항·제7항 내지 제9항의 규정에 위반된 경우 5. 단체표장에 있어서 소속단체원이 그 단체의 정관의 규정을 위반하여 단체표장을 타인에게 사용하게 한 경우 또는 소속단체원이 그 단체의 정관의 규정을 위반하여 단체표장을 사용함으로써 수요자로 하여금 상품의 품질 또는 지리적

특허법	실용신안법	디자인보호법	상표법
			출처에 관하여 오인을 초래하게 하거나 타인의 업무에 관련된 상품과 혼동을 생기게 한 경우. 다만, 단체표장권자가 소속단체원의 감독에 상당한 주의를 한 경우에는 그러하지 아니하다. 6. 단체표장의 설정등록을 한 후 제9조제3항의 규정에 의한 정관을 변경함으로써 수요자로 하여금 상품의 품질의 오인 또는 타인의 업무에 관련된 상품과의 혼동을 생기게 할 염려가 있는 경우 7. 제23조제1항제3호 본문에 해당하는 상표가 등록된 경우에 그 상표에 관한 권리를 가진 자가 당해 상표등록일부터 5년 이내에 취소심판을 청구한 경우 8. 전용사용권자 또는 통상사용권자가 지정상품 또는 이와 유사한 상품에 등록상표 또는 이와 유사한 상표를 사용함으로써 수요자로 하여금 상품의 품질의 오인 또는 타인의 업무에 관련된 상품과의 혼동을 생기게 한 경우. 다만, 상표권자가 상당한 주의를 한 경우에는 그러하지 아니하다. 9. 상표권의 이전으로 인하여

특허법	실용신안법	디자인보호법	상표법
			유사한 등록상표가 각각 다른 상표권자에게 속하게 되고 그 중 1인이 자기의 등록상표의 지정상품과 동일 또는 유사한 상품에 부정경쟁을 목적으로 자기의 등록상표를 사용함으로써 수요자로 하여금 상품의 품질의 오인 또는 타인의 업무에 관련된 상품과의 혼동을 생기게 한 경우 10. 단체표장에 있어서 제3자가 단체표장을 사용함으로써 수요자로 하여금 상품의 품질 또는 지리적 출처에 관하여 오인을 초래하게 하거나 타인의 업무에 관련된 상품과 혼동을 생기게 하였음에도 단체표장권자가 고의로 상당한 조치를 취하지 아니한 경우 11. 지리적 표시 단체표장등록을 한 후 단체표장권자가 지리적 표시를 사용할 수 있는 지정상품을 생산·제조 또는 가공하는 것을 업으로 영위하는 자에 대하여 정관에 의하여 단체의 가입을 금지하거나 정관에 충족하기 어려운 가입조건을 규정하는 등 단체의 가입을 실질적으로 허용하지 아니한 경우 또는 그 지리적 표시를 사용할 수 없는 자에 대하여

특허법	실용신안법	디자인보호법	상표법
			단체의 가입을 허용한 경우 12. 지리적 표시 단체표장에 있어서 단체표장권자 또는 그 소속단체원이 제90조의2의 규정을 위반하여 단체표장을 사용함으로써 수요자로 하여금 상품의 품질에 대한 오인 또는 지리적 출처에 대한 혼동을 초래하게 한 경우 ②삭제 <1997.8.22> ③제1항제3호에 해당하는 것을 사유로 하여 취소심판을 청구하는 경우 등록상표의 지정상품이 2 이상 있는 경우에는 일부 지정상품에 관하여 취소심판을 청구할 수 있다. ④제1항제3호에 해당하는 것을 사유로 하여 취소심판이 청구된 경우에는 피청구인이 당해 등록상표를 취소심판청구에 관계되는 지정상품중 1 이상에 대하여 그 심판청구일전 3년 이내에 국내에서 정당하게 사용하였음을 증명하지 아니하는 한 상표권자는 취소심판청구와 관계되는 지정상품에 관한 상표등록의 취소를 면할 수 없다. 다만, 피청구인이 사용하지 아니한데 대한 정당한 이유를 증명한 때에는 그러하지 아니하다. <개정 1997.8.22>

특허법	실용신안법	디자인보호법	상표법
			⑤제1항제2호·제3호·제5호·제6호·제8호 내지 제12호에 해당하는 것을 사유로 취소심판을 청구한 후 그 심판청구사유에 해당하는 사실이 없어진 경우에도 취소사유에 영향이 미치지 아니한다. <개정 1997.8.22, 2004.12.31> ⑥제1항에 따른 취소심판은 이해관계인만 청구할 수 있다. 다만, 제1항제2호, 제5호, 제6호 또는 제8호부터 제12호까지의 규정에 해당하는 것을 사유로 하는 심판은 누구든지 청구할 수 있다. <개정 2010.1.27> ⑦상표등록을 취소한다는 심결이 확정된 때에는 그 상표권은 그때부터 소멸된다. ⑧제71조제5항의 규정은 제1항의 심판의 청구에 관하여 이를 준용한다. <개정 1997.8.22, 2002.12.11> ▶판례 등록상표권의 침해자라고 하나 3년 이상 사용하지 않은 등록상표의 등록을 취소시키고 또 그로 인하여 등록상표와 유사한 상표를 사용하고자 하는 것이 부당한 이익을 얻기 위한 것이라고 할 수는 없으므로, 등록취소심판청구

특허법	실용신안법	디자인보호법	상표법
			가 심판청구권의 남용이라고 볼 수 없다 불사용으로 인한 상표등록취소심판은 이해관계인에 해당되기만 하면 누구나 청구할 수 있는 것이고, 등록상표권의 침해자라고 하나 3년 이상 사용하지 않은 등록상표의 등록을 취소시키고 또 그로 인하여 등록상표와 유사한 상표를 사용하고자 하는 것이 부당한 이익을 얻기 위한 것이라고 할 수는 없으므로, 등록취소심판청구가 심판청구권의 남용이라고 볼 수 없다고 한 원심의 판단을 수긍한 사례. (대법원 2001. 4. 24. 선고 2001후188 판결) ▶**판례** **보건사회부장관의 품목별 허가를 받지 않은 의약품을 지정상품으로 하는 등록상표를 선전, 광고하거나, 지정상품에 부착하여 판매한 경우가 상표등록의 취소를 면할 정당한 상표사용에 해당하는지 여부(소극)** 상표권자가 정당한 이유없이 국내에서 등록된 상표를 지정상품에 사용하지 아니한 경우에 그 상표등록을 취소하여야 하도록 규정한 구 상표법(1990.1.13. 법률

특허법	실용신안법	디자인보호법	상표법
			제4210호로 개정되기 전의 것) 제45조 제1항 제3호의 규정은 상표의 사용을 촉진하는 한편 불사용 상표에 대한 제재적 의미도 포함되는 것으로 해석된다고 할 것인바, 이와 같은 취지에 비추어 볼 때 상표에 대한 선전, 광고행위가 있었다고 하더라도 그 지정상품이 국내에서 일반적, 정상적으로 유통되는 것을 전제로 하여(현실적으로 유통되고 있거나 적어도 유통을 예정, 준비하고 있어야 한다) 선전, 광고행위가 있어야 상표의 사용이 있었던 것으로 볼 수 있는 것이고, 또한 지정상품이 의약품인 경우 그 등록상표를 지정상품에 법률상 정당히 사용하기 위하여는 그 제조나 수입에 관하여 보건사회부장관의 품목별 허가를 받아야하므로 그러한 허가를 받지 아니하였다면 신문지상을 통하여 1년 못미처에 한 차례씩 그 상표를 광고하였다거나 국내의 일부 특정지역에서 그 등록상표를 부착한 지정상품이 판매되었다고 하더라도 상표의 정당한 사용이 있었다고 볼 수 없다. (대법원 1990.7.10. 선고 89후1240,89후1257 판결)

특허법	실용신안법	디자인보호법	상표법
			제74조 【전용사용권 또는 통상사용권 등록의 취소심판】 ①전용사용권자 또는 통상사용권자가 제73조제1항제8호의 규정에 해당하는 행위를 한 경우에는 그 전용사용권 또는 통상사용권 등록의 취소심판을 청구할 수 있다. ②제1항의 규정에 의하여 전용사용권 또는 통상사용권 등록의 취소심판을 청구한 후 그 심판청구사유에 해당하는 사실이 없어진 경우에도 취소사유에 영향이 미치지 아니한다. ③제1항의 규정에 의한 전용사용권 또는 통상사용권의 취소심판은 누구든지 이를 청구할 수 있다. ④전용사용권 또는 통상사용권 등록을 취소한다는 심결이 확정된 때에는 그 전용사용권 또는 통상사용권은 그때부터 소멸된다. ⑤심판장은 제1항의 심판의 청구가 있는 때에는 그 취지를 당해 전용사용권의 통상사용권자 기타 전용사용권에 관하여 등록을 한 권리를 가지는 자 또는 당해 통상사용권에 관하여 등록을 한 권리를 가지는

특허법	실용신안법	디자인보호법	상표법
제135조 【권리범위 확인심판】 ① 특허권자·전용실시권자 또는 이해관계인은 특허발명의 보호범위를 확인하기 위하여 특허권의 권리범위 확인심판을 청구할 수 있다. <개정 2006.3.3> ②제1항의 규정에 의한 특허권의 권리범위 확인심판을 청구하는 경우에 특허청구범위의 청구항이 2이상인 때에는 청구항마다 청구할 수 있다.	**제33조 【「특허법」의 준용】**	**제69조 【권리범위 확인심판】** 디자인권자·전용실시권자 또는 이해관계인은 등록디자인의 보호범위를 확인하기 위하여 디자인권의 권리범위 확인심판을 청구할 수 있다. <개정 2004.12.31, 2007.1.3>	자에게 통지하여야 한다. **제75조 【권리범위 확인심판】** 상표권자·전용사용권자 또는 이해관계인은 등록상표의 권리범위를 확인하기 위하여 상표권의 권리범위 확인심판을 청구할 수 있다. <개정 2007.1.3>

특허법 (이어서)

▶**판례**
물건을 생산하는 방법의 발명인 경우, 특정한 생산방법에 의하여 생산한 물건을 실시발명으로 특정하여 특허권의 보호범위에 속하는지의 확인을 구할 수 있는지 여부(적극)
특허권자는 업 (업)으로서 그 특허발명을 실시할 권리를 독점하고, 그 중 물건을 생산하는 방법의 발명인 경우에는 그 방법을 사용하는 행위 이외에 그 방법에 의하여 생산한 물건을 사용·양도·대여 또는 수입하거나 그 물건의 양도 또는 대여의 청약을 하는 행위까지 그 실

상표법 (이어서)

▶**판례**
상대방의 상표가 등록상표인 경우 그 등록상표가 자신의 등록상표의 권리범위에 속한다는 확인심판청구의 적부(소극) 및 특허심판원 심결의 취소소송에서 심결의 위법 여부와 소송요건의 존부를 판단하는 기준 시점
상표권의 권리범위확인은 등록된 상표를 중심으로 어떠한 미등록상표가 적극적으로 등록상표의 권리범위에 속한다거나 소극적으로 이에 속하지 아니함을 확인하는 것이므로 상대방의 상표가 등록상표인 경우에는 설사 그것이 청구인의 선등록상표와 동일 또는 유사한 것이라 하더라도 상대방의 상표 내용이 자기의 등록상표의 권리범위에 속한다는 확인을 구하는 것은 상대방의 등록이 상표법 소정의 절차에 따라 무효심결이 확정되기까지는 그 무효

특허법	실용신안법	디자인보호법	상표법
시에 포함되므로, 물건을 생산하는 방법의 발명인 경우에는 그 방법에 의하여 생산된 물건에까지 특허권의 효력이 미친다 할 것이어서, 특정한 생산방법에 의하여 생산한 물건을 실시발명으로 특정하여 특허권의 보호범위에 속하는지 여부의 확인을 구할 수 있다. (대법원 2004. 10. 14. 선고 2003후2164 판결)			를 주장할 수 없는 것임에도 그에 의하지 아니하고 곧 상대방의 등록상표의 효력을 부인하는 결과가 되므로 상대방의 등록상표가 자신의 등록상표의 권리범위에 속한다는 확인을 구하는 심판청구는 부적법하고, 한편, 특허심판원 심결의 취소소송에서 심결의 위법 여부는 심결 당시의 법령과 사실상태를 기준으로 판단하여야 하고, 원칙적으로 심결이 있은 이후 비로소 발생한 사실을 고려하여 판단의 근거로 삼아 심결이 부적법하다는 이유로 이를 취소할 수는 없으나, 취소소송 자체를 구할 이익이 있는지 여부 등 소송요건의 존부는 원칙적으로 사실심의 변론종결시를 기준으로 하여 판단하되 사실심 변론종결시 이후 소의 이익 등 소송요건이 흠결되는 경우 그러한 사정도 고려하여 판단할 수 있다. (특허법원 2004. 1. 15. 선고 2003허4191 판결)
제136조 【정정심판】 ①특허권자는 다음 각 호의 어느 하나에 해당하는 경우에는 특허발명의 명세서 또는 도면에 대하여 정정심판을 청구할 수 있다. 다	**제33조 【「특허법」의 준용】**		

특허법	실용신안법	디자인보호법	상표법
만, 특허의 무효심판이 특허심판원에 계속(係屬)되고 있는 경우에는 그러하지 아니하다. <개정 2006.3.3, 2009.1.30> 1. 특허청구범위를 감축하는 경우 2. 잘못 기재된 것을 정정하는 경우 3. 분명하지 아니하게 기재된 것을 명확하게 하는 경우 ②제1항에 따른 명세서 또는 도면의 정정은 특허발명의 명세서 또는 도면에 기재된 사항의 범위 이내에서 이를 할 수 있다. 다만, 제1항제2호에 따라 잘못된 기재를 정정하는 경우에는 출원서에 최초로 첨부된 명세서 또는 도면에 기재된 사항의 범위로 한다. <개정 2009.1.30> ③제1항의 규정에 의한 명세서 또는 도면의 정정은 특허청구범위를 실질적으로 확장하거나 변경할 수 없다. ④제1항에 따른 정정 중 제1항제1호 및 제2호에 해당하는 정정은 정정후의 특허청구범위에 기재된 사항이 특허출원을 한 때에 특허를 받을 수 있는 것이어야 한다. <개정 2009.1.30>			

특허법	실용신안법	디자인보호법	상표법
⑤심판관은 제1항의 규정에 의한 심판청구가 제1항 각 호의 어느 하나에 해당하지 아니하거나 제2항에 규정된 범위를 벗어나거나 제3항 또는 제4항의 규정에 위반된다고 인정하는 경우에는 청구인에게 그 이유를 통지하고 기간을 정하여 의견서를 제출할 수 있는 기회를 주어야 한다. <개정 2009.1.30> ⑥제1항의 정정심판은 특허권이 소멸된 후에도 이를 청구할 수 있다. 다만, 심결에 의하여 특허가 무효로 된 후에는 그러하지 아니하다. <개정 2006.3.3> ⑦특허권자는 전용실시권자ㆍ질권자 및 제100조제4항ㆍ제102조제1항 및 「발명진흥법」제10조제1항에 따른 통상실시권자의 동의를 얻지 아니하면 제1항의 정정심판을 청구할 수 없다. <개정 2007.1.3, 2007.4.11> ⑧특허발명의 명세서 또는 도면에 대하여 정정을 한다는 심결이 확정된 때에는 그 정정후의 명세서 또는 도면에 의하여 특허출원ㆍ출원공개ㆍ특허결정 또는 심결 및 특허권의 설정등			

특허법	실용신안법	디자인보호법	상표법
록이 된 것으로 본다. ⑨청구인은 제162조제3항의 규정에 의한 심리종결의 통지가 있기 전(동조제4항의 규정에 의하여 심리가 재개된 경우에는 그 후 다시 동조제3항의 규정에 의한 심리종결의 통지가 있기 전)에 제140조제5항에 규정된 심판청구서에 첨부된 정정한 명세서 또는 도면에 대하여 보정할 수 있다. ⑩특허발명의 명세서 또는 도면에 대한 정정을 한다는 심결이 있는 경우에 특허심판원장은 그 내용을 특허청장에게 통보하여야 한다. ⑪특허청장은 제10항의 규정에 의한 통보가 있는 때에는 이를 특허공보에 게재하여야 한다. [전문개정 2001.2.3] **제137조 【정정의 무효심판】** ① 이해관계인 또는 심사관은 제133조의2제1항 또는 제136조제1항의 규정에 의한 특허발명의 명세서 또는 도면에 대한 정정이 다음 각 호의 어느 하나의 규정에 위반한 경우에는 그 정정의 무효심판을 청구할 수 있다. <개정 2001.2.3, 2006.3.3, 2007.1.3, 2009.1.30>			
제33조 【「특허법」의 준용】			

특허법	실용신안법	디자인보호법	상표법
1. 제136조제1항 각 호의 어느 하나 2. 제136조제2항 내지 제4항(제133조의2제4항의 규정에 의하여 준용되는 경우를 포함한다) ②제133조제2항 및 제4항의 규정은 제1항의 심판의 청구에 관하여 이를 준용한다. ③제1항에 따른 무효심판의 피청구인은 제147조제1항 또는 제159조제1항 후단에 따라 지정된 기간 이내에 제136조제1항 각 호의 어느 하나에 해당하는 경우에 한하여 특허발명의 명세서 또는 도면의 정정을 청구할 수 있다. <신설 2001.2.3, 2009.1.30> ④제133조의2제3항 및 제4항의 규정은 제3항의 정정청구에 관하여 이를 준용한다. 이 경우 제133조의2제3항중 "제133조제1항"은 "제137조제1항"으로 본다. <신설 2001.2.3, 2007.1.3> ⑤제1항의 규정에 의하여 정정을 무효로 한다는 심결이 확정된 때에는 그 정정은 처음부터 없었던 것으로 본다. 제138조 【통상실시권 허여의 심판】 ①특허권자·전용실시권자	제32조 【통상실시권 허여의 심판】 ①실용신안권자·전용실시	제70조 【통상실시권 허여의 심판】 ①디자인권자·전용실시권	

특허법	실용신안법	디자인보호법	상표법
또는 통상실시권자는 당해 특허발명이 제98조의 규정에 해당되어 실시의 허락 받고자 하는 경우에 그 타인이 정당한 이유없이 허락하지 아니하거나 그 타인의 허락을 받을 수 없는 때에는 자기의 특허발명의 실시에 필요한 범위안에서 통상실시권 허여의 심판을 청구할 수 있다. ②제1항의 규정에 의한 청구가 있는 경우에는 그 특허발명이 그 특허발명의 출원일전에 출원된 타인의 특허발명 또는 등록실용신안에 비하여 상당한 경제적 가치가 있는 중요한 기술적 진보를 가져오는 것이 아니면 통상실시권의 허여를 하여서는 아니된다. <개정 2001.2.3> ③제1항의 심판에 의하여 통상실시권을 허여한 자가 그 통상실시권의 허여를 받는 자의 특허발명의 실시를 필요로 하는 경우에 그 통상실시권을 허여받은 자가 실시를 허락하지 아니하거나 실시의 허락을 받을 수 없는 때에는 통상실시권의 허여를 받아 실시하고자 하는 특허발명의 범위안에서 통상실시권 허여의 심판을 청구할 수	권자 또는 통상실시권자는 그 등록실용신안이 제25조의 규정에 해당되어 실시의 허락을 받고자 하는 경우에 그 타인이 정당한 사유 없이 허락하지 아니하거나 그 타인의 허락을 받을 수 없는 때에는 자기의 등록실용신안의 실시에 필요한 범위 안에서 통상실시권 허여(許與)의 심판을 청구할 수 있다. ②제1항의 규정에 의한 청구가 있는 경우에는 그 등록실용신안이 그 등록실용신안의 출원일 전에 출원된 타인의 등록실용신안 또는 특허발명에 비하여 상당한 경제적 가치가 있는 중요한 기술적 진보를 가져오는 것이 아니면 통상실시권의 허여를 하여서는 아니된다. ③제1항의 심판에 의하여 통상실시권을 허여한 자가 통상실시권의 허여를 받는 자의 등록실용신안의 실시를 필요로 하는 경우에 통상실시권을 허여받은 자가 실시를 허락하지 아니하거나 실시의 허락을 받을 수 없을 때에는 통상실시권의 허여를 받아 실시하고자 하는 등록실용신안의 범위 안에서 통상실시권 허여의 심판을 청	자 또는 통상실시권자는 당해 등록디자인 또는 등록디자인에 유사한 디자인이 제45조제1항 또는 제2항의 규정에 해당되어 실시의 허락을 받고자 하는 경우에 그 타인이 정당한 이유없이 허락하지 아니하거나 그 타인의 허락을 받을 수 없는 때에는 자기의 등록디자인 또는 등록디자인에 유사한 디자인의 실시에 필요한 범위안에서 통상실시권 허여의 심판을 청구할 수 있다. <개정 2001.2.3, 2004.12.31> ②제1항의 규정에 의한 심판에 의하여 통상실시권을 허여한 자가 그 통상실시권의 허여를 받은 자의 등록디자인 또는 등록디자인에 유사한 디자인의 실시를 필요로 하는 경우에 그 통상실시권을 허여받은 자가 실시를 허락하지 아니하거나 실시의 허락을 받을 수 없는 때에는 통상실시권의 허여를 받아 실시하고자 하는 등록디자인 또는 등록디자인에 유사한 디자인의 범위안에서 통상실시권 허여의 심판을 청구할 수 있다. <개정 2001.2.3, 2004.12.31> ③제1항 및 제2항의 규정에 의	

특허법	실용신안법	디자인보호법	상표법
있다. ④제1항 및 제3항의 규정에 의한 통상실시권자는 특허권자·실용신안권자·디자인권자 또는 그 전용실시권자에 대하여 대가를 지급하여야 한다. 다만, 자기가 책임질 수 없는 사유에 의하여 지급할 수 없는 때에는 그 대가를 공탁하여야 한다. <개정 2004.12.31> ⑤제4항의 통상실시권자는 그 대가를 지급하지 아니하거나 공탁을 하지 아니하면 그 특허발명·등록실용신안 또는 등록디자인이나 이와 유사한 디자인을 실시할 수 없다. <개정 1993.12.10, 2004.12.31>	구할 수 있다. ④제1항 및 제3항의 규정에 의한 통상실시권자는 실용신안권자·특허권자·디자인권자 또는 그 전용실시권자에 대하여 대가를 지급하여야 한다. 다만, 자기가 책임질 수 없는 사유에 의하여 지급할 수 없는 때에는 그 대가를 공탁하여야 한다. ⑤제4항의 규정에 의한 통상실시권자는 그 대가를 지급하지 아니하거나 공탁을 하지 아니하면 그 등록실용신안·특허발명 또는 등록디자인이나 이와 유사한 디자인을 실시할 수 없다.	한 통상실시권자는 특허권자·실용신안권자·디자인권자 또는 그 전용실시권자에 대하여 대가를 지급하여야 한다. 다만, 자기가 책임질 수 없는 사유에 의하여 지급할 수 없는 때에는 그 대가를 공탁하여야 한다. <개정 2004.12.31> ④제3항의 규정에 의한 통상실시권자는 그 대가를 지급하지 아니하거나 공탁을 하지 아니하면 그 특허발명·등록실용신안 또는 등록디자인이나 이와 유사한 디자인을 실시할 수 없다. <개정 1993.12.10, 2004.12.31> [본조신설 2001.2.3]	
제139조【공동심판의 청구등】 ①동일한 특허권에 관하여 제133조제1항·제134조제1항 및 제137조제1항의 무효심판 또는 제135조제1항의 권리범위확인심판을 청구하는 자가 2인이상이 있는 때에는 그 전원이 공동으로 심판을 청구할 수 있다. ②공유인 특허권의 특허권자에 대하여 심판을 청구하는 때에는 공유자 전원을 피청구인으로 하여 청구하여야 한다.	**제33조【「특허법」의 준용】**	**제72조【공동심판의 청구 등】** ①같은 디자인권에 관하여 제68조제1항의 디자인등록의 무효심판 또는 제69조의 권리범위확인심판을 청구하는 자가 2명이상이면 각자 또는 그 전원이 공동으로 심판을 청구할 수 있다. ②공유인 디자인권의 디자인권자에 대하여 심판을 청구하는 때에는 공유자 전원을 피청구인으로 청구하여야 한다. ③제1항에도 불구하고 디자인	**제77조【「특허법」의 준용】** 「특허법」 제139조·제140조·제141조 내지 제153조·제153조의2 및 제154조 내지 제166조의 규정은 심판에 관하여 이를 준용한다. 이 경우 동법 제139조제1항 중 "제133조제1항·제134조제1항 및 제137조제1항의 무효심판"은 "제71조제1항·제72조제1항 및 제72조의2제1항의 무효심판, 제73조제1항의 취소심판"으로 보고, 동법 제161조제2항 중 "제133

특허법	실용신안법	디자인보호법	상표법
③특허권 또는 특허를 받을 수 있는 권리의 공유자가 그 공유인 권리에 관하여 심판을 청구하는 때에는 공유자 전원이 공동으로 청구하여야 한다. ④제1항 또는 제3항의 규정에 의한 청구인이나 제2항의 규정에 의한 피청구인중 1인에 관하여 심판절차의 중단 또는 중지의 원인이 있는 때에는 전원에 관하여 그 효력이 발생한다.		권 또는 디자인등록을 받을 수 있는 권리의 공유자가 그 공유인 권리에 관하여 심판을 청구하는 때에는 공유자 전원이 공동으로 청구하여야 한다. ④제1항 또는 제3항에 따른 청구인이나 제2항에 따른 피청구인 중 1명에 관하여 심판절차의 중단 또는 중지의 원인이 있는 때에는 전원에 관하여 그 효력이 발생한다. [전문개정 2009.6.9]	조제1항의 무효심판"은 "제71조제1항·제72조제1항·제72조의2제1항의 무효심판"으로 보며, 동법 제164조제1항 중 "다른 심판"은 "상표등록이의신청에 대한 결정 또는 다른 심판"으로 보고, 동법 제165조제1항 중 "제133조제1항·제134조제1항·제135조 및 제137조제1항"은 "제71조제1항·제72조제1항·제72조의2제1항·제73조제1항 및 제75조"로 보며, 동법 제165조제3항 중 "제132조의3·제136조 또는 제138조"는 "제70조의2 또는 제70조의3"으로 본다. <개정 2007.1.3> ▶판례 **상표권의 공유자가 그 상표권의 효력에 관한 심판에서 패소한 경우에 제기할 심결취소소송이 고유필수적 공동소송인지 여부(소극)** 상표권의 공유자가 그 상표권의 효력에 관한 심판에서 패소한 경우에 제기할 심결취소소송은 공유자 전원이 공동으로 제기하여야만 하는 고유필수적 공동소송이라고 할 수 없고, 공유자의 1인이라도 당해 상표등록을 무효로 하거나 권리행사를 제한·방

특허법	실용신안법	디자인보호법	상표법
			해하는 심결이 있는 때에는 그 권리의 소멸을 방지하거나 그 권리행사방해배제를 위하여 단독으로 그 심결의 취소를 구할 수 있다. (대법원 2004. 12. 9. 선고 2002후 567 판결)
제140조 【심판청구방식】 ①심판을 청구하고자 하는 자는 다음 각호의 사항을 기재한 심판청구서를 특허심판원장에게 제출하여야 한다. <개정 1995.1.5, 2001.2.3> 1. 당사자의 성명 및 주소(법인인 경우에는 그 명칭 및 영업소의 소재지) 1의2. 대리인이 있는 경우에는 그 대리인의 성명 및 주소나 영업소의 소재지(대리인이 특허법인인 경우에는 그 명칭, 사무소의 소재지 및 지정된 변리사의 성명) 2. 심판사건의 표시 3. 청구의 취지 및 그 이유 ②제1항의 규정에 따라 제출된 심판청구서의 보정은 그 요지를 변경할 수 없다. 다만, 다음 각 호의 어느 하나에 해당하는 경우에는 그러하지 아니하다.	**제33조 【「특허법」의 준용】**	**제72조의2 【심판청구방식】** ① 심판을 청구하려는 자는 다음 각 호의 사항을 적은 심판청구서를 특허심판원장에게 제출하여야 한다. 1. 당사자의 성명 및 주소(법인인 경우에는 그 명칭 및 영업소의 소재지) 2. 대리인이 있는 경우에는 그 대리인의 성명 및 주소나 영업소의 소재지(대리인이 특허법인인 경우에는 그 명칭, 사무소의 소재지 및 지정된 변리사의 성명) 3. 심판사건의 표시 4. 청구의 취지 및 그 이유 ② 제1항에 따라 제출된 심판청구서의 보정은 그 요지를 변경할 수 없다. 다만, 다음 각 호의 어느 하나에 해당하는 경우에는 그러하지 아니하다. 1. 제1항제1호에 따른 당사자	**제77조 【「특허법」의 준용】**

특허법	실용신안법	디자인보호법	상표법
<개정 2007.1.3, 2009.1.30> 1. 제1항제1호에 따른 당사자 중 특허권자의 기재를 바로잡기 위하여 보정(추가하는 것을 포함한다)하는 경우 2. 제1항제3호의 규정에 따른 청구의 이유를 보정하는 경우 3. 특허권자 또는 전용실시권자가 청구인으로서 청구한 권리범위 확인심판에서 심판청구서의 확인대상 발명(청구인이 주장하는 피청구인의 발명을 말한다)의 설명서 및 도면에 대하여 피청구인이 자신이 실제로 실시하고 있는 발명과 비교하여 다르다고 주장하는 경우에 청구인이 피청구인의 실시 발명과 동일하게 하기 위하여 심판청구서의 확인대상 발명의 설명서 및 도면을 보정하는 경우 ③제135조제1항의 권리범위 확인심판을 청구할 때에는 특허발명과 대비될 수 있는 설명서 및 필요한 도면을 첨부하여야 한다. <개정 2001.2.3> ④제138조제1항의 통상실시권 허여의 심판의 심판청구서에는 제1항 각호의 사항외에 다음 사항을 기재하여야 한다. <개정 1995.12.29, 2004.12.31>		중 디자인권자의 기재를 바로잡기 위하여 보정(추가하는 것을 포함한다)하는 경우 2. 제1항제4호에 따른 청구의 이유를 보정하는 경우 3. 디자인권자 또는 전용실시권자가 청구인으로서 청구한 권리범위 확인심판에서 심판청구서의 확인대상 디자인(청구인이 주장하는 피청구인의 디자인을 말한다)의 도면에 대하여 피청구인이 자신이 실제로 실시하고 있는 디자인과 비교하여 다르다고 주장하는 경우에 청구인이 피청구인의 실시 디자인과 같게 하기 위하여 심판청구서의 확인대상 디자인의 도면을 보정하는 경우 ③ 제69조의 권리범위 확인심판을 청구할 때에는 등록디자인과 대비될 수 있는 도면을 첨부하여야 한다. ④ 제70조제1항의 통상실시권 허여의 심판의 심판청구서에는 제1항 각 호의 사항 외에 다음 사항을 적어야 한다. 1. 실시하려는 자기의 등록디자인의 번호 및 명칭 2. 실시되어야 할 타인의 특허발명·등록실용신안이나 등록디자인의 번호·명칭 및 특허	

특허법	실용신안법	디자인보호법	상표법
1. 실시를 요하는 자기의 특허의 번호 및 명칭 2. 실시되어야 할 타인의 특허발명·등록실용신안이나 등록디자인의 번호·명칭 및 특허나 등록의 연월일 3. 특허발명·등록실용신안 또는 등록디자인의 통상실시권의 범위·기간 및 대가 ⑤제136조제1항의 정정심판을 청구할 때에는 심판청구서에 정정한 명세서 또는 도면을 첨부하여야 한다. <개정 2001.2.3> ▶판례 **특허발명의 명세서에 기재되는 용어의 사용과 해석 방법** 특허의 명세서에 기재되는 용어는 그것이 가지고 있는 보통의 의미로 사용하고 동시에 명세서 전체를 통하여 통일되게 사용하여야 하나, 다만 어떠한 용어를 특정한 의미로 사용하려고 하는 경우에는 그 의미를 정의하여 사용하는 것이 허용되는 것이므로, 용어의 의미가 명세서에서 정의된 경우에는 그에 따라 해석하면 족하다. (대법원 2005. 9. 29. 선고 2004후486 판결)		나 등록의 연월일 3. 특허발명·등록실용신안 또는 등록디자인의 통상실시권의 범위·기간 및 대가 [본조신설 2009.6.9]	

특허법	실용신안법	디자인보호법	상표법
제140조의2 【특허거절결정에 대한 심판청구방식】 ①제132조의3의 규정에 의하여 특허거절결정에 대한 심판을 청구하고자 하는 자는 제140조제1항의 규정에 불구하고 다음 각 호의 사항을 기재한 심판청구서를 특허심판원장에게 제출하여야 한다. <개정 2001.2.3, 2006.3.3, 2009.1.30> 1. 청구인의 성명 및 주소(법인인 경우에는 그 명칭 및 영업소의 소재지) 1의2. 대리인이 있는 경우에는 그 대리인의 성명 및 주소나 영업소의 소재지(대리인이 특허법인인 경우에는 그 명칭, 사무소의 소재지 및 지정된 변리사의 성명) 2. 출원일자 및 출원번호 3. 발명의 명칭 4. 특허거절결정일자 5. 심판사건의 표시 6. 청구의 취지 및 그 이유 ②제1항에 따라 제출된 심판청구서를 보정하는 경우 그 요지를 변경할 수 없다. 다만, 다음 각 호의 어느 하나에 해당하는 경우에는 그러하지 아니하다.	제33조 【「특허법」의 준용】	제72조의3 【디자인등록거절결정 등에 대한 심판청구방식】 ①제67조의2 또는 제67조의3에 따라 보정각하결정, 디자인등록거절결정 또는 디자인등록취소결정에 대한 심판을 청구하려는 자는 제72조의2제1항에도 불구하고 다음 각 호의 사항을 적은 심판청구서를 특허심판원장에게 제출하여야 하며, 특허심판원장은 제67조의3에 따른 디자인등록취소결정에 대한 심판이 청구된 경우에는 그 취지를 디자인무심사등록이의신청인에게 알려야 한다. 1. 청구인의 성명 및 주소(법인인 경우에는 그 명칭 및 영업소의 소재지) 2. 대리인이 있는 경우에는 그 대리인의 성명 및 주소나 영업소의 소재지(대리인이 특허법인인 경우에는 그 명칭, 사무소의 소재지 및 지정된 변리사의 성명) 3. 출원일자와 출원번호(디자인등록취소결정에 대하여 불복한 경우에는 디자인 등록일자와 등록번호) 4. 디자인의 대상이 되는 물품	제78조 삭제 <1995.1.5> 제79조 【거절결정 또는 보정각하결정에 대한 심판청구방식】 ①제70조의2의 규정에 의한 거절결정에 대한 심판 또는 제70조의3의 규정에 의한 보정각하결정에 대한 심판을 청구하는 자는 다음 각호의 사항을 기재한 심판청구서를 특허심판원장에게 제출하여야 한다. <개정 1995.1.5, 2001.2.3> 1. 청구인의 성명과 주소(법인인 경우에는 그 명칭 및 영업소의 소재지) 1의2. 대리인이 있는 경우에는 그 대리인의 성명 및 주소나 영업소의 소재지(대리인이 특허법인인 경우에는 그 명칭, 사무소의 소재지 및 지정된 변리사의 성명) 2. 출원일자 및 출원번호 3. 지정상품 및 그 유구분 4. 심사관의 거절결정일자 또는 보정각하결정일자 5. 심판사건의 표시 6. 청구의 취지 및 그 이유 7. 삭제 <2001.2.3> ②특허심판원장은 제70조의2의 규정에 의한 거절결정에 대한 심판이 청구된 경우 당해 거절

특허법	실용신안법	디자인보호법	상표법
<신설 2009.1.30> 1. 제1항제1호에 따른 청구인의 기재를 바로잡기 위하여 보정(추가하는 것을 포함한다)하는 경우 2. 제1항제6호에 따른 청구의 이유를 보정하는 경우 ③삭제 <2009.1.30> [전문개정 1997.4.10]		5. 디자인등록거절결정일자, 디자인등록취소결정일자 또는 보정각하결정일자 6. 심판사건의 표시 7. 청구의 취지 및 그 이유 ② 제1항에 따라 제출된 심판청구서를 보정하는 경우 그 요지를 변경할 수 없다. 다만, 다음 각 호의 어느 하나에 해당하는 경우에는 그러하지 아니하다. 1. 제1항제1호에 따른 청구인의 기재를 바로잡기 위하여 보정(추가하는 것을 포함한다)하는 경우 2. 제1항제7호에 따른 청구의 이유를 보정하는 경우 [본조신설 2009.6.9]	결정이 상표등록이의신청에 의한 것인 때에는 그 취지를 이의신청인에게 통지하여야 한다. <개정 1995.1.5, 2001.2.3>
제141조【심판청구서의 각하】① 심판장은 다음 각호의 1에 해당하는 경우에는 기간을 정하여 그 보정을 명하여야 한다. <개정 2001.2.3> 1. 심판청구서가 제140조제1항·제3항 내지 제5항 또는 제140조의2제1항의 규정에 위반되는 경우 2. 심판에 관한 절차가 다음 각목의 1에 해당되는 경우 　가. 제3조제1항 또는 제6조	**제33조【「특허법」의 준용】**	**제72조의4【심판청구서의 각하】** ①심판장은 다음 각 호의 어느 하나에 해당하는 경우에는 기간을 정하여 그 보정을 명하여야 한다. 1. 심판청구서가 제72조의2제1항·제3항·제4항 또는 제72조의3제1항에 위반된 경우 2. 심판에 관한 절차가 다음 각 목의 어느 하나에 해당되는 경우 　가. 제4조제1항 또는 제4조	**제77조【「특허법」의 준용】**

특허법	실용신안법	디자인보호법	상표법
의 규정에 위반된 경우 　나. 제82조의 규정에 의하여 납부하여야 할 수수료를 납부하지 아니한 경우 　다. 이 법 또는 이 법에 의한 명령이 정하는 방식에 위반된 경우 ②심판장은 제1항의 규정에 의한 보정명령을 받은 자가 지정된 기간 이내에 보정을 하지 아니한 경우에는 결정으로 심판청구서를 각하하여야 한다. <개정 2001.2.3> ③제2항의 규정에 의한 결정은 서면으로 하여야 하며 그 이유를 붙여야 한다. ④삭제　<1995.1.5> ⑤삭제　<1995.1.5> ⑥삭제　<1995.1.5> **제142조 【보정불능한　심판청구의　심결각하】**　부적법한 심판청구로서 그 흠결을 보정할 수 없는 때에는 피청구인에게 답변서 제출의 기회를 주지 아니하고 심결로써 이를 각하할 수 있다.	**제33조 【「특허법」의 준용】**　실용신안에 관한 심판·재심 및 소송에 관하여는 「특허법」 제132조의3, 제133조의2, 제135조부터 제137조까지, 제139조, 제140조, 제140조의2, 제141조부터 제153조까지, 제153조의2, 제154조부터 제166조까지, 제170조부터 제172조까지, 제176조, 제178조부터 제188조까지, 제188조의2, 제189조부터 제	의4에 위반된 경우 　나. 제34조에 따라 납부하여야 할 수수료를 납부하지 아니한 경우 　다. 이 법 또는 이 법에 따른 명령에서 정하는 방식에 위반된 경우 ②심판장은 제1항에 따른 보정명령을 받은 자가 지정된 기간에 보정을 하지 아니하면 결정으로 심판청구서를 각하하여야 한다. ③제2항에 따른 결정은 서면으로 하여야 하며 그 이유를 붙여야 한다. [본조신설 2009.6.9] **제72조의5 【보정할 수 없는 심판청구의 심결각하】**　부적법한 디자인무심사등록이의신청·심판청구로서 그 흠결을 보정할 수 없는 때에는 피청구인에게 답변서 제출의 기회를 주지 아니하고 심결로써 이를 각하할 수 있다. [본조신설 2009.6.9]	**제33조 【「특허법」 등의 준용】**　「특허법」 제142조·제148조 제1호 내지 제5호·제7호 및 동법 제157조, 「민사소송법」 제143조·제299조 및 동법 제367조의 규정은 상표등록출원의 심사에 관하여 이를 준용한다. 이 경우 「특허법」 제148조제1호 내지 제3호 및 제5호 중 "당사자 또는 참가인"은 각각 "당사자·참가인 또는 상표

특허법	실용신안법	디자인보호법	상표법
	191조까지 및 제191조의2를 준용한다.		등록이의신청인"으로 보고, 동조제6호 중 "특허여부결정"은 "상표등록여부결정·상표등록이의신청에 대한 결정"으로 본다. <개정 2007.1.3>
			제77조 【「특허법」 등의 준용】
		제67조의2 【보정각하결정에 대한 심판】 제18조의2제1항의 규정에 의한 보정각하결정을 받은 자가 그 결정에 불복하는 때에는 그 결정등본을 송달받은 날부터 30일 이내에 심판을 청구할 수 있다. [본조신설 2001.2.3]	제70조의3 【보정각하결정에 대한 심판】 제17조제1항의 규정에 의한 보정각하결정을 받은 자가 그 결정에 불복이 있는 때에는 그 결정등본을 송달받은 날부터 30일 이내에 심판을 청구할 수 있다. [본조신설 1995.1.5]
제143조 【심판관】 ①특허심판원장은 심판청구가 있는 때에는 심판관으로 하여금 이를 심판하게 한다. <개정 1995.1.5> ②심판관의 자격은 대통령령으로 정한다. <개정 1995.1.5> ③심판관은 직무상 독립하여 심판한다. <개정 1995.1.5>	제33조 【「특허법」의 준용】	제72조의6 【심판관】 ①특허심판원장은 심판청구가 있으면 심판관에게 심판하게 한다. ②심판관의 자격은 대통령령으로 정한다. ③심판관은 직무상 독립하여 심판한다. [본조신설 2009.6.9]	제77조 【「특허법」의 준용】
제144조 【심판관의 지정】 ①특허심판원장은 각 심판사건에 대하여 제146조의 규정에 의한 합의체를 구성할 심판관을 지정하여야 한다.	제33조 【「특허법」의 준용】	제72조의7 【심판관의 지정】 ①특허심판원장은 각 심판사건에 대하여 제72조의9에 따른 합의체를 구성할 심판관을 지정하여야 한다.	제77조 【「특허법」의 준용】

특허법	실용신안법	디자인보호법	상표법
<개정 1995.1.5> ②특허심판원장은 제1항의 심판관중 심판에 관여하는데 지장이 있는 자가 있는 때에는 다른 심판관으로 하여금 이를 행하게 할 수 있다. <개정 1995.1.5>		②특허심판원장은 제1항의 심판관 중 심판에 관여하는데 지장이 있는 자가 있으면 다른 심판관에게 심판하게 할 수 있다. [본조신설 2009.6.9]	
제145조 【심판장】 ①특허심판원장은 제144조제1항의 규정에 의하여 지정된 심판관중에서 1인을 심판장으로 지정하여야 한다. <개정 1995.1.5> ②심판장은 그 심판사건에 관한 사무를 총괄한다.	제33조 【「특허법」의 준용】	제72조의8 【심판장】 ①특허심판원장은 제72조의7제1항에 따라 지정된 심판관 중에서 1명을 심판장으로 지정하여야 한다. ②심판장은 그 심판사건에 관한 사무를 총괄한다. [본조신설 2009.6.9]	제77조 【「특허법」의 준용】
제146조 【심판의 합의체】 ①심판은 3인 또는 5인의 심판관으로 구성되는 합의체가 이를 행한다. <개정 1995.1.5> ②제1항의 합의체의 합의는 과반수에 의하여 이를 결정한다. ③심판의 합의는 공개하지 아니한다.	제33조 【「특허법」의 준용】	제72조의9 【심판의 합의체】 ①심판은 3명 또는 5명의 심판관으로 구성되는 합의체가 행한다. ②제1항의 합의체의 합의는 과반수에 의하여 결정한다. ③심판의 합의는 공개하지 아니한다. [본조신설 2009.6.9]	제77조 【「특허법」의 준용】
제147조 【답변서 제출등】 ①심판장은 심판의 청구가 있는 때에는 청구서의 부본을 피청구인에게 송달하고 기간을 정하여 답변서를 제출할 수 있는 기회를 주어야 한다.	제33조 【「특허법」의 준용】	제72조의10 【답변서 제출 등】 ①심판장은 심판의 청구가 있는 때에는 청구서의 부본을 피청구인에게 송달하고 기간을 정하여 답변서를 제출할 수 있는 기회를 주어야 한다.	제77조 【「특허법」의 준용】

특허법	실용신안법	디자인보호법	상표법
②심판장은 제1항의 답변서를 수리한 때에는 그 부본을 청구인에게 송달하여야 한다. ③심판장은 심판에 관하여 당사자를 심문할 수 있다. **제148조 【심판관의 제척】** 심판관은 다음 각 호의 어느 하나에 해당하는 경우에는 그 심판관여로부터 제척된다. <개정 2001.2.3, 2005.3.31, 2006.3.3> 1. 심판관 또는 그 배우자나 배우자이었던 자가 사건의 당사자 또는 참가인인 경우 2. 심판관이 사건의 당사자 또는 참가인의 친족의 관계가 있거나 이러한 관계가 있었던 경우 3. 심판관이 사건의 당사자 또는 참가인의 법정대리인 또는 이러한 관계가 있었던 경우 4. 심판관이 사건에 대한 증인·감정인으로 된 경우 또는 감정인이었던 경우 5. 심판관이 사건의 당사자 또는 참가인의 대리인인 경우 또는 이러한 관계가 있었던 경우 6. 심판관이 사건에 대하여 심사관 또는 심판관으로서 특허여부결정 또는 심결에 관여한	**제33조 【「특허법」의 준용】**	②심판장은 제1항의 답변서를 받은 때에는 그 부본을 청구인에게 송달하여야 한다. ③심판장은 심판에 관하여 당사자를 심문할 수 있다. [본조신설 2009.6.9] **제72조의11 【심판관의 제척】** 심판관은 다음 각 호의 어느 하나에 해당하는 경우에는 그 심판관여로부터 제척된다. 1. 심판관 또는 그 배우자나 배우자이었던 자가 사건의 당사자, 참가인 또는 디자인무심사등록이의신청인인 경우 2. 심판관이 사건의 당사자, 참가인 또는 디자인무심사등록이의신청인의 친족이거나 친족이었던 경우 3. 심판관이 사건의 당사자, 참가인 또는 디자인무심사등록이의신청인의 법정대리인이거나 법정대리인이었던 경우 4. 심판관이 사건에 대한 증인, 감정인으로 된 경우 또는 감정인이었던 경우 5. 심판관이 사건의 당사자·참가인 또는 디자인무심사등록이의신청인의 대리인이거나 대리인이었던 경우 6. 심판관이 사건에 대하여 심	**제33조 【「특허법」의 준용】** **제77조 【「특허법」의 준용】**

특허법	실용신안법	디자인보호법	상표법
경우 7. 심판관이 사건에 관하여 직접 이해관계를 가진 경우 **제149조【제척신청】** 제148조에서 규정하는 제척의 원인이 있는 때에는 당사자 또는 참가인은 제척신청을 할 수 있다.	**제33조【「특허법」의 준용】**	사관 또는 심판관으로서 보정각하결정, 디자인등록여부결정, 디자인무심사등록이의신청에 대한 결정 또는 심결에 관여한 경우 7. 심판관이 사건에 관하여 직접 이해관계를 가진 경우 [본조신설 2009.6.9] **제72조의12【제척신청】** 제72조의11에 따른 제척의 원인이 있으면 당사자 또는 참가인은 제척신청을 할 수 있다. [본조신설 2009.6.9]	**제77조【「특허법」의 준용】** **제76조【제척기간】** ①제7조제1항제6호 내지 제9호의2 및 제14호, 제8조, 제72조제1항제2호와 제72조의2제1항제3호에 해당하는 것을 사유로 하는 상표등록의 무효심판, 상표권의 존속기간갱신등록의 무효심판 및 상품분류전환등록의 무효심판은 상표등록일, 상표권의 존속기간갱신등록일 및 상품분류전환등록일부터 5년이 경과한 후에는 이를 청구할 수 없다. <개정 1993.12.10, 1997.8.22, 2001.2.3, 2004.12.31> ②제73조제1항제2호·제5호·제6호·제8호 내지 제12호 및

특허법	실용신안법	디자인보호법	상표법
			제74조제1항의 규정에 해당하는 것을 사유로 하는 상표등록의 취소심판 및 전용사용권 또는 통상사용권 등록의 취소심판은 취소사유에 해당하는 사실이 없어진 날부터 3년이 경과한 후에는 이를 청구할 수 없다. <개정 1997.8.22, 2004.12.31>
제150조 【심판관의 기피】 ①심판관에게 심판의 공정을 기대하기 어려운 사정이 있는 때에는 당사자 또는 참가인은 이를 기피할 수 있다. ②당사자 또는 참가인은 사건에 대하여 심판관에게 서면 또는 구두로 진술을 한 후에는 심판관을 기피할 수 없다. 다만, 기피의 원인이 있는 것을 알지 못한 때 또는 기피의 원인이 그 후에 발생한 때에는 그러하지 아니하다.	제33조 【「특허법」의 준용】	제72조의13 【심판관의 기피】 ① 심판관에게 심판의 공정을 기대하기 어려운 사정이 있으면 당사자 또는 참가인은 기피신청을 할 수 있다. ②당사자 또는 참가인은 사건에 대하여 심판관에게 서면 또는 구두로 진술을 한 후에는 기피신청을 할 수 없다. 다만, 기피의 원인이 있는 것을 알지 못한 때 또는 기피의 원인이 그 후에 발생한 때에는 그러하지 아니하다. [본조신설 2009.6.9]	제77조 【「특허법」의 준용】
제151조 【제척 또는 기피의 소명】 ①제149조 및 제150조의 규정에 의하여 제척 및 기피신청을 하고자 하는 자는 그 원인을 기재한 서면을 특허심판원장에게 제출하여야 한다. 다	제33조 【「특허법」의 준용】	제72조의14 【제척 또는 기피의 소명】 ①제72조의12 및 제72조의13에 따라 제척 및 기피신청을 하려는 자는 그 원인을 적은 서면을 특허심판원장에게 제출하여야 한다. 다만, 구술심	제77조 【「특허법」의 준용】

특허법	실용신안법	디자인보호법	상표법
만, 구술심리에 있어서는 구술로 할 수 있다. <개정 1995.1.5, 2001.2.3> ②제척 또는 기피의 원인은 신청한 날부터 3일이내에 소명하여야 한다.		리를 할 때에는 구술로 할 수 있다. ②제척 또는 기피의 원인은 신청한 날부터 3일 이내에 소명하여야 한다. [본조신설 2009.6.9]	
제152조 【제척 또는 기피신청에 관한 결정】 ①제척 또는 기피신청이 있는 때에는 심판에 의하여 이를 결정하여야 한다. ②제척 또는 기피의 신청을 당한 심판관은 그 제척 또는 기피에 대한 심판에 관여할 수 없다. 다만, 의견을 진술할 수 있다. ③제1항의 규정에 의한 결정은 서면으로 하여야 하며 그 이유를 붙여야 한다. ④제1항의 규정에 의한 결정에는 불복할 수 없다.	제33조 【「특허법」의 준용】	제72조의15 【제척 또는 기피신청에 관한 결정】 ①제척 또는 기피신청이 있으면 심판에 의하여 결정하여야 한다. ②제척 또는 기피의 신청을 당한 심판관은 그 제척 또는 기피에 대한 심판에 관여할 수 없다. 다만, 의견을 진술할 수 있다. ③제1항에 따른 결정은 서면으로 하여야 하며 그 이유를 붙여야 한다. ④제1항에 따른 결정에는 불복할 수 없다. [본조신설 2009.6.9]	제77조 【「특허법」의 준용】
제153조 【심판절차의 중지】 제척 또는 기피의 신청이 있는 때에는 그 신청에 대한 결정이 있을 때까지 심판절차를 중지하여야 한다. 다만, 긴급을 요하는 때에는 그러하지 아니하다.	제33조 【「특허법」의 준용】	제72조의16 【심판절차의 중지】 제척 또는 기피의 신청이 있으면 그 신청에 대한 결정이 있을 때까지 심판절차를 중지하여야 한다. 다만, 긴급한 때에는 그러하지 아니하다. [본조신설 2009.6.9]	제77조 【「특허법」의 준용】

특허법	실용신안법	디자인보호법	상표법
제153조의2 【심판관의 회피】 심판관이 제148조 또는 제150조의 규정에 해당하는 경우에는 특허심판원장의 허가를 받아 당해 사건에 대한 심판을 회피할 수 있다. [본조신설 2001.2.3]	**제33조 【「특허법」의 준용】**	**제72조의17 【심판관의 회피】** 심판관이 제72조의11 또는 제72조의13에 해당하는 경우에는 특허심판원장의 허가를 받아 해당 사건에 대한 심판을 회피할 수 있다. [본조신설 2009.6.9]	**제77조 【「특허법」의 준용】**
제154조 【심리등】 ①심판은 구술심리 또는 서면심리로 한다. 다만, 당사자가 구술심리를 신청한 때에는 서면심리만으로 결정할 수 있다고 인정되는 경우 외에는 구술심리를 하여야 한다. <개정 2001.2.3> ②삭제 <2001.2.3> ③구술심리는 이를 공개하여야 한다. 다만, 공공의 질서 또는 선량한 풍속을 문란하게 할 염려가 있는 때에는 그러하지 아니하다. <개정 2001.2.3> ④심판장은 제1항의 규정에 의하여 구술심리에 의한 심판을 할 경우에는 그 기일 및 장소를 정하고 그 취지를 기재한 서면을 당사자 및 참가인에게 송달하여야 한다. 다만, 당해 사건에 출석한 당사자 및 참가인에게 알린 때에는 그러하지 아니하다. <개정 2001.2.3> ⑤심판장은 제1항의 규정에 의	**제33조 【「특허법」의 준용】**	**제72조의18 【심리 등】** ①심판은 구술심리 또는 서면심리로 한다. 다만, 당사자가 구술심리를 신청한 때에는 서면심리만으로 결정할 수 있다고 인정되는 경우 외에는 구술심리를 하여야 한다. ②구술심리는 공개하여야 한다. 다만, 공공의 질서 또는 선량한 풍속을 문란하게 할 염려가 있으면 그러하지 아니하다. ③심판장은 제1항에 따라 구술심리에 의한 심판을 할 경우에는 그 기일 및 장소를 정하고 그 취지를 적은 서면을 당사자 및 참가인에게 송달하여야 한다. 다만, 해당 사건에 출석한 당사자 및 참가인에게 알린 때에는 그러하지 아니하다. ④심판장은 제1항에 따라 구술심리에 의한 심판을 할 경우에는 특허심판원장이 지정한 직원에게 기일마다 심리의 요지	**제77조 【「특허법」의 준용】**

특허법	실용신안법	디자인보호법	상표법
하여 구술심리에 의한 심판을 할 경우에는 특허심판원장이 지정한 직원에게 기일마다 심리의 요지 기타 필요한 사항을 기재한 조서를 작성하게 하여야 한다. <개정 1995.1.5, 2001.2.3> ⑥제5항의 조서에는 심판의 심판장 및 조서를 작성한 직원이 기명날인하여야 한다. ⑦「민사소송법」 제153조·제154조 및 동법 제156조 내지 제160조의 규정은 제5항의 조서에 관하여 이를 준용한다. <개정 2002.1.26, 2006.3.3> ⑧「민사소송법」 제143조·제259조·제299조 및 동법 제367조의 규정은 심판에 관하여 이를 준용한다. <개정 2002.1.26, 2006.3.3>		와 그 밖에 필요한 사항을 적은 조서를 작성하게 하여야 한다. ⑤제4항의 조서는 심판의 심판장 및 조서를 작성한 직원이 기명날인하여야 한다. ⑥제4항의 조서에 관하여는 「민사소송법」 제153조·제154조 및 제156조부터 제160조까지의 규정을 준용한다. ⑦심판에 관하여는 「민사소송법」 제143조·제259조·제299조 및 제367조를 준용한다. [본조신설 2009.6.9]	
제155조 【참가】 ①제139조제1항의 규정에 의하여 심판을 청구할 수 있는 자는 심리가 종결될 때까지 그 심판에 참가할 수 있다. ②제1항의 규정에 의한 참가인은 피참가인이 그 심판의 청구를 취하한 후에도 심판절차를 속행할 수 있다. ③심판의 결과에 대하여 이해	제33조 【「특허법」의 준용】	제72조의19 【참가】 ①제72조제1항에 따라 심판을 청구할 수 있는 자는 심리가 종결될 때까지 그 심판에 참가할 수 있다. ②제1항에 따른 참가인은 피참가인이 그 심판의 청구를 취하한 후에도 심판절차를 속행할 수 있다. ③심판의 결과에 대하여 이해관계를 가진 자는 심리가 종결	제77조 【「특허법」의 준용】

특허법	실용신안법	디자인보호법	상표법
관계를 가진 자는 심리가 종결될 때까지 당사자의 일방을 보조하기 위하여 그 심판에 참가할 수 있다. ④제3항의 규정에 의한 참가인은 일체의 심판절차를 행할 수 있다. ⑤제1항 또는 제3항의 규정에 의한 참가인에 대하여 심판절차의 중단 또는 중지의 원인이 있는 때에는 그 중단 또는 중지는 피참가인에 대하여도 그 효력이 발생한다.		될 때까지 당사자의 일방을 보조하기 위하여 그 심판에 참가할 수 있다. ④제3항에 따른 참가인은 모든 심판절차를 행할 수 있다. ⑤제1항 또는 제3항에 따른 참가인에 대하여 심판절차의 중단 또는 중지의 원인이 있으면 그 중단 또는 중지는 피참가인에 대하여도 그 효력이 발생한다. [본조신설 2009.6.9]	
제156조【참가의 신청 및 결정】 ①심판에 참가하고자 하는 자는 참가신청서를 심판장에게 제출하여야 한다. ②심판장은 참가신청이 있는 경우에는 참가신청서의 부본을 당사자 및 타참가인에게 송달하고 기간을 정하여 의견서를 제출할 수 있는 기회를 주어야 한다. ③참가신청이 있는 경우에는 심판에 의하여 그 참가여부를 결정하여야 한다. ④제3항의 규정에 의한 결정은 서면으로 하여야 하며 그 이유를 붙여야 한다. ⑤제3항의 규정에 의한 결정에	**제33조【「특허법」의 준용】**	**제72조의20【참가의 신청 및 결정】** ①심판에 참가하려는 자는 참가신청서를 심판장에게 제출하여야 한다. ②심판장은 참가신청이 있는 경우에는 참가신청서의 부본을 당사자 및 다른 참가인에게 송달하고 기간을 정하여 의견서를 제출할 수 있는 기회를 주어야 한다. ③참가신청이 있는 경우에는 심판에 의하여 그 참가 여부를 결정하여야 한다. ④제3항에 따른 결정은 서면으로 하여야 하며 그 이유를 붙여야 한다. ⑤제3항에 따른 결정에는 불복	**제77조【「특허법」의 준용】**

특허법	실용신안법	디자인보호법	상표법
관하여는 불복할 수 없다. **제157조【증거조사 및 증거보전】** ①심판에서는 당사자·참가인 또는 이해관계인의 신청에 의하여 또는 직권으로 증거조사나 증거보전을 할 수 있다. ②「민사소송법」중 증거조사 및 증거보전에 관한 규정은 제1항의 규정에 의한 증거조사 및 증거보전에 관하여 이를 준용한다. 다만, 심판관은 과태료의 결정을 하거나 구인을 명하거나 보증금을 공탁하게 하지 못한다. <개정 1995.1.5, 2006.3.3> ③증거보전신청은 심판청구전에는 특허심판원장에게, 심판계속중에는 그 사건의 심판장에게 하여야 한다. <개정 1995.1.5> ④특허심판원장은 제1항의 규정에 의하여 심판청구전에 증거보전신청이 있는 때에는 증거보전의 신청에 관여할 심판관을 지정한다. <개정 1995.1.5> ⑤심판장은 제1항의 규정에 의하여 직권으로 증거조사나 증	**제33조【「특허법」의 준용】**	할 수 없다. [본조신설 2009.6.9] **제72조의21【증거조사 및 증거보전】** ①심판에서는 당사자, 참가인 또는 이해관계인의 신청에 따라 또는 직권으로 증거조사나 증거보전을 할 수 있다. ②제1항에 따른 증거조사 및 증거보전에 관하여는 「민사소송법」중 증거조사 및 증거보전에 관한 규정을 준용한다. 다만, 심판관은 과태료의 결정을 하거나 구인을 명하거나 보증금을 공탁하게 하지 못한다. ③증거보전신청은 심판청구 전에는 특허심판원장에게, 심판계속 중에는 그 사건의 심판장에게 하여야 한다. ④특허심판원장은 심판청구 전에 제1항에 따른 증거보전신청이 있으면 증거보전의 신청에 관여할 심판관을 지정한다. ⑤심판장은 제1항에 따라 직권으로 증거조사나 증거보전을 한 때에는 그 결과를 당사자·참가인 또는 이해관계인에게 송달하고 기간을 정하여 의견서를 제출할 수 있는 기회를 주어야 한다. [본조신설 2009.6.9]	**제33조【「특허법」의 준용】** **제77조【「특허법」의 준용】**

특허법	실용신안법	디자인보호법	상표법
거보전을 한 때에는 그 결과를 당사자·참가인 또는 이해관계인에게 송달하고 기간을 정하여 의견서를 제출할 수 있는 기회를 주어야 한다. **제158조 【심판의 진행】** 심판장은 당사자 또는 참가인이 법정기간 또는 지정기간내에 절차를 밟지 아니하거나 제154조제4항에서 규정한 기일에 출석하지 아니하여도 심판을 진행할 수 있다. **제159조 【직권심리】** ①심판에서는 당사자 또는 참가인이 신청하지 아니한 이유에 대하여도 이를 심리할 수 있다. 이 경우 당사자 및 참가인에게 기간을 정하여 그 이유에 대하여 의견을 진술할 수 있는 기회를 주어야 한다. <개정 2001.2.3> ②심판에서는 청구인이 신청하지 아니한 청구의 취지에 대하여는 심리할 수 없다. <신설 1993.12.10> ▶**판례** 구 특허법 제119조 직권심리규정의 취지	**제33조 【「특허법」의 준용】** **제33조 【「특허법」의 준용】**	**제72조의22 【심판의 진행】** 심판장은 당사자 또는 참가인이 법정기간 또는 지정기간에 절차를 밟지 아니하거나 제72조의18제3항에 따른 기일에 출석하지 아니하여도 심판을 진행할 수 있다. [본조신설 2009.6.9] **제72조의23 【직권심리】** ①심판에서는 당사자 또는 참가인이 신청하지 아니한 이유에 대하여도 심리할 수 있다. 이 경우 당사자 및 참가인에게 기간을 정하여 그 이유에 대하여 의견을 진술할 수 있는 기회를 주어야 한다. ②심판에서는 청구인이 신청하지 아니한 청구의 취지에 대하여는 심리할 수 없다. [본조신설 2009.6.9]	**제77조 【「특허법」의 준용】** **제77조 【「특허법」의 준용】**

특허법	실용신안법	디자인보호법	상표법
구 특허법(1990.1.13. 법률 제4207호로 전문 개정되기 전의 것) 제119조 직권심리규정은 특허제도의 공익성을 고려하여 직권심리주의의 원칙을 채택함과 아울러 청구의 취지를 달성시킬 수 있는 새로운 이유에 대하여 직권으로 심리할 경우 당사자 등에게 의견진술의 기회를 부여토록 강제함으로써 직권심리주의의 한계를 규정하고 있는 것이다. (대법원 1995.2.24. 선고 93후1841 판결)			
제160조 【심리·심결의 병합 또는 분리】 심판관은 당사자 쌍방 또는 일방의 동일한 2이상의 심판에 대하여 심리 또는 심결을 병합하거나 분리할 수 있다.	제33조 【「특허법」의 준용】	제72조의24 【심리·심결의 병합 또는 분리】 심판관은 당사자 쌍방 또는 일방의 같은 2 이상의 심판에 대하여 심리 또는 심결을 병합하거나 분리할 수 있다. [본조신설 2009.6.9]	제77조 【「특허법」의 준용】
제161조 【심판청구의 취하】 ① 심판청구는 심결이 확정될 때까지 이를 취하할 수 있다. 다만, 답변서의 제출이 있는 때에는 상대방의 동의를 얻어야 한다. ②2이상의 청구항에 관하여 제	제33조 【「특허법」의 준용】	제72조의25 【심판청구의 취하】 ①심판청구는 심결이 확정될 때까지 취하할 수 있다. 다만, 답변서가 제출된 후에는 상대방의 동의를 받아야 한다. ②제1항에 따라 취하하면 그 심판청구는 처음부터 없었던	제77조 【「특허법」의 준용】

특허법	실용신안법	디자인보호법	상표법
133조제1항의 무효심판 또는 제135조의 권리범위확인심판을 청구한 때에는 청구항마다 이를 취하할 수 있다. ③제1항 또는 제2항의 규정에 의한 취하가 있는 때에는 그 심판청구 또는 그 청구항에 대한 심판청구는 처음부터 없었던 것으로 본다. <개정 2001.2.3>		것으로 본다. [본조신설 2009.6.9]	
제162조 【심결】 ①심판은 특별한 규정이 있는 경우를 제외하고는 심결로써 이를 종결한다. ②제1항의 심결은 다음 각호의 사항을 기재한 서면으로 하여야 하며 심결한 심판관은 이에 기명날인하여야 한다. <개정 1995.12.29, 2001.2.3> 1. 심판의 번호 2. 당사자 및 참가인의 성명 및 주소(법인인 경우에는 그 명칭 및 영업소의 소재지) 2의2. 대리인이 있는 경우에는 그 대리인의 성명 및 주소나 영업소의 소재지(대리인이 특허법인인 경우에는 그 명칭, 사무소의 소재지 및 지정된 변리사의 성명) 3. 심판사건의 표시 4. 심결의 주문(제138조의 심	**제33조 【「특허법」의 준용】**	**제72조의26 【심결】** ①심판은 특별한 규정이 있는 경우를 제외하고는 심결로써 종결한다. ②제1항의 심결은 다음 각 호의 사항을 적은 서면으로 하여야 하며 심결한 심판관은 이에 기명날인하여야 한다. 1. 심판의 번호 2. 당사자 및 참가인의 성명 및 주소(법인인 경우에는 그 명칭 및 영업소의 소재지) 3. 대리인이 있으면 그 대리인의 성명 및 주소나 영업소의 소재지(대리인이 특허법인인 경우에는 그 명칭, 사무소의 소재지 및 지정된 변리사의 성명) 4. 심판사건의 표시 5. 심결의 주문(제70조의 심판에 있어서는 통상실시권의 범	**제77조 【「특허법」의 준용】**

특허법	실용신안법	디자인보호법	상표법
판에 있어서는 통상실시권의 범위·기간 및 대가를 포함한다) 5. 심결의 이유(청구의 취지 및 그 이유의 요지를 포함한다) 6. 심결연월일 ③심판장은 사건이 심결을 할 정도로 성숙한 때에는 심리의 종결을 당사자 및 참가인에게 통지하여야 한다. ④심판장은 필요하다고 인정할 때에는 제3항의 규정에 의하여 심리종결을 통지한 후에도 당사자 또는 참가인의 신청에 의하여 또는 직권으로 심리를 재개할 수 있다. ⑤심결은 제3항의 규정에 의한 심리종결통지를 한 날부터 20일이내에 한다. <개정 1993.12.10> ⑥심판장은 심결 또는 결정이 있는 때에는 그 등본을 당사자, 참가인 및 심판에 참가신청을 하였으나 그 신청이 거부된 자에게 송달하여야 한다. <개정 1995.1.5> **제163조【일사부재리】** 이 법에 의한 심판의 심결이 확정된 때에는 그 사건에 대하여는 누구든지 동일사실 및 동일증거에		위·기간 및 대가를 포함한다) 6. 심결의 이유(청구의 취지 및 그 이유의 요지를 포함한다) 7. 심결연월일 ③심판장은 사건이 심결을 할 정도로 성숙한 때에는 심리의 종결을 당사자 및 참가인에게 알려야 한다. ④심판장은 필요하다고 인정하면 제3항에 따라 심리종결을 통지한 후에도 당사자 또는 참가인의 신청에 따라 또는 직권으로 심리를 재개할 수 있다. ⑤심결은 제3항에 따른 심리종결통지를 한 날부터 20일 이내에 한다. ⑥심판장은 심결 또는 결정이 있으면 그 등본을 당사자, 참가인 및 심판에 참가신청을 하였으나 그 신청이 거부된 자에게 송달하여야 한다. [본조신설 2009.6.9] **제72조의27【일사부재리】** 이 법에 따른 심판의 심결이 확정된 때에는 그 사건에 대하여는 누구든지 같은 사실 및 같은 증	
제33조【「특허법」의 준용】		**제77조【「특허법」의 준용】**

특허법	실용신안법	디자인보호법	상표법
의하여 다시 심판을 청구할 수 없다. 다만, 확정된 심결이 각하심결인 경우에는 그러하지 아니하다. <개정 2001.2.3>		거에 의하여 다시 심판을 청구할 수 없다. 다만, 확정된 심결이 각하심결인 경우에는 그러하지 아니하다. [본조신설 2009.6.9]	
제164조 【소송과의 관계】 ①심판에 있어서 필요한 때에는 그 심판사건과 관련되는 다른 심판의 심결이 확정되거나 소송절차가 완결될 때까지 그 절차를 중지할 수 있다. <개정 1997.4.10, 2006.3.3> ②소송절차에 있어서 필요하다고 인정된 때에는 법원은 특허에 관한 심결이 확정될 때까지 그 소송절차를 중지할 수 있다. ③법원은 특허권 또는 전용실시권의 침해에 관한 소가 제기된 경우에는 그 취지를 특허심판원장에게 통보하여야 한다. 그 소송절차가 종료된 때에도 또한 같다. <신설 2001.2.3> ④특허심판원장은 제3항의 규정에 의한 특허권 또는 전용실시권의 침해에 관한 소에 대응하여 그 특허권에 관한 무효심판 등이 청구된 경우에는 그 취지를 제3항에 해당하는 법원에 통보하여야 한다. 그 심판	**제33조 【「특허법」의 준용】**	**제72조의28 【소송과의 관계】** ① 심판장은 심판에 있어서 필요하면 그 심판사건과 관련되는 디자인무심사등록이의신청에 대한 결정 또는 다른 심판의 심결이 확정되거나 소송절차가 완결될 때까지 그 절차를 중지할 수 있다. ②법원은 소송절차에 있어서 필요하면 디자인에 관한 심결이 확정될 때까지 그 소송절차를 중지할 수 있다. ③법원은 디자인권 또는 전용실시권의 침해에 관한 소가 제기된 경우에는 그 취지를 특허심판원장에게 통보하여야 한다. 그 소송절차가 종료된 때에도 또한 같다. ④특허심판원장은 제3항에 따른 디자인권 또는 전용실시권의 침해에 관한 소에 대응하여 그 디자인권에 관한 무효심판 등이 청구된 경우에는 그 취지를 제3항에 해당하는 법원에 통보하여야 한다. 그 심판청구	**제77조 【「특허법」의 준용】**

특허법	실용신안법	디자인보호법	상표법
청구서의 각하결정·심결 또는 청구의 취하가 있는 때에도 또한 같다. <신설 2001.2.3> **제165조 【심판비용】** ①제133조제1항·제134조제1항·제135조 및 제137조제1항의 심판비용의 부담은 심판이 심결에 의하여 종결할 때에는 그 심결로써, 심판이 심결에 의하지 아니하고 종결할 때에는 결정으로써 정하여야 한다. ②「민사소송법」 제98조 내지 제103조, 제107조제1항·제2항, 제108조, 제111조, 제112조 및 동법 제116조의 규정은 제1항의 심판비용에 관하여 이를 준용한다. <개정 2002.1.26, 2006.3.3> ③제132조의3·제136조 또는 제138조의 심판비용은 청구인의 부담으로 한다. <개정 1995.1.5, 2001.2.3, 2006.3.3> ④「민사소송법」 제102조의 규정은 제3항의 규정에 의하여 청구인이 부담하는 비용에 관하여 이를 준용한다. <개정 1995.1.5, 2002.1.26, 2006.3.3> ⑤심판비용액은 심결 또는 결정이 확정된 후 당사자의 청구	**제33조 【「특허법」의 준용】**	서의 각하결정, 심결 또는 청구의 취하가 있는 때에도 또한 같다. [본조신설 2009.6.9] **제72조의29 【심판비용】** ①제68조제1항·제69조의 심판비용의 부담은 심판이 심결에 의하여 종결할 때에는 그 심결로써, 심판이 심결에 의하지 아니하고 종결할 때에는 결정으로써 정하여야 한다. ②제1항의 심판비용에 관하여는 「민사소송법」 제98조부터 제103조까지, 제107조제1항·제2항, 제108조, 제111조, 제112조 및 제116조를 준용한다. ③제67조의2·제67조의3 또는 제70조의 심판비용은 청구인 또는 디자인무심사등록이의신청인의 부담으로 한다. ④제3항에 따라 청구인 또는 디자인무심사등록이의신청인이 부담하는 비용에 관하여는「민사소송법」 제102조를 준용한다. ⑤심판비용액은 심결 또는 결정이 확정된 후 당사자의 청구에 따라 특허심판원장이 결정한다. ⑥심판비용의 범위·금액·납	**제77조 【「특허법」의 준용】**

특허법	실용신안법	디자인보호법	상표법
에 의하여 특허심판원장이 이를 결정한다. <개정 1995.1.5, 2001.2.3> ⑥심판비용의 범위·금액·납부 및 심판에서 절차상의 행위를 하기 위하여 필요한 비용의 지급에 관하여는 그 성질에 반하지 아니하는 한 「민사소송비용법」 중 해당 규정의 예에 의한다. <개정 2006.3.3> ⑦심판의 대리를 한 변리사에게 당사자가 지급한 또는 지급할 보수는 특허청장이 정하는 금액의 범위안에서 이를 심판비용으로 본다. 이 경우 수인의 변리사가 심판의 대리를 한 경우라도 1인의 변리사가 심판대리를 한 것으로 본다.		부 및 심판에서 절차상의 행위를 하기 위하여 필요한 비용의 지급에 관하여는 그 성질에 반하지 아니하는 한 「민사소송비용법」 중 해당 규정의 예에 따른다. ⑦심판의 대리를 한 변리사에게 당사자가 지급한 또는 지급할 보수는 특허청장이 정하는 금액의 범위에서 심판비용으로 본다. 이 경우 여러 명의 변리사가 심판의 대리를 한 경우라도 1명의 변리사가 심판대리를 한 것으로 본다. [본조신설 2009.6.9]	
제166조【심판비용액 또는 대가에 대한 집행명의】 이 법에 의하여 특허심판원장이 정한 심판비용액 또는 심판관이 정한 대가에 관하여 확정된 결정은 집행력 있는 집행명의와 동일한 효력을 가진다. 이 경우 집행력 있는 정본은 특허심판원 공무원이 이를 부여한다. [전문개정 2001.2.3] 제167조 삭제 <1995.1.5>	제33조【「특허법」의 준용】	제72조의30【심판비용액 또는 대가에 대한 집행명의】 이 법에 따라 특허심판원장이 정한 심판비용액 또는 심판관이 정한 대가에 관하여 확정된 결정은 집행력 있는 집행명의와 같은 효력을 가진다. 이 경우 집행력 있는 정본은 특허심판원 소속 공무원이 부여한다.	제77조【「특허법」의 준용】

특허법	실용신안법	디자인보호법	상표법
제168조 삭제 <1995.1.5> 제169조 삭제 <1995.1.5> 제170조【심사규정의 특허거절결정에 대한 심판에의 준용】 ①특허거절결정에 대한 심판에 관하여는 제47조제1항제1호·제2호, 제51조, 제63조 및 제66조를 준용한다. 이 경우 제51조제1항 본문 중 "제47조제1항제2호 및 제3호"는 "제47조제1항제2호"로, "보정"은 "보정(제132조의3의 특허거절결정에 대한 심판청구 전에 한 것은 제외한다)"으로 본다. <개정 2009.1.30> ②제1항의 규정에 의하여 준용되는 제63조의 규정은 특허거절결정의 이유와 다른 거절이유를 발견한 경우에 한하여 이를 적용한다. <개정 2001.2.3> [전문개정 1997.4.10] ▶판례 특허청이 출원발명에 대한 최초의 거절이유통지부터 출원거절의 심결을 내릴 때까지 출원발명의 진보성을 문제삼았을 뿐이고 출원인에게 출원발명이 신규성이	제33조【「특허법」의 준용】	제71조【심사규정의 디자인등록거절결정에 대한 심판에의 준용】 ①디자인등록거절결정에 대한 심판에 관하여는 제18조제1항부터 제4항까지, 제18조제5항 본문, 제18조의2, 제27조 및 제28조를 준용한다. 이 경우 제18조제5항 본문 중 "제28조에 따른 디자인등록결정 또는 제26조에 따른 디자인등록거절결정에 해당하는 결정(이하 "디자인등록여부결정"이라 한다)의 통지서가 송달되기 전까지"는 "거절이유통지에 의한 의견서제출기간에"로 보고, 제18조의2제3항 중 "제67조의2의 규정에 의하여 심판을 청구한 때"는 "제75조제1항에 따라 소를 제기한 때"로, "그 심판의 심결이 확정될 때까지"는 "그 판결이 확정될 때까지"로 본다. <개정 2009.6.9> ②제1항에 따라 준용되는 제18조의2제1항·제4항 및 제27조는 디자인등록거절결정의 이유와 다른 거절이유를 발견한 경	제80조 삭제 <1995.1.5> 제81조【심사규정의 거절결정에 대한 심판에의 준용】 ①거절결정에 대한 심판에 관하여는 제15조, 제17조, 제18조, 제23조제2항, 제24조, 제24조의2, 제24조의3, 제25조부터 제30조까지, 제46조의4제2항 및 제48조제2항을 준용한다. 이 경우 그 상표등록출원 또는 지정상품의 추가등록출원에 대하여 이미 출원공고가 있는 경우에는 제24조는 준용하지 아니한다. <개정 2010.1.27> ②제1항의 규정에 의하여 제17조를 준용하는 경우에는 제17조제3항중 "제70조의3의 규정에 의한 보정각하결정에 대한 심판을 청구한 때"는 "제86조제2항의 규정에 의하여 준용되는 「특허법」 제186조제1항의 규정에 의하여 소를 제기한 때"로, "그 심판의 심결이 확정될 때까지"는 "그 판결이 확정될 때까지"로 본다. <개정 1995.1.5, 2007.1.3> ③제1항에 따라 준용되는 제17

특허법	실용신안법	디자인보호법	상표법
없다는 이유로 의견서제출통지를 하여 그로 하여금 명세서를 보정할 기회를 부여한 바 없는 경우, 법원이 출원발명의 요지가 신규성이 없다는 이유로 위 심결을 유지할 수 없다고 한 사례 특단의 사정이 없는 한 발명에 신규성이 없다는 것과 진보성이 없다는 것은 원칙적으로 특허를 받을 수 없는 사유로서 독립되어 있는 것이라고 할 것인데, 출원발명에 대한 최초의 거절이유통지부터 심결이 내려질 때까지 특허청이 출원인에게 출원발명이 신규성이 없다는 이유로 의견서제출통지를 하여 그로 하여금 명세서를 보정할 기회를 부여한 바 없고, 심결에 이르기까지 특허청이 일관하여 출원발명의 요지로 인정하고 있는 부분에 관하여는 진보성이 있다고 여겨지는바, 법원이 출원발명의 요지를 제대로 파악한 결과 신규성이 없다고 인정되는 부분이 있다고 하더라도, 출원인에게 그 발명의 요지를 보정할 기회도 주지 않은 채 곧바로 이와 다른 이유로 출원발명의 출원을 거절한 심결의 결론이 그 결과에 있어서는 정당하다고 하여 심결을 그대로 유지하는 것은		우에만 적용한다. <개정 2004.12.31, 2009.6.9> [본조신설 2009.6.9]	조제4항부터 제6항까지, 제23조제2항, 제46조의4제2항 및 제48조제2항을 적용할 때에는 거절결정의 이유와 다른 거절이유를 발견한 경우에도 준용한다. <개정 2010.1.27>

특허법	실용신안법	디자인보호법	상표법
당사자에게 불측의 손해를 가하는 것으로 부당하다고 보여지므로, 출원발명의 요지를 잘못 인정하고 그에 따른 진보성 판단도 잘못된 심결을 취소함이 상당하다고 한 사례. (대법원 2002. 11. 26. 선고 2000후1177 판결)			

특허법	실용신안법	디자인보호법	상표법
제171조 【특허거절결정에 대한 심판의 특칙】 특허거절결정 또는 특허권의 존속기간의 연장등록거절결정에 대한 심판에는 제147조제1항·제2항, 제155조 및 제156조를 적용하지 아니한다. [전문개정 2009.1.30]	제33조 【「특허법」의 준용】	제72조의31 【디자인등록거절결정에 대한 심판의 특칙】 제72조의10제1항·제2항, 제72조의19 및 제72조의20은 제67조의2 또는 제67조의3에 따른 심판에는 적용하지 아니한다. [본조신설 2009.6.9]	제82조 【거절결정 및 보정각하결정에 대한 심판의 특칙】 ① 「특허법」 제172조 및 제176조의 규정은 거절결정 및 보정각하결정에 대한 심판에 관하여 이를 준용한다. 이 경우 동법 제176조제1항중 "제132조의3"은 "제70조의2 또는 제70조의3"으로, "특허거절결정, 특허권의 존속기간의 연장등록거절결정 또는 특허취소결정"은 "거절결정 또는 보정각하결정"으로 본다. <개정 2001.2.3, 2007.1.3> ②제77조의 규정에 의하여 준용되는 「특허법」 제147조제1항 및 제2항·제155조 및 제156조의 규정은 제70조의2의 규정에 의한 거절결정에 대한 심판 및 제70조의3의 규정에 의한 보정각하결정에 대한 심

특허법	실용신안법	디자인보호법	상표법
제172조 【심사의 효력】 심사에서 밟은 특허에 관한 절차는 특허거절결정 또는 특허권의 존속기간의 연장등록출원의 거절결정에 대한 심판에서도 그 효력이 있다. [전문개정 2006.3.3] **제173조 삭제** <2009.1.30> **제174조 삭제** <2009.1.30> **제175조 삭제** <2009.1.30> **제176조 【특허거절결정 등의 취소】** ①심판관은 제132조의3의 규정에 의한 심판이 청구된 경우에 그 청구가 이유있다고 인정한 때에는 심결로써 특허거절결정 또는 특허권의 존속기간의 연장등록거절결정을 취소하여야 한다. <개정 1997.4.10, 2001.2.3, 2006.3.3> ②심판에서 특허거절결정 또는 특허권의 존속기간의 연장등록거절결정을 취소할 경우에는 심사에 붙일 것이라는 심결을	**제33조 【「특허법」의 준용】** **제33조 【「특허법」의 준용】**	**제72조의32 【심사 또는 디자인무심사등록이의신청절차의 효력】** 심사 또는 디자인무심사등록이의신청절차에서 밟은 디자인에 관한 절차는 디자인등록거절결정 또는 디자인등록취소결정에 대한 심판에서도 그 효력이 있다. [본조신설 2009.6.9] **제72조의33 【디자인등록거절결정 등의 취소】** ①심판관은 제67조의2 또는 제67조의3에 따른 심판이 청구된 경우에 그 청구가 이유 있다고 인정한 때에는 심결로써 보정각하결정·디자인등록거절결정 또는 디자인등록취소결정을 취소하여야 한다. ②심판에서 보정각하결정·디자인등록거절결정 또는 디자인등록취소결정을 취소할 경우에는 심사에 붙일 것이라는 심결	판에는 이를 적용하지 아니한다. <개정 2001.2.3, 2007.1.3> [전문개정 1995.1.5]

특허법	실용신안법	디자인보호법	상표법
할 수 있다. <개정 1997.4.10, 2001.2.3, 2006.3.3> ③제1항 및 제2항의 규정에 의한 심결에 있어서 취소의 기본이 된 이유는 그 사건에 대하여 심사관을 기속한다. [전문개정 1995.1.5] **제177조 삭제** <1995.1.5> **제8장 재심** **제178조 【재심의 청구】** ①당사자는 확정된 심결에 대하여 재심을 청구할 수 있다. ②「민사소송법」 제451조 및 동법 제453조의 규정은 제1항의 재심청구에 관하여 이를 준용한다. <개정 2002.1.26, 2006.3.3> ▶**판례** 상고심 계속중 당해 특허발명의 정정심결이 확정된 경우, 정정 전의 특허발명을 대상으로 하여 무효 여부를 판단한 원심판결에는 민사소송법상의 재심사유가 있다 (대법원 2008.7.24. 선고 2007후852 판결)	**제33조 【「특허법」의 준용】**	을 할 수 있다. ③제1항 및 제2항에 따른 심결에 있어서 취소의 기본이 된 이유는 그 사건에 대하여 심사관을 기속한다. [본조신설 2009.6.9] **제8장 재심 및 소송** **제73조 【재심의 청구】** ①당사자는 확정된 심결에 대하여 재심을 청구할 수 있다. ②「민사소송법」 제451조 및 동법 제453조의 규정은 제1항의 재심청구에 관하여 이를 준용한다. <개정 2002.1.26, 2007.1.3>	**제8장 재심 및 소송** **제83조 【재심의 청구】** ①당사자는 확정된 심결에 대하여 재심을 청구할 수 있다. ②「민사소송법」 제451조 및 동법 제453조의 규정은 제1항의 재심청구에 관하여 이를 준용한다. <개정 2002.1.26, 2007.1.3>

특허법	실용신안법	디자인보호법	상표법
제179조 【사해심결에 대한 불복청구】①심판의 당사자가 공모하여 제3자의 권리 또는 이익을 사해할 목적으로 심결을 하게 한 때에는 제3자는 그 확정된 심결에 대하여 재심을 청구할 수 있다. <개정 1995.1.5>②제1항의 재심청구의 경우에는 심판의 당사자를 공동피청구인으로 한다.<개정 1995.1.5>	제33조 【「특허법」의 준용】	제73조의2 【사해심결에 대한 불복청구】①심판의 당사자가 공모하여 제3자의 권리 또는 이익을 사해(詐害)할 목적으로 심결을 하게 한 때에는 제3자는 그 확정된 심결에 대하여 재심을 청구할 수 있다.②제1항의 재심청구의 경우에는 심판의 당사자를 공동피청구인으로 한다.[본조신설 2009.6.9]	제84조 【사해심결에 대한 불복청구】①심판의 당사자가 공모하여 제3자의 권리 또는 이익을 사해할 목적으로 심결을 하게 한 때에는 제3자는 그 확정된 심결에 대하여 재심을 청구할 수 있다. <개정 1995.1.5>②제1항의 재심청구의 경우에 심판의 당사자를 공동피청구인으로 한다. <개정 1995.1.5>
제180조 【재심청구의 기간】① 당사자는 심결 확정후 재심의 사유를 안 날부터 30일이내에 재심을 청구하여야 한다.②재심청구인은 대리권의 흠결을 이유로 하여 재심을 청구하는 경우에 제1항에서 규정하는 기간은 청구인 또는 법정대리인이 심결등본의 송달에 의하여 심결이 있는 것을 안 날의 다음날부터 기산한다.③심결 확정후 3년을 경과한 때에는 재심을 청구할 수 없다.④재심사유가 심결 확정후에 생긴 때에는 제3항의 기간은 그 사유가 발생한 날의 다음날부터 이를 기산한다.⑤제1항 및 제3항의 규정은 당	제33조 【「특허법」의 준용】	제73조의3 【재심청구의 기간】① 당사자는 심결 확정 후 재심의 사유를 안 날부터 30일 이내에 재심을 청구하여야 한다.②재심청구인은 대리권의 흠결을 이유로 하여 재심을 청구하는 경우에 제1항의 기간은 청구인 또는 법정대리인이 심결등본의 송달에 의하여 심결이 있는 것을 안 날의 다음 날부터 기산한다.③심결 확정 후 3년이 지난 때에는 재심을 청구할 수 없다.④재심사유가 심결 확정 후에 생긴 때에는 제3항의 기간은 그 사유가 발생한 날의 다음날부터 기산한다.⑤제1항 및 제3항은 해당 심결 이전에 행하여진 확정심결과	제86조 【「특허법」등의 준용】①「특허법」 제180조·제184조 및 「민사소송법」 제459조 제1항의 규정은 재심의 절차 및 재심의 청구에 관하여 이를 준용한다. <개정 2002.1.26, 2007.1.3>②「특허법」 제186조 내지 제188조, 제189조 및 제191조의2의 규정은 소송에 관하여 이를 준용한다. 이 경우 동법 제186조제1항중 "심결에 대한 소"는 "심결에 대한 소와 제81조제1항(제86조제1항의 규정에 의하여 준용하는 「특허법」 제184조의 경우를 포함한다)의 규정에 의하여 준용되는 제17조제1항의 규정에 의한 보정각하결정"으로, 동법 제187조 단서중

특허법	실용신안법	디자인보호법	상표법
해 심결 이전에 행하여진 확정심결과 저촉한다는 이유로 재심을 청구하는 경우에는 이를 적용하지 아니한다.		저촉한다는 이유로 재심을 청구하는 경우에는 적용하지 아니한다. [본조신설 2009.6.9]	"제133조제1항·제134조제1항·제135조제1항·제137조제1항·제138조제1항 및 제3항"은 "제71조제1항·제72조제1항·제72조의2제1항·제73조제1항 및 제2항·제74조제1항과 제75조"로 본다.　<개정 1995.1.5, 2001.2.3, 2007.1.3>
제181조 【재심에 의하여 회복한 특허권의 효력의 제한】 ①다음 각 호의 어느 하나에 해당하는 경우에 특허권의 효력은 당해 심결이 확정된 후 재심청구의 등록전에 선의로 수입 또는 국내에서 생산하거나 취득한 물건에는 미치지 아니한다. <개정 1998.9.23, 2001.2.3, 2006.3.3> 1. 무효로 된 특허권 또는 존속기간의 연장등록의 특허권이 재심에 의하여 회복된 경우 2. 특허권의 권리범위에 속하지 아니한다는 심결이 확정된 후 재심에 의하여 이와 상반되는 심결이 확정된 경우 3. 거절한다는 취지의 심결이 있었던 특허출원 또는 특허권의 존속기간의 연장등록출원이 재심에 의하여 특허권의 설정등록 또는 특허권의 존속기간의 연장등록이 된 경우	제33조 【「특허법」의 준용】	제74조 【재심에 의하여 회복한 디자인권의 효력의 제한】 ①다음 각호의 1에 해당하는 경우에 디자인권의 효력은 당해 심결이 확정된 후 재심청구의 등록전에 선의로 수입 또는 국내에서 생산하거나 취득한 물품에는 미치지 아니한다. <개정 2001.2.3, 2004.12.31> 1. 무효로 된 디자인권(디자인등록취소결정에 대한 심판에 의하여 취소가 확정된 디자인권을 포함한다)이 재심에 의하여 회복된 경우 2. 디자인권의 권리범위에 속하지 아니한다는 심결이 확정된 후 재심에 의하여 이와 상반되는 심결이 확정된 경우 3. 거절한다는 취지의 심결이 있었던 디자인등록출원에 대하여 재심에 의하여 디자인권의 설정등록이 된 경우	제85조 【재심에 의하여 회복한 상표권의 효력의 제한】 다음 각호의 1에 해당하는 경우에는 상표권의 효력은 당해 심결이 확정된 후 재심청구의 등록전에 선의로 당해 등록상표와 동일한 상표를 그 지정상품과 동일한 상품에 사용한 행위, 제66조제1항 각호의 1 또는 동조 제2항 각호의 1에 해당하는 행위에는 미치지 아니한다. <개정 2004.12.31> 1. 상표등록 또는 상표권의 존속기간갱신등록이 무효로 된 후 재심에 의하여 그 효력이 회복된 경우 2. 상표등록이 취소된 후 재심에 의하여 그 효력이 회복된 경우 3. 상표권의 권리범위에 속하지 아니한다는 심결이 확정된 후 재심에 의하여 이와 상반되

특허법	실용신안법	디자인보호법	상표법
②제1항 각호의 1에 해당하는 경우의 특허권의 효력은 다음 각호의 1의 행위에 미치지 아니한다. <개정 1995.12.29> 1. 당해 심결이 확정된 후 재심청구의 등록전에 한 당해 발명의 선의의 실시 2. 특허가 물건의 발명인 경우에는 그 물건의 생산에만 사용하는 물건을 당해 심결이 확정된 후 재심청구의 등록전에 선의로 생산·양도·대여 또는 수입하거나 양도 또는 대여의 청약을 하는 행위 3. 특허가 방법의 발명인 경우에는 그 방법의 실시에만 사용하는 물건을 당해 심결이 확정된 후 재심청구의 등록전에 선의로 생산·양도·대여 또는 수입하거나 양도 또는 대여의 청약을 하는 행위		②제1항 각호에 해당하는 경우의 디자인권의 효력은 다음 각호의 1의 행위에 미치지 아니한다. <개정 1995.12.29, 2004.12.31> 1. 당해 심결이 확정된 후 재심청구의 등록전에 한 당해 디자인의 선의의 실시 2. 등록디자인에 관련된 물품의 생산에만 사용하는 물품을 당해 심결이 확정된 후 재심청구의 등록전에 선의로 생산·양도·대여 또는 수입하거나 양도 또는 대여의 청약을 하는 행위	는 심결이 확정된 경우
제182조 【재심에 의하여 회복한 특허권에 대한 선사용자의 통상실시권】 제181조제1항 각호의 1에 해당하는 경우에 당해 심결이 확정된 후 재심청구의 등록전에 선의로 국내에서 그 발명의 실시사업을 하고 있는 자 또는 그 사업의 준비를 하고 있는 자는 그 실시 또는 준	**제33조 【「특허법」의 준용】**	**제74조의2 【재심에 의하여 회복한 디자인권에 대한 선사용자의 통상실시권】** 제74조제1항 각 호의 어느 하나에 해당하는 경우에 해당 심결이 확정된 후 재심청구 등록 전에 선의로 국내에서 그 디자인의 실시사업을 하고 있는 자 또는 그 사업의 준비를 하고 있는 자는 그	

특허법	실용신안법	디자인보호법	상표법
비를 하고 있는 발명 및 사업의 목적의 범위안에서 그 특허권에 관하여 통상실시권을 가진다.		실시 또는 준비를 하고 있는 디자인 및 사업의 목적의 범위에서 그 디자인권에 관하여 통상실시권을 가진다. [본조신설 2009.6.9]	
제183조 【재심에 의하여 통상실시권을 상실한 원권리자의 통상실시권】 ①제138조제1항 또는 제3항의 규정에 의하여 통상실시권을 허여한다는 심결이 확정된 후 재심에 의하여 이에 상반되는 심결의 확정이 있는 경우에는 재심청구 등록전에 선의로 국내에서 그 발명의 실시사업을 하고 있는 자 또는 그 사업의 준비를 하고 있는 자는 원통상실시권의 사업의 목적 및 발명의 범위안에서 그 특허권 또는 재심의 심결의 확정이 있는 당시에 존재하는 전용실시권에 대하여 통상실시권을 가진다. ②제104조제2항의 규정은 제1항의 경우에 이를 준용한다.	제33조 【「특허법」의 준용】	제74조의3 【재심에 의하여 통상실시권을 상실한 원권리자의 통상실시권】 ①제70조제1항 또는 제2항에 따라 통상실시권을 허여한다는 심결이 확정된 후 재심에 의하여 이에 상반되는 심결의 확정이 있는 경우에는 재심청구 등록 전에 선의로 국내에서 그 디자인의 실시사업을 하고 있는 자 또는 그 사업의 준비를 하고 있는 자는 원통상실시권의 사업의 목적 및 디자인의 범위에서 그 디자인권 또는 재심의 심결의 확정이 있는 당시에 존재하는 전용실시권에 대하여 통상실시권을 가진다. ②제1항에 따라 통상실시권을 가진 자는 디자인권자 또는 전용실시권자에게 상당한 대가를 지급하여야 한다. [본조신설 2009.6.9]	
제184조 【재심에서의 심판규정의 준용】 심판에 대한 재심의	제33조 【「특허법」의 준용】	제74조의4 【재심에서의 심판규정의 준용】 심판에 대한 재심	제86조 【「특허법」등의 준용】

특허법	실용신안법	디자인보호법	상표법
절차에 관하여는 그 성질에 반하지 아니하는 한 심판의 절차에 관한 규정을 준용한다. [전문개정 1995.1.5] **제185조 【「민사소송법」의 준용】** 「민사소송법」 제459조제1항의 규정은 재심청구에 관하여 이를 준용한다. <개정 2006.3.3>		의 절차에 관하여는 그 성질에 반하지 아니하는 한 심판의 절차에 관한 규정을 준용한다. [본조신설 2009.6.9] **제74조의5 【「민사소송법」의 준용】** 재심청구에 관하여는 「민사소송법」 제459조제1항을 준용한다. [본조신설 2009.6.9]	
제9장 소송			
제186조 【심결등에 대한 소】 ① 심결에 대한 소 및 심판청구서나 재심청구서의 각하결정에 대한 소는 특허법원의 전속관할로 한다. <개정 2001.2.3> ②제1항의 규정에 의한 소는 당사자, 참가인 또는 당해 심판이나 재심에 참가신청을 하였으나 그 신청이 거부된 자에 한하여 이를 제기할 수 있다. ③제1항의 규정에 의한 소는 심결 또는 결정의 등본을 송달받은 날부터 30일이내에 제기하여야 한다. ④제3항의 기간은 불변기간으로 한다. ⑤심판장은 원격 또는 교통이 불편한 지역에 있는 자를 위하	**제33조 【「특허법」의 준용】**	**제75조 【심결 등에 대한 소】** ① 심결에 대한 소와 제71조제1항(제74조의4에서 준용하는 경우를 포함한다)에 따라 준용되는 제18조의2제1항에 따른 각하결정 및 심판청구서나 재심청구서의 각하결정에 대한 소는 특허법원의 전속관할로 한다. ②제1항에 따른 소는 당사자, 참가인 또는 해당 심판이나 재심에 참가신청을 하였으나 그 신청이 거부된 자만 제기할 수 있다. ③제1항에 따른 소는 심결 또는 결정의 등본을 송달받은 날부터 30일 이내에 제기하여야 한다. ④제3항의 기간은 불변기간으	**제86조 【「특허법」 등의 준용】**

특허법	실용신안법	디자인보호법	상표법
여 직권으로 제4항의 불변기간에 대하여는 부가기간을 정할 수 있다. <신설 1998.9.23> ⑥심판을 청구할 수 있는 사항에 관한 소는 심결에 대한 것이 아니면 이를 제기할 수 없다. ⑦제162조제2항제4호의 규정에 의한 대가의 심결 및 제165조제1항의 규정에 의한 심판비용의 심결 또는 결정에 대하여는 독립하여 제1항의 규정에 의한 소를 제기할 수 없다. ⑧특허법원의 판결에 대하여는 대법원에 상고할 수 있다. [전문개정 1995.1.5]		로 한다. ⑤심판장은 주소 또는 거소가 멀리 떨어진 곳에 있거나 교통이 불편한 지역에 있는 자를 위하여 직권으로 제3항의 불변기간에 대하여 부가기간을 정할 수 있다. ⑥심판을 청구할 수 있는 사항에 관한 소는 심결에 대한 것이 아니면 제기할 수 없다. ⑦제72조의26제2항제5호에 따른 대가의 심결 및 제72조의29제1항에 따른 심판비용의 심결 또는 결정에 대하여는 독립하여 제1항에 따른 소를 제기할 수 없다. ⑧제1항에 따른 특허법원의 판결에 대하여는 대법원에 상고할 수 있다. [전문개정 2009.6.9]	

▶판례
심결취소소송의 심리범위
심판은 특허심판원에서의 행정절차이며 심결은 행정처분에 해당하고, 그에 대한 불복의 소송인 심결취소소송은 항고소송에 해당하여 그 소송물은 심결의 실체적, 절차적 위법성 여부라 할 것이므로 당사자는 심결에서 판단되지 않은 처분의 위법사유도 심결취소소송단계에서 주장·입증할 수 있고 심결취소소송의 법원은 특별한 사정이 없는 한 제한 없이 이를 심리·판단하여 판결의 기

특허법	실용신안법	디자인보호법	상표법
초로 삼을 수 있는 것이며 이와 같이 본다고 하여 심급의 이익을 해한다거나 당사자에게 예측하지 못한 불의의 손해를 입히는 것이 아니다. (대법원 2002. 6. 25. 선고 2000후1290 판결)			
제187조 【피고적격】 제186조제1항의 규정에 의한 소제기에 있어서는 특허청장을 피고로 하여야 한다. 다만, 제133조제1항·제134조제1항·제135조제1항·제137조제1항·제138조제1항 및 제3항의 규정에 의한 심판 또는 그 재심의 심결에 대한 소제기에 있어서는 그 청구인 또는 피청구인을 피고로 하여야 한다. [전문개정 1995.1.5]	제33조 【「특허법」의 준용】	제75조의2 【피고적격】 제75조제1항에 따른 소의 제기는 특허청장을 피고로 하여야 한다. 다만, 제68조제1항, 제69조, 제70조제1항 및 제2항에 따른 심판 또는 그 재심의 심결에 대한 소제기는 그 청구인 또는 피청구인을 피고로 하여야 한다. [본조신설 2009.6.9]	제86조 【「특허법」 등의 준용】
제188조 【소제기통지·재판서정본송부】 ①법원은 제186조제1항의 규정에 의한 소의 제기 또는 동조제8항의 규정에 의한 상고가 있는 때에는 지체없이 그 취지를 특허심판원장에게 통지하여야 한다. <개정 2001.2.3> ②법원은 제187조 단서의 규정	제33조 【「특허법」의 준용】	제75조의3 【소제기통지 · 재판서정본송부】 ①법원은 심결에 대한 소와 제71조제1항(제74조의4에서 준용하는 경우를 포함한다)에 따라 준용되는 제18조의2제1항에 따른 각하결정에 대한 소의 제기 또는 제75조제8항에 따른 상고가 있는 때에는 지체 없이 그 취지를 특허심판	제86조 【「특허법」 등의 준용】

특허법	실용신안법	디자인보호법	상표법
에 의한 소에 관하여 소송절차가 완결된 때에는 지체없이 그 사건에 대한 각 심급의 재판서 정본을 특허심판원장에게 송부하여야 한다. [전문개정 1995.1.5]		원장에게 통지하여야 한다. ②법원은 제75조의2 단서에 따른 소에 관하여 소송절차가 완결된 때에는 지체 없이 그 사건에 대한 각 심급의 재판서 정본을 특허심판원장에게 송부하여야 한다. [본조신설 2009.6.9]	
제188조의2 【기술심리관의 제척·기피·회피】 ①제148조, 「민사소송법」 제42조 내지 제45조, 제47조 및 제48조의 규정은 「법원조직법」 제54조의2의 규정에 의한 기술심리관의 제척·기피에 관하여 이를 준용한다. <개정 2002.1.26, 2006.3.3> ②제1항의 규정에 의한 기술심리관에 대한 제척·기피의 재판은 그 소속 법원이 결정으로 하여야 한다. ③기술심리관은 제척 또는 기피의 사유가 있다고 인정할 경우에는 특허법원장의 허가를 얻어 회피할 수 있다. [본조신설 1995.1.5]	제33조 【「특허법」의 준용】		
제189조 【심결 또는 결정의 취소】 ①법원은 제186조제1항의 규정에 의하여 소가 제기된 경	제33조 【「특허법」의 준용】	제75조의4 【심결 또는 결정의 취소】 ①법원은 제75조제1항에 따라 소가 제기된 경우에 그	제86조 【「특허법」등의 준용】

특허법	실용신안법	디자인보호법	상표법
우에 그 청구가 이유있다고 인정한 때에는 판결로써 당해 심결 또는 결정을 취소하여야 한다. ②심판관은 제1항의 규정에 의하여 심결 또는 결정의 취소판결이 확정된 때에는 다시 심리를 하여 심결 또는 결정을 하여야 한다. ③제1항의 규정에 의한 판결에 있어서 취소의 기본이 된 이유는 그 사건에 대하여 특허심판원을 기속한다. [전문개정 1995.1.5] ▶판례 **심결취소판결의 확정 이후 특허심판원의 재심리과정에서 취소판결에서의 취소의 기본이 된 이유에 따라 한 심결에 대하여 새로운 사실의 주장이나 입증 없이 그 적법 여부를 다툴 수 있는지 여부(소극)** 특허심판원은 종전의 심결을 취소하는 판결이 확정된 경우 취소판결의 취지에 따라 재심리를 하여 다시 심결을 하여야 할 의무가 있고 이 경우 취소판결에 있어서 취소의 기본이 된 이유에 기속되므로, 취소판결에서 위법이라고 판단된 심결의 이유와 동		청구가 이유 있다고 인정한 때에는 판결로써 해당 심결 또는 결정을 취소하여야 한다. ②심판관은 제1항에 따라 심결 또는 결정의 취소판결이 확정된 때에는 다시 심리를 하여 심결 또는 결정을 하여야 한다. ③제1항에 따른 판결에 있어서 취소의 기본이 된 이유는 그 사건에 대하여 특허심판원을 기속한다. [본조신설 2009.6.9]	

특허법	실용신안법	디자인보호법	상표법
일한 이유로 취소된 종전의 심결과 동일한 결론의 재심결을 할 수 없으나, 다만 취소의 기본이 된 이유와 다른, 재심리과정에서 새로이 제출된 사실과 증거에 의하여 새로이 발견된 이유에 의해서는 취소된 종전의 심결과 동일한 결론의 재심결을 할 수 있고, 이 경우 불리한 심결을 받은 당사자는 이에 불복하여 다시 취소소송을 제기할 수 있다. 그러나 재심리과정에서 새로운 주장, 입증이 없어 취소판결에 있어서의 취소의 기본이 된 이유에 따라한 심결은 위와 같은 기속력에 따른 것으로 원칙적으로 적법하고, 이 경우 불리한 심결을 받은 당사자라도 새로운 사실을 주장하거나 또는 취소판결에서 인정한 사실을 번복하기에 족한 정도의 새로운 증거를 제출하는 등으로 취소판결에서 판단한 것과 다른 새로운 위법사유를 주장하지 않는 한 이를 다툴 수 없다. (특허법원 2005. 7. 21. 선고 2005허2724 판결) **제190조 【보상금 또는 대가에 관한 불복의 소】** ①제41조제3항·제4항, 제106조제3항, 제	**제33조 【**「특허법」의 준용】	**제75조의5 【대가에 관한 불복의 소】** ①제70조제3항에 따른 대가에 대하여 심결·결정을 받	

특허법	실용신안법	디자인보호법	상표법
106조의2제3항, 제110조제2항제2호 및 제138조제4항에 따른 보상금 및 대가에 대하여 심결·결정 또는 재정을 받은 자가 그 보상금 또는 대가에 불복이 있는 때에는 법원에 소송을 제기할 수 있다. <개정 2001.2.3, 2010.1.27> ②제1항의 규정에 의한 소송은 심결·결정 또는 재정의 등본을 송달받은 날부터 30일이내에 이를 제기하여야 한다. <개정 2001.2.3> ③제2항의 규정에 의한 기간은 이를 불변기간으로 한다. **제191조 【보상금 또는 대가에 관한 소송의 피고】** 제190조에 따른 소송에 있어서는 다음 각호의 어느 하나에 해당하는 자를 피고로 하여야 한다. <개정 2004.12.31, 2010.1.27> 1. 제41조제3항 및 제4항의 규정에 의한 보상금에 대하여는 보상금을 지급할 관서 또는 출원인 2. 제106조제3항 및 제106조의2제3항에 따른 보상금에 대하여는 보상금을 지급할 관서·특허권자·전용실시권자 또는 통상실시권자	**제33조 【「특허법」의 준용】**	은 자가 그 대가에 불복이 있는 때에는 법원에 소송을 제기할 수 있다. ②제1항에 따른 소송은 심결·결정의 등본을 송달받은 날부터 30일 이내에 제기하여야 한다. ③제2항에 따른 기간은 불변기간으로 한다. [본조신설 2009.6.9] **제75조의6 【대가에 관한 소송의 피고】** 제75조의5에 따른 소송에 있어서 제70조제3항에 따른 대가에 대하여는 통상실시권자·전용실시권자 또는 디자인권자를 피고로 하여야 한다. [본조신설 2009.6.9]	

특허법	실용신안법	디자인보호법	상표법
3. 제110조제2항제2호 및 제138조제4항의 규정에 의한 대가에 대하여는 통상실시권자·전용실시권자·특허권자·실용신안권자 또는 디자인권자 **제191조의2 【변리사의 보수와 소송비용】** 소송을 대리한 변리사의 보수에 관하여는 「민사소송법」 제109조의 규정을 준용한다. 이 경우 "변호사"는 "변리사"로 본다. [본조신설 2006.3.3] **제10장** **「특허협력조약」에 의한 국제출원** <개정 2006.3.3> **제1절 국제출원절차** **제192조 【국제출원을 할 수 있는 자】** 특허청장에게 국제출원을 할 수 있는 자는 다음 각호의 1에 해당하는 자로 한다. <개정 1993.3.6, 1993.12.10, 1995.12.29, 2001.2.3, 2008.2.29> 1. 대한민국 국민 2. 국내에 주소 또는 영업소를	**제33조 【「특허법」의 준용】** **제8장 「특허협력조약」에 의한 국제출원** **제41조 【「특허법」의 준용】** 「특허법」 제192조 내지 제198조, 제198조의2, 제200조, 제202조 내지 제208조 및 제211조의 규정은 국제실용신안등록출원에 관하여 이를 준용한다.	**제75조의7 【변리사의 보수와 소송비용】** 소송을 대리한 변리사의 보수에 관하여는 「민사소송법」 제109조를 준용한다. 이 경우 "변호사"는 "변리사"로 본다. [본조신설 2009.6.9]	**제86조 【「특허법」 등의 준용】** **제8장의2 의정서에 의한 국제출원** <신설 2001.2.3> **제1절 국제출원 등** <신설 2001.2.3> **제86조의3 【출원인적격】** ①특허청장에게 국제출원을 할 수 있는 자는 다음 각호의 1에 해당하는 자로 한다. 1. 대한민국 국민 2. 대한민국안에 주소(법인인 경우에는 영업소)를 가진 자 ②2인 이상이 공동으로 국제출

특허법	실용신안법	디자인보호법	상표법
가진 외국인 3. 제1호 또는 제2호에 해당하는 자가 아닌 자로서 제1호 또는 제2호에 해당하는 자를 대표자로 하여 국제출원을 하는 자 4. 지식경제부령이 정하는 요건에 해당하는 자 **제193조 【국제출원】** ①국제출원을 하고자 하는 자는 지식경제부령이 정하는 언어로 작성한 출원서와 명세서·청구의 범위·필요한 도면 및 요약서를 특허청장에게 제출하여야 한다. <개정 1993.3.6, 1995.12.29, 1998.9.23, 2006.3.3, 2008.2.29> ②제1항의 출원서에는 다음 각 호의 사항을 기재하여야 한다. <개정 1993.12.10, 2006.3.3> 1. 당해 출원이 「특허협력조약」에 의한 국제출원이라는 표시 2. 당해 출원한 발명의 보호가 요구되는 「특허협력조약」 체약국의 지정 3. 제2호의 지정국중 「특허협력조약」 제2조(iv)의 지역특허를 받고자 하는 경우에는 그 취지 4. 출원인의 성명이나 명칭·	**제41조 【「특허법」의 준용】**		원을 하고자 하는 경우에는 출원인적격에 관하여 지식경제부령이 정하는 요건을 충족하여야 한다. <개정 2008.2.29> [본조신설 2001.2.3] **제86조의2 【국제출원】** 의정서 제2조(1)의 규정에 의한 국제등록(이하 "국제등록"이라 한다)을 받고자 하는 자는 다음 각 호의 1에 해당하는 상표등록출원 또는 상표등록을 기초로 하여 특허청장에게 국제출원을 하여야 한다. 1. 본인의 상표등록출원 2. 본인의 상표등록 3. 본인의 상표등록출원 및 본인의 상표등록 [본조신설 2001.2.3]

특허법	실용신안법	디자인보호법	상표법
주소나 영업소 및 국적 5. 대리인이 있는 경우에는 그 대리인의 성명 및 주소나 영업소 6. 발명의 명칭 7. 발명자의 성명 및 주소나 영업소(지정국의 법령에 발명자에 관한 사항의 기재가 규정되어 있는 경우에 한한다) ③제1항의 명세서는 그 발명이 속하는 기술분야에서 통상의 지식을 가진 자가 용이하게 실시할 수 있도록 명확하고 상세하게 기재되어야 한다. ④제1항의 청구의 범위에는 보호를 받고자 하는 사항을 명확하고 간결하게 기재하여야 하며 명세서에 의하여 충분히 뒷받침되어야 한다. ⑤제1항 내지 제4항에 규정된 것외에 국제출원에 관하여 필요한 사항은 지식경제부령으로 정한다. <개정 1993.3.6, 1995.12.29, 2001.2.3>			**제86조의4 【국제출원의 절차】** ①국제출원을 하고자 하는 자는 지식경제부령이 정하는 언어로 작성한 국제출원서(이하 "국제출원서"라 한다) 및 국제

특허법	실용신안법	디자인보호법	상표법
			출원에 필요한 서류를 특허청장에게 제출하여야 한다. <개정 2008.2.29> ②국제출원서에는 다음 각호의 사항을 기재하여야 한다. <개정 2008.2.29> 1. 출원인의 성명 및 주소(법인인 경우에는 그 명칭 및 영업소의 소재지) 2. 제86조의3의 규정에 의한 출원인적격에 관한 사항 3. 상표를 보호받고자 하는 국가(정부간기구를 포함한다. 이하 "지정국"이라 한다) 4. 의정서 제2조(1)의 규정에 의한 기초출원(이하 "기초출원"이라 한다)의 출원일자 및 출원번호 또는 의정서 제2조(1)의 규정에 의한 기초등록(이하 "기초등록"이라 한다)의 등록일자 및 등록번호 5. 국제등록을 받고자 하는 상표 6. 국제등록을 받고자 하는 상품 및 그 유구분 7. 기타 지식경제부령이 정하는 사항 ③국제출원을 하고자 하는 자가 색채를 상표의 식별력있는 요소로 청구하고자 하는 경우에는 그 취지와 색채 또는 색

특허법	실용신안법	디자인보호법	상표법
			채의 조합을 국제출원서에 기재하고, 당해 색채를 결합한 상표의 사본을 국제출원서에 첨부하여야 한다. [본조신설 2001.2.3] **제86조의5 【기재사항의 심사 등】** ①특허청장은 국제출원서의 기재사항이 기초출원 또는 기초등록의 기재사항과 합치하는 경우에는 그 사실을 인정한다는 뜻과 국제출원서의 특허청 도달일을 국제출원서에 기재하여야 한다. ②특허청장은 제1항의 규정에 의하여 도달일 등을 기재한 후에는 즉시 국제출원서 및 국제출원에 필요한 서류를 의정서 제2조(1)의 규정에 의한 국제사무국(이하 "국제사무국"이라 한다)에 보내고, 그 국제출원서의 사본을 당해 출원인에게 보내야 한다. [본조신설 2001.2.3] **제86조의6 【사후지정】** ①국제등록명의인은 국제등록된 상표를 보호받고자 하는 국가 또는 정부간기구를 추가로 지정(이하 "사후지정"이라 한다)하고자 하는 경우에는 지식경제부령이

특허법	실용신안법	디자인보호법	상표법
			정하는 바에 따라 특허청장에게 사후지정을 신청할 수 있다. <개정 2008.2.29> ②제1항의 규정을 적용함에 있어서 국제등록명의인은 국제등록된 지정상품의 전부 또는 일부에 대하여 사후지정을 할 수 있다. [본조신설 2001.2.3] **제86조의7 【존속기간의 갱신】** ① 국제등록명의인은 국제등록의 존속기간을 10년간씩 갱신할 수 있다. ②제1항의 규정에 의하여 국제등록의 존속기간을 갱신하고자 하는 자는 지식경제부령이 정하는 바에 따라 특허청장에게 국제등록존속기간의 갱신을 신청할 수 있다. <개정 2008.2.29> [본조신설 2001.2.3] **제86조의8 【국제등록의 명의변경】** ①국제등록명의인 또는 그 승계인은 지정상품 또는 지정국의 전부 또는 일부에 대하여 국제등록의 명의를 변경할 수 있다. ②제1항의 규정에 의하여 국제등록의 명의를 변경하고자 하

특허법	실용신안법	디자인보호법	상표법
			는 자는 지식경제부령이 정하는 바에 따라 특허청장에게 국제등록명의변경등록을 신청할 수 있다. <개정 2008.2.29> [본조신설 2001.2.3] **제86조의12【국제등록사항의 변경등록 등】** 국제등록사항의 변경등록신청 기타 국제출원에 관하여 필요한 사항은 지식경제부령으로 정한다. <개정 2008.2.29> [본조신설 2001.2.3] **제86조의13【업무표장에 대한 적용 제외】** 제86조의2 내지 제86조의12의 규정은 업무표장에 대하여 이를 적용하지 아니한다. [본조신설 2001.2.3]
제194조【국제출원일의 인정등】 ①특허청장은 국제출원이 특허청에 도달한 날을 「특허협력조약」 제11조의 국제출원일(이하 "국제출원일"이라 한다)로 인정하여야 한다. 다만, 다음 각호의 1에 해당하는 경우에는 그러하지 아니하다. <개정 2006.3.3> 1. 출원인이 제192조에 규정된	**제41조【「특허법」의 준용】**		

특허법	실용신안법	디자인보호법	상표법
요건을 충족하지 못하는 경우 2. 제193조제1항의 규정에 의한 언어로 작성되지 아니한 경우 3. 제193조제1항의 명세서 및 청구의 범위가 제출되지 아니한 경우 4. 제193조제2항제1호·제2호에 규정된 사항 및 출원인의 성명이나 명칭을 기재하지 아니한 경우 ②특허청장은 국제출원이 제1항 단서의 규정에 해당하는 경우에는 기간을 정하여 서면으로 절차를 보완할 것을 명하여야 한다. <개정 1993.12.10> ③특허청장은 국제출원이 도면에 관하여 기재하고 있으나 그 출원에 도면이 포함되어 있지 아니한 경우에는 그 취지를 출원인에게 통지하여야 한다. ④특허청장은 제2항의 규정에 의한 절차의 보완명령을 받은 자가 지정된 기간내에 보완을 한 경우에는 그 보완에 관계되는 서면의 도달일을, 제3항의 규정에 의한 통지를 받은 자가 지식경제부령이 정하는 기간내에 도면을 제출한 경우에는 그 도면의 도달일을 국제출원일로 인정하여야 한다. 다만, 제3항			

특허법	실용신안법	디자인보호법	상표법
의 규정에 의한 통지를 받은 자가 지식경제부령이 정하는 기간내에 도면을 제출하지 아니한 경우에는 그 도면에 관한 기재는 없는 것으로 본다. <개정 1993.3.6, 1993.12.10, 1995.12.29, 2001.2.3, 2008.2.29> **제195조 【보정명령】** 특허청장은 국제출원이 다음 각호의 1에 해당하는 경우에는 기간을 정하여 보정을 명하여야 한다. <개정 1993.3.6, 1995.12.29, 2001.2.3, 2008.2.29> 1. 발명의 명칭이 기재되지 아니한 경우 2. 요약서가 제출되지 아니한 경우 3. 제3조 또는 제197조제3항의 규정에 위반된 경우 4. 지식경제부령이 정하는 방식에 위반된 경우 **제196조 【취하된 것으로 보는 국제출원등】** ①국제출원이 다음 각호의 1에 해당하는 경우에는 그 국제출원은 취하된 것으로 본다. <개정 1993.3.6, 1995.12.29, 2001.2.3, 2006.3.3, 2008.2.29>	**제41조 【「특허법」의 준용】** **제41조 【「특허법」의 준용】**		

특허법	실용신안법	디자인보호법	상표법
1. 제195조의 규정에 의한 보정명령을 받은 자가 지정된 기간내에 보정을 하지 아니한 경우 2. 국제출원에 관한 수수료를 지식경제부령이 정하는 기간내에 납부하지 아니하여 「특허협력조약」 제14조(3)(a)에 해당하게 된 경우 3. 제194조의 규정에 의하여 국제출원일이 인정된 국제출원에 관하여 지식경제부령이 정하는 기간내에 그 국제출원이 제194조제1항 단서 각호의 1에 해당되는 것이 발견된 경우 ②국제출원에 관하여 납부하여야 할 수수료의 일부를 지식경제부령이 정하는 기간내에 납부하지 아니하여 「특허협력조약」 제14조(3)(b)에 해당하게 된 경우에는 수수료를 납부하지 아니한 지정국의 지정은 취하된 것으로 본다. <개정 1993.3.6, 1995.12.29, 2001.2.3, 2006.3.3, 2008.2.29> ③특허청장은 제1항 및 제2항의 규정에 의하여 국제출원 또는 지정국의 일부가 취하된 것으로 보는 때에는 그 사실을 출원인에게 통지하여야 한다.			

특허법	실용신안법	디자인보호법	상표법
제197조 【대표자등】 ①2인이상이 공동으로 국제출원을 하는 경우에 제192조 내지 제196조 및 제198조의 규정에 의한 절차는 출원인의 대표자가 그 절차를 행할 수 있다. ②2인이상이 공동으로 국제출원을 하는 경우에 출원인이 대표자를 정하지 아니한 때에는 지식경제부령이 정하는 바에 따라 대표자를 정할 수 있다. <개정 1993.3.6, 1995.12.29, 2001.2.3, 2008.2.29> ③제1항의 절차를 대리인에 의하여 행하고자 하는 자는 제3조의 규정에 의한 법정대리인을 제외하고는 변리사를 대리인으로 하여야 한다.	제41조 【「특허법」의 준용】		
제198조 【수수료】 ①국제출원을 하고자 하는 자는 수수료를 납부하여야 한다. ②제1항의 규정에 의한 수수료·그 납부방법 및 납부기간 등에 관하여 필요한 사항은 지식경제부령으로 정한다. <개정 1993.3.6, 1995.12.29, 2001.2.3, 2008.2.29>	제41조 【「특허법」의 준용】		
제198조의2 【국제조사 및 국제예비심사】 ①특허청은 「특허협	제41조 【「특허법」의 준용】		

특허법	실용신안법	디자인보호법	상표법
력조약」 제2조(xix)의 국제사무국(이하 "국제사무국"이라 한다)과 체결하는 협정에 따라 국제출원에 대한 국제조사기관 및 국제예비심사기관으로서의 업무를 수행한다. <개정 2006.3.3, 2009.1.30> ②제1항의 규정에 의한 업무수행에 관하여 필요한 사항은 지식경제부령으로 정한다. <개정 2008.2.29> [본조신설 1998.9.23] **제2절 국제특허출원에 관한 특례** **제199조 【국제출원에 의한 특허출원】** ①「특허협력조약」에 의하여 국제출원일이 인정된 국제출원으로서 특허를 받기 위하여 대한민국을 지정국으로 지정한 국제출원은 그 국제출원일에 출원된 특허출원으로 본다. <개정 2006.3.3> ②제1항의 규정에 의한 특허출원으로 보는 국제출원(이하 " 국제특허출원"이라 한다)에 관하여는 제54조의 규정은 이를 적용하지 아니한다.	**제34조 【국제출원에 의한 실용신안등록출원】** ①「특허협력조약」에 의하여 국제출원일이 인정된 국제출원으로서 실용신안등록을 받기 위하여 대한민국을 지정국으로 지정한 국제출원은 그 국제출원일에 출원된 실용신안등록출원으로 본다. ②제1항의 규정에 의한 실용신안등록출원으로 보는 국제출원(이하 "국제실용신안등록출원"이라 한다)에 관하여는 제11조의 규정에 의하여 준용되는 「특허법」 제54조의 규정은		**제2절 국제상표등록출원에 관한 특례** <신설 2001.2.3> **제86조의14 【국제상표등록출원】** ①의정서에 의하여 국제등록된 국제출원으로서 대한민국을 지정국으로 지정(사후지정을 포함한다)한 국제출원은 이 법에 의한 상표등록출원으로 본다. ②제1항의 규정을 적용함에 있어서 의정서 제3조(4)의 규정에 의한 국제등록일(이하 "국제등록일"이라 한다)을 이 법에 의한 상표등록출원일로 본다. 다만, 대한민국을 사후지정한 국제출원의 경우에는 그 사후지정이 국제등록부(의정서 제2조(1)의 규정에 의한 국제등

특허법	실용신안법	디자인보호법	상표법
	이를 적용하지 아니한다.		록부를 말한다. 이하 같다)에 등록된 날(이하 "사후지정일"이라 한다)을 이 법에 의한 상표등록출원일로 본다. ③제1항의 규정에 의하여 이 법에 의한 상표등록출원으로 보는 국제출원(이하 "국제상표등록출원"이라 한다)에 대하여는 국제등록부에 등록된 국제등록명의인의 성명 및 주소(법인인 경우에는 그 명칭 및 영업소의 소재지), 상표, 지정상품 및 그 유구분은 이 법에 의한 출원인의 성명 및 주소(법인인 경우에는 그 명칭 및 영업소의 소재지), 상표, 지정상품 및 그 유구분으로 본다. [본조신설 2001.2.3] **제86조의15 【업무표장의 특례】** 업무표장에 관한 규정은 국제상표등록출원에 대하여 이를 적용하지 아니한다. [본조신설 2001.2.3] **제86조의16 【국제상표등록출원의 특례】** ①국제상표등록출원에 대하여 이 법을 적용함에 있어서 국제등록부에 등록된 우선권주장의 취지, 최초로 출원한 국가명 및 출원의 연월일

특허법	실용신안법	디자인보호법	상표법
			은 상표등록출원서에 기재된 우선권주장의 취지, 최초로 출원한 국가명 및 출원의 연월일로 본다. ②국제상표등록출원에 대하여 이 법을 적용함에 있어서 국제등록부에 등록된 입체적 형상·색채·홀로그램·동작 또는 그 밖에 시각적으로 인식할 수 있는 것으로 된 상표라는 취지는 상표등록출원서에 기재된 입체적 형상·색채·홀로그램·동작 또는 그 밖에 시각적으로 인식할 수 있는 것으로 된 상표의 취지로 본다. <개정 2007.1.3> ③단체표장등록을 받고자 하는 자는 지식경제부령이 정하는 기간 이내에 제9조제3항의 규정에 의한 정관을 제출하여야 한다. 이 경우 제2조제1항제3호의4의 규정에 의한 지리적 표시 단체표장을 등록받고자 하는 자는 그 취지를 기재한 서류와 제2조제1항제3호의2의 규정에 의한 지리적 표시의 정의에 합치함을 입증할 수 있는 대통령령이 정하는 서류를 정관과 함께 제출하여야 한다. <개정 2004.12.31, 2008.2.29> [본조신설 2001.2.3]

특허법	실용신안법	디자인보호법	상표법
			제86조의17 【국내등록상표가 있는 경우의 국제상표등록출원의 효과】 ①대한민국에 설정등록된 상표(국제상표등록출원에 의한 등록상표를 제외한다. 이하 이 조에서 "국내등록상표"라 한다)의 상표권자가 국제상표등록출원을 하는 경우로서 다음 각호의 요건을 갖춘 때에는 그 국제상표등록출원은 지정상품이 중복되는 범위안에서 당해 국내 등록상표에 관한 상표등록출원의 출원일에 출원된 것으로 본다. 1. 국제상표등록출원에 의하여 국제등록부에 등록된 상표(이하 "국제등록상표"라 한다)와 국내등록상표가 동일할 것 2. 국제등록상표에 관한 국제등록명의인과 국내등록상표의 상표권자가 동일할 것 3. 국내등록상표의 지정상품이 국제등록상표의 지정상품에 모두 포함되어 있을 것 4. 의정서 제3조의3의 규정에 의한 영역확장의 효력이 국내등록상표의 상표등록일후에 발생할 것 ②제1항의 규정에 의한 국내등록상표에 관한 상표등록출원에

특허법	실용신안법	디자인보호법	상표법
			대하여 조약에 의한 우선권이 인정되는 경우에는 그 우선권이 동항의 규정에 의한 국제상표등록출원에도 인정된다. ③국내등록상표의 상표권이 다음 각호의 1에 해당하는 사유로 취소되거나 소멸되는 경우에는 그 취소 또는 소멸된 상표권의 지정상품과 동일한 범위안에서 제1항 및 제2항의 규정에 의한 당해 국제상표등록출원에 대한 효과는 인정되지 아니한다. <개정 2004.12.31> 1. 제73조제1항제2호·제3호 및 제5호 내지 제12호의 규정에 해당한다는 것을 사유로 상표등록을 취소한다는 심결이 확정된 경우 2. 제73조제1항제2호·제3호 및 제5호 내지 제12호의 규정에 해당한다는 것을 사유로 상표등록의 취소심판이 청구되고, 그 청구일 이후에 존속기간의 만료로 인하여 상표권이 소멸하거나 상표권 또는 지정상품의 일부를 포기한 경우 ④의정서 제4조의2제2항의 규정에 따른 신청을 하려고 하는 자는 다음 각 호의 사항을 적은 신청서를 특허청장에게 제출하여야 한다.

특허법	실용신안법	디자인보호법	상표법
			<신설 2007.1.3, 2008.2.29> 1. 국제등록명의인의 성명 및 주소(법인의 경우에는 그 명칭 및 영업소의 소재지) 2. 국제등록번호 3. 관련 국내등록상표 번호 4. 중복되는 지정상품 5. 그 밖에 지식경제부령이 정하는 사항 ⑤심사관은 제4항의 규정에 따른 신청이 있는 때에는 당해 국제상표등록출원에 대하여 제1항 내지 제3항의 규정에 따른 효과의 인정 여부를 신청인에게 통지하여야 한다. <신설 2007.1.3> [본조신설 2001.2.3] **제86조의18 【출원의 승계 및 분할이전 등의 특례】** ①제12조제1항의 규정은 국제상표등록출원에 대하여 이를 적용함에 있어서 "상속 기타 일반승계의 경우를 제외하고는 출원인변경신고를"은 "출원인이 국제사무국에 명의변경신고를"으로 한다. ②국제등록명의의 변경에 의하여 국제등록지정상품의 전부 또는 일부가 분할되어 이전된 경우에는 국제상표등록출원은

특허법	실용신안법	디자인보호법	상표법
			변경된 국제등록명의인에 의하여 각각 출원된 것으로 본다. ③제12조제4항의 규정은 국제상표등록출원에 대하여 이를 적용하지 아니한다. [본조신설 2001.2.3] **제86조의20 【출원의 분할의 특례】** 제18조의 규정은 국제상표등록출원에 대하여 이를 적용하지 아니한다. [본조신설 2001.2.3] **제86조의21 【출원의 변경의 특례】** 제19조제1항 내지 제4항의 규정은 국제상표등록출원에 대하여 이를 적용하지 아니한다. [본조신설 2001.2.3] **제86조의22 【파리협약에 의한 우선권주장의 특례】** 제20조제4항 및 제5항의 규정은 국제상표등록출원을 하는 자가 파리협약에 의한 우선권주장을 하는 경우에 이를 적용하지 아니한다. [본조신설 2001.2.3] **제86조의23 【출원 시 및 우선심사의 특례】** ①제21조제2항의 규정은 국제상표등록출원에 대하여 이를 적용함에 있어서 "

특허법	실용신안법	디자인보호법	상표법
			그 취지를 기재한 서면을 상표등록출원과 동시에 특허청장에게 제출하고 이를 증명할 수 있는 서류를 상표등록출원일부터 30일 이내"는 "그 취지를 기재한 서면 및 이를 증명할 수 있는 서류를 지식경제부령이 정하는 기간 이내"로 한다. <개정 2008.2.29, 2010.1.27> ② 국제상표등록출원에 관하여는 제22조의4제2항을 적용하지 아니한다. <신설 2010.1.27> [본조신설 2001.2.3] [제목개정 2010.1.27] **제86조의24 【거절이유통지의 특례】** 제23조제2항의 규정을 국제상표등록출원에 대하여 적용하는 경우에는 "그 출원인에게"를 "국제사무국을 통하여 그 출원인에게"로 한다. [본조신설 2007.1.3] **제86조의25 【출원공고의 특례】** 제24조제1항의 규정은 국제상표등록출원에 대하여 이를 적용함에 있어서 "거절이유를 발견할 수 없는 때에는"은 "지식경제부령이 정하는 기간 이내에 거절이유를 발견할 수 없는 때에는"으로 한다.

특허법	실용신안법	디자인보호법	상표법
			<개정 2008.2.29> [본조신설 2001.2.3] **제86조의26 【손실보상청구권의 특례】** 제24조의2제1항 단서의 규정은 국제상표등록출원에 대하여 이를 적용함에 있어서 "당해 상표등록출원의 사본"은 "당해 국제출원의 사본"으로 한다. [본조신설 2001.2.3] **제86조의27 【상표등록결정 및 직권에 의한 보정의 특례】** ①제30조의 규정은 국제상표등록출원에 대하여 이를 적용함에 있어서 "거절이유를 발견할 수 없는 때에는"은 "지식경제부령이 정하는 기간 이내에 거절이유를 발견할 수 없는 때에는"으로 한다. <개정 2008.2.29, 2010.1.27> ②국제상표등록출원에 관하여는 제24조의3을 적용하지 아니한다. <신설 2010.1.27> [본조신설 2001.2.3] [제목개정 2010.1.27] **제86조의28 【상표등록료 등의 특례】** ①국제상표등록출원을 하고자 하는 자 또는 제86조의31의 규정에 의하여 설정등록을

특허법	실용신안법	디자인보호법	상표법
			받은 상표권(이하 "국제등록기초상표권"이라 한다)의 존속기간을 갱신하고자 하는 자는 의정서 제8조(7)(a)의 규정에 의한 개별수수료를 국제사무국에 납부하여야 한다. ②제1항의 규정에 의한 개별수수료에 관하여 필요한 사항은 지식경제부령으로 정한다. <개정 2008.2.29> ③제34조·제34조의2·제35조·제36조·제36조의2 및 제36조의3의 규정은 국제상표등록출원 또는 국제등록기초상표권에 대하여는 이를 적용하지 아니한다. <개정 2007.1.3> [본조신설 2001.2.3] **제86조의29【상표등록료 등의 반환의 특례】** 제38조제1항 본문의 규정은 국제상표등록출원에 대하여 이를 적용함에 있어서 "납부된 상표등록료 및 수수료"는 "납부된 수수료"로, 동조동항 단서와 동조제2항 및 제3항의 규정을 적용함에 있어서 "상표등록료 및 수수료"는 각각 "수수료"로 한다. [본조신설 2001.2.3] **제86조의30【상표원부에의 등록**

특허법	실용신안법	디자인보호법	상표법
			의 특례】 ①제39조제1항제1호의 규정은 국제등록기초상표권에 대하여 이를 적용함에 있어서 "상표권의 설정·이전·변경·소멸·존속기간의 갱신·제46조의2의 규정에 의한 상품분류전환·지정상품의 추가 또는 처분의 제한"은 "상표권의 설정 또는 처분의 제한"으로 한다. ②국제등록기초상표권의 이전·변경·소멸 또는 존속기간의 갱신은 국제등록부에 등록된 바에 의한다. [본조신설 2001.2.3] 제86조의31 【상표권의 설정등록의 특례】 제41조제2항은 국제상표등록출원에 대하여 적용할 때에 "제34조제1항 또는 제35조에 따라 상표등록료(제34조제1항 후단에 따라 분할납부하는 경우에는 1회차 상표등록료를 말한다. 이하 이 항에서 같다)를 납부한 때, 제36조의2제2항에 따라 상표등록료를 보전한 때 또는 제36조의3제1항에 따라 상표등록료를 납부하거나 보전한 때"는 "상표등록결정이 있은 때"로 본다. [전문개정 2010.1.27]

특허법	실용신안법	디자인보호법	상표법
			제86조의32 【상표권의 존속기간 등의 특례】 ①국제등록기초상표권의 존속기간은 제86조의31의 규정에 의한 상표권의 설정등록이 있는 날부터 국제등록일후 10년이 되는 날까지로 한다. ②국제등록기초상표권의 존속기간은 국제등록의 존속기간의 갱신에 의하여 10년간씩 갱신할 수 있다. ③제2항의 규정에 의하여 국제등록기초상표권의 존속기간이 갱신된 경우에는 당해 국제등록기초상표권의 존속기간은 그 존속기간의 만료시에 갱신된 것으로 본다. ④국제등록기초상표권에 관하여는 제42조, 제43조, 제46조, 제46조의2, 제46조의4, 제46조의5, 제49조제1항·제2항 및 제64조의2를 적용하지 아니한다. <개정 2010.1.27> [본조신설 2001.2.3] 제86조의33 【지정상품의 추가등록출원의 특례】 제47조·제48조 및 제49조제3항의 규정은 국제상표등록출원 또는 국제등록기초상표권에 대하여 이를

특허법	실용신안법	디자인보호법	상표법
			적용하지 아니한다. [본조신설 2001.2.3] **제86조의34 【상표권의 분할의 특례】** 제54조의2의 규정은 국제등록기초상표권에 대하여 이를 적용하지 아니한다. [본조신설 2001.2.3] **제86조의35 【상표권등록의 효력의 특례】** ①국제등록기초상표권의 이전·변경·포기에 의한 소멸 또는 존속기간의 갱신은 국제등록부에 등록하지 아니하면 그 효력이 발생하지 아니한다. ②제56조제1항제1호(처분의 제한에 관한 부분을 제외한다)의 규정은 국제등록기초상표권에 대하여 이를 적용하지 아니한다. ③제56조제2항의 규정은 국제등록기초상표권에 대하여 이를 적용함에 있어서 "상표권·전용사용권"은 "전용사용권"으로 한다. [본조신설 2001.2.3] **제86조의36 【국제등록 소멸의 효과】** ①국제상표등록출원의 기초가 되는 국제등록의 전부 또

특허법	실용신안법	디자인보호법	상표법
			는 일부가 소멸한 경우에는 그 소멸한 범위안에서 당해 국제상표등록출원은 지정상품의 전부 또는 일부에 대하여 취하된 것으로 본다. ②국제등록기초상표권의 기초가 되는 국제등록의 전부 또는 일부가 소멸한 경우에는 그 소멸한 범위안에서 당해 상표권은 지정상품의 전부 또는 일부에 대하여 소멸된 것으로 본다. ③제1항 및 제2항의 규정에 의한 취하 또는 소멸의 효과는 국제등록부상 당해 국제등록이 소멸된 날부터 발생한다. [본조신설 2001.2.3] **제86조의37 【상표권의 포기의 특례】** ①제60조제1항의 규정은 국제등록기초상표권에 대하여 이를 적용하지 아니한다. ②제61조의 규정은 국제등록기초상표권에 대하여 이를 적용함에 있어서 "상표권·전용사용권"은 각각 "전용사용권"으로 한다. [본조신설 2001.2.3] **제86조의38 【존속기간갱신등록의 무효심판 등의 특례】** 제72조 및 제72조의2의 규정은 국

특허법	실용신안법	디자인보호법	상표법
			제등록기초상표권에 대하여 이를 적용하지 아니한다. [본조신설 2001.2.3] **제3절 상표등록출원의 특례** <신설 2001.2.3> **제86조의39 【국제등록 소멸후의 상표등록출원의 특례】** ①대한민국을 지정(사후지정을 포함한다)한 국제등록의 대상인 상표가 지정상품의 전부 또는 일부에 관하여 의정서 제6조(4)의 규정에 따라 그 국제등록이 소멸된 경우에는 당해 국제등록의 명의인은 당해 상품의 전부 또는 일부에 관하여 특허청장에게 상표등록출원을 할 수 있다. ②제1항의 규정에 의한 상표등록출원이 다음 각호의 요건을 갖춘 때에는 국제등록일(사후지정의 경우에는 사후지정일)에 출원된 것으로 본다. 1. 제1항의 규정에 의한 상표등록출원이 동항의 규정에 의한 국제등록소멸일부터 3월 이내에 출원될 것 2. 제1항의 규정에 의한 상표등록출원의 지정상품이 동항의 규정에 의한 국제등록의 지정

특허법	실용신안법	디자인보호법	상표법
			상품에 모두 포함될 것 3. 상표등록을 받고자 하는 상표가 소멸된 국제등록의 대상인 상표와 동일할 것 ③제1항의 규정에 의한 국제등록에 관한 국제상표등록출원에 대하여 조약에 의한 우선권이 인정되는 경우에는 그 우선권이 동항의 규정에 의한 상표등록출원에 인정된다. [본조신설 2001.2.3] **제86조의40 【의정서 폐기후의 상표등록출원의 특례】** ①대한민국을 지정(사후지정을 포함한다)하는 국제등록의 명의인이 의정서 제15조(5)(b)의 규정에 따라 출원인적격을 잃게 된 때에는 당해 국제등록의 명의인은 국제등록된 지정상품의 전부 또는 일부에 관하여 특허청장에게 상표등록출원을 할 수 있다. ②제86조의39제2항 및 제3항의 규정은 제1항의 규정에 의한 상표등록출원에 관하여 이를 준용한다. 이 경우 제86조의39제2항제1호중 "동항의 규정에 의한 국제등록소멸일부터 3월 이내"는 "의정서 제15조(3)의 규정에 의하여 폐기의 효력이

특허법	실용신안법	디자인보호법	상표법
			발생한 날부터 2년 이내"로 본다. [본조신설 2001.2.3] **제86조의41 【심사의 특례】** 제23조·제24조 및 제25조 내지 제29조의 규정은 다음 각호의 1에 해당하는 상표등록출원(이하 "재출원"이라 한다)이 제86조의31의 규정에 의하여 설정등록되었던 본인의 등록상표에 관한 경우에는 당해 상표등록출원에 대하여 이를 적용하지 아니한다. 1. 제86조의39제2항 각호의 요건을 갖추어 동조제1항의 규정에 의하여 행하는 상표 등록출원 2. 제86조의40제2항의 규정에 의하여 준용되는 제86조의39제2항 각호의 요건을 갖추어 제86조의40제1항의 규정에 의하여 행하는 상표등록출원 [본조신설 2001.2.3] **제86조의42 【제척기간의 특례】** 재출원에 의하여 당해 상표가 설정등록된 경우로서 종전의 국제등록기초상표권에 대한 제76조제1항의 제척기간이 경과된 때에는 재출원에 의하여 설

특허법	실용신안법	디자인보호법	상표법
제200조 【공지 등이 되지 아니한 발명으로 보는 경우의 특례】 국제특허출원한 발명에 관하여 제30조제1항제1호의 규정을 적용받고자 하는 자는 그 취지를 기재한 서면 및 이를 증명할 수 있는 서류를 제30조제2항의 규정에 불구하고 지식경제부령이 정하는 기간내에 특허청장에게 제출할 수 있다. <개정 2007.1.3> **제201조 【국제특허출원의 번역문】** ①국제특허출원을 외국어로 출원한 출원인은 「특허협력조약」 제2조(xi)의 우선일(이하 "우선일"이라 한다)부터 2년 7월(이하 "국내서면제출기간"이라 한다) 이내에 국제출원일에 제출한 명세서·청구의 범위·도면(도면중 설명부분에 한한다) 및 요약서의 국어 번역문을 특허청장에게 제출하여야 한다. 다만, 국제특허출원을 외국어로 출원한 출원인이 「특허협력조약」 제19조(1)의 규정에 의하여 청구의 범위에 관한 보정을 한 때에는 국제출원일에 제출한 청구의 범위에 대	**제41조 【「특허법」의 준용】** 「특허법」 제192조 내지 제198조, 제198조의2, 제200조, 제202조 내지 제208조 및 제211조의 규정은 국제실용신안등록출원에 관하여 이를 준용한다. **제35조 【국제실용신안등록출원의 국어 번역문】** ①국제실용신안등록출원을 외국어로 출원한 출원인은 「특허협력조약」 제2조 (xi)의 우선일(이하 "우선일"이라 한다)부터 2년 7월(이하 "국내서면제출기간"이라 한다) 이내에 국제출원일에 제출한 명세서, 청구의 범위, 도면(도면 중 설명부분에 한한다) 및 요약서의 국어 번역문을 특허청장에게 제출하여야 한다. 다만, 국제실용신안등록출원을 외국어로 출원한 출원인이 「특허협력조약」 제19조 (1)의 규정에 의하여 청구의 범위에 관한 보정을 한 때에는 국제출원		정등록된 상표에 대하여 무효심판을 청구할 수 없다.

특허법	실용신안법	디자인보호법	상표법
한 국어 번역문을 보정 후의 청구의 범위에 대한 국어 번역문으로 대체하여 제출할 수 있다. <개정 1997.4.10, 1998.9.23, 2002.12.11, 2006.3.3> ②국내서면제출기간내에 제1항의 규정에 의한 명세서 및 청구의 범위의 번역문의 제출이 없는 경우에는 그 국제특허출원은 취하된 것으로 본다. ③제1항의 규정에 의하여 번역문을 제출한 출원인은 국내서면제출기간내에 그 번역문에 갈음하여 새로운 번역문을 제출할 수 있다. 다만, 출원인이 출원심사의 청구를 한 후에는 그러하지 아니하다. ④국제출원일에 제출된 국제특허출원의 명세서나 청구의 범위에 기재된 사항 및 도면중의 설명부분으로서 국내서면제출기간(그 기간내에 출원인이 출원심사의 청구를 한 때에는 그 청구일, 이하 "기준일"이라 한다)내에 제출된 제1항 또는 제3항의 규정에 의한 번역문(이하 "출원번역문"이라 한다)에 기재되지 아니한 것은 국제출원일에 제출된 국제특허출원의 명세서 및 청구의 범위에 기재	일에 제출한 청구의 범위에 대한 국어 번역문을 보정 후의 청구의 범위에 대한 국어 번역문으로 대체하여 제출할 수 있다. ②국내서면제출기간 이내에 제1항의 규정에 의한 명세서 및 청구의 범위의 국어 번역문의 제출이 없는 경우에는 그 국제실용신안등록출원은 취하된 것으로 본다. ③제1항의 규정에 의하여 국어번역문을 제출한 출원인은 국내서면제출기간 이내에 그 국어 번역문에 갈음하여 새로운 국어 번역문을 제출할 수 있다. 다만, 출원인이 출원심사의 청구를 한 후에는 그러하지 아니하다. ④국제출원일에 제출된 국제실용신안등록출원의 명세서나 청구의 범위에 기재된 사항 및 도면 중의 설명부분으로서 국내서면제출기간(그 기간 이내에 출원인이 출원심사의 청구를 한 때에는 그 청구일을 말하며, 이하 "기준일"이라 한다) 이내에 제출된 제1항 또는 제3항의 규정에 의한 국어 번역문(이하 "출원번역문"이라 한다)에 기재되지 아니한 것은 국제		

특허법	실용신안법	디자인보호법	상표법
되지 아니한 것으로 보거나 도면중의 설명이 없었던 것으로 본다. ⑤국제특허출원의 국제출원일의 출원서는 제42조제1항의 규정에 의하여 제출된 출원서로 본다. ⑥국제특허출원의 명세서·청구의 범위·도면 및 요약서의 출원번역문(국어로 출원된 국제특허출원의 경우에는 국제출원일에 제출된 명세서·청구의 범위·도면 및 요약서)은 제42조제2항의 규정에 의하여 제출된 명세서·도면 및 요약서로 본다. <개정 1998.9.23> ⑦제204조제1항 및 제2항의 규정은 제1항 단서의 규정에 의하여 보정후의 청구의 범위의 국어 번역문을 제출하는 경우에는 이를 적용하지 아니한다. <신설 1997.4.10> ⑧제1항 단서의 규정에 의하여 보정후의 청구의 범위에 대한 국어 번역문만을 제출하는 경우에는 국제출원일에 제출한 청구의 범위는 이를 인정하지 아니한다. <신설 1997.4.10>	출원일에 제출된 국제실용신안등록출원의 명세서 및 청구의 범위에 기재되지 아니한 것으로 보거나 도면 중의 설명이 없었던 것으로 본다. ⑤국제실용신안등록출원의 국제출원일의 출원서는 제8조제1항의 규정에 의하여 제출된 출원서로 본다. ⑥국제실용신안등록출원의 명세서, 청구의 범위, 도면 및 요약서의 출원번역문(국어로 출원된 국제실용신안등록출원의 경우에는 국제출원일에 제출된 명세서, 청구의 범위, 도면 및 요약서)은 제8조제2항의 규정에 의하여 제출된 명세서·도면 및 요약서로 본다. ⑦제41조의 규정에 의하여 준용되는 「특허법」 제204조제1항 및 제2항의 규정은 제1항 단서의 규정에 의하여 보정 후의 청구의 범위의 국어 번역문을 제출하는 경우에는 이를 적용하지 아니한다. ⑧제1항 단서의 규정에 의하여 보정 후의 청구의 범위에 대한 국어 번역문만을 제출하는 경우에는 국제출원일에 제출한 청구의 범위는 이를 인정하지 아니한다.		

특허법	실용신안법	디자인보호법	상표법
	▶판례 선등록 실용신안권자가 후등록 실용신안권자를 상대로 적극적 권리범위확인심판 청구를 할 수 있는지 여부(소극) 실용신안권의 권리범위확인은 등록된 실용신안을 중심으로 어떠한 비등록 실용신안이 적극적으로 등록 실용신안의 권리범위에 속한다거나 소극적으로 이에 속하지 아니함을 확인하는 것이므로 등록된 두 개의 실용신안권의 고안내용이 동일 또는 유사한 경우 선등록 실용신안권자는 후등록 실용신안권자를 상대로 실용신안등록의 무효심판을 청구할 수 있을 뿐 그를 상대로 하는 권리범위확인심판을 청구할 수는 없다. (대법원 1996. 12. 20. 선고 95후1920 판결)		
제202조 【특허출원등에 의한 우선권주장의 특례】 ①국제특허출원에 관하여는 제55조제2항 및 제56조제2항의 규정은 이를 적용하지 아니한다. ②국제특허출원에 관한 제55조제4항의 규정을 적용함에 있어서는 동항중 "특허출원의 출원	제41조 【「특허법」의 준용】		

특허법	실용신안법	디자인보호법	상표법
서에 최초로 첨부된 명세서 또는 도면"은 "제201조제1항의 규정에 의하여 국제출원일에 제출된 국제출원의 명세서·청구의 범위 또는 도면(도면중의 설명부분에 한한다) 및 이 서류들의 동조제4항의 규정에 의한 출원번역문 또는 국제출원일에 제출된 국제출원의 도면(도면중 설명부분을 제외한다)"으로, "출원공개"는 "「특허협력조약」 제21조에서 규정하는 국제공개"로 한다. <개정 2006.3.3> ③선출원이 국제특허출원 또는 「실용신안법」 제34조제2항에 따른 국제실용신안등록출원인 경우에 제55조제1항, 같은 조 제3항부터 제5항까지 및 제56조제1항을 적용할 때에는 다음 각 호에 따른다. <개정 2009.1.30> 1. 제55조제1항 각 호 외의 부분 본문, 같은 조 제3항 및 제5항 각 호 외의 부분 중 "출원서에 최초로 첨부된 명세서 또는 도면"은 "국제출원일에 제출된 국제출원의 명세서, 청구의 범위 또는 도면"으로 본다. 2. 제55조제4항 중 "선출원의 출원서에 최초로 첨부된 명세			

특허법	실용신안법	디자인보호법	상표법
서 또는 도면"은 "선출원의 국제출원일에 제출된 국제출원의 명세서, 청구의 범위 또는 도면"으로, "선출원에 관하여 출원공개"는 "그 선출원에 관하여 「특허협력조약」 제21조에 따른 국제공개"로 본다. 3. 제56조제1항 각 호 외의 부분 본문 중 "그 출원일부터 1년 3개월이 지난 때"는 "국제출원일부터 1년 3개월이 지난 때 또는 제201조제4항, 「실용신안법」 제35조제4항에 따른 기준일 중 늦은 때"로 본다. ④제55조제1항에 따른 선출원이 제214조제4항 또는 「실용신안법」 제40조제4항에 따라 특허출원 또는 실용신안등록출원으로 되는 국제출원인 경우에 제55조제1항, 같은 조 제3항부터 제5항까지 및 제56조제1항을 적용할 때에는 다음 각 호에 따른다. <개정 2009.1.30> 1. 제55조제1항 각 호 외의 부분 본문, 같은 조 제3항 및 제5항 각 호 외의 부분 중 "출원서에 최초로 첨부된 명세서 또는 도면"은 "제214조제4항 또는 「실용신안법」 제40조제4항에 따라 국제출원일로 인정			

특허법	실용신안법	디자인보호법	상표법
할 수 있었던 날의 국제출원의 명세서, 청구의 범위 또는 도면"으로 본다. 2. 제55조제4항 중 "선출원의 출원서에 최초로 첨부된 명세서 또는 도면"은 "제214조제4항 또는 「실용신안법」 제40조제4항에 따라 국제출원일로 인정할 수 있었던 날의 선출원의 국제출원의 명세서, 청구의 범위 또는 도면"으로 본다. 3. 제56조제1항 각 호 외의 부분 본문 중 "그 출원일부터 1년 3개월이 지난 때"는 "제214조제4항 또는 「실용신안법」 제40조제4항에 따라 국제출원일로 인정할 수 있었던 날부터 1년 3개월이 지난 때 또는 제214조제4항이나 「실용신안법」 제40조제4항에 따른 결정을 한 때 중 늦은 때"로 본다. **제203조 【서면의 제출】** ①국제특허출원의 출원인은 국내서면제출기간내에 다음 각호의 사항을 기재한 서면을 특허청장에게 제출하여야 한다. 이 경우 국제특허출원을 외국어로 출원한 출원인은 제201조제1항의 규정에 의한 번역문을 함께 제출하여야 한다.	**제36조 【도면의 제출】** ①국제실용신안등록출원의 출원인은 국제출원일에 제출한 국제출원이 도면을 포함하지 아니한 경우에는 기준일까지 도면(도면에 관한 간단한 설명을 포함한다)을 특허청장에게 제출하여야 한다. ②특허청장은 기준일까지 제1		

특허법	실용신안법	디자인보호법	상표법
<개정 2001.2.3, 2002.12.11> 1. 출원인의 성명 및 주소(법인인 경우에는 그 명칭 및 영업소의 소재지) 2. 출원인의 대리인이 있는 경우에는 그 대리인의 성명 및 주소나 영업소의 소재지(대리인이 특허법인인 경우에는 그 명칭, 사무소의 소재지 및 지정된 변리사의 성명) 3. 삭제 <2001.2.3> 4. 발명의 명칭 5. 발명자의 성명 및 주소나 영업소 6. 국제출원일 및 국제출원번호 ②특허청장은 다음 각호의 1에 해당하는 경우는 보정기간을 정하여 보정을 명하여야 한다. <신설 2002.12.11> 1. 제1항 전단의 규정에 의한 서면을 국내서면제출기간내에 제출하지 아니한 경우 2. 제1항 전단의 규정에 의하여 제출된 서면이 이 법 또는 이 법에 의한 명령이 정하는 방식에 위반되는 경우 ③제2항의 규정에 의하여 보정명령을 받은 자가 지정된 기간 내에 보정을 하지 아니한 경우에 특허청장은 당해 국제특허	항의 규정에 의한 도면의 제출이 없는 때에는 국제실용신안등록출원의 출원인에게 기간을 정하여 도면의 제출을 명할 수 있다. 기준일까지 제35조제1항 또는 제3항의 규정에 의한 도면의 국어 번역문의 제출이 없는 때에도 또한 같다. ③특허청장은 제2항의 규정에 의하여 도면의 제출명령을 받은 자가 그 지정된 기간 이내에 도면을 제출하지 아니한 때에는 그 국제실용신안등록출원을 무효로 할 수 있다. ④제1항 또는 제2항의 규정에 의하여 제출된 도면 및 도면의 국어 번역문은 제11조의 규정에 의하여 준용되는 「특허법」 제47조제1항의 규정에 의한 보정으로 본다. 이 경우 「특허법」 제47조제1항의 보정기간은 도면의 제출에 이를 적용하지 아니한다. **제41조 【「특허법」의 준용】**		

특허법	실용신안법	디자인보호법	상표법
출원을 무효로 할 수 있다. <신설 2002.12.11> **제204조 【국제조사보고서를 받은 후의 보정】** ①국제특허출원의 출원인은 「특허협력조약」 제19조(1)에 따라 국제조사보고서를 받은 후에 국제특허출원의 청구의 범위에 관하여 보정을 한 경우 기준일까지(기준일이 출원심사의 청구일인 경우 출원심사의 청구를 한 때까지를 말한다. 이하 이 조 및 제205조에서 같다) 다음 각 호의 어느 하나에 해당하는 서류를 특허청장에게 제출하여야 한다. 1. 외국어로 출원한 국제특허출원인 경우 그 보정서의 국어 번역문 2. 국어로 출원한 국제특허출원인 경우 그 보정서의 사본 ②제1항에 따라 보정서의 번역문 또는 사본이 제출된 때에는 그 보정서의 번역문 또는 사본에 따라 제47조제1항에 따른 청구의 범위가 보정된 것으로 본다. 다만, 「특허협력조약」 제20조에 따라 기준일까지 그 보정서(국어로 출원한 국제특허출원인 경우에 한정한다)가	**제41조 【「특허법」의 준용】**		

특허법	실용신안법	디자인보호법	상표법
특허청에 송달된 때에는 그 보정서에 따라 보정된 것으로 본다. ③국제특허출원의 출원인은 「특허협력조약」 제19조(1)에 따른 설명서를 국제사무국에 제출한 경우 다음 각 호의 어느 하나에 해당하는 서류를 기준일까지 특허청장에게 제출하여야 한다. 1. 외국어로 출원한 국제특허출원인 경우 그 설명서의 국어번역문 2. 국어로 출원한 국제특허출원인 경우 그 설명서의 사본 ④국제특허출원의 출원인이 기준일까지 제1항 또는 제3항에 따른 절차를 밟지 아니한 경우 「특허협력조약」 제19조(1)에 따른 보정서 또는 설명서는 제출되지 아니한 것으로 본다. 다만, 국어로 출원한 국제특허출원인 경우로서 「특허협력조약」 제20조에 따라 기준일까지 그 보정서 또는 그 설명서가 특허청에 송달된 때에는 그러하지 아니하다. [전문개정 2009.1.30] **제205조 【국제예비심사보고서 작성 전의 보정】** ①국제특허출	**제41조 【「특허법」의 준용】**		

특허법	실용신안법	디자인보호법	상표법
원의 출원인은 「특허협력조약」 제34조(2)(b)에 따라 국제특허출원의 명세서, 청구의 범위 및 도면에 대하여 보정을 한 경우 기준일까지 다음 각 호의 어느 하나에 해당하는 서류를 특허청장에게 제출하여야 한다. 1. 외국어로 출원한 국제특허출원인 경우 그 보정서의 국어번역문 2. 국어로 출원한 국제특허출원인 경우 그 보정서의 사본 ②제1항에 따라 보정서의 번역문 또는 사본이 제출된 때에는 그 보정서의 번역문 또는 사본에 따라 제47조제1항에 따른 명세서 및 도면이 보정된 것으로 본다. 다만, 「특허협력조약」 제36조(3)(a)에 따라 기준일까지 그 보정서(국어로 출원한 국제특허출원인 경우에 한정한다)가 특허청에 송달된 때에는 그 보정서에 따라 보정된 것으로 본다. ③국제특허출원의 출원인이 기준일까지 제1항에 따른 절차를 밟지 아니한 경우 「특허협력조약」 제34조(2)(b)에 따른 보정서는 제출되지 아니한 것으로 본다. 다만, 「특허협력조			

특허법	실용신안법	디자인보호법	상표법
약」 제36조(3)(a)에 따라 기준일까지 그 보정서(국어로 출원한 국제특허출원인 경우에 한정한다)가 특허청에 송달된 때에는 그러하지 아니하다. [전문개정 2009.1.30] **제206조 【재외자의 특허관리인의 특례】** ①재외자인 국제특허출원의 출원인은 기준일까지는 제5조제1항의 규정에 불구하고 특허관리인에 의하지 아니하고 특허에 관한 절차를 밟을 수 있다. ②제1항의 규정에 의한 출원번역문을 제출한 재외자는 지식경제부령이 정하는 기간내에 특허관리인을 선임하여 특허청장에게 신고하여야 한다. <개정 1993.3.6, 1995.12.29, 2001.2.3, 2008.2.29> ③제2항의 규정에 의한 선임신고가 없는 경우에는 그 국제특허출원은 취하된 것으로 본다. **제207조 【출원공개시기 및 효과의 특례】** ①국제특허출원의 출원공개에 관하여 제64조제1항을 적용할 때에는 "다음 각 호의 어느 하나에 해당하는 날부터 1년6월이 경과한 때"는 "국	제41조 【「특허법」의 준용】 제41조 【「특허법」의 준용】		제21조 【출원시의 특례】 ①상표등록을 받을 수 있는 자가 다음 각호의 1의 박람회에 출품한 상품에 사용한 상표를 그 출품한 날부터 6월 이내에 그 상품을 지정상품으로 하여 상

특허법	실용신안법	디자인보호법	상표법
내서면제출기간이 지난 때(국내서면제출기간에 출원인이 출원심사의 청구를 한 국제특허출원으로서 「특허협력조약」 제21조에 따라 국제공개가 된 것은 우선일부터 1년 6개월이 지난 때 또는 출원심사의 청구일 중 늦은 때)"로 본다. <개정 2009.1.30> ②제1항에도 불구하고 국어로 출원한 국제특허출원에 관하여 제1항에 따른 출원공개 전에 이미 「특허협력조약」 제21조에 따라 국제공개가 된 경우 그 국제공개 시에 출원공개가 된 것으로 본다. <신설 2009.1.30> ③국제특허출원의 출원인은 국제특허출원에 관하여 국내공개(국어로 출원한 국제특허출원인 경우 「특허협력조약」 제21조에 따른 국제공개를 말한다. 이하 이 항에서 같다)가 있은 후 국제특허출원된 발명을 업으로 실시한 자에게 국제특허출원된 발명인 것을 서면으로 경고한 때에는 그 경고후부터 특허권의 설정등록전에 그 발명을 업으로서 실시한 자에게 그 특허발명의 실시에 대하여 통상 받을 수 있는 금액에			표등록출원을 한 경우에는 당해 상표등록출원은 그 출품을 한 때에 출원한 것으로 본다. 1. 정부 또는 지방자치단체가 개최하는 박람회 2. 정부 또는 지방자치단체의 승인을 얻은 자가 개최하는 박람회 3. 정부의 승인을 얻어 국외에서 개최하는 박람회 4. 조약 당사국 영역안에서 그 정부나 그 정부로부터 승인을 얻은 자가 개최하는 국제박람회 ②제1항의 규정을 적용받고자 하는 자는 그 취지를 기재한 서면을 상표등록출원과 동시에 특허청장에게 제출하고 이를 증명할 수 있는 서류를 상표등록출원일부터 30일 이내에 특허청장에게 제출하여야 한다.

특허법	실용신안법	디자인보호법	상표법
상당하는 보상금의 지급을 청구할 수 있으며, 경고를 하지 아니하는 경우에도 국내공개된 국제특허출원된 발명인 것을 알고 특허권의 설정등록전에 업으로서 그 발명을 실시한 자에 대하여도 또한 같다. 다만, 그 청구권은 당해 특허출원이 특허권의 설정등록된 후가 아니면 이를 행사할 수 없다. <개정 2009.1.30>			
제208조 【보정의 특례】 ①국제특허출원에 관하여는 다음 각 호의 요건을 모두 갖추지 아니하면 제47조제1항에도 불구하고 보정(제204조제2항 및 제205조제2항에 따른 보정은 제외한다)을 할 수 없다. <개정 2009.1.30> 1. 제82조제1항에 따른 수수료를 납부할 것 2. 제201조제1항에 따른 국어번역문을 제출할 것. 다만, 국어로 출원된 국제특허출원인 경우는 그러하지 아니하다. 3. 기준일(기준일이 출원심사의 청구일인 경우 출원심사를 청구한 때를 말한다)이 지날 것 ②삭제 <2001.2.3>	제41조 【「특허법」의 준용】		제86조의19 【보정의 특례】 ①제14조제1항의 규정은 국제상표등록출원에 대하여 이를 적용함에 있어서 "그 상표등록출원에 관한 지정상품 및 상표를"은 "제23조제2항의 규정에 의한 거절이유의 통지를 받은 때에 한하여 그 상표등록출원에 관한 지정상품을"로 한다. ②제15조의 규정은 국제상표등록출원에 대하여 이를 적용함에 있어서 "지정상품 및 상표를"은 "지정상품을"로 한다. ③제16조제1항제4호의 규정은 국제상표등록출원에 대하여 이를 적용하지 아니한다. ④제16조제2항 또는 제3항의 규정은 국제상표등록출원에 대하여 이를 적용함에 있어서 "

특허법	실용신안법	디자인보호법	상표법
③외국어로 출원된 국제특허출원의 보정이 가능한 범위에 관하여 제47조제2항의 규정을 적용함에 있어서는 "특허출원서에 최초로 첨부된 명세서 또는 도면에 기재된 사항"은 "국제출원일에 제출한 국제특허출원의 명세서, 청구의 범위 또는 도면(도면중 설명부분에 한한다)의 번역문이나 국제출원일에 제출한 국제특허출원의 도면(도면중 설명부분을 제외한다)에 기재된 사항"으로 한다. <개정 2001.2.3, 2006.3.3> ④삭제 <2001.2.3> ⑤삭제 <2001.2.3> **제209조 【변경출원시기의 제한】** 「실용신안법」 제34조제1항의 규정에 의하여 국제출원일에 출원된 실용신안등록출원으로 보는 국제출원을 기초로 하여 특허출원으로 변경출원을 하는 경우에는 이 법 제53조제1항의 규정에 불구하고 「실용신안법」 제17조제1항의 규정에 의한 수수료를 납부하고 동법 제35조제1항의 규정에 의한 번역문(국어로 출원된 국제실용신안등록출원의 경우를 제외한다)을 제출한 후(「실용신안	**제37조 【변경출원시기의 제한】** 「특허법」 제199조제2항의 규정에 의하여 국제출원일에 출원된 특허출원으로 보는 국제출원을 기초로 하여 실용신안등록출원으로 변경출원을 하는 경우에는 제10조제1항의 규정에 불구하고 「특허법」 제82조제1항의 규정에 의한 수수료를 납부하고 동법 제201조제1항의 규정에 의한 국어 번역문(국어로 출원된 국제특허출원의 경우를 제외한다)을 제출한 후(「특허법」 제214조제4항의		상표 또는 지정상품"은 각각 "지정상품"으로 한다. [본조신설 2001.2.3]

특허법	실용신안법	디자인보호법	상표법
법」 제40조제4항의 규정에 의하여 국제출원일로 인정할 수 있었던 날에 출원된 것으로 간주되는 국제출원을 기초로 하는 경우에는 동조제4항의 규정에 의한 결정이 있은 후)가 아니면 이를 할 수 없다. <개정 2006.3.3> [전문개정 1998.9.23] **제210조 【출원심사청구시기의 제한】** 국제특허출원의 출원인은 제201조제1항의 규정에 의한 절차(국어로 출원된 국제특허출원의 경우를 제외한다)를 밟고 제82조제1항의 규정에 의한 수수료를 납부한 후가 아니거나 국제특허출원의 출원인이 아닌 자는 제201조제1항에서 규정한 기간을 경과한 후가 아니면 제59조제2항의 규정에 불구하고 그 국제특허출원에 관하여 출원심사의 청구를 할 수 없다. <개정 1998.9.23> **제211조 【국제조사보고서등에 기재된 문헌의 제출명령】** 특허청장은 국제특허출원의 출원인에 대하여 기간을 정하여 「특허협력조약」 제18조의 국제조	규정에 의하여 국제출원일로 인정할 수 있었던 날에 출원된 것으로 보는 국제출원을 기초로 하는 경우에는 동항의 규정에 의한 결정이 있은 후)가 아니면 이를 할 수 없다. **제38조 【출원심사청구시기의 제한】** 국제실용신안등록출원의 출원인은 제35조제1항의 규정에 의한 절차(국어로 출원된 국제실용신안등록출원의 경우를 제외한다)를 밟고 제17조제1항의 규정에 의한 수수료를 납부한 후가 아니거나 국제실용신안등록출원의 출원인이 아닌 자는 제35조제1항에서 규정한 기간을 경과한 후가 아니면 제12조제2항의 규정에 불구하고 그 국제실용신안등록출원에 관하여 출원심사의 청구를 할 수 없다. **제41조 【「특허법」의 준용】**		

특허법	실용신안법	디자인보호법	상표법
사보고서 또는 동조약 제35조의 국제예비심사보고서에 기재된 문헌의 사본을 제출하게 할 수 있다. <개정 2006.3.3> **제212조 삭제** <2006.3.3> **제213조 【특허의 무효심판의 특례】** 외국어로 출원된 국제특허출원의 특허에 대하여는 제133조제1항 각 호의 규정에 의한 경우외에 발명이 다음 각 호의 어느 하나에 해당하지 아니한다는 이유로 특허의 무효심판을 청구할 수 있다. <개정 2006.3.3> 1. 국제출원일에 제출된 국제출원의 명세서·청구의 범위 또는 도면(도면중 설명부분에 한한다)과 그 출원번역문에 다 같이 기재되어 있는 발명 2. 국제출원일에 제출된 국제출원의 도면(도면중 설명부분을 제외한다)에 기재되어 있는 발명 [전문개정 2002.12.11]	**제39조 【실용신안등록의 무효심판의 특례】** 외국어로 출원된 국제실용신안등록출원의 실용신안등록에 대하여는 제31조제1항 각 호의 규정에 의한 경우 외에 고안이 다음 각 호의 어느 하나에 해당하지 아니한다는 이유로 실용신안등록의 무효심판을 청구할 수 있다. 1. 국제출원일에 제출된 국제출원의 명세서, 청구의 범위 또는 도면(도면 중 설명부분에 한한다)과 그 출원번역문에 다 같이 기재되어 있는 고안 2. 국제출원일에 제출된 국제출원의 도면(도면 중 설명부분을 제외한다)에 기재되어 있는 고안 ▶**판례** 등록고안의 선 출원 등록자가 후등록된 (가)호 고안이 진보성이 없는 개악고안으로서 무효라는 취지로 주장하면서 적극적 권리		

특허법	실용신안법	디자인보호법	상표법
	범위확인심판을 청구한 이상 확인의 이익이 없는 부적법한 청구라고 한 사례 등록고안의 선 출원 등록자가 후 등록된 (가)호 고안이 진보성이 없는 개악고안으로서 무효라는 취지로 주장하면서 적극적 권리범위확인심판을 청구한 이상 확인의 이익이 없는 부적법한 청구라고 한 사례. (대법원 2002. 6. 28. 선고 99후2433 판결)		
제214조 【결정에 의하여 특허출원으로 되는 국제출원】 ①국제출원의 출원인은 「특허협력조약」 제4조(1)(ii)의 지정국에 대한민국을 포함하는 국제출원(특허출원만 해당한다)이 다음 각 호의 어느 하나에 해당하는 경우 지식경제부령으로 정하는 기간에 지식경제부령으로 정하는 바에 따라 특허청장에게 같은 조약 제25조(2)(a)에 따른 결정을 하여줄 것을 신청할 수 있다. <개정 2009.1.30> 1. 「특허협력조약」 제2조(xv)의 수리관청이 그 국제출원에 대하여 같은 조약 제25조(1)(a)에 따른 거부를 한 경우	제40조 【결정에 의하여 실용신안등록출원으로 되는 국제출원】 ①국제출원의 출원인은 「특허협력조약」 제4조(1)(ii)의 지정국에 대한민국을 포함하는 국제출원(실용신안등록출원만 해당한다)이 다음 각 호의 어느 하나에 해당하는 경우 지식경제부령으로 정하는 기간에 지식경제부령으로 정하는 바에 따라 특허청장에게 같은 조약 제25조(2)(a)에 따른 결정을 하여줄 것을 신청할 수 있다. <개정 2009.1.30> 1. 「특허협력조약」 제2조(xv)의 수리관청이 그 국제출원에 대하여 같은 조약 제25조(1)(a)		

특허법	실용신안법	디자인보호법	상표법
2. 「특허협력조약」 제2조(xv)의 수리관청이 그 국제출원에 대하여 같은 조약 제25조(1)(a) 또는 (b)에 따른 선언을 한 경우 3. 국제사무국이 그 국제출원에 대하여 같은 조약 제25조(1)(a)에 따른 인정을 한 경우 ②제1항의 신청을 하는 자가 그 신청을 할 때에는 명세서·청구의 범위 또는 도면(도면중의 설명부분에 한한다) 기타 지식경제부령이 정하는 국제출원에 관한 서류의 국어에 의한 번역문을 특허청장에게 제출하여야 한다. <개정 1993.3.6, 1995.12.29, 2001.2.3, 2008.2.29> ③특허청장은 제1항의 신청이 있는 때에는 그 신청에 관한 거부·선언 또는 인정이 「특허협력조약」 및 동규칙의 규정에 따라 정당하게 된 것인지에 관하여 결정을 하여야 한다. <개정 2006.3.3> ④특허청장은 제3항의 규정에 의하여 그 거부·선언 또는 인정이 「특허협력조약」 및 동규칙의 규정에 따라 정당하게 된 것이 아니라고 결정을 한 때에는 그 결정에 관한 국제출원은 그 국제출원에 대하여 거	에 따른 거부를 한 경우 2. 「특허협력조약」 제2조(xv)의 수리관청이 그 국제출원에 대하여 같은 조약 제25조(1)(a) 또는 (b)에 따른 선언을 한 경우 3. 「특허협력조약」 제2조(xix)의 국제사무국이 그 국제출원에 대하여 같은 조약 제25조(1)(a)에 따른 인정을 한 경우 ②제1항의 규정에 의한 신청을 하는 자가 그 신청을 할 때에는 명세서, 청구의 범위 또는 도면(도면 중 설명부분에 한한다) 그 밖에 지식경제부령이 정하는 국제출원에 관한 서류의 국어 번역문을 특허청장에게 제출하여야 한다. <개정 2008.2.29> ③특허청장은 제1항의 규정에 의한 신청이 있는 때에는 그 신청에 관한 거부·선언 또는 인정이 「특허협력조약」 및 동조약 규칙의 규정에 따라 정당하게 된 것인지에 관하여 결정을 하여야 한다. ④특허청장은 제3항의 규정에 의하여 거부·선언 또는 인정이 「특허협력조약」 및 동조약 규칙의 규정에 따라 정당하게 된 것이 아니라고 결정을		

특허법	실용신안법	디자인보호법	상표법
부·선언 또는 인정이 없었다면 국제출원일로 인정할 수 있었던 날에 출원된 특허출원으로 본다. <개정 2006.3.3> ⑤특허청장은 제3항의 규정에 따른 정당성 여부의 결정을 하는 때에는 그 결정의 등본을 국제출원의 출원인에게 송달하여야 한다. <신설 2007.1.3> ⑥제199조제2항·제200조·제201조제4항 내지 제8항·제202조제1항 및 제2항·제208조·제210조 및 제213조의 규정은 제4항의 규정에 의하여 특허출원으로 되는 국제출원에 관하여 이를 준용한다. <개정 1998.9.23, 2006.3.3, 2007.1.3> ⑦제4항의 규정에 의하여 특허출원으로 되는 국제출원에 관한 출원공개에 관하여는 제64조제1항중 "특허출원일"을 "제201조제1항의 우선일"로 한다. <개정 2007.1.3>	한 때에는 그 결정에 관한 국제출원은 거부·선언 또는 인정이 없었다면 국제출원일로 인정할 수 있었던 날에 출원된 실용신안등록출원으로 본다. ⑤특허청장은 제3항의 규정에 따른 정당성 여부의 결정을 하는 때에는 그 결정의 등본을 국제출원의 출원인에게 송달하여야 한다. <신설 2007.1.3> ⑥제34조제2항, 제35조제4항 내지 제8항, 제38조, 제39조, 제41조의 규정에 의하여 준용되는 「특허법」 제200조, 제202조제1항·제2항 및 제208조의 규정은 제4항의 규정에 의하여 실용신안등록출원으로 되는 국제출원에 이를 준용한다. <개정 2007.1.3> ⑦제4항의 규정에 의하여 실용신안등록출원으로 되는 국제출원에 관한 출원공개에 관하여는 제15조의 규정에 의하여 준용되는 「특허법」 제64조제1항중 "특허출원일"은 "제35조제1항의 우선일"로 한다. <개정 2007.1.3>		

특허법	실용신안법	디자인보호법	상표법
제11장 보칙	제9장 보칙	제9장 보칙	제9장 보칙
제215조 【2 이상의 청구항이 있는 특허 또는 특허권에 관한 특칙】 제65조제6항·제84조제1항제2호·제85조제1항제1호(소멸에 한한다)·제101조제1항제1호, 제104조제1항제1호·제3호 또는 제5호, 제119조제1항, 제133조제2항 또는 제3항, 제136조제6항·제139조제1항·제181조·제182조 또는 「실용신안법」 제26조제1항제2호·제4호 또는 제5호는 2 이상의 청구항이 있는 특허 또는 특허권에 관하여 이를 적용함에 있어서는 청구항마다 특허가 되거나 특허권이 있는 것으로 본다. <개정 2006.3.3> [전문개정 2001.2.3] **제215조의2 【2 이상의 청구항이 있는 특허출원의 등록에 관한 특칙】** ①2 이상의 청구항이 있는 특허출원에 대한 특허결정을 받은 자가 특허료를 납부하는 때에는 청구항별로 이를 포기할 수 있다. ②제1항의 규정에 의한 청구항의 포기에 관하여 필요한 사항은 지식경제부령으로 정한다.	**제44조 【「특허법」의 준용】** 「특허법」 제215조, 제215조의2, 제216조, 제217조, 제217조의2, 제218조 내지 제220조, 제222조 내지 제224조 및 제224조의2의 규정은 실용신안에 관하여 이를 준용한다. **제44조 【「특허법」의 준용】**		

특허법	실용신안법	디자인보호법	상표법
<개정 2008.2.29> [본조신설 2001.2.3] 제216조 【서류의 열람등】①특허 또는 심판에 관한 증명, 서류의 등본 또는 초본의 교부, 특허원부 및 서류의 열람 또는 복사를 필요로 하는 자는 특허청장 또는 특허심판원장에게 이를 신청할 수 있다. <개정 1995.1.5> ②특허청장 또는 특허심판원장은 제1항의 신청이 있더라도 설정등록 또는 출원공개되지 아니한 특허출원에 관한 서류와 공공의 질서 또는 선량한 풍속을 문란하게 할 염려가 있는 것은 이를 허가하지 아니할 수 있다. <개정 2009.1.30> 제217조 【특허출원·심사·심판·재심서류 또는 특허원부등의 반출과 공개금지】①특허출원·심사·심판·재심에 관한 서류 또는 특허원부는 다음 각 호의 어느 하나에 해당하는 경우를 제외하고는 이를 외부에 반출	제44조 【「특허법」의 준용】 제44조 【「특허법」의 준용】	제76조 【서류의 열람등】①디자인등록출원 또는 심판등에 관한 증명, 서류의 등본 또는 초본의 교부, 디자인등록원부 및 서류의 열람 또는 복사를 필요로 하는 자는 특허청장 또는 특허심판원장에게 이를 신청할 수 있다. <개정 1995.1.5, 2004.12.31> ②특허청장 또는 특허심판원장은 제1항의 신청이 있더라도 출원공개되지 아니하고 디자인권의 설정등록이 되지 아니한 디자인등록출원에 관한 서류와 공공의 질서 또는 선량한 풍속을 문란하게 할 염려가 있는 것은 이를 허가하지 아니할 수 있다. <개정 1995.1.5, 1995.12.29, 2004.12.31> 제77조 【디자인등록출원·심사·심판 등에 관한 서류의 반출 및 공개금지】①디자인등록출원·심사·디자인무심사등록이의신청·심판·재심에 관한 서류 또는 디자인등록원부는 다음 각 호의 어느 하나에 해당	제87조 【서류의 열람등】 상표등록출원 및 심판에 관한 증명, 서류의 등본 또는 초본의 교부, 상표원부 및 서류의 열람 또는 복사를 필요로 하는 자는 특허청장 또는 특허심판원장에게 이를 신청할 수 있다. <개정 1995.1.5> 제88조 【상표등록출원·심사·심판·재심서류 또는 상표원부등의 반출과 공개금지】①상표등록출원·심사·상표등록이의신청·심판·재심에 관한 서류 또는 상표원부는 다음 각 호의 어느 하나에 해당하는 경우를

특허법	실용신안법	디자인보호법	상표법
할 수 없다. <개정 2006.3.3, 2007.1.3> 1. 제58조제1항 또는 제2항의 규정에 의한 선행기술의 조사 등을 위하여 특허출원 또는 심사에 관한 서류를 반출하는 경우 2. 제217조의2제1항의 규정에 의한 특허문서전자화업무의 위탁을 위하여 특허출원·심사·심판·재심에 관한 서류 또는 특허원부를 반출하는 경우 3. 「전자정부법」 제30조의 규정에 의한 온라인 원격근무를 위하여 특허출원·심사·심판·재심에 관한 서류 또는 특허원부를 반출하는 경우 ②특허출원·심사·심판이나 재심으로 계속중에 있는 사건의 내용 또는 특허여부결정·심결이나 결정의 내용에 관하여는 감정·증언 또는 질의에 응답할 수 없다. <개정 1997.4.10, 2001.2.3, 2006.3.3>		하는 경우를 제외하고는 이를 외부에 반출할 수 없다. <개정 2007.1.3, 2009.6.9, 2010.2.4> 1. 제25조의2제1항 또는 제2항에 따른 선행디자인의 조사 등을 위하여 디자인등록출원 또는 심사에 관한 서류를 반출하는 경우 2. 제77조의2제1항에 따른 디자인문서전자화업무의 위탁을 위하여 디자인등록출원·심사·디자인무심사등록이의신청·심판·재심에 관한 서류나 디자인등록원부를 반출하는 경우 3. 「전자정부법」 제32조제2항에 따른 온라인 원격근무를 위하여 디자인등록출원·심사·디자인무심사등록이의신청·심판·재심에 관한 서류나 디자인등록원부를 반출하는 경우 ②디자인등록출원·심사·디자인무심사등록이의신청·심판 또는 재심으로 계속중에 있는 사건의 내용 또는 디자인등록여부결정·심결이나 결정의 내용에 관하여는 감정·증언 또는 질의에 응답할 수 없다. <개정 1997.8.22, 2001.2.3, 2004.12.31>	제외하고는 이를 외부에 반출할 수 없다. <개정 2007.1.3, 2010.2.4> 1. 제22조의2제1항 내지 제3항의 규정에 따른 상표검색 등을 위하여 상표등록출원·지리적표시 단체표장등록출원·심사 또는 상표등록이의신청에 관한 서류를 반출하는 경우 2. 제92조에서 준용하는 「특허법」 제217조의2제1항의 규정에 따른 상표문서전자화업무의 위탁을 위하여 상표등록출원·심사·상표등록이의신청·심판·재심에 관한 서류나 상표원부를 반출하는 경우 3. 「전자정부법」 제32조제2항의 규정에 따른 온라인 원격근무를 위하여 상표등록출원·심사·상표등록이의신청·심판·재심에 관한 서류나 상표원부를 반출하는 경우 ②상표등록출원·심사·상표등록이의신청·심판이나 재심으로 계속중에 있는 사건의 내용 또는 상표등록여부결정·심결이나 결정의 내용에 관하여는 감정·증언 또는 질의에 응답할 수 없다. <개정 1997.8.22, 2001.2.3, 2007.1.3> [본조신설 1995.12.29]

특허법	실용신안법	디자인보호법	상표법
제217조의2 【특허문서전자화업무의 대행】 ①특허청장은 특허에 관한 절차를 효율적으로 처리하기 위하여 필요하다고 인정하는 경우에는 특허출원·심사·심판·재심에 관한 서류 또는 특허원부를 전산정보처리조직과 전산정보처리조직의 이용기술을 활용하여 전자화하는 업무 또는 이와 유사한 업무(이하 "특허문서전자화업무"라 한다)를 지식경제부령이 정하는 시설 및 인력을 갖춘 법인에게 위탁하여 수행하게 할 수 있다. <개정 2001.2.3, 2006.3.3, 2008.2.29> ②삭제 <2006.3.3> ③제1항의 규정에 의하여 특허문서전자화업무를 위탁받은 자(이하 "특허문서전자화기관"이라 한다)의 임원·직원 또는 그 직에 있었던 자는 직무상 알게 된 특허출원중의 발명에 관하여 비밀을 누설하거나 도용하여서는 아니된다. ④특허청장은 제28조의3제1항의 규정에 의한 전자문서로 제출되지 아니한 특허출원서 기타 지식경제부령이 정하는 서	제44조 【「특허법」의 준용】	제77조의2 【디자인문서전자화업무의 대행】 ①특허청장은 디자인에 관한 절차를 효율적으로 처리하기 위하여 필요하다고 인정하면 디자인등록출원·심사·디자인무심사등록이의신청·심판·재심에 관한 서류 또는 디자인원부를 전산정보처리조직과 전산정보처리조직의 이용기술을 활용하여 전자화하는 업무 또는 이와 유사한 업무(이하 "디자인문서전자화업무"라 한다)를 지식경제부령으로 정하는 시설 및 인력을 갖춘 법인에 위탁하여 수행하게 할 수 있다. ②제1항에 따라 디자인문서전자화업무를 위탁받은 자(이하 "디자인문서전자화기관"이라 한다)의 임직원 또는 그 직에 있었던 자는 직무상 알게 된 디자인등록출원 중의 디자인에 관하여 비밀을 누설하거나 도용하여서는 아니 된다. ③특허청장은 제4조의28제1항에 따른 전자문서로 제출되지 아니한 디자인등록출원서, 그 밖에 지식경제부령으로 정하는 서류를 제1항에 따라 전자화하고 이를 특허청 또는 특허심판	제92조 【「특허법」의 준용】 「특허법」 제217조의2 내지 제220조, 제222조 및 제224조의2의 규정은 상표에 관하여 이를 준용한다. 다만, 「특허법」 제220조제1항의 규정은 심사관이 제86조의24의 규정에 따라 국제사무국을 통하여 국제상표등록출원인에게 거절이유를 통지하는 경우에는 이를 준용하지 아니한다. <개정 2007.1.3> [본조신설 1995.12.29]

특허법	실용신안법	디자인보호법	상표법
류를 제1항의 규정에 의하여 전자화하고 이를 특허청 또는 특허심판원에서 사용하는 전산정보처리조직의 파일에 수록할 수 있다. ＜신설 1998.9.23, 2001.2.3, 2008.2.29＞ ⑤제4항의 규정에 의하여 파일에 수록된 내용은 당해 서류에 기재된 내용과 동일한 것으로 본다. ＜신설 1998.9.23＞ ⑥제1항의 규정에 의한 특허문서전자화업무의 수행방법 및 기타 특허문서전자화업무의 수행을 위하여 필요한 사항은 지식경제부령으로 정한다. ＜개정 2001.2.3, 2008.2.29＞ ⑦특허청장은 특허문서전자화기관이 제1항의 규정에 의한 지식경제부령이 정하는 시설 및 인력기준에 미달하여 특허청장이 요구한 시정조치에 불응한 경우에는 특허문서전자화업무의 위탁을 취소할 수 있다. 이 경우 미리 의견을 진술할 기회를 부여하여야 한다. ＜신설 2006.3.3, 2008.2.29＞ [본조신설 1997.4.10]		원에서 사용하는 전산정보처리조직의 파일에 수록할 수 있다. ④제3항에 따라 파일에 수록된 내용은 해당 서류에 적힌 내용과 같은 것으로 본다. ⑤디자인문서전자화업무의 수행방법, 그 밖에 디자인문서전자화업무의 수행을 위하여 필요한 사항은 지식경제부령으로 정한다. ⑥특허청장은 디자인문서전자화기관이 제1항에 따른 지식경제부령으로 정하는 시설 및 인력기준에 미달하여 특허청장이 요구한 시정조치에 불응한 경우에는 디자인문서전자화업무의 위탁을 취소할 수 있다. 이 경우 미리 의견을 진술할 기회를 주어야 한다. [본조신설 2009.6.9]	
제218조 【서류의 송달】 이 법에 규정된 서류의 송달절차 등	제44조 【「특허법」의 준용】	제77조의3 【서류의 송달】 이 법에 규정된 서류의 송달절차	제92조 【「특허법」의 준용】

특허법	실용신안법	디자인보호법	상표법
에 관하여 필요한 사항은 대통령령으로 정한다. <개정 2007.1.3>		등에 필요한 사항은 대통령령으로 정한다. [본조신설 2009.6.9]	
제219조【공시송달】 ①송달을 받을 자의 주소나 영업소가 불분명하여 송달할 수 없는 때에는 공시송달을 하여야 한다. ②공시송달은 송달할 서류를 받을 자에게 어느 때라도 교부한다는 뜻을 특허공보에 게재함으로써 행한다. ③최초의 공시송달은 특허공보에 게재한 날부터 2주일을 경과하면 그 효력이 발생한다. 다만, 동일 당사자에 대한 이후의 공시송달은 특허공보에 게재한 날의 다음날부터 그 효력이 발생한다.	**제44조【「특허법」의 준용】**	**제77조의4【공시송달】** ①송달을 받을 자의 주소나 영업소가 불분명하여 송달할 수 없는 때에는 공시송달을 하여야 한다. ②공시송달은 송달할 서류를 받을 자에게 어느 때라도 교부한다는 뜻을 디자인공보에 게재함으로써 행한다. ③최초의 공시송달은 디자인공보에 게재한 날부터 2주일이 지나면 그 효력이 발생한다. 다만, 같은 당사자에 대한 이후의 공시송달은 디자인공보에 게재한 날의 다음 날부터 그 효력이 발생한다. [본조신설 2009.6.9]	**제92조【「특허법」의 준용】**
제220조【재외자에 대한 송달】 ①재외자로서 특허관리인이 있는 때에는 그 재외자에게 송달할 서류는 특허관리인에게 송달하여야 한다. ②재외자로서 특허관리인이 없는 때에는 그 재외자에게 송달할 서류는 항공등기우편으로 발송할 수 있다. ③제2항의 규정에 의하여 서류	**제44조【「특허법」의 준용】**	**제77조의5【재외자에 대한 송달】** ①재외자로서 디자인관리인이 있으면 그 재외자에게 송달할 서류는 디자인관리인에게 송달하여야 한다. ②재외자로서 디자인관리인이 없으면 그 재외자에게 송달할 서류는 항공등기우편으로 발송할 수 있다. ③제2항에 따라 서류를 항공등	**제92조【「특허법」의 준용】** 「특허법」 제217조의2 내지 제220조, 제222조 및 제224조의2의 규정은 상표에 관하여 이를 준용한다. 다만, 「특허법」 제220조제1항의 규정은 심사관이 제86조의24의 규정에 따라 국제사무국을 통하여 국제상표등록출원인에게 거절이유를 통지하는 경우에는 이를 준용하지

특허법	실용신안법	디자인보호법	상표법
를 항공등기우편으로 발송한 때에는 그 발송을 한 날에 송달된 것으로 본다.		기우편으로 발송한 때에는 그 발송을 한 날에 송달된 것으로 본다. [본조신설 2009.6.9]	아니한다. <개정 2007.1.3> [본조신설 2001.2.3]
제221조 【특허공보】 ①특허청은 특허공보를 발행하여야 한다. ②특허공보는 지식경제부령이 정하는 바에 의하여 전자적 매체로 발행할 수 있다. <신설 1997.4.10, 2001.2.3, 2008.2.29> ③특허청장은 전자적 매체로 특허공보를 발행하는 경우에는 정보통신망을 활용하여 특허공보의 발행사실·주요목록 및 공시송달에 관한 사항을 알려야 한다. <신설 1997.4.10, 2001.2.3>	제42조 【실용신안공보】 ①특허청장은 실용신안공보를 발행하여야 한다. ②실용신안공보는 지식경제부령이 정하는 바에 의하여 전자적 매체로 발행할 수 있다. <개정 2008.2.29> ③특허청장은 전자적 매체로 실용신안공보를 발행하는 경우에는 정보통신망을 활용하여 실용신안공보의 발행사실·주요목록 및 공시송달에 관한 사항을 알려야 한다.	제78조 【디자인공보】 ①특허청은 디자인공보를 발행하여야 한다. <개정 2004.12.31, 2007.1.3, 2009.6.9> ②디자인공보는 지식경제부령이 정하는 바에 의하여 전자적 매체로 발행할 수 있다. <신설 1997.4.10, 2001.2.3, 2004.12.31, 2008.2.29> ③특허청장은 전자적 매체로 디자인공보를 발행하는 경우에는 정보통신망을 활용하여 디자인공보의 발행사실·주요목록 및 공시송달에 관한 사항을 알려야 한다. <신설 1997.4.10, 2001.2.3, 2004.12.31> ④제1항의 디자인공보에 게재할 사항은 대통령령으로 정한다. <개정 2004.12.31>	제89조 【상표공보】 ①특허청은 상표공보를 발행하여야 한다. ②상표공보는 지식경제부령이 정하는 바에 의하여 전자적 매체로 발행할 수 있다. <신설 1997.4.10, 2001.2.3, 2008.2.29> ③특허청장은 전자적 매체로 상표공보를 발행하는 경우에는 정보통신망을 활용하여 상표공보의 발행사실·주요목록 및 공시송달에 관한 사항을 알려야 한다. <신설 1997.4.10, 2001.2.3> ④상표공보에 게재할 사항은 대통령령으로 정한다. [본조신설 1995.12.29]

▶판례
선 등록고안과 후 고안 사이의 이용관계의 성립요건 및 등록고안의 균등고안을 이용하는 경우에도 이용관계가 성립하는지 여부(적극)
선 등록고안과 후 고안이 이용관계에 있는 경우에는 후 고안은 선 등록고안의 권리범위에 속하게 되고, 이러한 이용관계는 후 고안이 선 등록고안의 기술적 구성에 새로운 기술적 요소를 부가

특허법	실용신안법	디자인보호법	상표법
	하는 것으로서 후 고안이 선 등록고안의 요지를 전부 포함하고 이를 그대로 이용하되, 후 고안 내에 선 등록고안이 고안으로서의 일체성을 유지하는 경우에 성립하며, 이는 선 등록고안과 동일한 고안뿐만 아니라 균등한 고안을 이용하는 경우도 마찬가지이다. (대법원 2001. 9. 7. 선고 2001후393 판결)		
제222조 【서류의 제출등】 특허청장 또는 심사관은 당사자에 대하여 심판 또는 재심에 관한 절차외의 절차를 처리하기 위하여 필요한 서류 기타의 물건의 제출을 명할 수 있다.	제44조 【「특허법」의 준용】	제78조의2 【서류의 제출 등】 특허청장 또는 심사관은 당사자에 대하여 심판 또는 재심에 관한 절차 외의 절차를 처리하기 위하여 필요한 서류, 그 밖에 물건의 제출을 명할 수 있다. [본조신설 2009.6.9]	제92조 【「특허법」의 준용】
제223조 【특허표시】 특허권자·전용실시권자 또는 통상실시권자는 물건의 특허발명에 있어서는 그 물건에, 물건을 생산하는 방법의 특허발명에 있어서는 그 방법에 의하여 생산된 물건에 특허표시를 할 수 있으며, 물건에 특허표시를 할 수 없을 때에는 그 물건의 용기나 포장에 그 표시를 할 수	제44조 【「특허법」의 준용】	제79조 【디자인등록표시】 디자인권자·전용실시권자 또는 통상실시권자는 등록디자인에 관한 물품 또는 그 물품의 용기나 포장등에 디자인등록의 표시를 할 수 있다. <개정 2004.12.31>	제90조 【등록상표의 표시】 상표권자·전용사용권자 또는 통상사용권자는 등록상표를 사용할 때에는 당해 상표가 등록상표임을 표시할 수 있다.

특허법	실용신안법	디자인보호법	상표법
있다.			제90조의2【동음이의어 지리적 표시 등록단체표장의 표시】 2 이상의 지리적 표시 등록단체표장이 서로 동음이의어 지리적 표시에 해당하는 경우에는 각 단체표장권자 및 그 소속단체원은 지리적 출처에 대하여 수요자로 하여금 혼동을 초래하지 아니하도록 하는 표시를 등록단체표장과 함께 사용하여야 한다. [본조신설 2004.12.31]
제224조【허위표시의 금지】 누구든지 다음 각호의 1에 해당하는 행위를 하여서는 아니된다. 1. 특허된 것이 아닌 물건, 특허출원중이 아닌 물건, 특허된 것이 아닌 방법이나 특허출원중이 아닌 방법에 의하여 생산한 물건 또는 그 물건의 용기나 포장에 특허표시 또는 특허출원표시를 하거나 이와 혼동하기 쉬운 표시를 하는 행위 2. 제1호의 표시를 한 것을 양도·대여 또는 전시하는 행위 3. 제1호의 물건을 생산·사용·양도 또는 대여하기 위하여 광고·간판 또는 표찰에 그	제44조【「특허법」의 준용】	제80조【허위표시의 금지】 누구든지 다음 각호의 1에 해당하는 행위를 하여서는 아니된다. <개정 2004.12.31> 1. 디자인등록된 것이 아닌 물품, 디자인등록출원중이 아닌 물품 또는 그 물품의 용기나 포장에 디자인등록표시 또는 디자인등록출원표시를 하거나 이와 혼동하기 쉬운 표시를 하는 행위 2. 제1호의 표시를 한 것을 양도·대여 또는 전시하는 행위 3. 디자인등록된 것이 아닌 물품·디자인등록출원중이 아닌 물품을 생산·사용·양도나 대여를 위하여 광고·간판 또는	제91조【허위표시의 금지】 ①누구든지 다음 각호의 1에 해당하는 행위를 하여서는 아니된다. <개정 1997.8.22> 1. 등록을 하지 아니한 상표 또는 상표등록출원을 하지 아니한 상표를 등록상표 또는 등록출원상표인 것 같이 상품에 표시하는 행위 2. 등록을 하지 아니한 상표 또는 상표등록출원을 하지 아니한 상표를 등록상표 또는 등록출원상표인 것같이 영업용 광고·간판·표찰·상품의 포장 또는 기타 영업용 거래서류 등에 표시하는 행위 3. 지정상품외의 상품에 대하

특허법	실용신안법	디자인보호법	상표법
물건이 특허나 특허출원된 것 또는 특허된 방법이나 특허출원중인 방법에 의하여 생산한 것으로 표시하거나 이와 혼동하기 쉬운 표시를 하는 행위 4. 특허된 것이 아닌 방법이나 특허출원중이 아닌 방법을 사용·양도 또는 대여하기 위하여 광고·간판 또는 표찰에 그 방법이 특허 또는 특허출원된 것으로 표시하거나 이와 혼동하기 쉬운 표시를 하는 행위		표찰에 그 물품이 디자인등록 또는 디자인등록출원된 것으로 표시하거나 이와 혼동하기 쉬운 표시를 하는 행위	여 등록상표를 사용하는 경우에 그 상표에 상표등록 표시 또는 이와 혼동하기 쉬운 표시를 하는 행위 ②제1항제1호 및 제2호의 규정에 의한 상표를 표시하는 행위에는 상품, 상품의 포장, 광고, 간판 또는 표찰을 표장의 형장으로 하는 것을 포함한다. <신설 1997.8.22> **제91조의2 【등록상표와 유사한 상표등에 대한 특칙】** ①제50조, 제53조, 제55조제3항, 제57조제2항, 제62조, 제67조제3항, 제73조제1항제3호 및 제4항, 제85조, 제90조 및 제91조에 규정된 "등록상표"에는 그 등록상표와 유사한 상표로서 색채를 등록상표와 동일하게 하면 등록상표와 동일한 상표라고 인정되는 상표를 포함하는 것으로 한다. <개정 1997.8.22, 2002.12.11> ②제66조제1항제1호 및 제73조제1항제2호에 규정된 "등록상표와 유사한 상표"에는 그 등록상표와 유사한 상표로서 색채를 등록상표와 동일하게 하

특허법	실용신안법	디자인보호법	상표법
			면 등록상표와 동일한 상표라고 인정되는 상표를 포함하지 아니하는 것으로 한다. <개정 2004.12.31> ③제66조제2항제1호에 규정된 "타인의 지리적 표시 등록단체표장과 유사한 상표"에는 그 등록단체표장과 유사한 상표로서 색채를 등록단체표장과 동일하게 하면 등록단체표장과 동일한 상표라고 인정되는 상표를 포함하지 아니하는 것으로 한다. <신설 2004.12.31> ④제1항 내지 제3항의 규정은 색채나 색채의 조합만으로 된 등록상표의 경우에는 이를 적용하지 아니한다. <신설 2007.1.3> [본조신설 1995.12.29]
제224조의2 【불복의 제한】 ①보정각하결정·특허여부결정·심결·심판청구서나 재심청구서의 각하결정에 대하여는 다른 법률에 의한 불복을 할 수 없으며, 이 법의 규정에 의하여 불복할 수 없도록 규정되어 있는 처분에 대하여는 다른 법률의 규정에 의한 불복을 할 수 없다. <개정 2001.2.3, 2006.3.3>	제44조 【「특허법」의 준용】	제81조 【불복의 제한】 ①보정각하결정, 디자인등록여부결정, 디자인등록취소결정, 심결, 심판청구서나 재심청구서의 각하결정에 대하여는 다른 법률에 따른 불복을 할 수 없으며, 이 법에 따라 불복할 수 없도록 규정되어 있는 처분에 대하여는 다른 법률에 따른 불복을 할 수 없다. ②제1항에 따른 처분 외의 처	제92조 【「특허법」의 준용】 「특허법」 제217조의2 내지 제220조, 제222조 및 제224조의2의 규정은 상표에 관하여 이를 준용한다. 다만, 「특허법」 제220조제1항의 규정은 심사관이 제86조의24의 규정에 따라 국제사무국을 통하여 국제상표등록출원인에게 거절이유를 통지하는 경우에는 이를 준용하지 아니한다. <개정 2007.1.3>

특허법	실용신안법	디자인보호법	상표법
②제1항의 규정에 의한 처분 외의 처분의 불복에 대하여는 「행정심판법」 또는 「행정소송법」에 의한다. <신설 2006.3.3> [전문개정 1997.4.10]		분의 불복에 대하여는 「행정심판법」 또는 「행정소송법」에 따른다. [전문개정 2009.6.9]	
제12장 벌칙	**제10장 벌칙**	**제10장 벌칙**	**제10장 벌칙**
제225조 【침해죄】 ①특허권 또는 전용실시권을 침해한 자는 7년 이하의 징역 또는 1억원 이하의 벌금에 처한다. <개정 1997.4.10, 2001.2.3> ②제1항의 죄는 고소가 있어야 논한다.	**제45조 【침해죄】** ①실용신안권 또는 전용실시권을 침해한 자는 7년 이하의 징역 또는 1억원 이하의 벌금에 처한다. ②제1항의 죄는 고소가 있어야 공소(公訴)를 제기할 수 있다.	**제82조 【침해죄】** ①디자인권 또는 전용실시권을 침해한 자는 7년 이하의 징역 또는 1억원 이하의 벌금에 처한다. <개정 1997.8.22, 2001.2.3, 2004.12.31> ②제1항의 죄는 고소가 있어야 론한다.	**제93조 【침해죄】** 상표권 및 전용사용권의 침해행위를 한 자는 7년 이하의 징역 또는 1억원 이하의 벌금에 처한다. <개정 1997.8.22, 2001.2.3>
▶판례 특허출원인 내지 특허권자가 특허의 출원·등록과정 등에서 특허발명과 대비대상이 되는 제품을 특허발명의 특허청구범위에서 의식적으로 제외하였다고 볼 수 있는 경우, 특허권자가 그 대비대상이 되는 제품을 제조·판매하고 있는 자를 상대로 특허권의 침해를 주장하는 것이 금반언의 원칙에 위배되는지 여부(적극) 및 특허발명과 대비대상이 되는 제품이 특허발명의 출원·등록과정 등에서 특허발명의 특허청구범위			▶판례 자동차부품인 에어 클리너를 제조하면서 그 포장상자에 자동차 제작회사의 등록상표의 표시를 하였으나 제반 사정에 비추어 그 출처표시가 명백하고 부품 등의 용도설명 등을 위하여 사용한 것에 불과하므로 그 등록상표를 사용한 것으로 볼 수 없고, 타인의 상품과 혼동을 일으키게 하는 행위라고도 볼 수 없다. 자동차부품인 에어 클리너를 제조하면서 그 포장상자에 에어 클리너가 사용되는 적용차종을 밝히기 위하여 자동차 제작회사의 등록상표의 표시를 하였으나 제

특허법	실용신안법	디자인보호법	상표법
로부터 의식적으로 제외된 것에 해당하는지 여부의 판단 방법 특허출원인 내지 특허권자가 특허의 출원·등록과정 등에서 특허발명과 대비대상이 되는 제품을 특허발명의 특허청구범위로부터 의식적으로 제외하였다고 볼 수 있는 경우에는 특허발명과 대비대상이 되는 제품이 특허발명의 보호범위에 속하여 그 권리가 침해되고 있다고 주장하는 것은 금반언의 원칙에 위배되므로 허용되지 아니한다. 그리고 특허발명과 대비대상이 되는 제품이 특허발명의 출원·등록과정 등에서 특허발명의 특허청구범위로부터 의식적으로 제외된 것에 해당하는지 여부는 명세서뿐만 아니라 출원에서부터 특허될 때까지 특허청 심사관이 제시한 견해, 특허출원인이 제출한 보정서와 의견서 등에 나타난 특허출원인의 의도 등을 참작하여 판단하여야 한다. (대법원 2007.2.23. 선고 2005도4210 판결)			반 사정에 비추어 그 출처표시가 명백하고 부품 등의 용도설명 등을 위하여 사용한 것에 불과하다는 이유로 그 등록상표를 사용한 것으로 볼 수 없고, 그 에어 클리너는 자동차 제작회사에서 공급하는 정품과는 쉽게 구분되는 것이어서 타인의 상품과 혼동을 일으키게 하는 행위라고도 볼 수 없다고 한 사례. (대법원 2001. 7. 13. 선고 2001도1355 판결) ▶**판례** **표장이 의장적 기능도 있는 경우, 상표로서의 사용에 해당하는지 여부의 판단 기준** 의장과 상표는 배타적, 선택적인 관계에 있는 것이 아니므로 의장이 될 수 있는 형상이나 모양이라고 하더라도 그것이 상표의 본질적인 기능이라고 할 수 있는 자타상품의 출처표시를 위하여 사용되는 것으로 볼 수 있는 경우에는 위 사용은 상표로서의 사용이라고 보아야 한다. (대법원 2000. 12. 26. 선고 98도2743 판결)
제226조 【비밀누설죄등】 특허청 직원·특허심판원 직원 또는 그 직에 있었던 자가 그 직	**제46조 【비밀누설죄 등】** 특허청 또는 특허심판원의 직원 또는 그 직에 있었던 자가 그 직무	**제86조 【비밀누설죄등】** 특허청 직원·특허심판원 직원 또는 그 직에 있었던 자가 디자인등	

특허법	실용신안법	디자인보호법	상표법
무상 지득한 특허출원 중의 발명(국제출원 중의 발명을 포함한다)에 관하여 비밀을 누설하거나 도용한 때에는 5년 이하의 징역 또는 5천만원 이하의 벌금에 처한다. <개정 1995.1.5, 2009.1.30> [제229조에서 이동, 종전의 제226조는 제227조로 이동 <2009.1.30>]	상 알게 된 실용신안등록출원 중의 고안(국제출원 중의 고안을 포함한다)에 관하여 비밀을 누설하거나 도용한 때에는 5년 이하의 징역 또는 5천만원 이하의 벌금에 처한다. <개정 2009.1.30> [제49조에서 이동, 종전의 제46조는 제47조로 이동 <2009.1.30>]	록출원중인 디자인 또는 제13조제1항에 따라 비밀로 할 것을 청구한 디자인에 관하여 직무상 지득한 비밀을 누설하거나 도용한 때에는 5년 이하의 징역 또는 5천만원 이하의 벌금에 처한다. <개정 1995.1.5, 2004.12.31, 2009.6.9> [전문개정 1993.12.10]	
제226조의2 【전문기관 등의 임·직원에 대한 공무원 의제】 제58조제1항의 규정에 따른 전문기관 또는 특허문서전자화기관의 임원·직원 또는 그 직에 있었던 자는 제226조의 규정을 적용함에 있어서 특허청 직원 또는 그 직에 있었던 자로 본다. <개정 2001.2.3, 2006.3.3> [본조신설 1997.4.10] [제229조의2에서이동<2009.1.30>]	**제43조 【전문기관 등의 임·직원에 대한 공무원 의제】** 제15조의 규정에 의하여 준용되는 「특허법」 제58조제1항의 규정에 따른 전문기관 또는 제44조의 규정에 의하여 준용되는 「특허법」 제217조의2제3항의 규정에 의한 특허문서전자화기관의 임원·직원 또는 그 직에 있었던 자는 제46조의 규정을 적용함에 있어서 특허청 직원 또는 그 직에 있었던 자로 본다. <개정 2009.1.30>	**제86조의2 【전문기관 등의 임직원에 대한 공무원 의제】** 제25조의2제1항에 따른 전문기관 또는 제77조의2에 따른 디자인문서전자화기관의 임직원 또는 그 직에 있었던 자는 제86조를 적용할 때에 특허청 소속 직원 또는 그 직에 있었던 자로 본다. [본조신설 2009.6.9]	
제227조 【위증죄】 ①이 법의 규정에 의하여 선서한 증인·감정인 또는 통역인이 특허심판원에 대하여 허위의 진술·감정 또는 통역을 한 때에는 5년 이하의 징역 또는 1천만원 이	**제47조 【위증죄】** ①제33조 및 「특허법」 제157조제2항의 규정에 의하여 준용되는 「민사소송법」의 규정에 따라 선서한 증인·감정인 또는 통역인이 특허심판원에 대하여 허위	**제83조 【위증죄】** ①이 법의 규정에 의하여 선서한 증인·감정인 또는 통역인이 특허심판원에 대하여 허위의 진술·감정 또는 통역을 한 때에는 5년이하의 징역 또는 1천만원 이하	**제94조 【위증죄】** ①이 법의 규정에 의하여 선서한 증인·감정인 또는 통역인이 특허심판원에 대하여 허위의 진술·감정 또는 통역을 한 때에는 5년 이하의 징역 또는 1천만원 이하

특허법	실용신안법	디자인보호법	상표법
하의 벌금에 처한다. 〈개정 1995.1.5, 2001.2.3〉 ②제1항의 규정에 의한 죄를 범한 자가 그 사건의 심결의 확정전에 자수한 때에는 그 형을 감경 또는 면제할 수 있다. 〈개정 1997.4.10, 2006.3.3〉 [제226조에서 이동, 종전의 제227조는 제228조로 이동 〈2009.1.30〉]	의 진술·감정 또는 통역을 한 때에는 5년 이하의 징역 또는 1천만원 이하의 벌금에 처한다. ②제1항의 규정에 의한 죄를 범한 자가 그 사건의 심결의 확정 전에 자수한 때에는 그 형을 감경 또는 면제할 수 있다. [제46조에서 이동, 종전의 제47조는 제48조로 이동 〈2009.1.30〉]	의 벌금에 처한다. 〈개정 1995.1.5, 2001.2.3〉 ②제1항의 규정에 의한 죄를 범한 자가 그 사건의 디자인등록여부결정·디자인무심사등록이의결정 또는 심결의 확정전에 자수한 때에는 그 형을 감경 또는 면제할 수 있다. 〈개정 1997.8.22, 2001.2.3, 2004.12.31〉	의 벌금에 처한다. 〈개정 1995.1.5, 2001.2.3〉 ②제1항의 규정에 의한 죄를 범한 자가 그 사건의 상표등록여부결정 또는 심결의 확정전에 자수한 때에는 그 형을 감경 또는 면제할 수 있다. 〈개정 2001.2.3〉
제228조【허위표시의 죄】 제224조의 규정에 위반한 자는 3년이하의 징역 또는 2천만원이하의 벌금에 처한다. [제227조에서 이동, 종전의 제228조는 제229조로 이동 〈2009.1.30〉]	제48조【허위표시의 죄】 제44조의 규정에 의하여 준용되는 「특허법」 제224조제1호 내지 제3호의 규정을 위반한 자는 3년 이하의 징역 또는 2천만원 이하의 벌금에 처한다. [제47조에서 이동, 종전의 제48조는 제49조로 이동 〈2009.1.30〉]	제84조【허위표시의 죄】 제80조의 규정에 위반한 자는 3년이하의 징역 또는 2천만원이하의 벌금에 처한다.	제95조【허위표시의 죄】 제91조의 규정에 위반한 자는 3년 이하의 징역 또는 2천만원 이하의 벌금에 처한다.
제229조【사위행위의 죄】 사위 기타 부정한 행위로써 특허, 특허권의 존속기간의 연장등록 또는 심결을 받은 자는 3년이하의 징역 또는 2천만원 이하의 벌금에 처한다. 〈개정 1997.4.10, 2001.2.3, 2006.3.3〉	제49조【사위행위의 죄】 사위(詐僞) 그 밖에 부정한 행위로써 실용신안등록 또는 심결을 받은 자는 3년 이하의 징역 또는 2천만원 이하의 벌금에 처한다. [제48조에서 이동, 종전의 제49조는 제46조로	제85조【사위행위의 죄】 사위 기타 부정한 행위로써 디자인등록 또는 심결을 받은 자는 3년이하의 징역 또는 2천만원 이하의 벌금에 처한다. 〈개정 2001.2.3, 2004.12.31〉 [본조신설 2009.6.9]	제96조【사위행위의 죄】 사위 기타 부정한 행위로써 상표등록·지정상품의 추가등록·상표권의 존속기간갱신등록·상품분류전환등록 또는 심결을 받은 자는 3년 이하의 징역 또는 2천만원 이하의 벌금에 처한다. 〈개정 2001.2.3〉

특허법	실용신안법	디자인보호법	상표법
[제228조에서 이동, 종전의 제229조는 제226조로 이동 <2009.1.30>] **제229조의2** [종전 제229조의2는 제226조의 2로 이동 <2009.1.30>] **제230조 【양벌규정】** 법인의 대표자나 법인 또는 개인의 대리인, 사용인, 그 밖의 종업원이 그 법인 또는 개인의 업무에 관하여 제225조제1항, 제228조 또는 제229조의 어느 하나에 해당하는 위반행위를 하면 그 행위자를 벌하는 외에 그 법인에게는 다음 각 호의 어느 하나에 해당하는 벌금형을, 그 개인에게는 해당 조문의 벌금형을 과(科)한다. 다만, 법인 또는 개인이 그 위반행위를 방지하기 위하여 해당 업무에 관하여 상당한 주의와 감독을 게을리하지 아니한 경우에는 그러하지 아니하다. <개정 2009.1.30> 1. 제225조제1항의 경우 : 3억원 이하의 벌금 2. 제228조 또는 제229조의 경우 : 6천만원 이하의 벌금 [전문개정 2008.12.26]	이동 <2009.1.30>] **제50조 【양벌규정】** 법인의 대표자나 법인 또는 개인의 대리인, 사용인, 그 밖의 종업원이 그 법인 또는 개인의 업무에 관하여 제45조제1항, 제48조 또는 제49조의 어느 하나에 해당하는 위반행위를 하면 그 행위자를 벌하는 외에 그 법인에게는 다음 각 호의 어느 하나에 해당하는 벌금형을, 그 개인에게는 해당 조문의 벌금형을 과(科)한다. 다만, 법인 또는 개인이 그 위반행위를 방지하기 위하여 해당 업무에 관하여 상당한 주의와 감독을 게을리하지 아니한 경우에는 그러하지 아니하다. <개정 2009.1.30> 1. 제45조제1항의 경우 : 3억원 이하의 벌금 2. 제48조 또는 제49조의 경우 : 6천만원 이하의 벌금 [전문개정 2008.12.26]	**제87조 【양벌규정】** 법인의 대표자나 법인 또는 개인의 대리인, 사용인, 그 밖의 종업원이 그 법인 또는 개인의 업무에 관하여 제82조제1항, 제84조 또는 제85조의 어느 하나에 해당하는 위반행위를 하면 그 행위자를 벌하는 외에 그 법인에게는 다음 각 호의 어느 하나에 해당하는 벌금형을, 그 개인에게는 해당 조문의 벌금형을 과(科)한다. 다만, 법인 또는 개인이 그 위반행위를 방지하기 위하여 해당 업무에 관하여 상당한 주의와 감독을 게을리하지 아니한 경우에는 그러하지 아니하다. 1. 제82조제1항의 경우 : 3억원 이하의 벌금 2. 제84조 또는 제85조의 경우 : 6천만원 이하의 벌금 [전문개정 2008.12.26]	**제97조 【양벌규정】** 법인의 대표자나 법인 또는 개인의 대리인, 사용인, 그 밖의 종업원이 그 법인 또는 개인의 업무에 관하여 제93조, 제95조 또는 제96조의 어느 하나에 해당하는 위반행위를 하면 그 행위자를 벌하는 외에 그 법인에게는 다음 각 호의 어느 하나에 해당하는 벌금형을, 그 개인에게는 해당 조문의 벌금형을 과(科)한다. 다만, 법인 또는 개인이 그 위반행위를 방지하기 위하여 해당 업무에 관하여 상당한 주의와 감독을 게을리하지 아니한 경우에는 그러하지 아니하다. 1. 제93조의 경우 : 3억원 이하의 벌금 2. 제95조 또는 제96조의 경우 : 6천만원 이하의 벌금 [전문개정 2008.12.26]

특허법	실용신안법	디자인보호법	상표법
제231조 【몰수등】 ①제225조제1항에 해당하는 침해행위를 조성한 물건 또는 그 침해행위로부터 생긴 물건은 이를 몰수하거나 피해자의 청구에 의하여 그 물건을 피해자에게 교부할 것을 선고하여야 한다. <개정 1997.4.10> ②피해자는 제1항의 규정에 의한 물건의 교부를 받은 경우에는 그 물건의 가액을 초과하는 손해의 액에 한하여 배상을 청구할 수 있다.	제51조 【몰수 등】 ①제45조제1항에 해당하는 침해행위를 조성한 물품 또는 그 침해행위로부터 생긴 물품은 이를 몰수하거나 피해자의 청구에 의하여 그 물품을 피해자에게 교부할 것을 선고할 수 있다. ②피해자는 제1항의 규정에 의한 물품의 교부를 받은 경우에는 그 물품의 가액을 초과하는 손해의 액에 한하여 배상을 청구할 수 있다.	제87조의2 【몰수 등】 ①제82조제1항에 해당하는 침해행위를 조성한 물건 또는 그 침해행위로부터 생긴 물건은 몰수하거나 피해자의 청구에 의하여 그 물건을 피해자에게 교부할 것을 선고하여야 한다. ②피해자는 제1항에 따른 물건의 교부를 받은 경우에는 그 물건의 가액을 초과하는 손해의 액에 한하여 배상을 청구할 수 있다. [본조신설 2009.6.9]	제97조의2 【몰수】 ①제93조의 규정에 의한 상표권 또는 전용사용권의 침해행위에 제공되거나 그 침해행위로 인하여 생긴 상표·포장 또는 상품과 상표 또는 포장의 제작용구는 이를 몰수한다. ②제1항의 규정에 불구하고 상품이 기능 및 외관을 해치지 아니하고 상표 또는 포장과 쉽게 분리될 수 있는 경우에는 그 상품은 이를 몰수하지 아니할 수 있다. [본조신설 1997.8.22]
제232조 【과태료】 ①다음 각 호의 어느 하나에 해당하는 자는 50만원이하의 과태료에 처한다. <개정 1995.1.5, 2002.1.26, 2006.3.3> 1. 「민사소송법」 제299조제2항 및 동법 제367조의 규정에 의하여 선서를 한 자로서 특허심판원에 대하여 허위의 진술을 한 자 2. 특허심판원으로부터 증거조사 또는 증거보전에 관하여 서류 기타 물건의 제출 또는 제시의 명령을 받은 자로서 정당한 이유없이 그 명령에 응하지	제52조 【과태료】 ①다음 각 호의 어느 하나에 해당하는 자는 50만원 이하의 과태료에 처한다. 1. 「민사소송법」 제299조제2항 및 동법 제367조의 규정에 의하여 선서를 한 자로서 특허심판원에 대하여 허위의 진술을 한 자 2. 특허심판원으로부터 증거조사 또는 증거보전에 관하여 서류 그 밖의 물품의 제출 또는 제시의 명령을 받은 자로서 정당한 사유 없이 그 명령에 응하지 아니한 자 3. 특허심판원으로부터 증인·	제88조 【과태료】 ①다음 각호의 1에 해당하는 자는 50만원이하의 과태료에 처한다. <개정 1995.1.5, 2002.1.26, 2007.1.3> 1. 「민사소송법」 제299조제2항 및 동법 제367조의 규정에 의하여 선서를 한 자로서 특허심판원에 대하여 허위의 진술을 한 자 2. 특허심판원으로부터 증거조사 또는 증거보전에 관하여 서류 기타 물품의 제출 또는 제시의 명령을 받은 자로서 정당한 이유없이 그 명령에 응하지 아니한 자	제98조 【과태료】 ①다음 각호의 1에 해당하는 자는 50만원 이하의 과태료에 처한다. <개정 1995.1.5, 2002.1.26, 2007.1.3> 1. 「민사소송법」 제299조제2항 및 동법 제367조의 규정에 의하여 선서를 한 자로서 특허심판원에 대하여 허위의 진술을 한 자 2. 특허심판원으로부터 증거조사 또는 증거보전에 관하여 서류 기타 물건의 제출 또는 제시의 명령을 받은 자로서 정당한 이유없이 그 명령에 응하지 아니한 자

특허법	실용신안법	디자인보호법	상표법
아니한 자 3. 삭제 <2006.3.3> 4. 특허심판원으로부터 증인·감정인 또는 통역인으로 소환된 자로서 정당한 이유없이 소환에 응하지 아니하거나 선서·진술·증언·감정 또는 통역을 거부한 자 ②제1항의 규정에 의한 과태료는 대통령령이 정하는 바에 의하여 특허청장이 부과·징수한다. ③제2항의 규정에 의한 과태료의 처분에 불복이 있는 자는 그 처분의 고지를 받은 날부터 30일이내에 특허청장에게 이의를 제기할 수 있다. ④제2항의 규정에 의한 과태료의 처분을 받은 자가 제3항의 규정에 의한 이의를 제기한 때에는 특허청장은 지체없이 관할법원에 그 사실을 통보하여야 하며, 그 통보를 받은 법원은 「비송사건절차법」에 의한 과태료의 재판을 한다. <개정 2006.3.3> ⑤제3항의 규정에 의한 기간내에 이의를 제기하지 아니하고 과태료를 납부하지 아니한 때에는 국세체납처분의 예에 의하여 이를 징수한다.	감정인 또는 통역인으로 소환된 자로서 정당한 사유 없이 소환에 응하지 아니하거나 선서·진술·증언·감정 또는 통역을 거부한 자 ②제1항의 규정에 의한 과태료는 대통령령이 정하는 바에 의하여 특허청장이 부과·징수한다. ③제2항의 규정에 의한 과태료 처분에 불복하는 자는 그 처분을 고지 받은 날부터 30일 이내에 특허청장에게 이의를 제기할 수 있다. ④제2항의 규정에 의한 과태료 처분을 받은 자가 제3항의 규정에 의한 이의를 제기한 때에는 특허청장은 지체 없이 관할 법원에 그 사실을 통보하여야 하며, 그 통보를 받은 관할 법원은 「비송사건절차법」에 의한 과태료의 재판을 한다. ⑤제3항의 규정에 의한 기간 이내에 이의를 제기하지 아니하고 과태료를 납부하지 아니한 때에는 국세체납처분의 예에 의하여 이를 징수한다.	3. 삭제 <2004.12.31> 4. 특허심판원으로부터 증인·감정인 또는 통역인으로 소환된 자로서 정당한 이유없이 소환에 응하지 아니하거나 선서·진술·증언·감정 또는 통역을 거부한 자 ②제1항의 규정에 의한 과태료는 대통령령이 정하는 바에 의하여 특허청장이 부과·징수한다. ③삭제 <2009.6.9> ④삭제 <2009.6.9> ⑤삭제 <2009.6.9> **제89조 삭제** <2009.6.9>	3. 특허심판원으로부터 증인·감정인 또는 통역인으로 소환된 자로서 정당한 이유없이 소환에 응하지 아니하거나 선서·진술·증언·감정 또는 통역을 거부한 자 ②제1항의 규정에 의한 과태료는 대통령령이 정하는 바에 의하여 특허청장이 부과·징수한다. ③삭제 <2009.5.21> ④삭제 <2009.5.21> ⑤삭제 <2009.5.21>

특허법 시행령	실용신안법 시행령	디자인보호법 시행령	상표법 시행령
[시행 2009.12.30] [대통령령 제21917호, 2009.12.30, 일부개정]	[시행 2009. 7. 1] [대통령령 제21568호, 2009. 6.26, 일부개정]	[시행 2009. 7. 1] [대통령령 제21581호, 2009. 6.30, 전부개정]	[시행 2010. 7.28] [대통령령 제22112호, 2010. 4. 7, 일부개정]

제1장 총칙 및 특허출원

특허법 시행령	실용신안법 시행령	디자인보호법 시행령	상표법 시행령
제1조 【목적】 이 영은 「특허법」에서 위임된 사항과 그 시행에 관하여 필요한 사항을 규정함을 목적으로 한다. ·<개정 2005.1.31> [전문개정 2001.6.27]	**제1조 【목적】** 이 영은 「실용신안법」에서 위임된 사항과 그 시행에 관하여 필요한 사항을 규정함을 목적으로 한다.	**제1조 【목적】** 이 영은 「디자인보호법」에서 위임된 사항과 그 시행에 필요한 사항을 규정함을 목적으로 한다. **제2조 【출원공개를 하지 아니하는 경우의 통지】** 특허청장은 「디자인보호법」(이하 "법"이라 한다) 제23조의2제2항 단서에 따라 출원공개를 하지 아니하는 경우에는 그 취지와 이유를 디자인등록출원인에게 통지하여야 한다.	**제1조 【목적】** 이 영은 「상표법」에서 위임된 사항과 그 시행에 관하여 필요한 사항을 규정함을 목적으로 한다. <개정 2005.6.30> [본조신설 2001.6.27] [종전 제1조는 제1조의2로 이동 <2001.6.27>] **제1조의2 【단체표장의 사용에 관한 정관의 기재사항】** ① 「상표법」(이하 "법"이라 한다) 제9조제3항 전단에서 "대통령령이 정하는 단체표장의 사용에 관한 사항"이라 함은 다음 각 호의 사항을 말한다.

특허법 시행령	실용신안법 시행령	디자인보호법 시행령	상표법 시행령
			1. 단체표장을 사용하는 소속 단체원의 가입자격·가입조건 및 탈퇴에 관한 사항 2. 단체표장의 사용조건에 관한 사항 3. 제2호의 규정을 위반한 자에 대한 제재에 관한 사항 4. 그 밖에 단체표장의 사용에 관하여 필요한 사항 ②지리적 표시 단체표장의 경우에는 제1항 각 호의 사항 외에 다음 각 호의 사항을 포함한다. 1. 상품의 특정 품질·명성 또는 그 밖의 특성 2. 지리적 환경과 상품의 특정 품질·명성 또는 그 밖의 특성과의 본질적 연관성 3. 지리적 표시의 대상지역 4. 상품의 특정 품질·명성 또는 그 밖의 특성에 대한 자체 관리기준 및 유지관리방안 [전문개정 2005.6.30] **제1조의3 【지리적 표시의 정의에 합치함을 입증할 수 있는 서류】** 법 제9조제3항 후단 및 법 제86조의16제3항 후단에서 "지리적 표시의 정의에 합치함을 입증할 수 있는 대통령령이 정하는 서류"라 함은 다음 각 호

특허법 시행령	실용신안법 시행령	디자인보호법 시행령	상표법 시행령
			의 서류를 말한다. 1. 상품의 특정 품질·명성 또는 그 밖의 특성에 관한 서류 2. 지리적 환경과 상품의 특정 품질·명성 또는 그 밖의 특성과의 본질적 연관성에 관한 서류 3. 지리적 표시의 대상지역에 관한 서류 4. 지리적 표시 단체표장의 출원인인 법인이 그 지리적 표시를 사용할 수 있는 상품을 생산·제조 또는 가공하는 것을 업으로 영위하는 자만으로 구성된 것임을 증명하는 서류 5. 원산지국가에서 지리적 표시로 보호받고 있음을 증명하는 서류(외국의 지리적 표시에 대하여 지리적 표시 단체표장등록출원을 하는 경우에 한한다) [본조신설 2005.6.30] **제1조의4 【지리적 표시 단체표장 등록출원과 관련한 지방자치단체의 의견제출 등】** ①특허청장은 지리적 표시 단체표장등록출원의 심사와 관련하여 다음 각 호의 사항에 대하여 관련 지방자치단체의 의견을 들을 수 있으며, 필요한 때에는 자료제출 등의 협조를 요청할 수

특허법 시행령	실용신안법 시행령	디자인보호법 시행령	상표법 시행령
			있다. 1. 지리적 표시 해당 상품의 생산·제조·가공 및 유통과 관련한 사항 2. 지리적 표시 해당 상품의 생산자 단체 등의 현황 및 출원인이 그 지역의 생산자 등을 대표할 수 있는 자격이나 능력을 구비하고 있는지 여부와 관련한 사항 3. 그 밖에 지리적 표시 해당 상품의 특성, 지리적 환경과 상품의 특정 품질 등과의 본질적 연관성 등 지리적 표시 단체표장의 등록요건과 관련한 사항 ②지방자치단체의 장은 관할구역 안의 지리적 표시 해당 상품의 지리적 표시 단체표장등록출원과 관련하여 다음 각 호의 사항에 대하여 특허청장에게 의견을 제출할 수 있으며, 그 지리적 표시의 적정한 보호를 위하여 필요한 때에는 출원인과 협의하거나 조정을 할 수 있다. 1. 출원인이 해당 상품의 생산·제조 또는 가공 등과 관련하여 그 지역의 생산자 등을 대표할 수 있는 자격이나 능력을 가지고 있는지 여부 2. 지리적 표시 해당 상품의 특

특허법 시행령	실용신안법 시행령	디자인보호법 시행령	상표법 시행령
			성, 지리적 표시의 대상지역 및 자체관리기준 등이 적정한지 여부 [본조신설 2005.6.30]
제1조의2 【전기통신회선의 범위】 「특허법」(이하 "법"이라 한다) 제29조제1항제2호 및 법 제129조제2호에서 "대통령령이 정하는 전기통신회선"이라 함은 다음 각 호의 어느 하나에 해당하는 자가 운영하는 전기통신회선을 말한다. 1. 정부·지방자치단체, 외국의 정부·지방자치단체 또는 국제기구 2. 「고등교육법」 제3조에 따른 국·공립학교 또는 외국의 국·공립대학 3. 우리나라 또는 외국의 국·공립 연구기관 4. 특허정보와 관련된 업무를 수행할 목적으로 설립된 법인으로서 특허청장이 지정하여 고시하는 법인 [전문개정 2006.9.28] **제2조 【미생물의 기탁】** ①미생물에 관계되는 발명에 대하여 특허출원을 하고자 하는 자는 특허청장이 정하는 기탁기관 또	**제2조 【전기통신회선의 범위】** 「실용신안법」(이하 "법"이라 한다) 제4조제1항제2호에서 "대통령령이 정하는 전기통신회선"이라 함은 다음 각 호의 어느 하나에 해당하는 자가 운영하는 전기통신회선을 말한다. 1. 정부·지방자치단체, 외국의 정부·지방자치단체 또는 국제기구 2. 「고등교육법」 제3조에 따른 국·공립학교 또는 외국의 국·공립대학 3. 우리나라 또는 외국의 국·공립 연구기관 4. 특허정보와 관련된 업무를 수행할 목적으로 설립된 법인으로서 특허청장이 지정하여 고시하는 법인 **제9조 【「특허법 시행령」의 준용】** ①실용신안등록에 관한 출원·청구, 그 밖의 절차에 관하여는 「특허법 시행령」 제2조		

특허법 시행령	실용신안법 시행령	디자인보호법 시행령	상표법 시행령
는 「특허절차상 미생물기탁의 국제적 승인에 관한 부다페스트조약」 제7조의 규정에 의하여 국제기탁기관으로서의 지위를 취득한 기관(이하 "국제기탁기관"이라 한다)에 그 미생물을 기탁하고 특허출원서에 그 사실을 증명하는 서류(국제기탁기관에 기탁한 경우에는 「특허절차상 미생물기탁의 국제적 승인에 관한 부다페스트조약규칙」 제7규칙에 의한 수탁증 중 최신의 수탁증 사본)를 첨부하여야 한다. 다만, 당해 발명이 속하는 기술분야에서 통상의 지식을 가진 자가 그 미생물을 용이하게 입수할 수 있는 경우에는 이를 기탁하지 아니할 수 있다. <개정 2005.1.31> ②특허출원인 또는 특허권자는 제1항의 미생물의 기탁에 대하여 특허출원후 새로운 수탁번호가 부여된 때에는 지체없이 그 사실을 특허청장에게 신고하여야 한다. <개정 1993.12.31> **제3조 【미생물에 관계되는 발명의 특허출원명세서 기재】** 미생물에 관계되는 발명에 대하	부터 제4조까지, 제8조의2, 제8조의3, 제11조부터 제16조까지 및 제18조를 준용한다. <개정 2007.6.28> ②「특허법 시행령」 제8조의 규정은 실용신안등록출원에 관한 심사·심판 등에 있어서 심사관·심판관·심판장 및 특허심판원장의 자격에 관하여 이를 준용한다. **제9조 【「특허법 시행령」의 준용】**		

특허법 시행령	실용신안법 시행령	디자인보호법 시행령	상표법 시행령
여 특허출원을 하려는 자는 법 제42조제2항에 따른 명세서를 적을 때 제2조제1항 본문에 따라 미생물을 기탁한 경우에는 그 기탁기관 또는 국제기탁기관에서 부여받은 수탁번호를, 같은 항 단서에 따라 그 미생물을 기탁하지 아니한 경우에는 그 미생물의 입수방법을 적어야 한다. [전문개정 2009.6.26] **제4조 【미생물시료의 분양】** ①제2조에 따라 기탁된 미생물에 관계되는 발명을 시험 또는 연구를 위하여 실시하려는 자는 다음 각 호의 어느 하나에 해당하는 경우 기탁기관 또는 국제기탁기관으로부터 그 미생물시료를 분양받을 수 있다. ＜개정 1997.6.26, 2003.6.13, 2007.6.28, 2009.6.26＞ 1. 그 미생물에 관계되는 발명에 대한 특허출원이 공개되거나 설정등록된 경우 2. 법 제63조제1항(법 제170조제2항에서 준용하는 경우를 포함한다)에 따른 의견서를 작성하기 위하여 필요한 경우 ②제1항의 규정에 의하여 미생물시료를 분양받은 자는 그 미	**제9조 【「특허법 시행령」의 준용】**		

특허법 시행령	실용신안법 시행령	디자인보호법 시행령	상표법 시행령
생물을 타인에게 이용하게 하여서는 아니된다. **제5조【특허청구범위의 기재방법】**①법 제42조제8항에 따른 특허청구범위의 청구항(이하 "청구항"이라 한다)을 기재할 때에는 독립청구항(이하 "독립항"이라 한다)을 기재하여야 하며, 그 독립항을 한정하거나 부가하여 구체화하는 종속청구항(이하 "종속항"이라 한다)을 기재할 수 있다. 이 경우 필요한 때에는 그 종속항을 한정하거나 부가하여 구체화하는 다른 종속항을 기재할 수 있다. <개정 2006.9.28, 2007.6.28> ②청구항은 발명의 성질에 따라 적정한 수로 기재하여야 한다. <개정 2003.6.13> ③ 삭제 <1999.6.30> ④종속항을 기재할 때에는 독립항 또는 다른 종속항중에서 1 또는 2 이상의 항을 인용하여야 하며, 인용되는 항의 번호를 기재하여야 한다. <개정 1999.6.30> ⑤2이상의 항을 인용하는 청구항은 인용되는 항의 번호를 택일적으로 기재하여야 한다. <개정 2003.6.13>	**제3조【실용신안등록청구범위의 기재방법】**①법 제8조제8항에 따른 실용신안등록청구범위의 청구항(이하 "청구항"이라 한다)을 기재할 때에는 물품에 관한 독립청구항(이하 "독립항"이라 한다)을 기재하여야 하며, 그 독립항을 한정하거나 부가하여 구체화하는 종속청구항(이하 "종속항"이라 한다)을 기재할 수 있다. 이 경우 필요한 때에는 그 종속항을 한정하거나 부가하여 구체화하는 다른 종속항을 기재할 수 있다. <개정 2007.6.28> ②청구항은 고안의 성질에 따라 적정한 수로 기재하여야 한다. ③종속항을 기재할 때에는 독립항 또는 다른 종속항 중에서 1 또는 2 이상의 항을 인용하여야 하며, 인용되는 항의 번호를 기재하여야 한다. ④2 이상의 항을 인용하는 청구항은 인용되는 항의 번호를 택일적으로 기재하여야 한다. ⑤2 이상의 항을 인용한 청구항에서 그 청구항의 인용된 항		

특허법 시행령	실용신안법 시행령	디자인보호법 시행령	상표법 시행령
⑥2 이상의 항을 인용한 청구항에서 그 청구항의 인용된 항은 다시 2 이상의 항을 인용하는 방식을 사용하여서는 아니된다. 2 이상의 항을 인용한 청구항에서 그 청구항의 인용된 항이 다시 하나의 항을 인용한 후에 그 하나의 항이 결과적으로 2 이상의 항을 인용하는 방식에 대하여도 또한 같다. <개정 2006.9.28> ⑦인용되는 청구항은 인용하는 청구항보다 먼저 기재하여야 한다. <개정 2003.6.13> ⑧각 청구항은 항마다 행을 바꾸어 기재하고, 그 기재하는 순서에 따라 아라비아숫자로 일련번호를 붙여야 한다. **제6조【1군의 발명에 대한 1특허출원의 요건】** 법 제45조제1항 단서의 규정에 의한 1군의 발명에 대하여 1특허출원을 하기 위하여는 다음 각호의 요건을 갖추어야 한다. 1. 청구된 발명간에 기술적 상호관련성이 있을 것 2. 청구된 발명들이 동일하거나 상응하는 기술적 특징을 가지고 있을 것. 이 경우 기술적 특징은 발명 전체로 보아 선행기	은 다시 2 이상의 항을 인용하는 방식을 사용하여서는 아니된다. 2 이상의 항을 인용한 청구항에서 그 청구항의 인용된 항이 다시 하나의 항을 인용한 후에 그 하나의 항이 결과적으로 2 이상의 항을 인용하는 방식에 대하여도 또한 같다. ⑥인용되는 청구항은 인용하는 청구항보다 먼저 기재하여야 한다. ⑦각 청구항은 항마다 행을 바꾸어 기재하고, 그 기재하는 순서에 따라 아라비아숫자로 일련번호를 붙여야 한다. **제4조【1군의 고안에 대한 1실용신안등록출원의 요건】** 법 제9조제1항 단서에 따른 1군의 고안에 대하여 1실용신안등록출원을 하기 위하여는 다음 각호의 요건을 갖추어야 한다. 1. 청구된 고안 간에 기술적 상호관련성이 있을 것 2. 청구된 고안들이 동일하거나 상응하는 기술적 특징을 가지고 있을 것. 이 경우 기술적 특징은 고안 전체로 보아 선행기		

특허법 시행령	실용신안법 시행령	디자인보호법 시행령	상표법 시행령
술에 비하여 개선된 것이어야 한다. [전문개정 2003.6.13] **제7조【특허권 존속기간의 연장등록출원 대상 발명】**법 제89조에서 "대통령령이 정하는 발명"이란 다음 각 호의 어느 하나에 해당하는 발명을 말한다. <개정 1996.6.3, 2000.6.23, 2005.1.31, 2007.6.28, 2008.9.30> 1. 특허발명을 실시하기 위하여 「약사법」 제31조제2항·제3항 또는 제42조제1항에 따라 품목허가를 받아야 하는 의약품의 발명 2. 특허발명을 실시하기 위하여 「농약관리법」 제8조제1항, 제16조제1항 및 제17조제1항에 따라 등록하여야 하는 농약 또는 원제의 발명 ## 제2장 심사 및 심판 **제8조【심사관등의 자격】**①심사관이 될 수 있는 자는 특허청 또는 그 소속기관의 다음 각 호의 어느 하나에 해당하는 공무원으로서 국제지식재산연수원에서 소정의 심사관 연수과정을 수료한 자로 한다.	술에 비하여 개선된 것이어야 한다.		**제5조【준용】**①상표등록에 관한 출원·청구, 그 밖의 절차에 관하여는 「특허법 시행령」 제18조를 준용한다. 이 경우 같은 영 제18조제3항 중 "심판"은 "상표등록이의신청·심판"으로 본다. <개정 2007.6.28>
		제7조【심사관 및 심판관의 자격】①심사관이 될 수 있는 사람은 특허청 또는 그 소속 기관의 5급 이상 일반직 국가공무원 또는 고위공무원단에 속하는 일반직공무원으로서 국제지식재산연수원에서 정해진 심	

특허법 시행령	실용신안법 시행령	디자인보호법 시행령	상표법 시행령
<개정 2009.12.30> 1. 5급 이상의 일반직 국가공무원 2. 고위공무원단에 속하는 일반직공무원 3. 「계약직공무원규정」 별표 1에 따른 가급 또는 나급의 자격기준에 해당하는 전문계약직공무원 ②심판관이 될 수 있는 자는 특허청 또는 그 소속기관의 4급 이상의 일반직 국가공무원 또는 고위공무원단에 속하는 일반직공무원중 다음 각 호의 어느 하나에 해당하는 자로서 국제지식재산연수원에서 소정의 심판관 연수과정을 수료한 자로 한다. <개정 1999.6.30, 2005.1.31, 2006.6.12, 2006.9.28> 1. 특허청에서 2년이상 심사관으로 재직한 자 2. 삭제 <2006.9.28> 3. 특허청에서 심사관으로 재직한 기간과 5급 이상의 일반직 국가공무원 또는 고위공무원단에 속하는 일반직공무원으로서 특허심판원에서 심판업무에 직접 종사한 기간 및 특허법원에서 기술심리관으로 재직한 기간을 통산하여 2년이상인 자 ③심판장이 될 수 있는 자는		사관 연수과정을 수료한 사람으로 한다. ②심판관이 될 수 있는 사람은 특허청 또는 그 소속 기관의 4급 이상 일반직 국가공무원 또는 고위공무원단에 속하는 일반직공무원 중 다음 각 호의 어느 하나에 해당하는 사람으로서 국제지식재산연수원에서 정해진 심판관 연수과정을 수료한 사람으로 한다. 1. 특허청에서 2년 이상 심사관으로 재직한 사람 2. 특허청에서 심사관으로 재직한 기간과 5급 이상 일반직 국가공무원 또는 고위공무원단에 속하는 일반직공무원으로서 특허심판원에서 심판 업무에 직접 종사한 기간을 모두 합하여 2년 이상인 사람 ③제1항 및 제2항에 따른 심사관 또는 심판관의 자격의 직급에 해당하는 공무원(고위공무원단에 속하는 일반직공무원을 포함한다)으로서 변리사의 자격이 있는 사람은 제1항과 제2항에도 불구하고 심사관 또는 심판관이 될 수 있다. ④제1항 및 제2항에 따른 심사관 및 심판관의 연수에 필요한 사항은 특허청장이 정한다.	②「특허법 시행령」 제8조의 규정은 심사관·심판관·심판장 및 특허심판원장에 관하여 이를 준용한다. <개정 1997.12.31, 2005.6.30> [제4조에서 이동 <1992.10.27>]

특허법 시행령	실용신안법 시행령	디자인보호법 시행령	상표법 시행령
특허청 또는 그 소속기관의 3급 일반직 국가공무원 또는 고위공무원단에 속하는 일반직공무원으로서 다음 각 호의 어느 하나에 해당하는 자로 한다. 다만, 「국가공무원법」 제28조의4제1항에 따른 개방형직위 또는 동법 제28조의5제1항에 따른 공모직위로 지정된 심판장이 될 수 있는 자는 동조제2항의 규정에 의한 직무수행요건을 갖춘 자 또는 다음 각 호의 어느 하나에 해당하는 자로 한다. <개정 2000.2.28, 2005.1.31, 2006.6.12, 2006.9.28> 1. 특허심판원에서 2년이상 심판관으로 재직한 자 2. 제2항에 따른 심판관의 자격을 갖춘 자로서 3년 이상 특허청 또는 그 소속기관에서 심사 또는 심판사무에 종사한 자 ④특허심판원장이 될 수 있는 자는 심판관의 자격이 있는 자로 한다. ⑤제1항부터 제4항까지의 규정에 따른 심사관, 심판관, 심판장 또는 특허심판원장의 자격의 직급에 해당하는 공무원(고위공무원단에 속하는 일반직공무원 및 제1항제3호에 따른 전문계약직공무원을 포함한다)으			

특허법 시행령	실용신안법 시행령	디자인보호법 시행령	상표법 시행령
로서 변리사의 자격이 있는 자는 제1항부터 제4항까지의 규정에도 불구하고 각각 심사관, 심판관, 심판장 또는 특허심판원장이 될 수 있다. 다만, 제1항제3호에 따른 전문계약직공무원은 심사관에 한정한다. <개정 2009.12.30> ⑥제1항 및 제2항의 규정에 의한 심사관 및 심판관의 연수에 관하여 필요한 사항은 특허청장이 이를 정한다. [전문개정 1997.6.26]			**제2조 【단체표장등록출원등의 이전】** 법 제12조제9항 단서에 따른 단체표장등록출원의 이전허가 및 법 제54조제9항 단서에 따른 단체표장권의 이전허가를 받으려는 자는 지식경제부령으로 정하는 이전허가신청서에 다음 각 호의 서류를 첨부하여 특허청장에게 제출하여야 한다. <개정 1993.3.6, 2001.6.27, 2008.2.29, 2010.4.7> 1. 법인의 합병을 증명하는 서류 2. 합병 후 존속하는 법인의 정관. 이 경우 해당 정관에는 제1조의2에서 정한 사항을 기재하여야 한다.

특허법 시행령	실용신안법 시행령	디자인보호법 시행령	상표법 시행령
제8조의2 【전문기관의 지정기준】 ①특허청장은 법 제58조제3항에 따라 다음 각 호의 요건을 모두 갖춘 법인을 법 제58조제1항에 따른 전문기관(이하 "전문기관"이라 한다)으로 지정할 수 있다. <개정 2006.9.28> 1. 선행기술의 조사업무 또는 국제특허분류의 부여업무에 필요한 문헌 및 장비를 확보할 것 2. 선행기술의 조사업무 또는 국제특허분류의 부여업무를 수행할 수 있는 전담인력 및 조직을 확보할 것 3. 임·직원 중 「변리사법」 제2조에 따른 업무를 행하는 다른 기관의 임·직원을 겸하는 자 또는 동법 제5조에 따라 등록한 변리사가 없을 것 4. 선행기술의 조사업무 또는 국제특허분류의 부여업무와 관련된 임·직원, 시설 및 장비에 대한 보안체계를 갖출 것 ②제1항에 따라 지정된 전문기관이 선행기술의 조사업무 또는 국제특허분류의 부여업무 외의 업무를 행하는 경우에는 그 업무를 행함으로써 선행기술의 조사업무 또는 국제특허	제9조 【「특허법 시행령」의 준용】	제3조 【전문기관의 지정기준】 ①특허청장은 법 제25조의2제1항에 따라 다음 각 호의 요건을 모두 갖춘 법인을 법 제25조의2제1항에 따른 전문기관(이하 "전문기관"이라 한다)으로 지정할 수 있다. 1. 선행디자인의 조사 업무, 디자인물품의 분류 업무, 디자인심사자료의 정비 및 구축 업무에 필요한 장비를 확보할 것 2. 선행디자인의 조사 업무, 디자인물품의 분류 업무, 디자인심사자료의 정비 및 구축 업무를 수행할 수 있는 전담인력 및 조직을 확보할 것 3. 임직원 중 다른 기관에서 「변리사법」 제2조에 따른 업무를 수행하는 임직원을 겸하는 자가 없을 것 4. 선행디자인의 조사 업무, 디자인물품의 분류 업무, 디자인심사자료의 정비 및 구축 업무와 관련된 임직원 및 시설·장비에 대한 보안체계를 갖출 것 ②제1항에 따라 지정된 전문기관이 선행디자인의 조사 업무, 디자인물품의 분류 업무, 디자인심사자료의 정비 및 구축 업무 외의 업무를 수행하는 경우	제2조의2 【전문조사기관의 지정기준 등】①특허청장은 다음 각 호의 요건을 모두 갖춘 법인을 법 제22조의2제1항에 따른 전문조사기관(이하 "전문조사기관"이라 한다)으로 지정한다. <개정 2007.6.28, 2010.4.7> 1. 상표검색에 필요한 문헌데이터베이스와 장비를 보유하고 있을 것 2. 상표검색을 수행할 수 있는 전담조직과 10명 이상의 인력을 확보하고 있을 것 3. 상표검색업무의 독립성과 공정성 확보를 위한 업무처리기준을 갖추고 있을 것 4. 상표검색과 관련된 비밀의 누설방지를 위한 보안체계를 갖추고 있을 것 ②제1항에 따라 지정된 전문조사기관은 검색업무를 행할 때 불공정하게 처리해서는 아니 된다. <개정 2010.4.7> ③전문조사기관으로 지정받으려는 자는 전문조사기관 지정신청서에 제1항 각 호의 요건을 갖춘 사실을 증명할 수 있는 서류를 첨부하여 특허청장에게 제출하여야 한다.

특허법 시행령	실용신안법 시행령	디자인보호법 시행령	상표법 시행령
분류의 부여업무가 불공정하게 되어서는 아니 된다. <개정 2006.9.28> ③전문기관으로 지정받고자 하는 자는 전문기관지정신청서에 제1항 각 호의 요건을 모두 갖춘 사실을 증명할 수 있는 서류를 첨부하여 특허청장에게 제출하여야 한다. <개정 2005.1.31, 2006.9.28> ④제1항 각 호의 규정에 의한 문헌·장비·전담인력 및 조직의 확보에 관한 세부적인 기준, 보안체계의 구체적인 기준 및 전문기관의 운영에 관하여 필요한 사항은 특허청장이 정하여 고시한다. <신설 2005.1.31, 2006.9.28> [본조신설 1992.10.27] [제목개정 2006.9.28]		에는 그 업무를 수행함으로써 선행디자인의 조사 업무, 디자인물품의 분류 업무, 디자인심사자료의 정비 및 구축 업무가 불공정하게 되도록 해서는 아니 된다. ③전문기관으로 지정받으려는 자는 전문기관 지정신청서에 제1항 각 호의 요건을 모두 갖춘 사실을 증명할 수 있는 서류를 첨부하여 특허청장에게 제출하여야 한다. ④제1항 각 호에 따른 장비·전담인력 및 조직의 확보에 관한 세부적인 기준, 보안체계의 구체적인 기준 및 전문기관의 운영에 필요한 사항은 특허청장이 정하여 고시한다.	<개정 2010.4.7> ④제1항 각 호에 따른 문헌데이터베이스·장비·전담조직 및 인력의 확보에 관한 세부적인 기준, 상표검색업무처리에 관한 세부적인 기준, 보안체계의 구체적인 기준과 전문조사기관의 운영에 필요한 사항은 특허청장이 정하여 고시한다. <신설 2010.4.7> [본조신설 1997.12.31]
제8조의3 【선행기술의 조사의뢰 등】①특허청장은 법 제58조제1항에 따라 선행기술의 조사 또는 국제특허분류의 부여가 필요하다고 인정되는 특허출원 또는 국제출원에 대하여는 전문기관에 선행기술의 조사 또는 국제특허분류의 부여를 의뢰할 수 있다. <개정 2006.9.28, 2009.6.26>	제9조 【「특허법 시행령」의 준용】①실용신안등록에 관한 출원·청구, 그 밖의 절차에 관하여는 「특허법 시행령」 제2조부터 제4조까지, 제8조의2, 제8조의3, 제11조부터 제16조까지 및 제18조를 준용한다. <개정 2007.6.28> ②「특허법 시행령」 제8조의 규정은 실용신안등록출원에 관	제4조 【선행디자인의 조사 의뢰 등】①특허청장은 법 제25조의2제1항에 따라 다음 각 호의 업무를 전문기관에 의뢰할 수 있다. 1. 선행디자인의 조사 또는 디자인물품의 분류가 필요하다고 인정되는 디자인등록출원의 경우: 선행디자인의 조사 업무 또는 디자인물품의 분류 업무	제2조의3 【상표검색의뢰절차 등】①특허청장은 법 제22조의2제1항의 규정에 의하여 검색이 필요하다고 인정되는 상표등록출원에 대하여는 전문조사기관에 상표검색을 의뢰할 수 있다. ②전문조사기관의 장은 특허청장으로부터 제1항의 규정에 의한 상표검색의 의뢰를 받은 경

특허법 시행령	실용신안법 시행령	디자인보호법 시행령	상표법 시행령
②전문기관의 장은 특허청장으로부터 제1항에 따른 선행기술의 조사 또는 국제특허분류의 부여를 의뢰받은 경우에는 그 조사결과 또는 그 부여결과를 특허청장에게 신속히 통지하여야 한다. <개정 2006.9.28> ③특허청장은 제2항에 따른 조사결과 또는 부여결과가 그 특허출원 또는 국제출원에 대한 선행기술 또는 국제특허분류를 파악하기에 미흡하다고 인정되면 조사범위 등을 정하여 그 전문기관의 장에게 선행기술의 조사 또는 국제특허분류의 부여를 재의뢰할 수 있다. <개정 2006.9.28, 2009.6.26> ④제3항의 재의뢰에 관하여는 제2항을 준용한다. <개정 2009.6.26> [본조신설 1992.10.27] [제목개정 2001.6.27]	한 심사·심판 등에 있어서 심사관·심판관·심판장 및 특허심판원장의 자격에 관하여 이를 준용한다.	2. 심사관이 디자인등록출원을 효율적으로 심사할 수 있도록 하기 위하여 필요하다고 인정되는 경우: 디자인심사자료의 정비 및 구축 업무 ②전문기관의 장은 특허청장으로부터 제1항에 따라 선행디자인의 조사, 디자인물품의 분류, 디자인심사자료의 정비 및 구축 업무를 의뢰받은 경우에는 그 조사 결과, 분류 결과 또는 정비 및 구축 결과를 특허청장에게 신속히 통지하여야 한다. ③특허청장은 제2항에 따라 통지받은 결과만으로는 그 디자인등록출원에 대한 선행디자인, 디자인물품의 분류, 디자인심사자료의 정비 및 구축 업무를 파악하기에 부족하다고 인정하는 경우에는 조사 범위 등을 정하여 그 전문기관의 장에게 선행디자인의 조사, 디자인물품의 분류, 디자인심사자료의 정비 및 구축을 다시 의뢰할 수 있다. ④제3항에 따라 업무를 다시 의뢰하는 경우에는 제2항을 준용한다.	우에는 검색결과를 특허청장에게 신속히 통지하여야 한다. <개정 2001.6.27> ③특허청장은 제2항의 규정에 의한 검색결과가 미흡하다고 인정하는 경우에는 검색범위 등을 정하여 그 전문조사기관의 장에게 재검색을 의뢰할 수 있다. ④제2항의 규정은 제3항의 재검색의 경우에 이를 준용한다. [본조신설 1997.12.31]
제9조 【우선심사의 대상】 법 제61조제2호에서 "대통령령이 정	**제5조 【우선심사의 대상】** 법 제15조에서 준용하는 「특허법」	**제5조 【우선심사의 대상】** 법 제25조의4제2호에서 "대통령령으	**제2조의4 【우선심사의 대상】** 법 제22조의4제2항제2호에서 "상

특허법 시행령	실용신안법 시행령	디자인보호법 시행령	상표법 시행령
하는 특허출원"이란 다음 각 호의 어느 하나에 해당하는 것으로서 특허청장이 정하는 특허출원을 말한다. <개정 2000.6.23, 2001.6.27, 2005.1.31, 2006.9.28, 2007.6.28, 2007.6.29, 2008.9.30, 2009.6.26> 1. 방위산업분야의 특허출원 2. 녹색기술[온실가스 감축기술, 에너지 이용 효율화 기술, 청정생산기술, 청정에너지 기술, 자원순환 및 친환경 기술(관련 융합기술을 포함한다) 등 사회·경제 활동의 전 과정에 걸쳐 에너지와 자원을 절약하고 효율적으로 사용하여 온실가스 및 오염물질의 배출을 최소화하는 기술을 말한다]과 직접 관련된 특허출원 3. 수출촉진에 직접 관련된 특허출원 4. 국가 또는 지방자치단체의 직무에 관한 특허출원(「고등교육법」에 따른 국·공립학교의 직무에 관한 특허출원으로서 「기술의 이전 및 사업화 촉진에 관한 법률」 제11조제1항에 따라 국·공립학교 안에 설치된 기술이전·사업화 전담조직에 의한 특허출원을 포함한다)	제61조제2호에서 "대통령령이 정하는 특허출원"이란 다음 각 호의 어느 하나에 해당하는 것으로서 특허청장이 정하는 실용신안등록출원을 말한다. <개정 2007.6.28, 2007.6.29, 2008.9.30> 1. 방위산업분야의 실용신안등록출원 2. 공해방지에 유용한 실용신안등록출원 3. 수출촉진에 직접 관련된 실용신안등록출원 4. 국가 또는 지방자치단체의 직무에 관한 실용신안등록출원(「고등교육법」에 따른 국·공립학교의 직무에 관한 실용신안등록출원으로서 「기술의 이전 및 사업화 촉진에 관한 법률」 제11조제1항에 따라 국·공립학교 안에 설치된 기술이전·사업화 전담조직에 의한 실용신안등록출원을 포함한다) 5. 「벤처기업육성에 관한 특별조치법」 제25조에 따른 벤처기업의 확인을 받은 기업의 실용신안등록출원 6. 「중소기업기술혁신 촉진법」 제15조에 따라 기술혁신형 중소기업으로 선정된 기업	로 정하는 디자인등록출원"이란 다음 각 호의 어느 하나에 해당하는 것으로서 특허청장이 정하는 디자인등록출원을 말한다. 1. 방위산업 분야의 디자인등록출원 2. 녹색기술[온실가스 감축기술, 에너지 이용 효율화 기술, 청정생산기술, 청정에너지 기술, 자원순환 및 친환경 기술(관련 융합기술을 포함한다) 등 사회·경제 활동의 전 과정에 걸쳐 에너지와 자원을 절약하고 효율적으로 사용하여 온실가스 및 오염물질의 배출을 최소화하는 기술을 말한다]과 직접 관련된 디자인등록출원 3. 수출 촉진과 직접 관련된 디자인등록출원 4. 국가 또는 지방자치단체의 직무에 관한 디자인등록출원(「고등교육법」에 따른 국공립학교의 직무에 관한 디자인등록출원으로서 「기술의 이전 및 사업화 촉진에 관한 법률」 제11조제1항에 따라 국공립학교에 설치된 기술이전·사업화에 관한 업무를 전담하는 전담조직이 낸 디자인등록출원을 포함한다)	표등록출원인이 상표등록출원한 상표를 지정상품의 전부에 사용하고 있는 등 대통령령으로 정하는 상표등록출원으로서 긴급한 처리가 필요하다고 인정되는 경우"란 다음 각 호의 어느 하나에 해당하는 경우를 말한다. 1. 상표등록출원인이 상표등록출원한 상표를 지정상품의 전부에 사용하고 있다고 인정되는 경우 2. 법 제8조제5항에 따라 취소심판청구인이 낸 상표등록출원으로 인정되는 경우 3. 「조달사업에 관한 법률 시행령」 제18조의2에 따른 5인 이상 중소기업자가 공동으로 설립한 법인이 낸 단체표장등록출원으로 인정되는 경우 4. 제2호와 제3호 외에 상표등록출원인이 상표등록출원한 상표를 지정상품의 전부에 사용 준비 중인 것이 명백하다고 인정되는 경우 [본조신설 2010.4.7]

특허법 시행령	실용신안법 시행령	디자인보호법 시행령	상표법 시행령
5. 「벤처기업육성에 관한 특별조치법」 제25조에 따른 벤처기업의 확인을 받은 기업의 특허출원 5의2. 「중소기업기술혁신 촉진법」 제15조에 따라 기술혁신형 중소기업으로 선정된 기업의 특허출원 6. 국가의 신기술개발지원사업 또는 품질인증사업의 결과물에 관한 특허출원 7. 조약에 의한 우선권주장의 기초가 되는 특허출원(당해 특허출원을 기초로 하는 우선권주장에 의하여 외국특허청에서 특허에 관한 절차가 진행중인 것에 한정한다) 8. 특허출원인이 특허출원된 발명을 실시하고 있거나 실시준비중인 특허출원 9. 전자거래와 직접 관련된 특허출원 10. 특허청장이 외국특허청장과 우선심사하기로 합의한 특허출원 11. 우선심사의 신청을 하려는 자가 특허출원된 발명에 관하여 법 제58조제1항에 따른 전문기관에 선행기술의 조사를 의뢰한 경우로서 그 조사결과를 특허청장에게 통지하도록	의 실용신안등록출원 7. 국가의 신기술개발지원사업 또는 품질인증사업의 결과물에 관한 실용신안등록출원 8. 조약에 의한 우선권주장의 기초가 되는 실용신안등록출원(그 실용신안등록출원을 기초로 하는 우선권주장에 의하여 외국 특허청에서 특허출원 또는 실용신안등록출원에 관한 절차가 진행 중인 것에 한정한다) 9. 실용신안등록출원인이 실용신안등록출원된 고안을 실시하고 있거나 실시준비 중인 실용신안등록출원 10. 전자거래와 직접 관련된 실용신안등록출원 11. 출원과 동시에 심사청구를 하고 그 출원 후 2개월 이내 우선심사의 신청이 있는 실용신안등록출원 12. 우선심사의 신청을 하려는 자가 실용신안등록출원된 고안에 관하여 법 제15조에 따라 준용되는 「특허법」 제58조제1항에 따른 전문기관에 선행기술의 조사를 의뢰한 경우로서 그 조사결과를 특허청장에게 통지하도록 해당 전문기관에 요청한 실용신안등록출원	5. 「벤처기업육성에 관한 특별조치법」 제25조에 따라 벤처기업 확인을 받은 기업의 디자인등록출원 6. 「중소기업기술혁신 촉진법」 제15조에 따라 기술혁신형 중소기업으로 선정된 기업의 디자인등록출원 7. 국가의 신기술개발지원사업 또는 품질인증사업의 결과물에 관한 디자인등록출원 8. 조약에 의한 우선권주장의 기초가 되는 디자인등록출원(해당 디자인등록출원을 기초로 하는 우선권주장에 의하여 외국 특허청에서 디자인에 관한 절차가 진행 중인 것으로 한정한다) 9. 디자인등록출원인이 디자인등록출원된 디자인을 실시하고 있거나 실시를 준비 중인 디자인등록출원 10. 전자거래와 직접 관련된 디자인등록출원 11. 특허청장이 외국 특허청장과 우선심사하기로 합의한 디자인등록출원 12. 우선심사신청을 하려는 자가 디자인등록출원된 디자인에 관하여 전문기관에 선행디자인의 조사를 의뢰한 경우로서 그	

특허법 시행령	실용신안법 시행령	디자인보호법 시행령	상표법 시행령
해당 전문기관에 요청한 특허출원 [전문개정 1999.6.30] **제10조 【우선심사의 결정】** ①우선심사를 신청하는 자는 지식경제부령이 정하는 우선심사신청서를 특허청장에게 제출하여야 한다. <개정 1993·3·6, 1996·6·3, 1999·6·30, 2008.2.29> ②특허청장은 제1항의 규정에 의한 우선심사 신청이 있는 때에는 우선심사여부를 결정하여야 한다. ③제2항의 우선심사의 결정에 관하여 필요한 사항은 특허청장이 정한다. **제3장 국방관련 특허출원의 비밀취급등** **제11조 【국방관련 특허출원의 비밀분류기준】** 특허청장은 법 제41조제1항의 규정에 의하여 비밀로 분류하여 취급하여야 하는 발명의 선별에 필요한 분류기준(이하 "분류기준"이라 한다)을 방위사업청장과 협의하여 정하여야 한다.	**제6조 【우선심사의 결정】** ①법 제15조에서 준용하는 「특허법」 제61조에 따른 우선심사를 신청하는 자는 지식경제부령이 정하는 우선심사신청서를 특허청장에게 제출하여야 한다. <개정 2008.2.29> ②특허청장은 제1항에 따른 우선심사 신청이 있는 때에는 우선심사여부를 결정하여야 한다. ③제2항의 우선심사의 결정에 관하여 필요한 사항은 특허청장이 정한다. **제9조 【「특허법 시행령」의 준용】**	조사 결과를 특허청장에게 통지하도록 그 전문기관에 요청한 디자인등록출원 **제6조 【우선심사의 결정】** ①우선심사를 신청하려는 자는 지식경제부령으로 정하는 우선심사신청서를 특허청장에게 제출하여야 한다. ②특허청장은 제1항에 따른 우선심사신청이 있는 경우에는 우선심사 여부를 결정하여야 한다. ③제2항에 따른 우선심사 여부 결정에 필요한 사항은 특허청장이 정하여 고시한다.	**제2조의5 【우선심사의 결정】** ① 법 제22조의4제2항에 따른 우선심사를 신청하려는 자는 지식경제부령으로 정하는 우선심사신청서와 첨부서류를 특허청장에게 제출하여야 한다. ②특허청장은 제1항에 따른 우선심사신청이 있는 경우에는 우선심사 여부를 결정하여야 한다. ③제2항에 따른 우선심사 여부 결정에 필요한 사항은 특허청장이 정하여 고시한다. [본조신설 2010.4.7]

특허법 시행령	실용신안법 시행령	디자인보호법 시행령	상표법 시행령
<개정 2006.9.28> 제12조 【비밀취급절차】 ①특허청장은 국내에 주소 또는 영업소를 가진 자의 특허출원이 제11조의 규정에 의한 분류기준에 해당되는 경우에는 방위사업청장에게 비밀로 분류하여 취급할 필요가 있는지 여부를 조회하여야 한다. <개정 2006.9.28> ②특허청장은 제1항의 규정에 의하여 방위사업청장에게 조회한 경우에는 그 특허출원의 발명자·출원인·대리인 및 그 발명을 알고 있다고 인정하는 자(이하 "발명자등"이라 한다)에게 그 사실을 통지하고 보안을 유지하도록 요청하여야 한다. <개정 2006.9.28> ③방위사업청장은 제1항의 규정에 의하여 조회를 받은 경우에는 2월이내에 회신하여야 하며, 그 특허출원에 대하여 비밀취급이 필요하다고 인정되는 경우에는 특허청장에게 비밀로 분류하여 취급하도록 요청하여야 한다. <개정 2006.9.28> ④특허청장은 제3항의 규정에 의하여 비밀로 분류하여 취급할 것을 요청받은 경우에는	제9조 【「특허법 시행령」의 준용】		

특허법 시행령	실용신안법 시행령	디자인보호법 시행령	상표법 시행령
「보안업무규정」에 따라 필요한 조치를 취하고 그 특허출원의 발명자등에게 비밀로 분류하여 취급하도록 명하여야 하며, 비밀로 분류하여 취급할 것을 요청받지 아니한 경우에는 그 특허출원의 발명자등에게는 제2항의 보안유지 요청의 해제통지를 하여야 한다. <개정 2005.1.31> ⑤특허청장은 제3항의 규정에 의한 방위사업청장의 회신을 받은 때에는 지체없이 제4항의 규정에 의하여 비밀로 분류하여 취급하도록 명하거나 보안유지 요청의 해제통지를 하여야 한다. <개정 2006.9.28> 제13조【비밀에서의 해제등】① 특허청장은 제12조제4항의 규정에 의하여 비밀로 분류하여 취급할 것을 명한 특허출원에 대하여는 비밀에서의 해제, 비밀보호기간의 연장 또는 비밀등급의 변경여부를 연 2회이상 방위사업청장과 협의하여 필요한 조치를 하여야 한다. <개정 2006.9.28> ②제12조제4항의 규정에 의하여 비밀로 분류하여 취급할 것을 명령받은 발명자등은 특허	제9조【「특허법 시행령」의 준용】		

특허법 시행령	실용신안법 시행령	디자인보호법 시행령	상표법 시행령
청장에게 비밀에서의 해제 또는 비밀등급의 변경이나 특허출원된 발명의 일정범위의 공개 또는 실시의 허가를 청구할 수 있다. **제14조 【보상금】** ①특허출원인은 법 제41조제3항의 규정에 의하여 외국에의 특허출원이 금지됨에 따른 손실 또는 비밀로 취급됨에 따른 손실에 대한 보상금(이하 "보상금"이라 한다)을 방위사업청장에게 청구할 수 있다. <개정 2001.6.27, 2006.9.28> ②특허출원인이 제1항의 규정에 의하여 보상금을 청구하는 경우에는 보상금청구서와 손실을 입증할 수 있는 증거자료를 제출하여야 한다. ③방위사업청장은 특허출원인으로부터 제1항의 규정에 의한 보상금청구를 받은 경우에는 보상액을 결정하여 지급하여야 하며, 필요한 경우에는 특허청장과 협의할 수 있다. <개정 2006.9.28> **제15조 【외국에의 특허출원금지 및 허가】** ①국내에 주소 또는 영업소를 가진 자가 특허출원	**제9조 【**「특허법 시행령」의 준용】 **제9조 【**「특허법 시행령」의 준용】		

특허법 시행령	실용신안법 시행령	디자인보호법 시행령	상표법 시행령
한 발명이 제12조제2항의 규정에 의하여 특허청장으로부터 보안유지 요청을 받거나, 동조제4항의 규정에 의하여 비밀로 분류하여 취급하도록 명령을 받은 경우에는 특허청장의 허가를 받은 경우에 한하여 외국에 특허출원을 할 수 있다. ②외국에의 특허출원 허가를 신청하고자 하는 자는 지식경제부령이 정하는 신청서를 특허청장에게 제출하여야 한다. <개정 1993.3.6, 1996.6.3, 1999.6.30, 2008.2.29> **제16조【방위사업청장과의 협의】** 특허청장은 다음 각 호의 어느 하나에 해당하는 허가를 하고자 하는 경우에는 미리 방위사업청장과 협의하여야 한다. <개정 2006.9.28> 1. 제13조제2항의 규정에 의한 비밀로 취급되고 있는 발명의 일정범위의 공개 또는 실시허가 2. 제15조제2항의 규정에 의한 외국에의 특허출원 허가 [제목개정 2006.9.28] **제4장 보칙**	**제9조【「특허법 시행령」의 준용】**		

특허법 시행령	실용신안법 시행령	디자인보호법 시행령	상표법 시행령
제17조 삭제 <2007.6.28> 제18조 【서류의 송달등】 ①법에 따라 송달할 서류는 특허청 또는 특허심판원에서 당사자 또는 그 대리인이 이를 직접 수령하거나 정보통신망을 이용하여 수령하는 경우를 제외하고는 등기우편으로 발송하여야 한다. <개정 1993.12.31, 1997.6.26, 2001.6.27, 2007.6.28> ②특허청장 또는 특허심판원장은 제1항의 규정에 의하여 서류를 송달한 경우에는 다음 각 호에 정하는 바에 따라 수령증 또는 그 내용을 보관하여야 한다. <개정 2001.6.27> 1. 당사자 또는 대리인이 특허청 또는 특허심판원에서 직접 수령하는 경우에는 수령일자 및 수령자의 성명이 기재된 수령증 2. 당사자 또는 대리인이 정보통신망을 이용하여 수령하는 경우에는 특허청 또는 특허심판원이 운영하는 발송용 전산정보처리조직의 파일에 기록된 내용 3. 등기우편으로 발송하는 경우에는 등기우편물 수령증	제9조 【「특허법 시행령」의 준용】	제8조 【서류의 송달 등】 ①법에 따라 송달할 서류는 특허청 또는 특허심판원에서 당사자 또는 그 대리인이 직접 수령하거나 정보통신망을 이용하여 수령하는 경우 외에는 등기우편으로 발송하여야 한다. ②특허청장 또는 특허심판원장은 제1항에 따라 서류를 송달한 경우에는 다음 각 호의 구분에 따라 수령증 또는 그 내용을 보관하여야 한다. 1. 당사자 또는 그 대리인이 특허청 또는 특허심판원에서 직접 수령하는 경우: 수령일 및 수령자의 성명이 적힌 수령증 2. 당사자 또는 그 대리인이 정보통신망을 이용하여 수령하는 경우: 특허청 또는 특허심판원이 운영하는 발송용 전산정보처리조직의 파일에 기록된 내용 3. 등기우편으로 발송하는 경우: 등기우편물 수령증 ③디자인무심사등록이의신청, 심판, 재심, 통상실시권 설정의 재정(裁定) 및 디자인권의 취소에 관한 심결문 또는 결정문을 송달할 때에는 우편 관련 법령	제5조 【준용】 ①상표등록에 관한 출원·청구, 그 밖의 절차에 관하여는 「특허법 시행령」 제18조를 준용한다. 이 경우 같은 영 제18조제3항 중 "심판"은 "상표등록이의신청·심판"으로 본다. <개정 2007.6.28> ②「특허법 시행령」 제8조의 규정은 심사관·심판관·심판장 및 특허심판원장에 관하여 이를 준용한다. <개정 1997.12.31, 2005.6.30> [제4조에서 이동 <1992.10.27>]

특허법 시행령	실용신안법 시행령	디자인보호법 시행령	상표법 시행령
③심판·재심·통상실시권 설정의 재정 및 특허권의 취소에 관한 심결문 또는 결정문을 송달할 경우에는 우편법령에 의한 특별송달방법에 의하여야 한다. <개정 1993.12.31, 1997.6.26, 1999.6.30, 2006.9.28> ④송달에 있어서는 법 또는 이 영에 특별한 규정이 있는 경우를 제외하고 송달을 받는 자에게 그 서류의 등본을 교부하여야 하며, 송달할 서류의 제출에 갈음하여 조서를 작성한 때에는 그 조서의 등본이나 초본을 교부하여야 한다. ⑤법 제3조제1항의 본문에 해당하는 자에 대한 송달은 그 법정대리인에게 하여야 한다. ⑥수인이 공동하여 대리권을 행사하는 경우에는 그중 1인에게 송달하면 된다. <개정 1993.12.31> ⑦교도소 또는 구치소에 구속된 자에 대한 송달은 그 소장에게 한다. <개정 1993.12.31> ⑧송달할 장소는 이를 받을 자의 주소 또는 영업소로 한다. 다만, 송달을 받고자 하는 자가 송달을 받고자 하는 장소(국내에 한한다)를 특허청장 또는		에 따른 특별송달의 방법으로 하여야 한다. ④송달을 하는 경우에는 법 또는 이 영에 특별한 규정이 있는 경우 외에는 송달을 받는 자에게 그 서류의 등본을 보내야 하며, 송달할 서류의 제출을 갈음하여 조서를 작성하였을 때에는 그 조서의 등본이나 초본을 보내야 한다. ⑤미성년자, 한정치산자 또는 금치산자에게 송달할 서류는 그 법정대리인에게 송달한다. ⑥여러 명이 공동으로 대리권을 행사하는 경우에는 그 중 1명에게 송달한다. ⑦교도소·구치소 등 교정시설에 구속된 사람에게 송달할 서류는 그 소장에게 송달한다. ⑧송달장소는 송달을 받을 자의 주소 또는 영업소로 한다. 다만, 송달을 받으려는 자가 송달을 받으려는 장소(국내로 한정한다)를 특허청장 또는 특허심판원장에게 미리 신고한 경우에는 그 장소로 한다. ⑨송달을 받을 자가 송달장소를 변경하였을 때에는 지체 없이 그 사실을 특허청장에게 신고하여야 한다. ⑩송달을 받을 자가 정당한 사	

특허법 시행령	실용신안법 시행령	디자인보호법 시행령	상표법 시행령
특허심판원장에게 미리 신고한 경우에는 그 장소로 한다. <개정 1993.12.31, 2005.1.31> ⑨송달을 받을 자가 그 장소를 변경한 때에는 지체없이 그 취지를 특허청장에게 신고하여야 한다. <신설 1993.12.31> ⑩송달을 받는 자가 정당한 사유없이 송달받기를 거부함으로써 송달할 수 없게된 때에는 발송한 날에 송달된 것으로 본다. ⑪법에 따라 송달할 서류외의 서류의 발송등은 특허청장이 정하는 방법에 따른다. <신설 1993.12.31, 2007.6.28>		유 없이 송달받기를 거부하여 송달할 수 없게 되었을 때에는 발송한 날에 송달된 것으로 본다. ⑪법에 따라 송달할 서류 외의 서류의 발송 등에 관하여는 특허청장이 정하는 방법에 따른다.	
제19조 【특허공보】 ①법 제221조의 규정에 의한 특허공보는 이를 등록공고용특허공보와 공개용특허공보로 구분한다. <개정 1997.6.26> ②등록공고용특허공보에는 다음 각 호의 사항을 게재한다. <개정 1999.6.30, 2001.6.27, 2003.6.13, 2006.9.28, 2009.6.26> 1. 특허권자의 성명 및 주소(법인인 경우에는 그 명칭 및 영업소의 소재지) 2. 출원번호·분류기호 및 출원연월일	제7조 【실용신안공보】 ①법 제42조에 따른 실용신안공보는 이를 등록공고용실용신안공보와 공개용실용신안공보로 구분한다. ②등록공고용실용신안공보에는 다음 각 호의 사항을 게재한다. <개정 2009.6.26> 1. 실용신안권자의 성명 및 주소(법인인 경우에는 그 명칭 및 영업소의 소재지) 2. 출원번호·분류기호 및 출원연월일 3. 고안자의 성명 및 주소	제9조 【디자인공보】 ①법 제78조제1항에 따른 디자인공보는 디자인심사등록공보, 디자인무심사등록공보 및 공개디자인공보로 구분한다. ②디자인심사등록공보에는 다음 각 호의 사항을 게재한다. 다만, 법 제13조에 따른 비밀디자인의 경우에 제7호부터 제9호까지의 사항은 디자인등록출원인이 청구한 비밀기간이 지난 후에 게재하여야 한다. 1. 디자인권자의 성명 및 주소 (법인인 경우에는 그 명칭 및	제3조 【상표공보】 법 제89조제1항에 따른 상표공보에는 다음 각 호의 사항을 게재한다. <개정 1997.12.31, 2001.6.27, 2005.6.30, 2007.6.28, 2010.4.7> 1. 법 제24조제2항(법 제49조제3항 및 제81조제1항에서 준용하는 경우를 포함한다)에 따른 출원공고의 경우에는 다음 각 목의 사항 가. 출원인의 성명과 주소(법인의 경우에는 그 명칭과 영업소의 소재지) 나. 상표

특허법 시행령	실용신안법 시행령	디자인보호법 시행령	상표법 시행령
3. 발명자의 성명 및 주소 4. 특허번호 및 설정등록연월일 5. 등록공고연월일 6. 우선권주장에 관한 사항 7. 변경출원 또는 분할출원에 관한 사항 8. 특허출원서에 첨부된 명세서·도면 및 요약서 9. 출원공개번호 및 공개연월일 10. 법 제66조의2에 따른 직권보정에 관한 사항 11. 법 제133조의2, 제136조 또는 제137조에 따라 정정된 내용 12. 그 밖에 특허청장이 필요하다고 인정하는 사항 ③공개용특허공보에는 다음 각 호의 사항을 게재한다. 다만, 공공의 질서 또는 선량한 풍속을 문란하게 하거나 공중의 위생을 해할 염려가 있다고 인정되는 사항은 게재하지 아니한다. <개정 1999.6.30, 2001.6.27, 2003.6.13, 2006.9.28> 1. 출원인의 성명 및 주소(법인의 경우에는 그 명칭 및 영업소의 소재지) 2. 출원번호·분류기호 및 출원연월일 3. 발명자의 성명 및 주소 4. 출원공개번호 및 공개연월일	4. 실용신안등록번호 및 설정등록연월일 5. 등록공고연월일 6. 우선권주장에 관한 사항 7. 변경출원 또는 분할출원에 관한 사항 8. 실용신안등록출원서에 첨부된 명세서·도면 및 요약서 9. 출원공개번호 및 공개연월일 10. 법 제15조에서 준용하는 「특허법」 제66조의2에 따른 직권보정에 관한 사항 11. 법 제33조에서 준용하는 「특허법」 제133조의2, 동법 제136조 또는 동법 제137조에 따라 정정된 내용 12. 그 밖에 특허청장이 필요하다고 인정하는 사항 ③공개용실용신안공보에는 다음 각 호의 사항을 게재한다. 다만, 공공의 질서 또는 선량한 풍속을 문란하게 하거나 공중의 위생을 해할 염려가 있다고 인정되는 사항은 게재하지 아니한다. 1. 출원인의 성명 및 주소(법인인 경우에는 그 명칭 및 영업소의 소재지) 2. 출원번호·분류기호 및 출원연월일 3. 고안자의 성명 및 주소	영업소의 소재지) 2. 물품의 부분에 관한 디자인(이하 "부분디자인"이라 한다)의 등록이라는 사실(부분디자인인 경우만 해당한다) 3. 디자인의 대상이 되는 물품 및 그 분류기호 4. 창작자의 성명 및 주소 5. 출원번호 및 출원연월일 6. 우선권주장의 기초가 된 출원일(법 제23조제1항에 따라 출원된 디자인등록인 경우만 해당한다) 7. 등록번호 및 등록연월일 8. 도면 또는 사진(모형 또는 견본의 사진을 포함한다) 9. 창작내용의 요점 10. 디자인의 설명 11. 출원공개 및 공개연월일(출원공개된 디자인등록인 경우만 해당한다) 12. 그 밖에 법과 이 영에 따라 게재하여야 하거나, 특허청장이 게재할 필요가 있다고 인정하는 사항 ③디자인무심사등록공보에는 다음 각 호의 사항을 게재한다. 다만, 법 제13조에 따른 비밀디자인의 경우에 제7호부터 제9호까지의 사항은 디자인등록출원인이 청구한 비밀기간이 지	다. 지정상품과 그 유구분 라. 출원번호 및 출원연월일(법 제86조의14제1항의 규정에 의하여 법에 의한 상표등록출원으로 보는 국제출원의 경우에는 국제등록번호 및 동조제2항의 규정에 의한 국제등록일 또는 사후지정일) 마. 출원공고번호와 공고연월일 바. 입체적 형상상표, 색채상표, 홀로그램상표, 동작상표 또는 그 밖에 시각적으로 인식할 수 있는 것으로 된 상표의 경우에는 해당 상표임을 나타내는 표시 사. 지정상품을 추가하려는 등록상표의 등록번호 또는 상표등록출원의 번호(지정상품의 추가등록출원인 경우만 해당한다) 아. 가목부터 사목까지에서 규정한 사항 외에 상표등록출원이나 지정상품의 추가등록출원에 관계되는 사항 자. 법 제6조제2항에 해당함을 나타내는 취지(같은 항에 해당하여 공고결정된 상표등록출원인 경우만 해당한다) 차. 정관의 요약서(단체표장과 지리적 표시 단체표장의 경

특허법 시행령	실용신안법 시행령	디자인보호법 시행령	상표법 시행령
5. 특허출원서에 첨부된 명세서·도면 및 요약서 6. 우선권주장에 관한 사항 7. 변경출원 또는 분할출원에 관한 사항 8. 법 제60조제2항의 규정에 의한 출원심사의 청구사실. 다만, 출원공개시에 그 사실이 게재되지 아니한 때에는 당해 출원의 공개번호·분류기호 및 출원번호를 그 심사청구사실과 함께 추후 발행되는 공개용특허공보에 게재하여야 한다. 9. 법 제63조의2의 규정에 의하여 누구든지 그 특허출원이 특허될 수 없다는 취지의 정보를 증거와 함께 특허청장에게 제공할 수 있다는 취지 10. 기타 특허출원의 공개에 관계되는 사항	4. 우선권주장에 관한 사항 5. 변경출원 또는 분할출원에 관한 사항 6. 실용신안등록출원서에 첨부된 명세서·도면 및 요약서 7. 출원공개번호 및 공개연월일 8. 법 제15조에서 준용하는 「특허법」 제60조제2항에 따른 출원심사의 청구사실. 다만, 출원공개시에 그 출원심사의 청구사실이 게재되지 아니한 때에는 그 출원의 공개번호·분류기호 및 출원번호를 그 출원심사의 청구사실과 함께 추후 발행되는 공개용실용신안공보에 게재하여야 한다. 9. 법 제15조에서 준용하는 「특허법」 제63조의2에 따라 누구든지 그 고안이 실용신안등록될 수 없다는 취지의 정보를 증거와 함께 특허청장에게 제공할 수 있다는 취지 10. 그 밖에 실용신안등록출원의 공개에 관계되는 사항	난 후에 게재하여야 한다. 1. 디자인권자의 성명 및 주소(법인인 경우에는 그 명칭 및 영업소의 소재지) 2. 부분디자인의 등록이라는 사실(부분디자인인 경우만 해당한다) 3. 디자인의 대상이 되는 물품 및 그 분류기호 4. 창작자의 성명 및 주소 5. 출원번호 및 출원연월일 6. 우선권주장의 기초가 된 출원일(법 제23조제1항에 따라 우선권을 주장하는 경우만 해당하며, 같은 조 제4항에 따른 우선권 증명서류가 제출되기 전에 공고하는 경우에는 그 내용을 함께 적어야 한다) 7. 등록번호 및 등록연월일 8. 도면 또는 사진(모형 또는 견본의 사진을 포함한다) 9. 창작내용의 요점 10. 디자인의 설명 11. 디자인의 일련번호(법 제11조의2에 따른 복수디자인등록출원인 경우만 해당한다) 12. 출원공개 및 공개연월일(출원공개된 디자인등록인 경우만 해당한다) 13. 그 밖에 법과 이 영에 따라 게재하여야 하거나, 특허청장이	우만 해당한다) 카. 지리적 표시 단체표장이라는 취지(지리적 표시 단체표장의 경우만 해당한다) 타. 색채 또는 색채의 조합만으로 된 상표, 홀로그램상표, 동작상표 또는 그 밖에 시각적으로 인식할 수 있는 것으로 된 상표의 경우에는 해당 상표에 대한 설명 파. 법 제24조의3에 따른 직권보정에 관한 사항 2. 제1호의 사항 외에 법과 이 영에 따라 게재할 사항 3. 특허청장이 게재할 필요가 있다고 인정하는 상표에 관한 사항

특허법 시행령	실용신안법 시행령	디자인보호법 시행령	상표법 시행령
		게재할 필요가 있다고 인정하는 사항 ④공개디자인공보에는 법 제23조의2제2항에 따른 공개신청이 있는 디자인등록출원 또는 법 제23조의6 본문에 따라 거절결정이나 거절한다는 취지의 심결이 확정된 디자인등록출원에 대하여 다음 각 호의 사항을 게재한다. 1. 디자인등록출원인의 성명 및 주소(법인인 경우에는 그 명칭 및 영업소의 소재지) 2. 부분디자인의 디자인등록출원이라는 사실(부분디자인인 경우만 해당한다) 3. 디자인의 대상이 되는 물품 및 그 분류기호, 디자인심사등록출원 또는 디자인무심사등록출원이라는 사실 4. 동일 또는 유사한 디자인에 대하여 같은 날에 디자인등록출원을 한 둘 이상의 디자인등록출원인 간에 협의가 성립하지 아니하거나 협의를 할 수 없어 해당 등록출원을 모두 거절결정을 하였거나 거절한다는 취지의 심결이 확정된 사실(법 제23조의6에 따라 게재하는 경우만 해당한다) 5. 창작자의 성명 및 주소	

특허법 시행령	실용신안법 시행령	디자인보호법 시행령	상표법 시행령
		6. 출원번호 및 출원연월일 7. 우선권주장의 기초가 된 출원일(법 제23조제1항에 따라 우선권을 주장하는 경우만 해당하며, 같은 조 제4항에 따른 우선권 증명서류가 제출되기 전에 공고하는 경우에는 그 내용을 함께 적어야 한다) 8. 기본디자인의 표시 9. 출원공개번호 및 공개연월일 10. 도면 또는 사진(모형 또는 견본의 사진을 포함한다) 11. 창작내용의 요점 12. 디자인의 설명 13. 그 밖에 특허청장이 게재할 필요가 있다고 인정하는 디자인등록출원공개에 관계되는 사항	
제20조 【과태료의 부과】 법 제232조제1항에 따른 과태료의 부과기준은 별표와 같다. 다만, 특허청장은 위반행위의 정도, 위반횟수, 위반행위의 동기와 그 결과 등을 고려하여 그 금액의 2분의 1의 범위에서 경감하거나 가중할 수 있되, 가중하는 때에는 법 제232조제1항에 따른 과태료 금액의 상한을 초과할 수 없다. [전문개정 2008.9.30]	**제8조 【과태료의 부과】** 법 제52조제1항에 따른 과태료의 부과기준은 별표와 같다. 다만, 특허청장은 위반행위의 정도, 위반횟수, 위반행위의 동기와 그 결과 등을 고려하여 그 금액의 2분의 1의 범위에서 경감하거나 가중할 수 있되, 가중하는 때에는 법 제52조제1항에 따른 과태료 금액의 상한을 초과할 수 없다. [전문개정 2008.9.30]	**제10조 【과태료의 부과기준】** ① 법 제88조제1항에 따른 과태료의 부과기준은 별표와 같다. ②특허청장은 위반 정도, 위반횟수, 위반행위의 동기 및 그 결과 등을 고려하여 별표에 따른 과태료 금액을 2분의 1의 범위에서 줄이거나 늘릴 수 있다. 다만, 늘리는 경우에는 법 제88조제1항에 따른 과태료 금액의 상한을 초과할 수 없다.	**제4조 【과태료의 부과기준】** ①법 제98조제1항에 따른 과태료의 부과기준은 별표와 같다. ②특허청장은 위반 정도, 위반횟수, 위반행위의 동기 및 그 결과 등을 고려하여 별표에 따른 과태료 금액을 2분의 1의 범위에서 줄이거나 늘릴 수 있다. 다만, 늘리는 경우에는 법 제98조제1항에 따른 과태료 금액의 상한을 초과할 수 없다. [전문개정 2009.6.30]

특허법 시행규칙	실용신안법 시행규칙	디자인보호법 시행규칙	상표법 시행규칙
[시행 2010. 7.28] [지식경제부령 제137호, 2010. 7.27, 일부개정]	[시행 2010. 7.28] [지식경제부령 제138호, 2010. 7.27, 일부개정]	[시행 2010. 7.28] [지식경제부령 제139호, 2010. 7.27, 타법개정]	[시행 2010. 7.29] [지식경제부령 제143호, 2010. 7.29, 일부개정]

특허법 시행규칙

제1장 총칙

특허법 시행규칙	실용신안법 시행규칙	디자인보호법 시행규칙	상표법 시행규칙
제1조 【목적】 이 규칙은 「특허법」 및 동법시행령에서 위임된 사항과 그 시행에 관하여 필요한 사항을 규정함을 목적으로 한다. <개정 2002.2.28, 2005.2.11>	**제1조 【목적】** 이 규칙은 「실용신안법」 및 동법 시행령에서 위임된 사항과 그 시행에 관하여 필요한 사항을 규정함을 목적으로 한다.	**제1조 【목적】** 이 규칙은 「디자인보호법」 및 동법 시행령에서 위임된 사항과 그 시행에 관하여 필요한 사항을 규정함을 목적으로 한다. <개정 2002.2.28, 2005.2.11, 2005.7.1>	**제1조 【목적】** 이 규칙은 「상표법」 및 동법시행령에서 위임된 사항과 그 시행에 관하여 필요한 사항을 규정함을 목적으로 한다. <개정 2002.2.28, 2005.2.11>
제1조의2 【정의】 이 규칙에서 사용하는 용어의 정의는 다음과 같다. <개정 2001.6.30, 2002.2.28, 2003.12.31, 2005.2.11, 2006.9.29> 1. "전산정보처리조직"이라 함은 특허청이 사용하는 컴퓨터와 특허에 관한 출원·청구 기타의 절차(이하 "특허에 관한 절차"라 한다)를 밟는 자 또는 그 대리인이 사용하는 컴퓨터를 정보통신망으로 접속한 조직을 말한다. 2. "전자문서"라 함은 다음 각 목의 서류를 말한다. 가. 특허에 관한 절차를 밟는 자가 특허청 또는 「특허협력조약」 (이하 "조약"이라 한다)	**제17조 [「특허법 시행규칙」 의 준용]** ①실용신안등록에 관한 출원·청구, 그 밖의 절차에 관하여는 「특허법 시행규칙」 제1조의2, 제2조, 제3조, 제3조의2, 제4조, 제5조, 제5조의2부터 제5조의4까지, 제6조부터 제9조까지, 제9조의2부터 제9조의9까지, 제10조, 제11조, 제13조, 제13조의3, 제13조의4, 제14조부터 제18조까지, 제18조의2, 제19조, 제19조의2, 제20조의2, 제24조부터 제27조까지, 제29조, 제31조, 제33조부터 제36조까지, 제36조의2, 제37조, 제37조의2, 제37조의3, 제40조, 제41조부터 제45조까지, 제48조, 제51조, 제55조, 제55조의2, 제57조의2, 제58조,	**제1조의2 【정의】** 이 규칙에서 사용하는 용어의 정의는 다음과 같다. 1. "전산정보처리조직"이란 특허청이 사용하는 컴퓨터와 디자인등록에 관한 출원·청구, 그 밖의 절차(이하 "디자인에 관한 절차"라 한다)를 밟는 자 또는 그 대리인이 사용하는 컴퓨터를 정보통신망으로 접속한 조직을 말한다. 2. "전자문서"란 다음 각 목의 서류를 말한다. 가. 디자인에 관한 절차를 밟는 자가 특허청에서 제공하는 소프트웨어 또는 특허청 홈페이지를 이용하여 작성한 서류를 특허청 또는 특허심판원에	**제36조 【준용규정】** 상표등록에 관한 출원·청구, 그 밖의 절차에 관하여는 「특허법 시행규칙」 제1조의2, 제2조, 제3조, 제5조, 제5조의2부터 제5조의4까지, 제6조부터 제9조까지, 제9조의3부터 제9조의7까지, 제9조의9, 제10조, 제12조, 제13조의3, 제14조부터 제19조까지, 제20조의2, 제24조, 제26조, 제27조, 제34조, 제36조, 제37조의2, 제39조, 제51조, 제58조, 제60조부터 제69조까지, 제73조, 제120조 및 제120조의2부터 제120조의6까지의 규정을 준용하며, 상표등록이의신청에 대한 심사에 관하여는 「특허법 시행규칙」 제58조, 제63조, 제68

특허법 시행규칙	실용신안법 시행규칙	디자인보호법 시행규칙	상표법 시행규칙
제2조(ⅹⅸ)의 규정에 따른 국제사무국(이하 "국제사무국"이라 한다)에서 제공하는 소프트웨어 또는 특허청 홈페이지를 이용하여 작성한 서류를 특허청 또는 특허심판원에 정보통신망을 이용하여 제출(이하 "온라인 제출"이라 한다)하거나 플로피디스크 또는 광디스크 등 전자적 기록매체(이하 "전자적 기록매체"라 한다)에 수록하여 제출하는 서류 나. 특허청장 또는 특허심판원장이 정보통신망을 이용하여 특허출원인·심판청구인 그밖에 특허에 관한 절차를 밟는 자(이하 "출원인등"이라 한다)에게 통지 또는 송달하는 서류 [본조신설 1998.12.31]	제60조부터 제65조까지, 제65조의2, 제66조, 제66조의2, 제67조부터 제69조까지, 제72조, 제73조, 제120조, 제120조의2부터 제120조의6까지를 준용한다. 이 경우 같은 규칙 제11조제1항제5호 중 "명세서(명세서에 발명의 상세한 설명이 기재되어 있지 아니한 경우를 포함한다)를 첨부하지 아니한 경우"는 "명세서(명세서에 고안의 상세한 설명을 적지 아니한 경우를 포함한다) 또는 도면을 첨부하지 아니한 경우"로 보고, 같은 규칙 제29조제1항 각 호 외의 부분 및 제31조제1항 각 호 외의 부분 중 "별지 제14호서식의 특허출원서"를 각각 "별지 제1호서식의 실용신안등록출원서"로 본다. <개정 2009.6.30, 2010.7.27> ②국제출원에 관하여는 「특허법 시행규칙」 제74조부터 제93조까지, 제93조의2, 제94조, 제95조, 제95조의2, 제97조부터 제99조까지, 제99조의2, 제100조, 제100조의2, 제101조부터 제104조까지, 제106조, 제106조의2, 제106조의4부터 제106조의46까지의 규정을 준용한다. <개정 2008.12.31>	정보통신망을 이용하여 제출(이하 "온라인 제출"이라 한다)하거나 플로피디스크 또는 광디스크 등 전자적 기록매체(이하 "전자적 기록매체"라 한다)에 수록하여 제출하는 서류 나. 특허청장 또는 특허심판원장이 정보통신망을 이용하여 디자인등록출원인, 심판청구인, 디자인무심사등록이의신청인, 그 밖에 디자인에 관한 절차를 밟는 자(이하 "출원인등"이라 한다)에게 통지 또는 송달하는 서류 [본조신설 2009.6.30] [종전 제1조의2는 제1조의3으로 이동 <2009.6.30>]	조 및 제69조의 규정을 준용한다. 이 경우 같은 규칙 제1조의2제2호나목 중 "특허출원인·심판청구인"은 "이의신청인·심판청구인"으로 보고, 같은 규칙 제5조제2항 단서 중 "특허출원"은 "상표등록출원, 지정상품의 추가등록출원, 상품분류전환등록신청"으로, "국제특허출원의 국내서면제출"은 "국제상표등록출원에 대한 최초 의견서, 보정서 또는 지정기간연장신청서 제출"로, "심판청구·재심청구"는 "상표등록이의신청(지정상품의 추가등록에 대한 이의신청을 포함한다. 이하 같다)·심판청구·재심청구"로, "특허출원서"는 "상표등록출원서·지정상품의 추가등록출원서·상품분류전환등록신청서"로, "법 제203조에 따른 서면"은 "국제상표등록출원에 대한 의견서, 보정서 또는 지정기간연장신청서"로, "심판청구서"는 "상표등록이의신청서·심판청구서"로 보며, 같은 규칙 제9조제1항제1호 중 "출원인"은 "출원인 또는 상품분류전환등록신청인"으로, 같은 항 제9호 중 "심판청구인·심판피청구인 및 심판참가인"은 "이의신청인·피신청인·심

특허법 시행규칙	실용신안법 시행규칙	디자인보호법 시행규칙	상표법 시행규칙
	③법 제34조 또는 법 제40조제4항에 따라 실용신안등록출원으로 보는 국제출원에 관하여는 「특허법 시행규칙」 제107조, 제107조의2, 제108조부터 제112조까지, 제112조의2, 제113조, 제113조의2, 제114조의2, 제114조의3, 제115조, 제116조, 제116조의2, 제117조부터 제119조까지의 규정을 준용한다. <개정 2010.7.27>		판청구인"으로 보고, 같은 규칙 제9조의4제3항 중 "전자문서"는 "전자문서(국제출원에 관한 전자문서를 제외한다)"로 보며, 같은 규칙 제11조제1항제9호 중 "법 제132조의3에 따른 심판의 청구기간"은 "법 제70조의2에 따른 거절결정에 대한 심판 및 법 제70조의3에 따른 보정각하결정에 대한 심판의 청구기간"으로 보고, 같은 규칙 제12조제3항 중 "특허에 관한 심판"은 "상품분류전환등록신청·상표등록이의신청·심판"으로, "심판번호"는 "상품분류전환등록신청번호·상표등록이의신청번호·심판번호"로 보며, 같은 규칙 제51조제1항제1호 중 "제50조제2항 또는 제4항"은 "제15조제2항"으로, 같은 항 제2호 중 "제50조의2제1항 또는 제4항"은 "제15조의2제1항"으로, 같은 항 제3호 중 "제50조의3"은 "제15조의3"으로 보고, 같은 규칙 제73조제2항 중 "법 제132조의3의 규정에 의한 특허거절결정에 대한 심판"은 "법 제70조의2에 따른 거절결정에 대한 심판 및 법 제70조의3에 따른 보정각하결정에 대한 심판"으로 본다.

특허법 시행규칙	실용신안법 시행규칙	디자인보호법 시행규칙	상표법 시행규칙
			<개정 2010.7.29> [전문개정 2007.6.29]
제2조 【서류에 의한 절차】 법령에 따라 특허에 관한 절차를 밟기 위하여 특허청 또는 특허심판원에 제출하는 서류는 법령에 특별한 규정이 있는 경우를 제외하고는 1건마다 작성하여야 하며, 제출인의 성명(법인의 경우에는 명칭) 및 고유번호(이하 "출원인코드"라 한다)를 기재하고 서명 또는 날인(전자문서의 경우에는 전자서명을 말한다. 이하 같다)하여야 한다. 다만, 출원인코드가 없는 경우에는 제출인의 성명 및 주소(법인인 경우에는 그 명칭 및 영업소의 소재지)를 기재하고 서명 또는 날인하여야 한다. <개정 2002.2.28> [전문개정 1998.12.31] [제목개정 2002.2.28]	제17조 【「특허법 시행규칙」의 준용】	제1조의5 【서류에 의한 절차】 디자인에 관한 절차를 밟기 위하여 특허청 또는 특허심판원에 제출하는 서류는 법령에 특별한 규정이 있는 경우 외에는 1건마다 작성하여야 하며, 제출인의 성명(법인인 경우에는 명칭을 말한다) 및 고유번호(이하 "출원인코드"라 한다)를 적고 서명 또는 날인(전자문서의 경우에는 전자서명을 말한다. 이하 같다)하여야 한다. 다만, 출원인코드가 없는 경우에는 제출인의 성명 및 주소(법인인 경우에는 그 명칭 및 영업소의 소재지를 말한다)를 적고 서명 또는 날인하여야 한다. [본조신설 2009.6.30]	제36조 【준용규정】
제3조 【서류의 제출】 ①특허청 또는 특허심판원에 제출하는 모든 서류는 법령에 특별한 규정이 있는 경우를 제외하고는 특허청장 또는 특허심판원장을 수신인으로 하여야 한다. <개정 1998.2.23>	제17조 【「특허법 시행규칙」의 준용】	제1조의6 【서류의 제출】 특허청 또는 특허심판원에 제출하는 모든 서류는 법령에 특별한 규정이 있는 경우 외에는 특허청장 또는 특허심판원장을 수신인으로 하여야 한다. [본조신설 2009.6.30]	제36조 【준용규정】

특허법 시행규칙	실용신안법 시행규칙	디자인보호법 시행규칙	상표법 시행규칙
②삭제 <2003.5.17> ③삭제 <2003.5.17> ④삭제 <2003.5.17>			
제3조의2【전자적 이미지로 작성된 첨부서류의 제출】 ①특허에 관한 절차를 밟는 자로서 전자문서로 서류를 제출하는 자는 첨부서류를 전자적 이미지로 작성하여 제출할 수 있다. ②특허청장·특허심판원장 또는 심판장은 제1항의 규정에 의하여 제출된 전자적 이미지의 첨부서류가 판독이 곤란하여 내용의 확인이 필요하다고 인정되는 경우에는 출원인등 또는 대리인에게 기간을 정하여 해당 서류를 서면으로 제출하도록 명할 수 있다. [본조신설 2002.2.28]	**제17조【「특허법 시행규칙」의 준용】**	**제1조의7【전자적 이미지로 작성된 첨부서류의 제출】** ①디자인에 관한 절차를 밟는 자로서 전자문서로 서류를 제출하는 자는 첨부서류를 전자적 이미지로 작성하여 제출할 수 있다. ②특허청장·특허심판원장 또는 심판장은 제1항에 따라 제출된 전자적 이미지의 첨부서류가 판독이 곤란하여 내용의 확인이 필요하다고 인정되는 경우에는 출원인등 또는 대리인에게 기간을 정하여 해당 서류를 서면으로 제출하도록 할 수 있다. [본조신설 2009.6.30]	**제1조의5【전자적 이미지로 작성된 첨부서류의 제출】** ①상표에 관한 절차를 밟는 자로서 전자문서로 서류를 제출하는 자는 첨부서류를 전자적 이미지로 작성하여 제출할 수 있다. ②특허청장·특허심판원장 또는 심판장은 제1항에 따라 제출된 전자적 이미지의 첨부서류가 판독이 곤란하여 내용의 확인이 필요하다고 인정되는 경우에는 상표등록출원인, 심판청구인, 상표등록이의신청인, 그 밖에 상표에 관한 절차를 밟는 자(이하 "출원인등"이라 한다) 또는 대리인에게 기간을 정하여 해당 서류를 서면으로 제출하도록 할 수 있다. [본조신설 2010.7.29]
제4조【서류의 사용어등】 ①특허청 또는 특허심판원에 제출하는 서류는 제2항에 규정한 것을 제외하고 국어로 기재하여야 한다. <개정 1998.2.23> ②위임장·국적증명서등 외국어로 기재한 서류(우선권주장	**제17조【「특허법 시행규칙」의 준용】**	**제1조의8【서류의 사용어 등】** ①특허청 또는 특허심판원에 제출하는 서류 중 위임장·국적증명서·우선권증명서류 등 외국어로 기재한 서류를 제외한 서류는 국어로 기재하여야 한다.	**제1조의4【서류의 사용어 등】** ①특허청 또는 특허심판원에 제출하는 서류는 제2항에 규정한 것을 제외하고는 국어로 기재하여야 한다. ②위임장·국적증명서·우선권주장에 관한 서류 등 외국어로

특허법 시행규칙	실용신안법 시행규칙	디자인보호법 시행규칙	상표법 시행규칙
에 관한 서류를 제외한다)에는 그 서류의 제출시에 국어로 번역한 번역문을 첨부하여야 한다. <개정 2003.5.17, 2005.2.11>		②제1항의 서류 중 외국어로 기재한 서류(우선권증명서류는 제외한다)를 제출하는 때에는 국어번역문을 첨부하여야 한다. [전문개정 2007.6.29] [제1조의4에서이동<2009.6.30>]	기재한 서류를 제출하는 때에는 국어번역문을 첨부하여야 한다. [본조신설 2005.2.11]
제5조 【대리인의 선임등】 ①특허에 관한 절차를 밟는 자가 대리인에 의하여 그 절차를 밟고자 하는 경우에는 별지 제1호서식의 위임장을 특허청장 또는 특허심판원장에게 제출하여야 한다. ②특허에 관한 절차를 밟는 자가 대리인을 선임하여 그 절차를 밟고자 하는 경우에는 대리인의 선임신고를 하여야 한다. 다만, 특허출원·「특허법」(이하 "법"이라 한다) 제199조제2항의 규정에 따른 국제특허출원의 국내서면제출·특허출원인변경신고·심판청구·재심청구를 하거나 심판청구·재심청구에 대한 답변을 하는 때에 특허출원서·법 제203조에 따른 서면·권리관계 변경신고서·심판청구서 또는 답변서에 위임장을 첨부하여 대리인이 제출하는 경우에는 그러하지 아니하다. <개정 2001.6.30,	제17조 【「특허법 시행규칙」의 준용】	제4조 【대리인의 선임등】 ①디자인에 관한 절차를 밟는 자가 대리인에 의하여 그 절차를 밟으려는 경우에는 「특허법 시행규칙」 별지 제1호서식의 위임장을 특허청장 또는 특허심판원장에게 제출하여야 한다. ②디자인에 관한 절차를 밟는 자가 대리인을 선임하여 그 절차를 밟으려는 경우에는 대리인의 선임신고를 하여야 한다. 다만, 디자인등록출원·디자인등록출원인변경신고·디자인무심사등록이의신청·심판청구·재심청구를 하거나 디자인무심사등록이의신청·심판청구·재심청구에 대한 답변을 하는 때에 디자인등록출원서·「특허법 시행규칙」 별지 제20호서식의 권리관계변경신고서·디자인무심사등록이의신청서·심판청구서 또는 답변서에 위임장을 첨부하여 대리인이 제출하는 경우에는 그러하지 아니	제36조 【준용규정】

특허법 시행규칙	실용신안법 시행규칙	디자인보호법 시행규칙	상표법 시행규칙
2003.5.17, 2003.12.31, 2005.2.11, 2006.9.29, 2006.12.29> ③제2항 본문의 규정에 의하여 대리인의 선임신고를 하거나 대리인이 복대리인을 선임하고자 하는 경우에는 별지 제2호서식의 신고서에 그 신고내용을 증명하는 서류를 첨부하여 특허청장 또는 특허심판원장에게 제출하되, 먼저 선임된 대리인 또는 복대리인이 있는 때에는 그 해임여부를 기재하여야 한다. 이 경우 대리인이 「변리사법」 제6조의3의 규정에 의한 법인(이하 "특허법인"이라 한다)의 구성원이 되거나 특허법인의 소속변리사가 되어 당해 대리인이 대리하는 2이상의 사건에 대하여 당해 대리인이 구성원으로 있거나 소속변리사로 있는 특허법인을 복대리인으로 선임하고자 하는 경우에는 별지 제2호서식의 신고서를 특허청장 또는 특허심판원장에게 제출하여야 한다. <개정 2000.10.25, 2005.2.11, 2006.12.29> ④삭제 <2006.12.29> ⑤특허에 관한 절차를 밟는 자가 대리인을 해임하거나 대리인이 복대리인을 해임하는 경		하다. ③제2항 본문에 따라 대리인의 선임신고를 하거나 대리인이 복대리인을 선임하려는 경우에는 「특허법 시행규칙」 별지 제2호서식의 신고서에 그 신고내용을 증명하는 서류를 첨부하여 특허청장 또는 특허심판원장에게 제출하되, 먼저 선임된 대리인 또는 복대리인이 있는 때에는 그 해임여부를 적어야 한다. 이 경우 대리인이 「변리사법」 제6조의3에 따른 법인(이하 "특허법인"이라 한다)의 구성원이 되거나 특허법인의 소속 변리사가 되어 해당 대리인이 대리하는 둘 이상의 사건에 대하여 해당 대리인이 구성원으로 있거나 소속 변리사로 있는 특허법인을 복대리인으로 선임하려는 경우에는 「특허법 시행규칙」 별지 제2호서식의 신고서를 특허청장 또는 특허심판원장에게 제출하여야 한다. ④디자인에 관한 절차를 밟는 자가 대리인을 해임하거나 대리인이 복대리인을 해임하는 경우에는 「특허법 시행규칙」 별지 제2호서식의 신고서를 특허청장 또는 특허심판원장에게	

특허법 시행규칙	실용신안법 시행규칙	디자인보호법 시행규칙	상표법 시행규칙
우에는 별지 제2호서식의 신고서를 특허청장 또는 특허심판원장에게 제출하여야 한다. <개정 2006.12.29> ⑥특허에 관한 절차를 밟는 자가 대리권의 내용을 변경하거나 대리인이 복대리권의 내용을 변경하는 경우에는 별지 제2호서식의 신고서에 그 변경내용을 증명하는 서류를 첨부하여 특허청장 또는 특허심판원장에게 제출하여야 한다. <개정 2006.12.29> ⑦대리인 또는 복대리인이 대리인 또는 복대리인을 사임하고자 하는 경우에는 별지 제2호서식의 신고서를 특허청장 또는 특허심판원장에게 제출하여야 한다. <개정 2006.12.29> ⑧특허에 관한 절차를 밟는 자가 대리인을 선임 또는 해임하려는 경우, 대리인이 복대리인을 선임 또는 해임하려는 경우, 대리인 또는 복대리인이 대리인 또는 복대리인을 사임하려는 경우에 있어서 2 이상의 사건에 대하여 특허에 관한 절차를 밟는 자가 동일하고, 대리인 또는 복대리인이 동일한 때에는 하나의 신고서에 기재하여 제출할 수 있다.		제출하여야 한다. ⑤디자인에 관한 절차를 밟는 자가 대리권의 내용을 변경하거나 대리인이 복대리권의 내용을 변경하는 경우에는 「특허법 시행규칙」 별지 제2호서식의 신고서에 그 변경내용을 증명하는 서류를 첨부하여 특허청장 또는 특허심판원장에게 제출하여야 한다. ⑥대리인 또는 복대리인이 대리인 또는 복대리인을 사임하려는 경우에는 「특허법 시행규칙」 별지 제2호서식의 신고서를 특허청장 또는 특허심판원장에게 제출하여야 한다. ⑦디자인에 관한 절차를 밟는 자가 대리인을 선임 또는 해임하려는 경우, 대리인이 복대리인을 선임 또는 해임하려는 경우, 대리인 또는 복대리인이 대리인 또는 복대리인을 사임하려는 경우에 둘 이상의 사건에 대하여 디자인에 관한 절차를 밟는 자가 같고, 대리인 또는 복대리인이 같은 때에는 하나의 신고서에 적어 제출할 수 있다. [본조신설 2009.6.30]	

특허법 시행규칙	실용신안법 시행규칙	디자인보호법 시행규칙	상표법 시행규칙
<신설 2006.9.29, 2006.12.29>[전문개정 1998.12.31] **제5조의2 【포괄위임】** ①특허에 관한 절차를 대리인에 의하여 밟는 경우에 있어서 현재 및 장래의 사건에 대하여 미리 사건을 특정하지 아니하고 포괄위임하려는 경우에는 별지 제3호서식의 포괄위임등록 신청서에 대리권을 증명하는 서류(이하 "포괄위임장"이라 한다)를 첨부하여 특허청장에게 제출하여야 한다. <개정 2006.12.29, 2010.7.27> ②특허청장은 제1항의 규정에 의한 포괄위임등록신청이 있는 때에는 포괄위임등록번호를 부여하고 그 번호를 포괄위임등록신청인에게 통지하여야 한다. ③포괄위임을 받아 특허에 관한 절차를 밟고자 하는 자는 제2항의 규정에 의한 포괄위임등록번호를 특허청 또는 특허심판원에 제출하는 서류에 기재하여야 한다. <개정 2001.6.30, 2002.2.28> ④제1항에 따른 포괄위임등록 사항을 변경하려는 경우에는 별지 제3호서식의 포괄위임등록 변경신청서에 포괄위임장을 첨	**제17조 【「특허법 시행규칙」의 준용】**	**제4조의2 【포괄위임】** ①디자인에 관한 절차를 대리인에 의하여 밟는 경우에 있어서 현재 및 장래의 사건에 대하여 미리 사건을 특정하지 아니하고 포괄위임하려는 경우에는 「특허법 시행규칙」 별지 제3호서식의 포괄위임등록 신청서에 대리권을 증명하는 서류(이하 "포괄위임장"이라 한다)를 첨부하여 특허청장에게 제출하여야 한다. ②특허청장은 제1항에 따른 포괄위임등록신청이 있는 때에는 포괄위임등록번호를 부여하고 그 번호를 포괄위임등록신청인에게 통지하여야 한다. ③포괄위임을 받아 디자인에 관한 절차를 밟으려는 자는 제2항에 따른 포괄위임등록번호를 특허청 또는 특허심판원에 제출하는 서류에 적어야 한다. ④제1항에 따른 포괄위임등록 사항을 변경하려는 경우에는 「특허법 시행규칙」 별지 제3호서식의 포괄위임등록 변경신청서에 포괄위임장을 첨부하여 특허청장에게 제출하여야 한다. <신설 2010.7.27>	**제36조 【준용규정】**

특허법 시행규칙	실용신안법 시행규칙	디자인보호법 시행규칙	상표법 시행규칙
부하여 특허청장에게 제출하여야 한다. <신설 2010.7.27> [본조신설 1998.12.31]		[본조신설 2009.6.30]	
제5조의3 【포괄위임 원용의 제한】 제5조의2에 따른 포괄위임등록을 한 자가 특정한 사건에 대하여 포괄위임의 원용을 제한하고자 하는 경우에는 별지 제2호서식의 신고서(포괄위임원용제한의 신고구분에 한한다)를 특허청장 또는 특허심판원장에게 제출하여야 한다. 다만, 다음 각 호의 어느 하나에 해당하는 신고서를 제출한 경우에는 그러하지 아니하다. <개정 2006.12.29. 2007.6.29> 1. 제5조제3항에 따라 먼저 선임된 대리인 또는 복대리인의 해임을 기재한 신고서를 제출한 경우 2. 제5조제5항에 따라 대리인 또는 복대리인을 해임하는 신고서를 제출한 경우 [본조신설 1998.12.31]	제17조 【 「특허법 시행규칙」의 준용】	제4조의3 【포괄위임 원용의 제한】 제4조의2에 따른 포괄위임등록을 한 자가 특정한 사건에 대하여 포괄위임의 원용을 제한하려는 경우에는 「특허법 시행규칙」 별지 제2호서식의 신고서(포괄위임원용제한의 신고구분으로 한정한다)를 특허청장 또는 특허심판원장에게 제출하여야 한다. 다만, 다음 각 호의 어느 하나에 해당하는 신고서를 제출한 경우에는 그러하지 아니하다. 1. 제4조제3항 전단에 따라 먼저 선임된 대리인 또는 복대리인의 해임을 적은 신고서를 제출한 경우 2. 제4조제4항에 따라 대리인 또는 복대리인을 해임하는 신고서를 제출한 경우 [본조신설 2009.6.30]	제36조 【준용규정】
제5조의4 【포괄위임의 철회】 제5조의2의 규정에 의한 포괄위임등록을 한 자가 포괄위임을 철회하고자 하는 경우에는 별지 제3호서식의 포괄위임등록	제17조 【 「특허법 시행규칙」의 준용】	제4조의4 【포괄위임의 철회】 제4조의2에 따른 포괄위임등록을 한 자가 포괄위임을 철회하려는 경우에는 「특허법 시행규칙」 별지 제3호서식의 포괄위	제36조 【준용규정】

특허법 시행규칙	실용신안법 시행규칙	디자인보호법 시행규칙	상표법 시행규칙
철회서를 특허청장에게 제출하여야 한다. <개정 2006.12.29> [본조신설 1998.12.31]		임등록 철회서를 특허청장에게 제출하여야 한다. [본조신설 2009.6.30]	
제6조 【복수당사자의 대표자 선정신고등】 ①법 제11조제1항 단서의 규정에 의한 대표자의 선정신고는 선임된 대표자가 별지 제2호서식의 신고서에 다음 각호의 서류를 첨부하여 특허청장 또는 특허심판원장에게 제출하되, 먼저 선임된 대표자가 있는 때에는 그 해임여부를 기재하여야 한다. <개정 1998.2.23, 1998.12.31, 2006.12.29> 1. 선임 또는 해임에 관한 사항을 증명하는 서류 1통 2. 대리인에 의하여 절차를 밟는 경우에는 그 대리권을 증명하는 서류 1통 ②제1항의 규정에 의하여 선임된 대표자의 해임을 신고하려는 자는 별지 제2호서식의 신고서에 다음 각 호의 서류를 첨부하여 특허청장 또는 특허심판원장에게 제출하여야 한다. <신설 1993.12.31, 1998.2.23, 1998.12.31, 2006.12.29> 1. 신고내용을 증명하는 서류 1통	제17조 【「특허법 시행규칙」의 준용】	제4조의5 【복수당사자의 대표자 선정신고 등】 ①법 제4조의10 제1항 각 호 외의 부분 단서에 따른 대표자의 선정신고는 선정된 대표자가 「특허법 시행규칙」 별지 제2호서식의 신고서에 다음 각 호의 서류를 첨부하여 특허청장 또는 특허심판원장에게 제출하되, 먼저 선임된 대표자가 있는 때에는 그 해임여부를 적어야 한다. 1. 선임 또는 해임에 관한 사항을 증명하는 서류 1통 2. 대리인에 의하여 절차를 밟는 경우에는 그 대리권을 증명하는 서류 1통 ②제1항에 따라 선임된 대표자의 해임을 신고하려는 자는 「특허법 시행규칙」 별지 제2호서식의 신고서에 다음 각 호의 서류를 첨부하여 특허청장 또는 특허심판원장에게 제출하여야 한다. 1. 신고내용을 증명하는 서류 1통 2. 대리인에 의하여 절차를 밟는 경우에는 그 대리권을 증명	제36조 【준용규정】

특허법 시행규칙	실용신안법 시행규칙	디자인보호법 시행규칙	상표법 시행규칙
2. 대리인에 의하여 절차를 밟는 경우에는 그 대리권을 증명하는 서류 1통 [제목개정 1993.12.31]		하는 서류 1통 [본조신설 2009.6.30]	
제7조 【승계인의 자격 및 제3자의 허가등에 관한 증명】 ①특허청장 또는 특허심판원장은 특허를 받을 수 있는 권리를 승계한 자가 특허에 관한 절차를 밟고자 하는 경우에 필요하다고 인정되는 때에는 그 승계인임을 증명하는 서류를 제출하게 할 수 있다. 〈개정 1998.2.23〉 ②특허에 관한 절차를 밟고자 하는 자가 그 절차를 밟음에 있어서 제3자의 허가·인가·동의 또는 승낙을 필요로 하는 경우에는 이를 증명하는 서류를 특허청장 또는 특허심판원장에게 제출하여야 한다. 〈개정 1998.2.23〉	**제17조 【「특허법 시행규칙」의 준용】**	**제4조의6 【승계인의 자격 및 제3자의 허가 등에 관한 증명】** ① 특허청장 또는 특허심판원장은 디자인권 또는 디자인에 관한 권리를 승계한 자가 디자인에 관한 절차를 밟으려는 경우에 필요하다고 인정되면 그 승계인임을 증명하는 서류를 제출하게 할 수 있다. ②디자인에 관한 절차를 밟으려는 자가 그 절차를 밟을 때 제3자의 허가·인가·동의 또는 승낙을 필요로 하는 경우에는 이를 증명하는 서류를 특허청장 또는 특허심판원장에게 제출하여야 한다. [본조신설 2009.6.30]	**제36조 【준용규정】**
제8조 【증명서류의 제출】 ①특허청장·특허심판원장 또는 심판장은 특허에 관한 절차를 밟는 자에 대한 구체적인 확인이 필요하다고 인정되면 다음 각 호의 서류를 제출하게 할 수 있다.	**제17조 【「특허법 시행규칙」의 준용】**	**제4조의7 【증명서류의 제출】** ① 특허청장·특허심판원장 또는 심판장은 디자인에 관한 절차를 밟는 자에 대한 구체적인 확인이 필요하다고 인정되면 다음 각 호의 서류를 제출하게 할 수 있다. 이 경우 「전자정	**제36조 【준용규정】**

특허법 시행규칙	실용신안법 시행규칙	디자인보호법 시행규칙	상표법 시행규칙
<개정 2008.12.31, 2010.7.27> 1. 국적증명서(외국인인 경우에 한정한다), 그 밖에 당사자를 확인할 수 있는 서류 2. 인감증명서(작성 후 6개월 이내의 것이어야 하며, 인감증명제도가 없는 외국인인 경우에는 이에 준하는 증명서) 3. 서명에 대한 공증서(외국인인 경우에는 본인이 서명을 하였다는 본국 관공서의 증명서면을 포함한다) ②제1항에도 불구하고 특허청장, 특허심판원장, 심판장은 특허에 관한 절차를 밟는 자의 주민등록표 등본·초본, 법인등기사항증명서(법인인 경우만 해당한다) 등 「전자정부법 시행령」 제43조에 따른 공동이용 대상 행정정보에 해당하는 서류에 대해서는 같은 법 제36조제1항에 따른 행정정보의 공동이용을 통하여 확인하여야 한다. 다만, 이를 통하여 확인할 수 없거나 다음 각 호의 어느 하나에 해당하는 경우에는 그 서류를 제출하게 할 수 있다. <신설 2010.7.27> 1. 특허에 관한 절차를 밟는 자가 「전자정부법 시행령」 제43조에 따른 공동이용 대상 행		부법」 제21조제1항에 따른 행정정보의 공동이용을 통하여 디자인에 관한 절차를 밟는 자의 가족관계등록부 증명서 또는 주민등록표 등본·초본, 법인등기부 등본(법인인 경우로 한정한다) 등 특허청장이 고시하는 서류를 확인하여야 하되, 디자인에 관한 절차를 밟는 자가 확인에 동의하지 아니한 경우에는 이를 제출하도록 하여야 한다. 1. 국적증명서(외국인인 경우로 한정한다)나 그 밖에 당사자를 확인할 수 있는 서류 2. 인감증명서(작성 후 6개월 이내의 것이어야 하며, 인감증명제도가 없는 외국인인 경우에는 이에 준하는 증명서를 말한다) 3. 서명에 대한 공증서(외국인인 경우에는 본인이 서명을 하였다는 본국 관공서의 증명서면을 포함한다) ②특허청장 또는 특허심판원장은 외국인이 디자인에 관한 절차를 밟을 경우 그 자가 속하는 국가가 「공업소유권보호를 위한 파리조약」(이하 "파리조약"이라 한다)의 당사국 또는 디자인에 관하여 대한민국과	

특허법 시행규칙	실용신안법 시행규칙	디자인보호법 시행규칙	상표법 시행규칙
정정보에 해당하는 서류(법인 등기사항증명서는 제외한다)의 확인에 동의하지 아니하는 경우 2. 특허에 관한 절차를 밟는 자가 법인 등기사항증명서의 확인에 필요한 정보를 제공하지 아니하는 경우 ③특허청장 또는 특허심판원장은 외국인이 특허에 관한 절차를 밟을 경우 그 자가 속하는 국가가 「공업소유권보호를 위한 파리조약」(이하 "파리조약"이라 한다)의 당사국 또는 특허에 관하여 대한민국과 상호보호할 것을 약속한 국가가 아니면 다음 각 호의 어느 하나에 해당하는 서류를 제출하게 할 수 있다. <개정 1998.2.23, 2005.2.11, 2009.6.30, 2010.7.27> 1. 동맹국중 1국의 영역안에 주소 또는 영업소를 가지고 있는 경우에는 이를 증명하는 서류 2. 그 외국인이 속하는 국가에서 대한민국 국민에 대하여 그 국민과 동일한 조건으로 특허권 또는 특허에 관한 권리의 향유를 인정하는 경우에는 이를 증명하는 서류 3. 대한민국이 그 외국인에 대하여 특허권 또는 특허에 관한		상호보호할 것을 약속한 국가가 아니면 다음 각 호의 어느 하나에 해당하는 서류를 제출하게 할 수 있다. 1. 파리조약 동맹국 중 1국의 영역에 주소 또는 영업소를 가지고 있는 경우에는 이를 증명하는 서류 2. 그 외국인이 속하는 국가에서 대한민국 국민에 대하여 그 국민과 동일한 조건으로 디자인권 또는 디자인에 관한 권리의 향유를 인정하는 경우에는 이를 증명하는 서류 3. 대한민국이 그 외국인에 대하여 디자인권 또는 디자인에 관한 권리의 향유를 인정하는 경우에는 그 외국인이 속하는 국가에서 대한민국 국민에 대하여 그 국민과 동일한 조건으로 디자인권 또는 디자인에 관한 권리의 향유를 인정하는 경우에 이를 증명하는 서류 ③특허청장·특허심판원장 또는 심판장은 제1항 또는 제2항에 따라 서류를 제출하도록 하는 때에는 서류제출명령서에 의하여 제출서류명 및 그 이유를 통지하고 기간을 정하여 소명할 수 있는 기회를 주어야 한다.	

특허법 시행규칙	실용신안법 시행규칙	디자인보호법 시행규칙	상표법 시행규칙
권리의 향유를 인정하는 경우에는 그 외국인이 속하는 국가에서 대한민국 국민에 대하여 그 국민과 동일한 조건으로 특허권 또는 특허에 관한 권리의 향유를 인정하는 경우에 이를 증명하는 서류 ④특허청장·특허심판원장 또는 심판장은 제1항부터 제3항까지의 규정에 따라 서류의 제출을 명하는 때에는 서류제출명령서에 의하여 제출서류명 및 그 이유를 통지하고 기간을 정하여 소명할 수 있는 기회를 주어야 한다. <신설 2001.6.30, 2010.7.27> [제목개정 2001.6.30]		[본조신설 2009.6.30]	
제9조【출원인코드의 부여등】① 법 제28조의2제1항에서 "지식경제부령이 정하는 자"란 다음 각 호의 어느 하나에 해당하는 자를 말한다. <개정 2002.2.28, 2006.9.29, 2007.12.11, 2008.9.30, 2009.6.30> 1. 출원인 2. 특허를 받을 수 있는 권리의 승계인 3. 심사청구인 4. 삭제 <2006.9.29> 5. 삭제 <2006.9.29>	제17조【「특허법 시행규칙」의 준용】	제4조의8【출원인코드의 부여등】①법 제4조의27제1항에서 "지식경제부령으로 정하는 자"란 다음 각 호의 어느 하나에 해당하는 자를 말한다. 1. 출원인 2. 디자인등록을 받을 수 있는 권리의 승계인 3. 디자인무심사등록이의신청인 4. 우선심사신청인 5. 디자인등록출원에 대한 정보제공인 6. 재심사청구인	제36조【준용규정】

특허법 시행규칙	실용신안법 시행규칙	디자인보호법 시행규칙	상표법 시행규칙
6. 정정청구인 7. 우선심사신청인 8. 특허출원에 대한 정보제공인 8의2. 재심사청구인 9. 심판청구인 · 심판피청구인 및 심판참가인 10. 특허권자 11. 전용실시권자 또는 통상실시권자 12. 질권자 ②법 제28조의2제1항의 규정에 의하여 출원인코드의 부여를 신청하고자 하는 자는 별지 제4호서식의 출원인코드부여신청서를 특허청장 또는 특허심판원장에게 제출하여야 한다. <개정 2002.2.28> ③출원인코드를 부여받은 자가 성명 · 주소(법인인 경우에는 그 명칭 및 영업소의 소재지) · 서명 · 인감 · 전화번호 등을 변경 또는 경정하려면 별지 제5호서식의 출원인코드 정보변경(경정)신고서를 특허청장에게 제출하여야 한다. <개정 1999.7.1, 2001.6.30, 2002.2.28, 2006.12.29, 2008.12.31> 1. 삭제 <2001.6.30> 2. 삭제 <2001.6.30> ④출원인코드를 이중으로 부여		7. 심판청구인 · 심판피청구인 및 심판참가인 8. 디자인권자 9. 전용실시권자 또는 통상실시권자 10. 질권자 ②법 제4조의27제1항에 따라 출원인코드의 부여를 신청하려는 자는 「특허법 시행규칙」 별지 제4호서식의 출원인코드 부여신청서를 특허청장 또는 특허심판원장에게 제출하여야 한다. ③출원인코드를 부여받은 자가 성명, 주소(법인인 경우에는 그 명칭 및 영업소의 소재지를 말한다), 서명 또는 인감, 전화번호 등을 변경하거나 경정하려는 경우에는 「특허법 시행규칙」 별지 제5호서식의 출원인코드 정정신고서를 특허청장에게 제출하여야 한다. ④출원인코드를 이중으로 부여받거나 잘못 부여받아 정정하려는 경우에는 「특허법 시행규칙」 별지 제5호서식의 출원인코드 정정신고서에 다음 각 호의 서류를 첨부하여 특허청장에게 제출하여야 한다. 1. 정정내용을 증명하는 서류 1통	

특허법 시행규칙	실용신안법 시행규칙	디자인보호법 시행규칙	상표법 시행규칙
받거나 잘못 부여받아 이를 정정하고자 하는 경우에는 별지 제5호서식의 출원인코드 정정신고서에 다음 각 호의 서류를 첨부하여 특허청장에게 제출하여야 한다. <개정 2006.12.29> 1. 정정내용을 증명하는 서류 1통 2. 대리인에 의하여 절차를 밟는 경우에는 그 대리권을 증명하는 서류 1통 ⑤특허청장은 출원인코드가 이중으로 부여되었거나 잘못 부여된 경우 직권으로 출원인코드를 정정하거나 말소할 수 있다. 이 경우 직권으로 정정하거나 말소한 사실을 출원인코드를 부여받은 자에게 통지하여야 한다. <신설 2009.6.30> [전문개정 1998.12.31]		2. 대리인에 의하여 절차를 밟는 경우에는 그 대리권을 증명하는 서류 1통 ⑤특허청장은 출원인코드가 이중으로 부여되었거나 잘못 부여된 경우 직권으로 출원인코드를 정정하거나 말소할 수 있다. 이 경우 직권으로 정정하거나 말소한 사실을 출원인코드를 부여받은 자에게 통지하여야 한다. [본조신설 2009.6.30]	
제9조의2 【전자문서로 제출할 수 있는 서류】 ①법 제28조의3제4항의 규정에 의하여 특허청장 또는 특허심판원장에게 전자문서로 제출할 수 있는 서류는 다음 각 호의 것을 제외한 서류로 한다. <개정 2002.2.28, 2003.12.31, 2005.2.11, 2006.12.29> 1. 전자문서첨부서류등 물건제	**제17조 【「특허법 시행규칙」의 준용】**	**제1조의3 【전자문서로 제출할 수 있는 서류】** ①「디자인보호법」(이하 "법"이라 한다) 제4조의28제4항에 따라 특허청장 또는 특허심판원장에게 전자문서로 제출할 수 있는 서류는 다음 각 호의 것을 제외한 서류로 한다. <개정 2002.2.28, 2005.2.11, 2005.7.1, 2009.6.30> 1. 전자적기록매체제출서	**제1조의2 【전자문서로 제출할 수 있는 서류】** 「상표법」(이하 "법"이라 한다) 제5조에서 준용하는 「특허법」 제28조의3제4항의 규정에 의하여 특허청장 또는 특허심판원장에게 전자문서로 제출할 수 있는 서류는 다음 각호의 것을 제외한 서류로 한다. <개정 2005.2.11> 1. 전자적기록매체제출서

특허법 시행규칙	실용신안법 시행규칙	디자인보호법 시행규칙	상표법 시행규칙
출서 2. 삭제 <2006.12.29> 3. 삭제 <2006.12.29> 4. 정정교부신청서 5. 조약 제2조(vii)에 따른 국제출원(이하 "국제출원"이라 한다)의 사용어가 일어인 국제출원 관련서류(서류원본을 포함하여 제출하는 별지 제35호서식 및 별지 제51호서식을 포함한다) 6. 법 제214조제1항에 따른 결정신청서 7. 전자화내용 정정신청서 8. 삭제 <2003.5.17> ②삭제 <2002.2.28> ③제1항의 규정에 불구하고 「특허법 시행령」(이하 "영"이라 한다) 제11조의 규정에 의한 분류기준에 해당하는 국방관련 특허출원의 경우에는 전자문서로 제출할 수 없다. 다만, 영 제12조제4항의 규정에 의하여 보안유지요청의 해제통지를 받거나 영 제13조의 규정에 의하여 비밀에서의 해제통지를 받은 경우에는 그러하지 아니하다. <신설 1999.7.1, 2002.2.28, 2005.2.11> [본조신설 1998.12.31]		2. 전자문서첨부서류제출서 3. 서류(견본, 물건, 증거물건)제출서 4. 디자인등록증정정교부신청서 5. 전자화내용정정신청서 6. 삭제 <2003.5.12> ②삭제 <2002.2.28> ③삭제 <2009.6.30> [본조신설 1998.12.31] [제1조의2에서 이동, 종전 제1조의3은 제1조의4로 이동 <2009.6.30>]	2. 전자문서첨부서류제출서 3. 서류(견본, 물건, 증거물건)제출서 4. 상표등록증정정교부신청서 5. 전자화내용정정신청서 6. 삭제 <2002.12.27> 7. 삭제 <2003.5.12> [전문개정 2002.2.28]

특허법 시행규칙	실용신안법 시행규칙	디자인보호법 시행규칙	상표법 시행규칙
제9조의3 【전자문서 이용신고】 법 제28조의4의 규정에 의한 전자문서 이용신고는 별지 제6호서식에 의한다. <개정 2006.12.29> [본조신설 1998.12.31]	**제17조 【「특허법 시행규칙」의 준용】**	**제4조의9 【전자문서 이용신고】** 법 제4조의29에 따른 전자문서 이용신고는 「특허법 시행규칙」 별지 제6호서식에 따른다. [본조신설 2009.6.30]	**제36조 【준용규정】**
제9조의4 【전자문서의 제출 등】 ①전자문서는 특허청에서 제공하는 소프트웨어 또는 특허청 홈페이지를 이용하여 전자서명하여 제출하여야 한다. 다만, 국제출원의 경우에는 국제사무국에서 제공하는 소프트웨어를 이용할 수 있다. <개정 2003.12.31, 2005.2.11> ②전자문서를 전자적기록매체에 수록하여 제출하는 경우에는 별지 제7호서식의 전자문서첨부서류등 물건제출서를 특허청장 또는 특허심판원장에게 제출하여야 한다. 이 경우 전자적기록매체에 수록하여 제출할 수 없는 서류는 전자문서첨부서류등 물건제출서에 첨부하여 제출하여야 한다. <개정 2001.6.30, 2002.2.28, 2006.12.29> ③제1항의 규정에 의하여 전자문서를 제출하고자 하는 자가	**제17조 【「특허법 시행규칙」의 준용】**	**제4조의10 【전자문서의 제출 등】** ①전자문서는 특허청에서 제공하는 소프트웨어 또는 특허청 홈페이지를 이용하여 전자서명하여 제출하여야 한다. ②전자문서를 전자적 기록매체에 수록하여 제출하는 경우에는 「특허법 시행규칙」 별지 제7호서식의 전자문서첨부서류등 물건제출서를 특허청장 또는 특허심판원장에게 제출하여야 한다. 이 경우 전자적 기록매체에 수록하여 제출할 수 없는 서류는 전자문서첨부서류등 물건제출서에 첨부하여 제출하여야 한다. ③제1항에 따라 전자문서를 제출하려는 자가 그 전자문서를 기한 전에 정보통신망을 이용하여 발송하였으나 정보통신망의 장애, 특허청이 사용하는 컴퓨터 또는 관련장치의 장애(정보통신망, 특허청이 사용하는	**제36조 【준용규정】**

특허법 시행규칙	실용신안법 시행규칙	디자인보호법 시행규칙	상표법 시행규칙
그 전자문서를 기한 전에 정보통신망을 이용하여 발송하였으나 정보통신망의 장애, 특허청이 사용하는 컴퓨터 또는 관련장치의 장애(정보통신망, 특허청이 사용하는 컴퓨터 또는 관련장치의 유지·보수를 위하여 그 사용을 일시 중단한 경우로서 특허청장이 사전에 공지한 경우에는 이를 장애로 보지 아니한다)로 인하여 기한 내에 제출할 수 없었던 경우에는 그 장애가 제거된 날의 다음 날에 그 기한이 도래한 것으로 본다. <신설 2005.2.11> [본조신설 1998.12.31] **제9조의5 【전자문서에 의한 첨부서류제출의 특례】** 특허에 관한 절차(국제출원에 관한 절차를 제외한다)를 밟는 자가 온라인 제출을 하는 경우 이에 첨부하여야 하는 서류중 온라인 제출시 이를 첨부하지 아니한 서류는 온라인 제출 접수번호를 확인한 날부터 3일이내에 별지 제7호서식의 전자문서첨부서류등 물건제출서에 첨부하여 서면으로 제출하여야 한다. <개정 2002.2.28, 2005.2.11, 2006.12.29>		컴퓨터 또는 관련장치의 유지·보수를 위하여 그 사용을 일시 중단한 경우로서 특허청장이 사전에 공지한 경우에는 장애로 보지 아니한다)로 인하여 기한 내에 제출할 수 없었던 경우에는 그 장애가 제거된 날의 다음 날에 그 기한이 도래한 것으로 본다. [본조신설 2009.6.30] **제4조의11 【전자문서에 의한 첨부서류제출의 특례】** 디자인에 관한 절차를 밟는 자가 온라인 제출을 하는 경우 이에 첨부하여야 하는 서류 중 온라인 제출 시 첨부하지 아니한 서류는 온라인 제출 접수번호를 확인한 날부터 3일 이내에 「특허법 시행규칙」 별지 제7호서식의 전자문서첨부서류등 물건제출서에 첨부하여 서면으로 제출하여야 한다. [본조신설 2009.6.30]	
	제17조 【「특허법 시행규칙」의 준용】		**제36조 【준용규정】**

특허법 시행규칙	실용신안법 시행규칙	디자인보호법 시행규칙	상표법 시행규칙
[본조신설 1998.12.31] 제9조의6 【온라인 제출방법】 온라인 제출을 하고자 하는 자는 출원인코드와 비밀번호를 전산정보처리조직에 입력하여야 한다. <개정 2003.12.31> [본조신설 1998.12.31]	제17조 【「특허법 시행규칙」의 준용】	제4조의12 【온라인 제출방법】 온라인 제출을 하려는 자는 출원인코드와 비밀번호를 전산정보처리조직에 입력하여야 한다. [본조신설 2009.6.30]	제36조 【준용규정】
제9조의7 【동시제출의 특례】 ① 법령의 규정에 의하여 동시에 하도록 되어 있는 2이상의 절차를 온라인 제출로 하는 경우에는 연속하여 입력하여야 한다. ②법령의 규정에 의하여 동시에 하도록 되어 있는 2이상의 절차중에 하나의 절차를 온라인 제출로 하고 나머지 절차를 전자적기록매체 또는 서면으로 제출하는 경우에는 당해 2이상의 절차를 같은 날에 행하여야 한다. <개정 2001.6.30, 2002.2.28> [본조신설 1998.12.31]	제17조 【「특허법 시행규칙」의 준용】	제4조의13 【동시제출의 특례】 ① 법령에 따라 동시에 하도록 되어 있는 둘 이상의 절차를 온라인 제출로 하는 경우에는 연속하여 입력하여야 한다. ②법령에 따라 동시에 하도록 되어 있는 둘 이상의 절차 중에 하나의 절차를 온라인 제출로 하고 나머지 절차를 전자적기록매체 또는 서면으로 제출하는 경우에는 해당 둘 이상의 절차를 같은 날에 행하여야 한다. [본조신설 2009.6.30]	제36조 【준용규정】
제9조의8 【전자문서에 의한 통지 대상서류】 특허청장·특허심판원장·심판장·심판관·심사장 또는 심사관은 법 제28조의4제1항의 규정에 의하여 전자문서	제17조 【「특허법 시행규칙」의 준용】	제1조의4 【전자문서에 의한 통지 대상서류】 특허청장·특허심판원장·심판장·심판관·심사장 또는 심사관은 법 제4조의29제1항에 따라 전자문서 이용신고	제1조의3 【전자문서에 의한 통지 대상서류】 특허청장·특허심판원장·심판장·심판관·심사장 또는 심사관은 법 제5조에서 준용하는 「특허법」 제28조의

특허법 시행규칙	실용신안법 시행규칙	디자인보호법 시행규칙	상표법 시행규칙
이용신고를 한 자 중 전자문서로 통지 또는 송달을 받고자 하는 자에 대하여는 법령에 특별한 규정이 있는 경우를 제외하고 모든 서류를 정보통신망을 이용하여 통지 또는 송달할 수 있다. [전문개정 2003.5.17]		를 한 자 중 전자문서로 통지 또는 송달을 받으려는 자에 대하여는 법령에 특별한 규정이 있는 경우 외에는 모든 서류를 정보통신망을 이용하여 통지 또는 송달할 수 있다. [전문개정 2009.6.30] [제1조의3에서 이동, 종전 제1조의4는 제1조의8로 이동 <2009.6.30>]	4제1항의 규정에 의하여 전자문서 이용신고를 한 자 중 전자문서로 통지 또는 송달을 받고자 하는 자에 대하여는 법령에 특별한 규정이 있는 경우를 제외하고 모든 서류를 정보통신망을 이용하여 통지 또는 송달할 수 있다. <개정 2005.2.11> [전문개정 2003.5.12]
제9조의9 【행정구역 등의 변경】 행정구역 또는 그 명칭이 변경된 경우에는 출원인코드에 적은 행정구역 또는 그 명칭은 변경된 것으로 본다. 이 경우 특허청장은 출원인코드를 부여받은 자의 주소(법인의 경우 그 영업소의 소재지를 말한다)를 직권으로 변경할 수 있다. [본조신설 2010.7.27]	**제17조 【「특허법 시행규칙」의 준용】**		**제36조 【준용규정】**
제10조 【서류의 원용】 ①특허에 관한 절차를 밟는 자가 2이상의 절차를 동시에 밟는 경우 법 제7조·법 제30조제2항·법 제54조제4항·제6조 내지 제9조의 규정에 의하여 제출하는 증명서의 내용이 동일한 경우에는 그 중 1건에 대하여서만 증명서원본을 제출하고 다른 청	**제17조 【「특허법 시행규칙」의 준용】**	**제4조의14 【서류의 원용】** ①디자인에 관한 절차를 밟는 자가 둘 이상의 절차를 동시에 밟는 경우 법 제4조의4부터 제4조의8까지, 제8조제2항 또는 제23조제4항에 따라 제출하는 증명서의 내용이 같은 경우에는 그 중 한 건에 대해서만 증명서 원본을 제출하고 다른 청구 등	**제36조 【준용규정】**

특허법 시행규칙	실용신안법 시행규칙	디자인보호법 시행규칙	상표법 시행규칙
구등의 절차에 있어서는 그 사본을 특허청장 또는 특허심판원장에게 제출할 수 있다. <개정 1993.12.31, 1998.2.23> ②특허에 관한 절차를 밟은 때에 이미 특허청 또는 특허심판원에 증명서를 제출한 자가 법 제7조·법 제30조제2항·법 제54조제4항·제6조 내지 제9조에 규정된 증명서를 제출하여야 할 때에는 그 증명서의 내용이 이미 제출된 증명서의 내용과 동일하여 이를 원용하고자 하는 경우에는 해당서식의 첨부서류란에 그 취지를 명기함으로써 그 증명서에 갈음할 수 있다. <개정 2006.9.29> ③다음 각호의 1에 해당되는 경우에는 법 제7조의 규정에 의한 대리권을 증명하는 서류의 제출을 생략할 수 있다. <개정 1999.7.1> 1. 제5조제2항의 규정에 의하여 선임된 대리인이 그 위임사항의 범위안에서 특허에 관한 절차를 밟는 경우 2. 제5조의2제2항의 규정에 의하여 포괄위임등록을 한 대리인이 그 포괄위임의 범위안에서 특허에 관한 절차를 밟는 경우		의 절차에서는 그 사본을 특허청장 또는 특허심판원장에게 제출할 수 있다. ②디자인에 관한 절차를 밟은 때에 이미 특허청 또는 특허심판원에 증명서를 제출한 자가 법 제4조의4부터 제4조의8까지, 제8조제2항 또는 제23조제4항에 따른 증명서를 제출하여야 할 경우에 그 증명서의 내용이 이미 제출된 증명서의 내용과 같아 이를 원용하려는 경우에는 해당 서식의 첨부서류란에 그 취지를 분명하게 적음으로써 그 증명서를 갈음할 수 있다. ③다음 각 호의 어느 하나에 해당하는 경우에는 법 제4조의5에 따른 대리권을 증명하는 서류를 제출하지 아니할 수 있다. 1. 제4조제2항에 따라 선임된 대리인이 그 위임사항의 범위에서 디자인에 관한 절차를 밟는 경우 2. 제4조의2제2항에 따라 포괄위임등록을 한 대리인이 그 포괄위임의 범위에서 디자인에 관한 절차를 밟는 경우 [본조신설 2009.6.30]	

특허법 시행규칙	실용신안법 시행규칙	디자인보호법 시행규칙	상표법 시행규칙
제11조 【부적법한 출원서류등의 반려】①특허청장 또는 특허심판원장은 법 제42조·법 제140조 또는 법 제140조의2에 따른 특허출원 또는 심판에 관한 서류·견본 기타의 물건(이하 이 조에서 "출원서류등"이라 한다)이 다음 각 호의 어느 하나에 해당되는 경우에는, 법령에 특별한 규정이 있는 경우를 제외하고는, 이를 적법한 출원 또는 심판에 관한 출원서류등으로 보지 아니한다. <개정 1992.10.30, 1993.12.31, 1997.7.1, 1998.12.31, 1999.7.1, 2001.6.30, 2002.2.28, 2003.5.17, 2005.2.11, 2006.9.29, 2006.12.29, 2007.6.29, 2008.9.30, 2009.6.30, 2010.7.27> 1. 제2조의 규정에 위반하여 1건마다 서면을 작성하지 아니한 경우 2. 출원 또는 서류의 종류가 불명확한 것인 경우 3. 특허에 관한 절차를 밟는 자의 성명(법인의 경우에는 명칭) 또는 출원인코드 [출원인코드가 없는 경우에는 성명·주소(법인의 경우에는 그 명칭 및 영업소의 소재지)]가 기재되지	제17조 【 「특허법 시행규칙」 의 준용】	제2조 【부적법한 출원서류등의 반려】 ①특허청장 또는 특허심판원장은 법 제9조, 제72조의2 또는 제72조의3에 따른 디자인등록출원 또는 심판에 관한 서류·견본, 그 밖의 물품(이하 이 조에서 "출원서류등"이라 한다)이 다음 각호의 어느 하나에 해당하는 경우에는 법령에 특별한 규정이 있는 경우 외에는 적법한 출원 또는 심판에 관한 출원서류등으로 보지 아니한다. <개정 1992.10.30, 1993.12.31, 1998.2.23, 1998.12.31, 2001.6.30, 2002.2.28, 2003.5.12, 2005.2.11, 2005.7.1, 2007.6.29, 2009.6.30, 2010.7.27> 1. 출원 또는 서류의 종류가 불명확한 경우 2. 디자인등록에 관한 출원·청구 기타의 절차를 밟은 자의 성명(법인의 경우에는 명칭) 또는 출원인코드[출원인코드가 없는 경우에는 성명 또는 주소(법인인 경우에는 그 명칭 및 영업소의 소재지)]가 기재되지 아니한 경우 3. 국어로 기재되지 아니한 경우	제2조 【부적법한 출원서류등의 반려】 ①특허청장 또는 특허심판원장은 법 제9조, 법 제25조, 법 제43조, 법 제46조의2, 법 제47조, 법 제79조 또는 법 제77조에서 준용하는 「특허법」 제140조 등에 따른 상표등록출원, 상표등록이의신청, 상표권의 존속기간갱신등록신청, 상품분류전환등록의 신청, 지정상품의 추가등록출원 또는 심판 등에 관하여 제출된 서류·견본 그 밖의 물건(이하 이 조에서 "출원서류등"이라 한다)이 다음 각 호의 어느 하나에 해당하는 경우에는 법령에 특별한 규정이 있는 경우를 제외하고는 이를 적법한 출원서류등으로 보지 아니한다. <개정 1992.10.30, 1993.12.31, 1998.2.23, 1998.12.31, 2001.6.30, 2002.2.28, 2003.5.12, 2005.2.11, 2005.7.1, 2006.12.29, 2008.12.31, 2010.7.29> 1. 출원 또는 서류의 종류가 불명확한 것인 경우 2. 존속기간갱신등록신청 또는 상표등록에 관한 청구 기타의 절차를 밟는 자의 성명(법인의 경우에는 명칭) 또는 출원인코

특허법 시행규칙	실용신안법 시행규칙	디자인보호법 시행규칙	상표법 시행규칙
아니한 경우 4. 국어로 기재되지 아니한 경우 5. 출원서에 명세서(명세서에 발명의 상세한 설명이 기재되어 있지 아니한 경우를 포함한다)를 첨부하지 아니한 경우 5의2. 특허청구범위를 기재하지 아니한 명세서를 특허출원서에 첨부하여 특허출원한 분할출원, 변경출원 및 정당한 권리자의 출원으로서 그 특허출원 당시에 이미 법 제42조제5항제1호에 따른 명세서의 보정기간이 경과된 경우 6. 국내에 주소 또는 영업소를 가지지 아니하는 자가 법 제5조제1항에 규정된 특허관리인에 의하지 아니하고 제출한 출원서류 등인 경우 7. 이 법 또는 이 법에 의한 명령이 정하는 기간 이내에 제출되지 아니한 서류인 경우 8. 이 법 또는 이 법에 의한 명령이 정하는 기간중 연장이 허용되지 아니하는 기간에 대한 기간연장신청서인 경우 9. 법 제132조의3에 따른 심판의 청구기간 또는 특허청장·특허심판원장·심판장 또는 심사관이 지정한 기간을 경과하		4. 도면이 첨부되지 아니한 경우[법 제11조의2의 규정에 의한 복수디자인등록출원(이하 "복수디자인등록출원"이라 한다)인 경우에는 도면이 디자인의 수에 부족한 경우를 포함한다] 5. 디자인의 대상이 되는 물품이 기재되지 아니한 경우 6. 국내에 주소 또는 영업소를 가지지 아니하는 자가 법 제4조의3제1항에 따른 디자인관리인에 의하지 아니하고 제출한 출원서류 등인 경우 7. 이 법 또는 이 법에 의한 명령이 정하는 기간 이내에 제출되지 아니한 서류인 경우 8. 이 법 또는 이 법에 의한 명령이 정하는 기간중 연장이 허용되지 아니하는 기간에 대한 기간연장신청서인 경우 9. 법 제29조의3의 규정에 의한 디자인무심사등록이의신청이유 등의 보정기간, 법 제67조의2 또는 법 제67조의3의 규정에 의한 심판의 청구기간 또는 특허청장·특허심판원장·심판장 또는 심사관이 지정한 기간이 경과하여 제출된 기간연장신청서인 경우 10. 포괄위임등록 신청서, 포괄위임등록 변경신청서, 포괄위임	드[출원인코드가 없는 경우에는 성명 또는 주소(법인인 경우에는 그 명칭 및 영업소의 소재지)]가 기재되지 아니한 경우 3. 국어로 기재되지 아니한 경우 4. 삭제 <2001.6.30> 5. 상품분류전환등록신청서에 전환하여 등록받고자 하는 지정상품을 기재하지 아니한 경우 6. 국내에 주소 또는 영업소를 가지지 아니하는 자가 법 제5조에서 준용하는 「특허법」 제5조제1항의 규정에 의한 상표관리인에 의하지 아니하고 제출한 출원서류 등인 경우 7. 이 법 또는 이 법에 의한 명령이 정하는 기간 이내에 제출되지 아니한 서류인 경우 8. 이 법 또는 이 법에 의한 명령이 정하는 기간중 연장이 허용되지 아니하는 기간에 대한 기간연장신청서인 경우 9. 법 제26조의 규정에 의한 상표등록이의신청이유등의 보정기간, 법 제70조의2 또는 법 제70조의3의 규정에 의한 심판의 청구기간 또는 특허청장·특허심판원장·심판장 또는 심사관

특허법 시행규칙	실용신안법 시행규칙	디자인보호법 시행규칙	상표법 시행규칙
여 제출된 기간연장신청서인 경우 10. 특허에 관한 절차가 종료된 후 그 특허에 관한 절차와 관련하여 제출된 서류인 경우 11. 당해 특허에 관한 절차를 밟을 권리가 없는 자가 그 절차와 관련하여 제출한 서류인 경우 12. 별지 제2호서식의 신고서(포괄위임 원용제한에 한한다), 별지 제3호서식의 포괄위임등록 신청서, 포괄위임등록 변경신청서 또는 포괄위임등록 철회서, 별지 제4호서식의 출원인코드 부여신청서 또는 직권으로 출원인코드를 부여하여야 하는 경우로서 당해서류가 불명확하여 수리할 수 없는 경우 13. 정보통신망이나 전자적기록매체로 제출된 특허출원서 또는 기타의 서류가 특허청에서 제공하는 소프트웨어 또는 특허청 홈페이지를 이용하여 작성되지 아니하였거나 전자문서로 제출된 서류가 전산정보처리조직에서 처리가 불가능한 상태로 접수된 경우 13의2. 제3조의2제2항의 규정에 의하여 제출명령을 받은 서류를 기간내에 제출하지 아니한		등록철회서(「특허법 시행규칙」 별지 제3호서식의 포괄위임등록 신청(변경신청, 철회)서를 준용한다), 포괄위임 원용제한의 신고서(「특허법 시행규칙」 별지 제2호서식의 대리인(대표자)에 관한 신고서를 준용한다), 출원인코드 부여신청서(「특허법 시행규칙」 별지 제4호서식의 출원인코드 부여신청서를 준용한다) 또는 직권으로 출원인코드를 부여하여야 하는 경우로서 해당 서류가 불명확하여 수리할 수 없는 경우 11. 정보통신망이나 플로피디스크 또는 광디스크 등 전자적기록매체로 제출된 디자인등록출원서 또는 기타의 서류가 특허청에서 제공하는 소프트웨어 또는 특허청 홈페이지를 이용하여 작성되지 아니하였거나 전자문서로 제출된 서류가 전산정보처리조직에서 처리가 불가능한 상태로 접수된 경우 11의2. 제1조의5를 위반하여 1건마다 서류를 작성하지 아니한 경우 11의3. 제1조의7제2항에 따라 제출하여야 하는 서류를 기간내에 제출하지 아니한 경우 12. 제4조의7에 따라 제출하여	이 지정한 기간을 경과하여 제출된 기간연장신청서인 경우 10. 상표에 관한 절차가 종료된 후 그 상표에 관한 절차와 관련하여 제출된 서류인 경우 11. 포괄위임등록 신청서, 포괄위임등록 변경신청서 또는 포괄위임등록 철회서(「특허법 시행규칙」 별지 제3호서식의 포괄위임등록 신청서, 포괄위임등록 변경신청서 또는 포괄위임등록 철회서를 준용한다), 포괄위임 원용제한의 신고서(「특허법 시행규칙」 별지 제2호서식의 대리인에 관한 신고서를 준용한다), 별지 제4호서식의 출원인코드부여신청서 또는 직권으로 출원인코드를 부여하여야 하는 경우로서 당해 서류가 불명확하여 수리 할 수 없는 경우 12. 정보통신망이나 플로피디스크 또는 광디스크 등 전자적기록매체로 제출된 상표등록출원서 또는 기타의 서류가 특허청에서 제공하는 소프트웨어 또는 특허청 홈페이지를 이용하여 작성되지 아니하였거나 전자문서로 제출된 서류가 전산정보처리조직에서 처리가 불가능한 상태로 접수된 경우

특허법 시행규칙	실용신안법 시행규칙	디자인보호법 시행규칙	상표법 시행규칙
경우 14. 제8조의 규정에 의하여 제출명령을 받은 서류를 정당한 소명 없이 소명기간내에 제출하지 아니한 경우 15. 특허출원인이 특허청구범위가 기재되지 아니한 명세서가 첨부된 특허출원에 대하여 출원심사청구서를 제출한 경우 16. 특허청구범위가 기재되지 아니한 명세서를 첨부한 특허출원 또는 법 제87조제3항에 따라 등록공고를 한 특허에 대하여 조기공개신청서를 제출한 경우 17. 제40조의2제1항 각 호의 어느 하나에 해당하여 특허여부결정을 보류할 수 없는 경우 18. 제40조의3제3항 각 호의 어느 하나에 해당하여 특허출원에 대한 심사를 유예할 수 없는 경우(심사유예신청서에 한정한다) 19. 특허출원서에 첨부된 명세서 또는 도면의 보정 없이 재심사를 청구하거나 법 제67조의2제1항 단서에 해당하여 재심사를 청구할 수 없는 경우 ②특허청장 또는 특허심판원장은 제1항의 규정에 의하여 부적법한 것으로 보는 출원서류		야 하는 서류를 정당한 소명없이 소명기간 내에 제출하지 아니한 경우 13. 디자인에 관한 절차가 종료된 후 그 디자인에 관한 절차와 관련하여 제출된 서류인 경우 14. 당해 디자인에 관한 절차를 밟을 권리가 없는 자가 그 절차와 관련하여 제출한 서류인 경우 ②특허청장 또는 특허심판원장은 제1항에 따라 부적법한 것으로 보는 출원서류 등을 반려하려는 경우에는 출원서류 등을 제출한 출원인등에게 출원서류등을 반려하겠다는 취지, 반려이유 및 소명기간을 적은 서면을 송부하여야 한다. 다만, 제1항제12호의 경우에는 반려이유를 고지하고 즉시 출원서류등을 반려하여야 한다. <개정 2001.6.30, 2003.5.12, 2009.6.30> ③제2항 본문에 따라 서면을 송부받은 출원인등이 소명하고자 하는 경우에는 소명기간내에 별지 제1호서식의 소명서를, 소명없이 출원서류등을 소명기간내에 반려받고자 하는 경우에는 서류반려요청서(「특허법	13. 삭제 <2008.12.31> 14. 삭제 <2010.7.29> 15. 법 제64조의2제1항의 규정에 의하여 상표권이 소멸되는 상표에 대한 상표권의 존속기간갱신등록신청을 하는 경우 15의2. 제36조에서 준용하는 「특허법 시행규칙」 제3조의2 제2항의 규정에 의하여 제출명령을 받은 서류를 기간내에 제출하지 아니한 경우 15의3. 제36조에서 준용하는 「특허법 시행규칙」 제2조의 규정에 위반하여 1건마다 서류를 작성하지 아니한 경우 16. 제36조에서 준용하는 「특허법 시행규칙」 제8조의 규정에 의하여 제출명령을 받은 서류를 정당한 소명없이 소명기간내에 제출하지 아니한 경우 17. 당해 상표에 관한 절차를 밟을 권리가 없는 자가 그 절차와 관련하여 제출한 서류인 경우 ②특허청장 또는 특허심판원장은 제1항의 규정에 의하여 부적법한 것으로 보는 출원서류 등을 반려하고자 하는 경우에는 출원서류 등을 제출한 출원인등에 대하여 출원서류등을 반려하고자 하는 취지, 반려이

특허법 시행규칙	실용신안법 시행규칙	디자인보호법 시행규칙	상표법 시행규칙
등을 반려하고자 하는 경우에는 출원서류 등을 제출한 출원인등에 대하여 출원서류등을 반려하겠다는 취지, 반려이유 및 소명기간을 기재한 서면을 송부하여야 한다. 다만, 제1항 제14호의 경우에는 반려이유를 고지하고 즉시 출원서류등을 반려하여야 한다. <개정 2001.6.30, 2002.2.28, 2003.5.17> 제2항의 규정에 의하여 서면을 송부받은 출원인등이 소명하고자 하는 경우에는 소명기간내에 별지 제24호서식의 소명서를, 소명 없이 출원서류등을 소명기간내에 반려받고자 하는 경우에는 별지 제8호서식의 반려요청서를 특허청장 또는 특허심판원장에게 제출하여야 한다. 이 경우 특허청장 또는 특허심판원장은 반려요청을 받은 때에는 즉시 출원서류등을 반려하여야 한다. <신설 2001.6.30, 2006.12.29> ④특허청장 또는 특허심판원장은 출원인등이 소명기간내에 소명서 또는 반려요청서를 제출하지 아니하거나 제출한 소명이 이유없다고 인정되는 때에는 소명기간이 종료된 후 즉시		시행규칙」 별지 제8호서식의 서류반려요청(반환신청)서를 준용한다)를 특허청장 또는 특허심판원장에게 제출하여야 한다. 이 경우 특허청장 또는 특허심판원장은 반려요청을 받은 때에는 즉시 출원서류등을 반려하여야 한다. <신설 2001.6.30, 2005.2.11, 2007.6.29> ④특허청장 또는 특허심판원장은 출원인등이 소명기간내에 소명서 또는 반려요청서를 제출하지 아니하거나 제출한 소명이 이유없다고 인정되는 때에는 소명기간이 종료된 후 즉시 출원서류등을 반려하여야 한다. <신설 2001.6.30> [제목개정 2001.6.30]	유 및 소명기간을 기재한 통지서를 송부하여야 한다. 다만, 제1항제16호에 해당하는 경우에는 반려이유를 명시하여 출원서류등을 즉시 반려하여야 한다. <개정 2001.6.30, 2003.5.12, 2010.7.29> ③제2항 본문의 규정에 의한 통지서를 송부받은 출원인등이 소명하고자 하는 경우에는 소명기간내에 별지 제1호서식의 소명서를 제출하여야 하며, 소명기간이 종료되기 전에 출원서류등을 반려받고자 하는 경우에는 서류반려요청서(「특허법 시행규칙」 별지 제8호서식의 서류반려요청서를 준용한다. 이하 같다)를 특허청장 또는 특허심판원장에게 제출하여야 한다. <신설 2001.6.30, 2005.2.11, 2006.12.29> ④제3항 후단의 규정에 의하여 반려요청서를 제출받은 특허청장 또는 특허심판원장은 즉시 출원서류등을 반려하여야 한다. <신설 2001.6.30> ⑤특허청장 또는 특허심판원장은 출원인등이 소명기간내에 소명서 또는 반려요청서를 제출

특허법 시행규칙	실용신안법 시행규칙	디자인보호법 시행규칙	상표법 시행규칙
출원서류등을 반려하여야 한다. <신설 2001.6.30> 제12조 【특허번호등의 표시】 ①특허권 또는 특허출원을 한 후 그 특허출원에 관하여 서류·견본 기타의 물건을 특허청 또는 특허심판원에 제출할 때에는 그 특허번호 또는 특허출원번호, 특허권자 또는 특허출원인의 성명(법인의 경우에는 명칭)·출원인코드[출원인코드가 없는 경우에는 성명·주소(법인의 경우에는 그 명칭 및 영업소의 소재지)] 및 발명의 명칭을 표시하여야 한다. <개정 1998.2.23, 1998.12.31, 2001.6.30, 2006.12.29> ②특허권의 존속기간의 연장등록출원을 한 후 그 연장등록출원에 관한 서류·견본 기타의 물건을 특허청 또는 특허심판원에 제출할 때에는 그 연장등록출원의 번호를 표시하여야 한다. <개정 1998.2.23, 2006.12.29>	제2조 【실용신안등록번호 등의 표시】 ①실용신안등록출원을 한 후 그 실용신안등록출원 또는 실용신안권에 관한 서류·견본 그 밖의 물건을 특허청 또는 특허심판원에 제출할 때에는 그 실용신안등록출원번호 또는 실용신안등록번호, 실용신안등록출원인 또는 실용신안권자의 성명(법인의 경우에는 명칭)·출원인코드[출원인코드가 없는 경우에는 성명·주소(법인의 경우에는 그 명칭 및 영업소의 소재지)]를 표시하여야 한다. <개정 2006.12.29> ②실용신안등록에 관한 심판 또는 재심의 청구를 한 후 그 신청 또는 청구에 관한 서류·견본 그 밖의 물건을 특허청 또는 특허심판원에 제출할 때에는 그 심판번호 또는 재심번호와 그 당사자의 성명(법인의 경우에는 명칭)·출원인코드[출	제4조의15 【디자인등록번호 등의 표시】 ①디자인권을 등록받거나 디자인등록출원을 한 후 그 디자인등록출원에 관하여 서류·견본, 그 밖의 물건을 특허청 또는 특허심판원에 제출할 때에는 그 디자인등록번호 또는 디자인등록출원번호, 디자인권자 또는 디자인등록출원인의 성명(법인인 경우에는 명칭을 말한다)·출원인코드[출원인코드가 없는 경우에는 성명·주소(법인인 경우에는 그 명칭 및 영업소의 소재지를 말한다)] 및 디자인의 대상이 되는 물품을 표시하여야 한다. ②디자인권의 존속기간의 연장등록출원을 한 후 그 연장등록출원에 관한 서류나 견본, 그 밖의 물건을 특허청 또는 특허심판원에 제출할 때에는 그 연장등록출원의 번호를 표시하여야 한다.	하지 아니하거나 제출한 소명의 내용이 이유없다고 인정되는 때에는 출원서류등을 즉시 반려하여야 한다. <신설 2001.6.30> 제2조의2 삭제　<1998.12.31> 제36조 【준용규정】

특허법 시행규칙	실용신안법 시행규칙	디자인보호법 시행규칙	상표법 시행규칙
③특허에 관한 심판 또는 재심의 청구를 한 후 그 신청 또는 청구에 관한 서류·견본 기타의 물건을 특허청 또는 특허심판원에 제출할 때에는 그 심판번호 또는 재심번호와 그 당사자의 성명(법인의 경우에는 명칭)·출원인코드[출원인코드가 없는 경우에는 성명·주소(법인의 경우에는 그 명칭 및 영업소의 소재지)]를 표시하여야 한다. <개정 1997.7.1, 1998.2.23, 1998.12.31, 2001.6.30, 2006.9.29>	원인코드가 없는 경우에는 성명·주소(법인의 경우에는 그 명칭 및 영업소의 소재지)]를 표시하여야 한다.	③디자인무심사등록이의신청·심판 또는 재심의 청구를 한 후 그 신청 또는 청구에 관한 서류나 견본, 그 밖의 물건을 특허청 또는 특허심판원에 제출할 때에는 그 심판번호 또는 재심번호와 그 당사자의 성명(법인인 경우에는 명칭을 말한다)·출원인코드[출원인코드가 없는 경우에는 성명·주소(법인인 경우에는 그 명칭 및 영업소의 소재지를 말한다)]를 표시하여야 한다. [본조신설 2009.6.30]	
제13조【서류등의 보정】 법 제46조·법 제47조·법 제90조제6항 또는 이 규칙 제29조제3항에 따라 보정을 하려는 자나 법 제54조제7항 또는 법 제55조제7항에 따라 우선권주장을 보정하거나 추가하려는 자는 별지 제9호서식의 보정서에 다음 각 호의 서류를 첨부하여 특허청장 또는 특허심판원장에게 제출하여야 한다. 다만, 법 제46조제3호에 해당하여 수수료를 보정하려는 자는 보정서를 제출하지 아니한다. <개정 2001.6.30, 2005.7.1, 2006.12.29, 2009.6.30>	**제17조【「특허법 시행규칙」의 준용】**	**제3조【서류등의 보정】** 법 제17조·제18조·제27조의2 또는 이 규칙 제11조에 따라 보정하려는 자는 별지 제2호서식의 보정서에 다음 각 호의 서류를 첨부하여 특허청장 또는 특허심판원장에게 제출하여야 한다. 다만, 법 제17조제3호에 해당하여 수수료를 보정하려는 자는 보정서를 제출하지 아니한다. <개정 2001.6.30, 2005.7.1, 2007.6.29, 2009.6.30> 1. 보정내용을 증명하는 서류 1통 2. 대리인에 의하여 절차를 밟는 경우에는 그 대리권을 증명	**제10조【서류 등의 보정 또는 수정정관의 제출】** ①법 제13조 내지 제15조의 규정에 따라 보정(「표장의 국제등록에 관한 마드리드협정에 대한 의정서」(이하 "의정서"라 한다) 제2조(2)의 규정에 의한 국제출원(이하 "국제출원"이라 한다)에 대한 보정을 제외한다)하거나 법 제17조의2의 규정에 따라 수정정관을 제출하고자 하는 자는 별지 제4호서식의 보정서에 다음 각 호의 서류를 첨부하여 특허청장 또는 특허심판원장에게 제출하여야 한다. 다만, 법 제13조제3호에 해당하여 수수

특허법 시행규칙	실용신안법 시행규칙	디자인보호법 시행규칙	상표법 시행규칙
1. 보정 또는 추가 내용을 증명하는 서류 1통 2. 대리인에 의하여 절차를 밟는 경우에는 그 대리권을 증명하는 서류 1통 [전문개정 1998.12.31] **제13조의2 삭제** <2006.9.29>		하는 서류 1통 [전문개정 1998.12.31]	료를 보정하고자 하는 자는 보정서를 제출하지 아니한다. <개정 2006.12.29> 1. 보정내용을 증명하는 서류 1통(보정서를 제출하는 경우에 한한다) 2. 수정정관 및 그 정관의 요약서 각 1통(수정정관제출서를 제출하는 경우에 한한다) 3. 대리인에 의하여 절차를 밟는 경우에는 그 대리권을 증명하는 서류 1통 ②제1항제2호의 규정에 따른 정관의 요약서는 별지 제3호서식에 따른다. <개정 2006.12.29> [전문개정 2005.7.1]
제13조의3 【심판청구서 등의 보정】 법 제46조 또는 법 제141조의 규정에 의한 보정을 하고자 하는 자는 별지 제9호서식의 보정서에 다음 각호의 서류를 첨부하여 특허심판원장 또는 심판장에게 제출하여야 한다. <개정 2002.2.28, 2006.12.29> 1. 삭제 <2002.2.28> 2. 보정내용을 증명하는 서류 1통 3. 대리인에 의하여 절차를 밟	**제17조 【「특허법 시행규칙」의 준용】**	**제10조의2 【심판청구서 등의 보정】** 법 제17조 또는 법 제72조의4에 따른 보정을 하려는 자는 별지 제2호서식의 보정서에 다음 각 호의 서류를 첨부하여 특허청장·특허심판원장 또는 심판장에게 제출하여야 한다. 1. 보정내용을 증명하는 서류 1통 2. 대리인에 의하여 절차를 밟는 경우에는 그 대리권을 증명하는 서류 1통 [본조신설 2009.6.30]	**제36조 【준용규정】**

특허법 시행규칙	실용신안법 시행규칙	디자인보호법 시행규칙	상표법 시행규칙
는 경우에는 그 대리권을 증명하는 서류 1통 [본조신설 1998.12.31] **제13조의4 【정정명세서 등의 보정】** ①다음 각 호에 해당하는 자는 별지 제9호서식의 보정서를 특허심판원장 또는 심판장에게 제출하여야 한다. <개정 2003.5.17, 2006.9.29, 2006.12.29, 2007.6.29> 1. 삭제 <2006.9.29> 2. 법 제133조의2제4항에 따라 특허의 무효심판절차에서 정정한 특허발명의 명세서 또는 도면을 보정하고자 하는 자 3. 법 제136조제9항의 규정에 의하여 정정심판절차에서 정정한 특허발명의 명세서 또는 도면을 보정하고자 하는 자 4. 법 제137조제4항의 규정에 의하여 정정의 무효심판절차에서 정정한 특허발명의 명세서 또는 도면을 보정하고자 하는 자 ②제1항에 따른 보정서에는 다음 각 호의 서류를 첨부하여야 한다. <개정 2002.2.28, 2006.9.29, 2006.12.29, 2007.6.29> 1. 삭제 <2002.2.28>	**제17조 【「특허법 시행규칙」의 준용】**		

특허법 시행규칙	실용신안법 시행규칙	디자인보호법 시행규칙	상표법 시행규칙
2. 명세서 및 도면 각 1통 3. 대리인에 의하여 절차를 밟는 경우에는 그 대리권을 증명하는 서류 1통 4. 법 제133조의2제4항, 법 제136조제7항 또는 법 제137조제4항에 따라 전용실시권자·질권자 또는 통상실시권자의 동의가 필요한 경우에는 그 동의를 증명하는 서류 1통 [본조신설 2001.6.30]			
제14조 【서류등의 제출】 ①특허청장·특허심판원장·심판장 또는 심사관으로부터 특허에 관한 절차를 처리하기 위하여 서류·견본 그밖의 물건의 제출명령을 받은 자가 그 서류·견본 그밖의 물건을 제출하는 경우에는 별지 제7호서식에 의한다. <개정 1998.2.23, 2002.2.28, 2006.12.29> ②대리인의 경우 제1항의 규정에 의한 서식에 그 대리권을 증명하는 서류를 첨부하여야 한다.	**제17조 【「특허법 시행규칙」의 준용】**	**제10조의3 【서류 등의 제출】** ① 특허청장·특허심판원장·심판장 또는 심사관으로부터 디자인에 관한 절차를 처리하기 위하여 서류·견본, 그 밖의 물건의 제출명령을 받은 자가 그 서류·견본, 그 밖의 물건을 제출하는 경우에는 「특허법 시행규칙」 별지 제7호서식의 전자문서첨부서류등 물건제출서에 의한다. ②대리인에 의하여 제출하는 경우에는 제1항에 따른 서식에 그 대리권을 증명하는 서류를 첨부하여야 한다. [본조신설 2009.6.30]	**제36조 【준용규정】**
제15조 【물건의 반환】 특허청장 또는 특허심판원장에게 제출하	**제17조 【「특허법 시행규칙」의 준용】**	**제10조의4 【물건의 반환】** 특허청장 또는 특허심판원장에게	**제36조 【준용규정】**

특허법 시행규칙	실용신안법 시행규칙	디자인보호법 시행규칙	상표법 시행규칙
는 견본 또는 증거물건의 반환을 받고자 하는 자는 제출시에 그 취지를 기재하여야 한다. <개정 1998.2.23, 2001.6.30>		제출하는 견본 또는 증거물건을 반환받으려는 자는 제출할 때 그 취지를 적어야 한다. [본조신설 2009.6.30]	
제16조 【기간의 지정】 ①법 제46조, 법 제141조 또는 법 제203조제2항에 따라 특허청장·특허심판원장 또는 심판장이 정할 수 있는 보정기간은 1월이내로 하고, 법 제63조제1항에 따른 의견서제출기간등 법령에 의하여 특허청장·특허심판원장·심판장 또는 심사관이 정할 수 있는 기간은 이를 2월이내로 한다. 다만, 특허에 관한 절차에 관련된 시험 및 결과측정에 시일을 요하는 때에는 그 지정기간은 당해 시험 및 결과측정에 소요되는 기간으로 한다. <개정 1996.6.22, 1998.2.23, 1999.7.1, 2001.6.30, 2003.5.17, 2007.6.29> ②법 제15조제1항에 따른 기간의 연장신청과 같은 조 제2항에 따른 기간의 단축 또는 연장신청은 별지 제10호서식의 기간연장(단축)신청서에 의한다. 다만, 법 제47조제1항제1호 및 제2호에 따른 보정을 하면서 기간의 단축을 신청하려는	**제17조 【「특허법 시행규칙」의 준용】**	**제10조의5 【기간의 지정】** ①법 제17조 또는 제72조의4에 따라 특허청장·특허심판원장 또는 심판장이 정할 수 있는 보정기간은 1개월 이내로 하고, 법 제27조제1항에 따른 의견서제출기간 등 법령에 따라 특허청장·특허심판원장·심판장 또는 심사관이 정할 수 있는 기간은 2개월 이내로 한다. ②법 제4조의14제1항에 따른 기간의 연장신청과 같은 조 제2항에 따른 기간의 단축 또는 연장신청은 「특허법 시행규칙」 별지 제10호서식의 기간연장(단축)신청서에 따른다. 다만, 법 제18조제5항에 따른 보정을 하면서 기간의 단축을 신청하려는 경우에는 별지 제2호서식의 보정서에 기간단축의 취지를 적음으로써 그 신청서를 갈음할 수 있다. ③ 대리인에 의하여 절차를 밟는 경우에는 제2항에 따른 서식에 그 대리권을 증명하는 서류를 첨부하여야 한다.	**제36조 【준용규정】**

특허법 시행규칙	실용신안법 시행규칙	디자인보호법 시행규칙	상표법 시행규칙
경우에는 별지 제9호서식의 보정서에 기간단축의 취지를 기재함으로써 그 신청서를 갈음할 수 있다. <개정 2007.6.29>③대리인에 의하여 절차를 밟는 경우에는 제2항의 규정에 의한 서식에 그 대리권을 증명하는 서류를 첨부하여야 한다. <개정 1999.7.1>④법 제186조제5항의 규정에 의하여 심판장이 직권으로 정할 수 있는 부가기간은 1월이내로 한다. <신설 1998.12.31>		④ 법 제75조제5항에 따라 심판장이 직권으로 정할 수 있는 부가기간은 1월 이내로 한다.[본조신설 2009.6.30]	
제17조 【기간경과 구제신청】 법 제16조제2항의 규정에 의한 무효처분의 취소신청 및 법 제17조의 규정에 의한 신청을 하고자 하는 자는 별지 제10호서식의 신청서에 다음 각 호의 서류를 첨부하여 특허청장 또는 특허심판원장에게 제출하여야 한다. <개정 2006.12.29>1. 기간경과이유를 증명하는 서류 1통2. 대리인에 의하여 절차를 밟는 경우에는 그 대리권을 증명하는 서류 1통[제목개정 2006.12.29]	**제17조 【「특허법 시행규칙」의 준용】**	**제10조의6 【기간경과 구제신청】** 법 제4조의15제2항에 따른 무효처분의 취소신청 및 법 제4조의16에 따른 보완신청을 하려는 자는 「특허법 시행규칙」 별지 제10호서식의 신청서에 다음 각 호의 서류를 첨부하여 특허청장 또는 특허심판원장에게 제출하여야 한다.1. 기간이 지난 이유를 증명하는 서류 1통2. 대리인에 의하여 절차를 밟는 경우에는 그 대리권을 증명하는 서류 1통[본조신설 2009.6.30]	**제36조 【준용규정】**
제18조 【절차의 속행통지】 특허	**제17조 【「특허법 시행규칙」의 준용】**	**제10조의7 【절차의 속행통지】**	**제36조 【준용규정】**

특허법 시행규칙	실용신안법 시행규칙	디자인보호법 시행규칙	상표법 시행규칙
청장 또는 심판장은 법 제19조의 규정에 의하여 승계인에 대하여 특허에 관한 절차를 속행하게 하고자 할 때에는 그 취지를 당사자에게 서면으로 통지하여야 한다. <개정 1998.2.23, 2001.6.30>		특허청장 또는 심판장은 법 제4조의18에 따라 승계인에 대하여 디자인에 관한 절차를 속행하게 하려는 때에는 그 취지를 당사자에게 서면으로 통지하여야 한다. [본조신설 2009.6.30]	
제18조의2 【절차의 수계신청】 법 제22조제1항의 규정에 의하여 절차의 수계를 신청하고자 하는 자는 별지 제11호서식의 절차 수계신청서에 다음 각 호의 서류를 첨부하여 특허청장 또는 심판장에게 제출하여야 한다. <개정 2006.12.29> 1. 수계의 원인을 증명하는 서류 1통 2. 대리인에 의하여 절차를 밟는 경우에는 그 대리권을 증명하는 서류 1통 [본조신설 2002.2.28]	**제17조 【「특허법 시행규칙」의 준용】**	**제10조의8 【절차의 수계신청】** 법 제4조의21제1항에 따라 절차의 수계를 신청하려는 자는 「특허법 시행규칙」 별지 제11호서식의 절차 수계신청서에 다음 각 호의 서류를 첨부하여 특허청장 또는 심판장에게 제출하여야 한다. 1. 수계의 원인을 증명하는 서류 1통 2. 대리인에 의하여 절차를 밟는 경우에는 그 대리권을 증명하는 서류 1통 [본조신설 2009.6.30]	
제19조 【포기 또는 취하】 ①특허에 관한 절차를 밟은 자가 그 절차를 포기 또는 취하하고자 할 때에는 별지 제12호서식의 포기서 또는 취하서를 특허청장에게 제출하여야 한다. <개정 2006.12.29> ②법 제55조제1항의 규정에 의	**제17조 【「특허법 시행규칙」의 준용】**	**제10조의9 【포기 또는 취하】** ① 디자인에 관한 절차를 밟은 자가 그 절차를 포기 또는 취하하려는 때에는 「특허법 시행규칙」 별지 제12호서식의 포기서 또는 취하서를 특허청장에게 제출하여야 한다. ②법 제23조제1항에 따라 우선	**제36조 【준용규정】**

특허법 시행규칙	실용신안법 시행규칙	디자인보호법 시행규칙	상표법 시행규칙
하여 우선권을 주장한 자가 그 우선권주장을 취하하고자 할 때에는 별지 제12호서식의 취하서를 특허청장에게 제출하여야 한다. <신설 1993.12.31, 2006.12.29> ③대리인에 의하여 절차를 밟는 경우에는 제1항 또는 제2항의 규정에 의한 서식에 그 대리권을 증명하는 서류를 첨부하여야 한다. <개정 1993.12.31, 2001.6.30> **제19조의2 【일부청구항의 포기】** 법 제215조의2의 규정에 의하여 청구항별로 포기하고자 하는 자는 「특허등록령 시행규칙」 별지 제16호서식의 납부서에 그 취지를 기재하고, 설정특허료를 납부하는 때에 동 납부서와 함께 별지 제12호서식의 포기서를 특허청장에게 제출하여야 한다. <개정 2005.2.11, 2006.12.29> [본조신설 2001.6.30] **제2장 특허출원** **제20조 삭제** <2006.9.29>	**제17조 【「특허법 시행규칙」의 준용】**	권을 주장한 자가 그 우선권주장을 취하하려는 때에는 「특허법 시행규칙」 별지 제12호서식의 취하서를 특허청장 또는 특허심판원장에게 제출하여야 한다. ③대리인에 의하여 절차를 밟는 경우에는 제1항 또는 제2항에 따른 서식에 그 대리권을 증명하는 서류를 첨부하여야 한다. [본조신설 2009.6.30]	

특허법 시행규칙	실용신안법 시행규칙	디자인보호법 시행규칙	상표법 시행규칙
제20조의2 【공지예외적용대상증명서류의 제출】법 제30조제2항의 규정에 의하여 공지 등이 되지 아니한 것으로 적용받고자 하는 자가 그 증명서류를 제출하는 때에는 별지 제13호서식의 서류제출서에 의한다. 다만, 특허출원과 동시에 그 증명서류를 제출하는 때에는 출원서에 증명서류제출의 취지를 기재함으로써 그 제출서에 갈음할 수 있다. <개정 2001.6.30> [본조신설 1993.12.31] [제목개정 2001.6.30]	제17조 【「특허법 시행규칙」의 준용】	제10조의10 【신규성 상실의 예외 적용대상 증명서류의 제출】법 제8조제2항에 따라 신규성이 상실되지 아니한 것으로 적용받으려는 자가 그 증명서류를 제출하는 때에는 「특허법 시행규칙」 별지 제13호서식의 서류제출서에 의한다. 다만, 디자인등록출원과 동시에 그 증명서류를 제출하는 때에는 출원서에 증명서류제출의 취지를 적음으로써 그 제출서를 갈음할 수 있다. [본조신설 2009.6.30]	제36조 【준용규정】
제21조 【특허출원서 등】 ①법 제42조제1항의 규정에 의하여 특허출원을 하고자 하는 자는 별지 제14호서식의 특허출원서에 다음 각 호의 서류를 첨부하여 특허청장에게 제출하여야 한다. <개정 2001.6.30, 2006.12.29> 1. 명세서·요약서 및 도면 각 1통 2. 대리인에 의하여 절차를 밟는 경우에는 그 대리권을 증명하는 서류 1통 3. 기타 법령의 규정에 의한 증명서류 1통 ②제1항의 명세서는 별지 제15	제3조 【실용신안등록출원서 등의 제출】 ①「실용신안법」(이하 "법"이라 한다) 제8조제1항에 따라 실용신안등록출원을 하려는 자는 별지 제1호서식의 실용신안등록출원서에 다음 각 호의 서류를 첨부하여 특허청장에게 제출하여야 한다. 1. 명세서·요약서 및 도면 각 1통 2. 대리인에 의하여 절차를 밟는 경우에는 그 대리권을 증명하는 서류 1통 3. 그 밖의 법령에 따른 증명서류 1통	제5조 【출원서 등】 ①법 제9조제1항 및 제4항에 따라 디자인심사등록출원 또는 유사디자인심사등록출원을 하고자 하거나 디자인무심사등록출원 또는 유사디자인무심사등록출원을 하고자 하는 자는 별지 제3호서식의 디자인등록출원서에 다음 각 호의 서류를 첨부하여 특허 1. 도면이나 사진 또는 견본 1통(복수디자인등록출원인 경우에는 각 디자인마다 1통) 2. 대리인에 의하여 절차를 밟는 경우에는 그 대리권을 증명하는 서류 1통	제4조 【출원서등】 ①법 제9조제1항에 따라 상표등록출원을 하려는 자는 별지 제2호서식의 상표등록출원서에 다음 각 호의 서류를 첨부하여 특허청장에게 제출하여야 한다. <개정 2007.6.29> 1. 상표견본 1통 2. 상표에 대한 설명서 1통(색채 또는 색채의 조합만으로 된 상표, 홀로그램상표, 동작상표 및 그 밖에 시각적으로 인식할 수 있는 것으로 된 상표의 등록출원에 한한다) 3. 정관 및 단체표장의 사용에

특허법 시행규칙	실용신안법 시행규칙	디자인보호법 시행규칙	상표법 시행규칙
호서식, 요약서는 별지 제16호서식, 도면은 별지 제17호서식에 따른다. <개정 2006.12.29, 2009.6.30> ③법 제42조제3항에 따른 발명의 상세한 설명에는 다음 각 호의 사항이 포함되어야 한다. <신설 2007.6.29> 1. 기술분야 2. 해결하고자 하는 과제 3. 과제의 해결 수단 4. 그 밖에 그 발명이 속하는 기술분야에서 통상의 지식을 가진 자가 그 발명의 내용을 쉽게 이해하기 위하여 필요한 사항 ④제3항 각 호의 사항은 해당하는 사항이 없는 경우에는 그 사항을 생략할 수 있다. <신설 2007.6.29> [전문개정 1998.12.31] [제목개정 2001.6.30]	②제1항의 명세서는 「특허법 시행규칙」 별지 제15호서식의 명세서, 요약서는 「특허법 시행규칙」 별지 제16호서식의 요약서, 도면은 「특허법 시행규칙」 별지 제17호서식의 도면을 준용한다. <개정 2006.12.29, 2009.6.30> ③법 제8조제3항에 따른 고안의 상세한 설명에는 다음 각 호의 사항이 포함되어야 한다. <신설 2007.6.29> 1. 기술분야 2. 해결하고자 하는 과제 3. 과제의 해결 수단 4. 그 밖에 그 고안이 속하는 기술분야에서 통상의 지식을 가진 자가 그 고안의 내용을 쉽게 이해하기 위하여 필요한 사항 ④제3항 각 호의 사항은 해당하는 사항이 없는 경우에는 그 사항을 생략할 수 있다. <신설 2007.6.29>	3. 그 밖에 법령에서 정한 증명서류 1통 ②제1항제1호에 따른 도면은 입체디자인의 경우에는 별지 제4호서식의 입체디자인 도면에 의하고, 평면디자인의 경우에는 별지 제5호서식의 평면디자인 도면에 의하며, 글자체디자인의 경우에는 별지 제6호서식의 글자체디자인 도면에 의하여 작성하여야 한다 ③제2항의 도면 중 다음 각 호의 어느 하나에 해당하면 해당 도면을 생략할 수 있다. <개정 2009.6.30> 1. 정투상도법(正投象圖法)에 의한 6면도의 경우에는 다음 각 목의 어느 하나에 해당하는 도면 가. 정면도와 배면도가 같거나 대칭인 경우에는 배면도 나. 좌측면도와 우측면도가 같거나 대칭인 경우에는 일방의 측면도 다. 평면도와 저면도가 같거나 대칭인 경우에는 평면도 또는 저면도 라. 가목부터 다목까지 외에 같은 도면이 여러 개 있는 경우에는 그 같은 도면 중 1개를 제외한 나머지 도면	관한 사항을 기재한 정관의 요약서 각 1통(단체표장 및 지리적 표시 단체표장의 등록출원에 한한다) 4. 업무의 경영사실을 입증하는 서면 1통(업무표장의 등록출원에 한한다) 5. 대리인에 의하여 절차를 밟는 경우에는 그 대리권을 증명하는 서류 1통 ②제1항제3호의 규정에 따른 정관의 요약서는 별지 제3호서식에 따른다. <신설 2005.7.1, 2006.12.29> ③출원인은 제1항 각 호의 서류 외에 다음 각 호의 서류 또는 물건을 특허청장에게 제출할 수 있다. <개정 2007.6.29> 1. 색채상표(색채 또는 색채의 조합만으로 된 상표를 제외한다) 또는 입체상표에 대한 설명서 2. 지정상품에 대한 설명서 3. 등록하고자 하는 상표를 국어로 번역하거나 음역(音譯)한 설명서 4. 견본의 특징을 나타내는 영상을 수록한 비디오테이프 또는 CD-ROM·광디스크 등 전자적 기록매체(홀로그램상표, 동작상표 및 그 밖에 시각적으

특허법 시행규칙	실용신안법 시행규칙	디자인보호법 시행규칙	상표법 시행규칙
		마. 항상 설치 또는 고정되어 있어 저면을 볼 수 없는 경우에는 저면도 2. 액정화면 등의 표시부에 일시적으로 도형 등이 표시되는 화상디자인의 경우에는 정면도를 제외한 도면 3. 표면도와 이면도가 같거나 대칭인 경우 또는 이면도에 모양이 없는 평면디자인의 경우에는 이면도 ④법 제9조제3항에 따라 견본으로 도면에 갈음하는 때에는 견본 1개와 그 견본을 촬영한 사진 1매를 제출하여야 한다. 이 경우 견본의 규격은 두께 1센티미터, 가로 15센티미터, 세로 22센티미터 이내이어야 한다. 다만, 얇은 천 또는 종이 등을 사용하는 경우에는 가로와 세로의 합을 200센티미터 이하로 할 수 있다. ⑤법 제2조제1호의2에 따른 글자체 디자인의 도면은 별표 6과 같다. <신설 2009.6.30> [전문개정 2007.6.29]	로 인식할 수 있는 것으로 된 상표에 한한다) ④출원인은 상표등록을 하고자 하는 상표가 법 제6조제2항의 규정에 해당하는 경우에는 제1항 각호의 서류외에 다음 각호의 사항과 그 사항을 증명하는 서류 및 증거물 각 1통을 특허청장에게 제출할 수 있다. <개정 2001.6.30> 1. 사용한 상표 2. 사용기간 3. 사용지역 4. 지정상품의 생산·가공·증명 또는 판매량 등 5. 사용방법 및 횟수 6. 제1호 내지 제5호외에 사용사실을 증명하는 사항 ⑤출원인은 상표등록을 하고자 하는 상표가 법 제8조제5항의 규정에 해당하는 경우에는 제1항 각호의 서류외에 다음 각호의 사항을 기재한 서면 및 그 사항을 증명하는 서류 각 1통을 특허청장에게 제출할 수 있다. <신설 2001.6.30> 1. 존속기간의 만료로 인한 상표권의 소멸·포기 또는 취소심결 확정된 등록상표의 상표등록번호 2. 존속기간의 만료로 인한 상

특허법 시행규칙	실용신안법 시행규칙	디자인보호법 시행규칙	상표법 시행규칙
			표권의 소멸·포기 또는 취소심결 확정된 등록상표의 상표 및 지정상품 3. 존속기간의 만료로 인한 상표권의 소멸·포기 또는 심결 확정의 일자 4. 출원인이 법 제73조제1항제3호의 사유로 취소심판을 청구한 사실을 증명하는 사항 ⑥지리적 표시 단체표장을 등록받고자 하는 자는 제1항 각 호의 서류 외에 다음 각 호의 사항을 기재한 서류 및 그 사항을 증명하는 서류를 첨부하여야 한다. <신설 2005.7.1> 1. 상품의 특정 품질·명성 또는 그 밖의 특성 2. 지리적 환경과 상품의 특정 품질·명성 또는 그 밖의 특성과의 본질적 연관성 3. 지리적 표시의 대상지역 및 그 범위의 적정성 4. 지리적 표시 단체표장의 출원인인 법인이 그 지리적 표시를 사용할 수 있는 상품을 생산·제조 또는 가공하는 것을 업으로 영위하는 자만으로 구성된 사실 5. 지리적 표시 단체표장등록출원을 위하여 관련 지방자치단체와 협의를 거친 사실(외국의

특허법 시행규칙	실용신안법 시행규칙	디자인보호법 시행규칙	상표법 시행규칙
			지리적 표시에 대하여 지리적 표시 단체표장등록출원을 하는 경우를 제외한다) 6. 원산지 국가에서 지리적 표시로 보호받고 있는 사실(외국의 지리적 표시에 대하여 지리적 표시 단체표장등록출원을 하는 경우에 한한다) ⑦출원인은 지리적 표시 단체표장등록출원과 관련하여 제1항 각 호 및 제6항 각 호의 서류 외에 다음 각 호의 사항을 기재한 서류 및 그 사항을 증명하는 서류를 특허청장에게 제출할 수 있다. <신설 2005.7.1> 1. 지리적 표시 해당 상품의 생산·제조·가공 및 유통현황(당해 지역전체, 출원인, 소속 단체원별 현황 그 밖에 동종 상품의 주요 생산지역 등으로 구분한다) 등 2. 출원인이 당해 지역에서 지리적 표시 해당 상품을 생산·제조 또는 가공하는 자를 대표할 수 있는 자격이나 능력을 가지고 있는 사실 **제5조 【상표견본의 규격 등】** ① 제4조제1항제1호에 따른 상표를 표시하는 견본은 강인한 지

특허법 시행규칙	실용신안법 시행규칙	디자인보호법 시행규칙	상표법 시행규칙
			질로서, 가로와 세로가 각각 8센티미터 이내이어야 하며, 상표의 표시에 있어서는 쉽게 변색 또는 퇴색하지 아니하는 재료를 사용하여 표시하여야 한다. <개정 1995.12.30, 2001.6.30, 2007.6.29> ②제1항의 규정에 따른 상표를 표시하는 견본은 원판을 전자복사하거나 고무판·동판 또는 아연판 등을 사용하여 날인 또는 인쇄한 것으로서 선명하여야 한다. <개정 2005.7.1> **제5조의2 【상표견본의 작성 등】** ①제4조제1항제1호에 따른 상표견본 중 색채상표의 견본은 그 상표를 표시하는 색채로 채색한 도면 또는 사진으로 작성하여야 하며, 입체적 형상상표, 홀로그램상표, 동작상표 및 그 밖에 시각적으로 인식할 수 있는 것으로 된 상표의 견본은 해당 상표의 특징을 충분히 나타내는 총 5매 이내의 도면 또는 사진으로 작성하여야 한다. ②제1항에 따른 상표견본 중 입체적 형상상표, 홀로그램상표 및 그 밖에 시각적으로 인식할 수 있는 것으로 된 상표의 견본은 해당 상표의 일면 또는

특허법 시행규칙	실용신안법 시행규칙	디자인보호법 시행규칙	상표법 시행규칙
			여러 측면으로 구성할 수 있으며, 동작상표의 견본은 해당 상표의 특정 순간의 정지화상 또는 여러 개의 정지화상을 담은 도면 또는 사진으로 구성할 수 있다. ③특허청장은 제1항 및 제2항에 따른 상표견본에 의하여 표시되는 상표가 명확하지 아니하다고 판단되는 경우에는 상당한 기간을 정하여 해당 상표에 대한 설명서의 제출을 요구할 수 있으며, 홀로그램상표, 동작상표 및 그 밖에 시각적으로 인식할 수 있는 것으로 된 상표의 경우에는 제4조제3항제4호에 따른 비디오테이프 또는 전자적 기록매체의 제출을 요구할 수 있다. [전문개정 2007.6.29]
제21조의2 【핵산염기 서열 또는 아미노산 서열을 포함한 특허출원】 ①핵산염기 서열 또는 아미노산 서열(이하 "서열"이라 한다)을 포함 특허출원을 하고자 하는 자는 별지 제14호서식의 특허출원서에 다음 각 호의 서류등을 첨부하여 특허청장에게 제출하여야 한다. <개정 1999.7.1, 2001.6.30,	**제4조 【핵산염기 서열 또는 아미노산 서열을 포함한 실용신안등록출원】** ①핵산염기 서열 또는 아미노산 서열(이하 "서열"이라 한다)을 포함한 실용신안등록출원을 하려는 자는 별지 제1호서식의 실용신안등록출원서에 다음 각 호의 서류 등을 첨부하여 특허청장에게 제출하여야 한다. <개정 2009.6.30>		

특허법 시행규칙	실용신안법 시행규칙	디자인보호법 시행규칙	상표법 시행규칙
2003.12.31, 2006.12.29, 2009.6.30> 1. 특허청장이 정하는 바에 따라 작성한 서열목록을 첨부한 명세서 2. 컴퓨터 판독이 가능한 형태로 서열목록을 수록한 전자파일(서면으로 특허출원하는 경우에 한한다) 3. 삭제 <2003.12.31> ②서면으로 특허출원하는 경우에는 전자파일에 수록한 서열목록이 명세서에 첨부한 서열목록과 동일하다는 취지를 특허출원서에 적어야 한다. <신설 2003.12.31, 2009.6.30> ③명세서에 첨부한 서열목록과 전자파일에 수록한 서열목록이 다른 경우에는 명세서에 첨부한 서열목록대로 제출된 것으로 본다. <개정 2009.6.30> ④서열목록의 보정에 관하여는 제1항부터 제3항까지의 규정을 준용한다. <개정 2009.6.30> [본조신설 1998.12.31] [제목개정 1999.7.1, 2001.6.30] **제22조 【미생물의 수탁번호변경신고】** 영 제2조제2항의 규정에 의하여 새로운 수탁번호를 신	1. 특허청장이 정하는 바에 따라 작성한 서열목록을 첨부한 명세서 2. 컴퓨터 판독이 가능한 형태로 서열목록을 수록한 전자파일(서면으로 실용신안등록출원하는 경우에 한한다) ②서면으로 실용신안등록출원하는 경우에는 전자파일에 수록한 서열목록이 명세서에 첨부한 서열목록과 동일하다는 취지를 실용신안등록출원서에 적어야 한다. <개정 2009.6.30> ③명세서에 첨부한 서열목록과 전자파일에 수록한 서열목록이 다른 경우에는 명세서에 첨부한 서열목록대로 제출된 것으로 본다. <개정 2009.6.30> ④서열목록의 보정에 관하여는 제1항부터 제3항까지의 규정을 준용한다. <개정 2009.6.30> **제5조 【미생물의 수탁번호변경신고】** 「실용신안법 시행령」(이하 "영"이라 한다) 제9조제1항		

특허법 시행규칙	실용신안법 시행규칙	디자인보호법 시행규칙	상표법 시행규칙
고하고자 하는 자는 별지 제18호서식의 미생물수탁번호 변경신고서에 다음 각 호의 서류를 첨부하여 특허청장에게 제출하여야 한다. <개정 1998.12.31, 2006.12.29> 1. 새로운 수탁번호를 증명하는 서류 1통 2. 대리인에 의하여 절차를 밟는 경우에는 그 대리권을 증명하는 서류 1통 [전문개정 1993.12.31]	에서 준용하는 「특허법 시행령」 제2조제2항에 따라 새로운 수탁번호를 신고하려는 자는 미생물수탁번호 변경신고서(「특허법 시행규칙」 별지 제18호서식의 미생물수탁번호 변경신고서를 준용한다)에 다음 각 호의 서류를 첨부하여 특허청장에게 제출하여야 한다. <개정 2006.12.29> 1. 새로운 수탁번호를 증명하는 서류 1통 2. 대리인에 의하여 절차를 밟는 경우에는 그 대리권을 증명하는 서류 1통		
제23조 【미생물시료의 분양절차】 영 제4조제1항의 규정에 의하여 미생물시료의 분양을 받고자 하는 자는 별지 제19호서식의 증명신청서에 다음 각 호의 서류를 첨부하여 특허청장에게 제출하여야 한다. <개정 1993.12.31, 1998.12.31, 2002.2.28, 2006.12.29> 1. 기탁기관에 제출할 분양신청서 1통 2. 영 제4조제1항의 규정에 해당함을 소명하는 서류 1통 3. 대리인에 의하여 절차를 밟는 경우에는 그 대리권을 증명	**제6조 【미생물시료의 분양절차】** 영 제9조제1항에서 준용하는 「특허법 시행령」 제4조제1항에 따라 미생물시료의 분양을 받으려는 자는 미생물분양자격의 증명신청서(「특허법 시행규칙」 별지 제19호서식의 증명신청서를 준용한다)에 다음 각 호의 서류를 첨부하여 특허청장에게 제출하여야 한다. <개정 2006.12.29> 1. 기탁기관에 제출할 분양신청서 1통 2. 영 제9조제1항에서 준용하는 「특허법 시행령」 제4조제1항		

특허법 시행규칙	실용신안법 시행규칙	디자인보호법 시행규칙	상표법 시행규칙
하는 서류 1통	에 해당함을 소명하는 서류 1통 3. 대리인에 의하여 절차를 밟는 경우에는 그 대리권을 증명하는 서류 1통		
제24조 【특허출원번호의 통지】 특허청장은 특허출원서를 수리한 때에는 그 특허출원번호 및 특허출원일자를 기재한 특허출원번호통지서를 특허출원인에게 통지하여야 한다. <개정 2001.6.30> [제목개정 2001.6.30]	제17조 【「특허법 시행규칙」의 준용】	제10조의11 【디자인등록출원번호의 통지】 특허청장은 디자인등록출원서를 수리한 때에는 그 디자인등록출원번호 및 디자인등록출원일자를 적은 디자인등록출원번호통지서를 디자인등록출원인에게 통지하여야 한다. [본조신설 2009.6.30]	제36조 【준용규정】
제25조 【우선권증명서류의 제출 등】 ①법 제54조제4항에 따른 서류 또는 서면의 제출은 별지 제13호서식의 서류제출서에 따르되, 법 제54조제4항제2호에 따른 서면의 제출은 특허출원서에 최초로 출원한 국가의 특허출원의 출원번호를 기재함으로써 별지 제13호서식의 서류제출서에 갈음할 수 있다. 이 경우 대리인에 의하여 절차를 밟는 때에는 그 대리권을 증명하는 서류 1통을 첨부하여야 한다. <개정 2005.2.11, 2006.9.29, 2006.12.29> ②법 제54조제4항 각 호 외의	제17조 【「특허법 시행규칙」의 준용】	제10조 【우선권주장 증명서류의 제출 등】 ①법 제23조제3항에 따라 우선권을 주장한 자는 같은 조 제4항에 따라 우선권증명서류제출서(「특허법 시행규칙」 별지 제13호서식의 서류제출서를 준용한다)를 특허청장에게 제출하여야 한다. 이 경우 대리인에 의하여 절차를 밟는 때에는 그 대리권을 증명하는 서류 1통을 첨부하여야 한다. ②특허청장 또는 특허심판원장은 심사·심판을 위하여 필요한 경우 제1항의 우선권을 주장한 자에 대하여 1월 이상의	제12조의2 【우선권증명서류의 제출】 법 제20조제4항의 규정에 의한 서류의 제출은 서류제출서(「특허법 시행규칙」 별지 제13호서식의 서류제출서를 준용한다)에 의한다. 이 경우 다음 각 호의 서류를 첨부하여야 한다. <개정 2006.12.29> 1. 우선권증명서류의 번역문 1통 2. 대리인에 의하여 절차를 밟는 경우에는 그 대리권을 증명하는 서류 1통 [본조신설 2005.2.11]

특허법 시행규칙	실용신안법 시행규칙	디자인보호법 시행규칙	상표법 시행규칙
부분 단서 중 "지식경제부령이 정하는 국가"란 특허청과 외국의 특허업무를 담당하는 행정기관간에 우선권증명서류를 전자적 매체에 의하여 교환할 수 있는 체제가 구축된 국가로서 특허청장이 고시하는 국가를 말한다. <개정 2008.9.30> ③특허청장 또는 특허심판원장은 심사·심판을 위하여 필요한 경우 법 제54조제1항의 규정에 의하여 우선권주장을 한 자에 대하여 기간을 정하여 우선권증명서류에 대한 국어번역문을 제출하도록 명할 수 있다. <신설 2005.2.11> ④제3항에 따라 제출명령을 받은 자가 그 번역문을 제출하고자 하는 경우에는 별지 제13호서식의 서류제출서에 의한다. 다만, 우선권주장에 관한 서류 중 발명의 명세서 및 도면의 기재내용이 법 제42조제2항에 따른 특허출원서에 첨부된 명세서 및 도면의 기재내용과 동일한 부분에 대하여는 그 취지를 기재하고 국어번역문의 제출을 생략할 수 있다. <신설 2005.2.11, 2006.12.29, 2007.6.29> ⑤특허청장 또는 특허심판원장		기간을 정하여 우선권증명서류에 대한 국어번역문의 제출을 요구할 수 있다. ③제2항에 따라 국어번역문의 제출을 요구받은 자는 그 기간 내에 이를 제출하여야 한다. 다만, 우선권증명서류의 내용 중 제5조제1항에 따라 제출한 디자인등록출원서에 첨부된 도면의 내용과 동일한 부분은 국어번역을 생략할 수 있다. [전문개정 2007.6.29]	

특허법 시행규칙	실용신안법 시행규칙	디자인보호법 시행규칙	상표법 시행규칙
은 제3항의 규정에 의하여 제출명령을 받은 자가 지정된 기간 내에 번역문을 제출하지 아니한 경우에는 그 우선권주장을 무효로 할 수 있다. <신설 2005.2.11> [전문개정 2001.6.30] [제목개정 2005.2.11] **제26조 【특허출원인변경의 신고】** ①법 제38조제4항의 규정에 의하여 출원인의 특허출원인변경신고를 하고자 하는 자는 별지 제20호서식의 권리관계 변경신고서에 다음 각 호의 서류를 첨부하여 그 특허출원의 등록 전까지 특허청장에게 제출하여야 한다. <개정 1993.12.31, 1998.12.31, 1999.7.1, 2001.6.30, 2002.2.28, 2006.12.29> 1. 특허출원인변경의 원인을 증명하는 서류 1통 2. 삭제 <2001.6.30> 3. 제3자의 허가·인가·동의·승낙이 필요한 경우에는 이를 받았음을 증명하는 서류 1통 4. 대리인에 의하여 절차를 밟는 경우에는 그 대리권을 증명하는 서류 1통 ②동일한 특허출원인이 2 이상	**제17조 【「특허법 시행규칙」의 준용】**	**제10조의12 【디자인등록출원인변경의 신고】** ①법 제24조제3항에 따라 출원인의 디자인등록출원인변경신고를 하려는 자는 「특허법 시행규칙」 별지 제20호서식의 권리관계 변경신고서에 다음 각 호의 서류를 첨부하여 그 디자인등록출원의 등록 전까지 특허청장에게 제출하여야 한다. 1. 디자인등록출원인변경의 원인을 증명하는 서류 1통 2. 제3자의 허가·인가·동의·승낙이 필요한 경우에는 이를 받았음을 증명하는 서류 1통 3. 대리인에 의하여 절차를 밟는 경우에는 그 대리권을 증명하는 서류 1통 ②같은 디자인등록출원인이 둘 이상의 디자인등록출원에 대하여 제1항에 따른 디자인등록출원인변경신고를 하려는 경우에	**제6조의2 【출원인변경신고】** 법 제12조제1항의 규정에 의한 출원인변경신고는 그 신고서에 「상표법조약」 제11조(1)(b)에 규정된 서류로서 다음 각호의 1에 해당하는 서류를 첨부한 경우에는 양도인 또는 양수인만으로 이를 할 수 있다. <개정 2005.2.11> 1. 「상표법조약 규칙」에서 정하고 있는 국제표준서식(국어로 번역된 것에 한한다)에 의하여 작성된 양도증명서 또는 양도문서 2. 출원인변경을 증명하는 계약서의 사본 또는 발췌본(공증인 또는 공공기관에 의하여 인증된 것에 한한다) [본조신설 2001.6.30] **제36조 【준용규정】**

특허법 시행규칙	실용신안법 시행규칙	디자인보호법 시행규칙	상표법 시행규칙
의 특허출원에 대하여 제1항의 규정에 의한 특허출원인변경신고를 하고자 하는 경우에는 그 신고의 내용이 동일한 경우에 한하여 하나의 신고서로 제출할 수 있다. <신설 2001.6.30> [제목개정 2001.6.30]		는 그 신고의 내용이 같은 경우에만 하나의 신고서로 제출할 수 있다. [본조신설 2009.6.30]	**제8조【업무표장등록출원등의 출원인변경신고서의 첨부서류】①** 법 제12조제7항단서의 규정에 의하여 업무표장등록출원을 양도 받고자 하는 자는 권리관계 변경신고서에 다음 각 호의 서류를 첨부하여 특허청장에게 제출하여야 한다. <개정 1998.12.31, 2005.2.11, 2006.12.29> 1. 당해 업무표장등록출원을 그 업무와 함께 양도하는 것을 증명하는 서류 1통 2. 삭제 <2001.6.30> 3. 대리인에 의하여 절차를 밟는 경우에는 그 대리권을 증명하는 서류 1통 ②법 제12조제8항 단서의 규정에 의하여 상표등록출원을 양도받고자 하는 자는 권리관계 변경신고서에 다음 각 호의 서류를 첨부하여 특허청장에게 제출하여야 한다.

특허법 시행규칙	실용신안법 시행규칙	디자인보호법 시행규칙	상표법 시행규칙
			<개정 1998.12.31, 2005.2.11, 2006.12.29> 1. 당해 상표등록출원을 법 제7조제1항제3호 본문의 표장과 관련된 업무와 함께 양도하는 것을 증명하는 서류 1통 2. 삭제 <2001.6.30> 3. 대리인에 의하여 절차를 밟는 경우에는 그 대리권을 증명하는 서류 1통 **제9조【단체표장등록출원등의 이전허가신청서】** 「상표법 시행령」(이하 "영"이라 한다) 제2조의 규정에 의하여 단체표장등록출원의 이전허가신청 또는 단체표장권이전허가신청을 하고자 하는 자는 별지 제5호서식의 이전허가신청서에 다음 각 호의 서류를 첨부하여 특허청장에게 제출하여야 한다. <개정 1998.12.31, 2002.2.28, 2005.2.11, 2005.7.1, 2006.12.29> 1. 삭제 <2002.2.28> 2. 법인의 합병을 증명하는 서류 1통 3. 합병후 존속하는 법인의 정관 1통 3의2. 합병후 존속하는 법인이 법 제3조의2의 규정에 따라 단체표장의 등록을 받을 수 있는

특허법 시행규칙	실용신안법 시행규칙	디자인보호법 시행규칙	상표법 시행규칙
			자에 해당하고, 단체표장의 사용에 관한 정관의 내용이 합병 전후에 걸쳐서 실질적 동일성을 유지하고 있음을 설명하거나 확인하는 서류 1통 4. 대리인에 의하여 절차를 밟는 경우에는 그 대리권을 증명하는 서류 1통 **제31조【단체표장에 관한 정관의 제출기간】** 법 제86조의16제3항에서 "지식경제부령이 정하는 기간 이내"란 법 제86조의14제2항 본문에 따른 국제등록일(대한민국을 사후지정한 경우에는 같은 항 단서에 따른 사후지정일) 또는 법 제13조에 따른 보정통지를 받은 날부터 3개월 이내를 말한다. <개정 2005.7.1, 2008.12.31> [본조신설 2001.6.30]
제27조【지분등의 기재】 ①2인이상이 공동으로 특허출원을 하거나 법 제38조제4항 또는 제5항의 규정에 의한 특허출원인변경신고를 하는 경우로서 특허출원인 또는 그 승계인의 권리에 관하여 지분을 정하고 있는 때 또는 「민법」 제268조제1항단서의 규정에 의한 계약	**제17조【「특허법 시행규칙」의 준용】**	**제10조의13【지분 등의 기재】** ①2명 이상이 공동으로 디자인등록출원을 하거나 법 제24조제3항 또는 제4항에 따른 디자인등록출원인변경신고를 하는 경우로서 디자인등록출원인 또는 그 승계인의 권리에 관하여 지분을 정하고 있는 때 또는 「민법」 제268조제1항 단서에 따	**제36조【준용규정】**

특허법 시행규칙	실용신안법 시행규칙	디자인보호법 시행규칙	상표법 시행규칙
이 있는 때에는 그 특허출원서 또는 권리관계 변경신고서에 그 취지를 기재하고 이를 증명하는 서류를 특허청장에게 제출하여야 한다. <개정 2001.6.30, 2005.2.11, 2006.12.29> ②출원인의 지분을 변경하고자 하는 자는 별지 제20호서식의 권리관계 변경신고서에 다음 각 호의 서류를 첨부하여 특허청장에게 제출하여야 한다. <신설 1998.12.31, 2006.12.29> 1. 지분변경원인을 증명하는 서류 1통 2. 대리인에 의하여 절차를 밟는 경우에는 그 대리권을 증명하는 서류 1통		른 계약이 있는 때에는 그 디자인등록출원서 또는 권리관계 변경신고서에 그 취지를 적고 이를 증명하는 서류를 특허청장에게 제출하여야 한다. ②출원인의 지분을 변경하려는 자는 「특허법 시행규칙」 별지 제20호서식의 권리관계 변경신고서에 다음 각 호의 서류를 첨부하여 특허청장에게 제출하여야 한다. 1. 지분변경원인을 증명하는 서류 1통 2. 대리인에 의하여 절차를 밟는 경우에는 그 대리권을 증명하는 서류 1통 [본조신설 2009.6.30]	**제17조 삭제** <2010.7.29> **제17조의2 【상품분류전환등록신청서 등】** ①법 제46조의2제2항의 규정에 의하여 상품분류전환등록을 신청하고자 하는 자는 별지 제20호서식의 상품분류전환등록신청서를 특허청장에게 제출하여야 한다. <개정 2006.12.29> ②특허청장은 제1항의 규정에 의하여 상품분류전환등록신청서를 수리한 때에는 상품분류전

특허법 시행규칙	실용신안법 시행규칙	디자인보호법 시행규칙	상표법 시행규칙
			환등록신청서에 대한 고유번호 (이하 "상품분류전환등록신청번호"라 한다)를 부여하고, 당해 신청번호와 상품분류전환등록신청을 한 일자(이하 "상품분류전환등록신청일자"라 한다)를 기재한 상품분류전환등록신청번호 통지서를 상품분류전환등록신청인에게 통지하여야 한다. ③제1항의 규정에 의한 상품분류전환등록신청을 취하하고자 하는 자는 취하서(「특허법 시행규칙」 별지 제12호서식의 취하서를 준용한다)를 특허청장에게 제출하여야 한다. <개정 2005.2.11, 2006.12.29> ④대리인에 의하여 상품분류전환등록신청 및 그 취하에 관한 절차를 밟는 경우에는 제1항 및 제3항의 규정에 의한 서식에 그 대리권을 증명하는 서류를 첨부하여야 한다. [본조신설 2001.6.30] **제17조의3 삭제** <2010.7.29>
제28조 【발명자의 추가 등】 ①특허출원인이 착오로 인하여 특허출원서에 발명자 중 일부의 발명자의 기재를 누락하거나 잘못 적은 때에는 그 특허출원의	**제7조 【고안자의 추가 등】** ①실용신안등록출원인이 착오로 인하여 실용신안등록출원서에 고안자 중 일부의 고안자의 기재를 누락하거나 잘못 적은 때에	**제10조의14 【창작자의 추가 등】** ①디자인등록출원인이 착오로 디자인등록출원서에 창작자 중 일부 창작자를 적지 아니하거나 잘못 적은 때에는 그 디자	**제18조 【지정상품의 추가등록출원서등】** ①법 제47조제2항의 규정에 의하여 지정상품의 추가등록출원을 하고자 하는 자는 별지 제2호서식의 상표등록출

특허법 시행규칙	실용신안법 시행규칙	디자인보호법 시행규칙	상표법 시행규칙
특허여부결정 전까지 추가 또는 정정할 수 있다. 다만, 발명자의 기재가 누락(특허출원서에 적은 발명자의 누락에 한정한다) 또는 잘못 적은 것임이 명백한 경우에는 특허여부결정 후에도 추가 또는 정정할 수 있다. <개정 2007.6.29, 2008.12.31> ②특허출원인 또는 특허권자가 제1항에 따라 발명자를 추가 또는 정정하려면 다음 각 호에 따른 보정서 또는 신청서를 특허청장에게 제출하여야 한다. <개정 2007.6.29, 2008.12.31> 1. 특허권의 설정등록 전까지는 별지 제9호서식의 보정서 2. 특허권의 설정등록 후에는 별지 제29호서식의 정정교부신청서 ③대리인에 의하여 절차를 밟는 경우에는 제2항에 따른 서식에 그 대리권을 증명하는 서류를 첨부하여야 한다. <신설 2007.6.29> [전문개정 2006.9.29]	는 그 실용신안등록출원의 실용신안등록여부결정 전까지 추가 또는 정정할 수 있다.다만, 고안자의 기재가 누락(실용신안등록출원서에 적은 고안자의 누락에 한정한다) 또는 잘못 적은 것임이 명백한 경우에는 실용신안등록여부결정 후에도 추가 또는 정정할 수 있다. <개정 2007.6.29, 2008.12.31> ②실용신안등록출원인 또는 실용신안권자가 제1항에 따라 고안자를 추가 또는 정정하려면 다음 각 호에 따른 보정서 또는 신청서를 특허청장에게 제출하여야 한다. <개정 2007.6.29, 2008.12.31> 1. 실용신안권의 설정등록 전까지는 「특허법 시행규칙」 별지 제9호서식의 보정서 2. 실용신안권의 설정등록 후에는 「특허법 시행규칙」 별지 제29호서식의 정정교부신청서 ③대리인에 의하여 절차를 밟는 경우에는 제2항에 따른 서식에 그 대리권을 증명하는 서류를 첨부하여야 한다. <신설 2007.6.29>	인등록출원의 디자인등록여부결정 전까지 추가 또는 정정할 수 있다. 다만, 창작자를 적지 아니한 것(디자인등록출원서에 적은 창작자의 누락만 해당한다) 또는 잘못 적은 것임이 명백한 경우에는 디자인등록여부결정 후에도 추가 또는 정정할 수 있다. ②디자인등록출원인 또는 디자인권자가 제1항에 따라 창작자를 추가 또는 정정하려면 다음 각 호에 따른 보정서 또는 신청서를 특허청장에게 제출하여야 한다. 1. 디자인권의 설정등록 전까지는 별지 제2호서식의 보정서 2. 디자인권의 설정등록 후에는 「특허법 시행규칙」 별지 제29호서식의 정정교부신청서 ③대리인에 의하여 절차를 밟는 경우에는 제2항에 따른 서식에 그 대리권을 증명하는 서류를 첨부하여야 한다. [본조신설 2009.6.30]	원서에 다음 각 호의 서류를 첨부하여 특허청장에게 제출하여야 한다. <개정 1998.12.31, 2001.6.30, 2005.7.1, 2006.12.29> 1. 삭제 <1998.12.31> 2. 삭제 <2005.7.1> 3. 업무의 경영사실을 입증하는 서류(지정업무추가등록출원시에 한한다) 1통 4. 정관 및 단체표장의 사용에 관한 사항을 기재한 정관의 요약서 각 1통(단체표장등록출원, 지리적 표시 단체표장등록출원 또는 그 단체표장권에 대한 지정상품의 추가등록출원시에 한한다) 5. 대리인에 의하여 절차를 밟는 경우에는 그 대리권을 증명하는 서류 1통 ②삭제 <2005.7.1> ③제4조제2항 내지 제7항의 규정은 지정상품의 추가등록출원에 이를 준용한다. <개정 2001.6.30, 2005.7.1>
제29조 【분할출원】 ①법 제52조 제1항의 규정에 의하여 분할출	**제17조 【 「특허법 시행규칙」 의 준용】**	**제11조 【출원의 분할】** ①법 제19조제1항제1호 또는 제2호에 해	**제11조 【분할출원】** ①법 제18조 제1항에 따라 분할출원을 하고

특허법 시행규칙	실용신안법 시행규칙	디자인보호법 시행규칙	상표법 시행규칙
원을 하고자 하는 자는 별지 제14호서식의 특허출원서에 다음 각 호의 서류를 첨부하여 특허청장에게 제출하여야 한다. <개정 1998.12.31, 1999.7.1, 2001.6.30, 2006.9.29, 2006.12.29> 1. 명세서·요약서 및 도면 각 1통 2. 대리인에 의하여 절차를 밟는 경우에는 그 대리권을 증명하는 서류 1통 3. 기타 법령의 규정에 의한 증명서류 1통 4. 삭제 <2006.9.29> ②제1항제1호의 명세서는 별지 제15호서식, 요약서는 별지 제16호서식, 도면은 별지 제17호서식에 따른다. <개정 2006.12.29, 2009.6.30> ③법 제52조제1항의 규정에 의한 분할출원으로 인하여 원특허출원의 내용을 보정할 필요가 있는 경우에는 분할출원과 동시에 원특허출원서에 첨부된 명세서·요약서 또는 도면을 보정하여야 한다. <개정 1997.7.1> ④삭제 <1998.12.31>		당하여 디자인등록출원의 일부를 1 이상의 새로운 디자인등록출원으로 분할하고자 하는 자는 원출원의 내용을 1 또는 2 이상의 디자인등록출원으로 보정함과 동시에 분할되는 디자인에 대하여 별지 제3호서식의 디자인등록출원서에 다음 각 호의 서류를 첨부하여 특허청장에게 제출하여야 한다. <개정 2001.6.30, 2005.7.1, 2007.6.29> 1. 도면(사진·견본) 1통(분할출원이 복수디자인등록출원인 경우에는 각 디자인마다 1통) 2. 대리인에 의하여 절차를 밟는 경우에는 그 대리권을 증명하는 서류 1통 3. 기타 법령에서 정한 증명서류 1통 ②삭제 <2001.6.30> ③삭제 <2001.6.30> [전문개정 1998.12.31] **제12조 삭제** <2005.7.1> **제12조의2 삭제** <2005.7.1>	자 하는 자는 별지 제2호서식의 상표등록출원서에 제4조제1항 각 호(제1호를 제외한다)의 서류를 첨부하여 특허청장에게 제출하여야 한다. <개정 1998.12.31, 2001.6.30, 2005.7.1, 2006.12.29, 2007.6.29> ②법 제18조제1항의 규정에 의하여 분할출원을 하는 자는 제1항의 규정에 의한 분할 출원과 함께 원상표등록출원을 보정하여야 한다. ③제4조제2항 내지 제7항의 규정은 분할출원에 이를 준용한다. <신설 2005.7.1> **제7조 【출원의 분할이전】** ①법 제

특허법 시행규칙	실용신안법 시행규칙	디자인보호법 시행규칙	상표법 시행규칙
			12조제2항에 따라 상표등록출원을 분할하여 이전받는 자는 별지 제2호서식의 상표등록출원서에 제4조제1항 각 호(제1호 및 제3호를 제외한다)의 서류와 다음 각 호의 서류를 첨부하여 특허청장에게 제출하여야 한다. <개정 2001.6.30, 2005.7.1, 2006.12.29, 2007.6.29> 1. 분할이전에 의한 출원인변경신고서 1통 2. 분할이전의 원인을 증명하는 서류 1통 3. 삭제 <2001.6.30> ②법 제12조제2항의 규정에 의하여 상표등록출원을 분할하여 이전하는 자는 원상표등록출원을 보정하여야 한다. [전문개정 1998.12.31]
제30조 【변경출원】 ①법 제53조제1항에 따라 실용신안등록출원을 기초로 특허출원으로 변경출원하려는 자는 별지 제14호서식의 특허출원서에 다음 각 호의 서류를 첨부하여 특허청장에게 제출하여야 한다. <개정 2006.12.29> 1. 명세서·요약서 및 도면 각 1통 2. 대리인에 의하여 절차를 밟	제8조 【변경출원】 ①법 제10조제1항에 따라 특허출원을 기초로 실용신안등록출원으로 변경출원하려는 자는 별지 제1호서식의 실용신안등록출원서에 다음 각 호의 서류를 첨부하여 특허청장에게 제출하여야 한다. <개정 2006.12.29> 1. 명세서·요약서 및 도면 각 1통 2. 대리인에 의하여 절차를 밟		제12조 【변경출원】 ①법 제19조에 따라 상표등록출원, 서비스표등록출원, 단체표장등록출원(지리적 표시 단체표장등록출원을 제외한다) 상호간에 다른 출원으로 변경하고자 하거나, 지정상품의 추가등록출원을 상표등록출원으로 변경하고자 하는 자는 별지 제2호서식의 상표등록출원서에 제4조제1항 각 호(제1호를 제외한다)의 서류를

특허법 시행규칙	실용신안법 시행규칙	디자인보호법 시행규칙	상표법 시행규칙
는 경우에는 그 대리권을 증명하는 서류 1통 3. 그 밖의 법령에 따른 증명서류 1통 ②제1항제1호의 명세서는 별지 제15호서식, 요약서는 별지 제16호서식, 도면은 별지 제17호서식에 따른다. <개정 2006.12.29, 2009.6.30> [전문개정 2006.9.29]	는 경우에는 그 대리권을 증명하는 서류 1통 3. 그 밖의 법령에 따른 증명서류 1통 ②제1항제1호의 명세서는 「특허법 시행규칙」 별지 제15호서식의 명세서, 요약서는 「특허법 시행규칙」 별지 제16호서식의 요약서, 도면은 「특허법 시행규칙」 별지 제17호서식의 도면을 준용한다. <개정 2006.12.29, 2009.6.30>		첨부하여 특허청장에게 제출하여야 한다. <개정 2007.6.29, 2010.7.29> ②제4조제2항 내지 제7항의 규정은 변경출원에 이를 준용한다. <신설 2005.7.1> [전문개정 1998.12.31]
제31조 【정당한 권리자의 출원】 ①법 제34조 또는 법 제35조의 규정에 의하여 정당한 권리자가 특허출원을 하고자 할 때에는 별지 제14호서식의 특허출원서에 다음 각 호의 서류를 첨부하여 특허청장에게 제출하여야 한다. <개정 1998.12.31, 2002.2.28, 2006.12.29> 1. 명세서·요약서 및 도면 각 1통 2. 정당한 권리자임을 증명하는 서류 1통 3. 대리인에 의하여 절차를 밟는 경우에는 그 대리권을 증명하는 서류 1통 ②제1항제1호의 명세서는 별지	**제17조 【「특허법 시행규칙」의 준용】**	**제13조 【정당한 권리자의 출원】** 법 제14조 또는 제15조에 따라 정당한 권리자가 디자인등록출원을 하고자 할 때에는 별지 제3호서식의 디자인등록출원서에 다음 각 호의 서류를 첨부하여 특허청장에게 제출하여야 한다. <개정 2001.6.30, 2005.7.1, 2007.6.29> 1. 도면(사진·견본) 1통(복수 디자인등록출원인 경우에는 각 디자인마다 1통) 2. 정당한 권리자임을 증명하는 서류 1통 3. 대리인에 의하여 절차를 밟는 경우에는 그 대리권을 증명하는 서류 1통 [전문개정 1998.12.31]	

특허법 시행규칙	실용신안법 시행규칙	디자인보호법 시행규칙	상표법 시행규칙
제15호서식, 요약서는 별지 제16호서식, 도면은 별지 제17호서식에 따른다. <개정 2006.12.29, 2009.6.30> ③삭제 <1998.12.31> **제32조 삭제** <2006.9.29> **제33조 【정당한 권리자에 대한 통지】** 특허청장 또는 특허심판원장은 특허출원이 무권리자가 한 특허출원이라는 이유로 그 특허출원에 대하여 특허거절결정, 특허거절결정의 불복심판에 대한 기각심결 또는 특허무효심결의 확정이 있는 때에는 이를 그 정당한 권리자에게 서면으로 통지하여야 한다. <개정 1997.7.1, 1998.2.23, 2001.6.30, 2006.9.29> **제34조 【협의결과 신고】** ①법 제36조제6항에 따라 하나의 특허출원을 정하여 신고를 하는 자 또는 법 제38조제6항에 따라 하나의 출원인 변경신고를 정하여 신고를 하는 자는 별지 제20호서식의 권리관계 변경신	**제17조 【「특허법 시행규칙」의 준용】** **제17조 【「특허법 시행규칙」의 준용】**	**제14조 【정당한 권리자에 대한 통지】** 특허청장 또는 특허심판원장은 디자인등록출원이 무권리자가 한 디자인등록출원이라는 이유로 그 디자인등록출원에 대하여 디자인등록거절결정, 디자인등록취소결정, 디자인등록거절결정 또는 디자인등록취소결정의 심판청구에 대한 기각심결 또는 디자인등록무효심결의 확정이 있는 때에는 이를 그 정당한 권리자에게 서면으로서 통지하여야 한다. <개정 1998.2.23, 2001.6.30, 2005.7.1> **제15조 【협의결과 신고】** ①법 제16조제5항에 따라 하나의 디자인등록출원인을 정하여 신고하는 자 또는 법 제24조제5항에 따라 하나의 출원인을 정하여 변경신고하는 자는 「특허법 시행규칙」 별지 제20호서식의 권	**제3조 【협의결과신고】** ①법 제8조제4항에 따라 해당 출원인의 협의에 의하여 하나의 상표등록출원을 정하여 신고를 하는 자는 경합자 전원이 기명한 후에 서명 또는 날인한 권리관계 변경신고서(「특허법 시행규

특허법 시행규칙	실용신안법 시행규칙	디자인보호법 시행규칙	상표법 시행규칙
고서에 다음 각 호의 서류를 첨부하여 특허청장에게 제출하여야 한다. <개정 2006.12.29, 2008.12.31> 1. 경합자 전원이 기명한 후 서명 또는 날인한 협의사실을 증명하는 서류 1통 2. 대리인에 의하여 절차를 밟는 경우에는 그 대리권을 증명하는 서류 1통 ②제1항의 규정에 의한 신고서를 제출할 때에는 경합된 출원 또는 출원인 변경신고에 대하여 협의결과에 따른 절차를 동시에 취하여야 한다. <개정 2006.12.29>		리관계 변경신고서에 다음 각 호의 서류를 첨부하여 특허청장에게 제출하여야 한다. 1. 경합자 전원이 서명 또는 기명날인한 협의사실을 증명하는 서류 1통 2. 대리인에 의하여 절차를 밟는 경우에는 그 대리권을 증명하는 서류 1통 ②제1항에 따른 신고서를 제출할 때에는 경합된 출원 또는 출원인변경신고에 대하여 협의결과에 따른 절차를 동시에 취하여야 한다. [전문개정 2009.6.30]	칙」 별지 제20호서식의 권리관계 변경신고서를 준용한다. 이하 같다)에 다음 각 호의 서류를 첨부하여 특허청장에게 제출하여야 한다. <개정 1998.12.31, 2005.2.11, 2006.12.29, 2008.12.31> 1. 협의사실을 증명할 수 있는 서류 1통 2. 대리인에 의하여 절차를 밟는 경우에는 그 대리권을 증명하는 서류 1통 ②제1항의 규정에 의한 신고서를 제출할 때에는 경합된 출원에 대하여 협의결과에 따른 절차를 동시에 취하여야 한다. ③특허청장은 법 제8조제2항 후단의 규정에 의하여 추첨을 할 때에는 심사관 3인이상을 참석하게 하여야 하며, 추첨결과는 각 경합자에게 서면으로 통지하여야 한다. ④제1항 내지 제3항의 규정은 법 제12조제1항의 규정에 의하여 동일한 상표등록출원에 대한 출원인변경신고가 같은 날에 2이상 경합되는 경우에 이를 준용한다. <개정 2001.6.30>
제35조 【외국에의 특허출원 허가 신청】 영 제15조제2항에 따라	**제17조 【「특허법 시행규칙」의 준용】**		**제36조 【준용규정】**

특허법 시행규칙	실용신안법 시행규칙	디자인보호법 시행규칙	상표법 시행규칙
외국에의 특허출원을 하려는 자는 별지 제21호서식의 신청서를 특허청장에게 제출하여야 한다. 이 경우 대리인에 의하여 절차를 밟는 때에는 그 대리권을 증명하는 서류 1통을 첨부하여야 한다. <개정 2006.12.29> [전문개정 2006.9.29] **제36조 【우선권주장을 위한 서류 등의 교부】** ①외국에 특허출원을 하려는 자가 그 특허출원에 관하여 파리조약 제4조D(1)에 따른 우선권을 주장하기 위하여 그 증명서의 교부를 신청하거나 그 증명서를 특허청장이 세계지식소유권 기구(「세계지식소유권기구 설립협약」 제1조에 따라 설립된 세계지식소유권기구를 말한다. 이하 같다)에 전자적 매체에 의하여 송달(세계지식소유권기구의 요청이 있는 경우에 한정한다)하도록 하기 위하여 필요한 고유번호(이하 ˝접근코드˝라 한다)의 부여를 신청하려는 때에는 별지 제19호서식의 신청서를 특허청장에게 제출하여야 한다. <개정 2009.6.30> ②대리인에 의하여 절차를 밟	**제17조 【「특허법 시행규칙」의 준용】**	**제10조의15 【우선권주장을 위한 서류 등의 교부】** ①외국에 디자인등록출원을 하려는 자가 그 디자인등록출원에 관하여 파리조약 제4조D(1)에 따른 우선권을 주장하기 위하여 그 증명서의 교부를 신청하려는 때에는 「특허법 시행규칙」 별지 제19호서식의 신청서를 특허청장에게 제출하여야 한다. ②대리인에 의하여 절차를 밟는 경우에는 제1항에 따른 서식에 그 대리권을 증명하는 서류를 첨부하여야 한다. [본조신설 2009.6.30]	**제36조 【준용규정】**

특허법 시행규칙	실용신안법 시행규칙	디자인보호법 시행규칙	상표법 시행규칙
는 경우에는 제1항의 규정에 의한 서식에 그 대리권을 증명 하는 서류를 첨부하여야 한다. <개정 2001.6.30> **제3장 심사** **제36조의2 【전문기관 지정취소 등의 처분기준】** 법 제58조의2제3 항에 따른 전문기관의 지정취 소 및 업무정지의 기준은 별표 와 같다. [본조신설 2007.6.29]	**제17조 【**「특허법 시행규칙」**의 준용】**	**제15조의2 【전문기관의 지정취소 등】** ①법 제25조의3제1항에 따 른 전문기관의 지정취소 및 업 무정지 기준은 별표 7과 같다. ②특허청장은 전문기관의 지정 을 취소한 경우에는 그 사실을 고시하여야 한다. [본조신설 2009.6.30]	**제13조의3 【전문조사기관의 지정 취소 등】** ①법 제22조의3제3항 에 따른 전문조사기관의 지정 취소 및 업무정지의 기준은 별 표 3과 같다. ②특허청장은 전문조사기관의 지정을 취소한 경우에는 그 사 실을 고시하여야 한다. [본조신설 2007.6.29]
제37조 【특허출원심사의 청구】 ①법 제60조에 따른 특허출원 심사의 청구는 별지 제22호서 식의 심사청구서에 의한다. 다 만, 특허출원과 동시에 특허출 원심사의 청구를 하는 경우(특 허청구범위가 기재된 명세서가 첨부된 경우에 한한다)에는 출 원서에 그 취지를 기재함으로 써 그 청구서에 갈음할 수 있 다. <개정 1993.12.31, 2006.12.29, 2007.6.29>	**제17조 【**「특허법 시행규칙」**의 준용】**		

특허법 시행규칙	실용신안법 시행규칙	디자인보호법 시행규칙	상표법 시행규칙
②대리인에 의하여 절차를 밟는 경우에는 제1항의 규정에 의한 서식에 그 대리권을 증명하는 서류를 첨부하여야 한다. <개정 2001.6.30> **제37조의2 【특허출원에 관한 재심사의 청구】** ①법 제67조의2제1항 본문에 따라 재심사를 청구하려는 자는 그 취지를 적은 별지 제9호서식의 보정서를 특허청장에게 제출하여야 한다. ②대리인에 의하여 절차를 밟는 경우에는 제1항에 따른 서식에 그 대리권을 증명하는 서류를 첨부하여야 한다. [본조신설 2009.6.30] [종전 제37조의2는 제37조의3으로 이동 <2009.6.30>] **제37조의3 【심사참고자료】** 특허출원인이 심사참고자료를 제출하고자 하는 경우에는 별지 제23호서식의 정보제출서에 다음 각 호의 서류를 첨부하여 특허청장·특허심판원장 또는 심판장에게 제출할 수 있다. <개정 2003.5.17, 2006.12.29> 1. 참고자료 1통 2. 대리인에 의하여 절차를 밟는 경우에는 그 대리권을 증명	**제17조 【**「특허법 시행규칙」의 준용**】** **제17조 【**「특허법 시행규칙」의 준용**】**	**제10조의16 【심사참고자료】** 디자인등록출원인이 심사참고자료를 제출하려는 때에는 「특허법 시행규칙」 별지 제23호서식의 정보제출서에 다음 각 호의 서류를 첨부하여 특허청장·특허심판원장 또는 심판장에게 제출할 수 있다. 1. 참고자료 1통 2. 대리인에 의하여 절차를 밟는 경우에는 그 대리권을 증명	**제36조 【준용규정】**

특허법 시행규칙	실용신안법 시행규칙	디자인보호법 시행규칙	상표법 시행규칙
하는 서류 1통 [본조신설 1998.12.31] [제37조의2에서 이동 <2009.6.30>] **제38조 【심사의 순위】** 특허출원에 대한 심사는 법 제59조제1항의 규정에 의한 출원심사의 청구순위에 의한다. 다만, 심사청구된 특허출원을 법 제52조에 따라 분할출원하여 심사청구한 경우 또는 심사청구된 실용신안등록출원을 법 제53조에 따라 특허출원으로 변경출원하여 심사청구한 경우에는 원출원의 심사청구 순위에 따라 심사한다. <개정 1999.7.1, 2006.9.29> **제39조 【우선심사의 신청】** 법 제61조, 「지역특화발전특구에 대한 규제특례법」 제36조의8 또는 「첨단의료복합단지 지정 및 지원에 관한 특별법」 제26조에 따라 우선심사를 신청하고자 하는 자는 별지 제22호서식의 우선심사신청서에 다음 각 호의 서류를 첨부하여 특허청장에게 제출하여야 한다. <개정 2006.12.29, 2008.9.30> 1. 특허청장이 정하는 사항을	**제9조 【심사의 순위】** 실용신안등록출원에 대한 심사는 법 제12조제1항에 따른 출원심사의 청구순위에 따른다. 다만, 심사청구된 실용신안등록출원을 법 제11조에서 준용하는 「특허법」 제52조에 따라 분할출원하여 심사청구한 경우 또는 심사청구된 특허출원을 법 제10조에 따라 실용신안등록출원으로 변경출원하여 심사청구한 경우에는 원출원의 심사청구 순위에 따라 심사한다. **제10조 【우선심사의 신청】** 법 제15조에서 준용하는 「특허법」 제61조에 따라 실용신안등록출원의 우선심사를 신청하려는 자는 우선심사신청서(「특허법 시행규칙」 별지 제22호서식의 우선심사신청서를 준용한다)에 다음 각 호의 서류를 첨부하여 특허청장에게 제출하여야 한다. <개정 2006.12.29> 1. 특허청장이 정하는 사항을 기재한 우선심사신청설명서 1	하는 서류 1통 [본조신설 2009.6.30] **제16조 【심사의 순위】** 디자인등록출원에 대한 심사는 출원의 순위에 의한다. <개정 2005.7.1> **제15조의3 【우선심사의 신청】** 법 제25조의4에 따라 우선심사를 신청하려는 자는 「특허법 시행규칙」 별지 제22호서식의 우선심사신청서에 다음 각 호의 서류를 첨부하여 특허청장에게 제출하여야 한다. 1. 특허청장이 정하는 사항을 적은 우선심사신청설명서 1통 2. 대리인에 의하여 절차를 밟는 경우에는 그 대리권을 증명하는 서류 1통	**제36조 【준용규정】**

특허법 시행규칙	실용신안법 시행규칙	디자인보호법 시행규칙	상표법 시행규칙
기재한 우선심사신청설명서 1통 2. 대리인에 의하여 절차를 밟는 경우에는 그 대리권을 증명하는 서류 1통 [전문개정 1999.7.1] **제40조 【동일출원의 심사】** 동일한 발명에 대하여 2이상의 특허출원이 있을때에는 선출원이 처리되거나 출원공개 또는 등록공고 될 때까지 후출원의 심사를 보류하여야 한다. 다만, 선출원을 거절할 이유와 동일한 이유에 의하여 후출원을 거절하는 경우에는 그러하지 아니하다. <개정 1997.7.1> **제40조의2 【특허여부결정의 보류】** ①심사관은 특허출원심사의 청구 후 출원인이 특허출원일부터 6개월 이내에 별지 제22호의2서식의 결정 보류신청서를 특허청장에게 제출하는 경우에는 특허출원일부터 12개월이 경과하기 전까지 특허여부결정을 보류할 수 있다. 다만, 다음 각 호의 어느 하나에 해당하는 경우에는 그러하지 아니하다. <개정 2008.9.30>	통 2. 대리인에 의하여 절차를 밟는 경우에는 그 대리권을 증명하는 서류 1통 **제17조 【「특허법 시행규칙」의 준용】** **제10조의2 【실용신안등록여부결정의 보류】** ①심사관은 실용신안등록 출원심사의 청구 후 출원인이 실용신안등록출원일로부터 6개월 이내에 「특허법 시행규칙」 별지 제22호의2서식의 결정 보류신청서를 특허청장에게 제출하는 경우에는 실용신안등록출원일로부터 12개월이 경과하기 전까지 실용신안등록여부결정을 보류할 수 있다. 다만, 다음 각 호의 어느 하나에	[본조신설 2009.6.30] **제16조의2 【동일출원의 심사】** 같은 디자인에 대하여 둘 이상의 디자인등록출원이 있을 때에는 선출원이 처리되거나 출원공개 또는 등록공고될 때까지 후출원의 심사를 보류하여야 한다. 다만, 선출원을 거절할 이유와 같은 이유로 후출원을 거절하는 경우에는 그러하지 아니하다. [본조신설 2009.6.30]	

특허법 시행규칙	실용신안법 시행규칙	디자인보호법 시행규칙	상표법 시행규칙
1. 특허출원이 분할출원 또는 변경출원인 경우 2. 특허출원에 대하여 우선심사결정을 한 경우 3. 특허여부결정의 보류신청이 있기 전에 이미 특허거절결정서 또는 특허결정서를 통지한 경우 ②대리인에 의하여 절차를 밟는 경우에는 제1항에 따른 서식에 그 대리권을 증명하는 서류를 첨부하여야 한다. [본조신설 2007.6.29] **제40조의3 【특허출원심사의 유예】** ①특허출원인이 출원심사의 청구를 한 경우로서 출원심사의 청구일부터 18개월이 지난 후에 특허출원에 대한 심사를 받으려면 출원심사의 청구일부터 6개월 이내에 심사를 받으려는 시점(출원일부터 5년 이내에 한정하며, 이하 "유예희망시점"이라 한다)을 적은 별지 제22호의2서식의 심사유예신청서를 특허청장에게 제출할 수 있다. 다만, 다음 각 호에 따른 특허출원서 또는 심사청구서에 그 취지 및 유예희망시점을 적	해당하는 경우에는 그러하지 아니하다. <개정 2008.9.30> 1. 실용신안등록출원이 분할출원 또는 변경출원인 경우 2. 실용신안등록출원에 대하여 우선심사결정을 한 경우 3. 실용신안등록여부결정의 보류신청이 있기 전에 이미 실용신안등록거절결정서 또는 실용신안등록결정서를 통지한 경우 ②대리인에 의하여 절차를 밟는 경우에는 제1항에 따른 서식에 그 대리권을 증명하는 서류를 첨부하여야 한다. [본조신설 2007.6.29] **제10조의3 【실용신안등록출원심사의 유예】** ①실용신안등록출원인이 출원심사의 청구를 한 경우로서 출원심사의 청구일부터 18개월이 지난 후에 실용신안등록출원에 대한 심사를 받으려면 출원심사의 청구일부터 6개월 이내에 심사를 받으려는 시점(출원일부터 3년 이내에 한정하며, 이하 "유예희망시점"이라 한다)을 적은 「특허법 시행규칙」 별지 제22호의2서식의 심사유예신청서를 특허청장에게 제출할 수 있다. 다만, 다음 각 호에 따른 실용신안등록		

특허법 시행규칙	실용신안법 시행규칙	디자인보호법 시행규칙	상표법 시행규칙
음으로써 그 신청서를 갈음할 수 있다. 1. 제37조제1항 단서에 따라 특허출원과 동시에 심사청구를 하면서 심사유예신청도 같이 하는 경우에는 별지 제14호서식의 특허출원서 2. 심사청구와 동시에 심사유예신청을 하는 경우(제1호의 경우는 제외한다)에는 별지 제22호서식의 심사청구서 ②특허출원인이 제1항에 따른 심사유예신청을 취하하거나 유예희망시점을 변경하려면 심사유예신청서를 제출한 날부터 2개월 이내에 별지 제12호서식의 취하서 또는 별지 제9호서식의 보정서를 제출하여야 한다. ③심사관은 제1항에 따른 심사유예신청이 있으면 유예희망시점까지 특허출원에 대한 심사를 유예할 수 있다. 다만, 다음 각 호의 어느 하나에 해당하는 경우에는 그러하지 아니하다. 1. 특허출원이 분할출원, 변경출원 또는 정당한 권리자의 출원인 경우 2. 특허출원에 대하여 우선심사결정을 한 경우 3. 특허출원심사의 유예신청이	출원서 또는 심사청구서에 그 취지 및 유예희망시점을 적음으로써 그 신청서를 갈음할 수 있다. 1. 제17조에 따라 준용되는 「특허법 시행규칙」 제37조제1항 단서에 따라 실용신안등록출원과 동시에 심사청구를 하면서 심사유예신청도 같이 하는 경우에는 별지 제1호서식의 실용신안등록출원서 2. 심사청구와 동시에 심사유예신청을 하는 경우(제1호의 경우는 제외한다)에는 「특허법 시행규칙」 별지 제22호서식의 심사청구서 ②실용신안등록출원인이 제1항에 따른 심사유예신청을 취하하거나 유예희망시점을 변경하려면 심사유예신청서를 제출한 날부터 2개월 이내에 「특허법 시행규칙」 별지 제12호서식의 취하서 또는 「특허법 시행규칙」 별지 제9호서식의 보정서를 제출하여야 한다. ③심사관은 제1항에 따른 심사유예신청이 있으면 유예희망시점까지 실용신안등록출원에 대한 심사를 유예할 수 있다. 다만, 다음 각 호의 어느 하나에 해당하는 경우에는 그러하지		

특허법 시행규칙	실용신안법 시행규칙	디자인보호법 시행규칙	상표법 시행규칙
있기 전에 이미 거절이유를 통지하거나 특허결정서를 통지한 경우 ④대리인에 의하여 절차를 밟는 경우에는 제1항에 따른 서식에 그 대리권을 증명하는 서류를 첨부하여야 한다. [본조신설 2008.9.30]	아니하다. 1. 실용신안등록출원이 분할출원, 변경출원 또는 정당한 권리자의 출원인 경우 2. 실용신안등록출원에 대하여 우선심사결정을 한 경우 3. 실용신안등록출원심사의 유예신청이 있기 전에 이미 거절이유를 통지하거나 실용신안등록결정서를 통지한 경우 ④대리인에 의하여 절차를 밟는 경우에는 제1항에 따른 서식에 그 대리권을 증명하는 서류를 첨부하여야 한다. [본조신설 2008.9.30]		
제41조 【의견서】 법 제63조제1항, 법 제66조의2제3항, 법 제133조의2제4항, 법 제136조제5항 또는 법 제137조제4항에 따라 의견서를 제출하려는 자는 별지 제24호서식 의견서에 다음 각 호의 서류를 첨부하여 특허청장·특허심판원장 또는 심판장에게 제출하여야 한다. <개정 1999.7.1, 2001.6.30, 2006.9.29, 2006.12.29, 2007.6.29, 2009.6.30> 1. 의견내용을 증명하는 서류 1통(법 제66조의2제3항에 따라 의견서를 제출하는 경우는 제	**제17조 【「특허법 시행규칙」의 준용】**		**제14조 【의견서】** 법 제23조제2항, 제46조의4제2항 또는 제48조제2항(법 제81조제1항에서 각각 준용하는 경우를 포함한다)에 따라 의견을 제출하고자 하는 자는 별지 제1호서식의 의견서에 다음 각 호의 서류를 첨부하여 특허청장·특허심판원장 또는 심판장에게 제출하여야 한다. <개정 2001.6.30, 2006.12.29, 2010.7.29> 1.의견내용을 증명하는 서류 1통 2.대리인에 의하여 절차를 밟는

특허법 시행규칙	실용신안법 시행규칙	디자인보호법 시행규칙	상표법 시행규칙
외한다) 2. 대리인에 의하여 절차를 밟는 경우에는 그 대리권을 증명하는 서류 1통 [전문개정 1998.12.31]		**제17조 【비밀디자인의 청구 등】** ①법 제13조제1항 및 제2항에 따라 디자인을 비밀로 할 것을 청구하고자 하는 자는 별지 제3호서식의 디자인등록출원서 또는 별지 제8호서식의 비밀디자인청구서를 특허청장에게 제출하여야 한다. <신설 2007.6.29> ②특허청장은 제1항에 따른 비밀보장의 청구를 받은 때에는 디자인등록결정서에 그 비밀보장기간을 기재하여야 한다. <개정 2005.7.1, 2007.6.29> ③법 제13조제3항에 따른 비밀기간의 단축 또는 연장의 청구를 하고자 하는 자는 디자인비밀기간연장(단축)청구서(「특허법 시행규칙」 별지 제10호서식의 기간연장(단축, 경과구제)신청서를 준용한다)를 특허청장에게 제출하여야 한다. 이 경우 대리인에 의하여 절차를 밟는 경우에는 그 대리권을 증명하는 서류를 첨부하여야 한다.	경우에는 그 대리권을 증명하는 서류 1통 [전문개정 1998.12.31]

특허법 시행규칙	실용신안법 시행규칙	디자인보호법 시행규칙	상표법 시행규칙
		<개정 2005.7.1, 2007.6.29> [전문개정 2001.6.30][제목개정 2007.6.29] **제20조의4 【비밀디자인등록 증명신청】** 법 제62조제2항에 따라 특허청장에게 증명 서면을 신청하고자 하는 자는 비밀디자인등록 증명신청서(「특허법 시행규칙」 별지 제19호서식의 증명신청서를 준용한다)를 특허청장에게 제출하여야 한다. <개정 2007.6.29> [본조신설 2005.7.1]	
제42조 【보정의 각하결정】 법 제51조제1항의 규정에 의한 보정의 각하결정은 다음 각호의 사항을 기재한 서면으로 하여야 한다. <개정 1997.7.1, 2001.6.30> 1. 특허출원번호 2. 발명의 명칭 3. 특허출원인의 성명 및 주소(법인의 경우에는 그 명칭 및 영업소의 소재지) 4. 특허출원인의 대리인이 있는 경우에는 그 대리인의 성명 및 주소나 영업소의 소재지(대리인이 특허법인인 경우에는 그 명칭, 사무소의 소재지 및 지정	**제17조 【「특허법 시행규칙」의 준용】**	**제17조의2 【보정의 각하결정】** 법 제18조의2제1항에 따른 보정의 각하결정은 다음 각 호의 사항을 적은 서면으로 하여야 한다. 1. 디자인등록출원번호 2. 디자인의 대상이 되는 물품 3. 디자인등록출원인의 성명 및 명칭(법인인 경우에는 그 명칭 및 영업소의 소재지를 말한다) 4. 디자인등록출원인의 대리인이 있는 경우에는 그 대리인의 성명 및 주소나 영업소의 소재지(대리인이 특허법인인 경우에는 그 명칭, 사무소의 소재지 및 지정된 변리사의 성명을 말한다)	**제10조의2 【보정의 각하결정】** ① 법 제17조제1항 또는 동조제4항의 규정에 의한 보정의 각하결정은 다음 각호의 사항을 기재한 서면으로 하여야 한다. <개정 2001.6.30, 2002.12.27> 1. 상표등록출원번호[법 제86조의14제3항의 규정에 의한 국제상표등록출원(이하 "국제상표등록출원"이라 한다)인 경우에는 국제등록번호] 2. 상품류구분 3. 상표등록출원인의 성명 및 주소(법인인 경우에는 그 명칭 및 영업소) 4. 상표등록출원인의 대리인이

특허법 시행규칙	실용신안법 시행규칙	디자인보호법 시행규칙	상표법 시행규칙
된 변리사의 성명) 5. 각하결정의 주문 및 이유 6. 각하결정연월일		5. 각하결정의 주문 및 이유 6. 각하결정연월일 [본조신설 2009.6.30]	있는 경우에는 그 대리인의 성명 및 주소 또는 영업소 5. 각하결정의 주문 및 이유 6. 각하결정 연월일 ②법 제49조제2항에서 준용하는 법 제17조제1항 또는 동조제4항의 규정에 의한 보정각하결정은 다음 각호의 사항을 기재한 서면으로 하여야 한다. <신설 2001.6.30> 1. 상품분류전환등록신청번호 2. 상품류구분 3. 상품분류전환등록신청인의 성명 및 주소(법인인 경우에는 그 명칭 및 영업소의 소재지) 4. 상품분류전환등록신청인의 대리인이 있는 경우에는 그 대리인의 성명 및 주소 또는 영업소의 소재지(대리인이 특허법인인 경우에는 그 명칭, 사무소의 소재지 및 지정된 변리사의 성명) [본조신설 1998.2.23]
제43조【특허출원의 공개일 또는 등록공고일】 특허출원의 공개일 또는 등록공고일은 당해특허출원이 공개 또는 등록공고된 취지를 게재한 공개용특허공보 또는 등록공고용특허공보가 발행된 날로 한다.	**제17조【「특허법 시행규칙」의 준용】**	**제6조【디자인등록출원의 공개일 및 디자인등록공고일】** ①디자인등록출원의 공개일 또는 디자인등록공고일은 당해디자인등록출원이 공개되거나 디자인등록이 공고된 취지를 게재한 공개디자인공보 또는 디자인등록	**제14조의2【상표등록출원의 공고일】** 상표등록출원의 공고일은 당해 상표등록출원이 공고된 취지를 게재한 상표등록공고용 상표공보가 발행된 날로 한다. [본조신설 1998.2.23]

특허법 시행규칙	실용신안법 시행규칙	디자인보호법 시행규칙	상표법 시행규칙
<개정 1997.7.1> [제목개정 1997.7.1]		공보(디자인심사등록공보 및 디자인무심사등록공보를 말한다)가 발행된 날로 한다. <개정 2005.7.1> ② 제1항에도 불구하고 디자인무심사등록된 비밀디자인에 대한 디자인무심사등록이의신청의 경우에는 「디자인보호법 시행령」(이하 "영"이라 한다) 제9조제3항 각 호 외의 부분 단서에 따라 해당 디자인의 도면 또는 사진, 창작내용의 요점 및 디자인의 설명이 게재된 디자인등록공보가 발행된 날을 그 디자인등록공고일로 본다. <개정 2009.6.30> [전문개정 1998.2.23][제목개정 2005.7.1]	제34조 【출원공고결정기간 등】 ①법 제86조의25에서 "지식경제부령이 정하는 기간 이내"란 국제사무국이 의정서 제3조의3에 따른 영역확장(이하 "영역확장"이라 한다)의 통지를 한 날[국제사무국이 영역확장의 통지를 한 후 공통규칙 제28조(2)에 따라 국제등록부 등록사항에 대한 경정통지를 한 경우 그 사항에 관하여는 해당 경정통지를 한 날]부터 14개월 이

특허법 시행규칙	실용신안법 시행규칙	디자인보호법 시행규칙	상표법 시행규칙
			내를 말한다. <개정 2004.5.1, 2007.6.29, 2008.12.31> ②법 제86조의27제1항에서 "지식경제부령이 정하는 기간 이내"란 국제사무국이 영역확장의 통지를 한 날(국제사무국이 영역확장의 통지를 한 후 공통규칙 제28조(2)에 따라 국제등록부 등록사항에 대한 경정통지를 한 경우 그 사항에 관하여는 해당 경정통지를 한 날)부터 18개월 이내를 말한다. <개정 2008.12.31, 2010.7.29> [본조신설 2001.6.30]
		제6조의2 【디자인등록출원공개신청등】 ①법 제23조의2제1항에 따라 디자인등록출원에 대한 공개를 신청하고자 하는 자는 별지 제7호서식의 디자인등록출원공개신청서를 특허청장에게 제출하여야 한다. 다만, 디자인등록출원과 동시에 공개를 신청하고자 하는 경우에는 제5조에 따른 디자인등록출원서에 그 취지를 기재함으로써 그 신청서에 갈음할 수 있다. <개정 2005.7.1, 2007.6.29> ②디자인에 관한 절차를 밟는 자가 제1항에 따른 출원공개신청을 취하하고자 하는 경우	

특허법 시행규칙	실용신안법 시행규칙	디자인보호법 시행규칙	상표법 시행규칙
제44조 【조기공개 등의 신청】 ① 법 제64조제1항에 따라 특허출원일부터 1년 6월이 경과하기 전에 특허출원의 공개를 신청하고자 하는 자는 별지 제25호서식의 조기공개신청서를 특허청장에게 제출하여야 한다. 다만, 특허출원과 동시에 공개를 신청하고자 하는 경우(특허청구범위가 기재된 명세서가 첨부된 경우에 한한다)에는 출원서에 그 취지를 기재함으로써 신청서의 제출에 갈음할 수 있다.	**제17조 【「특허법 시행규칙」의 준용】**	에는 디자인등록출원공개신청서를 제출한 날부터 10일 이내에 취하서(「특허법 시행규칙」 별지 제12호서식의 취하(포기)서를 준용한다)를 제출하여야 한다. <신설 2003.5.12, 2005.2.11, 2005.7.1, 2007.6.29> ③대리인에 의하여 제1항에 따른 디자인등록출원공개신청서 또는 제2항에 따른 취하서를 제출하고자 하는 경우에는 그 대리권을 증명하는 서류를 첨부하여야 한다. <개정 2003.5.12, 2007.6.29> [전문개정 1998.12.31] [제목개정 2003.5.12, 2005.7.1]	

특허법 시행규칙	실용신안법 시행규칙	디자인보호법 시행규칙	상표법 시행규칙
<개정 1998.12.31, 2006.12.29, 2007.6.29> ②국제특허출원에 있어서는 법 제201조제1항의 규정에 의하여 번역문을 제출한 후가 아니면 조기공개의 신청을 할 수 없다. <신설 1997.7.1, 1998.12.31> ③특허에 관한 절차를 밟는 자가 제1항의 규정에 의한 조기공개의 신청을 취하하고자 하는 경우에는 조기공개신청서를 제출한 날부터 10일 이내에 별지 제12호서식의 취하서를 제출하여야 한다. <신설 2003.5.17, 2006.12.29> ④대리인이 제1항 내지 제3항의 규정에 의한 절차를 밟고자 하는 경우에는 그 대리권을 증명하는 서류를 첨부하여야 한다. <개정 2003.5.17> [본조신설 1996.6.22] [제목개정 2003.5.17] **제45조【특허출원에 대한 정보의 제공】** 법 제63조의2의 규정에 의하여 정보의 제공을 하고자 하는 자는 별지 제26호서식의 정보제출서에 다음 각 호의 서류를 첨부하여 특허청장에게 제출하여야 한다. <개정 2006.9.29>	**제17조【「특허법 시행규칙」의 준용】**	**제6조의3【디자인등록출원에 대한 정보제공】** 법 제23조의5에 따라 정보의 제공을 하고자 하는 자는 정보제출서(「특허법 시행규칙」별지 제23호서식의 정보제출서를 준용한다)에 다음 각 호의 서류를 첨부하여 특허청장에게 제출하여야 한다.	제13조 삭제 <2010.7.29> **제13조의2【상표등록출원에 대한 정보의 제공】** ①법 제22조제3항의 규정에 의하여 정보를 제공하고자 하는 자는 정보제출서(「특허법 시행규칙」별지 제23호서식의 정보제출서를 준용한다)를 특허청장에게 제출하여야 한다.

특허법 시행규칙	실용신안법 시행규칙	디자인보호법 시행규칙	상표법 시행규칙
1. 간행물등 증거서류 1통 2. 대리인에 의하여 절차를 밟는 경우에는 그 대리권을 증명하는 서류 1통 [전문개정 1998.12.31] [제목개정 2006.9.29] **제46조 삭제** <2006.9.29> **제47조 삭제** <1997.7.1>		<개정 2001.6.30, 2005.7.1> 1. 간행물등 증거서류 1통 2. 대리인에 의하여 절차를 밟는 경우에는 그 대리권을 증명하는 서류 1통 [전문개정 1998.12.31] [제목개정 2001.6.30, 2005.7.1] **제7조 【디자인도면에 기재할 사항 등】** ①법 제9조제2항의 규정에 의한 도면의 디자인의 설명란에는 별표 2의 기재사항을 기재한다. <개정 2001.6.30, 2005.7.1> ②삭제 <2001.6.30> ③법 제9조제3항의 규정에 의하여 도면에 갈음하여 사진을 제출하는 경우에는 그 사진에는 디자인의 대상이 되는 물품이 명료하게 표현되어야 한다. <개정 1993.12.31, 2005.7.1> ④법 제9조제3항의 규정에 의하여 도면에 갈음하여 견본을 제출하는 경우에는 그 견본은 다음 각호에 해당하여야 한다. <개정 2001.6.30> 1. 파손·변형 또는 변질되지 아니하는 것	<개정 2006.12.29> ②대리인의 경우 제1항의 규정에 의한 서식에 그 대리권을 증명하는 서류를 첨부하여야 한다. [본조신설 1998.2.23]

특허법 시행규칙	실용신안법 시행규칙	디자인보호법 시행규칙	상표법 시행규칙
		2. 취급 또는 보존이 용이한 것 3. 용지에 붙이는 경우에는 쉽게 떨어 나갈 염려가 없는 것 [제목개정 2005.7.1] **제8조 【창작내용의 요점의 기재방법】** 법 제9조제2항의 규정에 의한 도면의 창작내용의 요점란에는 별표 3의 기재방법에 따라 기재한다. <개정 1993.12.31> [제목개정 1993.12.31] **제9조 【물품의 구분등】** ①법 제11조제2항에 따른 물품의 구분은 별표 4의 범위에서 물품의 용도와 기능 등을 고려하여 특허청장이 정하여 고시한다. 이 경우 물품의 구분은 디자인등록출원서 작성의 일관성 유지와 통일된 명칭을 사용하기 위한 것으로 디자인 물품 상호간의 유사범위를 정하는 것은 아니다. <개정 2009.12.30> ②법 제12조제2항의 규정에 의한 한벌의 물품의 구분은 별표 5와 같다. ③법 제9조제6항에 따라 디자인무심사등록출원을 할 수 있는 물품은 다음 각 호의 어느	**제6조 【상품류구분등】** ①법 제10조제1항 전단에 따른 상품류구분은 별표 1과 같다. 이 경우 별표 1의 각 상품류에 속하는 구체적인 상품은 특허청장이 정하여 고시한다. <개정 2006.11.29, 2007.6.29> ②서비스업류구분은 별표 2와 같다. 이 경우 별표 2의 각 서비스업류에 속하는 구체적인 서비스업은 특허청장이 정하여 고시한다. <개정 2006.11.29> ③법 제10조제1항 후단에 따라 하나의 출원서에 상품과 서비스업을 동시에 지정하고자 하는 자는 별지 제2호서식의 상표등록출원서에 해당 상품과 서

특허법 시행규칙	실용신안법 시행규칙	디자인보호법 시행규칙	상표법 시행규칙
		하나에 해당하는 물품으로 한다. <개정 2007.6.29, 2009.12.30> 1. 별표 4의 물품의 범위 중 A1류ㆍB1류ㆍB2류ㆍB5류ㆍC1류ㆍF1류ㆍF2류ㆍF3류ㆍF4류 및 M1류에 속하는 물품 2. 액정화면 등 표시부에 일시적으로 도형 등이 표시되는 화상디자인에 관한 물품 ④법 제11조의2제2항의 규정에 의하여 복수디자인등록출원을 할 수 있는 물품은 별표 4의 물품의 구분상 분류가 동일한 물품으로 한다. <신설 1998.2.23, 2001.6.30, 2005.7.1, 2009.12.30>	비스업을 모두 기재하여 특허청장에게 제출하여야 한다. <신설 2007.6.29>
제48조 【거절이유통지 등】 ①심사관은 다음 각 호의 사항에 대한 결정 또는 통지를 하고자 할 때에는 이를 특허청장에게 보고하고 그 결정서 또는 통지서를 작성하여 이에 기명날인하여야 한다. <개정 1997.7.1, 2001.6.30, 2006.9.29, 2007.6.29> 1. 법 제51조제1항의 규정에 의한 보정각하결정 2. 법 제63조제1항에 따른 거절이유통지 3. 삭제 <2006.9.29>	**제17조 【「특허법 시행규칙」의 준용】**	**제18조 【거절이유통지서 등】** ① 심사관은 다음 각 호의 사항에 대한 결정 또는 통지를 하고자 할 때에는 이를 특허청장에게 보고하고 그 결정서 또는 통지서를 작성하여 이에 기명날인하여야 한다. <개정 1998.2.23, 2001.6.30, 2005.2.11, 2005.7.1, 2007.6.29> 1. 법 제18조의2제1항의 규정에 의한 보정각하결정 2. 법 제27조의 규정에 의한 거절이유통지	**제14조의5 【거절이유통지서 등】** ①심사관은 다음 각호의 1에 해당하는 사항에 대한 결정 또는 통지를 하고자 할 때에는 이를 특허청장에게 보고하고 그 결정서 또는 통지서를 작성하여 이에 기명날인하여야 한다. <개정 2001.6.30, 2010.7.29> 1. 법 제17조제1항 또는 동조제4항의 규정에 의한 보정각하결정 2. 법 제23조제2항, 제46조의4제2항 또는 제48조제2항(법 제

특허법 시행규칙	실용신안법 시행규칙	디자인보호법 시행규칙	상표법 시행규칙
4. 삭제 <2006.9.29> 5. 법 제90조제1항에 따른 특허권의 존속기간의 연장등록출원에 대하여 법 제93조에서 준용하는 법 제63조제1항에 따른 거절이유통지 ②심사관은 특허출원에 대하여 특허거절결정 또는 특허결정을 하려는 때에는 특허청장에게 이를 보고하고 다음 각 호의 사항을 적은 특허거절결정서 또는 특허결정서를 작성하여 기명날인하여야 한다.　<개정 1997.7.1, 2001.6.30, 2006.9.29, 2009.6.30> 1. 특허출원번호 2. 발명의 명칭 3. 특허출원인의 성명 및 주소(법인의 경우에는 그 명칭 및 영업소의 소재지) 4. 특허출원인의 대리인이 있는 경우에는 그 대리인의 성명 및 주소나 영업소의 소재지(대리인이 특허법인인 경우에는 그 명칭, 사무소의 소재지 및 지정된 변리사의 성명) 5. 거절이유통지연월일(특허거절결정의 경우에 한한다) 6. 결정의 주문 및 그 이유(특허거절결정의 경우 특허청구범위의 청구항이 2 이상인 때에		3. 법 제29조의8제1항에 따른 디자인무심사등록이의신청에 대한 결정 ②법 제27조·법 제29조의5 및 법 제71조에 따라 의견을 제출하고자 하는 자는 별지 제1호서식의 의견서에 다음 각 호의 서류를 첨부하여 특허청장·특허심판원장 또는 심판장에게 제출하여야 한다. <개정 1998.12.31, 2001.6.30, 2005.2.11, 2007.6.29> 1. 의견내용을 증명하는 서류 1통 2. 대리인에 의하여 절차를 밟는 경우에는 그 대리권을 증명하는 서류 1통 [제목개정 1998.2.23]	81조제1항에서 각각 준용하는 경우를 포함한다)에 따른 거절이유통지 3. 법 제24조제1항의 규정에 의한 출원공고결정 4. 법 제27조제2항의 규정에 의한 상표등록이의신청에 대한 결정 ②심사관은 상표등록출원에 대하여 상표등록여부결정을 하고자 할 때에는 특허청장에게 이를 보고하고 다음 각호의 사항을 기재한 상표등록거절결정서 또는 상표등록결정서를 작성하여 기명날인하여야 한다. <개정 2001.6.30> 1. 상표등록출원번호 및 상표등록출원공고번호(국제상표등록출원인 경우에는 국제등록번호 및 국제상표등록출원공고번호를 말하며, 상표등록출원공고번호 및 국제상표등록출원공고번호는 당해 출원공고가 있는 경우에 한한다) 2. 상품류구분 3. 상표등록출원인의 성명 및 주소(법인인 경우에는 그 명칭 및 영업소의 소재지) 4. 상표등록출원인의 대리인이 있는 경우에는 그 대리인의 성명 및 주소 또는 영업소의 소

특허법 시행규칙	실용신안법 시행규칙	디자인보호법 시행규칙	상표법 시행규칙
는 해당청구항 및 그 거절결정의 이유를 기재하여야 한다) 7. 결정연월일 8. 직권보정 사항이 있으면 그 직권보정 사항(특허결정의 경우에 한정한다) ③삭제 <1997.7.1> [제목개정 2006.9.29]			재지(대리인이 특허법인인 경우에는 그 명칭, 사무소의 소재지 및 지정된 변리사의 성명) 5. 출원공고 연월일(출원공고가 있는 경우에 한한다) 또는 거절이유통지 연월일 6. 결정의 주문 및 이유 7. 결정 연월일 ③심사관은 상품분류전환등록신청에 대한 등록여부결정을 하고자 하는 때에는 특허청장에게 이를 보고하고 다음 각호의 사항을 기재한 거절결정서 또는 등록결정서를 작성하여 이에 기명날인하여야 한다. <신설 2001.6.30> 1. 상품분류전환등록신청번호 2. 상품류구분 3. 상품분류전환등록신청인의 성명 및 주소(법인인 경우에는 그 명칭 및 영업소의 소재지) 4. 상품분류전환등록신청인의 대리인이 있는 경우에는 그 대리인의 성명 및 주소 또는 영업소의 소재지(대리인이 특허법인인 경우에는 그 명칭, 사무소의 소재지 및 지정된 변리사의 성명) 5. 거절이유통지일(거절결정서를 작성하는 경우에 한한다) 6. 결정의 주문 및 이유

특허법 시행규칙	실용신안법 시행규칙	디자인보호법 시행규칙	상표법 시행규칙
제49조 삭제 <2006.9.29> **제4장 특허증 및 특허권** **제50조 【특허증의 교부】** ①특허청장은 특허권의 설정등록을 한 때에는 법 제86조제1항에 따라 그 특허권자에게 별지 제26호서식의 특허증을 교부하여야 한다. <개정 2006.4.28, 2006.12.29> ②특허청장은 법 제99조에 따른 양도 등의 사유로 특허권을 승계한 자의 신청이 있는 때에는 별지 제26호서식의 특허증을 교부할 수 있다. <신설 2006.4.28, 2006.12.29> ③특허청장은 법 제86조제2항의 규정에 의하여 특허증을 정정교부하고자 할 때에는 별지 제27호서식의 등록사항란에 그 정정사항을 기재날인하고, 당해 특허증에 편철하여 교부하여야 한다. <개정 2006.4.28, 2006.12.29> ④특허청장은 특허권자의 신청이 있는 때에는 특허증의 기재	**제11조 【실용신안등록증의 교부】** ①특허청장은 실용신안권의 설정등록을 한 때에는 법 제19조제1항에 따라 그 실용신안권자에게 별지 제2호서식의 실용신안등록증을 교부하여야 한다. ②특허청장은 법 제28조에서 준용하는 「특허법」 제99조에 따라 실용신안권을 양도 등의 사유로 승계한 자의 신청이 있는 때에는 별지 제2호서식의 실용신안등록증을 교부할 수 있다. ③특허청장은 법 제19조제2항에 따라 실용신안등록증을 정정교부하려는 때에는 별지 제3호서식의 등록사항란에 그 정정사항을 기재날인하고, 그 실용신안등록증에 편철을 하여 교부하여야 한다. ④특허청장은 실용신안권자의 신청이 있는 때에는 실용신안등록증의 기재사항 중 고안의	**제21조 【디자인등록증의 교부】** ①특허청장은 디자인권의 설정등록을 한 때에는 법 제38조제1항에 따라 그 디자인권자에게 별지 제10호서식부터 별지 제13호서식까지 및 별지 제15호서식의 디자인등록증을 교부하여야 한다. <개정 2006.4.28, 2007.6.29> ②특허청장은 법 제46조에 따른 양도 등의 사유로 디자인권을 승계한 자의 신청이 있는 때에는 제1항에 따른 디자인등록증을 교부할 수 있다. <신설 2006.4.28> ③특허청장은 법 제38조제2항에 따라 디자인등록증을 정정교부하고자 할 때에는 별지 제14호서식의 등록사항란에 그 정정사항을 기재날인하고, 당해디자인등록증에 편철하여 교부하여야 한다. <개정 2005.7.1, 2006.4.28, 2007.6.29>	7. 결정 연월일 ④ 지정상품의 추가등록출원에 관하여는 제2항을 준용한다. <개정 2010.7.29> [본조신설 1998.2.23] **제15조 【상표등록증 등의 교부】** ①특허청장은 법 제40조제1항에 따라 상표권 등의 설정등록을 한 때에는 그 상표권자 등에게 설정등록의 내용에 따라 다음 각 호의 어느 하나에 해당하는 등록증을 교부하여야 한다. <개정 2006.4.28, 2006.12.29> 1. 별지 제7호서식의 상표등록증 2. 별지 제8호서식의 서비스표등록증 3. 별지 제9호서식의 상표·서비스표등록증 4. 별지 제10호서식의 단체표장등록증 5. 별지 제11호서식의 지리적 표시 단체표장등록증 6. 별지 제12호서식의 업무표장등록증 ②특허청장은 법 제54조에 따른 양도 등의 사유로 상표권

특허법 시행규칙	실용신안법 시행규칙	디자인보호법 시행규칙	상표법 시행규칙
사항 중 발명의 명칭, 특허권자 및 발명자 등을 영문으로 기재하여 교부할 수 있다. 다만, 특허출원서에 발명의 영문명칭이 기재되어 있는 경우에 한한다. <신설 2006.4.28> [제목개정 2006.4.28]	명칭, 실용신안권자 및 고안자 등을 영문으로 기재하여 교부할 수 있다. 다만, 실용신안등록출원서에 고안의 영문명칭이 기재되어 있는 경우에 한한다.	[제목개정 2005.7.1, 2006.4.28]	등을 승계한 자의 신청이 있는 때에는 제1항 각 호의 어느 하나에 해당하는 등록증을 교부할 수 있다. <신설 2006.4.28> ③특허청장은 법 제42조제2항의 규정에 의한 상표권의 존속기간갱신등록을 하는 때, 법 제47조제1항의 규정에 의한 지정상품의 추가등록을 하는 때 또는 법 제40조제2항의 규정에 의한 상표등록증을 정정하여 교부하고자 하는 때에는 별지 제13호서식의 등록사항란에 그 사항을 기재날인하고, 당해 상표등록증에 편철하여 교부하여야 한다. <개정 2001.6.30, 2006.4.28, 2006.12.29>
제50조의2 【휴대용 특허증의 교부】 ①특허청장은 특허권자의 신청이 있는 때에는 별지 제28호서식의 휴대용 특허증을 교부할 수 있다. <개정 2006.12.29> ②특허청장은 제1항의 휴대용 특허증이 특허원부 그 밖의 서류와 부합하지 아니한 때에는 특허권자의 신청에 따라 또는 직권으로 휴대용 특허증을 회수하여 정정교부하거나 새로운	**제12조 【휴대용 실용신안등록증의 교부】** ①특허청장은 실용신안권자의 신청이 있는 때에는 별지 제4호서식의 휴대용 실용신안등록증을 교부할 수 있다. ②특허청장은 제1항의 휴대용 실용신안등록증이 실용신안등록원부 그 밖의 서류와 부합하지 아니한 때에는 실용신안권자의 신청에 따라 또는 직권으로 휴대용 실용신안등록증을 회수하여 정정교부하거나 새로운	**제21조의2 【휴대용 디자인등록증의 교부】** ①특허청장은 디자인권자의 신청이 있는 때에는 별지 제16호서식부터 별지 제20호서식까지의 휴대용 디자인등록증을 교부할 수 있다. <개정 2007.6.29> ②특허청장은 제1항의 휴대용 디자인등록증이 디자인등록원부 그 밖의 서류와 부합하지 아니한 때에는 디자인권자의 신청에 따라 또는 직권으로 휴대용	**제15조의2 【휴대용 상표등록증 등의 교부】** ①특허청장은 상표권자, 서비스표권자, 상표·서비스표권자, 단체표장권자 또는 업무표장권자(이하 "상표권자등"이라 한다)의 신청이 있는 때에는 다음 각 호의 어느 하나에 해당하는 등록증(이하 "휴대용 등록증"이라 한다)을 교부할 수 있다. <개정 2006.12.29> 1. 별지 제14호서식의 휴대용

특허법 시행규칙	실용신안법 시행규칙	디자인보호법 시행규칙	상표법 시행규칙
휴대용 특허증을 교부하여야 한다. 이 경우 휴대용 특허증을 정정교부하고자 할 때에는 별지 제28호서식의 등록사항란에 그 정정사항을 기재·날인하여 교부하여야 한다. <개정 2006.12.29> ③특허청장은 휴대용 특허증을 교부한 후 법 제136조제1항의 정정심판의 심결이 확정된 때에는 그 심결에 따라 새로운 휴대용 특허증을 교부하여야 한다. ④특허청장은 특허권자의 신청이 있는 때에는 휴대용 특허증의 기재사항 중 발명의 명칭, 특허권자 및 발명자 등을 영문으로 기재하여 교부할 수 있다. 다만, 특허출원서에 발명의 영문명칭이 기재되어 있는 경우에 한한다. [본조신설 2006.4.28]	휴대용 실용신안등록증을 교부하여야 한다. 이 경우 휴대용 실용신안등록증을 정정교부하려는 때에는 별지 제4호서식의 등록사항란에 그 정정사항을 기재·날인하여 교부하여야 한다. ③특허청장은 휴대용 실용신안등록증을 교부한 후 법 제33조에서 준용하는 「특허법」 제136조에 따라 정정심판의 심결이 확정된 때에는 그 심결에 따라 새로운 휴대용 실용신안등록증을 교부하여야 한다. ④특허청장은 실용신안권자의 신청이 있는 때에는 휴대용 실용신안등록증의 기재사항 중 고안의 명칭, 실용신안권자 및 고안자 등을 영문으로 기재하여 교부할 수 있다. 다만, 실용신안등록출원서에 고안의 영문명칭이 기재되어 있는 경우에 한한다.	디자인등록증을 회수하여 정정교부하거나 새로운 휴대용 디자인등록증을 교부하여야 한다. 이 경우 휴대용 디자인등록증을 정정교부하고자 할 때에는 별지 제16호서식부터 별지 제20호서식까지의 등록사항란에 그 정정사항을 기재·날인하여 교부하여야 한다. <개정 2007.6.29> [본조신설 2006.4.28]	상표등록증 2. 별지 제15호서식의 휴대용 서비스표등록증 3. 별지 제16호서식의 휴대용 상표·서비스표등록증 4. 별지 제17호서식의 휴대용 단체표장등록증 5. 별지 제18호서식의 휴대용 지리적 표시 단체표장등록증 6. 별지 제19호서식의 휴대용 업무표장등록증 ②특허청장은 휴대용 등록증이 상표등록원부 그 밖의 서류와 부합하지 아니한 때에는 상표권자등의 신청에 따라 또는 직권으로 휴대용 등록증을 회수하여 정정교부하거나 새로운 휴대용 등록증을 교부하여야 한다. 이 경우 휴대용 등록증을 정정교부하고자 할 때에는 휴대용 등록증의 등록사항란에 그 정정사항을 기재·날인하여 교부하여야 한다. [본조신설 2006.4.28]
제50조의3 【특허증 등의 재교부】 특허청장은 특허권자가 특허증 또는 휴대용 특허증의 분실 및 훼손으로 재교부를 신청하는 때에는 이를 재교부하여야 한다.	**제13조 【실용신안등록증 등의 재교부】** 특허청장은 실용신안권자가 실용신안등록증 또는 휴대용 실용신안등록증의 분실 및 훼손으로 재교부를 신청하는 때에는 이를 재교부하여야	**제21조의3 【디자인등록증 등의 재교부】** 특허청장은 디자인권자가 디자인등록증 또는 휴대용 디자인등록증의 분실 및 훼손으로 재교부를 신청하는 때에는 이를 재교부하여야 한다.	**제15조의3 【상표등록증 등의 재교부】** 특허청장은 상표권자등이 제15조제1항 각 호의 등록증 또는 휴대용 등록증의 분실 및 훼손으로 재교부를 신청하는 때에는 이를 재교부하여야

특허법 시행규칙	실용신안법 시행규칙	디자인보호법 시행규칙	상표법 시행규칙
[본조신설 2006.4.28] **제51조 【특허증의 교부신청등】** ①다음 각 호의 어느 하나에 해당하는 신청을 하고자 하는 자는 별지 제29호서식의 신청서를 특허청장에게 제출하여야 한다. <개정 2006.4.28, 2006.12.29> 1. 제50조제2항 또는 제4항에 따른 특허증의 교부 신청 2. 제50조의2제1항 또는 제4항에 따른 휴대용 특허증의 교부신청 3. 제50조의3에 따른 특허증 또는 휴대용 특허증의 재교부 신청 ②특허증 또는 휴대용 특허증의 정정교부를 받고자 하는 자는 별지 제29호서식의 신청서에 특허증 또는 휴대용 특허증을 첨부하여 특허청장에게 제출하여야 한다. <개정 2006.4.28, 2006.12.29> ③대리인에 의하여 절차를 밟는 경우에는 제1항 및 제2항의 규정에 의한 서식에 그 대리권을 증명하는 서면을 첨부하여야 한다. <개정 2001.6.30> [제목개정 2006.4.28]	한다. **제17조 【 「특허법 시행규칙」 의 준용】**	[본조신설 2006.4.28] **제22조 【디자인등록증의 교부신청 등】** ①다음 각 호의 어느 하나에 해당하는 신청을 하려는 자는 「특허법 시행규칙」 별지 제29호서식의 신청서를 특허청장에게 제출하여야 한다. 1. 제21조제2항에 따른 디자인등록증의 교부신청 2. 제21조의2제1항에 따른 휴대용 디자인등록증의 교부신청 3. 제21조의3에 따른 디자인등록증 또는 휴대용 디자인등록증의 재교부신청 ②디자인등록증 또는 휴대용 디자인등록증의 정정교부를 받으려는 자는 「특허법 시행규칙」 별지 제29호서식의 신청서에 디자인등록증 또는 휴대용 디자인등록증을 첨부하여 특허청장에게 제출하여야 한다. ③대리인에 의하여 절차를 밟는 경우에는 제1항 및 제2항에 따른 서식에 그 대리권을 증명하는 서류를 첨부하여야 한다. [전문개정 2009.6.30]	한다. [본조신설 2006.4.28] **제36조 【준용규정】**

특허법 시행규칙	실용신안법 시행규칙	디자인보호법 시행규칙	상표법 시행규칙
제52조 【특허권의 존속기간의 연장등록출원서】 법 제90조제1항의 규정에 의하여 특허권의 존속기간의 연장등록출원을 하고자 하는 자는 별지 제30호서식의 출원서에 다음 각 호의 서류를 첨부하여 특허청장에게 제출하여야 한다 <개정 1998.12.31, 2002.2.28, 2006.12.29> 1. 연장이유 및 이를 증명하는 자료 1통 2. 대리인에 의하여 절차를 밟는 경우에는 그 대리권을 증명하는 서류 1통 **제53조 【연장이유 및 자료】** 법 제90조제1항제6호에서 "지식경제부령이 정하는 연장이유(이를 증명할 수 있는 자료를 첨부하여야 한다)"란 다음 각 호의 어느 하나에 해당하는 자료를 말한다. <개정 1993.12.31, 1996.6.22, 1997.7.1, 1998.12.31, 2008.9.30> 1. 그 연장등록출원한 특허발명의 실시에 법 제89조의 허가 또는 등록을 받아야 할 필요성 및 이를 증명하는 자료 2. 제1호의 규정에 의한 허가 또는 등록으로 인하여 그 특허			**제16조 【상표권의 존속기간갱신등록신청서 등】** 법 제43조제1항에 따라 상표권의 존속기간갱신등록신청을 하려는 자는 「특허등록령 시행규칙」 별지 제16호서식의 납부서를 특허청장에게 제출하여야 한다. 이 경우 대리인에 의하여 절차를 밟을 때에는 그 대리권을 증명하는 서류 1통을 첨부하여야 한다. [전문개정 2010.7.29]

특허법 시행규칙	실용신안법 시행규칙	디자인보호법 시행규칙	상표법 시행규칙
발명을 실시할 수 없었던 기간 및 이를 증명하는 자료 3. 제1호의 규정에 의하여 허가 또는 등록을 받은 자가 그 특허권의 특허권자·전용실시권자 또는 등록된 통상실시권자임을 증명하는 자료 **제54조 【연장등록출원의 연장등록 여부결정】** 심사관은 특허권의 존속기간의 연장등록출원에 대하여 연장등록 여부결정을 하고자 할 때에는 특허청장에게 이를 보고하고 다음 각호의 사항을 기재한 연장등록거절결정서 또는 연장등록결정서를 작성하여 기명날인하여야 한다. 다만, 연장등록거절결정을 하는 경우에는 제3호 및 제4호의 사항은 기재하지 아니한다. <개정 2001.6.30> 1. 연장등록출원번호 2. 특허번호 3. 연장기간 4. 법 제89조의 허가 또는 등록의 내용 5. 연장등록출원인의 성명 및 주소(법인의 경우에는 그 명칭 및 영업소의 소재지) 6. 연장등록출원인의 대리인이 있는 경우에는 그 대리인의 성			

특허법 시행규칙	실용신안법 시행규칙	디자인보호법 시행규칙	상표법 시행규칙
명 및 주소나 영업소의 소재지 (대리인이 특허법인인 경우에는 그 명칭, 사무소의 소재지 및 지정된 변리사의 성명) 7. 결정의 주문과 그 이유 8. 결정연월일 [제목개정 2001.6.30]		**제19조 【출원의 디자인등록여부결정】** 심사관은 디자인등록출원에 대하여 디자인등록거절결정 또는 디자인등록결정을 하고자 할 때에는 특허청장에게 이를 보고하고 다음 각호의 사항을 기재한 디자인등록거절결정서 또는 디자인등록결정서를 작성하여 이에 기명날인하여야 한다. <개정 2001.6.30, 2005.7.1> 1. 디자인등록출원인의 성명 및 주소(법인의 경우에는 그 명칭 및 영업소의 소재지) 2. 디자인등록출원인의 대리인이 있는 경우에는 그 대리인의 성명 및 주소나 영업소의 소재지(대리인이 특허법인인 경우에는 그 명칭, 사무소의 소재지 및 지정된 변리사의 성명) 3. 디자인등록출원번호 4. 디자인의 대상이 되는 물품 5. 결정의 주문과 그 이유	

특허법 시행규칙	실용신안법 시행규칙	디자인보호법 시행규칙	상표법 시행규칙
		6. 거절이유통지연월일(디자인등록거절결정의 경우에 한한다) 7. 결정연월일 [제목개정 2001.6.30, 2005.7.1] 제20조【디자인무심사등록이의신청 등】①법 제29조의2에 따라 디자인무심사등록이의신청을 하고자 하는 자는 별지 제9호서식의 디자인무심사등록이의신청서에 다음 각 호의 서류를 첨부하여 특허청장에게 제출하여야 한다. 이 경우 복수디자인등록출원에 의하여 등록된 디자인에 대하여는 디자인무심사등록이의신청의 대상이 되는 등록디자인마다 이의신청서를 제출할 수 있다. <개정 1998.12.31, 2001.6.30, 2002.2.28, 2003.5.12, 2005.2.11, 2005.7.1, 2007.6.29> 1. 삭제 <2002.2.28> 2. 이의신청사항을 증명하는 서류 1통 3. 대리인에 의하여 절차를 밟는 경우에는 그 대리권을 증명하는 서류 1통 4. 디자인무심사등록출원인이 무권리자임을 입증하는 서류 1통(정당한 권리자의 디자인무심사등록이의신청에 한한다)	제14조의3【상표등록이의신청 등】①법 제25조제2항의 규정에 의하여 상표등록이의신청을 하고자 하는 자는 별지 제6호서식의 이의신청서에 다음 각 호의 서류를 첨부하여 특허청장에게 제출하여야 한다. <개정 2002.2.28, 2003.5.12, 2006.12.29> 1. 삭제 <2002.2.28> 2. 상표등록이의신청사항을 증명하는 서류 1통 3. 대리인에 의하여 절차를 밟는 경우에는 그 대리권을 증명하는 서류 1통 ②법 제26조의 규정에 의하여 상표등록이의신청에 대한 보정을 하고자 하는 자는 별지 제4호서식의 보정서에 다음 각 호의 서류를 첨부하여 특허청장에게 제출하여야 한다. <신설 2002.2.28, 2006.12.29> 1. 보정내용을 증명하는 서류 1통 2. 대리인에 의하여 절차를 밟는 경우에는 그 대리권을 증명

특허법 시행규칙	실용신안법 시행규칙	디자인보호법 시행규칙	상표법 시행규칙
		②법 제29조의2제3항에 따라 이의신청에 대한 답변서를 제출하고자 하는 자는 별지 제1호서식의 답변서에 다음 각 호의 서류를 첨부하여 특허청장에게 제출하여야 한다. <개정 1998.12.31, 2002.2.28, 2005.2.11, 2007.6.29> 1. 삭제 <2002.2.28> 2. 답변사항을 증명하는 서류 1통 3. 대리인에 의하여 절차를 밟는 경우에는 그 대리권을 증명하는 서류 1통 ③제2항에 따른 이의신청에 대한 답변에 대하여 의견을 제출하고자 하는 자 및 그 의견에 대한 재답변을 하고자 하는 자는 별지 제1호서식의 의견(답변)서에 다음 각 호의 서류를 첨부하여 특허청장에게 제출하여야 한다. <신설 2002.2.28, 2005.2.11, 2007.6.29> 1. 의견내용(재답변내용)을 증명하는 서류 1통 2. 대리인에 의하여 절차를 밟는 경우에는 그 대리권을 증명하는 서류 1통 ④법 제29조의3에 따른 디자인무심사등록이의신청이유등의 보정을 하고자 하는 자는 별지	하는 서류 1통 ③법 제27조제1항의 규정에 의하여 상표등록이의신청에 대한 답변서를 제출하고자 하는 자는 별지 제1호서식의 답변서에 다음 각 호의 서류를 첨부하여 특허청장에게 제출하여야 한다. <개정 2002.2.28, 2006.12.29> 1. 삭제 <2002.2.28> 2. 답변사항을 증명하는 서류 1통 3. 대리인에 의하여 절차를 밟는 경우에는 그 대리권을 증명하는 서류 1통 ④제3항의 규정에 의한 이의신청에 대한 답변에 대하여 의견을 제출하고자 하는 자 및 그 의견에 대한 재답변을 하고자 하는 자는 별지 제1호서식의 의견서에 다음 각 호의 서류를 첨부하여 특허청장에게 제출하여야 한다. <신설 2002.2.28, 2006.12.29> 1. 의견내용(재답변내용)을 증명하는 서류 1통 2. 대리인에 의하여 절차를 밟는 경우에는 그 대리권을 증명하는 서류 1통 [전문개정 1998.12.31]

특허법 시행규칙	실용신안법 시행규칙	디자인보호법 시행규칙	상표법 시행규칙
		제2호서식의 보정서에 다음 각 호의 서류를 첨부하여 특허청장에게 제출하여야 한다. <신설 2007.6.29> 1. 보정내용을 증명하는 서류 1통 2. 대리인에 의하여 절차를 밟는 경우에는 그 대리권을 증명하는 서류 1통 [본조신설 1998.2.23] [제목개정 2005.7.1]	제14조의4 【상표등록이의결정서】 법 제27조제2항의 규정에 의하여 상표등록이의신청에 대한 결정을 하는 때에는 다음 각호의 사항을 기재한 서면으로 하여야 한다. <개정 2001.6.30> 1.상표등록출원번호 및 상표등록출원공고번호(국제상표등록출원인 경우에는 국제등록번호 및 국제상표등록출원공고번호) 2.상품류구분 3.상표등록출원인 및 상표등록이의신청인의 성명 및 주소(법인인 경우에는 그 명칭 및 영업소의 소재지) 4.상표등록출원인 및 상표등록이의신청인의 대리인이 있는 경우에는 각각 그 대리인의 성

특허법 시행규칙	실용신안법 시행규칙	디자인보호법 시행규칙	상표법 시행규칙
			명 및 주소 또는 영업소의 소재지(대리인이 특허법인인 경우에는 그 명칭, 사무소의 소재지 및 지정된 변리사의 성명) 5.결정의 주문 및 이유 6.이의결정연월일 [본조신설 1998.2.23]
		제20조의2 【일부디자인의 포기】 법 제31조의2제1항에 따라 디자인별로 이를 포기하고자 하는 자는 납부서(「특허등록령 시행규칙」 별지 제16호서식의 납부서를 준용한다)에 그 취지를 기재하고, 설정등록료를 납부하는 때에 동납부서와 함께 일부디자인포기서(「특허법 시행규칙」 별지 제12호서식의 취하(포기)서를 준용한다)를 특허청장에게 제출하여야 한다. <개정 2005.7.1> [본조신설 2001.6.30] [제목개정 2005.7.1]	**제14조의6 【일부 지정상품의 포기】** 법 제34조의2제1항의 규정에 의하여 지정상품의 일부를 포기하고자 하는 자는 납부서(「특허등록령 시행규칙」 별지 제16호서식의 납부서를 준용한다)에 그 취지를 기재하여야 하며, 포기서(「특허법 시행규칙」 별지 제12호서식의 포기서를 준용한다)를 당해 등록료납부서 제출시 특허청장에게 제출하여야 한다. <개정 2002.2.28, 2005.2.11, 2006.12.29> [본조신설 2001.6.30]
제55조 【특허권의 소멸공고】 특허청장은 법 제124조의 규정에 의하여 특허권이 소멸된 때에는 그 취지를 특허공보에 공고하여야 한다.	**제17조 【「특허법 시행규칙」의 준용】**	**제23조 【디자인권의 소멸공고】** 특허청장은 법 제59조의 규정에 의하여 디자인권이 소멸된 때에는 그 취지를 디자인공보에 공고하여야 한다. <개정 2005.7.1> [제목개정 2005.7.1]	

특허법 시행규칙	실용신안법 시행규칙	디자인보호법 시행규칙	상표법 시행규칙
제55조의2【특허료 추가납부 또는 보전에 의한 특허출원과 특허권 등의 회복】①법 제81조의3제1항에 따라 특허료를 추가납부하거나 보전하고자 하는 자는 「특허등록령 시행규칙」 별지 제16호서식의 납부서에 그 취지를 적고 다음 각 호의 서류를 첨부하여 특허청장에게 제출하여야 한다. <개정 2003.5.17, 2005.2.11, 2005.9.1, 2008.9.30> 1. 특허출원인 또는 특허권자가 책임질 수 없는 사유로 납부기간 이내에 납부하지 아니하였거나 보전하여야 할 기간 이내에 보전하지 아니하였음을 증명하는 서류 1통 2. 대리인에 의하여 절차를 밟는 경우에는 그 대리권을 증명하는 서류 1통 ②법 제81조의3제3항에 따라 특허권의 회복을 신청하고자 하는 특허권자는 「특허등록령 시행규칙」 별지 제16호서식의 납부서에 그 취지를 적고 다음 각 호의 서류를 첨부하여 특허청장에게 제출하여야 한다. <신설 2005.9.1, 2008.9.30> 1. 추가납부기간 또는 보전기간	제17조【「특허법 시행규칙」의 준용】	제20조의3【등록료의 추가납부 또는 보전에 의한 디자인등록출원과 디자인권등의 회복】①법 제33조의3제1항에 따라 등록료를 추가납부하거나 보전하고자 하는 자는 납부서(「특허등록령 시행규칙」 별지 제16호서식의 납부서를 준용한다)에 그 취지를 기재하고 다음 각 호의 서류를 첨부하여 특허청장에게 제출하여야 한다. <개정 2003.5.12, 2005.2.11, 2005.7.1, 2005.9.1, 2007.6.29> 1. 디자인등록출원인 또는 디자인권자가 책임질 수 없는 사유로 납부기간 이내에 납부하지 아니하였거나 보전하여야 하는 기간내에 보전하지 아니하였음을 증명하는 서류 1통 2. 대리인에 의하여 절차를 밟는 경우에는 그 대리권을 증명하는 서류 1통 ②법 제33조의3제3항에 따라 디자인권의 회복을 신청하고자 하는 디자인권자는 납부서(「특허등록령 시행규칙」 별지 제16호서식의 납부서를 준용한다)에 그 취지를 기재하고 다음 각 호의 서류를 첨부하여 특허청장에게 제출하여야 한다.	제14조의7【등록료 추가납부 또는 보전에 의한 상표등록출원 등의 회복】법 제36조의3의 규정에 의하여 등록료를 추가납부하거나 보전하고자 하는 자는 「특허등록령 시행규칙」 별지 제16호서식의 납부서에 그 취지를 기재하고 다음 각호의 서류를 첨부하여 특허청장에게 제출하여야 한다. <개정 2003.5.12, 2010.7.29> 1. 출원인이 책임질 수 없는 사유로 납부기간내에 등록료를 납부하지 아니하였거나 보전하여야 하는 기간내에 보전하지 아니하였음을 증명하는 서류 1통 2. 대리인에 의하여 절차를 밟는 경우에는 그 대리권을 증명하는 서류 1통 [본조신설 2001.6.30]

특허법 시행규칙	실용신안법 시행규칙	디자인보호법 시행규칙	상표법 시행규칙
만료일에 그 특허발명이 실시 중이었음을 증명하는 서류 1통 2. 대리인에 의하여 절차를 밟는 경우에는 그 대리권을 증명하는 서류 1통 [본조신설 2001.6.30] [제목개정 2003.5.17]		<신설 2005.9.1, 2007.6.29> 1. 추가납부기간 또는 보전기간 만료일에 그 등록디자인이 실시중이었음을 증명하는 서류 1통 2. 대리인에 의하여 절차를 밟는 경우에는 그 대리권을 증명하는 서류 1통 [본조신설 2001.6.30] [제목개정 2003.5.12, 2005.7.1]	
제56조 【출원 및 심사규정의 연장등록출원에의 준용】 제24조 및 제41조의 규정은 특허권의 존속기간의 연장등록출원의 출원 및 심사에 관하여 이를 준용한다. <개정 1993.12.31> **제5장 심판 및 재심** <개정 1998.2.23>			제19조 삭제　<1998.2.23>
제57조 【심판청구서】 ①법 제133조·법 제134조·법 제135조 또는 법 제137조에 따라 심판청구를 하려는 자는 별지 제31호서식의 심판청구서에 다음 각 호의 서류를 첨부하여 특허심판원장에게 제출하여야 한다. <개정 1998.2.23, 1998.12.31, 2001.6.30, 2002.2.28, 2003.5.17, 2006.12.29, 2009.6.30>	**제14조 【심판청구서】** 「특허법 시행규칙」 제57조는 법 제31조 내지 법 제33조에서 준용하는 「특허법」 제132조의3·제135조 내지 제137조에 따른 심판청구의 청구서에 관하여 이를 준용한다.	**제24조 【심판청구서】** ①법 제68조 또는 법 제69조에 따른 심판청구를 하고자 하는 자는 심판청구서(「특허법 시행규칙」 별지 제31호서식의 심판청구서를 준용한다)에 다음 각 호의 서류를 첨부하여 특허심판원장에게 제출하여야 한다. 이 경우 복수디자인등록출원에 의하여 등록된 디자인에 대하여는 심	**제20조 【심판청구서】** ①법 제70조의2의 규정에 의한 거절결정에 대한 심판청구를 하고자 하는 자 및 법 제70조의3의 규정에 의한 보정각하결정에 대한 심판청구를 하고자 하는 자는 심판청구서(「특허법 시행규칙」 별지 제31호서식의 심판청구서를 준용한다. 이하 같다)를 특허심판원장에게 제출하여

특허법 시행규칙	실용신안법 시행규칙	디자인보호법 시행규칙	상표법 시행규칙
1. 삭제 <2002.2.28> 2. 특허발명과 대비될 수 있는 설명서(그 설명서에는 특허발명과의 구체적인 대비표를 적어야 한다) 및 필요한 도면 각 1통(권리범위확인심판의 경우에 한정한다) 3. 대리인에 의하여 절차를 밟는 경우에는 그 대리권을 증명하는 서류 1통 ②법 제136조에 따라 심판청구를 하려는 자는 별지 제31호서식의 심판청구서에 다음 각 호의 서류를 첨부하여 특허심판원장에게 제출하여야 한다. <개정 1998.2.23, 1998.12.31, 2001.6.30, 2002.2.28, 2003.5.17, 2006.12.29, 2009.6.30> 1. 삭제 <2002.2.28> 2. 정정명세서 및 도면 각 1통(별지 제15호서식 및 별지 제17호서식에 따라 작성한다) 3. 대리인에 의하여 절차를 밟는 경우에는 그 대리권을 증명하는 서류 1통 4. 전용실시권자·질권자 또는 통상실시권자의 동의가 필요한 경우에는 그 동의를 증명하는 서류 1통 ③법 제138조의 규정에 의하여 심판청구를 하고자 하는 자는		판청구의 대상이 되는 등록디자인마다 심판청구서를 제출할 수 있다. <개정 1998.2.23, 1998.12.31, 2001.6.30, 2005.2.11, 2005.7.1, 2007.6.29> 1. 삭제 <2002.2.28> 2. 도면(권리범위확인심판의 경우에 한한다) 3. 대리인에 의하여 절차를 밟는 경우에는 그 대리권을 증명하는 서류 1통 ②법 제67조의2, 법 제67조의3 및 법 제70조에 따른 심판청구를 하고자 하는 자는 심판청구서(「특허법 시행규칙」 별지 제31호서식의 심판청구서를 준용한다)를 특허심판원장에게 제출하여야 한다. <개정 2002.2.28, 2005.2.11, 2007.6.29> ③삭제 <2007.6.29>	야 한다. <개정 2002.2.28, 2006.12.29> ②법 제71조·법 제72조·법 제72조의2 및 법 제73조 내지 제75조의 규정에 의한 심판청구를 하고자 하는 자는 심판청구서를 특허심판원장에게 제출하여야 한다. <개정 2001.6.30, 2003.5.12, 2005.2.11, 2006.12.29> [전문개정 1998.2.23]

특허법 시행규칙	실용신안법 시행규칙	디자인보호법 시행규칙	상표법 시행규칙
별지 별지 제31호서식의 심판청구서를 특허심판원장에게 제출하여야 한다. <개정 2002.2.28, 2006.12.29> ④법 제132조의3의 규정에 의하여 심판청구를 하고자 하는 자는 별지 제31호서식의 심판청구서를 특허심판원장에게 제출하여야 한다. <개정 2002.2.28, 2006.9.29, 2006.12.29> **제57조의2 【정정청구서】** 법 제133조의2제1항 또는 법 제137조제3항에 따라 정정청구를 하려는 자는 별지 제32호서식의 정정청구서에 다음 각 호의 서류를 첨부하여 특허심판원장에게 제출하여야 한다. <개정 2006.12.29, 2007.6.29> 1. 정정명세서 및 도면 각 1통 2. 대리인에 의하여 절차를 밟는 경우에는 그 대리권을 증명하는 서류 1통 3. 법 제133조의2제4항 또는 법 제137조제4항에서 준용하는 법 제136조제7항에 따라 전용실시권자·질권자 또는 통상실시권자의 동의가 필요한 경우에는 그 동의를 증명하는 서류 1통 [전문개정 2006.9.29]	**제17조 【** 「특허법 시행규칙」 의 준용】		

특허법 시행규칙	실용신안법 시행규칙	디자인보호법 시행규칙	상표법 시행규칙
제58조 【심판번호의 통지 등】 ①특허심판원장은 심판청구서를 수리한 때에는 심판번호를 부여하고 그 사건에 대한 합의체를 구성할 심판관을 지정하여야 한다. ②특허심판원장은 제1항에 따라 심판관을 지정하거나 지정된 심판관의 변경이 있는 때에는 그 사실을 당사자에게 서면 또는 모사전송기로 통지하여야 한다. [전문개정 2007.6.29] **제59조 삭제** <1998.2.23> **제60조 【답변서 등】** ①법 제147조제1항의 규정에 의하여 답변서를 제출하고자 하는 자는 별지 제24호서식의 답변서를 특허심판원장 또는 심판장에게 제출하여야 한다. <개정 2003.5.17, 2006.12.29> ②법 제147조제3항·법 제156조제2항·법 제159조제1항 또는 법 제170조의 규정에 의하여 의견서를 제출하고자 하는 자는 별지 제24호서식의 의견서를 특허심판원장 또는 심판장에게 제출하여야 한다.	**제17조 【「특허법 시행규칙」의 준용】** **제17조 【「특허법 시행규칙」의 준용】**	**제24조의2 【심판번호의 통지 등】** ①특허심판원장은 심판청구서를 수리한 때에는 심판번호를 부여하고 그 사건에 대한 합의체를 구성할 심판관을 지정하여야 한다. ②특허심판원장은 제1항에 따라 심판관을 지정하거나 지정된 심판관의 변경이 있는 때에는 그 사실을 당사자에게 서면 또는 모사전송기로 통지하여야 한다. [본조신설 2009.6.30] **제24조의3 【답변서 등】** ①법 제72조의10제1항에 따라 답변서를 제출하려는 자는 별지 제1호서식의 답변서를 특허심판원장 또는 심판장에게 제출하여야 한다. ②법 제72조의10제3항, 제72조의20제2항, 제72조의23제1항 또는 제71조에 따라 의견서를 제출하려는 자는 별지 제1호서식의 의견서를 특허심판원장 또는 심판장에게 제출하여야 한다. [본조신설 2009.6.30]	**제36조 【준용규정】** **제36조 【준용규정】**

특허법 시행규칙	실용신안법 시행규칙	디자인보호법 시행규칙	상표법 시행규칙
<개정 2006.12.29> [전문개정 2002.2.28]			
제61조 [심판관의 제척신청 등] 법 제149조 또는 법 제150조에 제1항의 규정에 의하여 심판관의 제척신청 또는 기피신청을 하고자 하는 자는 별지 제33호서식의 심판사건 특허(심판원장에게 제출하여야 한다. <개정 2006.12.29> [전문개정 2002.2.28] [제목개정 2006.12.29]	**제17조 [「특허법 시행규칙」의 준용]**	**제24조의4 [심판관의 제척신청 등]** 법 제72조의12 또는 제72조의13제1항에 따라 심판관의 제척신청 또는 기피신청을 하려는 자는 「특허법 시행규칙」 별지 제33호서식의 심판사건 신청서를 특허심판원장에게 제출하여야 한다. [본조신설 2009.6.30]	**제36조 [준용규정]**
제62조 [심판참가신청] 법 제156조의 규정에 의하여 심판참가의 신청을 하고자 하는 자는 별지 제33호서식의 심판사건 신청서를 특허심판원장 또는 심판장에게 제출하여야 한다. <개정 2006.12.29> [전문개정 2002.2.28] [제목개정 2006.12.29]	**제17조 [「특허법 시행규칙」의 준용]**	**제24조의5 [심판참가신청]** 법 제72조의20에 따라 심판참가의 신청을 하려는 자는 「특허법 시행규칙」 별지 제33호서식의 심판사건 신청서를 특허심판원장 또는 심판장에게 제출하여야 한다. [본조신설 2009.6.30]	**제36조 [준용규정]**
제63조 [증거의 첨부] ①제57조 및 제60조의 규정에 의한 심판청구서 · 답변서 · 의견서 기타 심판에 관하여 제출하는 서면에는 필요한 증빙자료를 첨부하여야 한다. ②제1항의 규정에 의한 증빙자	**제17조 [「특허법 시행규칙」의 준용]**	**제24조의6 [증거의 첨부]** ①제24조 및 제24조의3에 따른 심판청구서 · 답변서 · 의견서, 그 밖에 심판에 관하여 제출하는 서류에는 필요한 증거자료를 첨부하여야 한다. ②제1항에 따른 증거자료가 서	**제36조 [준용규정]**

특허법 시행규칙	실용신안법 시행규칙	디자인보호법 시행규칙	상표법 시행규칙
료가 서면인 때에는 그 등본을, 도면·견본 또는 물건인 때에는 실물에 갈음할 수 있는 복사나 사진을 첨부하여야 한다. 다만, 견본 또는 물건을 추가로 제출하고자 하는 경우에는 심판 관 서류에 견본 또는 물건을 별도로 제출한다는 취지를 기재하고 별지 제7호서식의 전자문서첨부서류등 물건제출서에 첨부하여 제출하여야 한다. <개정 2003.5.17, 2006.12.29> ③제2항의 규정에 의한 견본에는 그 도면을 첨부하여야 하며 도면을 첨부할 수 없을 때에는 설명서를 첨부하여야 한다. ④법 제157조의 규정에 의한 증거보전 신청을 하고자 하는 자는 별지 제33호서식의 심판사건 신청서를 특허심판원장 또는 심판장에게 제출하여야 한다. <개정 1998.2.23, 2006.12.29> ⑤대리인에 의하여 절차를 밟는 경우에는 제4항의 규정에 의한 서식에 그 대리권을 증명하는 서류를 첨부하여야 한다. <개정 2001.6.30>		류인 때에는 그 등본을, 도면·견본 또는 물건인 때에는 실물을 갈음할 수 있는 복사나 사진을 첨부하여야 한다. 다만, 견본 또는 물건을 추가로 제출하려는 경우에는 심판관련 서류에 견본 또는 물건을 별도로 제출한다는 취지를 적고 「특허법 시행규칙」 별지 제7호서식의 전자문서첨부서류등 물건제출서에 첨부하여 제출하여야 한다. ③제2항에 따른 견본에는 그 도면을 첨부하여야 하며 도면을 첨부할 수 없을 때에는 설명서를 첨부하여야 한다. ④법 제72조의21에 따른 증거보전 신청을 하려는 자는 「특허법 시행규칙」 별지 제33호서식의 심판사건 신청서를 특허심판원장 또는 심판장에게 제출하여야 한다. ⑤대리인에 의하여 절차를 밟는 경우에는 제4항에 따른 서식에 그 대리권을 증명하는 서류를 첨부하여야 한다. [본조신설 2009.6.30]	
제64조 【심사관의 의견서】 특허심판원장은 심판을 위하여 필	**제17조 【「특허법 시행규칙」의 준용】**	**제24조의7 【심사관의 의견서】** 특허심판원장은 심판을 위하여	**제36조 【준용규정】**

특허법 시행규칙	실용신안법 시행규칙	디자인보호법 시행규칙	상표법 시행규칙
요한 경우 특허청장에게 해당 심판청구서의 부본을 송부하고, 관계심사관의 의견을 제출하도록 특허청장에게 요청할 수 있다. [전문개정 2009.6.30]		필요한 경우 특허청장에게 해당 심판청구서의 부본을 송부하고, 관계심사관의 의견을 제출하도록 특허청장에게 요청할 수 있다. [본조신설 2009.6.30]	
제65조【구술심리】 ①법 제154조 제1항의 규정에 의하여 구술심리를 하고자 하는 심판의 당사자는 별지 제33호서식의 심판사건 신청서를 특허심판원장 또는 심판장에게 제출하여야 한다. <개정 2002.2.28, 2006.12.29> ②구술심리에 있어서는 국어를 사용하여야 한다. <개정 2001.6.30> [제목개정 2001.6.30]	**제17조【「특허법 시행규칙」의 준용】**	**제24조의8【구술심리】** ①법 제72조의18제1항에 따라 구술심리를 하려는 심판의 당사자는 「특허법 시행규칙」 별지 제33호서식의 심판사건 신청서를 특허심판원장 또는 심판장에게 제출하여야 한다. ②구술심리에서는 국어를 사용하여야 한다. [본조신설 2009.6.30]	**제36조【준용규정】**
제65조의2【증인의 신청 등】 ① 증인신문을 신청하고자 하는 심판의 당사자는 별지 제33호서식의 심판사건 신청서에 다음 각 호의 서류를 첨부하여 특허심판원장 또는 심판장에게 제출하여야 한다. <개정 2006.12.29> 1. 증인신문이 필요한 이유 및 신문요구사항을 기재한 서류 1통 2. 대리인에 의하여 절차를 밟	**제17조【「특허법 시행규칙」의 준용】**	**제24조의9【증인의 신청 등】** ① 증인신문을 신청하려는 심판의 당사자는 「특허법 시행규칙」 별지 제33호서식의 심판사건 신청서에 다음 각 호의 서류를 첨부하여 특허심판원장 또는 심판장에게 제출하여야 한다. 1. 증인신문이 필요한 이유 및 신문요구사항을 적은 서류 1통 2. 대리인에 의하여 절차를 밟	

특허법 시행규칙	실용신안법 시행규칙	디자인보호법 시행규칙	상표법 시행규칙
는 경우에는 그 대리권을 증명하는 서류 1통 ②현장검증을 신청하고자 하는 심판의 당사자 또는 참가인은 별지 제33호서식의 심판사건 신청서를 특허심판원장 또는 심판장에게 제출하여야 한다. <개정 2006.12.29> [본조신설 2002.2.28]		②현장검증을 신청하려는 심판의 당사자 또는 참가인은 「특허법 시행규칙」 별지 제33호서식의 심판사건 신청서를 특허심판원장 또는 심판장에게 제출하여야 한다. [본조신설 2009.6.30]	
제66조 【심리종결의 통지후 제출된 서류】 ①법 제162조제3항의 규정에 의하여 심리의 종결을 통지한 후에 당사자 또는 참가인이 제출한 서류는 이를 심결에 참작하지 아니하며 그 서류는 신청이 있는 경우에 한하여 당사자 또는 참가인에게 반환한다. 다만, 그 반환전에 법 제162조제4항의 규정에 의하여 심리를 재개한 경우에는 그러하지 아니하다. ②제1항의 규정에 의하여 서류의 반환신청을 하고자 하는 당사자 또는 참가인은 별지 제8호서식의 서류반환신청서를 특허심판원장 또는 심판장에게 제출하여야 한다. <신설 2002.2.28, 2006.12.29>	제17조 【 「특허법 시행규칙」 의 준용】	제24조의11 【심리종결 통지 후 제출된 서류】 ①법 제72조의26제3항에 따라 심리 종결을 통지한 후에 당사자 또는 참가인이 제출한 서류는 심결에 참작하지 아니하며 그 서류는 신청이 있는 경우에만 당사자 또는 참가인에게 반환한다. 다만, 그 반환 전에 법 제72조의26제4항에 따라 심리를 재개한 경우에는 그러하지 아니하다. ②제1항에 따라 서류의 반환신청을 하려는 당사자 또는 참가인은 「특허법 시행규칙」 별지 제8호서식의 서류반환신청서를 특허심판원장 또는 심판장에게 제출하여야 한다. [본조신설 2009.6.30]	제36조 【준용규정】

특허법 시행규칙	실용신안법 시행규칙	디자인보호법 시행규칙	상표법 시행규칙
제66조의2 【심리재개】 법 제162조제4항의 규정에 의하여 심리재개를 신청하고자 하는 당사자 또는 참가인은 별지 제33호서식의 심판사건 신청서를 특허심판원장 또는 심판장에게 제출하여야 한다. <개정 2006.12.29> [본조신설 2002.2.28]	**제17조 【「특허법 시행규칙」의 준용】**	**제24조의12 【심리재개】** 법 제72조의26제4항에 따라 심리재개를 신청하려는 당사자 또는 참가인은 「특허법 시행규칙」 별지 제33호서식의 심판사건 신청서를 특허심판원장 또는 심판장에게 제출하여야 한다. [본조신설 2009.6.30]	
제67조 【심판의 결정서】 심판의 결정서에는 다음 각호의 사항을 기재하고 그 결정을 한 심판관이 기명날인하여야 한다. <개정 2001.6.30> 1. 심판번호 2. 당사자·참가인(또는 참가신청인)의 성명 및 주소(법인의 경우에는 그 명칭 및 영업소의 소재지) 3. 당사자·참가인(또는 참가신청인)의 대리인이 있는 경우에는 각각 그 대리인의 성명 및 주소나 영업소의 소재지(대리인이 특허법인인 경우에는 그 명칭, 사무소의 소재지 및 지정된 변리사의 성명) 4. 심판사건의 표시 5. 결정의 주문 및 그 이유 6. 결정연월일	**제17조 【「특허법 시행규칙」의 준용】**	**제24조의13 【심판의 결정서】** 심판의 결정서에는 다음 각 호의 사항을 적고 그 결정을 한 심판관이 기명날인하여야 한다. 1. 심판번호 2. 당사자·참가인(또는 참가신청인)의 성명 및 주소(법인인 경우에는 그 명칭 및 영업소의 소재지를 말한다) 3. 당사자·참가인(또는 참가신청인)의 대리인이 있는 경우에는 각각 그 대리인의 성명 및 주소나 영업소의 소재지(대리인이 특허법인인 경우에는 그 명칭, 사무소의 소재지 및 지정된 변리사의 성명을 말한다) 4. 심판사건의 표시 5. 결정의 주문 및 그 이유 6. 결정연월일 [본조신설 2009.6.30]	**제36조 【준용규정】**

특허법 시행규칙	실용신안법 시행규칙	디자인보호법 시행규칙	상표법 시행규칙
제68조 【심판비용】 법 제165조제5항의 규정에 의한 심판 또는 재심에 관한 비용의 금액결정을 청구하고자 하는 자는 별지 제34호서식의 청구서에 다음 각 호의 서류를 첨부하여 특허심판원장에게 제출하여야 한다. <개정 2006.12.29> 1. 삭제 <2002.2.28> 2. 비용계산서 및 그 증빙서류 각 1통 3. 대리인에 의하여 절차를 밟는 경우에는 그 대리권을 증명하는 서류 1통 [전문개정 1998.12.31]	제17조 【「특허법 시행규칙」의 준용】	제24조의14 【심판비용】 법 제72조의29제5항에 따른 심판 또는 재심에 관한 비용의 금액결정을 청구하려는 자는 「특허법 시행규칙」 별지 제34호서식의 청구서에 다음 각 호의 서류를 첨부하여 특허심판원장에게 제출하여야 한다. 1. 비용계산서 및 그 증거서류 각 1통 2. 대리인에 의하여 절차를 밟는 경우에는 그 대리권을 증명하는 서류 1통 [본조신설 2009.6.30]	제36조 【준용규정】
제69조 【심판청구 등의 취하】 ① 법 제161조제1항 및 제2항의 규정에 의하여 심판청구를 취하하고자 하는 자는 별지 제12호서식의 취하서에 다음 각 호의 서류를 첨부하여 특허심판원장 또는 심판장에게 제출하여야 한다. <개정 1998.2.23, 1998.12.31, 2003.5.17, 2006.12.29> 1. 상대방의 동의가 필요한 경우 동의를 증명하는 서류 1통 2. 대리인에 의하여 절차를 밟는 경우에는 그 대리권을 증명하는 서류 1통	제17조 【「특허법 시행규칙」의 준용】	제24조의10 【심판청구 등의 취하】 ①법 제72조의25제1항에 따라 심판청구를 취하하려는 자는 「특허법 시행규칙」 별지 제12호서식의 취하서에 다음 각 호의 서류를 첨부하여 특허심판원장 또는 심판장에게 제출하여야 한다. 1. 상대방의 동의가 필요한 경우에는 그 동의를 증명하는 서류 1통 2. 대리인에 의하여 절차를 밟는 경우에는 그 대리권을 증명하는 서류 1통 ②심판장은 심판청구가 취하되	제36조 【준용규정】

특허법 시행규칙	실용신안법 시행규칙	디자인보호법 시행규칙	상표법 시행규칙
②심판장은 심판청구의 취하가 있는 때에는 이를 당사자, 참가인 또는 참가신청을 하였으나 그 신청이 거부된 자에게 서면으로 통지하여야 한다. <개정 1998.2.23> ③심판참가인이 그 참가를 취하하고자 하는 경우에는 별지 제12호서식의 취하서를 특허심판원장 또는 심판장에게 제출하여야 한다. <신설 2002.2.28, 2006.12.29> [제목개정 2002.2.28] 제70조 삭제 <1993.12.31> 제71조 삭제 <1998.2.23> 제72조 【재심청구】 법 제178조제1항에 따라 재심의 청구를 하려는 자는 별지 제31호서식의 청구서에 다음 각 호의 서류를 첨부하여 특허심판원장에게 제출하여야 한다. <개정 2006.12.29> 1. 삭제 <2002.2.28> 2. 특허발명과 대비될 수 있는 설명서(그 설명서에는 특허발명과의 구체적인 대비표를 적어야 한다) 및 필요한 도면 각 1통(권리범위확인심판의 경우		면 당사자, 참가인 또는 참가신청을 하였으나 그 신청이 거부된 자에게 서면으로 통지하여야 한다. ③심판참가인이 그 참가를 취하하려는 경우에는 「특허법 시행규칙」 별지 제12호서식의 취하서를 특허심판원장 또는 심판장에게 제출하여야 한다. [본조신설 2009.6.30]	
	제17조 【「특허법 시행규칙」의 준용】	제26조 【재심청구서】 법 제73조제1항에 따른 재심의 청구를 하고자 하는 자는 재심청구서(「특허법 시행규칙」 별지 제31호서식의 심판청구서를 준용한다)에 다음 각 호의 서류를 첨부하여 특허심판원장에게 제출하여야 한다. <개정 1998.2.23, 1998.12.31, 2005.2.11, 2007.6.29> 1. 삭제 <2002.2.28> 2. 도면(권리범위확인심판의 경우에 한한다)	제21조 삭제 <1998.2.23> 제22조 【재심청구】 법 제83조의 규정에 의하여 재심의 청구를 하고자 하는 자는 심판청구서를 특허심판원장에게 제출하여야 한다. <개정 2006.12.29> [전문개정 2002.2.28]

특허법 시행규칙	실용신안법 시행규칙	디자인보호법 시행규칙	상표법 시행규칙
에 한정한다) 2의2. 정정명세서 및 도면 1통 (정정심판의 경우에 한한다) 3. 대리인에 의하여 절차를 밟는 경우에는 그 대리권을 증명하는 서류 1통 [제목개정 2006.12.29] **제73조 【준용규정】** 법 제132조의3에 따른 특허거절결정에 대한 심판에 관하여는 제41조 및 제42조를 준용한다. [전문개정 2009.6.30] **제6장 특허협력조약에 의한 국제출원** **제1절 국제출원절차등** **제1관 통칙** **제74조 【국제출원번호의 표시】** 국제출원을 한 후 그 국제출원에 관하여 서류 기타의 물건을 특허청장에게 제출하는 때에는 그 서류 또는 물건에 국제출원번호를 표시하여야 한다.	**제17조 【「특허법 시행규칙」의 준용】** **제17조 【「특허법 시행규칙」의 준용】**	3. 대리인에 의하여 절차를 밟는 경우에는 그 대리권을 증명하는 서류 1통 **제25조 【준용규정】** 법 제67조의2에 따른 보정각하결정에 대한 심판 및 법 제67조의3에 따른 디자인등록거절결정 또는 디자인등록취소결정에 대한 심판에 관하여는 제17조의2 및 제18조 제2항을 준용한다. [본조신설 2009.6.30]	**제36조 【준용규정】**

특허법 시행규칙	실용신안법 시행규칙	디자인보호법 시행규칙	상표법 시행규칙
<개정 2003.12.31> [전문개정 1999.7.1] **제74조의2 삭제** <1999.7.1> **제74조의3 삭제** <1999.7.1> **제75조【서류의 사용어】** 국제출원에 관하여 특허청장에게 제출하는 서류는 국제출원의 명세서 및 청구의 범위를 적은 언어(이하 "국제출원의 언어"라 한다)로 작성하여야 한다. 다만, 국적증명서, 법인증명서, 그 밖에 특허청장이 지정하는 서류는 그러하지 아니하다. [전문개정 2008.12.31] **제76조【모사전송장치에 의한 서류의 제출】** ①특허청장에게 국제출원에 관한 서류(출원서·명세서·청구의 범위·필요한 도면·요약서 및 기타 서류를 말한다)를 제출하고자 하는 자는 당해서류를 모사전송장치에 의하여 제출할 수 있다. ②특허청장은 제1항의 규정에 의하여 모사전송장치에 의하여 제출된 서류에 기재된 사항의 전부 또는 일부가 명확하지 아니한 경우 또는 그 서류의 일	**제17조【「특허법 시행규칙」의 준용】** **제17조【「특허법 시행규칙」의 준용】**		

특허법 시행규칙	실용신안법 시행규칙	디자인보호법 시행규칙	상표법 시행규칙
부가 도달되지 아니한 경우에는 그 명확하지 아니한 부분 또는 도달되지 아니한 부분에 관하여는 그 서류가 제출되지 아니한 것으로 보고 그 취지를 출원인에게 통지하여야 한다. ③특허청장은 제1항에 따라 제출된 서류를 확인하기 위하여 해당 서류의 원본이 필요하면 14일 이내에 그 원본을 제출할 것을 해당 서류를 제출한 자에게 명할 수 있다. <개정 2009.6.30> ④제3항에 따라 원본을 제출하려는 자는 별지 제35호서식의 서류제출서에 다음 각 호의 서류를 첨부하여 특허청장에게 제출하여야 한다. <개정 2009.6.30> 1. 제출명령을 받은 해당 서류의 원본 1통 2. 대리인에 의하여 절차를 밟는 경우에는 그 대리권을 증명하는 서류 1통 ⑤제3항에 따라 출원서·명세서·청구의 범위·필요한 도면 또는 요약서의 원본의 제출명령을 받은 자가 지정된 기간에 그 원본을 제출하지 아니한 경우에는 「특허협력조약 규칙」(이하 "조약규칙"이라 한다)			

특허법 시행규칙	실용신안법 시행규칙	디자인보호법 시행규칙	상표법 시행규칙
92.4(g)(i)에 따라 그 출원은 취하된 것으로 본다. <개정 2005.2.11, 2009.6.30> ⑥제3항에 따라 제5항에 따른 서류 외의 서류의 원본의 제출명령을 받은 자가 지정된 기간에 그 원본을 제출하지 아니한 경우에는 조약규칙 92.4(g)(ii)에 따라 그 서류는 제출되지 아니한 것으로 본다. <개정 2009.6.30> [전문개정 1999.7.1] **제77조【국제출원에 포함되어서는 아니되는 사항】** 국제출원에는 다음 각호의 사항이 포함되어서는 아니된다. 1. 공공의 질서에 반하는 표현 또는 도면 2. 선량한 풍속에 반하는 표현 또는 도면 3. 출원인외의 특정인의 생산물·방법 또는 출원이나 특허의 이점 또는 유효성을 비방하는 내용 4. 국제출원에 기재된 사항과 관련이 없거나 불필요한 내용 [전문개정 1999.7.1] **제78조【대리인의 선임등】** ①국제출원에 관한 절차를 밟는 자	**제17조【「특허법 시행규칙」의 준용】** **제17조【「특허법 시행규칙」의 준용】**		

특허법 시행규칙	실용신안법 시행규칙	디자인보호법 시행규칙	상표법 시행규칙
는 그가 기명한 후 서명 또는 날인한 출원서 또는 제106조의23제2항에 따른 국제예비심사청구서(이하 "국제예비심사청구서"라 한다)에 의하여 대리인 또는 대표자의 선임을 신고할 수 있다. <개정 2008.12.31> ②대리인 또는 대표자가 출원서 또는 국제예비심사청구서에 기명한 후 서명 또는 날인한 경우에는 출원인의 위임장을 출원서 또는 국제예비심사청구서에 첨부하여야 한다. <개정 2008.12.31> ③제1항 및 제2항에 따라 국제출원에 관한 절차를 밟는 자의 대리인 또는 대표자의 선임을 신고하지 아니한 자가 출원 후 또는 국제예비심사청구 후에 대리인 또는 대표자의 선임을 신고하거나 대리인 또는 대표자의 해임 또는 사임을 신고하는 경우에는 별지 제36호서식의 신고서를 특허청장에게 제출하여야 한다. 이 경우 대리인의 선임 또는 대표자의 선임·해임을 신고하는 경우에는 그 신고내용을 증명하는 서류를 첨부하여 제출하여야 한다. <개정 2001.6.30, 2006.12.29, 2008.12.31>			

특허법 시행규칙	실용신안법 시행규칙	디자인보호법 시행규칙	상표법 시행규칙
④국제출원에 관한 절차를 밟는 자가 그 대리인 또는 대표자의 선임을 신고한 후에 새로운 대리인 또는 대표자의 선임을 신고하는 경우에는 조약규칙 90.6의 규정에 의하여 먼저 선임된 대리인 또는 대표자는 해임된 것으로 본다. 다만, 신고서에 먼저 선임된 대리인 또는 대표자를 계속하여 대리인 또는 대표자로 한다는 취지가 기재되어 있는 경우에는 그러하지 아니하다. [전문개정 1999.7.1] **제79조 【복대리인의 선임등】** ① 국제출원에 관한 절차를 밟는 자의 대리인은 복대리인을 선임할 수 있다. 다만, 그 대리권을 증명하는 서면에 복대리인을 선임할 수 없다는 취지가 기재되어 있는 경우에는 그러하지 아니하다. ②제1항에 따른 복대리인의 선임·해임 또는 사임을 신고하는 경우에는 별지 제36호서식의 신고서를 특허청장에게 제출하여야 한다. 이 경우 복대리인의 선임을 신고하는 경우에는 그 신고내용을 증명하는 서류를 첨부하여 제출하여야 한	**제17조 【「특허법 시행규칙」의 준용】**		

특허법 시행규칙	실용신안법 시행규칙	디자인보호법 시행규칙	상표법 시행규칙
다. <개정 2001.6.30, 2006.12.29, 2008.12.31> [전문개정 1999.7.1] **제80조【포괄위임장의 제출등】** ①국제출원에 관한 절차를 밟는 자가 조약규칙 90.5(b)의 규정에 의한 포괄위임장을 제출하는 경우에는 별지 제37호서식의 포괄위임장 제출서에 포괄위임을 증명하는 서류를 첨부하여 특허청장에게 제출하여야 한다. <개정 2001.6.30, 2006.12.29> ②제1항의 규정에 의하여 제출한 포괄위임장의 사본을 국제출원의 출원서·국제예비심사청구서 기타 국제출원에 관한 서류에 첨부하는 경우에는 법 제7조의 규정에 의한 서면에 의한 증명에 갈음할 수 있다. ③국제출원의 출원인이 제1항에 따른 포괄위임장에 기재된 대리인의 해임 또는 사임을 신고하는 경우에는 별지 제37호서식의 포괄대리인 해임신고서 또는 포괄대리인 사임신고서를 특허청장에게 제출하여야 한다. <개정 2001.6.30, 2006.12.29, 2008.12.31>	**제17조【「특허법 시행규칙」의 준용】**		

특허법 시행규칙	실용신안법 시행규칙	디자인보호법 시행규칙	상표법 시행규칙
[전문개정 1999.7.1] **제80조의2 삭제** <1999.7.1> **제81조 【성명등의 변경신고】** 국제출원에 관한 절차를 밟는 자 또는 그 대리인은 그 성명이나 명칭·주소·국적·서명 또는 인감을 변경한 때와 발명자의 성명 또는 주소가 변경된 때에는 지체없이 별지 제38호서식의 출원정보 변경신고서에 다음 각 호의 서류를 첨부하여 특허청장에게 제출하여야 한다. <개정 2001.6.30, 2006.12.29, 2008.12.31> 1. 신고사실을 증명하는 서류 1통 2. 대리인에 의하여 절차를 밟는 경우에는 그 대리권을 증명하는 서류 1통 [전문개정 1999.7.1] **제82조 【특허출원인 또는 발명자 변경의 신고】** ①국제출원에 관한 절차를 밟는 자 또는 발명자의 명의가 변경된 경우에는 지체없이 별지 제38호서식의 출원정보 변경신고서를 특허청장에게 제출하여야 한다. <개정 2001.6.30, 2006.12.29>	제17조 【「특허법 시행규칙」의 준용】 제17조 【「특허법 시행규칙」의 준용】		

특허법 시행규칙	실용신안법 시행규칙	디자인보호법 시행규칙	상표법 시행규칙
②대리인에 의하여 절차를 밟는 경우에는 제1항의 규정에 의한 신고서에 그 대리권을 증명하는 서류를 첨부하여야 한다. [전문개정 1999.7.1] [제목개정 2001.6.30] **제83조 【국제출원외의 서류의 보정】** ①특허청장은 국제출원을 한 출원인이 제출한 서류(출원서·명세서·청구의 범위·도면 및 요약서를 제외한다)가 제2조 또는 제74조의 규정에 의한 요건을 충족하지 아니하는 때에는 기간을 정하여 서면으로 보정을 명하여야 한다. ②제1항의 규정에 의한 보정을 하고자 하는 자는 별지 제39호서식의 보정서를 특허청장에게 제출하여야 한다. <개정 2001.6.30, 2006.12.29> ③대리인에 의하여 절차를 밟는 경우에는 제2항의 규정에 의한 서류 보정서에 그 대리권을 증명하는 서류를 첨부하여야 한다. ④특허청장은 제1항의 규정에 의한 보정명령을 받은 자가 지정된 기간내에 서류를 보정하지 아니하는 때에는 당해서류	제17조 【「특허법 시행규칙」의 준용】		

특허법 시행규칙	실용신안법 시행규칙	디자인보호법 시행규칙	상표법 시행규칙
는 제출되지 아니한 것으로 보고 그 취지를 출원인에게 통지하여야 한다. [전문개정 1999.7.1] **제84조 【명백한 잘못의 정정】** ① 국제출원을 한 출원인은 조약규칙 91.1(a)에 따라 해당 국제출원의 출원서 또는 그 보정서에 명백한 잘못이 있어 그 잘못을 정정하고자 하는 경우에는 특허청장에게 그 정정을 신청할 수 있다. ②국제출원을 한 출원인은 다음 각 호의 어느 하나의 서류에 조약규칙 91.1(a)에 따른 명백한 잘못이 있어 그 잘못을 정정하고자 하는 경우에는 특허청장이 해당 국제출원에 관하여 조약 제15조에 따른 국제조사(이하 "국제조사"라 한다) 또는 조약 제33조에 따른 국제예비심사(이하 "국제예비심사"라 한다)업무를 수행하는 경우에 한하여 특허청장에게 그 정정을 신청할 수 있다. 1. 명세서, 청구의 범위, 도면 또는 그 보정서 2. 조약규칙 91.1(b)(iii)에 따른 서류 ③국제출원을 한 출원인은 제1	제17조 【「특허법 시행규칙」의 준용】		

특허법 시행규칙	실용신안법 시행규칙	디자인보호법 시행규칙	상표법 시행규칙
항 및 제2항에 따른 서류를 제외한 서류(해당 서류가 특허청장에게 제출된 경우에 한한다)에 명백한 잘못이 있어 그 잘못을 정정하고자 하는 경우에는 특허청장에게 그 정정을 신청할 수 있다. ④특허청장은 국제출원의 출원서, 그 밖의 서류에 명백한 잘못이 있는 것을 발견한 경우에는 조약규칙 제91.1(h)에 따라 제1항부터 제3항까지의 규정에 따른 정정을 신청할 것을 출원인에게 명할 수 있다. ⑤제1항부터 제3항까지의 규정에 따라 정정신청을 하고자 하는 자는 조약 제2조(xi)의 규정에 따른 우선일(이하 "우선일"이라 한다)부터 26개월 이내에 별지 제39호서식의 정정신청서를 특허청장에게 제출하여야 한다. ⑥대리인에 의하여 절차를 밟는 경우에는 제5항에 따른 정정신청서에 그 대리권을 증명하는 서류를 첨부하여야 한다. ⑦특허청장은 제1항부터 제3항까지의 규정에 따른 정정의 신청에 대하여 조약규칙 91.1(c)부터 (f)까지의 규정에 따라 그 잘못의 정정을 인정할 수 있다.			

특허법 시행규칙	실용신안법 시행규칙	디자인보호법 시행규칙	상표법 시행규칙
다만, 그 정정신청이 조약규칙 91.1(g)에 해당하는 경우에는 그러하지 아니하다. ⑧제7항에 따른 정정의 인정은 다음 각 호의 어느 하나에 해당하는 때부터 그 효력이 발생한다. <개정 2008.12.31> 1. 국제출원의 출원시에 제출된 출원서, 명세서, 청구의 범위 또는 도면에 명백한 잘못이 있는 경우에는 조약 제11조에 따른 국제출원일(이하 "국제출원일"이라 한다) 2. 제1호에 따른 서류를 제외한 서류에 명백한 잘못이 있는 경우에는 해당 서류의 제출일 ⑨특허청장은 제1항부터 제3항까지의 규정에 따라 신청한 정정을 인정하는 경우에는 그 취지를, 그 정정을 인정하지 아니하는 경우에는 그 취지 및 이유를 출원인에게 통지하여야 한다. [전문개정 2007.6.29] **제85조 【출원인의 서명 또는 날인이 없는 경우의 서면의 제출】** 조약규칙 4.15(b)·53.8(b) 또는 90bis.5(b)에 따라 출원인의 서명 또는 날인이 없는 것에 대하여 소명하는 서면을 제	**제17조 【「특허법 시행규칙」의 준용】**		

특허법 시행규칙	실용신안법 시행규칙	디자인보호법 시행규칙	상표법 시행규칙
출하는 경우에는 별지 제40호서식의 소명제출서에 따른다. [전문개정 2008.12.31] **제86조 【우편의 지연】** ①법령의 규정에 의하여 특허청장에게 제출하는 국제출원에 관한 서류로서 제출기간이 정하여져 있는 것을 등기우편에 의하여 제출하는 경우 우편의 지연으로 인하여 당해서류가 제출기간내에 도달되지 아니하는 때에는 출원인은 당해서류를 제출기간의 만료일 5일이전에 우편으로 발송하였다는 사실을 증명하는 증거를 특허청장에게 제출할 수 있다. 다만, 당해서류를 항공우편으로 발송할 수 있고 또한 항공우편외의 방법으로는 도달에 통상 3일이상 소요되는 것이 명백한 경우 당해서류를 항공우편으로 발송하지 아니한 때에는 그러하지 아니하다. ②제1항의 규정에 의한 증거의 제출은 출원인이 서류의 도달지연을 알게 된 날 또는 상당한 주의를 하였다면 알 수 있었던 날부터 1월이내, 당해서류의 제출기간의 만료일부터 6월이내에 제출하여야 한다. ③제1항의 규정에 의하여 제출	**제17조 【** 「특허법 시행규칙」의 준용】		

특허법 시행규칙	실용신안법 시행규칙	디자인보호법 시행규칙	상표법 시행규칙
된 증거에 의하여 당해서류가 제출기간내에 도달되지 아니한 원인이 우편의 지연으로 인한 것이라고 인정되는 경우에는 당해서류는 제출기간내에 제출된 것으로 본다. [전문개정 1999.7.1] **제87조 【우편물의 망실】** 제86조의 규정은 국제출원에 관한 서류를 우편으로 제출하는 경우 당해우편물의 망실에 관하여 이를 준용한다. 이 경우 제86조제1항 내지 제3항중 "증거"는 각각 "증거 또는 망실한 서류를 대신하는 새로운 서류 및 새로운 서류가 망실한 서류와 동일하다는 것을 증명하는 증거"로, 동조제1항 및 제3항중 "우편의 지연으로"는 각각 "우편물의 망실로"로, 동조제3항중 "당해서류"는 "망실한 서류를 대신하여 제출된 새로운 서류"로 본다. [전문개정 1999.7.1] **제88조 【우편업무의 중단】** ①법령의 규정에 의하여 특허청장에게 제출하는 국제출원에 관한 서류로서 제출기간이 정하여져 있는 것을 우편에 의하여 제출하고자 하는 경우 출원인	**제17조 【**「특허법 시행규칙」 의 준용】 **제17조 【**「특허법 시행규칙」 의 준용】		

특허법 시행규칙	실용신안법 시행규칙	디자인보호법 시행규칙	상표법 시행규칙
또는 그 대리인의 주소나 영업소가 속하는 지역 또는 체재지에서의 전쟁·혁명·폭동·파업·천재지변 기타 이와 유사한 사고로 인하여 제출기간의 만료일전 10일간의 사이에 우편업무가 중단되어 제출기간내에 당해서류가 도달되지 아니한 때에는 출원인은 그 취지를 증명하는 증거를 특허청장에게 제출할 수 있다. ②제86조제2항의 규정은 제1항의 규정에 의한 증거의 제출에 관하여 이를 준용한다. ③제1항의 규정에 의하여 제출된 증거에 의하여 당해서류가 제출기간내에 도달되지 못한 원인이 우편업무의 중단에 의한 것이라고 인정되고, 또한 출원인이 우편업무가 회복된 날부터 5일이내에 당해서류를 우편으로 발송한 사실을 증명하는 때에는 당해서류는 제출기간내에 제출된 것으로 본다. [전문개정 1999.7.1] **제89조 【조약규칙의 효력】** 국제출원에 관하여 조약규칙에 이 규칙에서 규정한 것과 다른 규정이 있는 경우에는 그 규정에 따른다.	**제17조 【「특허법 시행규칙」의 준용】**		

특허법 시행규칙	실용신안법 시행규칙	디자인보호법 시행규칙	상표법 시행규칙
[전문개정 2003.12.31] **제2관 국제출원절차** <신설 1999.7.1> **제90조 【국제출원을 할 수 있는 자】** 법 제192조제4호에서 "지식경제부령이 정하는 요건에 해당하는 자"란 같은 조 제1호부터 제3호까지에 해당하는 자가 아닌 자로서 1명이상의 대한민국 국민이나 국내에 주소 또는 영업소를 가진 외국인과 공동으로 국제출원하는 자를 말한다. <개정 2008.9.30> [전문개정 1999.7.1]	**제17조 【「특허법 시행규칙」의 준용】**		**제23조 【국제출원에 관한 대리인의 선임 등】** ①국제출원에 관한 절차를 밟는 자가 대리인의 선임을 신고하거나 대리인이 복대리인의 선임을 신고하고자 하는 경우에는 별지 제21호서식의 대리인에 관한 신고서에 신고내용을 증명하는 서류를 첨부하여 특허청장에게 제출하여야 한다. <개정 2005.2.11, 2005.7.1, 2006.12.29> ②국제출원에 관한 절차를 밟는 자가 대리인의 해임을 신고하거나 대리인이 복대리인의 해

특허법 시행규칙	실용신안법 시행규칙	디자인보호법 시행규칙	상표법 시행규칙
			임을 신고하고자 하는 경우에는 별지 제21호서식의 대리인에 관한 신고서를 특허청장에게 제출하여야 한다. <개정 2006.12.29> ③국제출원에 관한 절차를 밟는 자의 대리인 또는 복대리인이 사임을 신고하고자 하는 경우에는 별지 제21호서식의 대리인에 관한 신고서를 특허청장에게 제출하여야 한다. <개정 2006.12.29> [전문개정 2002.12.27] **제23조의2 【국제출원에 관한 대표자의 선임 등】** ①국제출원에 관한 절차를 밟는 자가 대표자의 선임을 신고하고자 하는 경우에는 별지 제21호서식의 대표자에 관한 신고서에 신고내용을 증명하는 서류를 첨부하여 특허청장에게 제출하여야 한다. <개정 2006.12.29> ②국제출원에 관한 절차를 밟는 자가 대표자의 해임을 신고하고자 하는 경우에는 별지 제21호서식의 대표자에 관한 신고서를 특허청장에게 제출하여야 한다. <개정 2006.12.29> ③국제출원에 관한 절차를 밟는 자의 대표자가 사임을 신고

특허법 시행규칙	실용신안법 시행규칙	디자인보호법 시행규칙	상표법 시행규칙
			하고자 하는 경우에는 별지 제21호서식의 대표자에 관한 신고서를 특허청장에게 제출하여야 한다. <개정 2006.12.29> [본조신설 2002.12.27] 제23조의3 삭제 <2010.7.29> 제24조 【공동출원인의 출원인적격】 법 제86조의3제2항에서 "지식경제부령이 정하는 요건"이란 다음 각 호의 요건을 말한다. <개정 2008.12.31> 1.공동으로 국제출원을 하고자 하는 자는 각각 법 제86조의3제1항 각호의 1에 해당할 것 2.법 제86조의4제2항제4호의 규정에 의한 기초출원을 공동으로 하였거나 동호의 규정에 의한 기초등록에 관한 상표권을 공유하고 있을 것 [본조신설 2001.6.30]
제91조 【국제출원의 사용어】 법 제193조제1항에서 "지식경제부령이 정하는 언어"란 국어, 영어 또는 일어를 말한다. [전문개정 2008.12.31]	제17조 【「특허법 시행규칙」 의 준용】		제25조 【국제출원언어】 법 제86조의4제1항에서 "지식경제부령이 정하는 언어"란 영어를 말한다. <개정 2008.12.31> [본조신설 2001.6.30]
제92조 【출원서 등의 제출】 ①국제출원을 하고자 하는 자는 국	제17조 【「특허법 시행규칙」 의 준용】		제26조 【국제출원서의 제출】 ① 법 제86조의4제1항에 따른 국

특허법 시행규칙	실용신안법 시행규칙	디자인보호법 시행규칙	상표법 시행규칙
제출원의 출원서에 명세서, 청구의 범위, 도면 및 요약서 각 1통을 첨부하여 특허청장에게 제출하여야 한다. 다만, 국제출원의 출원서를 포함한 당해 서류를 서면으로 제출하는 경우에는 각 3통을 별개의 서류로 작성하여 제출하여야 한다. ②제1항 단서의 규정에 따라 출원서 등을 서면으로 제출하는 자가 「특허협력조약 시행세칙」(이하 "조약시행세칙"이라 한다) 102bis의 규정에 따른 수수료의 감면을 받고자 하는 경우에는 출원서 및 요약서의 사본을 조약시행세칙 102bis의 규정에 따른 전자적 형태로 추가제출하여야 한다. <개정 2005.2.11> [전문개정 2003.12.31] **제93조【출원서등의 서식】**①국제출원의 출원서는 별지 제41호서식, 별지 제41호의2서식 또는 별지 제42호서식에 따라 작성하여야 한다. 다만, 제92조제2항에 따른 출원서는 조약시행세칙 102bis에 따라 작성하여야 한다. <개정 2001.6.30, 2006.12.29, 2008.12.31>			제출원은 별지 제23호서식의 국제출원서에 따른다. <개정 2006.12.29> ②법 제86조의4제1항에서 "국제출원에 필요한 서류"라 함은 별지 제24호서식의 국제출원서 등 제출서를 말한다. <개정 2006.12.29> [전문개정 2002.12.27]
	제17조【「특허법 시행규칙」의 준용】		**제37조【「상표법조약 규칙」에서 정하는 국제표준서식의 사용】**법·영 및 이 규칙에 의한 출원·신고·신청 등을 함에 있어서는 이 규칙에서 정하는 서식외에 「상표법조약 규칙」에서 정하는 국제표준서식(국어로 번역된 것에 한한다)을 사용할 수 있다. <개정 2005.2.11>

특허법 시행규칙	실용신안법 시행규칙	디자인보호법 시행규칙	상표법 시행규칙
②국제출원의 명세서는 별지 제43호서식, 청구의 범위는 별지 제44호서식, 요약서는 별지 제45호서식, 도면은 별지 제46호서식에 따라 작성하여야 한다. <개정 2006.12.29, 2009.6.30> [전문개정 1999.7.1]			[본조신설 2001.6.30] 제27조 【사후지정의 신청】법 제86조의6제1항의 규정에 따른 사후지정의 신청은 별지 제25호서식의 사후지정신청서에 의한다. <개정 2006.12.29> [전문개정 2005.7.1] 제28조 【국제등록존속기간의 갱신신청】법 제86조의7제2항의 규정에 따른 국제등록존속기간의 갱신신청은 별지 제26호서식의 국제등록존속기간갱신신청서에 의한다. <개정 2006.12.29> [전문개정 2005.7.1] 제29조 【국제등록의 명의변경등록 신청】법 제86조의8제2항의 규정에 따른 국제등록의 명의변경등록신청은 별지 제27호서식의 국제등록명의변경등록신청서에 의한다. <개정 2006.12.29>

특허법 시행규칙	실용신안법 시행규칙	디자인보호법 시행규칙	상표법 시행규칙
			[전문개정 2005.7.1] **제29조의2 【국제출원에 필요한 서류의 제출】** 제26조제1항의 규정에 따른 국제출원서, 제27조의 규정에 따른 사후지정신청서, 제28조의 규정에 따른 국제등록존속기간갱신신청서 및 제29조의 규정에 따른 국제등록명의변경등록신청서는 별지 제24호서식의 국제출원서등 제출서에 이를 첨부하여 특허청장에게 제출하여야 한다. <개정 2006.12.29> [본조신설 2005.7.1] **제30조 【국제출원서 등의 대체서류 제출】** ①특허청장은 다음 각호의 1에 해당하는 서류가 법·영 및 이 규칙에서 정하는 바에 따라 작성되지 아니한 경우에는 기간을 정하여 출원인 또는 제출인에게 대체서류의 제출을 명할 수 있다. 다만, 그 서류의 흠결을 치유할 수 없는 경우에는 그 서류를 출원인 또는 제출인에게 이유를 명시하여 반려하여야 한다. 1. 국제출원서 2. 사후지정신청서 3. 국제등록존속기간갱신신청서

특허법 시행규칙	실용신안법 시행규칙	디자인보호법 시행규칙	상표법 시행규칙
			4. 국제등록명의변경등록신청서 ②제1항의 규정에 의하여 대체서류의 제출을 명받은 자는 지정기간안에 별지 제24호서식의 국제출원서등 제출서에 다음 각호의 서류를 첨부하여 특허청장에게 제출하여야 한다. <개정 2006.12.29> 1. 영어로 작성된 대체서류 1통 2. 대리인에 의하여 국제출원에 관한 절차를 밟는 경우에는 그 대리권을 증명하는 서류 1통 [본조신설 2001.6.30] **제30조의2 【국제사무국의 하자통지에 대한 보정】** 「표장의 국제등록에 관한 마드리드협정 및 동협정에 대한 의정서 공통규칙」(이하 "공통규칙"이라 한다) 제11조 내지 제13조의 규정에 의하여 의정서 제2조(1)의 규정에 따른 국제사무국(이하 "국제사무국"이라 한다)이 통지한 하자에 대하여 의견을 제출하거나 보정을 하고자 하는 자는 별지 제24호서식의 국제출원서등 제출서에 영어로 작성된 의견서를 첨부하여 특허청장에게 제출하여야 한다. <개정 2005.2.11, 2006.12.29> [본조신설 2004.5.1]

특허법 시행규칙	실용신안법 시행규칙	디자인보호법 시행규칙	상표법 시행규칙
제93조의2 【국가의 지정 등】 ① 제92조의 규정에 따라 국제출원의 출원서 등이 제출된 경우에는 다음 각호의 사항이 행하여진 것으로 본다. <개정 2008.12.31> 1. 국제출원일에 조약에 구속되는 모든 체약국의 지정 2. 지정된 체약국(이하 "지정국"이라 한다)중 조약 제43조 또는 제44조가 적용되는 각 지정국에서 얻을 수 있는 모든 종류의 권리를 위한 것이라는 표시 3. 조약 제45조(1)이 적용되는 각 지정국의 지역특허[조약 제2조(iv)의 규정에 따른 특허를 말한다] 및 국내특허[조약 제45조(2)가 적용되는 경우를 제외한다]를 위한 것이라는 표시 ②제1항의 규정에 불구하고 조	제17조 【 「특허법 시행규칙」 의 준용】		제31조의2 【국제등록에 의한 국내등록의 대체신청】 법 제86조의17제4항에 따라 국제등록에 의한 국내등록의 대체신청을 하려는 자는 별지 제30호서식의 국내등록의 대체신청서를 특허청장에게 제출하여야 한다. [본조신설 2007.6.29]

특허법 시행규칙	실용신안법 시행규칙	디자인보호법 시행규칙	상표법 시행규칙
약규칙 4.9(b)의 규정에 따라 우선권 주장의 기초가 되는 자 국내 선출원에 대하여 취하되 는 효과를 규정하고 있는 체약 국에 대하여는 국제출원의 출 원인은 당해 체약국의 지정을 제외할 수 있다. [본조신설 2003.12.31]			
제94조 【국제출원번호등의 통지】 특허청장은 국제출원으로 제출 된 서류를 접수한 때에는 그 국제출원번호 및 그 국제출원 의 접수일을 출원인에게 통지 하여야 한다. [전문개정 1999.7.1]	**제17조 【** 「특허법 시행규칙」 의 준용】		
제95조 【출원서 기재사항의 직권 말소】 특허청장은 국제출원의 출원서에 법 제193조제2항 및 이 규칙에 정한 사항외의 사항 이 기재되어 있는 경우에는 직 권으로 그 사항의 기재를 말소 하여야 한다. [전문개정 1999.7.1]	**제17조 【** 「특허법 시행규칙」 의 준용】		
제95조의2 【국제조사용 번역문의 제출】 ①국제조사기관이 인정 하지 아니하는 언어로 국제출 원이 출원된 경우 출원인은 국 제조사를 위하여 국제출원의 접	**제17조 【** 「특허법 시행규칙」 의 준용】		

특허법 시행규칙	실용신안법 시행규칙	디자인보호법 시행규칙	상표법 시행규칙
수일부터 1월 이내에 조약규칙 12.3(a)의 규정에 따라 국제조사기관이 인정하는 언어로 된 번역문을 특허청장에게 제출하여야 한다. ②특허청장은 출원인이 제1항의 규정에 따른 기간내에 번역문을 제출하지 아니한 경우에는 보정을 명한 날부터 1월 이내에 그 번역문을 제출하도록 출원인에게 보정을 명하여야 한다. ③출원인이 제2항의 규정에 따른 기간 이내에 번역문을 제출하지 아니하거나 「특허료 등의 징수규칙」(이하 "수수료징수규칙"이라 한다) 제10조제1항제4호 가목의 규정에 따른 가산료를 납부하지 아니한 경우에는 조약규칙 12.3(d)의 규정에 따라 그 출원은 취하된 것으로 본다. 이 경우 특허청장은 그 취지를 출원인에게 통지하여야 한다. <개정 2005.2.11, 2005.7.1> ④제1항 또는 제2항에 따라 번역문을 제출하려는 자는 별지 제35호서식의 서류제출서에 다음 각 호의 서류를 첨부하여 특허청장에게 제출하여야 한다. <개정 2006.12.29, 2009.6.30>			

특허법 시행규칙	실용신안법 시행규칙	디자인보호법 시행규칙	상표법 시행규칙
1. 국제조사용 번역문 2통 2. 대리인에 의하여 절차를 밟는 경우에는 그 대리권을 증명하는 서류 1통 [본조신설 2003.12.31] **제96조 삭제** <2008.12.31> **제97조【절차의 보완】** 법 제194조제2항의 규정에 의한 절차의 보완을 하고자 하는 자는 별지 제39호서식의 보완서에 다음 각호의 서류를 첨부하여 특허청장에게 제출하여야 한다. <개정 2001.6.30, 2006.12.29> 1. 보완서 3통 2. 대리인에 의하여 절차를 밟는 경우에는 그 대리권을 증명하는 서류 1통 [전문개정 1999.7.1] **제97조의2 삭제** <1999.7.1>	**제17조【「특허법 시행규칙」의 준용】**		**제5조의3【절차보완명령 등】** ① 특허청장은 법 제9조의2제2항의 규정에 의하여 상표등록출원에 대한 보완을 명하고자 하는 경우에는 다음 각호의 사항을 기재한 절차보완명령서를 상표등록출원인에게 통지하여야 한다.

특허법 시행규칙	실용신안법 시행규칙	디자인보호법 시행규칙	상표법 시행규칙
			1. 상표등록출원번호 2. 상품류구분 3. 상표등록출원인의 성명 및 주소(법인인 경우에는 그 명칭 및 영업소의 소재지) 4. 상표등록출원인의 대리인이 있는 경우에는 그 대리인의 성명 및 주소 또는 영업소의 소재지(대리인이 특허법인인 경우에는 그 명칭, 사무소의 소재지 및 지정된 변리사의 성명) 5. 보완할 사항 ②법 제9조의2제2항의 규정에 의하여 상표등록출원에 대한 보완명령을 받은 자가 보완기간이 종료되기 전에 상표등록출원서를 반려받고자 하는 경우에는 서류반려요청서를 특허청장에게 제출하여야 한다. <개정 2005.2.11, 2006.12.29> ③법 제9조의2제3항의 규정에 의하여 상표등록출원에 대하여 보완하고자 하는 자는 별지 제4호서식의 보완서에 다음 각 호의 서류를 첨부하여 특허청장에게 제출하여야 한다. <개정 2005.7.1, 2006.12.29> 1. 상표견본(상표견본을 보완하는 경우에 한한다) 1통 2. 국어로 작성한 출원서(출원서를 국어로 기재하지 아니한

특허법 시행규칙	실용신안법 시행규칙	디자인보호법 시행규칙	상표법 시행규칙
			경우에 한한다) 3. 대리인에 의하여 절차를 밟는 경우에는 그 대리권을 증명하는 서류 1통 ④제1항 내지 제3항의 규정은 지정상품의 추가등록출원에 관하여 이를 준용한다. [본조신설 2001.6.30]
제98조 【국제출원으로 취급하지 아니한다는 취지의 통지】 특허청장은 법 제194조제2항에 따른 절차의 보완명령을 받은 자가 지정된 기간에 절차의 보완을 하지 아니하는 경우에는 조약규칙 20.4(i)에 따라 그 출원은 국제출원으로 취급하지 아니한다는 취지 및 이유를 출원인에게 통지하여야 한다. <개정 2008.12.31> [전문개정 1999.7.1]	**제17조 【「특허법 시행규칙」의 준용】**		
제99조 【도면의 제출기간】 ①법 제194조제4항에서 "지식경제부령이 정하는 기간"이란 같은 조 제3항에 따른 통지일부터 2개월을 말한다. <개정 2008.9.30, 2008.12.31> ②법 제194조제4항의 규정에 의한 도면을 제출하고자 하는 자는 별지 제35호서식의 서류	**제17조 【「특허법 시행규칙」의 준용】**		

특허법 시행규칙	실용신안법 시행규칙	디자인보호법 시행규칙	상표법 시행규칙
제출서에 다음 각 호의 서류를 첨부하여 특허청장에게 제출하여야 한다. <개정 2001.6.30, 2006.12.29> 1. 도면 3통 2. 대리인에 의하여 절차를 밟는 경우에는 그 대리권을 증명하는 서류 1통 [전문개정 1999.7.1] **제99조의2【국제출원의 명세서 등의 보완】**①특허청장은 법 제194조제1항에 따른 국제출원일을 인정할 때 다음 각 호의 어느 하나에 해당하는 경우에는 2개월 이내에 그 누락된 부분을 제출하도록 출원인에게 보완을 명하여야 한다. 1. 명세서 또는 청구의 범위의 일부가 누락(법 제194조제1항 제3호에 해당하는 경우는 제외한다)되어 있는 경우 2. 도면의 전부 또는 일부가 누락되어 있는 경우 ②제1항에도 불구하고 출원인은 국제출원의 접수일부터 2개월 이내에 제1항에 따른 누락된 부분을 특허청장에게 제출할 수 있다. ③제1항 또는 제2항에 따라 누락된 부분을 제출하려는 자는	**제17조【「특허법 시행규칙」의 준용】**		

특허법 시행규칙	실용신안법 시행규칙	디자인보호법 시행규칙	상표법 시행규칙
별지 제35호서식의 서류제출서에 다음 각 호의 서류를 첨부하여 특허청장에게 제출하여야 한다. 1. 누락된 부분을 적은 명세서, 청구의 범위 또는 도면 각 3통 2. 대리인에 의하여 절차를 밟는 경우에는 그 대리권을 증명하는 서류 1통 ④출원인은 제1항에 따른 기간에 그 보완명령에 대한 의견서를 특허청장에게 제출할 수 있다. ⑤제4항에 따라 의견서를 제출하려는 자는 별지 제40호서식의 의견제출서에 다음 각 호의 서류를 첨부하여 특허청장에게 제출하여야 한다. 1. 의견서 1통 2. 대리인에 의하여 절차를 밟는 경우에는 그 대리권을 증명하는 서류 1통 ⑥특허청장은 제3항에 따른 서류제출서가 접수된 경우에는 해당 서류의 접수일을 법 제194조제1항 각 호 외의 부분 본문에 따른 국제출원일로 인정하여야 한다. 다만, 해당 접수일이 법 제194조제4항에 따라 국제출원일로 인정되는 날보다 앞서는 경우에는 그러하지 아니			

특허법 시행규칙	실용신안법 시행규칙	디자인보호법 시행규칙	상표법 시행규칙
하다. [본조신설 2008.12.31] **제100조 【국제출원일의 통지】** 특허청장은 국제출원일을 인정한 때에는 당해국제출원일을 출원인에게 통지하여야 한다. <개정 2003.12.31> [전문개정 1999.7.1] **제100조의2 【명세서 등의 보완의 취하】** ①제99조의2제6항 본문에 따라 국제출원일이 인정된 경우에는 국제출원을 한 출원인은 제100조에 따른 통지일부터 1개월 이내에 제99조의2제3항에 따라 제출된 서류의 제출을 취하할 수 있다. ②제1항에 따라 서류의 제출이 취하된 경우에는 제99조의2제6항 본문에 따른 국제출원일의 인정은 없었던 것으로 본다. ③제1항에 따라 서류의 제출을 취하하려면 별지 제49호서식의 취하서를 특허청장에게 제출하여야 한다. [본조신설 2008.12.31] **제101조 【절차의 보정】** ①법 제195조제4호에서 "지식경제부령이 정하는 방식"이란 다음 각	**제17조 【「특허법 시행규칙」의 준용】** **제17조 【「특허법 시행규칙」의 준용】** **제17조 【「특허법 시행규칙」의 준용】**		

특허법 시행규칙	실용신안법 시행규칙	디자인보호법 시행규칙	상표법 시행규칙
호의 사항을 말한다. <개정 2001.6.30, 2003.12.31, 2006.12.29, 2008.9.30, 2008.12.31> 1. 출원인(출원인이 2명 이상인 경우에는 법 제192조제1호 또는 제2호에 해당하는 최소 1명의 출원인)의 주소(법인의 경우에는 그 영업소의 소재지) 및 국적에 관한 기재가 있을 것 2. 출원인 또는 대리인(출원인이 2명 이상이거나 대리인이 2명 이상인 경우에는 그들 중 최소 1명의 출원인 또는 대리인)이 기명을 한 후 서명 또는 날인할 것. 다만, 대리인이 기명을 한 후 서명 또는 날인한 경우에는 출원인(출원인이 2명 이상인 경우에는 모든 출원인)이 기명을 한 후 서명 또는 날인한 위임장이 첨부되어야 한다. 3. 국제출원의 출원서 · 명세서 · 청구의 범위 · 도면 및 요약서가 각각 별지 제41호서식, 별지 제41호의2서식, 별지 제42호서식부터 별지 제46호서식까지의 서식에 따라 작성되어 있을 것 ②법 제195조의 규정에 의하여 절차의 보정을 하고자 하는 자는 별지 제39호서식의 보정서			

특허법 시행규칙	실용신안법 시행규칙	디자인보호법 시행규칙	상표법 시행규칙
에 다음 각 호의 서류를 첨부하여 특허청장에게 제출하여야 한다. <개정 2001.6.30, 2006.12.29> 1. 보정서 3통 2. 대리인에 의하여 절차를 밟는 경우에는 그 대리권을 증명하는 서류 1통 [전문개정 1999.7.1] **제102조 【우선권주장의 보정 또는 추가】** ①출원인이 우선권주장을 보정 또는 추가하고자 하는 경우에는 우선일부터 1년 4월(우선권주장의 보정 또는 추가로 인하여 우선일이 변경된 경우에는 변경된 우선일부터 1년 4월과 우선일부터 1년 4월 중 먼저 만료되는 날)과 국제출원일부터 4월중 늦게 만료되는 날 이내에 보정 또는 추가하여야 한다. ②출원인이 조기국제공개를 신청한 후에 특허청장이 제4항의 규정에 의한 보정서를 수령한 경우에는 당해서류는 제출되지 아니한 것으로 본다. 다만, 조기국제공개를 위한 기술적 준비가 완료되기 전에 당해조기국제공개신청을 취하한 경우 그러하지 아니하다.	**제17조 【**「특허법 시행규칙」의 준용**】**		

특허법 시행규칙	실용신안법 시행규칙	디자인보호법 시행규칙	상표법 시행규칙
<개정 2006.12.29> ③우선권주장의 보정 또는 추가로 인하여 우선일이 변경된 경우 변경전 우선일부터 기산하여 만료되지 아니한 기간은 변경된 우선일부터 그 기간을 기산하여야 한다. ④제1항의 규정에 의한 보정 또는 추가를 하고자 하는 자는 별지 제39호서식의 보정서를 특허청장에게 제출하여야 한다. <개정 2001.6.30, 2006.12.29> ⑤대리인에 의하여 절차를 밟는 경우에는 제4항의 규정에 의한 보정서에 그 대리권을 증명하는 서류를 첨부하여야 한다. <개정 2006.12.29> [전문개정 1999.7.1] **제103조【우선권주장에 대한 보정명령】**①특허청장은 다음 각 호의 어느 하나에 해당하는 경우에는 출원인에게 우선권주장을 보정할 것을 명하여야 한다. <개정 2008.12.31> 1. 국제출원일이 우선일부터 1년 이내에 해당하지 아니하는 경우 2. 우선권주장이 조약규칙 4.10에 따른 요건을 충족하지 아니하는 경우	**제17조【「특허법 시행규칙」의 준용】**		

특허법 시행규칙	실용신안법 시행규칙	디자인보호법 시행규칙	상표법 시행규칙
3. 우선권주장에 관한 기재내용이 해당 우선권서류의 기재내용과 일치하지 아니하는 경우 ②제1항의 규정에 의한 보정을 하고자 하는 자는 별지 제39호서식의 보정서를 특허청장에게 제출하여야 한다. <개정 2001.6.30, 2006.12.29> ③대리인에 의하여 절차를 밟는 경우에는 제2항의 규정에 의한 보정서에 그 대리권을 증명하는 서류를 첨부하여야 한다. <개정 2006.12.29> ④특허청장은 제1항에 따라 우선권주장의 보정명령을 받은 자가 제102조제1항에 따른 기간에 보정을 하지 아니하는 경우에는 해당 우선권주장이 없는 것으로 보고 그 취지를 출원인에게 통지하여야 한다. 다만, 다음 각 호의 어느 하나에 해당된다는 이유만으로는 해당 우선권주장이 없는 것으로 보지 아니한다. <개정 2008.12.31> 1. 조약규칙 4.10(a)(ii)에 따른 선출원번호를 적지 아니한 경우 2. 우선권주장에 관한 기재내용이 제106조의6제1항에 따른 우선권서류의 기재와 일치하지			

특허법 시행규칙	실용신안법 시행규칙	디자인보호법 시행규칙	상표법 시행규칙
아니하는 경우 3. 국제출원일이 우선일부터 1년을 경과하였으나 그 경과일부터 2개월 이내인 경우 ⑤다음 각 호의 요건을 모두 충족하는 우선권주장의 보정이 있는 경우에는 해당 보정은 제102조제1항에 따른 기간에 한 것으로 본다. <신설 2008.12.31> 1. 제102조제1항에 따른 기간의 만료일부터 1개월 이내일 것 2. 제4항 각 호 외의 부분 본문에 따른 통지가 있기 전일 것 [전문개정 1999.7.1] **제104조 【수수료 미납부에 대한 보정】** ①특허청장은 국제출원을 한 자가 수수료징수규칙 제10조제2항제1호의 수수료를 당해 기간내에 납부하지 아니한 경우에는 조약규칙 16bis.1(a)의 규정에 의하여 1월의 기간을 정하여 당해 수수료 및 가산료를 납부할 것을 명하여야 한다. <개정 2003.5.17, 2003.12.31> ②제1항의 규정에 의한 수수료를 납부하고자 하는 자는 별지 제47호서식의 수수료납부서를 특허청장에게 제출하여야 한다. <개정 2001.6.30, 2006.12.29>	**제17조 【**「특허법 시행규칙」의 준용】		

특허법 시행규칙	실용신안법 시행규칙	디자인보호법 시행규칙	상표법 시행규칙
[전문개정 1999.7.1] 제104조의2 삭제　<1999.7.1> 제105조 삭제　<2003.12.31> 제106조【국제출원이 취하된 것으로 보는 시기】①법 제196조제1항제2호에서 "지식경제부령이 정하는 기간"이란 제104조제1항에 따라 수수료미납부에 대한 보정을 명한 날부터 1개월을 말한다. <개정 2008.9.30> ②법 제196조제1항제3호에 따른 기간은 국제출원일부터 4개월로 한다.　<개정 2008.9.30> [본조신설 1999.7.1]	제17조【「특허법 시행규칙」의 준용】		
제106조의2【취하된 것으로 보는 취지의 사전통지등】①특허청장은 법 제196조제1항제3호에 해당하여 국제출원이 취하된 것으로 보게 되는 경우에는 미리 그 취지 및 이유를 출원인에게 통지하여야 한다. ②출원인은 제1항에 따라 통지를 받은 경우에는 통지일부터 2개월 이내에 별지 제40호서식의 의견제출서에 다음 각 호의 서류를 첨부하여 특허청장에게	제17조【「특허법 시행규칙」의 준용】		

특허법 시행규칙	실용신안법 시행규칙	디자인보호법 시행규칙	상표법 시행규칙
제출할 수 있다. <개정 2001.6.30, 2006.12.29, 2009.6.30> 1. 의견서 1통 2. 대리인에 의하여 절차를 밟는 경우에는 그 대리권을 증명하는 서류 1통 [본조신설 1999.7.1] **제106조의3 삭제** <2003.12.31> **제106조의4 【대표자의 지정】** 법 제197조제2항의 규정에 의한 출원인의 대표자지정은 법 제192조제1호 또는 제2호에 해당하는 출원인중 첫번째로 기재되어 있는 자로 한다. [본조신설 1999.7.1] **제106조의5 【수수료납부서의 제출】** 법 제198조의 규정에 의하여 수수료를 납부하고자 하는 자는 별지 제47호서식의 수수료납부서를 특허청장에게 제출하여야 한다. <개정 2001.6.30, 2006.12.29> [본조신설 1999.7.1] **제106조의6 【우선권서류의 제출】** ①조약 제2조(vi)의 규정에 의한 국내출원 또는 국제출원을	**제17조 【** 「특허법 시행규칙」 의 준용】 **제17조 【** 「특허법 시행규칙」 의 준용】 **제17조 【** 「특허법 시행규칙」 의 준용】		

특허법 시행규칙	실용신안법 시행규칙	디자인보호법 시행규칙	상표법 시행규칙
기초로 하여 우선권을 주장하고자 하는 자는 우선일부터 1년 4월이내에 별지 제48호서식의 우선권서류 송달신청서에 그 국내출원 또는 국제출원을 수리한 관청이 인정하는 당해 국내출원 또는 국제출원의 등본(이하 "우선권서류"라 한다)을 첨부하여 특허청장에게 제출할 수 있다. <개정 2001.6.30, 2006.12.29> ②대한민국에 제출한 특허출원·실용신안등록출원 또는 국제출원을 기초로 하여 우선권을 주장하려는 자는 국제출원의 출원서에 우선권서류의 송달신청의 취지를 적거나 우선일부터 1년 4개월 이내에 별지 제48호서식의 우선권서류 송달신청서를 특허청장에게 제출하여 우선권서류를 국제사무국에 송달할 것을 특허청장에게 요청할 수 있다. <개정 2001.6.30, 2005.2.11, 2006.12.29, 2008.12.31> ③조약규칙 17.1(b-bis)에 따라 전자도서관을 통하여 확보가능한 특허출원·실용신안등록출원 또는 국제출원을 기초로 하여 우선권을 주장하고자 하는 자는 우선일부터 1년 4월 이내			

특허법 시행규칙	실용신안법 시행규칙	디자인보호법 시행규칙	상표법 시행규칙
에 별지 제48호서식의 우선권 서류 송달신청서를 특허청장에 게 제출하여 우선권서류를 국 제사무국에 송달할 것을 특허 청장에게 요청할 수 있다. <신설 2003.12.31, 2006.12.29> ④대리인에 의하여 절차를 밟 는 경우에는 제1항 내지 제3항 의 규정에 의한 신청서에 그 대리권을 증명하는 서류를 첨 부하여야 한다. <개정 2003.12.31, 2006.12.29> [본조신설 1999.7.1] **제106조의7 【국제출원등의 취하】** ①국제출원의 출원인은 특허청 장에 대하여 국제출원, 지정국 의 지정, 우선권주장, 국제예비 심사의 청구 또는 선택국의 선 택을 취하할 수 있다. 다만, 다 음 각호의 1에 해당하는 경우 에는 그러하지 아니하다. <개정 2001.6.30, 2003.12.31> 1. 우선일부터 2년 6월을 경과 한 경우 2. 조약 제23조(2) 또는 제40조 (2)의 규정에 의한 청구를 한 경우 ②제1항의 규정에 의한 취하를 하고자 하는 자는 별지 제49호 서식의 취하서 2통을 특허청장	제17조 【「특허법 시행규칙」의 준용】		

특허법 시행규칙	실용신안법 시행규칙	디자인보호법 시행규칙	상표법 시행규칙
에게 제출하여야 한다. <개정 2001.6.30, 2006.12.29> ③대리인에 의하여 절차를 밟는 경우에는 제2항의 규정에 의한 취하서에 그 대리권을 증명하는 서류를 첨부하여야 한다. ④제1항에 따른 취하는 모든 출원인을 대리하는 대리인 또는 대표자(법 제197조제2항에 따른 대표자는 제외한다)가 없는 경우에는 모든 출원인이 기명을 한 후 서명 또는 날인한 서면으로 하여야 한다. <개정 2008.12.31> [본조신설 1999.7.1] **제106조의8 【수수료의 반환】** ① 다음 각호의 1에 해당하는 경우에는 출원인의 청구에 의하여 납부된 국제출원료를 반환하여야 한다. <개정 2003.12.31> 1. 국제출원일이 인정되지 아니한 경우 2. 조약 제12조(1)의 규정에 의한 국제출원의 기록원본이 국제사무국에 송부되기 전에 국제출원이 취하되었거나 취하된 것으로 보는 경우 3. 영 제15조의 규정에 의하여 외국에의 출원이 금지된 경우	**제17조 【 「특허법 시행규칙」 의 준용】**		

특허법 시행규칙	실용신안법 시행규칙	디자인보호법 시행규칙	상표법 시행규칙
②다음 각호의 1에 해당하는 경우에는 출원인의 청구에 의하여 납부된 조사료를 반환하여야 한다. 1. 조약 제12조(1)의 규정에 의한 국제출원의 조사용사본(이하 "조사용사본"이라 한다)이 국제조사기관에 송부되기 전에 국제출원이 취하되었거나 취하된 것으로 보는 경우 2. 제1항제1호 또는 제3호에 해당하는 경우 [본조신설 1999.7.1] **제106조의9 【국제출원의 인증】** ①국제출원의 출원인은 우선일부터 1년 2월이 경과한 후 특허청장에게 국제출원의 사본을 제출하여 출원시의 국제출원과 동일하다는 인증을 청구할 수 있다. ②특허청장은 제1항의 규정에 의한 청구가 조약규칙 22.1(e)에 해당하는 경우에는 동 규칙에 의하여 그 인증을 거부할 수 있다. ③국제출원의 출원인은 제1항의 규정에 의하여 인증받은 국제출원의 사본을 국제사무국에 송부할 수 있다. [본조신설 1999.7.1]	**제17조 【 「특허법 시행규칙」 의 준용】**		

특허법 시행규칙	실용신안법 시행규칙	디자인보호법 시행규칙	상표법 시행규칙
제3관 국제조사 <신설 1999.7.1> **제106조의10 【조사용사본 수령의 통지】** 특허청장은 조약규칙 23.1의 규정에 의하여 송부된 조사용사본을 수령한 때에는 그 수령사실 및 수령일을 출원인에게 즉시 통지하여야 한다. [본조신설 1999.7.1] **제106조의11 【국제조사의 대상 등】** ①특허청장은 법 제194조의 규정에 의하여 국제출원일이 인정된 국제출원에 대하여 심사관으로 하여금 조약 제18조(1)의 규정에 따른 국제조사보고서(이하 "국제조사보고서"라 한다) 및 조약규칙 43bis.1의 규정에 따른 견해서(이하 "국제조사기관의 견해서"라 한다)를 작성하게 하여야 한다. 다만, 출원인이 특허청외의 기관을 국제조사기관으로 지정한 경우에는 그러하지 아니하다. <개정 2003.12.31> ②특허청장은 우선권주장의 기초가 되는 선출원이 국어 또는 영어외의 언어로 기재되어 있는 경우에는 기간을 정하여 국	**제17조 【「특허법 시행규칙」의 준용】** **제17조 【「특허법 시행규칙」의 준용】**		

특허법 시행규칙	실용신안법 시행규칙	디자인보호법 시행규칙	상표법 시행규칙
어번역문을 제출할 것을 출원인에게 명할 수 있다. <신설 2005.2.11> ③제2항의 규정에 의한 번역문을 제출하고자 하는 자는 별지 제35호서식의 서류제출서에 다음 각 호의 서류를 첨부하여 특허청장에게 제출하여야 한다. <신설 2005.2.11, 2006.12.29> 1. 번역문 1통 2. 대리인에 의하여 절차를 밟는 경우에는 그 대리권을 증명하는 서류 1통 ④제2항의 규정에 의하여 번역문의 제출명령을 받은 자가 지정된 기간 내에 번역문을 제출하지 아니한 경우에는 그 국제출원에 대하여 우선권주장이 없는 것으로 보고 국제조사기관의 견해서를 작성할 수 있다. <신설 2005.2.11> ⑤국제출원의 청구의 범위 전부가 다음 각 호의 어느 하나에 해당하는 경우에는 심사관은 제1항에도 불구하고 국제조사보고서를 작성하지 아니한다. <개정 2009.6.30> 1. 국제출원의 대상이 다음 각 목의 어느 하나에 해당하는 경우 　가. 과학 또는 수학의 이론			

특허법 시행규칙	실용신안법 시행규칙	디자인보호법 시행규칙	상표법 시행규칙
나. 삭제 <2009.6.30> 다. 사업활동, 순수한 정신적 행위의 수행 또는 유희에 관한 계획, 법칙 또는 방법 라. 수술 또는 치료에 의한 사람의 처치방법 및 진단방법 마. 정보의 단순한 제시 바. 심사관이 선행기술을 조사할 수 없는 컴퓨터프로그램 2. 명세서·청구의 범위 또는 도면에 필요한 사항이 기재되어 있지 아니하거나 기재된 사항이 현저히 불명료하여 유효한 국제조사를 할 수 없는 경우 ⑥국제출원의 청구의 범위 일부가 제5항 각호의 1에 해당하는 경우 또는 그에 기재된 종속항이 조약규칙 6.4(a)의 규정에 위반되는 경우에는 심사관은 국제조사보고서에 그 취지를 기재하고 당해청구의 범위에 대하여는 국제조사를 하지 아니한다. <개정 2005.2.11> ⑦심사관은 제5항 또는 제6항의 규정에 따라 국제조사를 하지 아니한 청구의 범위에 대하여는 국제조사기관의 견해서에 그 취지를 기재하고 당해 청구의 범위에 대한 견해를 제시하지 아니한다.			

특허법 시행규칙	실용신안법 시행규칙	디자인보호법 시행규칙	상표법 시행규칙
<신설 2003.12.31, 2005.2.11> [본조신설 1999.7.1] [제목개정 2003.12.31] **제106조의12 【핵산염기 서열목록의 제출 등】** ①심사관은 핵산염기 서열 또는 아미노산 서열을 포함하는 국제출원에 대하여 다음 각호의 서열목록 또는 진술서가 제출되지 아니한 경우에는 기간을 정하여 그 서열목록 또는 진술서의 제출을 명할 수 있다. 이 경우 조약규칙 13ter.1의 규정에 의하여 가산료 납부를 명할 수 있다. <개정 2005.2.11> 1. 조약시행세칙에서 규정하는 표준(이하 이 조에서 "표준"이라 한다)에 의하여 서면으로 작성된 서열목록 2. 표준에 의하여 작성된 전자적 형태의 서열목록 3. 전자적 형태의 서열목록이 서면으로 작성된 서열목록과 동일하다는 진술서 ②제1항의 규정에 의하여 제출 또는 납부명령을 받은 자가 서열목록 또는 진술서를 제출하거나 가산료를 납부하고자 하는 경우에는 별지 제35호서식의 서류제출서에 다음 각 호의	**제17조 【「특허법 시행규칙」의 준용】**		

특허법 시행규칙	실용신안법 시행규칙	디자인보호법 시행규칙	상표법 시행규칙
서류를 첨부하여 특허청장에게 제출하여야 한다. <개정 2005.2.11, 2006.12.29> 1. 제출명령을 받은 당해서열목록 또는 진술서 1통 2. 대리인에 의하여 절차를 밟는 경우에는 그 대리권을 증명하는 서류 1통 ③심사관은 제1항의 규정에 의하여 제출 또는 납부명령을 받은 자가 지정된 기간내에 서열목록 또는 진술서를 제출하지 아니하거나 가산료를 납부하지 아니하여 유효한 국제조사를 할 수 없는 청구의 범위에 대하여는 국제조사를 하지 아니한다. <개정 2005.2.11> ④제1항의 규정에 의한 제출명령에 의하여 제출된 서열목록에 기재된 사항중 최초의 국제출원에 포함되지 아니하였던 사항은 국제출원의 일부로 보지 아니한다. ⑤심사관은 제3항의 규정에 따라 국제조사를 하지 아니한 청구의 범위에 대하여는 국제조사기관의 견해서에 그 취지를 기재하고 당해 청구의 범위에 대한 견해를 제시하지 아니한다. <신설 2003.12.31> [본조신설 1999.7.1]			

특허법 시행규칙	실용신안법 시행규칙	디자인보호법 시행규칙	상표법 시행규칙
[제목개정 2003.12.31] **제106조의13 【명세서 서열목록부분의 보정】** ①명세서의 서열목록부분이 조약규칙 5.2(b)에서 규정하는 요건을 갖추지 못한 경우에는 심사관은 기간을 정하여 출원인에게 보정을 명하여야 한다. ②제1항의 규정에 의하여 보정을 하고자 하는 자는 별지 제35호서식의 서류제출서에 다음 각 호의 서류를 첨부하여 특허청장에게 제출하여야 한다. <개정 2006.12.29> 1. 보정서 3통 2. 대리인에 의하여 절차를 밟는 경우에는 그 대리권을 증명하는 서류 1통 ③제106조의12제4항의 규정은 제1항의 규정에 의한 보정명령에 의하여 제출된 보정서에 관하여 이를 준용한다. [본조신설 1999.7.1] **제106조의14 【국제조사에 관한 발명의 단일성】** ①심사관은 국제출원이 조약 제17조(3)(a)의 규정에 의한 발명의 단일성요건을 충족하지 아니하는 경우에는 기간을 정하여 추가수수	제17조 【「특허법 시행규칙」의 준용】 제17조 【「특허법 시행규칙」의 준용】		

특허법 시행규칙	실용신안법 시행규칙	디자인보호법 시행규칙	상표법 시행규칙
료의 납부를 명하여야 한다. ②심사관은 제1항의 규정에 의하여 추가수수료의 납부명령(이하 "추가수수료납부명령"이라 한다)을 받은 자가 지정된 기간내에 추가수수료를 납부한 경우에는 당해발명에 대하여 국제조사를 수행하여야 한다. ③심사관은 제1항의 규정에 의하여 추가수수료납부명령을 받은 자가 지정된 기간내에 추가수수료를 납부하지 아니하는 경우에는 청구의 범위에 가장 먼저 기재된 발명 또는 1군의 발명과 관련되는 국제출원부분에 한하여 국제조사보고서를 작성하여야 한다. ④심사관은 제3항의 규정에 따라 청구의 범위 일부에 한하여 국제조사보고서를 작성하는 경우에는 국제조사기관의 견해서에 그 취지를 기재하고 당해 청구의 범위 일부에 한하여 견해를 제시하여야 한다. <신설 2003.12.31> ⑤제1항의 규정에 의한 추가수수료를 납부하고자 하는 자는 별지 제50호서식에 의한 서류를 특허청장에게 제출하여야 한다. <개정 2006.12.29> [본조신설 1999.7.1]			

특허법 시행규칙	실용신안법 시행규칙	디자인보호법 시행규칙	상표법 시행규칙
제106조의15 【추가수수료이의신청】 ①제106조의14제1항의 규정에 의하여 추가수수료납부명령을 받은 자는 다음 각호의 1에 해당하는 경우에는 동조제5항의 규정에 의한 서류에 그 이유를 기재한 진술서를 첨부하여 특허청장에게 추가수수료납부명령에 대한 이의신청(이하 "추가수수료이의신청"이라 한다)을 할 수 있다. 추가수수료이의신청을 하는 경우 그 심사를 위한 수수료(이하 "추가수수료이의신청료"라 한다)를 납부하여야 한다. <개정 2005.2.11> 1. 국제출원이 조약 제17조(3)(a)의 규정에 의한 발명의 단일성 요건을 충족하고 있는 경우 2. 추가수수료납부명령을 받은 추가수수료 금액이 과다한 경우 ②삭제 <2005.2.11> ③추가수수료이의신청료를 납부하고자 하는 자는 별지 제50호서식에 의한 서류를 특허청장에게 제출하여야 한다. <개정 2006.12.29> ④제1항의 규정에 의하여 추가수수료이의신청을 하고자 하는	**제17조 【「특허법 시행규칙」의 준용】**		

특허법 시행규칙	실용신안법 시행규칙	디자인보호법 시행규칙	상표법 시행규칙
자가 제106조의14제1항의 규정에 의한 기간 이내에 추가수수료이의신청료를 납부하지 아니하는 경우에는 추가수수료이의신청은 처음부터 없었던 것으로 본다. <개정 2005.2.11> [본조신설 1999.7.1] **제106조의16 【추가수수료이의신청에 대한 결정】** ①추가수수료이의신청은 3인의 심사관합의체가 심사·결정한다. ②특허청장은 각 추가수수료이의신청에 대하여 제1항의 규정에 의한 심사관합의체를 구성할 심사관을 지정하여야 한다. <개정 2005.2.11> ③특허청장은 제2항의 규정에 의하여 지정된 심사관중 1인을 심사장으로 지정하여야 한다. ④제1항의 규정에 의한 결정은 다음 각호의 사항을 기재한 서면으로 하여야 하며, 결정을 한 심사관은 이에 기명날인하여야 한다. <개정 2001.6.30> 1. 추가수수료이의신청사건의 번호 2. 추가수수료이의신청인의 성명 및 주소(법인인 경우에는 그 명칭 및 영업소의 소재지) 3. 대리인이 있는 경우에는 그	**제17조 【「특허법 시행규칙」의 준용】**		

특허법 시행규칙	실용신안법 시행규칙	디자인보호법 시행규칙	상표법 시행규칙
대리인의 성명 및 주소 또는 영업소의 소재지(대리인이 특허법인인 경우에는 그 명칭, 사무소의 소재지 및 지정된 변리사의 성명) 4. 결정내용 및 그 이유 5. 결정연월일 ⑤특허청장은 납부된 추가수수료의 전부 또는 일부를 출원인에게 반환하여야 한다는 결정이 있는 때에는 당해결정에 의한 금액을 출원인에게 반환하여야 한다. 이 경우 추가수수료의 전부를 반환하는 때에는 추가수수료이의신청료도 함께 반환하여야 한다. <개정 2005.2.11> ⑥심사장은 추가수수료이의신청에 대한 결정이 있는 때에는 그 취지를 출원인에게 통지하여야 한다. [본조신설 1999.7.1] **제106조의17 【심사관에 의한 발명의 명칭 결정】** ①다음 각호의 1에 해당하는 경우에는 국제출원된 발명의 명칭은 심사관이 이를 결정한다. 1. 국제출원에 발명의 명칭이 기재되어 있지 아니하고 발명의 명칭에 관하여 조약규칙			
	제17조 【「특허법 시행규칙」의 준용】		

특허법 시행규칙	실용신안법 시행규칙	디자인보호법 시행규칙	상표법 시행규칙
37.2의 규정에 의한 통지를 받지 못한 경우 2. 국제출원에 기재된 발명의 명칭이 조약규칙 4.3의 규정에 의한 요건을 충족하지 못하는 경우 ②심사관은 제1항의 규정에 의하여 결정한 발명의 명칭을 국제조사보고서에 기재하여야 한다. [본조신설 1999.7.1] **제106조의18 【요약서의 보정】** ① 심사관은 다음 각호의 1에 해당하는 경우에는 요약서를 새로 작성하여야 한다. 1. 국제출원에 요약서가 포함되어 있지 아니하고 요약서에 관하여 조약규칙 38.2의 규정에 의한 통지를 받지 못한 경우 2. 국제출원에 포함된 요약서가 조약규칙 8의 규정에 의한 요건을 충족하지 못하는 경우 ②특허청장은 제1항의 규정에 의하여 심사관이 작성한 요약서를 국제조사보고서에 첨부하여 출원인에게 송부하여야 한다. ③출원인은 국제조사보고서 송부일부터 1월 이내에 제1항에 따른 요약서에 대하여 보정신청 또는 의견진술을 하거나, 심	**제17조 【** 「특허법 시행규칙」 의 준용】		

특허법 시행규칙	실용신안법 시행규칙	디자인보호법 시행규칙	상표법 시행규칙
사관이 요약서를 새로 작성하지 아니한 경우에는 출원인이 작성한 요약서에 대하여 보정신청을 할 수 있다. <개정 2007.6.29> ④출원인은 제3항에 따라 보정을 신청하려는 경우에는 별지 제39호서식의 보정서에, 의견을 진술하려는 경우에는 별지 제40호서식의 의견제출서에 다음 각 호의 서류를 첨부하여 특허청장에게 제출하여야 한다. <개정 2007.6.29> 1. 보정서 2통(보정을 신청하는 경우에 한한다) 2. 의견서 1통(의견을 진술하는 경우에 한한다) 3. 대리인에 의하여 절차를 밟는 경우에는 그 대리권을 증명하는 서류 1통 ⑤심사관은 제4항에 따른 보정신청 또는 의견진술이 있는 때에는 요약서의 보정여부를 결정하여야 하며, 요약서를 보정한 때에는 국제사무국에 그 보정사실을 통지하여야 한다. <신설 2007.6.29> [본조신설 1999.7.1] **제106조의19 【국제조사보고서 및 국제조사기관의 견해서의**	**제17조 【「특허법 시행규칙」의 준용】**		

특허법 시행규칙	실용신안법 시행규칙	디자인보호법 시행규칙	상표법 시행규칙
기재사항 등] ①심사관은 국제조사보고서에 다음 각호의 사항을 기재하여야 한다. 1. 국제출원번호 2. 국제출원일 3. 출원인의 성명 또는 명칭 4. 발명의 단일성에 관한 사항 5. 발명의 명칭, 요약서 및 요약서와 함께 공개되는 도면의 번호에 관한 사항 6. 발명이 속하는 분야의 국제특허분류기호 7. 국제조사를 한 분야의 국제특허분류기호 8. 관련기술에 관한 문헌 9. 국제조사완료일 10. 기타 필요한 사항 ②심사관은 국제조사기관의 견해서에 다음 각호의 사항을 기재하여야 한다. <신설 2003.12.31> 1. 제1항제1호 내지 제4호 및 동항제6호에 해당하는 사항 2. 청구의 범위에 기재되어 있는 발명의 신규성, 진보성 또는 산업상 이용가능성에 관한 견해 3. 제2호의 규정에 따른 견해와 관련되는 문헌 4. 견해서 작성일 5. 그 밖에 심사관이 국제조사			

특허법 시행규칙	실용신안법 시행규칙	디자인보호법 시행규칙	상표법 시행규칙
기관의 견해서의 작성에 필요하다고 인정하는 사항 ③국제조사보고서 및 국제조사기관의 견해서는 국제출원의 언어로 작성하여야 한다. <개정 2003.12.31, 2008.12.31> [본조신설 1999.7.1] [제목개정 2003.12.31] **제106조의20 【국제조사보고서등의 송부】** ①특허청장은 심사관이 국제조사보고서 및 국제조사기관의 견해서를 작성한 경우에는 이를 출원인에게 송부하여야 한다. <개정 2003.12.31> ②특허청장은 제106조의11제5항 또는 제106조의12제3항의 규정에 의하여 국제조사보고서를 작성하지 아니한 경우에는 그 취지 및 이유를 출원인에게 통지하여야 한다. <개정 2005.2.11> [본조신설 1999.7.1] **제106조의21 【인용문헌사본의 교부신청】** 국제출원에 관한 국제조사보고서에 인용된 문헌의 사본의 교부를 필요로 하는 출원인은 국제출원일부터 7년 이내에 특허청장에게 이를 신	제17조 【「특허법 시행규칙」의 준용】 제17조 【「특허법 시행규칙」의 준용】		

특허법 시행규칙	실용신안법 시행규칙	디자인보호법 시행규칙	상표법 시행규칙
청할 수 있다. [본조신설 1999.7.1] **제106조의22 【조사료의 반환】** ① 다른 국제출원을 기초로 하여 우선권을 주장한 국제출원에 대하여 심사관이 국제조사보고서를 작성함에 있어서 해당우선권주장의 기초가 되는 국제출원(이하 이 조에서 ˮ선국제출원ˮ이라 한다)에 대한 국제조사보고서를 이용하는 경우 그 취지를 출원인에게 통지하고 특허청장은 출원인의 청구에 따라 납부된 조사료의 일부를 반환하여야 한다. 다만, 선국제출원의 국제조사보고서가 특허청에서 작성되지 아니한 경우에는 그러하지 아니하다. <개정 2008.12.31> ②국제출원에 대하여 심사관이 국제조사보고서를 작성할 때 해당 국제출원과 관련된 국내출원의 심사의 결과를 이용하는 경우 그 취지를 출원인에게 통지하고 특허청장은 출원인의 청구에 따라 납부된 조사료의 일부를 반환하여야 한다. <개정 2008.12.31> ③제1항 및 제2항에 따른 조사료의 반환액 및 그 밖에 필요	제17조 【「특허법 시행규칙」의 준용】		

특허법 시행규칙	실용신안법 시행규칙	디자인보호법 시행규칙	상표법 시행규칙
한 사항은 「특허료 등의 징수규칙」으로 정한다. <신설 2008.12.31> [본조신설 1999.7.1] **제4관 국제예비심사** <신설 1999.7.1> **제106조의23 【국제예비심사청구】** ①조약 제31조(2)의 규정에 해당하는 출원인은 국제출원에 대하여 국제예비심사를 청구할 수 있다. <개정 2003.12.31> ②제1항에 따라 국제예비심사를 청구하려는 자는 다음 각 호의 기간 중 늦게 만료되는 날 이내에 별지 제51호서식 또는 별지 제51호의2서식의 국제예비심사청구서 2통을 특허청장에게 제출하여야 한다. <개정 2003.12.31, 2006.12.29, 2008.12.31> 1. 국제조사보고서 및 국제조사기관의 견해서 또는 조약 제17조(2)(a)의 규정에 따라 국제조사보고서를 작성하지 아니한다는 취지의 통지서를 출원인에게 송부한 날부터 3월 2. 우선일부터 22월 ③국제예비심사청구서를 제출하는 경우 출원인은 제2항의	**제17조 【**「특허법 시행규칙」**의 준용】**		

특허법 시행규칙	실용신안법 시행규칙	디자인보호법 시행규칙	상표법 시행규칙
규정에 따른 기간 이내에 국제출원에 관한 의견서 또는 보정서를 특허청장에게 제출할 수 있다. <신설 2003.12.31> ④제2항의 규정에 따라 국제예비심사청구서가 제출된 경우에는 조약 제2장의 효력이 미치는 모든 지정국이 선택된 것으로 본다. <신설 2003.12.31> ⑤제2항의 규정에 따른 기간의 만료후에 국제예비심사청구서가 제출된 경우에는 당해 국제예비심사청구서가 제출되지 아니한 것으로 본다. 이 경우 특허청장은 그 취지를 출원인에게 통지하여야 한다. <신설 2003.12.31> [본조신설 1999.7.1] **제106조의24 【국제예비심사청구서의 기재사항등】** ①국제예비심사청구서에는 다음 각호의 사항을 기재하여야 한다. 1. 국제예비심사청구라는 표시 2. 출원인에 관한 사항 3. 대리인 또는 대표자가 있는 경우에는 그 대리인 또는 대표자에 관한 사항 4. 국제예비심사청구에 관련된 국제출원에 관한 사항 5. 삭제 <2003.12.31>	**제17조 【「특허법 시행규칙」의 준용】**		

특허법 시행규칙	실용신안법 시행규칙	디자인보호법 시행규칙	상표법 시행규칙
6. 보정에 관한 사항(조약규칙 53.9의 규정에 의한 기재사항이 있는 경우에 한한다) ②국제예비심사청구서는 국제출원의 언어로 작성하여야 한다. <개정 2008.12.31> ③출원인·대리인 또는 대표자는 조약규칙 53.8에 따라 국제예비심사청구서에 기명을 한 후 서명 또는 날인하여야 한다. <개정 2008.12.31> [본조신설 1999.7.1] 제106조의25 【수수료의 납부】 ①국제예비심사를 청구하고자 하는 자는 수수료를 납부하여야 한다. ②제1항의 규정에 의하여 수수료를 납부하고자 하는 자는 별지 제47호서식의 수수료납부서의 국제예비심사수수료납부서를 특허청장에게 제출하여야 한다. <개정 2006.12.29> [본조신설 1999.7.1] 제106조의26 【국제예비심사청구권이 없는 출원인의 국제예비심사청구서】 특허청장은 조약규칙 54.4의 규정에 의하여 국제예비심사를 청구할 수 없는 출원인이 국제예비심사를 청구	제17조 【「특허법 시행규칙」의 준용】 제17조 【「특허법 시행규칙」의 준용】		

특허법 시행규칙	실용신안법 시행규칙	디자인보호법 시행규칙	상표법 시행규칙
한 경우에는 당해 국제예비심사청구서는 제출되지 아니한 것으로 본다. [본조신설 1999.7.1] **제106조의27 【국제예비심사청구에 관한 절차의 보완】** ①특허청장은 국제예비심사청구서에 국제예비심사청구의 대상인 국제출원이 특정되지 아니한 경우에는 기간을 정하여 보완을 명하여야 한다. <개정 2003.12.31> ②제1항의 규정에 의하여 보완을 하고자 하는 자는 별지 제39호서식의 보완서에 다음 각 호의 서류를 첨부하여 특허청장에게 제출하여야 한다. <개정 2006.12.29> 1. 보완서 2통 2. 대리인에 의하여 절차를 밟는 경우에는 그 대리권을 증명하는 서류 1통 ③특허청장은 제1항의 규정에 의한 보완명령을 받은 자가 지정된 기간내에 보완을 한 경우에는 그 보완서의 도달일에 국제예비심사청구서가 수리된 것으로 본다. ④특허청장은 제1항의 규정에 의한 보완명령을 받은 자가 지	제17조 【「특허법 시행규칙」의 준용】		

특허법 시행규칙	실용신안법 시행규칙	디자인보호법 시행규칙	상표법 시행규칙
정된 기간내에 보완을 하지 아니한 경우에는 그 국제예비심사청구서는 제출되지 아니한 것으로 본다. ⑤특허청장은 제4항의 규정에 의하여 국제예비심사청구서가 제출되지 아니한 것으로 보기 전까지는 출원인의 신청에 의하여 제1항의 규정에 의한 기간을 연장할 수 있다. [본조신설 1999.7.1]			
제106조의28 【국제예비심사청구서의 수리일의 통지】 특허청장은 국제예비심사청구서를 수리한 때에는 그 수리일을 출원인에게 즉시 통지하여야 한다. [본조신설 1999.7.1]	제17조 【「특허법 시행규칙」의 준용】		
제106조의29 【국제예비심사청구에 관한 절차의 보정】 ①특허청장은 국제예비심사청구서가 다음 각 호의 어느 하나에 해당하는 경우에는 기간을 정하여 보정을 명하여야 한다. <개정 2003.12.31, 2008.12.31> 1. 제106조의23제2항의 규정에 위반되는 경우 2. 제106조의24제1항제1호 내지 제4호의 규정에 위반되는 경우. 다만, 출원인이 2인 이상인 경	제17조 【「특허법 시행규칙」의 준용】		

특허법 시행규칙	실용신안법 시행규칙	디자인보호법 시행규칙	상표법 시행규칙
우 동조동항제2호에 관한 사항은 제106조의23제1항의 규정에 따라 국제예비심사를 청구할 수 있는 출원인중 최소 1인에 관하여 기재된 경우를 제외한다. 3. 제106조의24제2항 또는 같은 조 제3항에 위반되는 경우. 다만, 같은 조 제3항에 관한 사항은 출원인이 2명 이상이거나 대리인이 2명 이상인 경우 그들 중 최소 1명이 기명을 한 후 서명 또는 날인한 경우는 제외하고, 대리인이 기명을 한 후 서명 또는 날인한 경우에는 출원인(출원인이 2명 이상인 경우에는 모든 출원인)이 기명을 한 후 서명 또는 날인한 위임장이 첨부되어야 한다. ②제1항의 규정에 의한 보정명령에 따라 보정을 하고자 하는 자는 별지 제39호서식의 보정서에 다음 각 호의 서류를 첨부하여 특허청장에게 제출하여야 한다. <개정 2003.5.17, 2006.12.29> 1. 보정서 2통 2. 대리인에 의하여 절차를 밟는 경우에는 그 대리권을 증명하는 서류 1통 ③특허청장은 제1항의 규정에			

특허법 시행규칙	실용신안법 시행규칙	디자인보호법 시행규칙	상표법 시행규칙
의한 보정명령을 받은 자가 지정된 기간내에 보정을 한 경우에는 국제예비심사청구서의 도달일에 국제예비심사청구서가 수리된 것으로 본다. ④특허청장은 제1항의 규정에 의한 보정명령을 받은 자가 지정된 기간내에 보정을 하지 아니한 경우에는 그 국제예비심사청구서는 제출되지 아니한 것으로 본다. <개정 2003.12.31> ⑤특허청장은 제4항의 규정에 의하여 국제예비심사청구서가 제출되지 아니한 것으로 보기 전까지는 출원인의 신청에 의하여 제1항의 규정에 의한 기간을 연장할 수 있다. <개정 2003.12.31> [본조신설 1999.7.1] **제106조의30 【국제예비심사에 관한 수수료 미납부에 대한 보정】** ①특허청장은 국제예비심사를 청구한 자가 수수료징수규칙 제10조제1항제8호 또는 제9호의 규정에 의한 수수료를 동조제2항제2호의 규정에 의한 기간내에 납부하지 아니한 경우에는 조약규칙 58bis.1(a)의 규정에 의하여 1월이내에 당해			
	제17조 【「특허법 시행규칙」의 준용】		

특허법 시행규칙	실용신안법 시행규칙	디자인보호법 시행규칙	상표법 시행규칙
수수료 및 가산료를 납부할 것을 명하여야 한다. <개정 2003.12.31> ②제1항의 규정에 의한 수수료를 납부하고자 하는 자는 별지 제47호서식의 수수료납부서를 특허청장에게 제출하여야 한다. <개정 2006.12.29> ③특허청장은 제1항의 규정에 의하여 보정명령을 받은 자가 지정된 기간내에 당해 수수료 및 가산료를 납부하지 아니한 경우에는 당해국제예비심사청구서는 제출되지 아니한 것으로 본다. [본조신설 1999.7.1] **제106조의31 【국제예비심사청구서가 제출되지 아니한 것으로 보는 경우의 통지】** 특허청장은 제106조의26·제106조의27제4항·제106조의29제4항 또는 제106조의30제3항의 규정에 의하여 국제예비심사청구서가 제출되지 아니한 것으로 보는 경우에는 그 취지 및 이유를 출원인에게 통지하여야 한다. <개정 2003.12.31> [본조신설 1999.7.1] **제106조의32 삭제** <2003.12.31> [본조신설 1999.7.1]	**제17조 【** 「특허법 시행규칙」의 준용】 **제17조 【** 「특허법 시행규칙」의 준용】		

특허법 시행규칙	실용신안법 시행규칙	디자인보호법 시행규칙	상표법 시행규칙
제106조의33 【누락된 보정서의 제출명령】 ①특허청장은 국제예비심사청구서에 국제예비심사청구와 동시에 조약 제34조(2)(b)의 규정에 의한 보정서를 제출한다는 취지가 기재되어 있음에도 불구하고 그 보정서가 첨부되어 있지 아니한 경우에는 기간을 정하여 당해보정서의 제출을 명하여야 한다. ②제1항에 따른 제출명령을 받은 자가 보정서를 제출하는 경우에는 별지 제39호서식의 보정서에 다음 각 호의 서류를 첨부하여 특허청장에게 제출하여야 한다. <개정 2001.6.30, 2003.12.31, 2006.12.29,2008.12.31, 2010.7.27> 1. 국제출원의 언어로 작성된 보정서(청구의 범위에 관한 보정의 경우에는 청구의 범위 전체를 적은 보정서를 말한다) 2통 2. 국제출원의 명세서 또는 도면에 관한 보정의 경우에는 다음 각 목의 사항을 적은 설명서 1통 　가. 보정 전과 보정 후의 차이점	제17조 【「특허법 시행규칙」의 준용】		

특허법 시행규칙	실용신안법 시행규칙	디자인보호법 시행규칙	상표법 시행규칙
나. 국제출원일에 제출된 국제출원에서 보정의 근거가 되는 부분 다. 보정의 이유 2의2. 국제출원의 청구의 범위에 관한 보정의 경우에는 다음 각 목의 사항을 적은 설명서 1통 가. 보정 전과 보정 후의 차이점 나. 국제출원일에 제출된 국제출원에서 보정의 근거가 되는 부분 다. 국제출원일에 제출된 국제출원에서 삭제된 청구항의 번호 라. 보정서에 적혀 있는 청구항 중 보정된 청구항의 번호 3. 대리인에 의하여 절차를 밟는 경우에는 그 대리권을 증명하는 서류 1통 [본조신설 1999.7.1] **제106조의34 【국제예비심사의 개시】** ①출원인이 조약규칙 69.1(d)의 규정에 의하여 국제예비심사에 관하여 조약 제19조의 규정에 의한 보정을 하지 아니한다는 취지를 기재한 신청서를 특허청장에게 제출하는 경우 심사관은 국제예비심사를	**제17조 【「특허법 시행규칙」의 준용】**		

특허법 시행규칙	실용신안법 시행규칙	디자인보호법 시행규칙	상표법 시행규칙
개시하여야 한다. ②제1항의 규정에 의한 신청서를 제출하고자 하는 자는 별지 제52호서식의 국제예비심사 개시신청서를 특허청장에게 제출하여야 한다. <개정 2006.12.29> ③대리인에 의하여 절차를 밟는 경우에는 제2항의 규정에 의한 신청서에 그 대리권을 증명하는 서류를 첨부하여야 한다. [본조신설 1999.7.1] **제106조의35 【우선권주장의 기초가 되는 선출원의 번역문】** ①우선권주장의 기초가 되는 선출원이 국어 또는 영어 외의 언어로 기재되어 있는 경우, 특허청장은 조약 제33조(1)에 따른 견해를 제시함에 있어서 그 우선권주장의 유효성 여부에 대한 판단이 필요한 때에는 기간을 정하여 국어로 기재된 번역문을 제출할 것을 출원인에게 명할 수 있다. <개정 2006.9.29> ②제1항의 규정에 의한 번역문을 제출하고자 하는 자는 별지 제35호서식의 서류제출서에 다음 각 호에 다음 각호의 서류	제17조 【「특허법 시행규칙」의 준용】		

특허법 시행규칙	실용신안법 시행규칙	디자인보호법 시행규칙	상표법 시행규칙
를 첨부하여 특허청장에게 제출하여야 한다. <개정 2006.12.29> 1. 번역문 1통 2. 대리인에 의하여 절차를 밟는 경우에는 그 대리권을 증명하는 서류 1통 ③제1항의 규정에 의하여 번역문의 제출명령을 받은 자가 지정된 기간내에 번역문을 제출하지 아니한 경우에는 당해국제출원에 대하여 우선권주장이 없는 것으로 보고 국제예비심사보고서를 작성할 수 있다. [본조신설 1999.7.1] **제106조의36 【출원인에 의한 국제출원의 보정】** ①국제예비심사를 청구한 출원인은 국제예비심사보고서의 작성개시전까지 명세서·청구의범위 또는 도면에 대하여 보정할 수 있다. ②제1항의 규정에 의한 보정은 최초로 국제출원을 한 때의 국제출원에 기재된 범위내이어야 한다. ③제1항에 따라 보정을 하려는 자는 별지 제39호서식의 보정서에 다음 각 호의 서류를 첨부하여 특허청장에게 제출하여야 한다.	**제17조 【「특허법 시행규칙」의 준용】**		**제30조의3 【국제출원의 보정】** 법 제13조의 규정에 따라 국제출원에 대하여 보정을 하고자 하는 자는 별지 제24호서식의 국제출원보정서등 제출서에 다음 각 호의 서류를 첨부하여 특허청장 또는 특허심판원장에게 제출하여야 한다. 다만, 법 제13조제3호에 해당하여 수수료를 보정하고자 하는 자는 보정서를 제출하지 아니한다. <개정 2006.12.29> 1. 보정내용을 증명하는 서류 1통 2. 대리인에 의하여 절차를 밟

특허법 시행규칙	실용신안법 시행규칙	디자인보호법 시행규칙	상표법 시행규칙
<개정 2003.5.17, 2006.12.29, 2008.12.31, 2010.7.27> 1. 국제출원의 언어로 작성된 보정서(청구의 범위에 관한 보정의 경우에는 청구의 범위 전체를 적은 보정서를 말한다) 2통 1의2. 국제출원의 명세서 또는 도면에 관한 보정의 경우에는 다음 각 목의 사항을 적은 설명서 1통 　가. 보정 전과 보정 후의 차이점 　나. 국제출원일에 제출된 국제출원에서 보정의 근거가 되는 부분 　다. 보정의 이유 1의3. 국제출원의 청구의 범위에 관한 보정의 경우에는 다음 각 목의 사항을 적은 설명서 1통 　가. 보정 전과 보정 후의 차이점 　나. 국제출원일에 제출된 국제출원에서 보정의 근거가 되는 부분 　다. 국제출원일에 제출된 국제출원에서 삭제된 청구항의 번호 　라. 보정서에 적혀 있는 청구항 중 보정된 청구항의 번호			는 경우에는 그 대리권을 증명하는 서류 1통 [본조신설 2005.7.1] **제32조 【국제상표등록출원의 보정 또는 정관 등의 제출】** ①법 제13조 내지 제15조 및 법 제86조의19의 규정에 따라 국제상표등록출원에 대하여 보정을 하거나 법 제86조의16제3항의 규정에 따라 정관 등을 제출하거나 법 제17조의2의 규정에 따라 수정정관을 제출하고자 하는 자는 별지 제29호서식의 국제상표등록출원에 관한 보정서 또는 제출서에 다음 각 호의 서류를 첨부하여 특허청장 또는 특허심판원장에게 제출하여야 한다. 다만, 법 제13조제3호에 해당하여 수수료를 보정하고자 하는 자는 보정서를 제출하지 아니한다. <개정 2006.12.29> 1. 보정내용을 증명하는 서류 1통(국제상표등록출원보정서를 제출하는 경우에 한한다) 2. 정관 및 단체표장의 사용에 관한 사항을 기재한 정관의 요약서 각 1통(단체 표장 및 지리적 표시 단체표장 등록출원에 대하여 정관 등의 제출서를

특허법 시행규칙	실용신안법 시행규칙	디자인보호법 시행규칙	상표법 시행규칙
2. 대리인에 의하여 절차를 밟는 경우에는 그 대리권을 증명하는 서류 1통 [본조신설 1999.7.1]			제출하는 경우에 한한다) 3. 지리적 표시 단체표장을 등록받고자 하는 취지를 기재한 서류 및 지리적 표시의 정의에 합치함을 입증하는 서류 각 1통(지리적 표시 단체표장 등록출원에 대하여 정관 등 제출서를 제출하는 경우에 한한다) 4. 수정정관 및 그 정관의 요약서 각 1통(수정정관제출서를 제출하는 경우에 한한다) 5. 대리인에 의하여 절차를 밟는 경우에는 그 대리권을 증명하는 서류 1통 ②제1항제2호의 규정에 따른 정관의 요약서는 별지 제3호서식에 따른다. <개정 2006.12.29> [전문개정 2005.7.1]
제106조의37 【국제예비심사의 대상】①특허청장은 제106조의23의 규정에 의하여 국제예비심사가 청구된 국제출원에 대하여 심사관으로 하여금 국제예비심사를 하게 한다. ②국제출원의 청구의 범위의 전부가 다음 각호의 1에 해당하는 경우에는 심사관은 국제예비심사를 하지 아니한다는 취지를 조약 제34조(2)(c)의 규	제17조 【「특허법 시행규칙」의 준용】		

특허법 시행규칙	실용신안법 시행규칙	디자인보호법 시행규칙	상표법 시행규칙
정에 따른 견해서(이하 "국제예비심사기관의 견해서"라 한다) 또는 국제예비심사보고서에 기재하여야 한다. <개정 2003.12.31, 2005.2.11> 1. 제106조의11제5항제1호에 해당하는 경우 2. 명세서·청구의 범위 또는 도면에 기재된 사항이 현저히 불명료하거나 청구의 범위가 명세서에 의하여 충분히 뒷받침되어 있지 아니하여 조약 제33조의 규정에 의한 신규성·진보성 또는 산업상 이용가능성에 대하여 유효한 견해를 제시할 수 없는 경우 3. 국제조사보고서가 작성되지 아니하여 심사관이 국제예비심사를 하지 아니한다고 결정한 경우 ③국제출원의 청구의 범위의 일부가 제2항 각호의 1에 해당하는 경우 또는 청구의 범위에 기재된 종속항이 조약규칙 66.2(a)의 규정에 위반되는 경우에는 심사관은 견해서 또는 국제예비심사보고서에 그 취지를 기재하고 당해청구의 범위에 대하여는 국제예비심사를 하지 아니한다. [본조신설 1999.7.1]			

특허법 시행규칙	실용신안법 시행규칙	디자인보호법 시행규칙	상표법 시행규칙
제106조의38 【핵산염기 서열목록등의 제출】 제106조의12 및 제106조의13의 규정은 국제예비심사에 있어서의 핵산염기 서열 또는 아미노산 서열목록 등의 제출에 관하여 이를 준용한다. <개정 2005.2.11> [본조신설 1999.7.1]	**제17조 【「특허법 시행규칙」의 준용】**		
제106조의39 【국제예비심사에 관한 발명의 단일성】 ①심사관은 국제출원이 조약 제34조(3)(a)의 규정에 의한 발명의 단일성요건을 충족하지 아니하는 경우에는 기간을 정하여 청구의 범위의 감축 또는 추가수수료의 납부를 명할 수 있다. ②심사관은 제1항의 규정에 의한 명령을 받은 자가 지정된 기간내에 청구의 범위를 감축함이 없이 추가수수료를 납부하지 아니하는 경우에는 청구의 범위에 가장 먼저 기재된 발명 또는 1군의 발명과 관련되는 국제출원 부분에 한하여 국제예비심사를 하고 그 취지를 국제예비심사보고서에 기재한다. ③제2항의 규정은 제1항의 규정에 의한 명령을 받은 자가	**제17조 【「특허법 시행규칙」의 준용】**		

특허법 시행규칙	실용신안법 시행규칙	디자인보호법 시행규칙	상표법 시행규칙
지정된 기간내에 청구의 범위를 감축하였으나 발명의 단일성요건을 충족하지 아니하는 경우에 관하여 이를 준용한다. ④제106조의14제5항·제106조의15 및 제106조의16의 규정은 국제예비심사에 관한 발명의 단일성에 관하여 이를 준용한다. 이 경우 제106조의14제5항 중 "추가수수료를 납부하고자 하는 자"는 "추가수수료를 납부하거나 청구의 범위를 감축하고자 하는 자"로, 제106조의15 중 "조약 제17조(3)(a)"는 "조약 제34조(3)(a)"로 본다. <개정 2005.2.11> [본조신설 1999.7.1] **제106조의40 【국제예비심사기관의 견해서의 작성】** ①제106조의23의 규정에 따라 국제예비심사가 청구된 경우 국제조사기관의 견해서는 당해 국제출원에 대한 국제예비심사기관의 견해서로 본다. <신설 2003.12.31> ②제1항의 규정에 불구하고 국제출원이 다음 각호의 1에 해당하는 경우에는 심사관은 국제예비심사보고서의 작성전에 국제예비심사기관의 견해서를	**제17조 【「특허법 시행규칙」의 준용】**		

특허법 시행규칙	실용신안법 시행규칙	디자인보호법 시행규칙	상표법 시행규칙
추가로 작성하여 송부하고 기간을 정하여 출원인에게 의견서 및 보정서를 제출할 수 있는 기회를 줄 수 있다. <개정 2003.12.31> 1. 제106조의36제2항의 규정에 위반되는 경우 2. 제106조의37제2항 또는 동조 제3항의 규정에 해당하는 경우 3. 제106조의38의 규정에 의한 제출명령을 받은 자가 서열목록등을 제출하지 아니하여 유효한 국제예비심사를 할 수 없는 경우 4. 청구의 범위에 기재되어 있는 발명이 조약 제33조의 규정에 의한 신규성·진보성 또는 산업상 이용가능성의 요건을 충족하지 아니하는 경우 5. 국제출원의 형식 또는 내용이 조약 및 조약규칙에서 정하고 있는 요건을 충족하지 아니하는 경우 6. 기타 조약 및 조약규칙에 의하여 국제예비심사기관의 견해서 작성이 필요한 경우 ③심사관은 제2항의 규정에 의하여 정하여진 기간내에 출원인의 신청이 있는 경우에는 그 기간을 연장할 수 있다. <개정 2003.12.31>			

특허법 시행규칙	실용신안법 시행규칙	디자인보호법 시행규칙	상표법 시행규칙
④심사관은 출원인의 신청이 있는 경우 기간을 정하여 출원인에게 국제출원에 관한 의견서 및 보정서를 제출할 수 있는 기회를 추가로 줄 수 있다. ⑤제2항·제4항 또는 제106조의23제3항의 규정에 의한 의견서를 제출하고자 하는 자는 별지 제40호서식의 의견제출서에 다음 각 호의 서류를 첨부하여 특허청장에게 제출하여야 한다. <개정 2003.5.17, 2003.12.31, 2006.12.29> 1. 의견서 1통 2. 대리인에 의하여 절차를 밟는 경우에는 그 대리권을 증명하는 서류 1통 ⑥제2항, 제4항 또는 제106조의23제3항에 따른 보정서를 제출하려는 자는 별지 제39호서식의 보정서에 다음 각 호의 서류를 첨부하여 특허청장에게 제출하여야 한다. <신설 2003.5.17, 2003.12.31, 2006.12.29, 2008.12.31, 2010.7.27> 1. 국제출원의 언어로 작성된 보정서(청구의 범위에 관한 보정의 경우에는 청구의 범위 전체를 적은 보정서를 말한다) 2통			

특허법 시행규칙	실용신안법 시행규칙	디자인보호법 시행규칙	상표법 시행규칙
2. 국제출원의 명세서 또는 도면에 관한 보정의 경우에는 다음 각 목의 사항을 적은 설명서 1통 　가. 보정 전과 보정 후의 차이점 　나. 국제출원일에 제출된 국제출원에서 보정의 근거가 되는 부분 　다. 보정의 이유 2의2. 국제출원의 청구의 범위에 관한 보정의 경우에는 다음 각 목의 사항을 적은 설명서 1통 　가. 보정 전과 보정 후의 차이점 　나. 국제출원일에 제출된 국제출원에서 보정의 근거가 되는 부분 　다. 국제출원일에 제출된 국제출원에서 삭제된 청구항의 번호 　라. 보정서에 적혀 있는 청구항 중 보정된 청구항의 번호 3. 대리인에 의하여 절차를 밟는 경우에는 그 대리권을 증명하는 서류 1통 [본조신설 1999.7.1] [제목개정 2003.12.31]			

특허법 시행규칙	실용신안법 시행규칙	디자인보호법 시행규칙	상표법 시행규칙
제106조의41 【국제예비심사보고서의 기재사항등】 ①심사관은 국제예비심사보고서에 다음 각 호의 사항을 기재하여야 한다. 1. 국제출원번호 2. 국제출원일 3. 발명이 속하는 분야의 국제특허분류기호 4. 출원인의 성명 또는 명칭 5. 발명의 단일성에 관한 사항 6. 청구의 범위에 기재되어 있는 발명의 신규성·진보성 또는 산업상 이용가능성에 관한 견해 7. 제6호의 견해에 관련되는 문헌 8. 국제예비심사청구서 제출일 9. 국제예비심사보고서 작성일 10. 기타 필요한 사항 ②국제예비심사보고서는 국제출원의 언어로 작성하여야 한다. <개정 2008.12.31> [본조신설 1999.7.1] 제106조의42 【국제예비심사보고서등의 송부】 특허청장은 심사관이 국제예비심사보고서를 작성한 때에는 당해국제예비심사보고서 및 그 부속서류를 출원인에게 송부하여야 한다. [본조신설 1999.7.1]	제17조 【「특허법 시행규칙」의 준용】 제17조 【「특허법 시행규칙」의 준용】		

특허법 시행규칙	실용신안법 시행규칙	디자인보호법 시행규칙	상표법 시행규칙
제106조의43 【인용문헌사본의 교부신청】 제106조의21의 규정은 국제조사보고서에 인용되지 아니하였으나 국제예비심사보고서에 인용된 문헌의 사본의 교부신청에 관하여 이를 준용한다. [본조신설 1999.7.1]	**제17조 【**「특허법 시행규칙」의 준용**】**		
제106조의44 【서류사본의 교부신청】 국제예비심사를 청구한 출원인 또는 그 출원인의 승낙 얻은 자는 특허청장에 대하여 당해 국제출원에 관한 서류의 사본의 교부를 신청할 수 있다. [본조신설 1999.7.1]	**제17조 【**「특허법 시행규칙」의 준용**】**		
제106조의45 【예비심사료등의 반환】 ①특허청장은 조약규칙 58의 규정에 의한 예비심사료가 다음 각호의 1에 해당하는 경우에는 출원인의 청구에 의하여 이를 반환하여야 한다. <개정 2003.12.31> 1. 제106조의23제5항·제106조의26·제106조의27제4항·제106조의29제4항 또는 제106조의30제3항의 규정에 의하여 국제예비심사청구서가 제출되지 아니한 것으로 보는 경우 2. 국제예비심사의 개시전에 국	**제17조 【**「특허법 시행규칙」의 준용**】**		

특허법 시행규칙	실용신안법 시행규칙	디자인보호법 시행규칙	상표법 시행규칙
제출원 또는 국제예비심사청구가 취하된 경우 ②특허청장은 조약규칙 57의 규정에 의한 취급료가 다음 각 호의 1에 해당하는 경우에는 출원인의 청구에 의하여 이를 반환하여야 한다. <개정 2003.12.31> 1. 국제예비심사청구서를 국제사무국에 송부하기 전에 국제예비심사청구가 취하된 경우 2. 제106조의23제5항 또는 제106조의26의 규정에 의하여 국제예비심사청구서가 제출되지 아니한 것으로 보는 경우 [본조신설 1999.7.1] **제106조의46 【국제출원의 취하 등】** 제106조의7의 규정은 국제예비심사단계에서의 국제출원등의 취하에 관하여 이를 준용한다. [본조신설 1999.7.1]	**제17조 【「특허법 시행규칙」의 준용】**		**제30조의4 【국제출원 등의 취하】** ①국제출원의 출원인은 제29조의2의 규정에 따라 제출한 출원서 또는 신청서가 국제사무국에 통지되기 전까지 국제출원, 사후지정신청, 국제등록존속기간갱신신청 또는 국제등록명의변경등록신청을 취하할 수 있다. ②제1항의 규정에 따라 취하를 하고자 하는 자는 별지 제28호 서식의 국제출원등 취하서를 특허청장에게 제출하여야 한다. <개정 2006.12.29> ③대리인에 의하여 제1항의 절

특허법 시행규칙	실용신안법 시행규칙	디자인보호법 시행규칙	상표법 시행규칙
제2절 국제특허출원에 관한 특례 **제107조 【특허출원인변경 등의 특례】** ①법 제199조제2항의 규정에 의한 국제특허출원(이하 " 국제특허출원"이라 한다)에 있어서 국제사무국으로부터 출원인의 성명이나 명칭, 주소나 영업소의 소재지 또는 국적등의 변경통지를 받은 경우에는 그 통지에 의하여 제9조제3항의 규정에 의한 주소등의 변경 또는 경정의 신고가 있는 것으로 본다. <개정 2001.6.30> ②국제특허출원에 있어서 국제사무국으로부터 특허출원인변경통지를 받은 경우에는 그 통지에 의하여 제26조의 규정에 의한 특허출원인변경신고가 있는 것으로 본다. <개정 2001.6.30> [전문개정 1999.7.1] [제목개정 2001.6.30]	**제17조 【「특허법 시행규칙」의 준용】**		차를 밟는 경우에는 제2항의 규정에 따른 취하서에 그 대리권을 증명하는 서류를 첨부하여야 한다. [본조신설 2005.7.1]

특허법 시행규칙	실용신안법 시행규칙	디자인보호법 시행규칙	상표법 시행규칙
제107조의2 【국제조사기관이 결정한 발명의 명칭의 적용】 조약규칙 37.2의 규정에 의하여 국제조사기관이 결정한 명칭이 있는 발명에 대하여 국제특허출원을 하고자 하는 자는 당해 출원의 번역문에는 국제조사기관이 결정한 명칭을 번역한 명칭을 사용하여야 한다. <개정 1999.7.1> [본조신설 1997.7.1]	**제17조 【** 「특허법 시행규칙」 의 준용】		
제108조 【지분의 기재등의 특례】 ①국제특허출원에 관하여 제27조의 규정을 적용함에 있어서는 동조중 "특허출원서"는 "법 제203조에 따른 서면"으로 한다. <개정 2006.12.29> ②법 제214조의 규정에 의한 신청에 관하여 제27조의 규정을 적용함에 있어서는 동규정 중 "특허출원서"는 "법 제214조 제1항에 따른 결정신청서"로 한다. <개정 2006.12.29>	**제17조 【** 「특허법 시행규칙」 의 준용】		
제109조 【출원번호의 통지의 특례】 법 제199조 또는 제214조 제4항의 규정에 의하여 특허출원으로 보는 국제출원의 출원번호의 통지에 관하여는 제24조의 규정을 적용함에 있어서는 동조중 "특허출원서를 수리	**제17조 【** 「특허법 시행규칙」 의 준용】		

특허법 시행규칙	실용신안법 시행규칙	디자인보호법 시행규칙	상표법 시행규칙
한 때"는 "법 제201조제1항의 규정에 의한 번역문을 수리한 때(법 제214조제4항의 규정에 의하여 특허출원으로 보는 국제출원에 있어서는 법 제214조제4항의 규정에 의한 결정을 한 때)"로 본다. <개정 1999.7.1, 2005.2.11>			
제110조 【특허출원번호 표시의 특례】 법 제199조제2항의 규정에 의한 국제특허출원에 관한 서류 기타의 물건의 제출에 관하여 제12조제1항을 적용함에 있어서는 동조제1항중 "특허출원을 한 후"는 "법 제201조제1항의 규정에 의한 절차를 한 후"로 한다.	**제17조 【**「특허법 시행규칙」의 준용**】**		
제111조 【공지 등이 되지 아니한 발명으로 보는 경우의 서류제출기간의 특례】 법 제200조에서 "지식경제부령이 정하는 기간"이란 법 제201조제4항에 따른 기준일 경과후 30일을 말한다. <개정 2007.6.29> [전문개정 1999.7.1] [제목개정 2007.6.29]	**제17조 【**「특허법 시행규칙」의 준용**】**		
제112조 【국제특허출원서류 등의 번역문】 법 제201조제1항 또는	**제17조 【**「특허법 시행규칙」의 준용**】**		

특허법 시행규칙	실용신안법 시행규칙	디자인보호법 시행규칙	상표법 시행규칙
제214조제2항에 따라 명세서, 청구의 범위, 요약서 또는 도면의 국어에 의한 번역문을 제출하려는 자는 별지 제53호서식부터 별지 제56호서식에 따른 서면을 특허청장에게 제출하여야 한다. [전문개정 2009.6.30] **제112조의2 【핵산염기 서열 또는 아미노산 서열을 포함한 국제특허출원의 특례】** ①서열을 포함한 국제특허출원에 대하여 법 제201조제1항의 규정에 의한 서면을 제출하는 때에는 제21조의2제1항 각호의 서류등을 제출하여야 한다. ②법 제214조제4항의 규정에 의하여 특허출원으로 보는 국제출원에 서열이 포함된 경우 법 제214조제1항의 규정에 의한 신청을 할 때에는 제21조의2제1항 각호의 서류등을 제출하여야 한다. [본조신설 1998.12.31] [제목개정 1999.7.1] **제113조 【국제특허출원의 우선권 서류의 번역문 제출】** 제25조제3항 내지 제5항의 규정은 법 제201조의 규정에 의한 절차를	제17조 【「특허법 시행규칙」의 준용】 제17조 【「특허법 시행규칙」의 준용】		

특허법 시행규칙	실용신안법 시행규칙	디자인보호법 시행규칙	상표법 시행규칙
밟은 자가 조약규칙 17.1(a)·(b) 또는 (b-bis)에 규정하는 우선권서류의 제출의무를 이행한 경우에 이를 준용한다. [전문개정 2005.2.11] **제113조의2 【우선권서류등의 제출에 관한 특례】** ①법 제201조의 규정에 의한 절차를 밟는 자가 조약규칙 17.1(a)·(b) 또는 (b-bis)의 규정에 의한 우선권서류의 제출의무를 이행하지 아니한 경우에는 특허청장은 기간을 정하여 우선권서류를 제출할 것을 명하여야 한다. <개정 2003.12.31, 2005.2.11> ②제25조제1항 및 제3항 내지 제5항의 규정은 제1항의 규정에 의하여 우선권서류를 제출하는 경우에 이를 준용한다. <개정 2005.2.11> ③제1항의 규정에 따라 제출명령을 받은 자가 제1항의 규정에 따른 기간내에 우선권서류를 제출하지 아니한 경우에는 그 우선권주장은 효력을 상실한다. <신설 2003.12.31, 2005.2.11> [본조신설 1999.7.1]	**제17조 【** 「특허법 시행규칙」 **의 준용】**		

특허법 시행규칙	실용신안법 시행규칙	디자인보호법 시행규칙	상표법 시행규칙
제114조 【번역문등의 제출】 ①법 제201조 및 법 제203조에 따라 번역문 등을 제출하려는 자는 별지 제57호서식에 다음 각 호의 서류를 첨부하여 특허청장에게 제출하여야 한다. <개정 1999.7.1, 2002.2.28, 2003.5.17, 2006.12.29, 2008.12.31, 2010.7.27> 1. 법 제201조제1항에 따른 명세서·청구의 범위·요약서 및 도면(도면 중 설명부분으로 한정한다)의 번역문 각 1통 2. 대리인에 의하여 절차를 밟는 경우에는 그 대리권을 증명하는 서류 1통 3. 기타 법령의 규정에 의한 증명서류 1통 ②법 제201조제3항에 따라 새로운 번역문을 제출하려는 자는 별지 제13호서식의 서류제출서에 다음 각 호의 서류를 첨부하여 특허청장에게 제출하여야 한다. <신설 2010.7.27> 1. 법 제201조제1항에 따른 명세서·청구의 범위·요약서 및 도면(도면 중 설명부분으로 한정한다)의 새로운 번역문 각 1통 2. 대리인에 의하여 절차를 밟는 경우에는 그 대리권을 증명	**제15조 【번역문 등의 제출】** ①법 제35조 및 법 제41조에서 준용하는 「특허법」 제203조에 따라 번역문 등을 제출하려는 자는 번역문 등의 제출서(「특허법 시행규칙」 별지 제57호서식의 "특허법 제203조에 따른 서면"을 준용한다. 이하 같다)에 다음 각 호의 서류를 첨부하여 특허청장에게 제출하여야 한다. <개정 2006.12.29, 2008.12.31, 2010.7.27> 1. 법 제35조제1항에 따른 명세서·청구의 범위·요약서 및 도면(도면 중 설명부분으로 한정한다)의 번역문 각 1통 2. 대리인에 의하여 절차를 밟는 경우에는 그 대리권을 증명하는 서류 1통 3. 그 밖의 법령에 따른 증명서류 1통 ②법 제35조제3항에 따라 새로운 번역문을 제출하려는 자는 서류제출서(「특허법 시행규칙」 별지 제13호서식의 "서류제출서"를 준용한다)에 다음 각 호의 서류를 첨부하여 특허청장에게 제출하여야 한다. <신설 2010.7.27> 1. 법 제35조제1항에 따른 명세서·청구의 범위·요약서 및		

특허법 시행규칙	실용신안법 시행규칙	디자인보호법 시행규칙	상표법 시행규칙
하는 서류 1통 ③법 제203조제2항제1호의 경우에 해당하여 보정을 하고자 하는 자는 별지 제57호서식을 특허청장에게 제출하고 「특허료 등의 징수규칙」 제2조제1항제11호에 의한 가산료를 납부하여야 한다. <신설 2003.5.17, 2003.12.31, 2006.9.29, 2006.12.29, 2010.7.27> ④법 제203조제2항제2호의 경우에 해당하여 보정을 하고자 하는 자에 대하여는 제13조를 준용한다. <신설 2003.5.17, 2010.7.27> [전문개정 1998.12.31] **제114조의2 【국제출원일의 특례】** ① 특허청장은 조약규칙 20.3(b)(ⅱ) 및 20.5(d)에 따라 국제출원일이 인정된 국제특허출원인 경우에는 그 국제출원일을 조약규칙 20.3(b)(ⅰ), 20.5(b) 또는 20.5(c)에 따른 국제출원일로 다시 인정하고 이를 국제특허출원의 출원인에게 통지하여	도면(도면 중 설명부분으로 한정한다)의 새로운 번역문 각 1통 2. 대리인에 의하여 절차를 밟는 경우에는 그 대리권을 증명하는 서류 1통 ③법 제41조에서 준용하는 「특허법」 제203조제2항제1호의 경우에 해당하여 보정을 하려는 자는 번역문 등의 제출서를 특허청장에게 제출하고 「특허료 등의 징수규칙」 제3조제1항제9호에 따른 가산료를 납부하여야 한다. <개정 2006.12.29, 2010.7.27> ④법 제41조에서 준용하는 「특허법」 제203조제2항제2호의 경우에 해당하여 보정을 하려는 자에 대하여는 「특허법 시행규칙」 제13조를 준용한다. <개정 2010.7.27> **제17조 【「특허법 시행규칙」의 준용】**		

특허법 시행규칙	실용신안법 시행규칙	디자인보호법 시행규칙	상표법 시행규칙
야 한다. ②제1항에 따른 통지를 받은 국제특허출원의 출원인은 통지를 받은 날부터 2개월 이내에 별지 제24호서식의 의견서에 다음 각 호의 서류를 첨부하여 특허청장에게 제출할 수 있다. 1. 의견내용을 증명하는 서류 1통 2. 대리인에 의하여 절차를 밟는 경우에는 그 대리권을 증명하는 서류 1통 ③제1항에 따른 통지를 받은 국제특허출원의 출원인은 조약규칙 20.5(c)에 따라 그 국제특허출원에 포함되는 것으로 보는 명세서, 청구의 범위 또는 도면에 관하여 제2항에 따른 기간에 그 명세서, 청구의 범위 또는 도면이 국제특허출원에 포함되지 않는 것으로 볼 것을 신청할 수 있다. 이 경우 국제특허출원의 출원인은 별지 제12호서식의 취하서를 특허청장에게 제출하여야 하며 대리인에 의하여 절차를 밟는 경우에는 그 대리권을 증명하는 서류를 첨부하여야 한다. ④제1항에도 불구하고 제3항에 따른 취하서가 제출된 때에는 해당 신청과 관련된 명세서, 청			

특허법 시행규칙	실용신안법 시행규칙	디자인보호법 시행규칙	상표법 시행규칙
구의 범위 또는 도면은 국제특허출원에 포함되지 않는 것으로 본다. [본조신설 2010.7.27]			**제33조 【출원시의 특례에 관한 서류의 제출기간】** 법 제86조의23제1항에서 "지식경제부령이 정하는 기간 이내"란 법 제86조의14제2항 본문에 따른 국제등록일(대한민국을 사후지정한 경우에는 같은 항 단서에 따른 사후지정일)부터 3개월 이내를 말한다. <개정 2008.12.31, 2010.7.29> [본조신설 2001.6.30] **제35조 【재출원 서류의 제출 등】** ①법 제86조의41 각 호의 어느 하나에 해당하는 상표등록출원(이하 "재출원"이라 한다)을 하고자 하는 자는 별지 제2호서식의 상표등록출원서에 다음 각 호의 서류를 첨부하여 특허청장에게 제출하여야 한다. <개정 2005.7.1, 2006.12.29> 1. 상표견본 1통 2. 정관 및 단체표장의 사용에 관한 사항을 기재한 정관의 요약서 각 1통(단체표장 및 지리적 표시 단체표장등록출원시에 한한다)

특허법 시행규칙	실용신안법 시행규칙	디자인보호법 시행규칙	상표법 시행규칙
			3. 대리인에 의하여 절차를 밟는 경우에는 그 대리권을 증명하는 서류 1통 ②제4조제2항 내지 제7항의 규정은 재출원출원서에 의한 상표등록출원에 관하여 이를 준용한다. <개정 2005.7.1> [본조신설 2001.6.30]
제114조의3 【명백한 잘못의 정정에 대한 불인정】 ① 특허청장은 조약규칙 91.3(f)에 따라 조약규칙 91.1에 따른 명백한 잘못의 정정을 인정하지 않을 수 있다. ②특허청장은 제1항에 따라 조약규칙 91.1에 따른 명백한 잘못의 정정을 인정하지 아니하는 경우에는 그 국제특허출원의 출원인에게 그 취지 및 이유를 통지하여야 한다. ③제2항에 따른 통지를 받은 국제특허출원의 출원인은 통지를 받은 날부터 2개월 이내에 별지 제24호서식의 의견서에 다음 각 호의 서류를 첨부하여 특허청장에게 제출할 수 있다. 1. 의견내용을 증명하는 서류 1통 2. 대리인에 의하여 절차를 밟	**제17조 【「특허법 시행규칙」의 준용】**		

특허법 시행규칙	실용신안법 시행규칙	디자인보호법 시행규칙	상표법 시행규칙
는 경우에는 그 대리권을 증명하는 서류 1통 [본조신설 2010.7.27] **제115조 【보정서와 설명서의 번역문 또는 사본】** ①법 제204조제1항 및 법 제205조제1항에 따른 보정서의 번역문 또는 사본을 제출하려는 자는 별지 제13호서식에 다음 각 호의 서류를 첨부하여 특허청장에게 제출하여야 한다. <개정 2006.12.29, 2009.6.30> 1. 보정서의 번역문 또는 보정서의 사본 1통 2. 대리인에 의하여 절차를 밟는 경우에는 그 대리권을 증명하는 서류 1통 3. 기타 법령의 규정에 의한 증명서류 1통 ②법 제204조제3항에 따른 설명서의 번역문 또는 사본을 제출하려는 자는 별지 제13호서식에 다음 각 호의 서류를 첨부하여 특허청장에게 제출하여야 한다. <개정 2006.12.29, 2009.6.30> 1. 설명서의 번역문 또는 설명서의 사본 1통 2. 대리인에 의하여 절차를 밟는 경우에는 그 대리권을 증명	**제17조 【「특허법 시행규칙」의 준용】**		

특허법 시행규칙	실용신안법 시행규칙	디자인보호법 시행규칙	상표법 시행규칙
하는 서류 1통 3. 기타 법령의 규정에 의한 증명서류 1통 ③삭제 <2002.2.28> [전문개정 1998.12.31] [제목개정 2009.6.30] **제116조【재외자의 특허관리인 선임기간의 특례】** 법 제206조 제2항에서 "지식경제부령이 정하는 기간"이란 법 제201조제4항에 따른 기준일부터 2개월로 한다. [전문개정 2008.9.30] **제116조의2【국제특허출원의 심사에 관한 특례】** ① 국제특허출원에 관한 심사에 있어 해당 국제특허출원이 국제공개되지 아니하여 특허청장이 조약 제2조(xv)에 따른 수리관청 또는 국제사무국에 제출된 서류(특허청장에게 제출된 서류는 제외한다)의 확인이 곤란한 경우에는 해당 서류의 사본을 제출하게 할 수 있다. ②제1항에도 불구하고 해당 서류의 사본을 특허청장에게 제출하지 아니한 경우에는 그 국제특허출원의 국제공개일까지 그 국제특허출원에 대한 심사를 보류할 수 있다.	**제17조【「특허법 시행규칙」의 준용】** **제17조【「특허법 시행규칙」의 준용】**		

특허법 시행규칙	실용신안법 시행규칙	디자인보호법 시행규칙	상표법 시행규칙
③제1항에 따른 사본의 제출은 별지 제13호서식의 서류제출서에 따른다. [본조신설 2008.12.31] **제117조【결정의 신청기간등】** ① 법 제214조제1항의 규정에 의한 기간은 거부·선언 또는 인정이 출원인에게 통지된 날부터 2월로 한다. ②법 제214조제1항의 규정에 의한 결정의 신청을 하고자 하는 자는 별지 제58호서식의 신청서 2통에 다음 각 호의 서류를 첨부하여 특허청장에게 제출하여야 한다. <개정 1998.12.31, 2006.12.29> 1. 명세서·청구의 범위·요약서 및 도면(도면중 설명부분에 한한다)의 번역문 각 2통 2. 대리인에 의하여 절차를 밟는 경우에는 그 대리권을 증명하는 서류 2통 3. 기타 법령의 규정에 의한 증명서류 2통 **제118조【결정의 신청에 관련된 번역문】** 법 제214조제2항에서 "지식경제부령이 정하는 국제출원에 관한 서류"란 해당 국제출원에 관하여 출원인이 조	**제17조【「특허법 시행규칙」의 준용】** **제17조【「특허법 시행규칙」의 준용】**		

특허법 시행규칙	실용신안법 시행규칙	디자인보호법 시행규칙	상표법 시행규칙
약 제2조(xv)에 따른 수리관청 또는 같은 조 (xix)에 따른 국제사무국에 제출한 서류 및 수리관청 또는 국제사무국이 당해 국제출원에 관하여 행한 처분에 관한 서류를 말한다. <개정 1993.12.31, 1996.6.22, 1998.12.31, 1999.7.1, 2008.9.30>

제119조 【거부·선언·인정에 관한 결정】 법 제214조제3항의 규정에 의한 결정은 다음 각호의 사항을 기재한 문서로 하여야 한다.
1. 국제출원의 표시
2. 발명의 명칭
3. 출원인 및 대리인의 성명 및 주소나 영업소
4. 결정의 주문 및 그 이유
5. 결정연월일

제7장 보칙

제120조 【서류의 열람등】 ①법 제216조에 따른 특허등록원부 교부신청·자료열람(복사)신청·서류등본(초본)교부신청 및 특허원부기록사항교부신청은 별지 제29호서식, 심판청구사실증명·심결확정사실증명 및 심결문송달증명신청은 별지 제19 | **제17조 【「특허법 시행규칙」의 준용】**

제17조 【「특허법 시행규칙」의 준용】 | **제28조 【서류의 열람 등】** ①법 제76조에 따른 디자인등록원부 교부신청·자료열람(복사)신청·서류등본(초본)교부신청 및 디자인원부기록사항교부신청은 「특허법 시행규칙」 별지 제29호서식, 심판청구사실증명·심결확정사실증명 및 심결문송 | **제36조 【준용규정】** 상표등록에 관한 출원·청구, 그 밖의 절차에 관하여는 「특허법 시행규칙」 제1조의2, 제2조, 제3조, 제5조, 제5조의2부터 제5조의4까지, 제6조부터 제9조까지, 제9조의3부터 제9조의7까지, 제9조의9, 제10조, 제12조, 제13조 |

특허법 시행규칙	실용신안법 시행규칙	디자인보호법 시행규칙	상표법 시행규칙
호서식에 따른다. 다만, 신청인이 전보 또는 구두(전화를 포함한다)로 서류의 등본 또는 초본의 교부나 복사의 신청을 한 때에는 그 교부전까지 신청서를 제출하여야 한다. <개정 1998.12.31, 2006.12.29> ②대리인의 경우 제1항의 규정에 의한 서식에 그 대리권을 증명하는 서류를 첨부하여야 한다.		달증명신청은 「특허법 시행규칙」 별지 제19호서식에 따른다. 다만, 신청인이 전보 또는 구두(전화를 포함한다)로 서류의 등본 또는 초본의 교부나 복사의 신청을 한 때에는 그 교부 전까지 신청서를 제출하여야 한다. ②대리인의 경우 제1항에 따른 서식에 그 대리권을 증명하는 서류를 첨부하여야 한다. [전문개정 2009.6.30]	의3, 제14조부터 제19조까지, 제20조의2, 제24조, 제26조, 제27조, 제34조, 제36조, 제37조의2, 제39조, 제51조, 제58조, 제60조부터 제69조까지, 제73조, 제120조 및 제120조의2부터 제120조의6까지의 규정을 준용하며, 상표등록이의신청에 대한 심사에 관하여는 「특허법 시행규칙」 제58조, 제63조, 제68조 및 제69조의 규정을 준용한다. 이 경우 같은 규칙 제1조의2제2호나목 중 "특허출원인·심판청구인"은 "이의신청인·심판청구인"으로 보고, 같은 규칙 제5조제2항 단서 중 "특허출원"은 "상표등록출원, 지정상품의 추가등록출원, 상품분류전환등록신청"으로, "국제특허출원의 국내서면제출"은 "국제상표등록출원에 대한 최초 의견서, 보정서 또는 지정기간연장신청서 제출"로, "심판청구·재심청구"는 "상표등록이의신청(지정상품의 추가등록에 대한 이의신청을 포함한다. 이하 같다)·심판청구·재심청구"로, "특허출원서"는 "상표등록출원서·지정상품의 추가등록출원서·상품분류전환등록신청서"로, "법 제203조에 따른 서면"은 "국제상표등

특허법 시행규칙	실용신안법 시행규칙	디자인보호법 시행규칙	상표법 시행규칙
			록출원에 대한 의견서, 보정서 또는 지정기간연장신청서"로, "심판청구서"는 "상표등록이의신청서·심판청구서"로 보며, 같은 규칙 제9조제1항제1호 중 "출원인"은 "출원인 또는 상품분류전환등록신청인"으로, 같은 항 제9호 중 "심판청구인·심판피청구인 및 심판참가인"은 "이의신청인·피신청인·심판청구인"으로 보고, 같은 규칙 제9조의4제3항 중 "전자문서"는 "전자문서(국제출원인에 관한 전자문서를 제외한다)"로 보며, 같은 규칙 제11조제1항제9호 중 "법 제132조의3에 따른 심판의 청구기간"은 "법 제70조의2에 따른 거절결정에 대한 심판 및 법 제70조의3에 따른 보정각하결정에 대한 심판의 청구기간"으로 보고, 같은 규칙 제12조제3항 중 "특허에 관한 심판"은 "상표분류전환등록신청·상표등록이의신청·심판"으로, "심판변호"는 "상품분류전환등록신청변호·상표등록이의신청변호·심판변호"로 보며, 같은 규칙 제51조제1항제1호 중 "제50조제2항 또는 제4항"은 "제15조제2항"으로, 같은 항 제2호 중 "제50조의2제1항 또는

특허법 시행규칙	실용신안법 시행규칙	디자인보호법 시행규칙	상표법 시행규칙
			제4항"은 "제15조의2제1항"으로, 같은 항 제3호 중 "제50조의3"은 "제15조의3"으로 보고, 같은 규칙 제73조제2항 중 "법 제132조의3의 규정에 의한 특허거절결정에 대한 심판"은 "법 제70조의2에 따른 거절결정에 대한 심판 및 법 제70조의3에 따른 보정각하결정에 대한 심판"으로 본다. <개정 2010.7.29> [전문개정 2007.6.29]
제120조의2 【특허문서전자화기관의 지정 등】①법 제217조의2제1항에서 "지식경제부령이 정하는 시설 및 인력을 갖춘 법인"이란 다음 각 호의 기준에 해당하는 법인을 말한다. <개정 1998.12.31, 2005.2.11, 2006.9.29, 2008.9.30> 1. 특허출원중인 발명에 관한 비밀유지에 적합할 것 2. 데이터 입력장치, 데이터 저장장치 등 특허문서전자화업무의 효율적인 수행에 적합한 장비와 학사학위를 가진 자로서 9년 이상 전산정보처리분야의 업무를 수행한 자 1인 이상을 보유할 것 3. 임·직원중 「변리사법」 제	제17조 【「특허법 시행규칙」의 준용】	제29조 【디자인문서전자화기관의 지정 등】①법 제77조의2제1항에서 "지식경제부령으로 정하는 시설 및 인력을 갖춘 법인"이란 다음 각 호의 기준에 해당하는 법인을 말한다. 1. 디자인등록출원 중인 디자인에 관한 비밀유지에 적합할 것 2. 데이터 입력장치, 데이터 저장장치 등 디자인문서전자화업무의 효율적인 수행에 적합한 장비와 학사학위를 가진 자로서 9년 이상 전산정보처리분야의 업무를 수행한 자 1명 이상을 보유할 것 3. 임·직원 중 「변리사법」 제2조에 따른 업무를 행하는 다른 기관의 임·직원을 겸하	제36조 【준용규정】

특허법 시행규칙	실용신안법 시행규칙	디자인보호법 시행규칙	상표법 시행규칙
2조의 규정에 의한 업무를 행하는 다른 기관의 임·직원을 겸하는 자 또는 동법 제5조의 규정에 의하여 등록한 변리사가 없을 것 4. 삭제 <2006.9.29> ②법 제217조의2제1항에 따라 특허문서전자화업무를 위탁받으려는 자는 신청서에 다음 각 호의 서류를 첨부하여 특허청장에게 제출하여야 한다. 이 경우 특허청장은 「전자정부법」 제36조제1항에 따른 행정정보의 공동이용을 통하여 신청인의 법인 등기사항증명서를 확인하여야 하되, 이를 통하여 확인할 수 없거나 신청인이 확인에 필요한 정보를 제공하지 아니하는 경우에는 법인 등기사항증명서를 첨부하도록 하여야 한다. <개정 2003.12.31, 2005.2.11, 2006.9.29, 2008.9.30, 2010.7.27> 1. 사업계획서(작업절차도를 포함한다) 2. 사업실적서(유사한 업무를 수행한 경험이 있는 경우에 한한다) 3. 장비 및 전문인력 보유현황 기술서 4. 신청일이 속하는 회계연도의		는 자 또는 같은 법 제5조에 따라 등록한 변리사가 없을 것 ②법 제77조의2제1항에 따라 디자인문서전자화업무를 위탁받으려는 자는 신청서에 다음 각 호의 서류를 첨부하여 특허청장에게 제출하여야 한다. 이 경우 담당공무원은 「전자정부법」 제21조제1항에 따른 행정정보의 공동이용을 통하여 신청인의 법인등기부 등본을 확인하여야 한다. 1. 사업계획서(작업절차도를 포함한다) 2. 사업실격서(유사한 업무를 수행한 경흖이 있는 경우로 한정한다) 3. 장비 및 전문인력 보유현황 기술서 4. 신청일이 속하는 회계연도의 전 회계연도의 재산목록 및 대차대조표 ③특허청장은 디자인문서전자화업무의 효율적인 수행을 위하여 필요하다고 인정하는 경우에는 둘 이상의 기관에 대하여 디자인문서전자화업무를 위탁할 수 있다. ④특허청장은 디자인등록출원 중의 디자인에 관한 비밀유지 및 디자인문서전자화업무의 효	

특허법 시행규칙	실용신안법 시행규칙	디자인보호법 시행규칙	상표법 시행규칙
전 회계연도의 재산목록 및 대차대조표 5. 삭제 <2006.9.29> ③특허청장은 특허문서전자화업무의 효율적인 수행을 위하여 필요하다고 인정하는 경우에는 2이상의 기관에 대하여 특허문서전자화업무를 위탁할 수 있다. ④특허청장은 특허출원중의 발명에 관한 비밀유지 및 특허문서전자화업무의 효율적인 수행을 위하여 필요한 경우에는 동 업무를 위탁받은 기관(이하 "특허문서전자화기관"이라 한다)에게 시정조치를 요구할 수 있다. ⑤특허청장은 특허문서전자화기관이 제1항 각호의 기준에 미달하거나 제4항의 규정에 의하여 특허청장이 요구한 시정조치에 응하지 아니하는 경우에는 특허문서전자화업무의 위탁을 취소할 수 있다. <개정 2005.2.11> [본조신설 1997.7.1] [제목개정 2010.7.27] **제120조의3 【특허문서전자화기관의 업무규정】** ①특허문서전자화기관은 특허문서전자화업무에 관한 업무규정을 정하여 특허		율적인 수행을 위하여 필요한 경우에는 그 업무를 위탁받은 기관(이하 "디자인문서전자화기관"이라 한다)에 대하여 시정조치를 요구할 수 있다. [본조신설 2009.6.30] **제30조 【디자인문서전자화기관의 업무규정】** ①디자인문서전자화기관은 디자인문서전자화업무에 관한 업무규정을 정하여 특허	**제36조 【준용규정】**

특허법 시행규칙	실용신안법 시행규칙	디자인보호법 시행규칙	상표법 시행규칙
청장의 승인을 얻어야 한다. 이를 변경하고자 하는 경우에도 또한 같다. ②제1항의 규정에 의한 업무규정에는 다음 각호의 사항이 포함되어야 한다. 1. 특허문서전자화업무의 실시방법 및 처리절차에 관한 사항 2. 특허문서전자화업무에 관한 대장·서류 및 자료의 보존에 관한 사항 3. 특허문서전자화업무와 관련하여 지득한 비밀의 유지에 관한 사항 4. 기타 특허문서전자화업무에 관하여 필요한 사항 ③삭제 <2005.2.11> [본조신설 1997.7.1]		청장의 승인을 받아야 한다. 이를 변경하려는 경우에도 또한 같다. ②제1항에 따른 업무규정에는 다음 각 호의 사항이 포함되어야 한다. 1. 디자인문서전자화업무의 실시방법 및 처리절차에 관한 사항 2. 디자인문서전자화업무에 관한 대장·서류 및 자료의 보존에 관한 사항 3. 디자인문서전자화업무와 관련하여 알게 된 비밀의 유지에 관한 사항 4. 그 밖에 디자인문서전자화업무에 관하여 필요한 사항 [본조신설 2009.6.30]	
제120조의4 【특허공보의 발행매체】 법 제221조제2항에 의한 전자적매체는 읽기전용광디스크 또는 정보통신망으로 한다. <개정 2001.6.30> [본조신설 1997.7.1]		**제33조 【디자인공보의 발행매체】** 법 제78조제2항에 따른 전자적매체는 읽기전용광디스크 또는 정보통신망으로 한다. [본조신설 2009.6.30]	**제36조 【준용규정】**
제120조의5 【전자화대상 서류】 법 제217조의2제4항의 규정에 의하여 특허청장 또는 특허심판원장이 서면으로 제출한 서류를 전자화할 수 있는 서류는		**제31조 【전자화대상 서류】** 법 제77조의2제3항에 따라 전자화할 수 있는 서류는 다음 각 호의 것을 제외한 서류로 한다. 1. 전자문서첨부서류등 물건제	**제36조 【준용규정】**

특허법 시행규칙	실용신안법 시행규칙	디자인보호법 시행규칙	상표법 시행규칙
다음 각 호의 것을 제외한 서류로 한다. <개정 2003.5.17, 2006.12.29> 1. 법 제41조의 규정에 의한 비밀취급 명령을 받은 경우의 관련서류 2. 국제출원 관련서류(별지 제35호서식 내지 별지 제52호서식에 한한다) 3. 삭제 <2005.2.11> 4. 삭제 <2005.2.11> 5. 삭제 <2005.2.11> 6. 삭제 <2005.2.11> 7. 삭제 <2005.2.11> 8. 삭제 <2005.2.11> 9. 전자문서첨부서류등 물건제출서(전자적기록매체를 제출하는 경우에 한한다) 10. 법 제214조제1항에 따른 결정신청서 11. 전자화내용 정정신청서 12. 교부신청서(서류등초본 교부에 한한다) 13. 증명신청서(심판청구사실, 심결확정사실 및 심결문등본송달의 증명에 한한다) [전문개정 2002.2.28]		출서(전자적기록매체를 제출하는 경우만 해당한다) 2. 전자화내용 정정신청서 3. 교부신청서(서류 등·초본 교부만 해당한다) 4. 증명신청서(심판청구사실, 심결확정사실 및 심결문등본송달의 증명만 해당한다) [본조신설 2009.6.30]	
제120조의6 【전자화한 내용의 통지 및 정정신청】 ①특허청장 또는 특허심판원장은 법 제217조	**제17조 【 「특허법 시행규칙」의 준용】**	**제32조 【전자화한 내용의 통지 및 정정신청】** ①특허청장 또는 특허심판원장은 법 제77조의2	**제36조 【준용규정】**

특허법 시행규칙	실용신안법 시행규칙	디자인보호법 시행규칙	상표법 시행규칙
의2제4항의 규정에 의하여 특허출원서 또는 보정서(명세서등의 내용보정에 한한다) 그밖에 전자화한 내용의 확인이 필요하다고 인정하는 서류를 전자화한 경우에는 그 전자화한 내용을 출원인에게 통지하여야 한다. <개정 2002.2.28> ②제1항의 규정에 의한 통지를 받은 출원인등은 전자화한 내용이 서면으로 제출된 내용과 다른 경우에는 그 통지를 받은 날부터 30일이내에 별지 제59호서식의 전자화내용 정정신청서를 특허청장에게 제출하여야 한다. <개정 2002.2.28, 2006.12.29> [본조신설 1998.12.31] **제121조 【특허표시】** 법 제223조의 규정에 의한 특허표시는 물건의 특허발명에 있어서는 그 물건에 "특허"라는 문자와 그 특허번호를, 물건을 생산하는 방법의 특허발명에 있어서는 그 방법에 의하여 생산된 물건에 "방법특허"라는 문자와 그 특허번호를 표시한다. **제122조 삭제**　<2008.9.30>		제3항에 따라 디자인등록출원서 또는 보정서(도면 등의 내용보정만 해당한다), 그 밖에 전자화한 내용의 확인이 필요하다고 인정하는 서류를 전자화한 경우에는 그 전자화한 내용을 출원인에게 통지하여야 한다. ②제1항에 따른 통지를 받은 출원인등은 전자화한 내용이 서면으로 제출된 내용과 다른 경우에는 그 통지를 받은 날부터 30일 이내에 「특허법 시행규칙」 별지 제59호서식의 전자화내용 정정신청서를 특허청장 또는 특허심판원장에게 제출하여야 한다. [본조신설 2009.6.30] **제27조 【디자인등록 표시】** 법 제79조에 따른 디자인등록표시는 물품 또는 그 물품의 용기나 포장등에 등록디자인이라는 문자와 그 등록번호를 표시한다. <개정 2005.7.1> [제목개정 2005.7.1]	

특허법 시행규칙	실용신안법 시행규칙	디자인보호법 시행규칙	상표법 시행규칙
	제16조 【실용신안등록표시】 법 제44조에서 준용하는 「특허법」 제223조에 따라 실용신안등록표시를 할 때에는 등록실용신안의 물품에 "실용신안등록"이라는 문자와 그 실용신안등록번호를 표시한다.		

제1장 총칙

제1조 【목적】 이 법은 저작자의 권리와 이에 인접하는 권리를 보호하고 저작물의 공정한 이용을 도모함으로써 문화 및 관련 산업의 향상발전에 이바지함을 목적으로 한다.
<개정 2009.4.22>

제2조 【정의】 이 법에서 사용하는 용어의 뜻은 다음과 같다.
<개정 2009.4.22>
1. "저작물"은 인간의 사상 또는 감정을 표현한 창작물을 말한다.
2. "저작자"는 저작물을 창작한 자를 말한다.
3. "공연"은 저작물 또는 실연·음반·방송을 상연·연주·가창·구연·낭독·상영·재생 그 밖의 방법으로 공중에게 공개하는 것을 말하며, 동일인의 점유에 속하는 연결된 장소 안에서 이루어지는 송신(전송을 제외한다)을 포함한다.
4. "실연자"는 저작물을 연기·무용·연주·가창·구연·낭독 그 밖의 예능적 방법으로 표현하거나 저작물이 아닌 것을 이와 유사한 방법으로 표현하는 실연을 하는 자를 말하며, 실연을 지휘, 연출 또는 감독하는 자를 포함한다.
5. "음반"은 음(음성·음향을 말한다. 이하 같다)이 유형물에 고정된 것(음이 영상과 함께 고정된 것을 제외한다)을 말한다.
6. "음반제작자"는 음을 음반에 고정하는데 있어 전체적으로 기획하고 책임을 지는 자를 말한다.
7. "공중송신"은 저작물, 실연·음반·방송 또는 데이터베이스(이하 "저작물등"이라 한다)를 공중이 수신하거나 접근하게 할 목적으로 무선 또는 유선통신의 방법에 의하여 송신하거나 이용에 제공하는 것을 말한다.
8. "방송"은 공중송신 중 공중이 동시에 수신하게 할 목적으로 음·영상 또는 음과 영상 등을 송신하는 것을 말한다.
9. "방송사업자"는 방송을 업으로 하는 자를 말한다.
10. "전송(傳送)"은 공중송신 중 공중의 구성원이 개별적으로 선택한 시간과 장소에서 접근할 수 있도록 저작물등을 이용에 제공하는 것을 말하며, 그에 따라 이루어지는 송신을 포함한다.
11. "디지털음성송신"은 공중송신 중 공중으로 하여금 동시에 수신하게 할 목적으로 공중의 구성원의 요청에 의하여 개시되는 디지털 방식의 음의 송신을 말하며, 전송을 제외한다.
12. "디지털음성송신사업자"는 디지털음성송신을 업으로 하는 자를 말한다.
13. "영상저작물"은 연속적인 영상(음의 수반여부는 가리지 아니한다)이 수록된 창작물로서 그 영상을 기계 또는 전자장치에 의하여 재생하여 볼 수 있거나 보고 들을 수 있는 것을 말한다.
14. "영상제작자"는 영상저작물의 제작에 있어 그 전체를 기획하고 책임을 지는 자를 말한다.
15. "응용미술저작물"은 물품에 동일한 형상으로 복제될 수 있는 미술저작물로서 그 이용된 물품과 구분되어 독자성을 인정할 수 있는 것을 말하며, 디자인 등을 포함한다.
16. "컴퓨터프로그램저작물"은 특정한 결과를 얻기 위하여 컴퓨터 등 정보처리능력을 가진 장치(이하 "컴퓨터"라 한다) 내에서 직접 또는 간접으로 사용되는 일련의 지시·명령으로 표현된 창작물을 말한다.
17. "편집물"은 저작물이나 부호·문자·음·영상 그 밖의 형태의 자료(이하 "소재"라 한다)의 집합물을 말하며, 데이터베이스를 포함한다.
18. "편집저작물"은 편집물로서 그 소재의 선택·배열 또는 구성에 창작성이 있는 것을 말한다.
19. "데이터베이스"는 소재를 체계적으로 배열 또는 구성한 편집물로서 개별적으로 그 소재에 접근하거나 그 소재를 검색할 수 있도록 한 것을 말한다.
20. "데이터베이스제작자"는 데이터베이스의 제작 또는 그 소재의 갱신·검증 또는 보충(이하 "갱신등"이라 한다)에 인적 또는 물적으로 상당한 투자를 한 자를 말한다.
21. "공동저작물"은 2인 이상이 공동으로 창작한 저작물로서 각자의 이바지한 부분을 분리하여 이용할 수 없는 것을 말한다.
22. "복제"는 인쇄·사진촬영·복사·녹음·녹화 그 밖의 방법에 의하여 유형물에 고정하거나 유형물로 다시 제작하는 것을 말하며, 건축물의 경우에는 그

저작권법 [시행 2010. 2. 1] [법률 제9785호, 2009. 7.31, 타법개정]

건축을 위한 모형 또는 설계도서에 따라 이를 시공하는 것을 포함한다.

23. "배포"는 저작물등의 원본 또는 그 복제물을 공중에게 대가를 받거나 받지 아니하고 양도 또는 대여하는 것을 말한다.

24. "발행"은 저작물 또는 음반을 공중의 수요를 충족시키기 위하여 복제·배포하는 것을 말한다.

25. "공표"는 저작물을 공연, 공중송신 또는 전시 그 밖의 방법으로 공중에게 공개하는 경우와 저작물을 발행하는 경우를 말한다.

26. "저작권신탁관리업"은 저작재산권자, 출판권자, 저작인접권자 또는 데이터베이스제작자의 권리를 가진 자를 위하여 그 권리를 신탁받아 이를 지속적으로 관리하는 업을 말하며, 저작물등의 이용 관련하여 포괄적으로 대리하는 경우를 포함한다.

27. "저작권대리중개업"은 저작재산권자, 출판권자, 저작인접권자 또는 데이터베이스제작자의 권리를 가진 자를 위하여 그 권리의 이용에 관한 대리 또는 중개행위를 하는 업을 말한다.

28. "기술적보호조치"는 저작권

그 밖에 이 법에 따라 보호되는 권리에 대한 침해 행위를 효과적으로 방지 또는 억제하기 위하여 그 권리자나 권리자의 동의를 얻은 자가 적용하는 기술적 조치를 말한다.

29. "권리관리정보"는 다음 각목의 어느 하나에 해당하는 정보나 그 정보를 나타내는 숫자 또는 부호로서 각 정보가 저작물등의 원본이나 그 복제물에 부착되거나 그 공연·실행 또는 공중송신에 수반되는 것을 말한다.

　가. 저작물등을 식별하기 위한 정보

　나. 저작자·저작재산권자·출판권자·프로그램배타적발행권자·저작인접권자 또는 데이터베이스제작자를 식별하기 위한 정보

　다. 저작물등의 이용 방법 및 조건에 관한 정보

30. "온라인서비스제공자"는 다른 사람들이 정보통신망(「정보통신망 이용촉진 및 정보보호 등에 관한 법률」 제2조제1항제1호의 정보통신망을 말한다. 이하 같다)을 통하여 저작물등을 복제 또는 전송할 수 있도록 하는 서비스를 제공하는 자를 말

한다.

31. "업무상저작물"은 법인·단체 그 밖의 사용자(이하 "법인등"이라 한다)의 기획하에 법인등의 업무에 종사하는 자가 업무상 작성하는 저작물을 말한다.

32. "공중"은 불특정 다수인(특정 다수인을 포함한다)을 말한다.

33. "인증"은 저작물등의 이용허락 등을 위하여 정당한 권리자임을 증명하는 것을 말한다.

34. "프로그램코드역분석"은 독립적으로 창작된 컴퓨터프로그램저작물과 다른 컴퓨터프로그램과의 호환에 필요한 정보를 얻기 위하여 컴퓨터프로그램저작물코드를 복제 또는 변환하는 것을 말한다.

▶ **판례**

저작물인 도안의 제작자가 도안의 수정의무의 이행을 거절함으로써 주문자측의 도안 변경에 이의하지 않겠다는 취지의 묵시적 동의를 하였다면 주문자측이 도안을 일부 변경한 다음 변경된 도안을 기업 목적에 따라 사용하고 있다 하더라도 저작권법 제13조 제1항에 규정된 동일성유지권의 침해에 해당

되지 아니한다고 본 사례

▶ **판례**
응용미술품이 저작물로 보호되기 위한 요건

저작권법에 의하여 보호되는 저작물이기 위하여는 어디까지나 문학, 학술 또는 예술의 범위에 속하는 창작물이어야 하고, 본래 산업상의 대량생산에의 이용을 목적으로 하여 창작되는 응용미술품 등에 대하여 의장법 외에 저작권법에 의한 중첩적 보호가 일반적으로 인정되게 되면 신규성 요건이나 등록 요건, 단기의 존속기간 등 의장법의 여러 가지 제한 규정의 취지가 몰각되고 기본적으로 의장법에 의한 보호에 익숙한 산업계에 은 혼란이 우려되는 점 등을 고려하면, 이러한 응용미술작품에 대하여는 원칙적으로 의장법에 의한 보호로써 충분하고 예외적으로 저작권법에 의한 보호가 중첩적으로 주어진다고 보는 것이 의장법 및 저작권법의 입법취지라 할 것이므로 산업상의 대량생산에의 이용을 목적으로 하여 창작되는 모든 응용미술작품이 곧바로 저작권법상의 저작물로 보호된다고 할 수는 없고, 그 중에서도 그 자체가 하나의 독립적인 예술적

저작권법[시행 2010. 2. 1] [법률 제9785호, 2009. 7.31, 타법개정]

특성이나 가치를 가지고 있어 위에서 말하는 예술의 범위에 속하는 창작물에 해당하여야만 저작물로서 보호된다. (대법원 1996. 2. 23. 선고 94도3266 판결)

제2조의2 【저작권 보호에 관한 시책 수립 등】 ①문화체육관광부장관은 이 법의 목적을 달성하기 위하여 다음 각 호의 시책을 수립·시행할 수 있다.

1. 저작권의 보호 및 저작물의 공정한 이용 환경 조성을 위한 기본 정책에 관한 사항
2. 저작권 인식 확산을 위한 교육 및 홍보에 관한 사항
3. 저작물등의 권리관리정보 및 기술적보호조치의 정책에 관한 사항

②제1항에 따른 시책의 수립·시행에 필요한 사항은 대통령령으로 정한다.

[본조신설 2009.4.22]

제3조 【외국인의 저작물】 ①외국인의 저작물은 대한민국이 가입 또는 체결한 조약에 따라 보호된다.

②대한민국 내에 상시 거주하는 외국인(무국적자 및 대한민국 내에 주된 사무소가 있는 외국법인을 포함한다)의 저작물과 맨 처음 대한민국 내에서 공표된 외국인의 저작물(외국에서 공표된 날로부터 30일 이내에 대한민국 내에서 공표된 저작물을 포함한다)은 이 법에 따라 보호된다.

③제1항 및 제2항의 규정에 따라 보호되는 외국인(대한민국 내에 상시 거주하는 외국인 및 무국적자를 제외한다)의 저작물이라도 그 외국에서 대한민국 국민의 저작물을 보호하지 아니하는 경우에는 그에 상응하게 조약 및 이 법에 따른 보호를 제한할 수 있다.

제2장 저작권

제1절 저작물

제4조 【저작물의 예시 등】 ①이 법에서 말하는 저작물을 예시하면 다음과 같다.

1. 소설·시·논문·강연·연설·각본 그 밖의 어문저작물
2. 음악저작물
3. 연극 및 무용·무언극 그 밖의 연극저작물
4. 회화·서예·조각·판화·공예·응용미술저작물 그 밖의 미술저작물
5. 건축물·건축을 위한 모형 및 설계도서 그 밖의 건축저작물
6. 사진저작물(이와 유사한 방법으로 제작된 것을 포함한다)
7. 영상저작물
8. 지도·도표·설계도·약도·모형 그 밖의 도형저작물
9. 컴퓨터프로그램저작물

②삭제 <2009.4.22>

▶판례
저작자의 지도책들에 있는 표현방식과 표현된 내용의 취사선택에 창작성을 인정할 수 없다고 한 사례
저작자의 지도책들에 있는 표현방식과 그 표현된 내용의 취사선택이 이전에 국내 및 일본에서 발행되었던 지도책들이 채택하였던 표현방식과 그 표현된 내용의 취사선택에 있어 동일·유사하거나 국내외에서 보편적으로 통용되는 기호의 형태를 약간 변형시킨 것에 불과하여 창작성을 인정할 수 없다고 한 사례. (대법원 2003. 10. 9. 선고 2001다50586 판결)

제5조 【2차적저작물】 ①원저작물을 번역·편곡·변형·각색·영상제작 그 밖의 방법으로 작성한 창작물(이하 ″2차적저작물″이라 한다)은 독자적인 저작물로서 보호된다.

②2차적저작물의 보호는 그 원저작물의 저작자의 권리에 영향을 미치지 아니한다.

▶판례
저작권법 제5조 제1항에 의한 2차적 저작물로서 보호받기 위한 요건 및 그 침해 여부의 판단 기준
저작권법 제5조 제1항 소정의 2차적 저작물로 보호받기 위하여는 원저작물을 기초로 하되 원저작물과 실질적 유사성을 유지하고 이것에 사회통념상 새로운 저작물이 될 수 있을 정도의 수정·증감을 가하여 새로운 창작성을 부가하여야 하는 것이며, 저작권법이 보호하는 것은 문학·학술 또는 예술에 관한 사상·감정을 말·문자·음·색 등에 의하여 구체적으로 외부에 표현하는 창작적인 표현형식이므로, 2차적 저작권의 침해 여부를 가리기 위하여 두 저작물 사이에 실질적 유사성이 있는가의 여부를 판단함에 있어서는 원저작물에 새롭게 부가한 창작적인 표현형식에 해당하는 것만을 가지고 대비하여야 한다. (대법원 2004. 7.

저작권법 [시행 2010. 2. 1] [법률 제9785호, 2009. 7.31, 타법개정]

8. 선고 2004다18736 판결)

▶판례

아날로그 방식으로 녹음된 음반을 디지털 샘플링의 기법을 이용하여 디지털화한 것이 저작권법 부칙 (1995. 12. 6.) 제4조 제3항에 말하는 '2차적 저작물'로 인정되기 위한 요건

1995. 12. 6. 법률 제5105호로 개정된 저작권법의 부칙 제4조 제3항에서 정한 외국인의 저작물을 원저작물로 하는 2차적 저작물로 인정되기 위해서는 원저작물을 기초로 하되 이것에 사회통념상 새로운 저작물이 될 수 있을 정도의 수정·증감을 가하여 새로운 창작성이 부가되어야 한다. 한편, 1986. 12. 31. 법률 제3916호로 전문 개정되기 전의 저작권법 제2조는 음반을 저작물의 하나로 규정하고 있었으므로 같은 법의 적용을 받는 내외국인의 음반을 기초로 한 2차적 저작물이 작성될 수 있다고 할 것이지만, 아날로그 방식으로 녹음된 음반을 디지털 샘플링의 기법을 이용하여 디지털화한 것이 2차적 저작물로 인정되기 위해서는 단지 아날로그 방식의 음반을 부호화하면서 잡음을 제거하는 등으로 실제 연주에 가깝게 하였다

는 정도로는 부족하고 이를 재구성하거나 새로운 내용을 첨삭하는 등의 방법으로 독자적인 표현을 부가하여야만 한다. (대법원 2006.2.10. 선고 2003다41555 판결)

제6조 【편집저작물】 ①편집저작물은 독자적인 저작물로서 보호된다.

②편집저작물의 보호는 그 편집저작물의 구성부분이 되는 소재의 저작권 그 밖에 이 법에 따라 보호되는 권리에 영향을 미치지 아니한다.

제7조 【보호받지 못하는 저작물】 다음 각 호의 어느 하나에 해당하는 것은 이 법에 의한 보호를 받지 못한다.

1. 헌법·법률·조약·명령·조례 및 규칙
2. 국가 또는 지방자치단체의 고시·공고·훈령 그 밖에 이와 유사한 것
3. 법원의 판결·결정·명령 및 심판이나 행정심판절차 그 밖에 이와 유사한 절차에 의한 의결·결정 등
4. 국가 또는 지방자치단체가 작성한 것으로서 제1호 내지 제3호에 규정된 것의 편집물 또는

번역물
5. 사실의 전달에 불과한 시사보도

제2절 저작자

제8조 【저작자 등의 추정】 ①다음 각 호의 어느 하나에 해당하는 자는 저작자로 추정한다.

1. 저작물의 원본이나 그 복제물에 저작자로서의 실명 또는 이명(예명·아호·약칭 등을 말한다. 이하 같다)으로서 널리 알려진 것이 일반적인 방법으로 표시된 자
2. 저작물을 공연 또는 공중송신하는 경우에 저작자로서의 실명 또는 저작자의 널리 알려진 이명으로서 표시된 자

②제1항 각 호의 어느 하나에 해당하는 저작자의 표시가 없는 저작물의 경우에는 발행자·공연자 또는 공표자로 표시된 자가 저작권을 가지는 것으로 추정한다. <개정 2009.4.22>

제9조 【업무상저작물의 저작자】 법인등의 명의로 공표되는 업무상저작물의 저작자는 계약 또는 근무규칙 등에 다른 정함이 없는 때에는 그 법인등이 된다.

다만, 컴퓨터프로그램저작물(이하 "프로그램"이라 한다)의 경우 공표될 것을 요하지 아니한다. <개정 2009.4.22>

제10조 【저작권】 ①저작자는 제11조 내지 제13조의 규정에 따른 권리(이하 "저작인격권"이라 한다)와 제16조 내지 제22조의 규정에 따른 권리(이하 "저작재산권"이라 한다)를 가진다.

②저작권은 저작물을 창작한 때부터 발생하며 어떠한 절차나 형식의 이행을 필요로 하지 아니한다.

제3절 저작인격권

제11조 【공표권】 ①저작자는 그의 저작물을 공표하거나 공표하지 아니할 것을 결정할 권리를 가진다.

②저작자가 공표되지 아니한 저작물의 저작재산권을 제45조에 따른 양도, 제46조에 따른 이용허락, 제57조에 따른 출판권의 설정 또는 제101조의6에 따른 프로그램배타적발행권의 설정을 한 경우에는 그 상대방에게 저작물의 공표를 동의한 것으로 추정한다. <개정 2009.4.22>

저작권법[시행 2010. 2. 1] [법률 제9785호, 2009. 7.31, 타법개정]

③저작자가 공표되지 아니한 미술저작물·건축저작물 또는 사진저작물(이하 "미술저작물등"이라 한다)의 원본을 양도한 경우에는 그 상대방에게 저작물의 원본의 전시방식에 의한 공표를 동의한 것으로 추정한다.

④원저작자의 동의를 얻어 작성된 2차적저작물 또는 편집저작물이 공표된 경우에는 그 원저작물도 공표된 것으로 본다.

제12조 【성명표시권】

①저작자는 저작물의 원본이나 그 복제물에 또는 저작물의 공표 매체에 그의 실명 또는 이명을 표시할 권리를 가진다.

②저작물을 이용하는 자는 그 저작자의 특별한 의사표시가 없는 때에는 저작자가 그의 실명 또는 이명을 표시한 바에 따라 이를 표시하여야 한다. 다만, 저작물의 성질이나 그 이용의 목적 및 형태 등에 비추어 부득이하다고 인정되는 경우에는 그러하지 아니하다.

▶판례
저작자의 성명을 표시하지 않거나 가공의 이름을 표시하여 저작물을 무단 복제한 경우 정신적

손해의 배상청구 가부(적극)
구 저작권법 제14조(1986.12.31. 법률 제3916호로 개정되기 전의 것)에 의하면 저작자는 저작물에 관한 재산적 권리에 관계없이 또한 그 권리의 이전후에 있어서도 그 저작물의 창작자임을 주장할 권리가 있고 이는 저작자가 저작자로서의 인격권에 터잡아 저작물의 원작품이나 그 복제물에 또는 저작물의 공표에 있어서 그의 실명 또는 이명을 표시할 권리가 있다는 것이므로 저작자의 동의나 승락없이 그 성명을 표시하지 않았거나 가공의 이름을 표시하여 그 저작물을 무단복제한 자에 대하여는 특단의 사정이 없는한 위 귀속권침해로 인한 정신적 손해의 배상을 청구할 수 있다.
(대법원 1989.10.24. 선고 88다카 29269 판결)

제13조 【동일성유지권】

①저작자는 그의 저작물의 내용·형식 및 제호의 동일성을 유지할 권리를 가진다.

②저작자는 다음 각 호의 어느 하나에 해당하는 변경에 대하여는 이의(異議)할 수 없다. 다만, 본질적인 내용의 변경은 그러하지 아니하다.

<개정 2009.4.22>
1. 제25조의 규정에 따라 저작물을 이용하는 경우에 학교교육 목적상 부득이하다고 인정되는 범위 안에서의 표현의 변경
2. 건축물의 증축·개축 그 밖의 변형
3. 특정한 컴퓨터 외에는 이용할 수 없는 프로그램을 다른 컴퓨터에 이용할 수 있도록 하기 위하여 필요한 범위에서의 변경
4. 프로그램을 특정한 컴퓨터에 보다 효과적으로 이용할 수 있도록 하기 위하여 필요한 범위에서의 변경
5. 그 밖에 저작물의 성질이나 그 이용의 목적 및 형태 등에 비추어 부득이하다고 인정되는 범위 안에서의 변경

제14조 【저작인격권의 일신전속성】

①저작인격권은 저작자 일신에 전속한다.

②저작자의 사망 후에 그의 저작물을 이용하는 자는 저작자가 생존하였더라면 그 저작인격권의 침해가 될 행위를 하여서는 아니 된다. 다만, 그 행위의 성질 및 정도에 비추어 사회통념상 그 저작자의 명예를 훼손하는 것이 아니라고 인정되는 경

우에는 그러하지 아니하다.

제15조 【공동저작물의 저작인격권】

①공동저작물의 저작인격권은 저작자 전원의 합의에 의하지 아니하고는 이를 행사할 수 없다. 이 경우 각 저작자는 신의에 반하여 합의의 성립을 방해할 수 없다.

②공동저작물의 저작자는 그들 중에서 저작인격권을 대표하여 행사할 수 있는 자를 정할 수 있다.

③제2항의 규정에 따라 권리를 대표하여 행사하는 자의 대표권에 가하여진 제한이 있을 때에 그 제한은 선의의 제3자에게 대항할 수 없다.

제4절 저작재산권

제1관 저작재산권의 종류

제16조 【복제권】
저작자는 그의 저작물을 복제할 권리를 가진다.

제17조 【공연권】
저작자는 그의 저작물을 공연할 권리를 가진다.

저작권법 [시행 2010. 2. 1] [법률 제9785호, 2009. 7.31, 타법개정]

제18조 【공중송신권】 저작자는 그의 저작물을 공중송신할 권리를 가진다.

제19조 【전시권】 저작자는 미술저작물등의 원본이나 그 복제물을 전시할 권리를 가진다.

제20조 【배포권】 저작자는 저작물의 원본이나 그 복제물을 배포할 권리를 가진다. 다만, 저작물의 원본이나 그 복제물이 해당 저작재산권자의 허락을 받아 판매 등의 방법으로 거래에 제공된 경우에는 그러하지 아니하다. <개정 2009.4.22>

제21조 【대여권】 제20조 단서에도 불구하고 저작자는 판매용 음반이나 판매용 프로그램을 영리를 목적으로 대여할 권리를 가진다. <개정 2009.4.22>

▶판례
소설 등에 있어서 추상적인 인물의 유형 혹은 어떤 주제를 다루는 데 있어 전형적으로 수반되는 사건이나 배경 등이 저작권의 보호 대상인지 여부(소극)
저작권의 보호 대상은 학문과 예술에 관하여 사람의 정신적 노력에 의하여 얻어진 사상 또는 감정을 말, 문자, 음, 색 등에 의하여 구체적으로 외부에 표현한 창작적인 표현형식이고, 표현되어 있는 내용 즉 아이디어나 이론 등의 사상 및 감정 그 자체는 설사 그것이 독창성, 신규성이 있다 하더라도 원칙적으로 저작권의 보호 대상이 되지 않는 것이므로, 저작권의 침해 여부를 가리기 위하여 두 저작물 사이에 실질적인 유사성이 있는가의 여부를 판단함에 있어서도 창작적인 표현형식에 해당하는 것만을 가지고 대비하여야 할 것이며, 소설 등에 있어서 추상적인 인물의 유형 혹은 어떤 주제를 다루는 데 있어 전형적으로 수반되는 사건이나 배경 등은 아이디어의 영역에 속하는 것들로서 저작권법에 의한 보호를 받을 수 없다. (대법원 2000. 10. 24. 선고 99다10813 판결)

제22조 【2차적저작물작성권】 저작자는 그의 저작물을 원저작물로 하는 2차적저작물을 작성하여 이용할 권리를 가진다.

제2관 저작재산권의 제한

제23조 【재판절차 등에서의 복제】 재판절차를 위하여 필요한 경우이거나 입법·행정의 목적을 위한 내부자료로서 필요한 경우에는 그 한도 안에서 저작물을 복제할 수 있다. 다만, 그 저작물의 종류와 복제의 부수 및 형태 등에 비추어 당해 저작재산권자의 이익을 부당하게 침해하는 경우에는 그러하지 아니하다.

제24조 【정치적 연설 등의 이용】 공개적으로 행한 정치적 연설 및 법정·국회 또는 지방의회에서 공개적으로 행한 진술은 어떠한 방법으로도 이용할 수 있다. 다만, 동일한 저작자의 연설이나 진술을 편집하여 이용하는 경우에는 그러하지 아니하다.

제25조 【학교교육 목적 등에의 이용】 ①고등학교 및 이에 준하는 학교 이하의 학교의 교육목적상 필요한 교과용도서에는 공표된 저작물을 게재할 수 있다.
②특별법에 따라 설립되었거나 「유아교육법」, 「초·중등교육법」 또는 「고등교육법」에 따른 학교, 국가나 지방자치단체가 운영하는 교육기관 및 이들 교육기관의 수업을 지원하기 위하여 국가나 지방자치단체에 소속된 교육지원기관은 그 수업 또는 지원 목적상 필요하다고 인정되는 경우에는 공표된 저작물의 일부분을 복제·배포·공연·방송 또는 전송할 수 있다. 다만, 저작물의 성질이나 그 이용의 목적 및 형태 등에 비추어 저작물의 전부를 이용하는 것이 부득이한 경우에는 전부를 이용할 수 있다. <개정 2009.4.22>
③제2항의 규정에 따른 교육기관에서 교육을 받는 자는 수업목적상 필요하다고 인정되는 경우에는 제2항의 범위 내에서 공표된 저작물을 복제하거나 전송할 수 있다.
④제1항 및 제2항에 따라 저작물을 이용하려는 자는 문화체육관광부장관이 정하여 고시하는 기준에 따른 보상금을 해당 저작재산권자에게 지급하여야 한다. 다만, 고등학교 및 이에 준하는 학교 이하의 학교에서 제2항에 따른 복제·배포·공연·방송 또는 전송을 하는 경우에는 보상금을 지급하지 아니한다. <개정 2008.2.29, 2009.4.22>
⑤제4항의 규정에 따른 보상을 받을 권리는 다음 각 호의 요건

저작권법[시행 2010. 2. 1] [법률 제9785호, 2009. 7.31, 타법개정]

을 갖춘 단체로서 문화체육관광부장관이 지정하는 단체를 통하여 행사되어야 한다. 문화체육관광부장관이 그 단체를 지정할 때에는 미리 그 단체의 동의를 얻어야 한다. <개정 2008.2.29>

1. 대한민국 내에서 보상을 받을 권리를 가진 자(이하 "보상권리자"라 한다)로 구성된 단체

2. 영리를 목적으로 하지 아니할 것

3. 보상금의 징수 및 분배 등의 업무를 수행하기에 충분한 능력이 있을 것

⑥제5항의 규정에 따른 단체는 그 구성원이 아니라도 보상권리자로부터 신청이 있을 때에는 그 자를 위하여 그 권리행사를 거부할 수 없다. 이 경우 그 단체는 자기의 명의로 그 권리에 관한 재판상 또는 재판 외의 행위를 할 권한을 가진다.

⑦문화체육관광부장관은 제5항의 규정에 따른 단체가 다음 각 호의 어느 하나에 해당하는 경우에는 그 지정을 취소할 수 있다. <개정 2008.2.29>

1. 제5항의 규정에 따른 요건을 갖추지 못한 때

2. 보상관계 업무규정을 위배한 때

3. 보상관계 업무를 상당한 기간 휴지하여 보상권리자의 이익을 해할 우려가 있을 때

⑧제5항의 규정에 따른 단체는 보상금 분배 공고를 한 날부터 3년이 경과한 미분배 보상금에 대하여 문화체육관광부장관의 승인을 얻어 공익목적을 위하여 사용할 수 있다. <개정 2008.2.29>

⑨제5항·제7항 및 제8항의 규정에 따른 단체의 지정과 취소 및 업무규정, 보상금 분배 공고, 미분배 보상금의 공익목적 사용 승인 등에 관하여 필요한 사항은 대통령령으로 정한다.

⑩제2항의 규정에 따라 교육기관이 전송을 하는 경우에는 저작권 그 밖에 이 법에 의하여 보호되는 권리의 침해를 방지하기 위하여 복제방지조치 등 대통령령이 정하는 필요한 조치를 하여야 한다.

▶판례
저작권법 제25조 소정의 보도, 비평을 위한 저작물 인용의 요건인 "정당한 범위"

저작권법 제25조 소정의 보도, 비평 등을 위한 인용의 요건 중의 하나인 "정당한 범위"에 들기 위하여서는 그 표현형식상 피인용저작물이 보족, 부연, 예증, 참고자료 등으로 이용되어 인용저작물에 대하여 부종적 성질을 가지는 관계(즉, 인용저작물이 주이고, 피인용저작물이 종인 관계)에 있다고 인정되어야 할 것이다. (대법원 1990.10.23. 선고 90다카8845 판결)

제26조 【시사보도를 위한 이용】
방송·신문 그 밖의 방법에 의하여 시사보도를 하는 경우에 그 과정에서 보이거나 들리는 저작물은 보도를 위한 정당한 범위 안에서 복제·배포·공연 또는 공중송신할 수 있다.

제27조 【시사적인 기사 및 논설의 복제 등】 정치·경제·사회·문화·종교에 관하여 「신문 등의 진흥에 관한 법률」 제2조의 규정에 따른 신문 및 인터넷신문 또는 「뉴스통신진흥에 관한 법률」 제2조의 규정에 따른 뉴스통신에 게재된 시사적인 기사나 논설은 다른 언론기관이 복제·배포 또는 방송할 수 있다. 다만, 이용을 금지하는 표시가 있는 경우에는 그러하지 아니하다. <개정 2009.7.31>

제28조 【공표된 저작물의 인용】
공표된 저작물은 보도·비평·교육·연구 등을 위하여는 정당한 범위 안에서 공정한 관행에 합치되게 이를 인용할 수 있다.

제29조 【영리를 목적으로 하지 아니하는 공연·방송】 ①영리를 목적으로 하지 아니하고 청중이나 관중 또는 제3자로부터 어떤 명목으로든지 반대급부를 받지 아니하는 경우에는 공표된 저작물을 공연 또는 방송할 수 있다. 다만, 실연자에게 통상의 보수를 지급하는 경우에는 그러하지 아니하다.

②청중이나 관중으로부터 당해 공연에 대한 반대급부를 받지 아니하는 경우에는 판매용 음반 또는 판매용 영상저작물을 재생하여 공중에게 공연할 수 있다. 다만, 대통령령이 정하는 경우에는 그러하지 아니하다.

제30조 【사적이용을 위한 복제】
공표된 저작물을 영리를 목적으로 하지 아니하고 개인적으로 이용하거나 가정 및 이에 준하는 한정된 범위 안에서 이용하

저작권법 [시행 2010. 2. 1] [법률 제9785호, 2009. 7.31, 타법개정]

는 경우에는 그 이용자는 이를 복제할 수 있다. 다만, 공중의 사용에 제공하기 위하여 설치된 복사기기에 의한 복제는 그러하지 아니하다.

제31조 【도서관등에서의 복제 등】

① 「도서관법」에 따른 도서관과 도서·문서·기록 그 밖의 자료(이하 "도서등"이라 한다)를 공중의 이용에 제공하는 시설 중 대통령령이 정하는 시설(당해시설의 장을 포함한다. 이하 "도서관등"이라 한다)은 다음 각 호의 어느 하나에 해당하는 경우에는 그 도서관등에 보관된 도서등(제1호의 경우에는 제3항의 규정에 따라 당해 도서관등이 복제·전송받은 도서등을 포함한다)을 사용하여 저작물을 복제할 수 있다. 다만, 제1호 및 제3호의 경우에는 디지털 형태로 복제할 수 없다.

1. 조사·연구를 목적으로 하는 이용자의 요구에 따라 공표된 도서등의 일부분의 복제물을 1인 1부에 한하여 제공하는 경우
2. 도서등의 자체보존을 위하여 필요한 경우
3. 다른 도서관등의 요구에 따라 절판 그 밖에 이에 준하는

사유로 구하기 어려운 도서등의 복제물을 보존용으로 제공하는 경우

② 도서관등은 컴퓨터를 이용하여 이용자가 그 도서관등의 안에서 열람할 수 있도록 보관된 도서등을 복제하거나 전송할 수 있다. 이 경우 동시에 열람할 수 있는 이용자의 수는 그 도서관등에서 보관하고 있거나 저작권 그 밖에 이 법에 따라 보호되는 권리를 가진 자로부터 이용허락을 받은 그 도서등의 부수를 초과할 수 없다. <개정 2009.4.22>

③ 도서관등은 컴퓨터를 이용하여 이용자가 다른 도서관등의 안에서 열람할 수 있도록 보관된 도서등을 복제하거나 전송할 수 있다. 다만, 그 전부 또는 일부가 판매용으로 발행된 도서등은 그 발행일로부터 5년이 경과하지 아니한 경우에는 그러하지 아니하다. <개정 2009.4.22>

④ 도서관등은 제1항제2호의 규정에 따른 도서등의 복제 및 제2항과 제3항의 규정에 따른 도서등의 복제의 경우에 그 도서등이 디지털 형태로 판매되고 있는 때에는 그 도서등을 디지털 형태로 복제할 수 없다.

⑤ 도서관등은 제1항제1호의 규정에 따라 디지털 형태의 도서등을 복제하는 경우 및 제3항의 규정에 따라 도서등을 다른 도서관등의 안에서 열람할 수 있도록 복제하거나 전송하는 경우에는 문화체육관광부장관이 정하여 고시하는 기준에 의한 보상금을 당해저작재산권자에게 지급하여야 한다. 다만, 국가, 지방자치단체 또는 「고등교육법」 제2조의 규정에 따른 학교를 저작재산권자로 하는 도서등(그 전부 또는 일부가 판매용으로 발행된 도서등을 제외한다)의 경우에는 그러하지 아니하다. <개정 2008.2.29>

⑥ 제25조제5항 내지 제9항의 규정은 제5항의 보상금의 지급 등에 관하여 준용한다.

⑦ 제1항 내지 제3항의 규정에 따라 도서등을 디지털 형태로 복제하거나 전송하는 경우에 도서관등은 저작권 그 밖에 이 법에 따라 보호되는 권리의 침해를 방지하기 위하여 복제방지조치 등 대통령령이 정하는 필요한 조치를 하여야 한다.

⑧ 「도서관법」 제20조의2에 따라 국립중앙도서관이 온라인 자료의 보존을 위하여 수집하는

경우에는 해당 자료를 복제할 수 있다. <신설 2009.3.25>

제32조 【시험문제로서의 복제】

학교의 입학시험 그 밖에 학식 및 기능에 관한 시험 또는 검정을 위하여 필요한 경우에는 그 목적을 위하여 정당한 범위에서 공표된 저작물을 복제·배포할 수 있다. 다만, 영리를 목적으로 하는 경우에는 그러하지 아니하다. <개정 2009.4.22>

제33조 【시각장애인 등을 위한 복제 등】

① 공표된 저작물은 시각장애인 등을 위하여 점자로 복제·배포할 수 있다.

② 시각장애인 등의 복리증진을 목적으로 하는 시설 중 대통령령이 정하는 시설(당해 시설의 장을 포함한다)은 영리를 목적으로 하지 아니하고 시각장애인 등의 이용에 제공하기 위하여 공표된 어문저작물을 녹음하거나 대통령령으로 정하는 시각장애인 등을 위한 전용 기록방식으로 복제·배포 또는 전송할 수 있다. <개정 2009.3.25>

③ 제1항 및 제2항의 규정에 따른 시각장애인 등의 범위는 대통령령으로 정한다.

제34조 【방송사업자의 일시적 녹음·녹화】 ①저작물을 방송할 권한을 가지는 방송사업자는 자신의 방송을 위하여 자체의 수단으로 저작물을 일시적으로 녹음하거나 녹화할 수 있다.

②제1항의 규정에 따라 만들어진 녹음물 또는 녹화물은 녹음일 또는 녹화일로부터 1년을 초과하여 보존할 수 없다. 다만, 그 녹음물 또는 녹화물이 기록의 자료로서 대통령령이 정하는 장소에 보존되는 경우에는 그러하지 아니하다.

제35조 【미술저작물등의 전시 또는 복제】 ①미술저작물등의 원본의 소유자나 그의 동의를 얻은 자는 그 저작물을 원본에 의하여 전시할 수 있다. 다만, 가로·공원·건축물의 외벽 그 밖에 공중에게 개방된 장소에 항시 전시하는 경우에는 그러하지 아니하다.

②제1항 단서의 규정에 따른 개방된 장소에 항시 전시되어 있는 미술저작물등은 어떠한 방법으로든지 이를 복제하여 이용할 수 있다. 다만, 다음 각 호의 어느 하나에 해당하는 경우에는 그러하지 아니하다.

1. 건축물을 건축물로 복제하는 경우
2. 조각 또는 회화를 조각 또는 회화로 복제하는 경우
3. 제1항 단서의 규정에 따른 개방된 장소 등에 항시 전시하기 위하여 복제하는 경우
4. 판매의 목적으로 복제하는 경우

③제1항의 규정에 따라 전시를 하는 자 또는 미술저작물등의 원본을 판매하고자 하는 자는 그 저작물의 해설이나 소개를 목적으로 하는 목록 형태의 책자에 이를 복제하여 배포할 수 있다.

④위탁에 의한 초상화 또는 이와 유사한 사진저작물의 경우에는 위탁자의 동의가 없는 때에는 이를 이용할 수 없다

제36조 【번역 등에 의한 이용】 ①제25조·제29조 또는 제30조의 규정에 따라 저작물을 이용하는 경우에는 그 저작물을 번역·편곡 또는 개작하여 이용할 수 있다.

②제23조·제24조·제26조·제27조·제28조·제32조 또는 제33조의 규정에 따라 저작물을 이용하는 경우에는 그 저작물을 번역하여 이용할 수 있다.

제37조 【출처의 명시】 ①이 관의 규정에 따라 저작물을 이용하는 자는 그 출처를 명시하여야 한다. 다만, 제26조·제29조 내지 제32조 및 제34조의 경우에는 그러하지 아니하다.

②출처의 명시는 저작물의 이용 상황에 따라 합리적이라고 인정되는 방법으로 하여야 하며, 저작자의 실명 또는 이명이 표시된 저작물인 경우에는 그 실명 또는 이명을 명시하여야 한다.

제37조의2 【적용 제외】 프로그램에 대하여는 제23조·제25조·제30조 및 제32조를 적용하지 아니한다.

[본조신설 2009.4.22]

제38조 【저작인격권과의 관계】 이 관 각 조의 규정은 저작인격권에 영향을 미치는 것으로 해석되어서는 아니 된다.

제3관 저작재산권의 보호기간

제39조 【보호기간의 원칙】 ①저작재산권은 이 관에 특별한 규정이 있는 경우를 제외하고는 저작자의 생존하는 동안과 사망 후 50년간 존속한다. 다만, 저작자가 사망 후 40년이 경과하고 50년이 되기 전에 공표된 저작물의 저작재산권은 공표된 때부터 10년간 존속한다.

②공동저작물의 저작재산권은 맨 마지막으로 사망한 저작자의 사망 후 50년간 존속한다.

제40조 【무명 또는 이명 저작물의 보호기간】 ①무명 또는 널리 알려지지 아니한 이명이 표시된 저작물의 저작재산권은 공표된 때부터 50년간 존속한다. 다만, 이 기간 내에 저작자가 사망한지 50년이 경과하였다고 인정할만한 정당한 사유가 발생한 경우에는 그 저작재산권은 저작자 사망 후 50년이 경과하였다고 인정되는 때에 소멸한 것으로 본다.

②다음 각 호의 어느 하나에 해당하는 경우에는 제1항의 규정은 이를 적용하지 아니한다.

1. 제1항의 기간 이내에 저작자의 실명 또는 널리 알려진 이명이 밝혀진 경우
2. 제1항의 기간 이내에 제53조 제1항의 규정에 따른 저작자의

저작권법 [시행 2010. 2. 1] [법률 제9785호, 2009. 7.31, 타법개정]

실명등록이 있는 경우

제41조 【업무상저작물의 보호기간】
업무상저작물의 저작재산권은 공표한 때부터 50년간 존속한다. 다만, 창작한 때부터 50년 이내에 공표되지 아니한 경우에는 창작한 때부터 50년간 존속한다.

제42조 【영상저작물 및 프로그램의 보호기간 <개정 2009.4.22>】
영상저작물 및 프로그램의 저작재산권은 제39조 및 제40조에도 불구하고 공표한 때부터 50년간 존속한다. 다만, 창작한 때부터 50년 이내에 공표되지 아니한 경우에는 창작한 때부터 50년간 존속한다.
<개정 2009.4.22>

▶판례
이른바 '편집앨범'의 제작자는 원반 등의 음반제작자의 그 저작인접물에 대한 이용허락 이외에 저작권자로부터 음악저작물에 대한 이용허락을 얻어야 하는지 여부 (한정 적극)
구 저작권법(2000. 1. 12. 법률 제6134호로 개정되기 전의 것) 제2조 제7호, 제67조는 음(음)을 음반에 맨 처음 고정한 음반제작자는 그 음반을 복제·배포할 권리를 가진다고 규정하면서도 같은 법 제62조에서는 음반제작자 등의 저작인접권에 관한 규정이 저작권에 영향을 미치는 것으로 해석되어서는 아니된다고 규정하고 있고, 같은 법 제42조 제3항은 저작재산권자의 저작물 이용허락에 의하여 저작물을 이용할 수 있는 권리는 저작재산권자의 동의 없이 제3자에게 이를 양도할 수 없다고 규정하고 있는바, 음악저작물의 저작권자가 음반을 제작하고자 하는 음반제작자에게 음악저작물의 이용을 허락하는 것은 특별한 사정이 없는 한 음반제작자가 음반의 원반(원반)을 제작하고 이를 보통의 음반으로 복제하여 판매·배포함을 허락하는 범위에 한정되는 것이므로, 저작권자가 이러한 이용허락의 범위를 넘어 자신의 저작재산권 중 복제·배포권의 처분권한까지를 음반제작자에게 부여하였다거나, 또는 음반제작자로 하여금 저작인접물인 음반 이외에 저작권자의 저작물에 대하여까지 이용허락을 할 수 있는 권한 또는 저작물의 이용권을 제3자에게 양도할 수 있는 권한을 부여하였다는 등의 특별한 사정이 인정되지 않는 한, 음반제작자에 의하여 제작된 원반(원반) 등 저작인접물에 수록된 내용 중 일부씩을 발췌하여 이른바 '편집앨범'을 제작하고자 하는 자는 그 음반제작자의 그 저작인접물에 대한 이용허락 이외에 저작권자로부터 음악저작물에 대한 이용허락을 아울러 얻어야 한다.
(대법원 2002. 9. 24. 선고 2001다60682 판결)

제43조 【계속적간행물 등의 공표시기】
①제39조제1항 단서·제40조제1항 또는 제41조의 규정에 따른 공표시기는 책·호 또는 회 등으로 공표하는 저작물의 경우에는 매책·매호 또는 매회 등의 공표 시로 하고, 일부분씩 순차적으로 공표하여 완성하는 저작물의 경우에는 최종부분의 공표 시로 한다.
②일부분씩 순차적으로 공표하여 전부를 완성하는 저작물의 계속되어야 할 부분이 최근의 공표시기부터 3년이 경과되어도 공표되지 아니하는 경우에는 이미 공표된 맨 뒤의 부분을 제1항의 규정에 따른 최종부분으로 본다.

제44조 【보호기간의 기산】
이 관에 규정된 저작재산권의 보호기간을 계산하는 경우에는 저작자가 사망하거나 저작물을 창작 또는 공표한 다음 해부터 기산한다.

제4관 저작재산권의 양도·행사·소멸

제45조 【저작재산권의 양도】
①저작재산권은 전부 또는 일부를 양도할 수 있다.
②저작재산권의 전부를 양도하는 경우에 특약이 없는 때에는 제22조에 따른 2차적저작물을 작성하여 이용할 권리는 포함되지 아니한 것으로 추정한다. 다만, 프로그램의 경우 특약이 없는 한 2차적저작물작성권도 함께 양도된 것으로 추정한다.
<개정 2009.4.22>

제46조 【저작물의 이용허락】
①저작재산권자는 다른 사람에게 그 저작물의 이용을 허락할 수 있다.
②제1항의 규정에 따라 허락을 받은 자는 허락받은 이용 방법 및 조건의 범위 안에서 그 저작

물을 이용할 수 있다.

③제1항의 규정에 따른 허락에 의하여 저작물을 이용할 수 있는 권리는 저작재산권자의 동의 없이 제3자에게 이를 양도할 수 없다.

제47조 【저작재산권을 목적으로 하는 질권의 행사 등 <개정 2009.4.22>】 ①저작재산권을 목적으로 하는 질권은 그 저작재산권의 양도 또는 그 저작물의 이용에 따라 저작재산권자가 받을 금전 그 밖의 물건(출판권 및 프로그램배타적발행권 설정의 대가를 포함한다)에 대하여도 행사할 수 있다. 다만, 이들의 지급 또는 인도 전에 이를 압류하여야 한다. <개정 2009.4.22>
②질권의 목적으로 된 저작재산권은 설정행위에 특약이 없는 한 저작재산권자가 이를 행사한다. <신설 2009.4.22>

제48조 【공동저작물의 저작재산권의 행사】 ①공동저작물의 저작재산권은 그 저작재산권자 전원의 합의에 의하지 아니하고는 이를 행사할 수 없으며, 다른 저작재산권자의 동의가 없으면 그 지분을 양도하거나 질권의 목적으로 할 수 없다. 이 경우 각 저작재산권자는 신의에 반하여 합의의 성립을 방해하거나 동의를 거부할 수 없다.
②공동저작물의 이용에 따른 이익은 공동저작자 간에 특약이 없는 때에는 그 저작물의 창작에 이바지한 정도에 따라 각자에게 배분된다. 이 경우 각자의 이바지한 정도가 명확하지 아니한 때에는 균등한 것으로 추정한다.
③공동저작물의 저작재산권자는 그 공동저작물에 대한 자신의 지분을 포기할 수 있으며, 포기하거나 상속인 없이 사망한 경우에 그 지분은 다른 저작재산권자에게 그 지분의 비율에 따라 배분된다.
④제15조제2항 및 제3항의 규정은 공동저작물의 저작재산권의 행사에 관하여 준용한다.

제49조 【저작재산권의 소멸】 저작재산권이 다음 각 호의 어느 하나에 해당하는 경우에는 소멸한다.
1. 저작재산권자가 상속인 없이 사망한 경우에 그 권리가 「민법」 그 밖의 법률의 규정에 따라 국가에 귀속되는 경우
2. 저작재산권자인 법인 또는 단체가 해산되어 그 권리가 「민법」 그 밖의 법률의 규정에 따라 국가에 귀속되는 경우

제5절 저작물 이용의 법정허락

제50조 【저작재산권자 불명인 저작물의 이용】 ①누구든지 대통령령이 정하는 기준에 해당하는 상당한 노력을 기울였어도 공표된 저작물(외국인의 저작물을 제외한다)의 저작재산권자나 그의 거소를 알 수 없어 그 저작물의 이용허락을 받을 수 없는 경우에는 대통령령이 정하는 바에 따라 문화체육관광부장관의 승인을 얻은 후 문화체육관광부장관이 정하는 기준에 의한 보상금을 공탁하고 이를 이용할 수 있다. <개정 2008.2.29>
②제1항의 규정에 따라 저작물을 이용하는 자는 그 뜻과 승인 연월일을 표시하여야 한다.
③제1항의 규정에 따라 법정허락된 저작물이 다시 법정허락의 대상이 되는 때에는 제1항의 규정에 따른 대통령령이 정하는 기준에 해당하는 상당한 노력의 절차를 생략할 수 있다. 다만, 그 저작물에 대한 법정허락의 승인 이전에 저작재산권자가 대통령령이 정하는 절차에 따라 이의를 제기하는 때에는 그러하지 아니하다.
④문화체육관광부장관은 대통령령이 정하는 바에 따라 법정허락 내용을 정보통신망에 게시하여야 한다. <개정 2008.2.29>

제51조 【공표된 저작물의 방송】 공표된 저작물을 공익상 필요에 의하여 방송하고자 하는 방송사업자가 그 저작재산권자와 협의하였으나 협의가 성립되지 아니하는 경우에는 대통령령이 정하는 바에 따라 문화체육관광부장관의 승인을 얻은 후 문화체육관광부장관이 정하는 기준에 의한 보상금을 당해 저작재산권자에게 지급하거나 공탁하고 이를 방송할 수 있다. <개정 2008.2.29>

제52조 【판매용 음반의 제작】 판매용 음반이 우리나라에서 처음으로 판매되어 3년이 경과한 경우 그 음반에 녹음된 저작물을 녹음하여 다른 판매용 음반을 제작하고자 하는 자가 그 저작재산권자와 협의하였으나 협

저작권법 [시행 2010. 2. 1] [법률 제9785호, 2009. 7.31, 타법개정]

의가 성립되지 아니하는 때에는 대통령령이 정하는 바에 따라 문화체육관광부장관의 승인을 얻은 후 문화체육관광부장관이 정하는 기준에 의한 보상금을 당해저작재산권자에게 지급하거나 공탁하고 다른 판매용 음반을 제작할 수 있다.
<개정 2008.2.29>

▶**판례**

응용미술품이 저작물로 보호되기 위한 요건

저작권법에 의하여 보호되는 저작물이기 위하여는 어디까지나 문학, 학술 또는 예술의 범위에 속하는 창작물이어야 하고, 본래 산업상의 대량생산에의 이용을 목적으로 하여 창작되는 응용미술품 등에 대하여 의장법 외에 저작권법에 의한 중첩적 보호가 일반적으로 인정되게 되면 신규성 요건이나 등록 요건, 단기의 존속기간 등 의장법의 여러 가지 제한 규정의 취지가 몰각되고 기본적으로 의장법에 의한 보호에 익숙한 산업계에 많은 혼란이 우려되는 점 등을 고려하면, 이러한 응용미술작품에 대하여는 원칙적으로 의장법에 의한 보호로써 충분하고 예외적으로 저작권법에 의한 보호가

중첩적으로 주어진다고 보는 것이 의장법 및 저작권법의 입법취지라 할 것이므로 산업상의 대량생산에의 이용을 목적으로 하여 창작되는 모든 응용미술작품이 곧바로 저작권법상의 저작물로 보호된다고 할 수는 없고, 그 중에서도 그 자체가 하나의 독립적인 예술적 특성이나 가치를 가지고 있어 위에서 말하는 예술의 범위에 속하는 창작물에 해당하여야만 저작물로서 보호된다. (대법원 1996. 2. 23. 선고 94도3266 판결)

제6절 등록 및 인증

제53조 【저작권의 등록】 ①저작자는 다음 각 호의 사항을 등록할 수 있다.

1. 저작자의 실명·이명(공표 당시에 이명을 사용한 경우에 한한다)·국적·주소 또는 거소
2. 저작물의 제호·종류·창작연월일
3. 공표의 여부 및 맨 처음 공표된 국가·공표연월일
4. 그 밖에 대통령령으로 정하는 사항

②저작자가 사망한 경우 저작자의 특별한 의사표시가 없는 때에는 그의 유언으로 지정한 자

또는 상속인이 제1항 각 호의 규정에 따른 등록을 할 수 있다.

③제1항 및 제2항에 따라 저작자로 실명이 등록된 자는 그 등록저작물의 저작자로, 창작연월일 또는 맨 처음의 공표연월일이 등록된 저작물은 등록된 연월일에 창작 또는 맨 처음 공표된 것으로 추정한다. 다만, 저작물을 창작한 때부터 1년이 경과한 후에 창작연월일을 등록한 경우에는 등록된 연월일에 창작된 것으로 추정하지 아니한다.
<개정 2009.4.22>

제54조 【권리변동 등의 등록·효력】

다음 각 호의 사항은 이를 등록할 수 있으며, 등록하지 아니하면 제3자에게 대항할 수 없다.

1. 저작재산권의 양도(상속 그 밖의 일반승계의 경우를 제외한다) 또는 처분제한
2. 저작재산권을 목적으로 하는 질권의 설정·이전·변경·소멸 또는 처분제한

제55조 【등록의 절차 등】 ①제53조 및 제54조에 따른 등록은 문화체육관광부장관이 저작권등록부(프로그램의 경우에는 프로

그램등록부를 말한다. 이하 이 조에서 같다)에 기재하여 행한다.
<개정 2008.2.29, 2009.4.22>

②문화체육관광부장관은 다음 각 호의 어느 하나에 해당하는 경우에는 신청을 반려할 수 있다. 다만, 신청의 흠결이 보정될 수 있는 경우에 신청인이 당일 이를 보정하였을 때에는 그러하지 아니하다.
<개정 2008.2.29>

1. 등록 신청한 사항이 등록할 것이 아닌 때
2. 등록 신청이 문화체육관광부령으로 정한 서식에 적합하지 아니하거나 그 밖의 필요한 자료 또는 서류를 첨부하지 아니한 때

③문화체육관광부장관은 제1항의 규정에 따라 저작권등록부에 기재한 등록에 대하여 등록공보를 발행하거나 정보통신망에 게시하여야 하며, 신청한 자가 있는 경우에는 저작권등록부를 열람하게 하거나 그 사본을 교부하여야 한다.
<개정 2008.2.29>

④제1항 내지 제3항의 규정에 따른 등록, 등록신청의 반려, 등록공보의 발행 또는 게시, 저작

저작권법[시행 2010. 2. 1] [법률 제9785호, 2009. 7.31, 타법개정]

권등록부의 열람 및 사본의 교부 등에 관하여 필요한 사항은 대통령령으로 정한다.

제55조의2 【비밀유지의무】 제53조부터 제55조까지의 규정에 따른 등록 업무를 수행하는 자 및 그 직에 있었던 자는 직무상 알게 된 비밀을 다른 사람에게 누설하여서는 아니 된다.
[본조신설 2009.4.22]

제56조 【권리자 등의 인증】
①문화체육관광부장관은 저작물 등의 거래의 안전과 신뢰보호를 위하여 인증기관을 지정할 수 있다. <개정 2008.2.29>
②제1항에 따른 인증기관의 지정과 지정취소 및 인증절차 등에 관하여 필요한 사항은 대통령령으로 정한다.
<개정 2009.4.22>
③제1항의 규정에 따른 인증기관은 인증과 관련한 수수료를 받을 수 있으며 그 금액은 문화체육관광부장관이 정한다.
<개정 2008.2.29>

제7절 출판권

제57조 【출판권의 설정】 ①저작물을 복제·배포할 권리를 가진

자(이하 "복제권자"라 한다)는 그 저작물을 인쇄 그 밖에 이와 유사한 방법으로 문서 또는 도화로 발행하고자 하는 자에 대하여 이를 출판할 권리(이하 "출판권"이라 한다)를 설정할 수 있다.
②제1항의 규정에 따라 출판권을 설정받은 자(이하 "출판권자"라 한다)는 그 설정행위에서 정하는 바에 따라 그 출판권의 목적인 저작물을 원작 그대로 출판할 권리를 가진다.
③복제권자는 그 저작물의 복제권을 목적으로 하는 질권이 설정되어 있는 경우에는 그 질권자의 허락이 있어야 출판권을 설정할 수 있다.

제58조 【출판권자의 의무】 ①출판권자는 그 설정행위에 특약이 없는 때에는 출판권의 목적인 저작물을 복제하기 위하여 필요한 원고 또는 이에 상당하는 물건을 받은 날부터 9월 이내에 이를 출판하여야 한다.
②출판권자는 그 설정행위에 특약이 없는 때에는 관행에 따라 그 저작물을 계속하여 출판하여야 한다.
③출판권자는 특약이 없는 때에

는 각 출판물에 대통령령이 정하는 바에 따라 복제권자의 표지를 하여야 한다.

제59조 【저작물의 수정증감】
①출판권자가 출판권의 목적인 저작물을 다시 출판하는 경우에 저작자는 정당한 범위 안에서 그 저작물의 내용을 수정하거나 증감할 수 있다.
②출판권자는 출판권의 목적인 저작물을 다시 출판하고자 하는 경우에 특약이 없는 때에는 그 때마다 미리 저작자에게 그 사실을 알려야 한다.

제60조 【출판권의 존속기간 등】
①출판권은 그 설정행위에 특약이 없는 때에는 맨 처음 출판한 날로부터 3년간 존속한다.
②복제권자는 출판권 존속기간 중 그 출판권의 목적인 저작물의 저작자가 사망한 때에는 제1항의 규정에 불구하고 저작자를 위하여 저작물을 전집 그 밖의 편집물에 수록하거나 전집 그 밖의 편집물의 일부인 저작물을 분리하여 이를 따로 출판할 수 있다.

제61조 【출판권의 소멸통고】

①복제권자는 출판권자가 제58조제1항 또는 제2항의 규정을 위반한 경우에는 6월 이상의 기간을 정하여 그 이행을 최고하고 그 기간 내에 이행하지 아니하는 때에는 출판권의 소멸을 통고할 수 있다.
②복제권자는 출판권자가 출판이 불가능하거나 출판할 의사가 없음이 명백한 경우에는 제1항의 규정에 불구하고 즉시 출판권의 소멸을 통고할 수 있다.
③제1항 또는 제2항의 규정에 따라 출판권의 소멸을 통고한 경우에는 출판권자가 통고를 받은 때에 출판권이 소멸한 것으로 본다.
④제3항의 경우에 복제권자는 출판권자에 대하여 언제든지 원상회복을 청구하거나 출판을 중지함 인한 손해의 배상을 청구할 수 있다.

제62조 【출판권 소멸 후의 출판물의 배포】 출판권이 그 존속기간의 만료 그 밖의 사유로 소멸된 경우에는 그 출판권을 가지고 있던 자는 다음 각 호의 어느 하나에 해당하는 경우를 제외하고는 그 출판권의 존속기간 중 만들어진 출판물을 배포

저작권법 [시행 2010. 2. 1] [법률 제9785호, 2009. 7.31, 타법개정]

할 수 없다.
1. 출판권 설정행위에 특약이 있는 경우
2. 출판권의 존속기간 중 복제권자에게 그 저작물의 출판에 따른 대가를 지급하고 그 대가에 상응하는 부수의 출판물을 배포하는 경우

제63조 【출판권의 양도·제한 등】
①출판권은 복제권자의 동의 없이 이를 양도 또는 질권의 목적으로 할 수 없다.
②제23조·제25조제1항 내지 제3항·제26조 내지 제28조·제30조 내지 제33조와 제35조제2항 및 제3항의 규정은 출판권의 목적으로 되어 있는 저작물의 복제에 관하여 준용한다.
③제54조, 제55조 및 제55조의2의 규정은 출판권의 등록(출판권설정등록을 포함한다)에 관하여 준용한다. 이 경우 제55조 중 "저작권등록부"는 "출판권등록부"로 본다.
<개정 2009.4.22>

제3장 저작인접권

제1절 통칙

제64조 【보호받는 실연·음반·방송】
다음 각 호 각 목의 어느 하나에 해당하는 실연·음반 및 방송은 이 법에 의한 보호를 받는다.
1. 실연
가. 대한민국 국민(대한민국 법률에 따라 설립된 법인 및 대한민국 내에 주된 사무소가 있는 외국법인을 포함한다. 이하 같다)이 행하는 실연
나. 대한민국이 가입 또는 체결한 조약에 따라 보호되는 실연
다. 제2호 각 목의 음반에 고정된 실연
라. 제3호 각 목의 방송에 의하여 송신되는 실연(송신 전에 녹음 또는 녹화되어 있는 실연을 제외한다)
2. 음반
가. 대한민국 국민을 음반제작자로 하는 음반
나. 음이 맨 처음 대한민국 내에서 고정된 음반
다. 대한민국이 가입 또는 체결한 조약에 따라 보호되는 음반으로서 체약국 내에서 최초로 고정된 음반
라. 대한민국이 가입 또는 체결한 조약에 따라 보호되는 음반으로서 체약국의 국민(당해 체약국의 법률에 따라 설립된 법인 및 당해 체약국 내에 주된 사무소가 있는 법인을 포함한다)을 음반제작자로 하는 음반
3. 방송
가. 대한민국 국민인 방송사업자의 방송
나. 대한민국 내에 있는 방송설비로부터 행하여지는 방송
다. 대한민국이 가입 또는 체결한 조약에 따라 보호되는 방송으로서 체약국의 국민인 방송사업자가 당해 체약국 내에 있는 방송설비로부터 행하는 방송

제65조 【저작권과의 관계】 이 장 각 조의 규정은 저작권에 영향을 미치는 것으로 해석되어서는 아니 된다.

제2절 실연자의 권리

제66조 【성명표시권】 ①실연자는 그의 실연 또는 실연의 복제물에 그의 실명 또는 이명을 표시할 권리를 가진다.
②실연을 이용하는 자는 그 실연자의 특별한 의사표시가 없는 때에는 실연자가 그의 실명 또는 이명을 표시한 바에 따라 이를 표시하여야 한다. 다만, 실연의 성질이나 그 이용의 목적 및 형태 등에 비추어 부득이하다고 인정되는 경우에는 그러하지 아니하다.

제67조 【동일성유지권】 실연자는 그의 실연의 내용과 형식의 동일성을 유지할 권리를 가진다. 다만, 실연의 성질이나 그 이용의 목적 및 형태 등에 비추어 부득이하다고 인정되는 경우에는 그러하지 아니한다.

제68조 【실연자의 인격권의 일신전속성】 제66조 및 제67조에 규정된 권리(이하 "실연자의 인격권"이라 한다)는 실연자 일신에 전속한다.

제69조 【복제권】 실연자는 그의 실연을 복제할 권리를 가진다.

제70조 【배포권】 실연자는 그의 실연의 복제물을 배포할 권리를 가진다. 다만, 실연의 복제물이 실연자의 허락을 받아 판매 등의 방법으로 거래에 제공된 경우에는 그러하지 아니하다.

제71조 【대여권】 실연자는 제70조의 단서의 규정에 불구하고

저작권법[시행 2010. 2. 1] [법률 제9785호, 2009. 7.31, 타법개정]

그의 실연이 녹음된 판매용 음반을 영리를 목적으로 대여할 권리를 가진다.

제72조 【공연권】 실연자는 그의 고정되지 아니한 실연을 공연할 권리를 가진다. 다만, 그 실연이 방송되는 실연인 경우에는 그러하지 아니하다.

제73조 【방송권】 실연자는 그의 실연을 방송할 권리를 가진다. 다만, 실연자의 허락을 받아 녹음된 실연에 대하여는 그러하지 아니하다.

제74조 【전송권】 실연자는 그의 실연을 전송할 권리를 가진다.

제75조 【방송사업자의 실연자에 대한 보상】 ①방송사업자가 실연이 녹음된 판매용 음반을 사용하여 방송하는 경우에는 상당한 보상금을 그 실연자에게 지급하여야 한다. 다만, 실연자가 외국인인 경우에 그 외국에서 대한민국 국민인 실연자에게 이 항의 규정에 따른 보상금을 인정하지 아니하는 때에는 그러하지 아니하다.
②제25조제5항 내지 제9항의 규정은 제1항의 규정에 따른 보상금의 지급 등에 관하여 준용한다.
③제2항의 규정에 따른 단체가 보상권리자를 위하여 청구할 수 있는 보상금의 금액은 매년 그 단체와 방송사업자가 협의하여 정한다.
④제3항에 따른 협의가 성립되지 아니하는 경우에 그 단체 또는 방송사업자는 대통령령으로 정하는 바에 따라 제112조에 따른 한국저작권위원회에 조정을 신청할 수 있다.
<개정 2009.4.22>

제76조 【디지털음성송신사업자의 실연자에 대한 보상】 ①디지털음성송신사업자가 실연이 녹음된 음반을 사용하여 송신하는 경우에는 상당한 보상금을 그 실연자에게 지급하여야 한다.
②제25조제5항 내지 제9항의 규정은 제1항의 규정에 따른 보상금의 지급 등에 관하여 준용한다.
③제2항의 규정에 따른 단체가 보상권리자를 위하여 청구할 수 있는 보상금의 금액은 매년 그 단체와 디지털음성송신사업자가 대통령령이 정하는 기간 내에 협의하여 정한다.
④제3항의 규정에 따른 협의가 성립되지 아니한 경우에는 문화체육관광부장관이 정하여 고시하는 금액을 지급한다.
<개정 2008.2.29>

제76조의2 【판매용 음반을 사용하여 공연하는 자의 실연자에 대한 보상】 ①실연이 녹음된 판매용 음반을 사용하여 공연을 하는 자는 상당한 보상금을 해당 실연자에게 지급하여야 한다. 다만, 실연자가 외국인인 경우에 그 외국에서 대한민국 국민인 실연자에게 이 항의 규정에 따른 보상금을 인정하지 아니하는 때에는 그러하지 아니하다.
②제25조제5항부터 제9항까지 및 제76조제3항·제4항은 제1항에 따른 보상금의 지급 및 금액 등에 관하여 준용한다.
[본조신설 2009.3.25]

제77조 【공동실연자】 ①2인 이상이 공동으로 합창·합주 또는 연극등을 실연하는 경우에 이 절에 규정된 실연자의 권리(실연자의 인격권은 제외한다)는 공동으로 실연하는 자가 선출하는 대표자가 이를 행사한다. 다만, 대표자의 선출이 없는 경우에는 지휘자 또는 연출자 등이 이를 행사한다.
②제1항의 규정에 따라 실연자의 권리를 행사하는 경우에 독창 또는 독주가 함께 실연된 때에는 독창자 또는 독주자의 동의를 얻어야 한다.
③제15조의 규정은 공동실연자의 인격권 행사에 관하여 준용한다.

제3절 음반제작자의 권리

제78조 【복제권】 음반제작자는 그의 음반을 복제할 권리를 가진다.

제79조 【배포권】 음반제작자는 그의 음반을 배포할 권리를 가진다. 다만, 음반의 복제물이 음반제작자의 허락을 받아 판매 등의 방법으로 거래에 제공된 경우에는 그러하지 아니하다.

제80조 【대여권】 음반제작자는 제79조의 단서의 규정에 불구하고 판매용 음반을 영리를 목적으로 대여할 권리를 가진다.

저작권법 [시행 2010. 2. 1] [법률 제9785호, 2009. 7.31, 타법개정]

제81조 【전송권】 음반제작자는 그의 음반을 전송할 권리를 가진다.

제82조 【방송사업자의 음반제작자에 대한 보상】 ①방송사업자가 판매용 음반을 사용하여 방송하는 경우에는 상당한 보상금을 그 음반제작자에게 지급하여야 한다. 다만, 음반제작자가 외국인인 경우에 그 외국에서 대한민국 국민인 음반제작자에게 이 항의 규정에 따른 보상금을 인정하지 아니하는 때에는 그러하지 아니하다.
②제25조제5항 내지 제9항 및 제75조제3항·제4항의 규정은 제1항의 규정에 따른 보상금의 지급 및 금액 등에 관하여 준용한다.

제83조 【디지털음성송신사업자의 음반제작자에 대한 보상】 ①디지털음성송신사업자가 음반을 사용하여 송신하는 경우에는 상당한 보상금을 그 음반제작자에게 지급하여야 한다.
②제25조제5항 내지 제9항 및 제76조제3항·제4항의 규정은 제1항의 규정에 따른 보상금의 지급 및 금액 등에 관하여 준용한다.

제83조의2 【판매용 음반을 사용하여 공연하는 자의 음반제작자에 대한 보상】 ①판매용 음반을 사용하여 공연을 하는 자는 상당한 보상금을 해당 음반제작자에게 지급하여야 한다. 다만, 음반제작자가 외국인인 경우에 그 외국에서 대한민국 국민인 음반제작자에게 이 항의 규정에 따른 보상금을 인정하지 아니하는 때에는 그러하지 아니하다.
②제25조제5항부터 제9항까지 및 제76조제3항·제4항은 제1항에 따른 보상금의 지급 및 금액 등에 관하여 준용한다.
[본조신설 2009.3.25]

제4절 방송사업자의 권리

제84조 【복제권】 방송사업자는 그의 방송을 복제할 권리를 가진다.

제85조 【동시중계방송권】 방송사업자는 그의 방송을 동시중계방송할 권리를 가진다.

제5절 저작인접권의 보호기간

제86조 【보호기간】 ①저작인접권(실연자의 인격권을 제외한다. 이하 같다)은 다음 각 호의 어느 하나에 해당하는 때부터 발생한다.
1. 실연의 경우에는 그 실연을 한 때
2. 음반의 경우에는 그 음을 맨 처음 음반에 고정한 때
3. 방송의 경우에는 그 방송을 한 때
②저작인접권은 다음 각 호의 어느 하나에 해당하는 때의 다음 해부터 기산하여 50년간 존속한다.
1. 실연의 경우에는 그 실연을 한 때
2. 음반의 경우에는 그 음반을 발행한 때. 다만, 음을 음반에 맨 처음 고정한 때의 다음 해부터 기산하여 50년이 경과한 때까지 음반을 발행하지 아니한 경우에는 음을 음반에 맨 처음 고정한 때
3. 방송의 경우에는 그 방송을 한 때

제6절 저작인접권의 제한·양도·행사 등

제87조 【저작인접권의 제한】 ①제23조·제24조·제25조제1항 내지 제3항·제26조 내지 제32조·제33조제2항·제34조·제36조 및 제37조의 규정은 저작인접권의 목적이 된 실연·음반 또는 방송의 이용에 관하여 준용한다. <개정 2009.4.22>
②디지털음성송신사업자는 제76조제1항 및 제83조제1항에 따라 실연이 녹음된 음반을 사용하여 송신하는 경우에는 자체의 수단으로 실연이 녹음된 음반을 일시적으로 복제할 수 있다. 이 경우 복제물의 보존기간에 관하여는 제34조제2항을 준용한다. <신설 2009.4.22>

제88조 【저작인접권의 양도·행사 등】 제45조제1항의 규정은 저작인접권의 양도에, 제46조의 규정은 실연·음반 또는 방송의 이용허락에, 제47조의 규정은 저작인접권을 목적으로 하는 질권의 행사에, 제49조의 규정은 저작인접권의 소멸에 관하여 각각 준용한다.

제89조 【실연·음반 및 방송이용의 법정허락】 제50조 내지 제52조의 규정은 실연·음반 및 방송의 이용에 관하여 준용한다.

저작권법[시행 2010. 2. 1] [법률 제9785호, 2009. 7.31, 타법개정]

제90조 【저작인접권의 등록】 제53조부터 제55조까지 및 제55조의2의 규정은 저작인접권의 등록에 관하여 준용한다. 이 경우 제55조 중 "저작권등록부"는 "저작인접권등록부"로 본다.
<개정 2009.4.22>

제4장
데이터베이스제작자의
보호

제91조 【보호받는 데이터베이스】 ①다음 각 호의 어느 하나에 해당하는 자의 데이터베이스는 이 법에 따른 보호를 받는다.
1. 대한민국 국민
2. 데이터베이스의 보호와 관련하여 대한민국이 가입 또는 체결한 조약에 따라 보호되는 외국인
②제1항의 규정에 따라 보호되는 외국인의 데이터베이스라도 그 외국에서 대한민국 국민의 데이터베이스를 보호하지 아니하는 경우에는 그에 상응하게 조약 및 이 법에 따른 보호를 제한할 수 있다.

제92조 【적용 제외】 다음 각 호의 어느 하나에 해당하는 데이터베이스에 대하여는 이 장의 규정을 적용하지 아니한다.
1. 데이터베이스의 제작·갱신 등 또는 운영에 이용되는 컴퓨터프로그램
2. 무선 또는 유선통신을 기술적으로 가능하게 하기 위하여 제작되거나 갱신등이 되는 데이터베이스

제93조 【데이터베이스제작자의 권리】 ①데이터베이스제작자는 그의 데이터베이스의 전부 또는 상당한 부분을 복제·배포·방송 또는 전송(이하 이 조에서 "복제등"이라 한다)할 권리를 가진다.
②데이터베이스의 개별 소재는 제1항의 규정에 따른 당해 데이터베이스의 상당한 부분으로 간주되지 아니한다. 다만, 데이터베이스의 개별 소재 또는 그 상당한 부분에 이르지 못하는 부분의 복제등이라 하더라도 반복적이거나 특정한 목적을 위하여 체계적으로 함으로써 당해 데이터베이스의 통상적인 이용과 충돌하거나 데이터베이스제작자의 이익을 부당하게 해치는 경우에

는 당해 데이터베이스의 상당한 부분의 복제등으로 본다.
③이 장에 따른 보호는 데이터베이스의 구성부분이 되는 소재의 저작권 그 밖에 이 법에 따라 보호되는 권리에 영향을 미치지 아니한다.
④이 장에 따른 보호는 데이터베이스의 구성부분이 되는 소재 그 자체에는 미치지 아니한다.

> ▶판례
> **저작권법 제93조 제2항과 제3항과의 관계**
> 저작권법 제93조 제2항에서는 저작재산권을 침해한 자가 침해행위에 의하여 이익을 받았을 때에는 그 이익의 액을 저작재산권자 등이 입은 손해액으로 추정한다고 규정하고 있고, 그 제3항에서는 저작재산권자 등은 제2항의 규정에 의한 손해액 외에 그 권리의 행사로 통상 얻을 수 있는 금액에 상당하는 액을 손해액으로 하여 그 배상을 청구할 수 있다고 규정하고 있는바, 이는 피해 저작재산권자의 손해액에 대한 입증의 편의를 도모하기 위한 규정으로서 최소한 제3항의 규정에 의한 금액은 보장해 주려는 것이므로, 결국 제2항에 의한 금액과 제3항에 의

> 한 금액 중 더 많은 금액을 한도로 하여 선택적으로 또는 중첩적으로 손해배상을 청구할 수 있다. (대법원 1996. 6. 11. 선고 95다49639 판결)

제94조 【데이터베이스제작자의 권리제한】 ①제23조·제28조 내지 제34조·제36조 및 제37조의 규정은 데이터베이스제작자의 권리의 목적이 되는 데이터베이스의 이용에 관하여 준용한다.
②다음 각 호의 어느 하나에 해당하는 경우에는 누구든지 데이터베이스의 전부 또는 그 상당한 부분을 복제·배포·방송 또는 전송할 수 있다. 다만, 당해 데이터베이스의 통상적인 이용과 저촉되는 경우에는 그러하지 아니하다.
1. 교육·학술 또는 연구를 위하여 이용하는 경우. 다만, 영리를 목적으로 하는 경우에는 그러하지 아니하다.
2. 시사보도를 위하여 이용하는 경우

제95조 【보호기간】 ①데이터베이스제작자의 권리는 데이터베이스의 제작을 완료한 때부터

저작권법 [시행 2010. 2. 1] [법률 제9785호, 2009. 7.31, 타법개정]

발생하며, 그 다음 해부터 기산하여 5년간 존속한다.

②데이터베이스의 갱신등을 위하여 인적 또는 물적으로 상당한 투자가 이루어진 경우에 당해 부분에 대한 데이터베이스제작자의 권리는 그 갱신등을 한 때부터 발생하며, 그 다음 해부터 기산하여 5년간 존속한다.

제96조 【데이터베이스제작자의 권리의 양도·행사 등】 제20조 단서의 규정은 데이터베이스의 거래제공에, 제45조제1항의 규정은 데이터베이스제작자의 권리의 양도에, 제46조의 규정은 데이터베이스의 이용허락에, 제47조의 규정은 데이터베이스제작자의 권리를 목적으로 하는 질권의 행사에, 제48조의 규정은 공동데이터베이스의 데이터베이스제작자의 권리행사에, 제49조의 규정은 데이터베이스제작자의 권리의 소멸에 관하여 각각 준용한다.

제97조 【데이터베이스 이용의 법정허락】 제50조 및 제51조의 규정은 데이터베이스의 이용에 관하여 준용한다.

제98조 【데이터베이스제작자의 권리의 등록】 제53조부터 제55조까지 및 제55조의2의 규정은 데이터베이스제작자의 권리의 등록에 관하여 준용한다. 이 경우 제55조 중 "저작권등록부"는 "데이터베이스제작자권리등록부"로 본다. <개정 2009.4.22>

제5장 영상저작물에 관한 특례

제99조 【저작물의 영상화】 ①저작재산권자가 저작물의 영상화를 다른 사람에게 허락한 경우에 특약이 없는 때에는 다음 각 호의 권리를 포함하여 허락한 것으로 추정한다.

1. 영상저작물을 제작하기 위하여 저작물을 각색하는 것
2. 공개상영을 목적으로 한 영상저작물을 공개상영하는 것
3. 방송을 목적으로 한 영상저작물을 방송하는 것
4. 전송을 목적으로 한 영상저작물을 전송하는 것
5. 영상저작물을 그 본래의 목적으로 복제·배포하는 것
6. 영상저작물의 번역물을 그 영상저작물과 같은 방법으로 이용하는 것

②저작재산권자는 그 저작물의 영상화를 허락한 경우에 특약이 없는 때에는 허락한 날부터 5년이 경과한 때에 그 저작물을 다른 영상저작물로 영상화하는 것을 허락할 수 있다.

제100조 【영상저작물에 대한 권리】 ①영상제작자와 영상저작물의 제작에 협력할 것을 약정한 자가 그 영상저작물에 대하여 저작권을 취득한 경우 특약이 없는 한 그 영상저작물의 이용을 위하여 필요한 권리는 영상제작자가 이를 양도 받은 것으로 추정한다.

②영상저작물의 제작에 사용되는 소설·각본·미술저작물 또는 음악저작물 등의 저작재산권은 제1항의 규정으로 인하여 영향을 받지 아니한다.

③영상제작자와 영상저작물의 제작에 협력할 것을 약정한 실연자의 그 영상저작물의 이용에 관한 제69조의 규정에 따른 복제권, 제70조의 규정에 따른 배포권, 제73조의 규정에 따른 방송권 및 제74조의 규정에 따른 전송권은 특약이 없는 한 영상제작자가 이를 양도 받은 것으로 추정한다.

제101조 【영상제작자의 권리】 ①영상제작물의 제작에 협력할 것을 약정한 자로부터 영상제작자가 양도 받는 영상저작물의 이용을 위하여 필요한 권리는 영상저작물을 복제·배포·공개상영·방송·전송 그 밖의 방법으로 이용할 권리로 하며, 이를 양도하거나 질권의 목적으로 할 수 있다.

②실연자로부터 영상제작자가 양도 받는 권리는 그 영상저작물을 복제·배포·방송 또는 전송할 권리로 하며, 이를 양도하거나 질권의 목적으로 할 수 있다.

제5장의2 프로그램에 관한 특례

<신설 2009.4.22>

제101조의2 【보호의 대상】 프로그램을 작성하기 위하여 사용하는 다음 각 호의 사항에는 이 법을 적용하지 아니한다.

1. 프로그램 언어: 프로그램을 표현하는 수단으로서 문자·기호 및 그 체계
2. 규약: 특정한 프로그램에서 프로그램 언어의 용법에 관한

저작권법[시행 2010. 2. 1] [법률 제9785호, 2009. 7.31, 타법개정]

특별한 약속

3. 해법: 프로그램에서 지시·명령의 조합방법

[본조신설 2009.4.22]

제101조의3 【프로그램의 저작재산권의 제한】 ①다음 각 호의 어느 하나에 해당하는 경우에는 그 목적상 필요한 범위에서 공표된 프로그램을 복제 또는 배포할 수 있다. 다만, 프로그램의 종류·용도, 프로그램에서 복제된 부분이 차지하는 비중 및 복제의 부수 등에 비추어 프로그램의 저작재산권자의 이익을 부당하게 해치는 경우에는 그러하지 아니하다.

1. 재판 또는 수사를 위하여 복제하는 경우

2. 「유아교육법」, 「초·중등교육법」, 「고등교육법」에 따른 학교 및 다른 법률에 따라 설립된 교육기관(상급학교 입학을 위한 학력이 인정되거나 학위를 수여하는 교육기관에 한한다)에서 교육을 담당하는 자가 수업과정에 제공할 목적으로 복제 또는 배포하는 경우

3. 「초·중등교육법」에 따른 학교 및 이에 준하는 학교의 교육목적을 위한 교과용 도서에 게재하기 위하여 복제하는 경우

4. 가정과 같은 한정된 장소에서 개인적인 목적(영리를 목적으로 하는 경우를 제외한다)으로 복제하는 경우

5. 「초·중등교육법」, 「고등교육법」에 따른 학교 및 이에 준하는 학교의 입학시험이나 그 밖의 학식 및 기능에 관한 시험 또는 검정을 목적(영리를 목적으로 하는 경우를 제외한다)으로 복제 또는 배포하는 경우

6. 프로그램의 기초를 이루는 아이디어 및 원리를 확인하기 위하여 프로그램의 기능을 조사·연구·시험할 목적으로 복제하는 경우(정당한 권한에 의하여 프로그램을 이용하는 자가 해당 프로그램을 이용 중인 때에 한한다)

②제1항제3호에 따라 프로그램을 교과용 도서에 게재하려는 자는 문화체육관광부장관이 정하여 고시하는 기준에 따른 보상금을 해당 저작재산권자에게 지급하여야 한다. 보상금 지급에 대하여는 제25조제5항부터 제9항까 규정을 준용한다.

[본조신설 2009.4.22]

제101조의4 【프로그램코드역분석】 ①정당한 권한에 의하여 프로그램을 이용하는 자 또는 그의 허락을 받은 자는 호환에 필요한 정보를 쉽게 얻을 수 없고 그 획득이 불가피한 경우에는 해당 프로그램의 호환에 필요한 부분에 한하여 프로그램의 저작재산권자의 허락을 받지 아니하고 프로그램코드역분석을 할 수 있다.

②제1항에 따른 프로그램코드역분석을 통하여 얻은 정보는 다음 각 호의 어느 하나에 해당하는 경우에는 이를 이용할 수 없다.

1. 호환 목적 외의 다른 목적을 위하여 이용하거나 제3자에게 제공하는 경우

2. 프로그램코드역분석의 대상이 되는 프로그램과 표현이 실질적으로 유사한 프로그램을 개발·제작·판매하거나 그 밖에 프로그램의 저작권을 침해하는 행위에 이용하는 경우

[본조신설 2009.4.22]

제101조의5 【정당한 이용자에 의한 보존을 위한 복제 등】 ①프로그램의 복제물을 정당한 권한에 의하여 소지·이용하는 자는 그 복제물의 멸실·훼손 또는 변질 등에 대비하기 위하여 필요한 범위에서 해당 복제물을 복제할 수 있다.

②프로그램의 복제물을 소지·이용하는 자는 해당 프로그램의 복제물을 소지·이용할 권리를 상실한 때에는 그 프로그램의 저작재산권자의 특별한 의사표시가 없는 한 제1항에 따라 복제한 것을 폐기하여야 한다. 다만, 프로그램의 복제물을 소지·이용할 권리가 해당 복제물이 멸실됨으로 인하여 상실된 경우에는 그러하지 아니하다.

[본조신설 2009.4.22]

제101조의6 【프로그램배타적발행권】 ①프로그램의 저작재산권자는 다른 사람에게 그 저작물에 대하여 독점적으로 복제하여 배포 또는 전송할 수 있도록 하는 배타적 권리(이하 "프로그램배타적발행권"이라 한다)를 설정할 수 있다.

②제1항에 따라 프로그램배타적발행권의 설정을 받은 자(이하 "프로그램배타적발행권자"라 한다)는 그 설정행위로 인한 범위에서 프로그램배타적발행권을 행사할 권리를 가진다.

③프로그램의 저작재산권자는

저작권법 [시행 2010. 2. 1] [법률 제9785호, 2009. 7.31, 타법개정]

그 프로그램의 복제권을 목적으로 하는 질권이 설정되어 있는 경우에는 그 질권자의 동의가 있어야 프로그램배타적발행권을 설정할 수 있다.

④프로그램배타적발행권자는 프로그램의 저작재산권자의 동의 없이 프로그램배타적발행권을 목적으로 하는 질권을 설정하거나 제3자에게 프로그램배타적발행권을 양도할 수 없다.

⑤ 프로그램배타적발행권은 그 설정행위에 특약이 없는 때에는 설정행위를 한 날부터 3년간 존속한다.

⑥프로그램배타적발행권의 등록에 관하여는 제54조, 제55조 및 제55조의2를 준용한다.

[본조신설 2009.4.22]

제101조의7 【프로그램의 임치】

①프로그램의 저작재산권자와 프로그램의 이용허락을 받은 자는 대통령령으로 정하는 자(이하 이 조에서 "수치인"이라 한다)와 서로 합의하여 프로그램의 원시코드 및 기술정보 등을 수치인에게 임치할 수 있다.

②프로그램의 이용허락을 받은 자는 제1항에 따른 합의에서 정한 사유가 발생한 때에 수치인

에게 프로그램의 원시코드 및 기술정보 등의 제공을 요구할 수 있다.

[본조신설 2009.4.22]

제6장 온라인서비스제공자의 책임 제한

제102조 【온라인서비스제공자의 책임 제한】

①온라인서비스제공자가 저작물등의 복제·전송과 관련된 서비스를 제공하는 것과 관련하여 다른 사람에 의한 저작물등의 복제·전송으로 인하여 그 저작권 그 밖에 이 법에 따라 보호되는 권리가 침해된다는 사실을 알고 당해 복제·전송을 방지하거나 중단시킨 경우에는 다른 사람에 의한 저작권 그 밖에 이 법에 따라 보호되는 권리의 침해에 관한 온라인서비스제공자의 책임을 감경 또는 면제할 수 있다.

②온라인서비스제공자가 저작물등의 복제·전송과 관련된 서비스를 제공하는 것과 관련하여 다른 사람에 의한 저작물등의 복제·전송으로 인하여 그 저작권 그 밖에 이 법에 따라 보호

되는 권리가 침해된다는 사실을 알고 당해 복제·전송을 방지하거나 중단시키고자 하였으나 기술적으로 불가능한 경우에는 그 다른 사람에 의한 저작권 그 밖에 이 법에 따라 보호되는 권리의 침해에 관한 온라인서비스제공자의 책임은 면제된다.

제103조 【복제·전송의 중단】

①온라인서비스제공자의 서비스를 이용한 저작물등의 복제·전송에 따라 저작권 그 밖에 이 법에 따라 보호되는 자신의 권리가 침해됨을 주장하는 자(이하 이 조에서 "권리주장자"라 한다)는 그 사실을 소명하여 온라인서비스제공자에게 그 저작물등의 복제·전송을 중단시킬 것을 요구할 수 있다.

②온라인서비스제공자는 제1항의 규정에 따른 복제·전송의 중단요구가 있는 경우에는 즉시 그 저작물등의 복제·전송을 중단시키고 당해 저작물등을 복제·전송하는 자(이하 "복제·전송자"라 한다) 및 권리주장자에게 그 사실을 통보하여야 한다.

③제2항의 규정에 따른 통보를 받은 복제·전송자가 자신의 복

제·전송이 정당한 권리에 의한 것임을 소명하여 그 복제·전송의 재개를 요구하는 경우 온라인서비스제공자는 재개요구사실 및 재개 권리주장자에게 지체 없이 통보하고 그 예정일에 복제·전송을 재개시켜야 한다.

④온라인서비스제공자는 제1항 및 제3항의 규정에 따른 복제·전송의 중단 및 그 재개의 요구를 받을 자(이하 이 조에서 "수령인"이라 한다)를 지정하여 자신의 설비 또는 서비스를 이용하는 자들이 쉽게 알 수 있도록 공지하여야 한다.

⑤온라인서비스제공자가 제4항의 규정에 따른 공지를 하고 제2항 및 제3항의 규정에 따라 그 저작물등의 복제·전송을 중단시키거나 재개시킨 경우에는 다른 사람에 의한 저작권 그 밖에 이 법에 따라 보호되는 권리의 침해에 대한 온라인서비스제공자의 책임 및 복제·전송자에게 발생하는 손해에 대한 온라인서비스제공자의 책임을 감경 또는 면제할 수 있다. 다만, 이 항의 규정은 온라인서비스제공자가 다른 사람에 의한 저작물등의 복제·전송으로 인하여 그 저작

저작권법[시행 2010. 2. 1] [법률 제9785호, 2009. 7.31, 타법개정]

권 그 밖에 이 법에 따라 보호되는 권리가 침해된다는 사실을 안 때부터 제1항의 규정에 따른 중단을 요구받기 전까지 발생한 책임에는 적용하지 아니한다.

⑥정당한 권리 없이 제1항 및 제3항의 규정에 따른 그 저작물등의 복제·전송의 중단이나 재개를 요구하는 자는 그로 인하여 발생하는 손해를 배상하여야 한다.

⑦제1항 내지 제4항의 규정에 따른 소명, 중단, 통보, 복제·전송의 재개, 수령인의 지정 및 공지 등에 관하여 필요한 사항은 대통령령으로 정한다. 이 경우 문화체육관광부장관은 관계 중앙행정기관의 장과 미리 협의하여야 한다.
<개정 2008.2.29>

제104조 【특수한 유형의 온라인서비스제공자의 의무 등】

①다른 사람들 상호 간에 컴퓨터를 이용하여 저작물등을 전송하도록 하는 것을 주된 목적으로 하는 온라인서비스제공자(이하 "특수한 유형의 온라인서비스제공자"라 한다)는 권리자의 요청이 있는 경우 해당 저작물등의 불법적인 전송을 차단하는 기술적인 조치 등 필요한 조치를 하여야 한다. 이 경우 권리자의 요청 및 필요한 조치에 관한 사항은 대통령령으로 정한다.
<개정 2009.4.22>

②문화체육관광부장관은 제1항의 규정에 따른 특수한 유형의 온라인서비스제공자의 범위를 정하여 고시할 수 있다.
<개정 2008.2.29>

제7장 저작권위탁관리업

제105조 【저작권위탁관리업의 허가 등】

①저작권신탁관리업을 하고자 하는 자는 대통령령이 정하는 바에 따라 문화체육관광부장관의 허가를 받아야 하며, 저작권대리중개업을 하고자 하는 자는 대통령령이 정하는 바에 따라 문화체육관광부장관에게 신고하여야 한다.
<개정 2008.2.29>

②제1항의 규정에 따라 저작권신탁관리업을 하고자 하는 자는 다음 각 호의 요건을 갖추어야 하며, 대통령령으로 정하는 바에 따라 저작권신탁관리업무규정을 작성하여 이를 저작권신탁관리허가신청서와 함께 문화체육관광부장관에게 제출하여야 한다. <개정 2008.2.29>
1. 저작물등에 관한 권리자로 구성된 단체일 것
2. 영리를 목적으로 하지 아니할 것
3. 사용료의 징수 및 분배 등의 업무를 수행하기에 충분한 능력이 있을 것

③다음 각 호의 어느 하나에 해당하는 자는 제1항의 규정에 따른 저작권신탁관리업 또는 저작권대리중개업(이하 "저작권위탁관리업"이라 한다)의 허가를 받거나 신고를 할 수 없다.
1. 금치산자·한정치산자
2. 파산선고를 받고 복권되지 아니한 자
3. 이 법을 위반하여 벌금 이상의 형의 선고를 받고 그 집행이 종료되거나 집행을 받지 아니하기로 확정된 후 1년이 경과되지 아니한 자 또는 형의 집행유예의 선고를 받고 그 집행유예기간 중에 있는 자
4. 대한민국 내에 주소를 두지 아니한 자
5. 제1호 내지 제4호의 어느 하나에 해당하는 자가 대표자 또는 임원으로 되어 있는 법인 또는 단체

④제1항의 규정에 따라 저작권위탁관리업의 허가를 받거나 신고를 한 자(이하 "저작권위탁관리업자"라 한다)는 그 업무에 관하여 저작재산권자 그 밖의 관계자로부터 수수료를 받을 수 있다.

⑤제4항의 규정에 따른 수수료의 요율 또는 금액 및 저작권위탁관리업자가 이용자로부터 받는 사용료의 요율 또는 금액은 저작권위탁관리업자가 문화체육관광부장관의 승인을 얻어 이를 정한다. 다만, 저작권대리중개업의 신고를 한 자의 경우에는 그러하지 아니하다.
<개정 2008.2.29>

⑥문화체육관광부장관은 제5항에 따른 승인의 경우에 제112조에 따른 한국저작권위원회의 심의를 거쳐야 하며 필요한 경우에는 기간을 정하거나 신청된 내용을 수정하여 승인할 수 있다.
<개정 2008.2.29, 2009.4.22>

⑦문화체육관광부장관은 제5항의 규정에 따른 사용료의 요율 또는 금액에 관한 승인 신청이 있는 경우 및 승인을 한 경우에는 대통령령이 정하는 바에 따라 그 내용을 공고하여야 한다.
<개정 2008.2.29>

저작권법 [시행 2010. 2. 1] [법률 제9785호, 2009. 7.31, 타법개정]

⑧문화체육관광부장관은 저작재산권자 그 밖의 관계자의 권익보호 또는 저작물등의 이용 편의를 도모하기 위하여 필요한 경우에는 제5항의 규정에 따른 승인 내용을 변경할 수 있다. <개정 2008.2.29>

제106조 【저작권신탁관리업자의 의무】

①저작권신탁관리업자는 그가 관리하는 저작물등의 목록을 대통령령이 정하는 바에 따라 분기별로 도서 또는 전자적 형태로 작성하여 누구든지 적어도 영업시간 내에는 목록을 열람할 수 있도록 하여야 한다.

②저작권신탁관리업자는 이용자가 서면으로 요청하는 경우에는 정당한 사유가 없는 한 관리하는 저작물등의 이용계약을 체결하기 위하여 필요한 정보로서 대통령령으로 정하는 정보를 상당한 기간 이내에 서면으로 제공하여야 한다.

제107조 【서류열람의 청구】

저작권신탁관리업자는 그가 신탁관리하는 저작물등을 영리목적으로 이용하는 자에 대하여 당해 저작물등의 사용료 산정에 필요한 서류의 열람을 청구할 수 있다. 이 경우 이용자는 정당한 사유가 없는 한 이에 응하여야 한다.

제108조 【감독】

문화체육관광부장관은 저작권위탁관리업자에게 저작권위탁관리업의 업무에 관하여 필요한 보고를 하게 할 수 있다. <개정 2008.2.29>

②문화체육관광부장관은 저작자의 권익보호와 저작물의 이용편의를 도모하기 위하여 저작권위탁관리업자의 업무에 대하여 필요한 명령을 할 수 있다. <개정 2008.2.29>

제109조 【허가의 취소 등】

①문화체육관광부장관은 저작권위탁관리업자가 다음 각 호의 어느 하나에 해당하는 경우에는 6월 이내의 기간을 정하여 업무의 정지를 명할 수 있다. <개정 2008.2.29>

1. 제105조제5항의 규정에 따라 승인된 수수료를 초과하여 받은 경우
2. 제105조제5항의 규정에 따라 승인된 사용료 이외의 사용료를 받은 경우
3. 제108조제1항의 규정에 따른 보고를 정당한 사유 없이 하지 아니하거나 허위로 한 경우
4. 제108조제2항의 규정에 따른 명령을 받고 정당한 사유 없이 이를 이행하지 아니한 경우

②문화체육관광부장관은 저작권위탁관리업자가 다음 각 호의 어느 하나에 해당하는 경우에는 저작권위탁관리업의 허가를 취소하거나 영업의 폐쇄명령을 할 수 있다. <개정 2008.2.29>

1. 거짓 그 밖의 부정한 방법으로 허가를 받거나 신고를 한 경우
2. 제1항의 규정에 따른 업무의 정지명령을 받고 그 업무를 계속한 경우

제110조 【청문】

문화체육관광부장관은 제109조제2항의 규정에 따라 저작권위탁관리업의 허가를 취소하거나 영업의 폐쇄를 명하고자 하는 경우에는 청문을 실시하여야 한다. <개정 2008.2.29>

제111조 【과징금 처분】

①문화체육관광부장관은 저작권위탁관리업자가 제109조제1항 각 호의 어느 하나에 해당하여 업무의 정지처분을 하여야 할 때에는 그 업무정지처분에 갈음하여 5천만원 이하의 과징금을 부과·징수할 수 있다. <개정 2008.2.29>

②문화체육관광부장관은 제1항의 규정에 따라 과징금 부과처분을 받은 자가 과징금을 기한 이내에 납부하지 아니하는 때에는 국세체납처분의 예에 의하여 이를 징수한다. <개정 2008.2.29>

③제1항 및 제2항의 규정에 따라 징수한 과징금은 징수주체가 건전한 저작물 이용 질서의 확립을 위하여 사용할 수 있다.

④제1항의 규정에 따라 과징금을 부과하는 위반행위의 종별·정도 등에 따른 과징금의 금액 및 제3항의 규정에 따른 과징금의 사용절차 등에 관하여 필요한 사항은 대통령령으로 정한다.

제8장 한국저작권위원회

<개정 2009.4.22>

제112조 【한국저작권위원회의 설립】

①저작권과 그 밖에 이 법에 따라 보호되는 권리(이하 이 장에서 "저작권"이라 한다)에 관한 사항을 심의하고 저작권에

저작권법[시행 2010. 2. 1] [법률 제9785호, 2009. 7.31, 타법개정]

관한 분쟁(이하 "분쟁"이라 한다)을 알선·조정하며, 저작권의 보호 및 공정한 이용에 필요한 사업을 수행하기 위하여 한국저작권위원회(이하 "위원회"라 한다)를 둔다.

②위원회는 법인으로 한다.

③위원회에 관하여 이 법에서 정하지 아니한 사항에 대하여는 「민법」의 재단법인에 관한 규정을 준용한다. 이 경우 위원회의 위원은 이사로 본다.

④위원회가 아닌 자는 한국저작권위원회의 명칭을 사용하지 못한다.

[전문개정 2009.4.22]

제112조의2 【위원회의 구성】

① 위원회는 위원장 1명, 부위원장 2명을 포함한 20명 이상 25명 이내의 위원으로 구성한다.

②위원은 다음 각 호의 사람 중에서 문화체육관광부장관이 위촉하며, 위원장과 부위원장은 위원 중에서 호선한다. 이 경우 문화체육관광부장관은 이 법에 따라 보호되는 권리의 보유자와 그 이용자의 이해를 반영하는 위원의 수가 균형을 이루도록 하여야 하며, 분야별 권리자 단체 또는 이용자 단체 등에 위원의 추천을 요청할 수 있다.

1. 대학이나 공인된 연구기관에서 부교수 이상 또는 이에 상당하는 직위에 있거나 있었던 자로서 저작권 관련 분야를 전공한 자

2. 판사 또는 검사의 직에 있는 자 및 변호사의 자격이 있는 자

3. 4급 이상의 공무원 또는 이에 상당하는 공공기관의 직에 있거나 있었던 자로서 저작권 또는 문화산업 분야에 실무경험이 있는 자

4. 저작권 또는 문화산업 관련 단체의 임원의 직에 있거나 있었던 자

5. 그 밖에 저작권 또는 문화산업 관련 업무에 관한 학식과 경험이 풍부한 자

③위원의 임기는 3년으로 하되, 연임할 수 있다. 다만, 직위를 지정하여 위촉하는 위원의 임기는 해당 직위에 재임하는 기간으로 한다.

④위원에 결원이 생겼을 때에는 제2항에 따라 보궐위원을 위촉하여야 하며, 그 보궐위원의 임기는 전임자 임기의 나머지 기간으로 한다. 다만, 위원의 수가 20명 이상인 경우에는 보궐위원을 위촉하지 아니할 수 있다.

⑤위원회의 업무를 효율적으로 수행하기 위하여 분야별로 분과위원회를 둘 수 있다. 분과위원회가 위원회로부터 위임받은 사항에 관하여 의결한 때에는 위원회가 의결한 것으로 본다.

[본조신설 2009.4.22]

제113조 【업무】

위원회는 다음 각 호의 업무를 행한다.

<개정 2008.2.29, 2009.4.22>

1. 분쟁의 알선·조정

2. 제105조제6항의 규정에 따른 저작권위탁관리업자의 수수료 및 사용료의 요율 또는 금액에 관한 사항 및 문화체육관광부장관 또는 위원 3인 이상이 공동으로 부의하는 사항의 심의

3. 저작물등의 이용질서 확립 및 저작물의 공정한 이용 도모를 위한 사업

4. 저작권 보호를 위한 국제협력

5. 저작권 연구·교육 및 홍보

6. 저작권 정책의 수립 지원

7. 기술적보호조치 및 권리관리정보에 관한 정책 수립 지원

8. 저작권 정보 제공을 위한 정보관리 시스템 구축 및 운영

9. 저작권의 침해 등에 관한 감정

10. 제133조의3에 따른 온라인서비스제공자에 대한 시정권고 및 문화체육관광부장관에 대한 시정명령 요청

11. 법령에 따라 위원회의 업무로 정하거나 위탁하는 업무

12. 그 밖에 문화체육관광부장관이 위탁하는 업무

제113조의2 【알선】

①분쟁에 관한 알선을 받으려는 자는 알선신청서를 위원회에 제출하여 알선을 신청할 수 있다.

②위원회가 제1항에 따라 알선의 신청을 받은 때에는 위원장이 위원 중에서 알선위원을 지명하여 알선을 하게 하여야 한다.

③알선위원은 알선으로는 분쟁해결의 가능성이 없다고 인정되는 경우에 알선을 중단할 수 있다.

④알선 중인 분쟁에 대하여 이 법에 따른 조정의 신청이 있는 때에는 해당 알선은 중단된 것으로 본다.

⑤알선이 성립한 때에 알선위원은 알선서를 작성하여 관계 당사자와 함께 기명날인하여야 한다.

⑥알선의 신청 및 절차에 관하

저작권법 [시행 2010. 2. 1] [법률 제9785호, 2009. 7.31, 타법개정]

여 필요한 사항은 대통령령으로 정한다.
[본조신설 2009.4.22]

제114조 【조정부】 ①위원회의 분쟁조정업무를 효율적으로 수행하기 위하여 위원회에 1인 또는 3인 이상의 위원으로 구성된 조정부를 두되, 그 중 1인은 변호사의 자격이 있는 자이어야 한다.
②제1항의 규정에 따른 조정부의 구성 및 운영 등에 관하여 필요한 사항은 대통령령으로 정한다.

제114조의2 【조정의 신청 등】 ①분쟁의 조정을 받으려는 자는 신청취지와 원인을 기재한 조정신청서를 위원회에 제출하여 그 분쟁의 조정을 신청할 수 있다.
②제1항에 따른 분쟁의 조정은 제114조에 따른 조정부가 행한다.
[본조신설 2009.4.22]

제115조 【비공개】 조정절차는 비공개를 원칙으로 한다. 다만, 조정부장은 당사자의 동의를 얻어 적당하다고 인정하는 자에게 방청을 허가할 수 있다.

제116조 【진술의 원용 제한】 조정절차에서 당사자 또는 이해관계인이 한 진술은 소송 또는 중재절차에서 원용하지 못한다.

제117조 【조정의 성립】 ①조정은 당사자 간에 합의된 사항을 조서에 기재함으로써 성립된다.
②제1항의 규정에 따른 조서는 재판상의 화해와 동일한 효력이 있다. 다만, 당사자가 임의로 처분할 수 없는 사항에 관한 것은 그러하지 아니하다.

제118조 【조정비용 등 <개정 2009.4.22>】 ①조정비용은 신청인이 부담한다. 다만, 조정이 성립된 경우로서 특약이 없는 때에는 당사자 각자가 균등하게 부담한다.
②조정의 신청 및 절차, 조정비용의 납부방법에 관하여 필요한 사항은 대통령령으로 정한다. <신설 2009.4.22>
③제1항의 조정비용의 금액은 위원회가 정한다. <개정 2009.4.22>

제119조 【감정】 ①위원회는 다음 각 호의 어느 하나에 해당하는 경우에는 감정을 실시할 수 있다. <개정 2009.4.22>
1. 법원 또는 수사기관 등으로부터 재판 또는 수사를 위하여 저작권의 침해 등에 관한 감정을 요청받은 경우
2. 제114조의2에 따른 분쟁조정을 위하여 분쟁조정의 양 당사자로부터 프로그램 및 프로그램과 관련된 전자적 정보 등에 관한 감정을 요청받은 경우
②제1항의 규정에 따른 감정절차 및 방법 등에 관하여 필요한 사항은 대통령령으로 정한다.
③위원회는 제1항의 규정에 따른 감정을 실시한 때에는 감정수수료를 받을 수 있으며, 그 금액은 위원회가 정한다.

제120조 【저작권정보센터】 ①제113조제7호 및 제8호의 업무를 효율적으로 수행하기 위하여 위원회 내에 저작권정보센터를 둔다. <개정 2009.4.22>
②저작권정보센터의 운영에 필요한 사항은 대통령령으로 정한다. <신설 2009.4.22>

제121조 삭제 <2009.4.22>

제122조 【경비보조 등】 ①국가는 예산의 범위에서 위원회의 운영에 필요한 경비를 출연하거나 보조할 수 있다. <개정 2009.4.22>
②개인·법인 또는 단체는 제113조제3호·제5호 및 제8호의 규정에 따른 업무 수행을 지원하기 위하여 위원회에 금전 그 밖의 재산을 기부할 수 있다.
③제2항의 규정에 따른 기부금은 별도의 계정으로 관리하여야 하며, 그 사용에 관하여는 문화체육관광부장관의 승인을 얻어야 한다. <개정 2008.2.29>

제9장 권리의 침해에 대한 구제

제123조 【침해의 정지 등 청구】 ①저작권 그 밖에 이 법에 따라 보호되는 권리(제25조·제31조·제75조·제76조·제76조의2·제82조·제83조 및 제83조의2의 규정에 따른 보상을 받을 권리를 제외한다. 이하 이 조에서 같다)를 가진 자는 그 권리를 침해하는 자에 대하여 침해의 정지를 청구할 수 있으며, 그 권리를 침해할 우려가 있는 자에 대하여 침해의 예방 또는 손해배상의 담보를 청구할 수

저작권법[시행 2010. 2. 1] [법률 제9785호, 2009. 7.31, 타법개정]

있다. <개정 2009.3.25>

②저작권 그 밖에 이 법에 따라 보호되는 권리를 가진 자는 제1항의 규정에 따른 청구를 하는 경우에 침해행위에 의하여 만들어진 물건의 폐기나 그 밖의 필요한 조치를 청구할 수 있다.

③제1항 및 제2항의 경우 또는 이 법에 따른 형사의 기소가 있는 때에는 법원은 원고 또는 고소인의 신청에 따라 담보를 제공하거나 제공하지 아니하게 하고, 임시로 침해행위의 정지 또는 침해행위로 말미암아 만들어진 물건의 압류 그 밖의 필요한 조치를 명할 수 있다.

④제3항의 경우에 저작권 그 밖에 이 법에 따라 보호되는 권리의 침해가 없다는 뜻의 판결이 확정된 때에는 신청자는 그 신청으로 인하여 발생한 손해를 배상하여야 한다.

제124조 【침해로 보는 행위】 ①

다음 각 호의 어느 하나에 해당하는 행위는 저작권 그 밖에 이 법에 따라 보호되는 권리의 침해로 본다. <개정 2009.4.22>

1. 수입 시에 대한민국 내에서 만들어졌더라면 저작권 그 밖에 이 법에 따라 보호되는 권리의 침해로 될 물건을 대한민국 내에서 배포할 목적으로 수입하는 행위

2. 저작권 그 밖에 이 법에 따라 보호되는 권리를 침해하는 행위에 의하여 만들어진 물건(제1호의 수입물건을 포함한다)을 그 사실을 알고 배포할 목적으로 소지하는 행위

3. 프로그램의 저작권을 침해하여 만들어진 프로그램의 복제물(제1호에 따른 수입 물건을 포함한다)을 그 사실을 알면서 취득한 자가 이를 업무상 이용하는 행위

②정당한 권리 없이 저작권 그 밖에 이 법에 따라 보호되는 권리의 기술적 보호조치를 제거·변경·우회하는 등 무력화하는 것을 주된 목적으로 하는 기술·서비스·제품·장치 또는 그 주요 부품을 제공·제조·수입·양도·대여 또는 전송하는 행위는 저작권 그 밖에 이 법에 따라 보호되는 권리의 침해로 본다.

③저작권 그 밖에 이 법에 따라 보호되는 권리의 침해를 유발 또는 은닉한다는 사실을 알거나 과실로 알지 못하고 정당한 권리 없이 하는 행위로서 다음 각 호의 어느 하나에 해당하는 경우에는 저작권 그 밖에 이 법에 따라 보호되는 권리의 침해로 본다. 다만, 기술적으로 불가피하거나 저작물등의 성질이나 그 이용의 목적 및 형태등에 비추어 부득이하다고 인정되는 경우에는 그러하지 아니하다.

1. 전자적 형태의 권리관리정보를 고의로 제거·변경 또는 허위 부가하는 행위

2. 전자적 형태의 권리관리정보가 제거·변경되거나 또는 허위로 부가된 사실을 알고 당해 저작물등의 원본이나 그 복제물을 배포·공연 또는 공중송신하거나 배포의 목적으로 수입하는 행위

④저작자의 명예를 훼손하는 방법으로 그 저작물을 이용하는 행위는 저작인격권의 침해로 본다.

제125조 【손해배상의 청구】 ①

저작재산권 그 밖에 이 법에 따라 보호되는 권리(저작인격권 및 실연자의 인격권을 제외한다)를 가진 자(이하 "저작재산권자등"이라 한다)가 고의 또는 과실로 권리를 침해한 자에 대하여 그 침해행위에 의하여 자기가 받은 손해의 배상을 청구하는 경우에 그 권리를 침해한 자가 그 침해행위에 의하여 이익을 받은 때에는 그 이익의 액을 저작재산권자등이 받은 손해의 액으로 추정한다.

②저작재산권자등이 고의 또는 과실로 그 권리를 침해한 자에 대하여 그 침해행위에 의하여 자기가 받은 손해의 배상을 청구하는 경우에 그 권리의 행사로 통상 받을 수 있는 금액에 상당하는 액을 저작재산권자등이 받은 손해의 액으로 하여 그 손해배상을 청구할 수 있다.

③제2항의 규정에 불구하고 저작재산권자등이 받은 손해의 액이 제2항의 규정에 따른 금액을 초과하는 경우에는 그 초과액에 대하여도 손해배상을 청구할 수 있다.

④등록되어 있는 저작권·출판권·프로그램배타적발행권·저작인접권 또는 데이터베이스제작자의 권리를 침해한 자는 그 침해행위에 과실이 있는 것으로 추정한다. <개정 2009.4.22>

▶판례

구 저작권법 제93조 제2항(현행 제125조 제2항 참조)에서 말하는

저작권법 [시행 2010. 2. 1] [법률 제9785호, 2009. 7.31, 타법개정]

"권리의 행사로 통상 얻을 수 있는 금액에 상당하는 액"의 의미 및 산정 방법
구 저작권법(2006. 12. 28. 법률 제8101호로 개정되기 전의 것) 제93조 제2항(현행 제125조 제2항 참조)에 따라 손해액을 산정함에 있어 그 권리의 행사로 통상 얻을 수 있는 금액에 상당하는 액이라 함은 침해자가 저작물의 이용허락을 받았더라면 그 대가로서 지급하였을 객관적으로 상당한 금액을 말하는 것으로, 저작권자가 침해행위와 유사한 형태의 저작물 이용과 관련하여 저작물 이용계약을 맺고 이용료를 받은 사례가 있는 경우라면, 특별한 사정이 없는 한 그 이용계약에서 정해진 이용료를 저작권자가 그 권리의 행사로 통상 얻을 수 있는 금액으로 보아 이를 기준으로 손해액을 산정함이 상당하다. (대법원 2008.4.24. 선고 2006다55593 판결)

제126조 【손해액의 인정】 법원은 손해가 발생한 사실은 인정되나 제125조의 규정에 따른 손해액을 산정하기 어려운 때에는 변론의 취지 및 증거조사의 결과를 참작하여 상당한 손해액을 인정할 수 있다

제127조 【명예회복 등의 청구】 저작자 또는 실연자는 고의 또는 과실로 저작인격권 또는 실연자의 인격권을 침해한 자에 대하여 손해배상에 갈음하거나 손해배상과 함께 명예회복을 위하여 필요한 조치를 청구할 수 있다.

제128조 【저작자의 사망 후 인격적 이익의 보호】 저작자가 사망한 후에 그 유족(사망한 저작자의 배우자·자·부모·손·조부모 또는 형제자매를 말한다)이나 유언집행자는 당해 저작물에 대하여 제14조제2항의 규정을 위반하거나 위반할 우려가 있는 자에 대하여는 제123조의 규정에 따른 청구를 할 수 있으며, 고의 또는 과실로 저작인격권을 침해하거나 제14조제2항의 규정을 위반한 자에 대하여는 제127조의 규정에 따른 명예회복 등의 청구를 할 수 있다.

제129조 【공동저작물의 권리침해】 공동저작물의 각 저작자 또는 각 저작재산권자는 다른 저작자 또는 다른 저작재산권자의 동의 없이 제123조의 규정에 따른 청구를 할 수 있으며 그 저작재산권의 침해에 관하여 자신의 지분에 관한 제125조의 규정에 따른 손해배상의 청구를 할 수 있다.

제10장 보칙

제130조 【권한의 위임 및 위탁】 문화 대통령령으로 정하는 바에 따라 이 법에 따른 권한의 일부를 특별시장·광역시장·도지사·특별자치도지사에게 위임하거나 위원회 또는 저작권 관련 단체에 위탁할 수 있다.
<개정 2008.2.29, 2009.4.22>

제131조 【벌칙 적용에서의 공무원 의제】 위원회의 위원 및 직원은 「형법」 제129조 내지 제132조의 규정을 적용하는 경우에는 이를 공무원으로 본다.

제132조 【수수료】 이 법에 따라 다음 각 호의 어느 하나에 해당하는 사항의 신청 등을 하는 자는 문화체육관광부령으로 정하는 바에 따라 수수료를 납부하여야 한다. <개정 2008.2.29, 2009.4.22>
1. 제50조 내지 제52조의 규정에 따른 법정허락 승인(제89조 및 제97조의 규정에 따라 준용되는 경우를 포함한다)을 신청하는 자
2. 제53조부터 제55조까지의 규정에 따른 등록(제63조제3항·제90조·제98조 및 제101조의6 제6항에 따라 준용되는 경우를 포함한다)·등록 사항의 변경·등록부 열람 및 사본의 교부를 신청하는 자
3. 제105조의 규정에 따라 저작권위탁관리업의 허가를 신청하거나 신고하는 자

제133조 【불법 복제물의 수거·폐기 및 삭제】 ①문화체육관광부장관, 특별시장·광역시장·도지사·특별자치도지사 또는 시장·군수·구청장(자치구의 구청장을 말한다)은 저작권 그 밖에 이 법에 따라 보호되는 권리를 침해하는 복제물(정보통신망을 통하여 전송되는 복제물은 제외한다) 또는 저작물등의 기술적 보호조치를 무력하게 하기 위하여 제작된 기기·장치·정보 및 프로그램을 발견한 때에는 대통령령으로 정한 절차 및

방법에 따라 관계공무원으로 하여금 이를 수거·폐기 또는 삭제하게 할 수 있다. <개정 2008.2.29, 2009.4.22>

②문화체육관광부장관은 제1항의 규정에 따른 업무를 대통령령이 정한 단체에 위탁할 수 있다. 이 경우 이에 종사하는 자는 공무원으로 본다. <개정 2008.2.29>

③문화체육관광부장관은 제1항 및 제2항에 따라 관계 공무원 등이 수거·폐기 또는 삭제를 하는 경우 필요한 때에는 관련 단체에 협조를 요청할 수 있다. <개정 2008.2.29, 2009.4.22>

④삭제 <2009.4.22>

⑤문화체육관광부장관은 제1항에 따른 업무를 위하여 필요한 기구를 설치·운영할 수 있다. <개정 2008.2.29, 2009.4.22>

⑥제1항부터 제3항까지의 규정이 다른 법률의 규정과 경합하는 경우에는 이 법을 우선하여 적용한다. <개정 2009.4.22>

제133조의2 [정보통신망을 통한 불법복제물등의 삭제명령 등]
①문화체육관광부장관은 정보통신망을 통하여 저작권이나 그 밖에 이 법에 따라 보호되는 권리를 침해하는 복제물 또는 정보, 기술적 보호조치를 무력하게 하는 프로그램 또는 정보(이하 "불법복제물등"이라 한다)가 전송되는 경우에 위원회의 심의를 거쳐 대통령령으로 정하는 바에 따라 온라인서비스제공자에게 다음 각 호의 조치를 할 것을 명할 수 있다.
1. 불법복제물등의 복제·전송자에 대한 경고
2. 불법복제물등의 삭제 또는 전송 중단

②문화체육관광부장관은 제1항제1호에 따른 경고를 3회 이상 받은 복제·전송자가 불법복제물등을 전송한 경우에 위원회의 심의를 거쳐 대통령령으로 정하는 바에 따라 온라인서비스제공자에게 6개월 이내의 기간을 정하여 해당 복제·전송자의 계정[온라인서비스제공자가 이용자를 식별·관리하기 위하여 사용하는 이용권한 계좌(이메일 전용계정은 제외한다)를 말하며, 해당 온라인서비스제공자가 부여한 다른 계정을 포함한다]을 정지할 것을 명할 수 있다.

③제2항에 따른 명령을 받은 온라인서비스제공자는 해당 복제·전송자의 계정을 정지하기 7일 전에 대통령령으로 정하는 바에 따라 해당 계정이 정지된다는 사실을 해당 복제·전송자에게 통지하여야 한다.

④문화체육관광부장관은 온라인서비스제공자의 정보통신망에 개설된 게시판(「정보통신망 이용촉진 및 정보보호 등에 관한 법률」 제2조제1항제9호의 게시판 중 상업적 이익 또는 이용편의를 제공하는 게시판을 말한다. 이하 같다) 중 제1항제2호에 따른 명령이 3회 이상 내려진 게시판으로서 해당 게시판의 형태, 게시되는 복제물의 양이나 성격 등에 비추어 해당 게시판이 저작권 등의 이용질서를 심각하게 훼손한다고 판단되는 경우에는 위원회의 심의를 거쳐 대통령령으로 정하는 바에 따라 온라인서비스제공자에게 6개월 이내의 기간을 정하여 해당 게시판 서비스의 전부 또는 일부의 정지를 명할 수 있다.

⑤제4항에 따른 명령을 받은 온라인서비스제공자는 해당 게시판의 서비스를 정지하기 10일 전부터 대통령령으로 정하는 바에 따라 해당 게시판의 서비스가 정지된다는 사실을 해당 온라인서비스제공자의 인터넷 홈페이지 및 해당 게시판에 게시하여야 한다.

⑥온라인서비스제공자는 제1항에 따른 명령을 받은 경우에는 명령을 받은 날부터 5일 이내에, 제2항에 따른 명령을 받은 경우에는 명령을 받은 날부터 10일 이내에, 제4항에 따른 명령을 받은 경우에는 명령을 받은 날부터 15일 이내에 그 조치 결과를 대통령령으로 정하는 바에 따라 문화체육관광부장관에게 통보하여야 한다.

⑦문화체육관광부장관은 제1항, 제2항 및 제4항의 명령의 대상이 되는 온라인서비스제공자와 제2항에 따른 명령과 직접적인 이해관계가 있는 복제·전송자 및 제4항에 따른 게시판의 운영자에게 사전에 의견제출의 기회를 주어야 한다. 이 경우 「행정절차법」 제22조제4항부터 제6항까지 및 제27조를 의견제출에 관하여 준용한다.

⑧문화체육관광부장관은 제1항, 제2항 및 제4항에 따른 업무를 수행하기 위하여 필요한 기구를 설치·운영할 수 있다.
[본조신설 2009.4.22]

제133조의3 [시정권고 등] ①위

저작권법 [시행 2010. 2. 1] [법률 제9785호, 2009. 7.31, 타법개정]

원회는 온라인서비스제공자의 정보통신망을 조사하여 불법복제물등이 전송된 사실을 발견한 경우에는 이를 심의하여 온라인서비스제공자에 대하여 다음 각 호에 해당하는 시정 조치를 권고할 수 있다.

1. 불법복제물등의 복제·전송자에 대한 경고
2. 불법복제물등의 삭제 또는 전송 중단
3. 반복적으로 불법복제물등을 전송한 복제·전송자의 계정 정지

②온라인서비스제공자는 제1항제1호 및 제2호에 따른 권고를 받은 경우에는 권고를 받은 날부터 5일 이내에, 제1항제3호의 권고를 받은 경우에는 권고를 받은 날부터 10일 이내에 그 조치결과를 위원회에 통보하여야 한다.

③위원회는 온라인서비스제공자가 제1항에 따른 권고에 따르지 아니하는 경우에는 문화체육관광부장관에게 제133조의2제1항 및 제2항에 따른 명령을 하여 줄 것을 요청할 수 있다.

④제3항에 따라 문화체육관광부장관이 제133조의2제1항 및 제2항에 따른 명령을 하는 경우에는 위원회의 심의를 요하지 아니한다.

[본조신설 2009.4.22]

제134조 【건전한 저작물 이용 환경 조성 사업 <개정 2009.4.22>】

①문화체육관광부장관은 저작권이 소멸된 저작물등에 대한 정보제공 등 저작물의 공정한 이용을 도모하기 위하여 필요한 사업을 할 수 있다. <개정 2009.4.22>

②제1항에 따른 사업에 관하여 필요한 사항은 대통령령으로 정한다. <개정 2009.4.22>

③삭제 <2009.4.22>

제135조 【저작재산권 등의 기증】

①저작재산권자등은 자신의 권리를 문화체육관광부장관에게 기증할 수 있다. <개정 2008.2.29>

②문화체육관광부장관은 저작재산권자등으로부터 기증된 저작물등의 권리를 공정하게 관리할 수 있는 단체를 지정할 수 있다. <개정 2008.2.29>

③제2항의 규정에 따라 지정된 단체는 영리를 목적으로 또는 당해저작재산권자등의 의사에 반하여 저작물등을 이용할 수 없다.

④제1항과 제2항의 규정에 따른 기증 절차와 단체의 지정 등에 관하여 필요한 사항은 대통령령으로 정한다.

제11장 벌칙

제136조 【권리의 침해죄】

①저작재산권 그 밖에 이 법에 따라 보호되는 재산적 권리(제93조의 규정에 따른 권리를 제외한다)를 복제·공연·공중송신·전시·배포·대여·2차적저작물작성의 방법으로 침해한 자는 5년 이하의 징역 또는 5천만원 이하의 벌금에 처하거나 이를 병과할 수 있다.

②다음 각 호의 어느 하나에 해당하는 자는 3년 이하의 징역 또는 3천만원 이하의 벌금에 처하거나 이를 병과할 수 있다. <개정 2009.4.22>

1. 저작인격권 또는 실연자의 인격권을 침해하여 저작자 또는 실연자의 명예를 훼손한 자
2. 제53조 및 제54조(제63조제3항, 제90조, 제98조 및 제101조의6제6항에 따라 준용되는 경우를 포함)에 따른 등록을 거짓으로 한 자

제137조 【부정발행등의 죄】

다음 각 호의 어느 하나에 해당하는 자는 1년 이하의 징역 또는 1천만원 이하의 벌금에 처한다. <개정 2009.4.22>

1. 저작자 아닌 자를 저작자로 하여 실명·이명을 표시하여 저작물을 공표한 자
2. 실연자 아닌 자를 실연자로 하여 실명·이명을 표시하여 실연을 공연 또는 공중송신하거나 복제물을 배포한 자
3. 제14조제2항의 규정을 위반한 자

---

3. 제93조의 규정에 따라 보호되는 데이터베이스제작자의 권리를 복제·배포·방송 또는 전송의 방법으로 침해한 자
4. 제124조제1항의 규정에 따른 침해행위로 보는 행위를 한 자
5. 업으로 또는 영리를 목적으로 제124조제2항의 규정에 따라 침해행위로 보는 행위를 한 자
6. 업으로 또는 영리를 목적으로 제124조제3항의 규정에 따라 침해행위로 보는 행위를 한 자. 다만, 과실로 저작권 또는 이 법에 따라 보호되는 권리 침해를 유발 또는 은닉한다는 사실을 알지 못한 자를 제외한다.

4. 제105조제1항의 규정에 따른 허가를 받지 아니하고 저작권신탁관리업을 한 자
5. 제124조제4항의 규정에 따라 침해행위로 보는 행위를 한 자
6. 자신에게 정당한 권리가 없음을 알면서 고의로 제103조제1항 또는 제3항의 규정에 따른 복제·전송의 중단 또는 재개요구를 하여 온라인서비스제공자의 업무를 방해한 자
7. 제55조의2(제63조제3항, 제90조, 제98조 및 제101조의6제6항에 따라 준용되는 경우를 포함한다)를 위반한 자

제138조 【출처명시위반 등의 죄 <개정 2009.4.22>】 다음 각 호의 어느 하나에 해당하는 자는 500만원 이하의 벌금에 처한다.
1. 제35조제4항의 규정을 위반한 자
2. 제37조(제87조 및 제94조의 규정에 따라 준용되는 경우를 포함한다)의 규정을 위반하여 출처를 명시하지 아니한 자
3. 제58조제3항의 규정을 위반하여 복제권자의 표지를 하지 아니한 자
4. 제59조제2항의 규정을 위반한 자

5. 제105조제1항의 규정에 따른 신고를 하지 아니하고 저작권대리중개업을 하거나, 제109조제2항의 규정에 따른 영업의 폐쇄명령을 받고 계속 그 영업을 한 자

제139조 【몰수】 저작권 그 밖에 이 법에 따라 보호되는 권리를 침해하여 만들어진 복제물로서 그 침해자·인쇄자·배포자 또는 공연자의 소유에 속하는 것은 이를 몰수한다.

제140조 【고소】 이 장의 죄에 대한 공소는 고소가 있어야 한다. 다만, 다음 각 호의 어느 하나에 해당하는 경우에는 그러하지 아니하다. <개정 2009.4.22>
1. 영리를 위하여 상습적으로 제136조제1항 및 제136조제2항제3호에 해당하는 행위를 한 경우
2. 제136조제2항제2호·제5호 및 제6호, 제137조제1호 내지 제4호, 제6호 및 제7호와 제138조제5호의 경우
3. 영리를 목적으로 제136조제2항제4호의 행위를 한 경우(제124조제1항제3호의 경우에는 피

해자의 명시적 의사에 반하여 처벌하지 못한다)

제141조 【양벌규정】 법인의 대표자나 법인 또는 개인의 대리인·사용인 그 밖의 종업원이 그 법인 또는 개인의 업무에 관하여 이 장의 죄를 범한 때에는 행위자를 벌하는 외에 그 법인 또는 개인에 대하여도 각 해당조의 벌금형을 과한다. 다만, 법인 또는 개인이 그 위반행위를 방지하기 위하여 해당 업무에 관하여 상당한 주의와 감독을 게을리하지 아니한 경우에는 그러하지 아니하다. <개정 2009.4.22>

제142조 【과태료】 ①제104조제1항에 따른 필요한 조치를 하지 아니한 자에게는 3천만원 이하의 과태료를 부과한다. <개정 2009.4.22>
② 다음 각 호의 어느 하나에 해당하는 자에게는 1천만원 이하의 과태료를 부과한다. <개정 2009.4.22>
1. 제106조에 따른 의무를 이행하지 아니한 자
2. 제112조제4항을 위반하여 한국저작권위원회의 명칭을 사용한 자
3. 제133조의2제1항·제2항 및 제4항에 따른 문화체육관광부장관의 명령을 이행하지 아니한 자
4. 제133조의2제3항에 따른 통지, 같은 조 제5항에 따른 게시, 같은 조 제6항에 따른 통보를 하지 아니한 자
③제1항 및 제2항에 따른 과태료는 대통령령으로 정하는 바에 따라 문화체육관광부장관이 부과·징수한다. <개정 2009.4.22>
④삭제 <2009.4.22>
⑤삭제

저작권법 시행령[시행 2010. 2. 1] [대통령령 제22003호, 2010. 1.27, 타법개정]

제1조 【목적】 이 영은 「저작권법」에서 위임된 사항과 그 시행에 필요한 사항을 정함을 목적으로 한다.

제1조의2 【저작권 보호를 위한 시책 수립】 ①「저작권법」(이하 "법"이라 한다) 제2조의2제1항제2호에 따라 문화체육관광부장관이 수립·시행하는 저작권 인식 확산을 위한 교육 및 홍보에 관한 시책에는 다음 각 호의 사항이 포함되어야 한다.
1. 저작권 전문 인력 양성에 관한 사항
2. 청소년 저작권 교육에 관한 사항
3. 올바른 저작물 이용 홍보에 관한 사항
4. 그 밖에 저작권 인식 확산을 위하여 문화체육관광부장관이 필요하다고 인정하는 사항
②법 제2조의2제1항제3호에 따라 문화체육관광부장관이 수립·시행하는 저작물, 실연·음반·방송 또는 데이터베이스(이하 "저작물등"이라 한다)의 권리관리정보 및 기술적 보호조치에 관한 시책에는 다음 각 호의 사항이 포함되어야 한다.
1. 권리관리정보의 통합적 관리를 위한 표준체계 개발에 관한 사항
2. 권리관리정보의 제거·변경 등의 금지에 대한 예외사유에 관한 사항
3. 기술적 보호조치의 표준화에 관한 사항
4. 기술적 보호조치의 무력화 금지에 대한 예외사유에 관한 사항
5. 그 밖에 저작물등의 권리관리정보 및 기술적 보호를 위하여 문화체육관광부장관이 필요하다고 인정하는 사항
③문화체육관광부장관은 법 제2조의2제1항에 따른 시책을 수립하려면 관련 업계 및 이해관계자 등의 의견을 수렴하고, 관계 중앙행정기관의 장과 협의하여야 한다.
④문화체육관광부장관이 법 제2조의2제1항에 따른 시책을 수립한 경우에는 그 내용을 문화체육관광부 인터넷 홈페이지에 게시하여야 한다.
[본조신설 2009.7.22]

제2조 【복제·공연 등 내역의 제출】 법 제25조제1항 및 제2항에 따라 저작물을 이용하려는 자는 법 제25조제5항에 따라 보상을 받을 권리를 행사하는 단체(이하 "보상금수령단체"라 한다)에 복제·배포·공연·방송 및 전송의 내역을 제출하고 그에 해당하는 보상금을 지급하여야 한다. <개정 2009.7.22>

제3조 【보상금수령단체의 지정】 ①문화체육관광부장관은 보상금수령단체를 지정하려면 법 제25조제5항 각 호의 요건을 갖춘 단체로서 구성원의 의결권 등이 평등하고 단체의 의사결정이 민주적으로 이루어지는 단체를 지정하여야 한다.
<개정 2008.2.29>
②문화체육관광부장관은 제1항에 따라 단체를 지정하면 이를 관보에 고시하여야 한다.
<개정 2008.2.29>

제4조 【보상 관계 업무 규정】 보상금수령단체는 다음 각 호의 사항을 포함하는 보상 관계 업무 규정을 정하여 문화체육관광부장관의 승인을 받아야 한다. 이를 변경하려는 때에도 또한 같다. <개정 2008.2.29>
1. 보상금 징수의 방법 및 절차에 관한 사항
2. 보상금의 분배에 관한 사항
3. 수수료에 관한 사항
4. 보상금의 관리에 관한 사항

제5조 【회계】 보상금수령단체는 보상금에 관한 회계를 다른 회계와 구분하여 처리하여야 한다.

제6조 【지정의 취소】 ①문화체육관광부장관은 법 제25조제7항에 따라 보상금수령단체의 지정을 취소하려면 청문을 하여야 한다. <개정 2008.2.29>
②문화체육관광부장관은 보상금수령단체의 지정을 취소한 경우에는 그 사실을 관보에 고시하여야 한다. <개정 2008.2.29>

제7조 【보상금 분배 공고】 보상금수령단체는 다음 각 호의 사항을 포함한 보상금 분배에 관한 사항을 「신문 등의 진흥에 관한 법률」 제9조제1항에 따라 보급지역을 전국으로 하여 등록한 일반일간신문과 보상금수령단체 및 문화체육관광부 인터넷 홈페이지에 각각 공고하여야 한다. 이 경우 인터넷 홈페이지에 공고하는 경우에는 1개월 이상 게시하여야 한다.
<개정 2008.2.29, 2009.7.22,

저작권법 시행령[시행 2010. 2. 1] [대통령령 제22003호, 2010. 1.27, 타법개정]

2010.1.27>
1. 지급 근거
2. 지급 기준 및 대상
3. 지급 방법
4. 지급 기한 및 미분배 보상금 처리 방법
5. 담당자 및 연락처

제8조 【미분배 보상금의 공익목적 사용】 ①법 제25조제8항에서 "공익목적"이란 다음 각 호의 어느 하나에 해당하는 목적을 말한다. <개정 2009.7.22>
1. 저작권 교육·홍보 및 연구
2. 저작권 정보의 관리 및 제공
3. 저작물 창작 활동의 지원
4. 저작권 보호 사업
5. 창작자 권익옹호 사업
6. 저작물 이용 활성화 및 공정한 이용을 도모하기 위한 사업
②보상금수령단체는 법 제25조제8항에 따라 미분배 보상금의 사용 승인을 받으려면 다음 각 호의 사항을 적은 문서를 문화체육관광부장관에게 제출하여야 한다. <개정 2008.2.29>
1. 보상금 분배 공고일
2. 승인신청 금액
3. 보상금 사용 목적
4. 보상금 사용 계획
5. 승인신청 일시

③보상금수령단체는 미분배 보상금을 사용한 때에는 6개월 이내에 사용 보고서를 작성하여 문화체육관광부장관에게 제출하여야 한다. <개정 2008.2.29>

제9조 【교육기관의 복제방지조치 등 필요한 조치】 법 제25조제10항에서 "대통령령이 정하는 필요한 조치"란 다음 각 호의 조치를 말한다.
1. 불법 이용을 방지하기 위하여 필요한 다음 각 목에 해당하는 기술적 조치
　가. 전송하는 저작물을 수업을 받는 자 외에는 이용할 수 없도록 하는 접근제한조치
　나. 전송하는 저작물을 수업을 받는 자 외에는 복제할 수 없도록 하는 복제방지조치
2. 저작물에 저작권 보호 관련 경고문구의 표시
3. 전송과 관련한 보상금을 산정하기 위한 장치의 설치

제10조 【정당한 범위 등의 기준】 문화체육관광부장관은 법 제28조에 따른 정당한 범위와 공정한 관행에 관한 지침을 정하여 고시할 수 있다.
<개정 2008.2.29>

제11조 【판매용 음반 등에 의한 공연의 예외】 법 제29조제2항 단서에서 "대통령령이 정하는 경우"란 다음 각 호의 어느 하나에 해당하는 공연을 말한다. <개정 2008.2.29, 2009.7.22, 2009.8.6>
1. 「식품위생법 시행령」 제21조제8호에 따른 영업소에서 하는 다음 각 목의 공연
　가. 「식품위생법 시행령」 제21조제8호다목에 따른 단란주점과 같은 호 라목에 따른 유흥주점에서 하는 공연
　나. 가목에 해당하지 아니하는 영업소에서 하는 공연으로서 음악 또는 영상저작물을 감상하는 설비를 갖추고 음악이나 영상저작물을 감상하게 하는 것을 영업의 주요 내용의 일부로 하는 공연
2. 「한국마사회법」에 따른 경마장, 「경륜·경정법」에 따른 경륜장 또는 경정장에서 하는 공연
3. 「체육시설의 설치·이용에 관한 법률」에 따른 골프장·스키장·에어로빅장·무도장·무도학원 또는 전문체육시설 중 문화체육관광부령으로 정하는 전문체육시설에서 하는 공연
4. 「항공법」에 따른 항공운송사업용 여객용 항공기, 「해운법」에 따른 해상여객운송사업용 선박 또는 「철도사업법」에 따른 여객용 열차에서 하는 공연
5. 「관광진흥법」에 따른 호텔·휴양콘도미니엄·카지노 또는 유원시설에서 하는 공연
6. 「유통산업발전법 시행령」 제3조에 따른 대형마트·전문점·백화점 또는 쇼핑센터에서 하는 공연
7. 「공중위생관리법」 제2조제1항제2호 숙박업 및 같은 항 제3호나목의 목욕장에서 영상저작물을 감상하게 하기 위한 설비를 갖추고 하는 판매용 영상저작물의 공연
8. 다음 각 목의 어느 하나에 해당하는 시설에서 영상저작물을 감상하게 하기 위한 설비를 갖추고 발행일부터 6개월이 지나지 아니한 판매용 영상저작물을 재생하는 형태의 공연
　가. 국가·지방자치단체(그 소속기관을 포함한다)의 청사 및 그 부속시설
　나. 「공연법」에 따른 공연장

저작권법 시행령[시행 2010. 2. 1] [대통령령 제22003호, 2010. 1.27, 타법개정]

다. 「박물관 및 미술관 진흥법」에 따른 박물관·미술관

라. 「도서관법」에 따른 도서관

마. 「지방문화원진흥법」에 따른 지방문화원

바. 「사회복지사업법」에 따른 사회복지관

사. 「여성발전기본법」 제2조제3호에 따른 여성관련 시설

아. 「청소년활동진흥법」 제10조제1호가목에 따른 청소년수련관

자. 「지방자치법」 제144조에 따른 공공시설 중 시·군·구민회관

제12조 【복제할 수 있는 시설의 범위】 법 제31조제1항 각 호 외의 부분 본문에서 "대통령령이 정하는 시설"이란 다음 각 호의 어느 하나에 해당하는 시설을 말한다.

1. 「도서관법」에 따른 국립중앙도서관·공공도서관·대학도서관·학교도서관·전문도서관(영리를 목적으로 하는 법인 또는 단체에서 설립한 전문도서관으로서 그 소속원만을 대상으로 도서관 봉사를 하는 것을 주된 목적으로 하는 도서관은 제외한

다)

2. 국가, 지방자치단체, 영리를 목적으로 하지 아니하는 법인 또는 단체가 도서·문서·기록과 그 밖의 자료(이하 "도서등"이라 한다)를 보존·대출하거나 그 밖에 공중의 이용에 제공하기 위하여 설치한 시설

제13조 【도서관등의 복제방지조치 등 필요한 조치】 법 제31조제7항에서 "대통령령이 정하는 필요한 조치"란 다음 각 호의 조치를 말한다.

1. 불법 이용을 방지하기 위하여 필요한 다음 각 목에 해당하는 기술적 조치

가. 제12조에 따른 시설(이하 "도서관등"이라 한다)의 이용자가 도서관등의 안에서 열람하는 것 외의 방법으로는 도서등을 이용할 수 없도록 하는 복제방지조치

나. 도서관등의 이용자 외에는 도서등을 이용할 수 없도록 하는 접근제한 조치

다. 도서관등의 이용자가 도서관등의 안에서 열람하는 것 외의 방법으로 도서등을 이용하거나 그 내용을 변경한 경우 이를 확인할 수 있는 조치

라. 판매용으로 제작된 전자기록매체의 이용을 방지할 수 있는 장치의 설치

2. 저작권 침해를 방지하기 위한 도서관 직원 교육

3. 컴퓨터 등에 저작권 보호 관련 경고표지의 부착

4. 법 제31조제5항에 따른 보상금을 산정하기 위한 장치의 설치

제14조 【복제 등이 허용된 시각장애인 등의 시설 등】 ①법 제33조제2항에서 "대통령령이 정하는 시설"이란 다음 각 호의 어느 하나에 해당하는 시설을 말한다. <개정 2009.7.22>

1. 「장애인복지법」 제58조제1항에 따른 장애인복지시설 중 다음 각 목의 어느 하나에 해당하는 시설

가. 시각장애인 등을 위한 장애인 생활시설

나. 점자도서관

다. 장애인지역사회재활시설 및 장애인직업재활시설 중 .시각장애인 등을 보호하고 있는 시설

2. 「유아교육법」, 「초·중등교육법」 및 「장애인 등에 대한 특수교육법」에 따른 특수학

교와 시각장애인 등을 위하여 특수학급을 둔 각급학교

3. 국가·지방자치단체, 영리를 목적으로 하지 아니하는 법인 또는 단체가 시각장애인 등의 교육·학술 또는 복리 증진을 목적으로 설치·운영하는 시설

②법 제33조제2항에서 "대통령령으로 정하는 시각장애인 등을 위한 전용 기록방식"이란 다음 각 호의 어느 하나에 해당하는 방식을 말한다.

<신설 2009.7.22>

1. 점자로 나타나게 하는 것을 목적으로 하는 전자적 형태의 정보기록방식

2. 인쇄물을 음성으로 변환하는 것을 목적으로 하는 정보기록방식

3. 시각장애인을 위하여 표준화된 디지털음성정보기록방식

4. 시각장애인 외에는 이용할 수 없도록 하는 기술적 보호조치가 적용된 정보기록방식

제15조 【시각장애인 등의 범위】 법 제33조에 따른 시각장애인 등의 범위는 다음 각 호와 같다.

1. 「장애인복지법 시행령」 별표 1 제3호에 따른 시각장애인

저작권법 시행령[시행 2010. 2. 1] [대통령령 제22003호, 2010. 1.27, 타법개정]

중 다음 각 목의 어느 하나에 해당하는 사람

가. 좋은 눈의 시력(만국식 시력표에 따라 측정된 교정시력을 말한다)이 0.2 이하인 사람

나. 두 눈의 시야가 각각 주시점(注視點)에서 10도 이하로 남은 사람

2. 신체적 또는 정신적 장애로 인하여 도서를 다루지 못하거나 독서 능력이 뚜렷하게 손상되어 정상적인 독서를 할 수 없는 사람

제16조 【녹음물 등의 보존시설】
법 제34조제2항 단서에서 "대통령령이 정하는 장소"란 다음 각 호의 어느 하나에 해당하는 시설 내를 말한다.
1. 기록의 보존을 목적으로 국가나 지방자치단체가 설치·운영하는 시설
2. 방송용으로 제공된 녹음물이나 녹화물을 기록 자료로 수집·보존하기 위하여 「방송법」 제2조제3호에 따른 방송사업자가 운영하거나 그의 위탁을 받아 녹음물 등을 보존하는 시설

제17조 【출처 명시의 방법】 문

화체육관광부장관은 법 제37조제2항에 따른 저작물의 이용 상황에 따른 합리적인 출처 명시 방법에 관한 지침을 정하여 고시할 수 있다.
<개정 2008.2.29>

제18조 【상당한 노력의 기준】
법 제50조제1항에서 "대통령령이 정하는 기준에 해당하는 상당한 노력"이란 다음 각 호의 요건을 모두 충족하는 것을 말한다.   <개정 2008.2.29, 2009.7.22, 2010.1.27>
1. 해당 저작물을 취급하는 법 제105조제1항에 따른 저작권신탁관리업자(해당 저작물이 속하는 분야의 저작물을 취급하는 저작권신탁관리업자가 없는 경우에는 법 제105조제1항에 따른 저작권대리중개업자 또는 해당 저작물에 대한 이용을 허락받은 사실이 있는 이용자 중 2명 이상)에게 저작재산권자의 성명 또는 명칭, 주소 또는 거소를 조회하는 확정일자 있는 문서를 보냈으나 이를 알 수 없다는 회신을 받거나 문서를 발송한 날부터 1개월이 지났는데도 회신이 없을 것
2. 「신문 등의 진흥에 관한 법

률」 제9조제1항에 따라 보급지역을 전국으로 하여 등록한 일반일간신문 또는 문화체육관광부와 법 제112조에 따른 한국저작권위원회(이하 "위원회"라 한다)의 인터넷 홈페이지에 문화체육관광부령으로 정하는 바에 따라 제1호에 따른 조회 사항 등을 공고한 날부터 10일이 지났을 것

제19조 【저작물 이용 등의 승인 신청】 법 제50조부터 제52조까지의 규정에 따라 저작물의 이용, 방송 또는 음반제작에 관한 승인을 받으려는 자는 문화체육관광부령으로 정하는 바에 따라 저작물 이용 승인신청서를 문화체육관광부장관에게 제출하여야 한다.   <개정 2008.2.29>

제20조 【의견제출 등】 ①문화체육관광부장관은 제19조에 따라 승인신청을 받으면 다음 각 호에 따른 조치를 하여야 한다. <개정 2008.2.29>
1. 법 제50조에 따른 저작재산권자가 불명인 저작물 이용 승인신청의 경우에는 15일간 신청 내용을 관보에 공고할 것
2. 법 제51조 또는 법 제52조에

따른 방송 또는 음반제작 승인 신청의 경우에는 해당 저작재산권자나 그 대리인에게 7일 이상 30일 이내의 기간을 정하여 의견을 제출할 기회를 줄 것
②제1항제2호에 따라 의견 제출의 기회를 주려는 때에는 7일 이전에 해당 저작재산권자나 그 대리인에게 서면으로 알려야 하며, 기간 내에 의견을 제출하지 아니하는 경우에는 의견 제출의 기회를 포기하는 것으로 본다는 뜻을 명시하여야 한다.
③법 제50조제3항 단서에 따라 이의를 제기하려는 저작재산권자는 이의신청서에 다음 각 호의 자료를 첨부하여 문화체육관광부장관에게 제출하여야 한다. <개정 2008.2.29, 2009.7.22>
1. 자신이 그 저작물의 권리자로 표시된 저작권 등의 등록증 사본 또는 그에 상당하는 자료
2. 자신의 성명이나 명칭(이하 "성명등"이라 한다) 또는 예명·아호·약칭 등(이하 "이명"이라 한다)으로서 널리 알려진 것이 표시되어 있는 저작물등의 사본 또는 그에 상당하는 자료

제21조 【승인의 통지 등】 ①문화체육관광부장관은 법 제50조

저작권법 시행령[시행 2010. 2. 1] [대통령령 제22003호, 2010. 1.27, 타법개정]

부터 제52조까지의 규정에 따른 승인을 하는 경우에는 그 내용을 신청인과 해당 저작재산권자에게 알려야 한다. 이 경우 저작재산권자나 그의 거소를 알 수 없는 경우에는 관보에 공고하여야 한다.
<개정 2008.2.29>
②문화체육관광부장관은 법 제50조제1항에 따른 승인을 한 경우에는 법 제50조제4항에 따라 다음 각 호의 내용을 문화체육관광부와 위원회의 인터넷 홈페이지에 1개월 이상 게시하여야 한다.
<개정 2008.2.29, 2009.7.22>
1. 저작물의 제호 및 공표연월일
2. 저작자 또는 저작재산권자의 성명
3. 이용 승인을 받은 자의 성명
4. 저작물의 이용 승인 조건(이용허락기간 및 보상금)
5. 저작물의 이용 방법 및 형태

제22조 【승인신청의 기각】 ①문화체육관광부장관은 제19조에 따른 저작물 이용 등의 승인신청이 다음 각 호의 어느 하나에 해당하면 이를 기각한다.
<개정 2008.2.29>

1. 법 제50조부터 제52조까지의 규정에 따른 저작물 이용의 신청 요건을 갖추지 못한 경우
2. 저작물 이용의 승인 전에 저작재산권자나 그의 거소가 확인되었거나 협의가 성립된 경우
3. 저작재산권자가 저작물의 출판이나 그 밖의 이용에 제공되지 아니 하도록 저작물의 모든 복제물을 회수할 경우
4. 해당 저작물이 아니더라도 그 목적을 달성할 수 있다고 인정되거나 저작재산권자가 저작물의 이용을 허락할 수 없는 부득이한 사유가 있다고 인정될 경우
②문화체육관광부장관은 제1항에 따라 승인신청을 기각한 경우에는 그 사유를 명시하여 신청인과 저작재산권자에게 알려야 한다. 다만, 저작재산권자나 그의 거소를 알 수 없는 경우에는 신청인에게만 알린다.
<개정 2008.2.29>

제23조 【보상금의 공탁】 ①법 제50조부터 제52조까지의 규정에 따라 보상금을 공탁할 수 있는 경우는 다음 각 호와 같다.
1. 저작재산권자나 그의 거소를 알 수 없는 경우

2. 저작재산권자가 보상금 수령을 거부하거나 수령할 수 없는 경우
3. 해당 저작재산권자의 권리를 목적으로 하는 질권이 설정되어 있는 경우(저작재산권자가 해당 질권을 가진 자의 승낙을 받은 경우는 제외한다)
②제1항에 따른 보상금의 공탁은 해당 저작재산권자의 주소가 대한민국 내에 있을 경우에는 해당 주소지의 관할 공탁소에, 그 밖의 경우에는 보상금을 공탁하는 자의 주소지의 관할 공탁소에 하여야 한다.
③제1항제2호 및 제3호에 따라 보상금을 공탁한 자는 그 사실을 공탁물을 수령할 자에게 알려야 한다.
④제1항제1호에 따라 보상금을 공탁한 자는 그 사실을 문화체육관광부령으로 정하는 바에 따라 공고하여야 한다.
<개정 2008.2.29>

제24조 【등록 사항】 법 제53조제1항제4호에서 "대통령령으로 정하는 사항"이란 다음 각 호의 사항을 말한다.
1. 2차적저작물의 경우 원저작물의 제호 및 저작자

2. 저작물이 공표된 경우에는 그 저작물이 공표된 매체에 관한 정보
3. 등록권리자가 2명 이상인 경우 각자의 지분에 관한 사항

제25조 【신청주의】 ①법 제53조 및 법 제54조에 따른 등록은 이 영에 다른 규정이 있는 경우 외에는 신청이나 촉탁이 있어야 한다.
②촉탁에 의한 등록의 절차에 대하여는 신청으로 인한 등록에 관한 규정을 준용한다.

제26조 【등록신청】 ①법 제53조 및 법 제54조에 따른 등록을 하려는 자는 문화체육관광부령으로 정하는 바에 따라 등록신청서를 문화체육관광부장관에게 제출하여야 한다.
<개정 2008.2.29>
②법 제54조에 따른 등록을 하려면 이 영에 다른 규정이 있는 경우 외에는 등록권리자와 등록의무자가 공동으로 신청하여야 한다. 다만, 신청서에 등록의무자의 승낙서를 첨부하였을 때에는 등록권리자만으로 신청할 수 있다.
③판결·상속이나 그 밖의 일반

저작권법 시행령[시행 2010. 2. 1] [대통령령 제22003호, 2010. 1.27, 타법개정]

승계 또는 촉탁에 따른 등록은 등록권리자만으로 신청할 수 있다.
④ 법 제105조제1항에 따른 저작권신탁관리업자가 법 제54조제1호에 따라 신탁저작물을 등록할 때에는 저작권신탁관리업자만으로 신청할 수 있다. <신설 2009.7.22>
⑤등록명의인 표시를 변경하거나 정정하기 위한 등록은 등록명의인만으로 신청할 수 있다. <개정 2009.7.22>

제27조 【저작권등록부 기재 등】
① 법 제55조제1항에 따른 저작권등록부(컴퓨터프로그램저작물의 경우에는 컴퓨터프로그램저작물등록부를 말한다. 이하 같다)에는 다음 각 호의 사항을 기재하여야 한다. <개정 2009.7.22>
1. 등록번호
2. 저작물의 제호
3. 저작자 등의 성명
4. 창작·공표 및 발행 연월일
5. 등록권리자의 성명 및 주소
6. 등록의 내용
②저작권등록부의 서식과 그 밖에 필요한 사항은 문화체육관광부령으로 정한다.

<개정 2008.2.29>

제28조 【등록증의 발급 등】 ①
문화체육관광부장관은 등록신청을 받아 이를 저작권등록부에 기재한 경우에는 신청인에게 문화체육관광부령으로 정하는 바에 따라 등록증을 발급하여야 한다.
<개정 2008.2.29, 2009.7.22>
②분실·멸실 또는 훼손으로 인하여 등록증을 재발급 받으려는 자는 문화체육관광부령으로 정하는 신청서를 문화체육관광부장관에게 제출하여야 한다.
<개정 2008.2.29>

제29조 【착오·누락의 통지 및 직권 경정】 ①문화체육관광부장관은 저작권등록부에 기재된 사항에 착오나 누락이 있는 것을 발견하였을 때에는 지체 없이 이를 등록권리자와 등록의무자에게 알려야 한다.
<개정 2008.2.29>
②제1항의 착오나 누락이 등록공무원의 과오로 인한 것인 경우에는 지체 없이 그 등록된 사항을 경정하고 그 내용을 등록권리자와 등록의무자에게 알려야 한다.

③제1항 및 제2항에 따른 등록사항의 경정에 이해관계를 가진 제삼자가 있는 경우에는 그 제삼자에게도 착오나 누락의 내용과 그에 따른 경정사실을 알려야 한다. <개정 2009.7.22>

제30조 【등록 사항의 변경 등】
①제27조에 따라 등록된 사항에 대하여 변경·경정·말소등록 또는 말소한 등록의 회복등록을 신청하려는 경우에는 문화체육관광부령으로 정하는 바에 따라 변경 등 등록신청서에 이를 증명할 수 있는 서류를 첨부하여 문화체육관광부장관에게 제출하여야 한다.
<개정 2008.2.29, 2009.7.22>
②문화체육관광부장관은 제1항에 따른 신청을 받은 때에는 그 내용을 저작권등록부에 기재한 후, 변경 또는 경정하거나 말소한 등록의 회복등록을 한 경우에는 새로운 등록증을 신청인에게 발급하고, 말소한 경우에는 그 사실을 신청인에게 통지하여야 한다. <신설 2009.7.22>

제31조 【등록의 직권말소】 ①문화체육관광부장관은 등록된 사항이 다음 각호의 어느 하나에 해당하는 경우에는 등록을 말소하여야 한다.
<개정 2008.2.29>
1. 확정판결에 의하여 허위등록임이 확인된 경우
2. 확정판결에 의하여 등록 사항이 아닌 것으로 확인된 경우
②제1항제2호에 따라 말소하는 경우에는 그 말소의 사실을 등록권리자, 등록의무자 및 이해관계가 있는 제삼자에게 알려야 한다.

제32조 【신청의 반려방법】 법
제55조제2항에 따라 문화체육관광부장관은 등록신청을 반려하려는 경우에는 그 사유를 명시한 서면을 작성하여 신청인에게 알려야 한다.
<개정 2008.2.29>

제33조 【등록공보의 발행 등】
①문화체육관광부장관은 법 제55조제3항에 따라 2개월에 1회 이상 등록공보를 발행하거나 등록공보의 내용을 문화체육관광부 인터넷 홈페이지에 게시하여야 한다.
<개정 2008.2.29, 2009.7.22>
②제1항에 따른 등록공보에는 제27조제1항 각 호의 사항을 적

저작권법 시행령[시행 2010. 2. 1] [대통령령 제22003호, 2010. 1.27, 타법개정]

어야 한다.

제34조 【등록부의 열람 등】 법 제55조제3항에 따라 등록부를 열람하거나 그 사본을 발급받으려는 자는 문화체육관광부령으로 정하는 바에 따라 신청서를 문화체육관광부장관에게 제출하여야 한다. <개정 2008.2.29>

제35조 【전산정보처리시스템에 의한 등록】 제24조부터 제34조까지의 규정에 따른 등록 및 이와 관련된 업무는 전산정보처리시스템으로 처리할 수 있다. <개정 2009.7.22>

제36조 【인증기관의 지정 등】 ①법 제56조제1항에 따라 인증기관으로 지정받을 수 있는 기관은 다음 각 호와 같다. <개정 2008.2.29, 2009.7.22>
1. 위원회
2. 저작권신탁관리업자
3. 그 밖에 문화체육관광부장관이 인증업무를 수행할 능력이 있다고 인정하는 법인이나 단체
②제1항에 따라 인증기관으로 지정받으려는 자는 다음 각 호의 요건을 갖추어야 한다.
1. 인증업무 수행과 관련하여

이용자에게 입힌 손해를 배상할 수 있는 능력이 있을 것
2. 이용자의 등록정보 관리 및 인증서를 생성·발급하기 위한 설비를 갖출 것
3. 인증업무에 관한 시설 및 장비를 안전하게 운영하기 위한 보호설비를 갖출 것
③인증기관으로 지정받으려는 자는 문화체육관광부령으로 정하는 인증기관지정신청서에 제2항 각 호의 요건을 갖추었음을 증명하는 서류와 다음 각 호의 사항을 포함한 인증업무규정을 첨부하여 문화체육관광부장관에게 제출하여야 한다. <개정 2008.2.29>
1. 인증의 종류
2. 인증기준
3. 인증업무의 수행 방법 및 절차
4. 인증역무의 이용 조건
④문화체육관광부장관은 인증기관을 지정한 경우에는 문화체육관광부령으로 정하는 바에 따라 인증기관 지정서를 발급하여야 한다. <개정 2008.2.29>
⑤제4항에 따라 지정받은 인증기관이 인증업무규정의 내용을 변경하려면 변경지정을 받아야 한다.

⑥문화체육관광부장관은 인증기관이 다음 각 호의 어느 하나에 해당하면 그 지정을 취소할 수 있다. <개정 2008.2.29>
1. 제1항 및 제2항의 요건을 갖추지 못한 경우
2. 인증업무규정에 위반하여 인증업무를 처리한 경우
3. 정당한 이유없이 1년 이상 계속하여 인증업무를 하지 아니한 경우
⑦문화체육관광부장관이 인증기관을 지정하거나 그 지정을 취소한 경우에는 이를 관보에 고시하여야 한다. <개정 2008.2.29>

제37조 【인증 절차 등】 ①법 제56조에 따라 인증을 받으려는 자는 제36조제7항에 따라 고시된 인증기관에 문화체육관광부령으로 정하는 인증신청서를 제출하여야 한다. <개정 2008.2.29>
②인증기관은 제1항에 따라 인증을 신청한 자가 정당한 권리자(정당한 권리자로부터 저작물 등의 이용허락을 받은 경우를 포함한다)라고 인정되는 경우에는 이를 인증하여야 한다.
③인증기관이 제2항에 따라 인

증을 하면 문화체육관광부령으로 정하는 인증서를 발급하여야 한다. <개정 2008.2.29>
④제3항에 따라 인증서를 발급받은 자는 저작물에 인증 범위와 유효기간 등을 나타내는 인증표시를 할 수 있다.
⑤제1항부터 제4항까지의 규정에서 정한 것 외에 인증의 절차 및 기준, 인증표시, 그 밖에 인증업무와 관련하여 필요한 세부적인 사항은 문화체육관광부장관이 정하여 고시한다. <개정 2008.2.29>

제38조 【복제권자의 표지】 법 제58조제3항에 따른 복제권자의 표지에 수록되는 사항은 다음 각 호와 같다. 다만, 「신문 등의 진흥에 관한 법률」 제9조제1항에 따라 등록된 신문 및 「잡지 등 정기간행물의 진흥에 관한 법률」 제15조 및 제16조에 따라 등록 또는 신고된 정기간행물의 경우에는 복제권자의 표지를 하지 아니한다. <개정 2008.12.3, 2010.1.27>
1. 복제의 대상이 외국인의 저작물일 경우에는 복제권자의 성명 및 맨 처음의 발행연도의 표지

저작권법 시행령[시행 2010. 2. 1] [대통령령 제22003호, 2010. 1.27, 타법개정]

2. 복제의 대상이 대한민국 국민의 저작물일 경우에는 제1호에 따른 표지 및 복제권자의 검인

3. 출판권자가 복제권의 양도를 받은 경우에는 그 취지의 표시

제39조 【실연자에 대한 디지털음성송신보상금 관련 협의 기간】 법 제76조제3항에서 "대통이 정하는 기간"이란 매년 1월 1일부터 6월 30일까지의 기간을 말한다.

제39조의2 【임치기관】 법 제101조의7제1항에서 "대통령령으로 정하는 자"란 위원회를 말한다. [본조신설 2009.7.22]

제40조 【복제·전송의 중단 요청】 법 제103조제1항에 따라 온라인서비스제공자에게 복제·전송을 중단시킬 것을 요구하려는 자(이하 "권리주장자"라 한다)는 문화체육관광부령으로 정하는 요청서(전자문서로 된 요청서를 포함한다)에 다음 각 호의 어느 하나에 해당하는 소명자료(전자문서를 포함한다)를 첨부하여 온라인서비스제공자에게 제출하여야 한다. 다만, 권리

주장자가 저작권신탁관리업자이거나 최근 1년 이내에 반복적인 침해행위에 대하여 권리자임을 소명할 수 있는 자료를 이미 제출한 사실이 있는 경우에는 요청서만 제출하여도 된다. <개정 2008.2.29>

1. 자신이 그 저작물등의 권리자로 표시된 저작권 등의 등록증 사본 또는 그에 상당하는 자료

2. 자신의 성명등이나 이명으로서 널리 알려진 것이 표시되어 있는 저작물등의 사본 또는 그에 상당하는 자료

제41조 【복제·전송의 중단 통보】 ①법 제103조제2항에 따라 저작물등의 복제·전송을 중단시킨 온라인서비스제공자는 복제·전송을 중단시킨 날부터 3일 이내에 복제·전송자 및 권리주장자에게 문화체육관광부령으로 정하는 통보서(전자문서로 된 통보서를 포함한다)에 권리주장자가 제출한 복제·전송 중단 요청서(복제·전송자에 한정하며, 전자문서를 포함한다)를 첨부하여 통보하여야 한다. <개정 2008.2.29>

②온라인서비스제공자는 복제·

전송자에게 제1항에 따른 통보를 할 때 자신의 복제·전송이 정당한 권리에 의한 것임을 소명하여 복제·전송의 재개를 요구할 수 있음을 알려주어야 한다.

제42조 【복제·전송의 재개 요청】 법 제103조제3항에 따라 복제·전송의 재개를 요구하려는 복제·전송자는 온라인서비스제공자로부터 복제·전송의 중단을 통보받은 날부터 30일 이내에 문화체육관광부령으로 정하는 재개요청서(전자문서로 된 요청서를 포함한다)에 다음 각 호의 어느 하나에 해당하는 소명 자료(전자문서를 포함한다)를 첨부하여 온라인서비스제공자에게 제출하여야 한다. <개정 2008.2.29>

1. 자신이 그 저작물등의 권리자로 표시된 저작권 등의 등록증 사본 또는 그에 상당하는 자료

2. 자신의 성명등 또는 널리 알려진 이명이 표시되어 있는 그 저작물등의 사본 또는 그에 상당하는 자료

3. 저작권 등을 가지고 있는 자로부터 적법하게 복제·전송의

허락을 받은 사실을 증명하는 계약서 사본 또는 그에 상당하는 자료

4. 그 저작물등의 저작재산권의 보호기간이 끝난 경우 그 사실을 확인할 수 있는 자료

제43조 【복제·전송의 재개통보 등】 ①제42조에 따라 재개요구를 받은 온라인서비스제공자는 복제·전송의 재개를 요구받은 날부터 3일 이내에 복제·전송자의 복제·전송이 정당한 권리에 의한 것인지의 여부를 결정하여야 하고, 정당한 권리에 의한 것으로 인정되면 복제·전송의 재개예정일을 정하여 문화체육관광부령으로 정하는 통보서(전자문서로 된 통보서를 포함한다)를 권리주장자에게 송부하여야 한다. <개정 2008.2.29>

②제1항에 따른 재개예정일은 그 복제·전송의 재개를 요구받은 날의 7일 이후부터 14일까지의 기간 중에 속하는 날로 하여야 한다.

제44조 【수령인의 지정과 변경의 공지】 온라인서비스제공자가 법 제103조제4항에 따라 수령인을 지정(지정한 수령인을 변경

저작권법 시행령[시행 2010. 2. 1] [대통령령 제22003호, 2010. 1.27, 타법개정]

하여 지정하는 것을 포함한다) 한 경우에는 그 복제·전송 서비스를 제공하는 자신의 정보통신망에 누구나 쉽게 알 수 있도록 수령인에 대한 다음 각 호의 정보를 표시하여야 한다.
1. 성명 및 소속부서명
2. 전화번호·팩시밀리번호 및 전자우편주소
3. 우편물을 수령할 수 있는 주소

제45조 【권리자의 요청】 법 제104조제1항에 따라 권리자가 해당 저작물 등의 불법적인 전송을 차단하는 기술적인 조치 등 필요한 조치를 요청하려면 문화체육관광부령으로 정하는 요청서(전자문서로 된 요청서를 포함한다)에 다음 각 호의 자료(전자문서를 포함한다)를 첨부하여 특수한 유형의 온라인서비스제공자에게 제출하여야 한다. 다만, 권리자가 저작권신탁관리업자이거나 최근 1년 이내에 반복적인 침해행위에 대하여 권리자임을 소명할 수 있는 자료를 이미 제출한 사실이 있는 경우에는 제1호의 자료를 제출하지 아니할 수 있다.
<개정 2008.2.29>

1. 권리자임을 소명할 수 있는 다음 각 목 중 어느 하나에 해당하는 자료
가. 자신이 그 저작물등의 권리자로 표시된 저작권 등의 등록증 사본 또는 그에 상당하는 자료
나. 자신의 성명등이나 이명으로서 널리 알려진 것이 표시되어 있는 저작물등의 사본 또는 그에 상당하는 자료
2. 차단을 요청하는 저작물등을 인식할 수 있는 저작물의 제호, 그에 상당하는 문자나 부호(이하 "제호등"이라 한다) 또는 복제물 등의 자료

제46조 【불법적인 전송을 차단하는 기술적인 조치 등 필요한 조치】 ①법 제104조제1항 전단에서 "해당 저작물등의 불법적인 전송을 차단하는 기술적인 조치 등 필요한 조치"란 다음 각 호의 모든 조치를 말한다.
<개정 2009.7.22>

1. 저작물등의 제호등과 특징을 비교하여 저작물등을 인식할 수 있는 기술적인 조치
2. 제1호에 따라 인지한 저작물 등의 불법적인 송신을 차단하기 위한 검색제한 조치 및 송신제

한 조치
3. 해당 저작물등의 불법적인 전송자를 확인할 수 있는 경우에는 그 저작물등의 전송자에게 저작권침해금지 등을 요청하는 경고문구의 발송
②제1항제1호 및 제2호의 조치는 권리자가 요청하면 즉시 이행하여야 한다.

제47조 【저작권신탁관리업의 허가신청 등】 ①법 제105조제1항 및 제2항에 따라 저작권신탁관리업의 허가를 받으려는 자는 문화체육관광부령으로 정하는 저작권신탁관리업 허가신청서(전자문서로 된 신청서를 포함한다)에 다음 각 호의 사항을 포함한 저작권신탁관리업 업무규정(전자문서를 포함한다)을 첨부하여 문화체육관광부장관에게 제출하여야 한다.
<개정 2008.2.29>

1. 저작권 신탁계약 약관
2. 저작물 이용계약 약관
②문화체육관광부장관은 저작권신탁관리업을 허가하는 경우에는 문화체육관광부령으로 정하는 저작권신탁관리업 허가증을 발급하여야 한다.
<개정 2008.2.29>

③제2항에 따라 허가를 받은 자가 제1항에 따른 저작권신탁관리업 업무규정을 변경하려면 변경허가를 받아야 한다.

제48조 【저작권대리중개업의 신고】 ①법 제105조제1항에 따라 저작권대리중개업의 신고를 하려는 자는 문화체육관광부령으로 정하는 저작권대리중개업 신고서(전자문서로 된 신고서를 포함한다)에 다음 각 호의 사항이 포함된 저작권대리중개업 업무규정(전자문서를 포함한다)을 첨부하여 문화체육관광부장관에게 제출하여야 한다.
<개정 2008.2.29, 2009.7.22>

1. 저작권대리중개 계약 약관
2. 저작물 이용계약 약관
②제1항에 따른 신고서를 받은 문화체육관광부장관은 문화체육관광부령으로 정하는 저작권대리중개업 신고증을 발급하여야 한다.
<개정 2008.2.29>
③제1항에 따라 신고한 자가 신고한 사항을 변경하려면 문화체육관광부령으로 정하는 바에 따라 저작권대리중개업 변경신고서를 제출하여야 한다.
<개정 2008.2.29>

저작권법 시행령[시행 2010. 2. 1] [대통령령 제22003호, 2010. 1.27, 타법개정]

제49조 【사용료 등의 승인신청 및 승인절차】 ①저작권위탁관리업자가 법 제105조제5항에 따라 수수료 및 사용료의 요율 또는 금액을 승인신청(변경신청을 포함한다. 이하 같다)을 하려는 경우에는 문화체육관광부장관에게 서면으로 승인신청을 하여야 한다. <개정 2008.2.29>

②위원회는 법 제105조제6항에 따라 문화체육관광부장관으로부터 심의요청을 받은 때에는 요청일부터 2개월 이내에 심의하고, 그 결과를 지체없이 문화체육관광부장관에게 제출하여야 한다. 다만, 부득이한 사유로 인하여 해당 기간 내에 심의를 할 수 없는 경우에는 2회에 한하여 그 기간을 연장할 수 있다. <개정 2008.2.29, 2009.7.22>

③문화체육관광부장관은 법 제105조제7항에 따른 사용료의 요율 또는 금액에 관한 승인신청을 받으면 이해관계인의 의견을 수렴할 수 있도록 문화체육관광부 인터넷 홈페이지에 14일 이상 그 내용을 게시하여야 한다. <개정 2008.2.29, 2009.7.22>

④문화체육관광부장관은 사용료의 요율 또는 금액에 관한 승인(변경승인을 포함한다)을 한 경우에는 승인 내용을 문화체육관광부 인터넷 홈페이지에 게시하여야 한다. <개정 2008.2.29, 2009.7.22>

제50조 【관리 저작물등의 목록 작성】 법 제106조제1항에 따른 관리 저작물등의 목록에는 다음 각 호의 사항을 적어야 한다.
1. 저작물등의 제호
2. 저작자, 실연자·음반제작자 또는 방송사업자, 데이터베이스제작자의 성명 등
3. 창작 또는 공표 연도, 실연 또는 고정(固定) 연도, 제작 연도

제51조(이용계약 체결에 필요한 정보】 법 제106조제2항에서 "대통령령으로 정하는 정보"란 다음 각 호의 정보를 말한다.
1. 저작물등의 목록
2. 해당 저작물등의 저작재산권자 등과의 신탁계약기간
3. 사용료 등 이용조건 및 표준계약서

제52조 【보고】 ①법 제108조제1항에 따라 저작권신탁관리업자는 문화체육관광부령으로 정하는 바에 따라 매년 전년도의 사업실적 및 해당 연도의 사업계획을 보고하여야 한다. <개정 2008.2.29>

②저작권대리중개업자는 문화체육관광부령으로 정하는 바에 따라 매년 전년도 사업 실적을 보고하여야 한다. <개정 2008.2.29>

제53조 【과징금의 금액 산정기준 등】 ①법 제111조제1항에 따라 부과하는 과징금의 금액 산정기준은 법 제109조제1항제1호 또는 제2호를 사유로 업무정지를 명하는 경우에는 업무정지 1일당 50만원으로 하고, 법 제109조제1항 제3호 또는 제4호를 사유로 업무정지를 명하는 경우에는 업무정지 1일당 20만원으로 한다.

②문화체육관광부장관은 위반행위의 정도·위반횟수 및 위반행위의 동기와 그 결과 등을 고려하여 제1항에 따른 과징금의 금액의 2분의 1의 범위에서 가중하거나 감경할 수 있다. 다만, 가중하는 경우에도 과징금의 총액은 5천만원을 초과할 수 없다. <개정 2008.2.29>

제54조 【과징금의 부과 및 납부】 ①문화체육관광부장관은 법 제111조제1항에 따라 과징금을 부과하려면 그 위반 사실과 부과금액 등을 서면에 적어 과징금을 낼 것을 처분 대상자에게 통지하여야 한다. <개정 2008.2.29>

②제1항에 따라 통지를 받은 자는 통지를 받은 날부터 20일 이내에 문화체육관광부장관이 정하는 수납기관에 과징금을 내야 한다. 다만, 천재지변이나 그 밖의 부득이한 사유로 그 기간 내에 과징금을 낼 수 없으면 그 사유가 없어진 날부터 7일 이내에 내야 한다. <개정 2008.2.29>

③제2항에 따라 과징금을 받은 수납기관은 그 납부자에게 영수증을 발급하여야 한다.

④과징금의 수납기관은 제2항에 따라 과징금을 받으면 지체 없이 그 사실을 문화체육관광부장관에게 통보하여야 한다. <개정 2008.2.29>

⑤문화체육관광부장관은 과징금의 부과·징수에 관한 사항을 기록·관리하여야 한다. <개정 2008.2.29>

제55조 【과징금의 사용절차】 문

저작권법 시행령[시행 2010. 2. 1] [대통령령 제22003호, 2010. 1.27, 타법개정]

화체육관광부장관은 법 제111조 제4항에 따라 매년 10월 31일까지 과징금 사용용도 및 방법 등에 관한 운용계획을 수립·시행하여야 한다. <개정 2008.2.29>

제56조 【위원장과 부위원장】 ① 위원회의 위원장은 위원회를 대표하고 위원회의 업무를 총괄한다. <개정 2009.7.22>
②부위원장은 위원장을 보좌하며 위원장이 부득이한 사유로 직무를 수행할 수 없을 때에는 위원장이 미리 지명한 부위원장이 그 직무를 대행한다.

제57조 【회의소집 및 의결정족수】 ①위원회의 위원장은 위원회를 소집하고 그 의장이 된다. <개정 2009.7.22>
②위원회의 회의는 재적위원 과반수의 출석으로 개의하고, 출석위원 3분의 2 이상의 찬성으로 의결한다. <개정 2009.7.22>
③위원회의 위원은 자기와 직접 이해관계가 있는 안건의 심의·조정·알선 또는 의결에 참여할 수 없다. <개정 2009.7.22>
제58조 【위원의 대우 등】 ①위원

장을 제외한 위원회의 위원은 비상근으로 한다.
<개정 2009.7.22>
②상근위원에게는 보수를 지급하며, 비상근위원에게는 예산의 범위에서 업무의 수행에 필요한 실비를 지급할 수 있다.
③상근위원은 그 직무 외에 영리를 목적으로 하는 업무에 종사하지 못하며, 문화체육관광부장관의 승인없이 다른 직무를 겸할 수 없다.
<개정 2008.2.29>

제59조 【분과위원회의 구성 및 운영】 법 제112조의2제5항에 따른 분과위원회의 구성 및 운영 등에 필요한 사항은 위원회의 의결을 거쳐 위원회의 위원장이 정한다.
[전문개정 2009.7.22]

제59조의2 【알선】 ①법 제113조의2에 따라 분쟁에 관한 알선을 받으려는 자는 다음 각 호의 사항을 기재한 알선신청서를 위원회에 제출하여야 한다.
1. 당사자의 성명 및 주소(대리인이 있는 경우에는 그 대리인의 성명 및 주소를 포함한다)
2. 신청의 취지 및 이유

②제1항에 따른 알선의 세부절차 등에 관하여 필요한 사항은 위원회의 의결을 거쳐 위원회의 위원장이 정한다.
[본조신설 2009.7.22]

제60조 【조정부 구성 및 운영】 법 제114조에 따른 조정부는 3명의 위원으로 구성한다. 다만, 조정신청 금액이 500만원 이하인 사건에 대하여는 위원회의 위원장이 지정하는 1명의 위원이 조정 업무를 수행할 수 있다. <개정 2009.7.22>

제61조 【조정의 절차 등】 ①법 제114조의2에 따른 분쟁의 조정을 신청하려는 자는 위원회가 정하는 바에 따라 조정신청서를 위원회에 제출하여야 한다.
<개정 2009.7.22>
②제1항에 따라 조정을 신청하는 자는 조정비용의 일부를 미리 납부하고, 조정이 성립된 경우에는 각 당사자가 나머지 조정비용을 납부하여야 한다. 이 경우 조정비용의 납부절차는 위원회의 의결을 거쳐 위원회의 위원장이 정한다.
<신설 2009.7.22>
③위원장은 제1항에 따른 조정

신청을 받으면 조정부를 지정하고, 조정신청서를 조정부에 회부하여야 한다.
<개정 2009.7.22>
④조정부는 조정안을 작성하여 당사자에게 제시하여야 한다. 다만, 조정이 성립되지 아니할 것이 명백한 경우에는 그러하지 아니하다. <개정 2009.7.22>
⑤조정부는 조정신청이 있는 날부터 3개월 이내에 조정하여야 한다. 다만, 특별한 사유가 있는 경우에는 양 당사자의 동의를 얻어 1개월의 범위에서 1회에 한하여 그 기간을 연장할 수 있다. <개정 2009.7.22>
⑥법 제119조제1항제2호에 따른 감정이 실시되는 경우 감정기간은 제5항의 조정기간에 산입하지 아니한다.
<신설 2009.7.22>

제62조 【출석의 요구 등】 ①위원회는 분쟁의 조정을 위하여 필요하면 당사자, 그 대리인 또는 이해관계인의 출석을 요구하거나 관계서류의 제출을 요구할 수 있다. <개정 2009.7.22>
②제1항에 따라 출석을 요구하려면 7일 전에 당사자, 그 대리인 또는 이해관계인에게 서면으

저작권법 시행령[시행 2010. 2. 1] [대통령령 제22003호, 2010. 1.27, 타법개정]

로 알려야 한다.

③위원회는 조정당사자 외의 자가 위원회의 출석요구에 응하여 출석하면 수당과 여비 등 실비를 지급할 수 있다. <개정 2009.7.22>

④위원회는 조정에 관한 조서와 관계 기록을 관리·보존하여야 한다. <개정 2009.7.22>

제63조 【조정의 불성립 등】 ① 다음 각 호의 어느 하나에 해당하는 경우에는 조정이 성립되지 아니한 것으로 본다. <개정 2009.7.22>

1. 당사자가 정당한 사유 없이 제62조에 따른 출석 요구에 응하지 아니하는 경우

2. 조정신청이 있는 날부터 제61조제5항에 따른 기간이 지난 경우

3. 당사자 간에 합의가 성립되지 아니한 경우

②제1항에 따라 조정이 성립되지 아니한 경우에는 그 사유를 조서에 적어야 한다.

제64조 【감정절차 및 방법 등】 ①법 제119조제1항에 따라 감정을 요청하려는 자는 다음 각 호의 자료를 위원회에 제출하여야

한다. <개정 2009.7.22>

1. 감정 대상 저작 원본 또는 사본

2. 침해에 관한 감정 요청의 경우에는 관련 저작물들의 유사성을 비교할 수 있는 자료

3. 그 밖에 위원회가 감정에 필요하다고 판단하여 요청하는 자료

②위원회는 감정을 하려면 감정전문위원회를 구성하여 공정하고 객관적으로 처리하여야 한다. <개정 2009.7.22>

③감정전문위원회에는 전문적인 감정을 위하여 상임전문위원을 둘 수 있다.

④감정전문위원회의 구성 및 감정의 절차 등과 관련하여 필요한 사항은 위원회에서 정한다. <개정 2009.7.22>

제65조 【위원회의 조직 및 운영 등】 위원회의 조직 및 운영 등에 필요한 사항은 위원회의 의결을 거쳐 위원회의 위원장이 정한다. 다만, 조직·정원 및 보수에 관한 사항은 문화체육관광부장관의 승인을 받아야 한다. [전문개정 2009.7.22]

제66조 【저작권정보센터 조직 및 운영 등】 ①법 제120조에 따른 저작권정보센터에는 저작권 정보제공 등을 위한 저작권거래소와 권리관리정보, 저작권 보호 및 유통지원을 위한 기술위원회를 둘 수 있다.

②저작권정보센터는 다음 각 호의 업무를 수행한다.

1. 저작물 권리관리정보의 체계적인 수립·관리·활용을 위한 통합관리체계 구축 및 운영

2. 저작물 및 권리자를 식별할 수 있는 통합저작권번호체계의 개발, 관리 및 보급

3. 기술적 보호조치의 표준화에 관한 연구

4. 기술적 보호조치 표준이행에 대한 평가 및 이를 위한 표준평가 도구 개발

5. 저작권 정보 기술에 관한 조사·연구

[전문개정 2009.7.22]

제67조 【예산 및 결산 등】 ①위원회는 매 사업연도 종료 전까지 다음 사업연도의 사업계획서와 예산안을 작성하여 문화체육관광부장관에게 제출하여 승인을 받아야 한다. <개정 2008.2.29, 2009.7.22>

②위원회는 사업연도마다 사업실적서와 결산서를 작성하여 그 사업연도 종료 후 60일 이내에 문화체육관광부장관에게 제출하여야 한다. <개정 2008.2.29, 2009.7.22>

③문화체육관광부장관은 필요하다고 인정할 때에는 위원회로 하여금 그 업무에 관한 보고를 하게 하거나 관계 자료를 제출하게 할 수 있다. <개정 2008.2.29, 2009.7.22>

제68조 【업무의 위탁】 ①문화체육관광부장관은 법 제130조에 따라 다음 각호의 업무를 위원회에 위탁한다. <개정 2008.2.29, 2009.7.22>

1. 법 제50조부터 제52조까지의 규정에 따른 저작물 이용의 승인 및 보상금의 기준 결정

2. 법 제55조에 따른 저작권의 등록(법 제63조제3항, 제90조, 제98조 및 제101조의6제6항에서 준용하는 경우를 포함하며, 제2항에 따른 등록접수에 관한 업무는 제외한다)

②문화체육관광부장관은 법 제130조에 따라 법 제55조에 따른 저작권의 등록신청의 접수업무(법 제63조제3항, 제90조, 제98

저작권법 시행령[시행 2010. 2. 1] [대통령령 제22003호, 2010. 1.27, 타법개정]

조 및 제101조의6제6항에서 준용하는 경우를 포함한다)를 위원회와 문화체육관광부장관이 지정하여 고시하는 저작권신탁관리업자에 위탁한다.

<개정 2008.2.29, 2009.7.22>

③문화체육관광부장관은 법 제130조에 따라 법 제135조제1항에 따른 저작재산권자등의 권리를 기증받는 것에 관한 업무를 같은 조 제2항에 따라 지정받은 단체에 위탁한다.

<개정 2008.2.29>

제69조 【수거·폐기·삭제 절차와 방법】 ①법 제133조제1항에 따라 수거·폐기·삭제를 하는 관계 공무원은 그 권한을 표시하는 증표를 지니고 이를 관계인에게 내보여야 한다.

<개정 2009.7.22>

②관계 공무원은 법 제133조제1항에 따라 복제물 등을 수거·폐기·삭제한 경우에는 그 소유자나 점유자에게 문화체육관광부령으로 정하는 바에 따라 수거확인증을 내주고, 수거·폐기·삭제대장에 그 내용을 기록하여야 한다.

<개정 2008.2.29, 2009.7.22>

③수거한 불법 복제물 등은 당사자가 이의를 제기하지 아니하면 수거한 날부터 3개월 지나면 폐기할 수 있다. 다만, 저작물등의 기술적 보호조치를 무력하게 하기 위하여 제작된 기기·장치 및 프로그램은 수거한 날부터 6개월이 지나야 폐기할 수 있다.

제70조 【수거·폐기·삭제 업무의 위탁 등】 ①문화체육관광부장관은 법 제133조제2항에 따라 수거·폐기 업무를 다음 각 호의 단체에 위탁할 수 있다.

<개정 2008.2.29, 2009.7.22>

1. 위원회
2. 저작권신탁관리업자를 주된 구성원으로 하는 단체
3. 그 밖에 불법 복제물 등의 수거·폐기·삭제 업무를 수행할 능력과 자격이 있다고 문화체육관광부장관이 인정하는 법인 또는 단체

②제1항에 따라 수거·폐기·삭제 업무를 하는 기관의 직원은 수거·폐기·삭제 업무를 할 때 문화체육관광부령으로 정하는 증표를 지니고 관계인에게 내보여야 한다.

<개정 2008.2.29, 2009.7.22>

제71조 【수거·폐기·삭제를 위한 협조 요청 등】 법 제133조제3항에서 "관련 단체"란 다음 각 호의 단체를 말한다.

<개정 2009.7.22>

1. 저작권신탁관리업자
2. 저작권신탁관리업자를 주된 구성원으로 하는 단체
3. 저작물등의 창작 및 산업진흥을 목적으로 설립된 법인 또는 단체

제72조 【정보통신망을 통한 불법복제물 삭제명령 등의 심의절차와 방법】 위원회는 법 제133조의2제1항에 따라 문화체육관광부장관으로부터 심의요청을 받으면 요청일부터 7일 이내에, 같은 조 제2항 및 제4항에 따라 문화체육관광부장관으로부터 심의요청을 받으면 요청일부터 14일 이내에 심의하고, 그 결과를 지체 없이 문화체육관광부장관에게 제출하여야 한다. 다만, 부득이한 사유로 인하여 그 기간 내에 심의를 할 수 없는 경우에는 2회에 한하여 그 기간을 연장할 수 있다.

[전문개정 2009.7.22]

제72조의2 【경고 또는 삭제 등의 명령의 절차와 방법】 문화체육관광부장관은 법 제133조의2제1항에 따라 온라인서비스제공자에게 불법복제물등의 복제·전송자에 대한 경고 또는 불법복제물등의 삭제·전송중단을 명하려면 문화체육관광부령으로 정하는 명령서를 작성하여 서면(전자문서를 포함한다. 이하 같다)으로 통지하여야 한다.

[본조신설 2009.7.22]

제72조의3 【계정 정지 명령의 절차와 방법】 ①위원회가 법 제133조의2제2항에 따라 심의를 하는 때에는 다음 각 호의 사항을 고려하여야 한다.

1. 해당 복제·전송자의 상습성
2. 해당 복제·전송자가 복제·전송한 양
3. 게시한 불법복제물등의 종류 및 시장대체 가능성
4. 불법복제물등이 저작물등의 유통질서에 미치는 영향

②문화체육관광부장관은 법 제133조의2제2항에 따라 온라인서비스제공자에게 해당 불법복제물등의 복제·전송자의 계정을 정지할 것을 명하려면 다음 각 호의 사항을 기재한 명령서를 작성하여 서면으로 통지하여야

저작권법 시행령[시행 2010. 2. 1] [대통령령 제22003호, 2010. 1.27, 타법개정]

한다.

1. 복제·전송자의 계정
2. 법 제133조의2제1항제1호에 따른 경고를 3회 이상 받은 사실
3. 법 제133조의2제1항제1호에 따른 경고를 3회 이상 받은 후 불법복제물등을 전송한 사실
4. 정지 기간

③법 제133조의2제2항에 따른 복제·전송자의 계정 정지 기간은 다음 각 호와 같다.

1. 첫 번째 정지하는 경우 1개월 미만
2. 두 번째 정지하는 경우 1개월 이상 3개월 미만
3. 세 번째 이상 정지하는 경우 3개월 이상 6개월 이내

④제2항의 명령서를 받은 온라인서비스제공자는 지체 없이 법 제133조의2제3항에 따라 해당 복제·전송자에게 제2항 각 호의 사항을 기재하여 서면으로 통지하여야 한다.

[본조신설 2009.7.22]

제72조의4 【게시판 서비스 정지 명령의 절차와 방법】 ①위원회가 법 제133조의2제4항에 따라 심의를 하는 때에는 다음 각 호의 사항을 고려하여야 한다.

1. 해당 게시판의 영리성
2. 해당 게시판의 개설 취지
3. 해당 게시판의 기능과 이용 방법
4. 해당 게시판의 이용자 수
5. 불법복제물등이 차지하는 비율
6. 게시된 불법복제물등의 종류 및 시장대체 가능성
7. 해당 게시판의 불법복제물등의 차단 노력 정도
8. 불법복제물등의 게시 또는 이용에 편의를 제공하는 수준

②문화체육관광부장관은 법 제133조의2제4항에 따라 온라인서비스제공자에게 해당 게시판의 서비스를 정지할 것을 명하려면 다음 각 호의 사항을 기재한 명령서를 작성하여 서면으로 통지하여야 한다.

1. 정지의 대상이 되는 게시판
2. 법 제133조의2제1항제2호에 따른 명령을 3회 이상 받은 사실
3. 위법 행위의 내용
4. 정지 기간

③법 제133조의2제4항에 따른 해당 게시판의 서비스의 정지 기간은 다음 각 호와 같다.

1. 첫 번째 정지하는 경우 1개월 미만
2. 두 번째 정지하는 경우 1개월 이상 3개월 미만
3. 세 번째 이상 정지하는 경우 3개월 이상 6개월 이내

④법 제133조의2제5항에 따라 온라인서비스제공자가 게시판 정지 사실을 게시하는 때에는 제2항 각 호의 사항을 기재하여 해당 게시판 이용자들이 쉽게 알 수 있도록 하여야 한다.

[본조신설 2009.7.22]

제72조의5 【조치 결과 통보의 절차와 방법】 온라인서비스제공자는 법 제133조의2제6항에 따라 문화체육관광부령으로 정하는 조치결과 통보서에 다음 각 호의 사항을 기재하여 문화체육관광부장관에게 제출하여야 한다.

1. 명령에 따라 조치한 내용
2. 복제·전송자를 특정할 수 있는 정보(법 제133조의2제4항에 따른 명령의 경우는 제외한다)
3. 명령 이행 일자

[본조신설 2009.7.22]

제72조의6 【시정권고 절차 등】 ①위원회는 법 제133조의3제1항에 따른 시정권고를 하려면 다음 각 호의 사항을 기재하여 서면으로 하여야 한다.

1. 위법 행위의 내용
2. 권고 사항
3. 시정 기한
4. 시정권고 수락거부 시의 조치

②제1항에 따른 시정권고의 통지를 받은 온라인서비스제공자는 다음 각 호의 사항을 기재하여 위원회에 서면으로 조치결과를 통보하여야 한다.

1. 시정권고에 따라 조치한 내용
2. 시정권고 이행 일자
3. 시정권고의 수락을 거부하는 경우에는 그 사유

③위원회가 법 제133조의3제1항제3호를 심의하는 때에는 제72조의3제1항의 사항을 고려하여야 한다.

[본조신설 2009.7.22]

제73조 【저작물의 공정한 이용을 위한 사업】 법 제134조제1항에서 "저작물의 공정한 이용을 도모하기 위하여 필요한 사업"이란 다음 각 호의 사업을 말한다. <개정 2009.7.22>

1. 보호기간이 끝난 저작물등에 대한 정보제공 등을 위하여 필

저작권법 시행령[시행 2010. 2. 1] [대통령령 제22003호, 2010. 1.27, 타법개정]

요한 사업
2. 공공기관 저작물의 공동활용 체계 구축사업
3. 표준계약서 개발 등 이용허락제도 개선을 위한 사업
4. 저작물의 공정이용기준 마련을 위한 지침 제정 및 권장사업
5. 저작물등에 대한 이용허락표시제도 활성화 사업
6. 그 밖에 문화체육관광부장관이 저작물의 공정한 이용을 위하여 필요하다고 인정하는 사업

제74조 삭제 <2009.7.22>

제75조 【기증 절차】 ①법제135조제1항에 따라 저작재산권 등을 기증하려는 자는 문화체육관광부령으로 정하는 저작재산권 등의 기증서약서와 기증저작물 등의 복제물을 문화체육관광부장관에게 제출하여야 한다. <개정 2008.2.29>
②제1항에 따라 기증을 받은 문화체육관광부장관은 기증저작물 등의 제호 및 기증자의 성명 등을 문화체육관광부령으로 정하는 바에 따라 관리대장에 적고 문화체육관광부 인터넷 홈페이지에 게시하여야 한다. <개정 2008.2.29, 2009.7.22>

제76조 【관리단체의 지정 등】
①법 제135조제2항에 따라 저작재산권 등을 관리하는 단체로 지정받을 수 있는 단체(이하 " 관리단체"라 한다)는 다음 각 호와 같다. <개정 2008.2.29, 2009.7.22>
1. 위원회
2. 저작권신탁관리업자
3. 저작권신탁관리업자를 주된 구성원으로 하는 단체
4. 그 밖에 기증된 저작재산권 등의 관리업무를 수행할 능력이 있다고 문화체육관광부장관이 인정하는 법인이나 단체
②제1항에 따라 관리단체로 지정받으려는 자는 문화체육관광부령으로 정하는 지정신청서에 다음 각 호의 서류를 첨부하여 문화체육관광부장관에게 제출하여야 한다. <개정 2008.2.29>
1. 기증된 저작재산권 등의 관리계획서
2. 기증된 저작재산권 등의 이용허락절차 및 활성화 계획을 기재한 서류
③제2항에 따라 신청서를 받은 문화체육관광부장관이 관리단체를 지정할 때에는 문화체육관광부령으로 정하는 바에 따라 관

리단체 지정서를 발급하여야 한다.
<개정 2008.2.29, 2009.7.22>
④문화체육관광부장관은 관리단체가 다음 각 호의 어느 하나에 해당하면 그 지정을 취소할 수 있다. <개정 2008.2.29>
1. 제1항에 따른 자격을 갖추지 못한 경우
2. 법 제135조제3항에 위배된 경우
⑤문화체육관광부장관은 관리단체를 지정하거나 그 지정을 취소한 경우에는 그 사실을 관보에 고시하여야 한다.
<개정 2008.2.29>
⑥기증된 저작재산권 등의 관리업무와 관련하여 그 밖에 필요한 사항은 문화체육관광부장관이 정하여 고시한다.
<개정 2008.2.29>

제77조 【과태료의 부과기준】 법 제142조제1항 및 제2항에 따른 과태료의 부과기준은 별표 1 및 별표 2와 같다.
[전문개정 2009.7.22]

[별표 1] <신설 2009.7.22>

과태료의 부과기준(제77조 및 법 제142조제1항 관련)

1. 일반기준

　가. 과태료는 아래 기준에 따라 음악, 영화, 방송, 어문저작물, 게임, 그 밖의 저작물 등 6개 분류에 의해 각각 부과함을 원칙으로 한다.

　나. 과태료 부과 시 위반행위가 2가지 분류 이상인 경우에는 중한 과태료를 부과하되, 그 금액의 2분의 1까지 가중할 수 있다. 다만, 가중하는
　　　경우에도 과태료의 총액은 3,000만원을 초과할 수 없다.

　다. 과태료 부과 처분 시점으로부터 2개월 이후의 동일 분류 내의 위반행위에 대해서는 별도의 위반행위로 보아 과태료를 부과할 수 있다.

　라. 과태료 부과 금액은 위반 행위자의 사업규모, 불법복제물 등의 차단 노력 정도, 위반의 동기·정도, 사회·경제적 파급 효과 등을 고려하여
　　　가목부터 다목까지의 규정에 따른 처분기준의 2분의 1의 범위에서 가중하거나 감경할 수 있다. 다만, 가중하는 경우에도 과태료의 총액은
　　　3,000만원을 초과할 수 없다.

2. 개별기준

(단위: 만원)

미차단율(다운로드 기준)	과태료 부과기준
5% 미만	경고
5% 이상 ~ 15% 미만	300
15% 이상 ~ 30% 미만	700
30% 이상 ~ 45% 미만	1,000
45% 이상 ~ 60% 미만	1,500
60% 이상 ~ 75% 미만	2,000
75% 이상	2,500

[별표 2] <신설 2009.7.22>

과태료의 부과기준(제77조 및 법 제142조제2항 관련)

1. 일반기준

　가. 위반행위의 횟수에 따른 과태료부과 기준은 최근 1년간 같은 위반행위로 과태료 부과처분을 받은 경우에 적용한다. 이 경우 과태료부과 기준의 적용은 같은 위반행위에 대하여 최초로 과태료부과처분을 한 날을 기준으로 한다.

　나. 과태료 부과 시 위반행위가 둘 이상인 경우에는 중한 과태료를 부과하되, 그 금액의 2분의 1까지 가중할 수 있다. 다만, 가중하는 경우에도 과태료의 총액은 1,000만원을 초과할 수 없다.

　다. 과태료 부과 금액은 위반 행위자의 사업규모, 위반의 동기·정도, 사회·경제적 파급 효과 등을 고려하여 가목 및 나목에 따른 처분기준의 2분의 1의 범위에서 가중하거나 감경할 수 있다. 다만, 가중하는 경우에도 과태료의 총액은 1,000만원을 초과할 수 없다.

2. 개별기준

(단위: 만원)

위 반 행 위	근거 법령	위반 횟수별 과태료 부과기준		
		1회 위반	2회 위반	3회 이상
가. 법 제106조에 따른 의무를 이행하지 아니한 경우	법 제142조 제2항제1호	경고	500	1,000
나. 법 제112조제4항을 위반하여 한국저작권위원회의 명칭을 사용한 경우	법 제142조 제2항제2호	100	300	500
다. 법 제133조의2제1항제1호에 따른 경고 명령을 이행하지 아니한 경우	법 제142조 제2항제3호	100	300	500
라. 법 제133조의2제1항제2호에 따른 삭제 또는 전송 중단 명령을 이행하지 아니한 경우	법 제142조 제2항제3호	300	500	700
마. 법 제133조의2제2항에 따른 계정 정지 명령 및 같은 조 제4항에 따른 게시판 서비스 정지명령을 이행하지 아니한 경우	법 제142조 제2항제3호	500	700	1,000
바. 법 제133조의2제3항에 따른 통지 및 같은 조 제5항에 따른 게시를 하지 아니한 경우	법 제142조 제2항제4호	100	200	300
사. 법 제133조의2제6항에 따른 통보를 하지 아니한 경우	법 제142조 제2항제4호	300	500	700

저작권법 시행규칙[시행 2009. 7.24] [문화체육관광부령 제37호, 2009. 7.24, 일부개정]

제1조 【목적】 이 규칙은 「저작권법」 및 같은 법 시행령에서 위임된 사항과 그 시행에 필요한 사항을 정함을 목적으로 한다.

제2조 【전문체육시설의 종류】 「저작권법 시행령」(이하 "영"이라 한다) 제11조제3호에서 "문화체육관광부령으로 정하는 전문체육시설"이란 「체육시설의 설치·이용에 관한 법률 시행규칙」 별표 1 제1호의 시설종류 중 종합운동장 및 체육관과 같은 표 제2호의 시설종류 중 운동장 및 체육관을 말한다. <개정 2008.3.6>

제3조 【공고의 내용】 영 제18조제2호에 따른 조회사항 등의 공고에 포함되어야 할 사항은 다음 각 호와 같다.
1. 저작재산권자를 찾는다는 취지
2. 저작재산권자의 성명 또는 명칭, 주소 또는 거소 등(알 수 있는 경우에 한정한다)
3. 저작물의 제호
4. 공표 시 표시된 저작재산권자의 성명(실명 또는 이명)
5. 저작물을 발행 또는 공표한 자
6. 저작물의 이용 목적
7. 복제물의 표지사진 등의 자료(가능한 경우에 한정한다)
8. 공고자 및 연락처

제4조 【저작물 등 이용 승인신청서】 영 제19조에 따라 승인을 받으려는 자는 별지 제1호서식에 따른 이용 승인신청서에 다음 각 호의 서류를 첨부하여 문화체육관광부장관에게 제출하여야 한다. <개정 2008.3.6>
1. 별지 제2호서식에 따른 이용 승인신청명세서(저작물·실연·음반·방송·데이터베이스의 형태 및 내용이 명확하지 아니한 경우에는 그 견본·도면 또는 사진 등을 첨부하여야 한다)
2. 보상금액산정내역서
3. 해당 저작물 등이 공표되었음을 밝힐 수 있는 서류
4. 저작재산권자·저작인접권자 또는 데이터베이스제작자나 그의 거소를 알 수 없음을 밝힐 수 있는 서류(위 사유로 승인신청하는 경우에 한정한다)
5. 협의에 관한 경과서류(협의가 성립되지 아니하여 승인신청하는 경우에 한정한다)
6. 해당 음반이 우리나라에서 판매되어 3년이 경과하였음을 밝힐 수 있는 서류[「저작권법」(이하 "법"이라 한다) 제52조 및 법 제89조에 따라 승인신청하는 경우에 한정한다]

제5조 【보상금 공탁의 공고】 영 제23조제4항에 따라 공탁사실을 공고하려는 자는 다음 각 호의 사항을 「신문 등의 자유와 기능보장에 관한 법률」 제12조제1항에 따라 보급지역을 전국으로 하여 등록한 일반일간신문 또는 문화체육관광부와 법 제112조에 따른 한국저작권위원회(이하 "위원회"라 한다) 인터넷 홈페이지에 게시하여야 한다. <개정 2008.3.6, 2009.7.24>
1. 저작물의 제호(제호가 없는 경우에는 그 내용을 요약 기재하여야 한다)
2. 저작자 및 저작재산권자의 성명(저작자 및 저작재산권자를 알 수 없는 경우에는 그 뜻을 기재하여야 한다)
3. 저작물 이용의 내용
4. 공탁금액
5. 공탁소의 명칭 및 소재지
6. 공탁근거
7. 저작물 이용자의 주소·성명

제6조 【등록신청서】 ①영 제26조제1항에 따라 저작권(법 제63조제3항, 제90조, 제98조 및 제101조의6제6항에서 준용하는 출판권, 저작인접권, 데이터베이스제작자의 권리, 컴퓨터프로그램저작물배타적발행권을 포함한다)을 등록하려는 자는 다음 각 호에 따른 등록신청서와 명세서를 제출하여야 한다. <개정 2009.7.24>
1. 저작권 등의 등록
　가. 저작권의 등록 : 별지 제3호서식의 저작권등록신청서[컴퓨터프로그램저작물(이하 "프로그램"이라 한다)의 경우 별지 제3호의2서식의 프로그램등록신청서]와 별지 제4호서식의 저작권등록신청명세서(프로그램의 경우 별지 제4호의2서식의 프로그램의 개요)
　나. 삭제 <2009.7.24>
　다. 저작인접권의 등록 : 별지 제7호서식의 저작인접권 등록신청서와 별지 제8호서식의 저작인접권(실연) 등록신청명세서, 별지 제9호서식의 저작인접권(음반) 등록신청명세서 또는 별지 제10호서식의 저작인접권(방송) 등록신청명세서
　라. 데이터베이스제작자의 권

저작권법 시행규칙[시행 2009. 7.24] [문화체육관광부령 제37호, 2009. 7.24, 일부개정]

리의 등록 : 별지 제11호서식의 데이터베이스제작자권리 등록신청서와 별지 제12호서식의 데이터베이스제작자권리 등록신청명세서

2. 권리변동 등의 등록

가. 저작재산권 및 출판권의 권리변동 등의 등록 : 별지 제5호서식에 따른 등록신청서(프로그램배타적발행권을 포함한 프로그램의 저작권 권리변동 등의 등록의 경우 별지 제5호의2서식에 따른 등록신청서)와 별지 제6호서식에 따른 등록신청명세서(등록되지 아니한 프로그램의 경우 별지 제4호의2서식에 따른 프로그램의 개요)

나. 저작인접권의 권리변동 등의 등록 : 별지 제13호서식에 따른 등록신청서와 별지 제14호서식의 저작인접권(실연) 변동 등록신청명세서, 별지 제15호서식의 저작인접권(음반) 변동등록신청명세서 또는 별지 제16호서식의 저작인접권(방송) 변동 등록신청명세서

다. 데이터베이스제작자의 권리의 권리변동 등의 등록 : 별지 제17호서식에 따른 등록신청서와 별지 제18호서식의 데이터베이스제작자 권리 변동등록신

청명세서

②제1항에 따른 등록신청서에는 다음 각 호의 서류 등을 첨부하여야 한다. <개정 2009.7.24>

1. 등록과 관련한 복제물이나 그 내용을 알 수 있는 도면·사진 등의 서류 또는 전자적 기록매체

2. 등록사유를 증명하는 서류(등록내용에 대하여 증명이 필요한 경우에 한정한다)

3. 저작자·저작인접권자·데이터베이스제작자·상속인·등록권리자 또는 등록의무자가 2인 이상인 경우에는 별지 제19호서식에 따른 목록

4. 저작물·저작인접물·데이터베이스를 대량으로 등록하는 경우에는 별지 제20호서식에 따른 목록

5. 등록원인에 대하여 제3자의 동의 또는 허락을 요하는 경우에는 이를 증명하는 서류

6. 등록권리자·등록의무자임을 증명하는 서류(대리인이 등록을 신청하는 경우에는 대리인임을 증명하는 서류를 포함한다)

7. 등록의무자의 승낙서(영 제26조제2항 단서에 따라 등록권리자만으로 신청하는 경우에 한정한다)

③제2항제1호에도 불구하고 프로그램의 경우에는 프로그램 복제물을 수록한 전자적 기록매체 1부를 제출하여야 한다.
<신설 2009.7.24>

④제3항에 따라 프로그램의 복제물을 제출하는 때에 프로그램 내용의 일부만으로 창작사실을 입증할 수 있는 경우에는 일부를 발췌하여 제출할 수 있다. 이 경우 컴퓨터에 의하여 변환되기 전의 프로그램 언어로 표시된 것을 제출하여야 한다.
<신설 2009.7.24>

제6조의2 【복제물의 관리와 복제 등】 ①위원회는 제6조제2항 및 제3항에 따라 제출받은 복제물을 비밀이 유지될 수 있도록 전용보관장소에 보관하고 필요한 보안조치를 하여야 한다.

②제1항에 따라 제출된 복제물이 프로그램인 경우에는 봉함하여야 한다. 다만, 영 제35조에 따라 전산정보처리시스템에 의하여 복제물이 처리되는 경우에는 비밀을 유지할 수 있는 기술적 조치로 봉함을 대신할 수 있다.

③위원회는 등록된 프로그램의 멸실·훼손 등에 대비하기 위하

여 필요한 경우에는 제2항에 따라 봉함된 프로그램의 복제물을 일시적으로 개봉하여 별도의 매체에 복제할 수 있다. 이 경우 복제한 후에는 지체 없이 다시 봉함하여야 한다.

④위원회는 저작권자나 저작권자의 동의를 얻은 제3자가 제6조제2항제1호 및 제6조제3항에 따라 제출된 복제물의 복제를 요구하는 경우 이를 복제할 수 있다.

[본조신설 2009.7.24]

제7조 【저작권 등록부 등】 영 제27조제2항에 따른 저작권등록부(프로그램의 경우 프로그램등록부를 말하며, 법 제63조제3항, 법 제90조 및 법 제98조에서 준용하는 출판권, 저작인접권, 데이터베이스제작자의 권리의 등록부를 포함한다)는 다음 각 호에 따른다. <개정 2009.7.24>

1. 저작권등록부 : 별지 제21호서식

2. 프로그램등록부 : 별지 제21호의2서식

3. 출판권등록부 : 별지 제22호서식

4. 저작인접권등록부 : 별지 제23호서식

저작권법 시행규칙[시행 2009. 7.24] [문화체육관광부령 제37호, 2009. 7.24, 일부개정]

5. 데이터베이스제작자권리등록부 : 별지 제24호서식

제8조 【등록증】 ①위원회는 영 제28조제1항에 따라 저작권(법 제63조제3항, 제90조, 제98조 및 제101조의6제6항에서 준용하는 출판권, 저작인접권, 데이터베이스제작자의 권리, 프로그램배타적발행권을 포함한다)의 등록을 한 경우에는 다음 각 호의 등록증을 등록신청인에게 발급하여야 한다 <개정 2009.7.24>
1. 저작권을 등록한 경우 : 별지 제25호서식의 저작권등록증
1의2. 프로그램의 저작권을 등록한 경우 : 별지 제25호의2서식의 프로그램등록증
2. 출판권을 등록한 경우 : 별지 제26호서식의 출판권등록증
3. 저작인접권을 등록한 경우 : 별지 제27호서식에 따른 저작인접권등록증
4. 데이터베이스제작자권리를 등록한 경우 : 별지 제28호서식의 데이터베이스제작자권리 등록
5. 저작재산권 권리변동 등을 등록한 경우 : 별지 제29호서식에 따른 등록증
5의2. 프로그램의 저작권의 권리변동을 등록한 경우 : 별지 제29호의2서식의 프로그램저작권등록증
6. 저작인접권 권리변동 등을 등록한 경우 : 별지 제30호서식에 따른 등록증
7. 데이터베이스제작자 권리변동 등을 등록한 경우 : 별지 제31호서식에 따른 등록증
②영 제28조제2항에 따라 등록증을 재발급 받으려는 자는 별지 제32호서식에 따른 신청서(프로그램의 경우 별지 제32호의2서식에 따른 신청서)에 등록권리자임을 확인할 수 있는 서류 및 대리인임을 증명하는 서류(대리인이 신청하는 경우에 한정한다)를 첨부하여 제출하여야 한다.
<개정 2009.7.24>

제9조 【변경 등 등록신청서 및 등록신청취하서】
①영 제30조에 따라 등록사항의 변경·경정·말소 또는 말소회복등록(이하 이 조에서 "변경등록"이라 한다)을 신청하려는 자는 별지 제33호서식에 따른 신청서(프로그램의 저작권의 경우 별지 제33호의2서식에 따른 신청서)에 다음 각 호의 서류를 첨부하여 제출하여야 한다.
<개정 2009.7.24>
1. 등록증
2. 변경등록의 사유를 증명하는 서류(변경등록의 신청 내용에 대하여 증명이 필요한 경우에 한정한다)
3. 대리인임을 증명하는 서류(대리인이 변경등록을 신청하는 경우에 한정한다)
②등록이 수리되기 전에 등록신청을 취하하려는 자는 별지 제34호서식에 따른 등록신청취하서에 다음 각 호의 서류를 첨부하여 제출하여야 한다.
1. 등록신청인 본인임을 확인할 수 있는 서류
2. 대리인임을 증명하는 서류(대리인이 등록신청을 취하하는 경우에 한정한다)
3. 등록신청인 명의의 계좌 사본

제10조 【등록부 열람 등】
①영 제34조에 따라 등록부를 열람하거나 그 사본을 발급받으려는 자는 별지 제35호서식에 따른 신청서(프로그램의 저작권의 경우 별지 제35호의2서식에 따른 신청서)를 제출하여야 한다. 이 경우 대리인이 신청하는 경우에는 대리인임을 증명하는 서류를 첨부하여야 한다.
<개정 2009.7.24>
②위원회는 제1항의 신청에 따라 등록부 사본을 발급하는 경우에는 등록부 사본의 끝부분 또는 그 뒷면에 등록부의 사본임을 알리는 문항과 그 발급 연월일을 기재하고, 담당부서장의 직인을 찍어야 한다.
<개정 2009.7.24>

제10조의2 【전산정보처리시스템에 의한 등록사무처리 등】
①영 제35조에 따라 전산정보처리시스템에 의하여 등록업무를 처리하는 경우에는 등록사항이 기록된 보조기억장치를 등록부로 본다.
②등록신청의 당사자 또는 대리인은 전산정보처리시스템을 이용하여 등록신청을 할 수 있다.
③전산정보처리시스템에 의하여 등록사무를 처리하는 경우에는 전자문서 그 밖의 방법으로 첨부서류를 대신할 수 있으며, 전자문서의 경우에는 신청인·대리인의 기명날인 또는 서명은 전자서명으로 대신할 수 있다.
[본조신설 2009.7.24]

저작권법 시행규칙[시행 2009. 7.24] [문화체육관광부령 제37호, 2009. 7.24, 일부개정]

제11조【인증기관 지정신청서 등】 ①영 제36조제3항에 따른 인증기관지정신청서는 별지 제36호서식에 따른다.
②영 제36조제4항에 따른 인증기관 지정서는 별지 제37호서식에 따른다.

제12조【인증신청서 등】 ①영 제37조제1항에 따라 인증을 받으려는 자는 다음 각 호의 인증신청서에 권리관계 또는 이용관계를 증명할 수 있는 서류를 첨부하여 제출하여야 한다. <개정 2009.7.24>
1. 권리인증신청서 : 별지 제38호서식
2. 이용허락인증신청서 : 별지 제38호의2서식
②영 제37조제3항에 따른 인증서는 다음 각 호의 서식에 따른다. <개정 2009.7.24>
1. 권리인증서 : 별지 제39호서식
2. 이용허락인증서 : 별지 제39호의2서식

제13조【복제·전송의 중단 요청서】 영 제40조에 따라 복제·전송 중단 요청을 하려는 자는 별지 제40호서식의 복제·전송 중단 요청서에 영 제40조 각 호의 어느 하나에 해당하는 자료, 본인임을 확인할 수 있는 자료 및 대리인임을 증명하는 서류(대리인이 요청하는 경우에 한정한다)를 첨부하여 온라인서비스제공자에게 제출하여야 한다.

제14조【복제·전송의 중단 통보서】 영 제41조제1항에 따른 복제·전송자에 대한 통보서는 별지 제41호서식에 따르고, 권리주장자에 대한 통보서는 별지 제42호서식에 따른다.

제15조【복제·전송의 재개 요청서】 영 제42조에 따라 복제·전송의 재개 요청을 하려는 자는 별지 제43호서식에 따른 복제·전송의 재개 요청서에 영 제42조 각 호의 어느 하나에 해당하는 자료와 대리인임을 증명하는 서류(대리인이 요청하는 경우에 한정한다)를 첨부하여 제출하여야 한다.

제16조【복제·전송의 재개 통보서】 영 제43조제1항에 따라 복제·전송의 재개 통보를 하는 경우에는 별지 제44호서식의 복제·전송 재개통보서에 복제·전송 재개요청서를 첨부하여 통보하여야 한다.

제17조【특수한 유형의 온라인서비스제공자에 대한 기술조치 등 요청서】 영 제45조에 따라 불법적인 전송을 차단하는 기술조치 등을 요청하려는 자는 별지 제45호서식에 따른 요청서에 영 제45조 각 호의 자료, 본인임을 확인할 수 있는 자료 및 대리인임을 증명하는 서류(대리인이 요청하는 경우에 한정한다)를 첨부하여 제출하여야 한다.

제18조【저작권신탁관리업 허가신청서 등】 ①법 제105조제1항에 따라 저작권신탁관리업의 허가를 받으려는 자는 별지 제46호서식의 저작권신탁관리업 허가신청서에 다음 각 호의 서류를 첨부하여 제출하여야 한다. <개정 2009.7.24>
1. 저작권신탁관리업 업무규정
2. 신청인(법인 또는 단체의 대표자 및 임원)의 이력서
3. 정관 또는 규약
4. 재무제표(법인인 경우에 한정한다)
②제1항에 따른 신청서를 제출받은 담당공무원은 「전자정부법」 제21조제1항에 따른 행정정보의 공동이용을 통하여 법인등기부등본(법인인 경우에 한정한다)을 확인하여야 한다. <개정 2009.7.24>
③영 제47조제2항에 따른 저작권신탁관리업 허가증은 별지 제47호서식에 따른다.

제19조【저작권대리중개업 신고서 등】 ①법 제105조제1항에 따라 저작권대리중개업의 신고를 하려는 자는 별지 제48호서식의 저작권대리중개업 신고서에 다음 각 호의 서류를 첨부하여 제출하여야 한다.
1. 저작권대리중개업 업무규정
2. 신고인(법인 또는 단체인 경우에는 그 대표자 및 임원)의 이력서
3. 정관 또는 규약(법인 또는 단체인 경우에 한정한다)
4. 재무제표(법인인 경우에 한정한다)
②제1항에 따른 신고서를 제출받은 담당공무원은 「전자정부법」 제21조제1항에 따른 행정정보의 공동이용을 통하여 법인등기부등본(법인인 경우에 한정한다)을 확인하여야 한다. <개정 2009.7.24>

③영 제48조제2항에 따른 저작권대리중개업 신고증은 별지 제49호서식에 따른다.
④영 제48조제3항에 따라 저작권대리중개업 변경신고를 하려는 자는 별지 제50호서식의 저작권대리중개업 변경신고서에 신고증 및 변경사항을 증명하는 서류를 첨부하여 제출하여야 한다.

제20조 【보고】 ①영 제52조제1항에 따라 저작권신탁관리업자는 다음 각 호에 따른 전년도의 사업실적 및 해당 연도의 사업계획을 매사업연도 3월 31일까지 문화체육관광부장관에게 제출하여야 한다. <개정 2008.3.6>
1. 다음 각 목의 사항을 포함한 사업실적서
  가. 신탁받은 저작물 등의 내역
  나. 저작물 등을 이용에 제공하여 발생한 저작권료 및 수수료의 내역
2. 다음 각 목의 사항을 포함한 사업계획서
  가. 신탁받은 저작물 등의 활용계획
  나. 예산안

②영 제52조제2항에 따라 저작권대리중개업자는 다음 각 호의 내용을 포함하는 전년도의 사업실적을 매사업연도 3월 31일까지 문화체육관광부장관에게 제출하여야 한다. <개정 2008.3.6>
1. 대리 중개하는 저작물 등의 종류 및 수량
2. 저작물 등의 대리 중개를 통하여 발생한 저작권료 및 수수료의 내역

제21조 【납입고지서】 영 제54조제1항에 따른 납입고지서는 별지 제51호서식에 따른다.

제22조 【과징금 부과·징수대장】 영 제54조제5항에 따라 과징금의 부과·징수에 관한 사항은 별지 제52호서식의 과징금 부과·징수 대장에 기록한다.

제23조 【수수료】 ①법 제132조에 따라 납부하여야 할 수수료의 금액은 별표와 같다.
②국가 및 그 소속기관과 지방자치단체가 법 제53조 및 법 제54조 (법 제63조제3항, 제90조, 제98조 및 101조의6제6항에서 준용하는 경우를 포함한다)에 따라 저작권 등을 등록하는 경우로서 저작권 등에 대한 권리의 지분을 50퍼센트 이상 소유하고 있는 경우에는 제1항에 불구하고 그 수수료를 면제한다. <개정 2009.7.24>
③법 제105조에 따른 저작권신탁관리업자에게 권리를 신탁한 저작자가 법 제53조(법 제90조 및 제98조에서 준용하는 경우를 포함한다)에 따른 저작권등록을 신청하거나, 저작권신탁관리업자가 법 제54조(법 제63조제3항, 제90조, 제98조 및 제101조의6제6항에서 준용하는 경우를 포함한다)에 따른 권리변동 등의 등록을 하는 경우에는 제1항에 불구하고 그 수수료를 면제한다. <신설 2009.7.24>

제24조 【수거확인증 등】 ①영 제69조제2항에 따른 수거확인증은 별지 제53호서식에 따른다.
②영 제69조제2항 및 제3항에 따라 문화체육관광부장관이 불법 복제물 등을 수거·폐기·삭제한 때에는 별지 제54호서식에 따른 수거대장, 별지 제55호서식에 따른 폐기대장 및 별지 제55호의2서식에 따른 삭제대장을 각각 작성하여 보관(전자적 방법에 의한 것을 포함한다)하여야 한다.
[전문개정 2009.7.24]

제25조 【권한표시 증표】 영 제70조제2항에 따른 권한표시 증표는 별지 제56호서식에 따른다.

제26조 【삭제·전송중단 등의 명령서 등】 ①영 제72조의2, 제72조의3제2항 및 제72조의4제2항에 따른 삭제·전송중단 등의 명령서는 별지 제57호서식에 따른다.
②영 제72조의5에 따른 조치결과 통보서는 별지 제57호의2서식에 따른다.
[전문개정 2009.7.24]

제27조 【장부의 작성보관】 문화체육관광부장관은 영 제72조의2부터 제72조의4까지의 규정에 따라 명령을 한 때에는 별지 제58호서식의 삭제·전송중단 등의 명령대장에 그 내용을 기록하여 이를 보관하여야 한다. <개정 2008.3.6, 2009.7.24>

제28조 【저작재산권등 기증서약서】 영 제75조제1항에 따라 기

증을 하려는 자는 별지 제59호서식에 따른 기증서약서에 기증저작물 등의 복제물과 자신이 해당 저작물 등의 저작재산권자임을 증명하는 서류를 첨부하여 제출하여야 한다.

제29조【기증저작재산권 등 관리대장】 영 제75조제2항에 따른 기증저작재산권 등의 관리대장은 별지 제60호서식에 따른다.

제30조【관리단체의 지정신청서 등】 영 제76조제2항에 따른 지정신청서는 별지 제61호서식에 따르며, 영 제76조제3항에 따른 지정서는 별지 제62호서식에 따른다.

제31조 삭제 <2009.7.24>

[별 표] <개정 2009.7.24>

수수료 금액(제23조 관련)

구 분		수 수 료
1. 법 제50조부터 제52조(법 제89조 및 제97조에서 준용하는 경우를 포함한다)까지의 규정에 따른 저작물의 이용승인 신청		10,000원
2. 법 제53조(법 제90조 및 제98조에서 준용하는 경우를 포함한다)에 따른 등록신청	프로그램인 경우	60,000원 (신청물 10건 초과시 추가건당 10,000원)
	프로그램 외의 경우	30,000원 (신청물 10건 초과시 추가건당 10,000원)
3. 법 제54조(법 제63조제3항, 제90조, 제98조 및 제101조의6제6항에서 준용하는 경우를 포함한다)에 따른 등록신청	프로그램인 경우	70,000원 (신청물 10건 초과시 추가건당 15,000원)
	프로그램 외의 경우	40,000원 (신청물 10건 초과시 추가건당 15,000원)
4. 법 제105조제1항에 따른 저작권신탁관리업 허가 신청		10,000원
5. 법 제105조제1항에 따른 저작권대리중개업 신고		5,000원
6. 영 제30조에 따른 등록사항 변경 등의 등록신청 및 영 제48조제3항에 따른 저작권대리중개업의 변경 신고		3,000원
7. 법 제55조제3항(법 제63조제3항, 제90조 및 제98조에서 준용하는 경우를 포함한다)에 따른 등록부의 열람 또는 사본의 발급 신청		1,000원

비고
1. 전산정보처리시스템에 따라 제2호 및 제3호에 따른 등록을 하는 경우 해당 수수료 금액에 10,000원(신청물 10건 초과 시 추가 건에 대한 감액은 적용하지 아니한다)을 감액하고, 제6호에 따른 등록을 하는 경우 해당 수수료 금액에 1,000원을 감액한다.
2. 제1호부터 제3호까지의 규정, 제6호 및 제7호의 수수료는 신청물 1건을 기준으로 한다.

부정경쟁방지 및 영업비밀보호에 관한 법률[시행 2010. 3.31] [법률 제9895호, 2009.12.30, 일부개정]

제1장 총칙
<개정 2007.12.21>

제1조 【목적】 이 법은 국내에 널리 알려진 타인의 상표·상호(商號) 등을 부정하게 사용하는 등의 부정경쟁행위와 타인의 영업비밀을 침해하는 행위를 방지하여 건전한 거래질서를 유지함을 목적으로 한다.
[전문개정 2007.12.21]

제2조 【정의】 이 법에서 사용하는 용어의 뜻은 다음과 같다.

1. "부정경쟁행위"란 다음 각 목의 어느 하나에 해당하는 행위를 말한다.

가. 국내에 널리 인식된 타인의 성명, 상호, 상표, 상품의 용기·포장, 그 밖에 타인의 상품임을 표시한 표지(標識)와 동일하거나 유사한 것을 사용하거나 이러한 것을 사용한 상품을 판매·반포(頒布) 또는 수입·수출하여 타인의 상품과 혼동하게 하는 행위

나. 국내에 널리 인식된 타인의 성명, 상호, 표장(標章), 그 밖에 타인의 영업임을 표시하는 표지와 동일하거나 유사한 것을 사용하여 타인의 영업상의 시설 또는 활동과 혼동하게 하는 행위

다. 가목 또는 나목의 혼동하게 하는 행위 외에 비상업적 사용 등 대통령령으로 정하는 정당한 사유 없이 국내에 널리 인식된 타인의 성명, 상호, 상표, 상품의 용기·포장, 그 밖에 타인의 상품 또는 영업임을 표시한 표지와 동일하거나 유사한 것을 사용하거나 이러한 것을 사용한 상품을 판매·반포 또는 수입·수출하여 타인의 표지의 식별력이나 명성을 손상하는 행위

라. 상품이나 그 광고에 의하여 또는 공중이 알 수 있는 방법으로 거래상의 서류 또는 통신에 거짓의 원산지의 표지를 하거나 이러한 표지를 한 상품을 판매·반포 또는 수입·수출하여 원산지를 오인(誤認)하게 하는 행위

마. 상품이나 그 광고에 의하여 또는 공중이 알 수 있는 방법으로 거래상의 서류 또는 통신에 그 상품이 생산·제조 또는 가공된 지역 외의 곳에서 생산 또는 가공된 듯이 오인하게 하는 표지를 하거나 이러한 표지를 한 상품을 판매·반포 또는 수입·수출하는 행위

바. 타인의 상품을 사칭(詐稱)하거나 상품 또는 그 광고에 상품의 품질, 내용, 제조방법, 용도 또는 수량을 오인하게 하는 선전 또는 표지를 하거나 이러한 방법이나 표지로써 상품을 판매·반포 또는 수입·수출하는 행위

사. 다음의 어느 하나의 나라에 등록된 상표 또는 이와 유사한 상표에 관한 권리를 가진 자의 대리인이나 대표자 또는 그 행위를 한 날부터 1년 이전에 대리인이나 대표자이었던 자가 정당한 사유 없이 해당 상표를 그 상표의 지정상품과 동일하거나 유사한 상품에 사용하거나 그 상표를 사용한 상품을 판매·반포 또는 수입·수출하는 행위

(1) 「공업소유권의 보호를 위한 파리협약」(이하 "파리협약"이라 한다) 당사국
(2) 세계무역기구 회원국
(3) 「상표법 조약」의 체약국(締約國)

아. 정당한 권원이 없는 자가 다음의 어느 하나의 목적으로 국내에 널리 인식된 타인의 성명, 상호, 상표, 그 밖의 표지와 동일하거나 유사한 도메인이름을 등록·보유·이전 또는 사용하는 행위

(1) 상표 등 표지에 대하여 정당한 권원이 있는 자 또는 제3자에게 판매하거나 대여할 목적
(2) 정당한 권원이 있는 자의 도메인이름의 등록 및 사용을 방해할 목적
(3) 그 밖에 상업적 이익을 얻을 목적

자. 타인이 제작한 상품의 형태(형상·모양·색채·광택 또는 이들을 결합한 것을 말하며, 시제품 또는 상품소개서상의 형태를 포함한다. 이하 같다)를 모방한 상품을 양도·대여 또는 이를 위한 전시를 하거나 수입·수출하는 행위. 다만, 다음의 어느 하나에 해당하는 행위는 제외한다.

(1) 상품의 시제품 제작 등 상품의 형태가 갖추어진 날부터 3년이 지난 상품의 형태를 모방한 상품을 양도·대여 또는 이를 위한 전시를 하거나 수입·수출하는 행위
(2) 타인이 제작한 상품과 동종의 상품(동종의 상품이 없는 경우에는 그 상품과 기능 및 효용이 동일하거나 유사한 상품을

부정경쟁방지 및 영업비밀보호에 관한 법률[시행 2010. 3.31] [법률 제9895호, 2009.12.30, 일부개정]

말한다)이 통상적으로 가지는 형태를 모방한 상품을 양도·대여 또는 이를 위한 전시를 하거나 수입·수출하는 행위

2. "영업비밀"이란 공공연히 알려져 있지 아니하고 독립된 경제적 가치를 가지는 것으로서, 상당한 노력에 의하여 비밀로 유지된 생산방법, 판매방법, 그 밖에 영업활동에 유용한 기술상 또는 경영상의 정보를 말한다.

3. "영업비밀 침해행위"란 다음 각 목의 어느 하나에 해당하는 행위를 말한다.

가. 절취(竊取), 기망(欺罔), 협박, 그 밖의 부정한 수단으로 영업비밀을 취득하는 행위(이하 "부정취득행위"라 한다) 또는 그 취득한 영업비밀을 사용하거나 공개(비밀을 유지하면서 특정인에게 알리는 것을 포함한다. 이하 같다)하는 행위

나. 영업비밀에 대하여 부정취득행위가 개입된 사실을 알거나 중대한 과실로 알지 못하고 그 영업비밀을 취득하는 행위 또는 그 취득한 영업비밀을 사용하거나 공개하는 행위

다. 영업비밀을 취득한 후에 그 영업비밀에 대하여 부정취득행위가 개입된 사실을 알거나

중대한 과실로 알지 못하고 그 영업비밀을 사용하거나 공개하는 행위

라. 계약관계 등에 따라 영업비밀을 비밀로서 유지하여야 할 의무가 있는 자가 부정한 이익을 얻거나 그 영업비밀의 보유자에게 손해를 입힐 목적으로 그 영업비밀을 사용하거나 공개하는 행위

마. 영업비밀이 라목에 따라 공개된 사실 또는 그러한 공개행위가 개입된 사실을 알거나 중대한 과실로 알지 못하고 그 영업비밀을 취득하는 행위 또는 그 취득한 영업비밀을 사용하거나 공개하는 행위

바. 영업비밀을 취득한 후에 그 영업비밀이 라목에 따라 공개된 사실 또는 그러한 공개행위가 개입된 사실을 알거나 중대한 과실로 알지 못하고 그 영업비밀을 사용하거나 공개하는 행위

4. "도메인이름"이란 인터넷상의 숫자로 된 주소에 해당하는 숫자·문자·기호 또는 이들의 결합을 말한다.

[전문개정 2007.12.21]

▶판례

이른바 캐릭터가 상품화되어 부정경쟁방지및영업비밀보호에관한법률 제2조 제1호 (가)목에 규정된 '국내에 널리 인식된 타인의 상품임을 표시한 표지'가 되기 위한 요건

만화, 텔레비전, 영화, 신문, 잡지 등 대중이 접하는 매체를 통하여 등장하는 가공적인 또는 실재하는 인물, 동물 등의 형상과 명칭을 뜻하는 이른바 캐릭터(character)는 그것이 가지고 있는 고객흡인력(고객흡인력) 때문에 이를 상품에 이용하는 상품화{이른바 캐릭터 머천다이징(character merchandising)}가 이루어지게 되는 것이고 상표처럼 상품의 출처를 표시하는 것을 그 본질적인 기능으로 하는 것은 아니어서 캐릭터 자체가 널리 알려져 있다고 하더라도 그것이 상품화된 경우에 곧바로 타인의 상품임을 표시한 표지로 되거나 그러한 표지로서도 널리 알려진 상태에 이르게 되는 것은 아니라고 할 것이므로, 캐릭터가 상품화되어 부정경쟁방지및영업비밀보호에관한법률 제2조 제1호 (가)목에 규정된 '국내에 널리 인식된 타인의 상품임을 표시한 표지'가 되기 위하여는 캐릭터 자체가 국내에 널리 알려져 있는 것만으로는 부족하고, 그 캐릭터에 대한 상품화 사업이 이루어지고 이에 대한 지속적인 선전, 광고 및 품질관리 등으로 그 캐릭터가 이를 상품화할 수 있는 권리를 가진 자의 상품표지이거나 위 상품화권자와 그로부터 상품화 계약에 따라 캐릭터사용허락을 받은 사용권자 및 재사용권자 등 그 캐릭터에 관한 상품화 사업을 영위하는 집단(group)의 상품표지로서 수요자들에게 널리 인식되어 있을 것을 요한다. (대법원 2005. 4. 29. 선고 2005도70 판결)

▶판례

부정경쟁방지 및 영업비밀보호에 관한 법률 제2조 제1호 (가)목에 정한 '타인의 상품과 혼동을 하게 하는' 의 의미 및 판단 방법

부정경쟁방지 및 영업비밀보호에 관한 법률 제2조 제1호 (가)목 소정의 '타인의 상품과 혼동을 하게 하는' 의 의미는 상품의 출처가 동일하다고 오인하게 하는 경우뿐만 아니라 국내에 널리 인식된 타인의 상품표지와 동일 또는 유사한 표지를 사용함으로써 일반 수요자나 거래자로 하여금 '당해 상품표지의 주체와 사용자 간에

부정경쟁방지 및 영업비밀보호에 관한 법률[시행 2010. 3.31] [법률 제9895호, 2009.12.30, 일부개정]

자본, 조직 등에 밀접한 관계가 있지 않을까' 라고 오신하게 하는 경우도 포함하며, 타인의 상품과 혼동을 하게 하는 행위에 해당하는지 여부는 상품표지의 주지성과 식별력의 정도, 표지의 유사 정도, 사용 태양, 상품의 유사 및 고객층의 중복 등으로 인한 경업·경합관계의 존부 그리고 모방자의 악의(사용의도) 유무 등을 종합하여 판단하여야 한다. (대법원 2007.4.27. 선고 2006도8459 판결)

제2조의2 【부정경쟁방지 및 영업비밀보호 사업】 특허청장은 부정경쟁행위의 방지 및 영업비밀보호를 위하여 연구·교육 및 홍보, 부정경쟁방지를 위한 정보관리시스템 구축 및 운영, 그 밖에 대통령령으로 정하는 사업을 할 수 있다.
[본조신설 2009.3.25]

제2장 부정경쟁행위의 금지 등
<개정 2007.12.21>

제3조 【국기·국장 등의 사용 금지】 ①파리협약 당사국, 세계무역기구 회원국 또는 「상표법 조약」 체약국의 국기·국장(國章), 그 밖의 휘장이나 국제기구의 표지와 동일하거나 유사한 것은 상표로 사용할 수 없다. 다만, 해당 국가 또는 국제기구의 허락을 받은 경우에는 그러하지 아니하다.
②파리협약 당사국, 세계무역기구 회원국 또는 「상표법 조약」 체약국 정부의 감독용 또는 증명용 표지와 동일하거나 유사한 것은 상표로 사용할 수 없다. 다만, 해당 정부의 허락을 받은 경우에는 그러하지 아니하다.
[전문개정 2007.12.21]

제4조 【부정경쟁행위의 금지청구권 등】 ①부정경쟁행위로 자신의 영업상의 이익이 침해되거나 침해될 우려가 있는 자는 부정경쟁행위를 하거나 하려는 자에 대하여 법원에 그 행위의 금지 또는 예방을 청구할 수 있다.
②제1항에 따른 청구를 할 때에는 다음 각 호의 조치를 함께 청구할 수 있다.
1. 부정경쟁행위를 조성한 물건의 폐기
2. 부정경쟁행위에 제공된 설비의 제거
3. 부정경쟁행위의 대상이 된 도메인이름의 등록말소
4. 그 밖에 부정경쟁행위의 금지 또는 예방을 위하여 필요한 조치
[전문개정 2007.12.21]

> ▶판례
> 부정경쟁방지및영업비밀보호에관한법률 제4조에 의한 금지청구에 있어서 같은 법 제2조 제1호 (가)목, (다)목에서 정한 상품표지의 주지성 여부의 판단 시점(=사실심변론종결시)
> 부정경쟁방지및영업비밀보호에관한법률 제4조에 의한 금지청구에 있어서 같은 법 제2조 제1호 (가)목 소정의 타인의 성명·상호·상표·상품의 용기·포장 기타 타인의 상품임을 표시한 표지가 국내에 널리 인식되었는지 여부는 사실심변론종결시를 기준으로 판단하여야 하며, 같은 법 제2조 제1호 (다)목의 경우에도 마찬가지이다. (대법원 2004. 5. 14. 선고 2002다13782 판결)

제5조 【부정경쟁행위에 대한 손해배상책임】 고의 또는 과실에 의한 부정경쟁행위(제2조제1호다목의 경우에는 고의에 의한 부정경쟁행위만을 말한다)로 타인의 영업상 이익을 침해하여 손해를 입힌 자는 그 손해를 배상할 책임을 진다.
[전문개정 2007.12.21]

제6조 【부정경쟁행위로 실추된 신용의 회복】 법원은 고의 또는 과실에 의한 부정경쟁행위(제2조제1호다목의 경우에는 고의에 의한 부정경쟁행위만을 말한다)로 타인의 영업상의 신용을 실추시킨 자에게는 부정경쟁행위로 인하여 자신의 영업상의 이익이 침해된 자의 청구에 의하여 제5조에 따른 손해배상을 갈음하거나 손해배상과 함께 영업상의 신용을 회복하는 데에 필요한 조치를 명할 수 있다.
[전문개정 2007.12.21]

제7조 【부정경쟁행위의 조사 등】 ①특허청장은 제2조제1호가목부터 사목까지의 부정경쟁행위 또는 제3조를 위반한 행위를 확인하기 위하여 필요하다고 인정하면 관계 공무원에게 영업시설 또는 제조시설에 출입하여 관계 서류나 장부·제품 등을 조사하게 하거나 조사에 필요한 최소분량의 제품을 수거하여 검사하게 할 수 있다.

②제1항에 따라 조사 등을 하는 공무원은 그 권한을 표시하는 증표를 지니고 이를 관계인에게 내보여야 한다.
[전문개정 2007.12.21]

제8조 【위반행위의 시정권고】
특허청장은 제2조제1호가목부터 사목까지의 부정경쟁행위 또는 제3조를 위반한 행위가 있다고 인정되면 그 위반행위를 한 자에게 30일 이내의 기간을 정하여 그 행위를 중지하거나 표지를 제거 또는 폐기할 것 등 그 시정에 필요한 권고를 할 수 있다.
[전문개정 2007.12.21]

제9조 【의견청취】
특허청장은 제8조에 따른 시정권고를 하기 위하여 필요하다고 인정하면 대통령령으로 정하는 바에 따라 당사자·이해관계인 또는 참고인의 의견을 들어야 한다.
[전문개정 2007.12.21]

제3장 영업비밀의 보호
<개정 2007.12.21>

제10조 【영업비밀 침해행위에 대한 금지청구권 등】
①영업비밀의 보유자는 영업비밀 침해행위를 하거나 하려는 자에 대하여 그 행위에 의하여 영업상의 이익이 침해되거나 침해될 우려가 있는 경우에는 법원에 그 행위의 금지 또는 예방을 청구할 수 있다.
②영업비밀 보유자가 제1항에 따른 청구를 할 때에는 침해행위를 조성한 물건의 폐기, 침해행위에 제공된 설비의 제거, 그 밖에 침해행위의 금지 또는 예방을 위하여 필요한 조치를 함께 청구할 수 있다.
[전문개정 2007.12.21]

▶판례
구체적인 전직금지약정이 없는 경우 부정경쟁방지및영업비밀보호에관한법률 제10조 제1항에 의한 전직금지신청의 가부(적극)
근로자가 전직한 회사에서 영업비밀과 관련된 업무에 종사하는 것을 금지하지 않고서는 회사의 영업비밀을 보호할 수 없다고 인정되는 경우에는 구체적인 전직금지약정이 없다고 하더라도 부정경쟁방지및영업비밀보호에관한법률 제10조 제1항에 의한 침해행위의 금지 또는 예방 및 이를 위하여 필요한 조치 중의 한 가지로서 그 근로자로 하여금 전직한 회사에서 영업비밀과 관련된 업무에 종사하는 것을 금지하도록 하는 조치를 취할 수 있다. (대법원 2003. 7. 16 자 2002마4380 결정)

제11조 【영업비밀 침해에 대한 손해배상책임】
고의 또는 과실에 의한 영업비밀 침해행위로 영업비밀 보유자의 영업상 이익을 침해하여 손해를 입힌 자는 그 손해를 배상할 책임을 진다.
[전문개정 2007.12.21]

제12조 【영업비밀 보유자의 신용회복】
법원은 고의 또는 과실에 의한 영업비밀 침해행위로 영업비밀 보유자의 영업상의 신용을 실추시킨 자에게는 영업비밀 보유자의 청구에 의하여 제11조에 따른 손해배상을 갈음하거나 손해배상과 함께 영업상의 신용을 회복하는 데에 필요한 조치를 명할 수 있다.
[전문개정 2007.12.21]

제13조 【선의자에 관한 특례】
①거래에 의하여 영업비밀을 정당하게 취득한 자가 그 거래에 의하여 허용된 범위에서 그 영업비밀을 사용하거나 공개하는 행위에 대하여는 제10조부터 제12조까지의 규정을 적용하지 아니한다.
②제1항에서 "영업비밀을 정당하게 취득한 자"란 제2조제3호다목 또는 바목에서 영업비밀을 취득할 당시에 그 영업비밀이 부정하게 공개된 사실 또는 영업비밀의 부정취득행위나 부정공개행위가 개입된 사실을 중대한 과실 없이 알지 못하고 그 영업비밀을 취득한 자를 말한다.
[전문개정 2007.12.21]

제14조 【시효】
제10조제1항에 따라 영업비밀 침해행위의 금지 또는 예방을 청구할 수 있는 권리는 영업비밀 침해행위가 계속되는 경우에 영업비밀 보유자가 그 침해행위에 의하여 영업상의 이익이 침해되거나 침해될 우려가 있다는 사실 및 침해행위자를 안 날부터 3년간 행사하지 아니하면 시효(時效)로 소멸한다. 그 침해행위가 시작된 날부터 10년이 지난 때에도 또한 같다.
[전문개정 2007.12.21]

부정경쟁방지 및 영업비밀보호에 관한 법률[시행 2010. 3.31] [법률 제9895호, 2009.12.30, 일부개정]

제4장 보칙
<개정 2007.12.21>

제14조의2 【손해액의 추정 등】

①부정경쟁행위나 영업비밀 침해행위로 영업상의 이익을 침해당한 자가 제5조 또는 제11조에 따른 손해배상을 청구하는 경우 영업상의 이익을 침해한 자가 부정경쟁행위나 영업비밀 침해행위를 하게 한 물건을 양도하였을 때에는 제1호의 수량에 제2호의 단위수량당 이익액을 곱한 금액을 영업상의 이익을 침해당한 자의 손해액으로 할 수 있다. 이 경우 손해액은 영업상의 이익을 침해당한 자가 생산할 수 있었던 물건의 수량에서 실제 판매한 물건의 수량을 뺀 수량에 단위수량당 이익액을 곱한 금액을 한도로 한다. 다만, 영업상의 이익을 침해당한 자가 부정경쟁행위나 영업비밀 침해행위 외의 사유로 판매할 수 없었던 사정이 있는 경우에는 그 부정경쟁행위나 영업비밀 침해행위 외의 사유로 판매할 수 없었던 수량에 따른 금액을 빼야 한다.

1. 물건의 양도수량
2. 영업상의 이익을 침해당한 자가 그 부정경쟁행위나 영업비밀 침해행위가 없었다면 판매할 수 있었던 물건의 단위수량당 이익액

②부정경쟁행위나 영업비밀 침해행위로 영업상의 이익을 침해당한 자가 제5조 또는 제11조에 따른 손해배상을 청구하는 경우 영업상의 이익을 침해한 자가 그 침해행위에 의하여 이익을 받은 것이 있으면 그 이익액을 영업상의 이익을 침해당한 자의 손해액으로 추정한다.

③부정경쟁행위나 영업비밀 침해행위로 영업상의 이익을 침해당한 자는 제5조 또는 제11조에 따른 손해배상을 청구하는 경우 부정경쟁행위의 대상이 된 상품 등에 사용된 상표 등 표지의 사용 또는 영업비밀 침해행위의 대상이 된 영업비밀의 사용에 대하여 통상 받을 수 있는 금액에 상당하는 금액을 자기의 손해액으로 하여 손해배상을 청구할 수 있다.

④부정경쟁행위나 영업비밀 침해행위로 인한 손해액이 제3항에 따른 금액을 초과하면 그 초과액에 대하여도 손해배상을 청구할 수 있다. 이 경우 그 영업상의 이익을 침해한 자에게 고의 또는 중대한 과실이 없으면 법원은 손해배상 금액을 산정할 때 이를 고려할 수 있다.

⑤법원은 부정경쟁행위나 영업비밀 침해행위에 관한 소송에서 손해가 발생된 것은 인정되나 그 손해액을 입증하기 위하여 필요한 사실을 입증하는 것이 해당 사실의 성질상 극히 곤란한 경우에는 제1항부터 제4항까지의 규정에도 불구하고 변론 전체의 취지와 증거조사의 결과에 기초하여 상당한 손해액을 인정할 수 있다.

[전문개정 2007.12.21]

▶판례

부정경쟁방지 및 영업비밀보호에 관한 법률 제14조의2 제5항의 시행 전에 발생한 부정경쟁행위에 관한 소송에서 법원이 위 규정을 적용하여 손해배상액을 산정할 수 있는지 여부(적극)

부정경쟁방지 및 영업비밀보호에 관한 법률 제14조의2 제5항의 규정은 2001. 2. 3. 법률 제6421호로 개정된 법률에서 비로소 신설된 조항이기는 하나, 개정 법률 부칙(2001. 2. 3.)에서 위 규정과 관련하여 별도의 경과규정을 두고 있지 않은 점, 위 규정은 손해배상의 성립요건에 관한 것이 아니라 손해액의 산정 방법에 관한 것으로서 손해가 발생한 것은 인정되나 그 손해액을 입증하기 위하여 필요한 사실을 입증하는 것이 해당 사실의 성질상 극히 곤란한 경우에 그 손해액의 입증을 용이하게 하기 위하여 마련된 것에 불과한 점 등을 고려하여 보면, 개정된 부정경쟁방지 및 영업비밀보호에 관한 법률 시행 전에 발생한 부정경쟁행위에 관한 소송의 경우에도 법원은 위 법률 제14조의2 제5항을 적용할 수 있다. (대법원 2007.4.12. 선고 2006다10439 판결)

제14조의3 【자료의 제출】

법원은 부정경쟁행위나 영업비밀 침해행위로 인한 영업상 이익의 침해에 관한 소송에서 당사자의 신청에 의하여 상대방 당사자에 대하여 해당 침해행위로 인한 손해액을 산정하는 데에 필요한 자료의 제출을 명할 수 있다. 다만, 그 자료의 소지자가 자료의 제출을 거절할 정당한 이유가 있는 경우에는 그러하지 아니하다.

[전문개정 2007.12.21]

제15조 【다른 법률과의 관계】

부정경쟁방지 및 영업비밀보호에 관한 법률[시행 2010. 3.31] [법률 제9895호, 2009.12.30, 일부개정]

① 「특허법」, 「실용신안법」, 「디자인보호법」 또는 「상표법」에 제2조부터 제6조까지 및 제18조제3항과 다른 규정이 있으면 그 법에 따른다.

② 「독점규제 및 공정거래에 관한 법률」, 「표시·광고의 공정화에 관한 법률」 또는 「형법」 중 국기·국장에 관한 규정에 제2조제1호라목부터 바목까지, 제3조부터 제6조까지 및 제18조제3항과 다른 규정이 있으면 그 법에 따른다.

[전문개정 2007.12.21]

▶ 판례

상표권의 등록이 자신의 상품을 타인의 상품과 식별시킬 목적이 아니고 국내에서 널리 인식되어 사용되고 있는 타인의 상표와 동일·유사한 상표를 사용하여 타인의 상품과 혼동을 일으키게 하여 이익을 얻을 목적인 경우, 부정경쟁방지및영업비밀보호에관한법률 제15조의 적용 여부(소극)

부정경쟁방지법 제15조는 상표법 등 다른 법률에 부정경쟁방지법과 다른 규정이 있는 경우에는 부정경쟁방지법의 규정을 적용하지 아니하고 다른 법률의 규정을 적용하도록 규정하고 있으나, 상표권의 등록이 자기의 상품을 타인의 상품과 식별시킬 목적으로 한 것이 아니고 국내에서 널리 인식되어 사용되고 있는 타인의 상표와 동일 또는 유사한 상표를 사용하여 일반 수요자로 하여금 타인의 상품과 혼동을 일으키게 하여 이익을 얻을 목적으로 형식상 상표권을 취득하는 것이라면 그 상표의 등록출원 자체가 부정경쟁행위를 목적으로 하는 것으로서, 가사 권리행사의 외형을 갖추었다 하더라도 이는 상표법을 악용하거나 남용한 것이 되어 상표법에 의한 적법한 권리의 행사라고 인정할 수 없으므로 이러한 경우에는 부정경쟁방지법 제15조의 적용이 배제된다고 할 것이다. (대법원 2001. 4. 10. 선고 2000다4487 판결)

제16조 삭제 <1998.12.31>

제17조 【권한의 위임 및 업무의 위탁】 ①이 법에 따른 특허청장의 권한은 그 일부를 대통령령으로 정하는 바에 따라 특별시장·광역시장·도지사 또는 특별자치도지사(이하 이 조에서 "시·도지사"라 한다)에게 위임할 수 있다. <개정 2009.3.25>

②특허청장은 제2조의2에 따른 연구·교육·홍보 및 정보관리시스템의 구축·운영에 관한 업무를 대통령령으로 정하는 산업재산권 보호 또는 부정경쟁방지 업무와 관련된 법인이나 단체(이하 이 조에서 "전문단체"라 한다)에 위탁할 수 있다.
<신설 2009.3.25>

③시·도지사는 제1항에 따른 위임업무를 수행하기 위하여 필요한 경우에 전문단체의 지원을 받을 수 있다.
<신설 2009.3.25>

④제1항에 따른 위임업무 및 제3항에 따른 지원업무에 종사하는 자에 관하여는 제7조제2항을 준용한다.
<신설 2009.3.25>

⑤특허청장은 예산의 범위에서 제2항에 따른 위탁업무 및 제3항에 따른 지원업무에 사용되는 비용의 전부 또는 일부를 지원할 수 있다. <신설 2009.3.25>

[전문개정 2007.12.21]
[제목개정 2009.3.25]

제17조의2 【벌칙 적용에서의 공무원 의제】 제17조제3항에 따른 지원업무에 종사하는 자는 「형법」 제127조 및 제129조부터 제132조까지의 규정에 따른 벌칙의 적용에서는 공무원으로 본다.

[본조신설 2009.3.25]

제18조 【벌칙】 ①부정한 이익을 얻거나 기업에 손해를 입힐 목적으로 그 기업에 유용한 영업비밀을 외국에서 사용하거나 외국에서 사용될 것임을 알면서 취득·사용 또는 제3자에게 누설한 자는 10년 이하의 징역 또는 그 재산상 이득액의 2배 이상 10배 이하에 상당하는 벌금에 처한다. <개정 2009.12.30>

②부정한 이익을 얻거나 기업에 손해를 입힐 목적으로 그 기업에 유용한 영업비밀을 취득·사용하거나 제3자에게 누설한 자는 5년 이하의 징역 또는 그 재산상 이득액의 2배 이상 10배 이하에 상당하는 벌금에 처한다.

③다음 각 호의 어느 하나에 해당하는 자는 3년 이하의 징역 또는 3천만원 이하의 벌금에 처한다.

1. 제2조제1호(아목 및 자목은 제외한다)에 따른 부정경쟁행위를 한 자

2. 제3조를 위반하여 다음 각

부정경쟁방지 및 영업비밀보호에 관한 법률[시행 2010. 3.31] [법률 제9895호, 2009.12.30, 일부개정]

목의 어느 하나에 해당하는 휘장 또는 표지와 동일하거나 유사한 것을 상표로 사용한 자

　가. 파리협약 당사국, 세계무역기구 회원국 또는 「상표법조약」 체약국의 국기·국장, 그 밖의 휘장

　나. 국제기구의 표지

　다. 파리협약 당사국, 세계무역기구 회원국 또는 「상표법조약」 체약국 정부의 감독용·증명용 표지

④제1항과 제2항의 징역과 벌금은 병과(倂科)할 수 있다.

[전문개정 2007.12.21]

제18조의2 【미수】　　제18조제1항 및 제2항의 미수범은 처벌한다.

[전문개정 2007.12.21]

제18조의3 【예비·음모】　①제18조제1항의 죄를 범할 목적으로 예비 또는 음모한 자는 3년 이하의 징역 또는 2천만원 이하의 벌금에 처한다.

②제18조제2항의 죄를 범할 목적으로 예비 또는 음모한 자는 2년 이하의 징역 또는 1천만원 이하의 벌금에 처한다.

[전문개정 2007.12.21]

제19조 【양벌규정】　법인의 대표자나 법인 또는 개인의 대리인, 사용인, 그 밖의 종업원이 그 법인 또는 개인의 업무에 관하여 제18조제1항부터 제3항까지의 어느 하나에 해당하는 위반행위를 하면 그 행위자를 벌하는 외에 그 법인 또는 개인에게도 해당 조문의 벌금형을 과(科)한다. 다만, 법인 또는 개인이 그 위반행위를 방지하기 위하여 해당 업무에 관하여 상당한 주의와 감독을 게을리하지 아니한 경우에는 그러하지 아니하다.

[전문개정 2008.12.26]

제20조 【과태료】　①제7조제1항에 따른 관계 공무원의 조사나 수거를 거부·방해 또는 기피한 자에게는 2천만원 이하의 과태료를 부과한다.

②제1항에 따른 과태료는 대통령령으로 정하는 바에 따라 특허청장이 부과·징수한다.

③삭제　<2009.12.30>

④삭제　<2009.12.30>

⑤삭제　<2009.12.30>

[전문개정 2007.12.21]

부정경쟁방지 및 영업비밀보호에 관한 법률 시행령[시행 2010. 5. 5] [대통령령 제22151호, 2010. 5. 4, 타법개정]

제1조 【목적】 이 영은 「부정경쟁방지 및 영업비밀보호에 관한 법률」에서 위임된 사항과 그 시행에 필요한 사항을 규정함을 목적으로 한다.
[전문개정 2009.8.18]

제1조의2 【정당한 사유】 「부정경쟁방지 및 영업비밀보호에 관한 법률」(이하 "법"이라 한다) 제2조제1호다목에서 "비상업적 사용 등 대통령령으로 정하는 정당한 사유"란 다음 각 호의 어느 하나에 해당하는 경우를 말한다.
1. 비상업적으로 사용하는 경우
2. 뉴스보도 및 뉴스논평에 사용하는 경우
3. 타인의 성명, 상호, 상표, 상품의 용기·포장, 그 밖에 타인의 상품 또는 영업임을 표시한 표지(이하 "표지"라 한다)가 국내에 널리 인식되기 전에 그 표지와 동일하거나 유사한 표지를 사용해온 자(그 승계인을 포함한다)가 이를 부정한 목적 없이 사용하는 경우
4. 그 밖에 해당 표지의 사용이 공정한 상거래 관행에 어긋나지 아니한다고 인정되는 경우
[전문개정 2009.8.18]

제1조의3 【수거물품의 처리 등】
①특허청장은 법 제7조제1항에 따라 조사에 필요한 최소분량의 제품을 수거할 때에는 그 제품의 소유자나 점유자에게 별지 제1호서식의 수거증을 발급하여야 한다.
②특허청장은 법 제7조제1항에 따라 수거한 제품을 검사한 결과 그 제품이 부정경쟁행위 또는 법 제3조를 위반한 행위와 관련되지 아니한 경우에는 수거 당시의 소유자나 점유자에게 돌려주어야 한다.
③법 제7조제2항에 따른 증표는 별지 제2호서식에 따른다.
[전문개정 2009.8.18]

제2조 【시정권고의 방법 등】 ① 법 제8조에 따른 시정권고는 권고사유와 시정기한을 분명하게 적은 문서로 하여야 한다.
②특허청장은 제1항에 따른 시정권고를 하기 위하여 필요하다고 인정되는 경우 또는 그 시정권고의 이행 여부를 확인하기 위하여 필요하다고 인정되는 경우에는 관계 공무원으로 하여금 현장을 확인하게 할 수 있다.
③제2항에 따라 현장을 확인하는 공무원은 그 권한을 표시하는 증표를 지니고 관계인에게 보여야 한다.
[전문개정 2009.8.18]

제3조 【의견청취의 절차】 ①특허청장은 법 제9조에 따라 의견을 들으려는 경우에는 의견청취 예정일 10일 전까지 시정권고의 상대방, 이해관계인, 참고인 또는 그 대리인에게 서면으로 그 뜻을 통지하여 의견을 진술할 기회를 주어야 한다.
②제1항에 따른 통지를 받은 시정권고의 상대방, 이해관계인, 참고인 또는 그 대리인은 지정된 일시에 지정된 장소로 출석하여 의견을 진술하거나 서면으로 의견을 제출할 수 있다.
③제2항에 따라 시정권고의 상대방, 이해관계인, 참고인 또는 그 대리인이 출석하여 의견을 진술하였을 때에는 관계 공무원은 그 요지를 서면으로 작성한 후 의견 진술자에게 그 내용을 확인하고 서명 또는 날인하게 하여야 한다.
④제1항에 따른 통지에는 정당한 사유 없이 이에 따르지 아니하면 의견을 진술할 기회를 포기한 것으로 본다는 뜻을 분명히 밝혀야 한다.
[전문개정 2009.8.18]

제4조 【권한의 위임 및 업무의 위탁】 ①특허청장은 법 제17조제1항에 따라 다음 각 호의 권한을 특별시장·광역시장·도지사 또는 특별자치도지사(이하 "시·도지사"라 한다)에게 위임한다. 다만, 특허청장은 법 제2조제1호 각 목의 부정경쟁행위 또는 법 제3조를 위반한 행위로 인하여 국내 또는 국외의 상거래 질서에 심각한 영향을 미칠 우려가 있다고 인정되는 경우에는 해당 권한을 직접 행사할 수 있다.
1. 법 제7조제1항에 따른 부정경쟁행위 등의 조사
2. 법 제8조에 따른 위반행위의 시정권고
3. 법 제9조에 따른 의견청취
4. 법 제20조에 따른 과태료의 부과·징수
②제1항에 따라 권한을 위임받은 시·도지사가 그 위임받은 권한에 속하는 사무를 처리하였을 때에는 분기별로 그 내용을 특허청장에게 보고하여야 한다.
③특허청장은 제1항에 따라 시·도지사에게 위임된 권한에

부정경쟁방지 및 영업비밀보호에 관한 법률 시행령[시행 2010. 5. 5] [대통령령 제22151호, 2010. 5. 4, 타법개정]

속하는 사무가 일관되고 균형 있게 처리될 수 있도록 시·도지사를 지도·감독한다.
④특허청장은 법 제17조제2항에 따라 법 제2조의2에 따른 연구·교육·홍보 및 정보관리시스템의 구축·운영에 관한 업무를 다음 각 호의 법인 또는 단체에 위탁할 수 있다.
1. 「발명진흥법」에 따라 설립된 한국발명진흥회
2. 법 제2조의2의 업무에 관한 전문성이 있다고 인정되는 법인 또는 단체 중에서 특허청장이 지정하여 고시하는 법인 또는 단체
⑤법 제17조제5항에 따라 비용을 지원받으려는 법인 또는 단체는 별지 제3호서식의 부정경쟁방지 및 영업비밀보호 업무비용 지원신청서에 다음 각 호의 서류를 첨부하여 특허청장에게 제출하여야 한다. 이 경우 특허청장은 「전자정부법」 제36조제1항에 따른 행정정보의 공동이용을 통하여 법인등기부 등본(법인인 경우만 해당한다)을 확인하여야 한다.
<개정 2010.5.4>
1. 부정경쟁방지 및 영업비밀보호를 위한 업무계획서

2. 정관(법인인 경우만 해당한다)
⑥특허청장은 제4항제2호에 따른 법인 또는 단체의 지정기준과 절차를 정하여 고시하여야 한다.
[전문개정 2009.8.18]

제5조 【교육】 특허청장은 부정경쟁행위방지에 관한 직무에 종사하는 공무원에 대하여 필요하다고 인정하면 직무교육을 할 수 있다.
[전문개정 2009.8.18]

제6조 【과태료의 부과기준】 법 제20조제1항에 따른 과태료의 부과기준은 별표와 같다.
[전문개정 2009.8.18]

[별표] <신설 2009.8.18>

과태료의 부과기준(제6조 관련)

1. 일반기준

　가. 위반행위의 횟수에 따른 과태료의 부과기준은 최근 3년간 같은 위반행위를 한 경우에 적용한다. 이 경우 위반 횟수별 부과기준의 적용일은 위반사항에 대하여 부과처분한 날과 다시 동일한 위반사항을 적발한 날로 한다.

　나. 부과권자는 위반행위의 동기·내용 및 그 결과 등을 고려하여 해당 과태료 금액을 2분의 1의 범위에서 늘리거나 줄일 수 있다. 다만, 늘리는 경우에도 과태료의 총액은 법 제20조제1항에 따른 과태료의 상한을 초과할 수 없다.

2. 개별기준

위반행위	근거법령	과태료 금액(만원)		
		1회 위반	2회 위반	3회 이상 위반
법 제7조제1항에 따른 관계 공무원의 조사나 수거를 거부·방해 또는 기피한 경우	법 제20조 제1항			
가. 관계 공무원의 영업장 출입을 거부하거나 영업장 조사를 거부하는 등 관계 공무원의 조사를 적극적으로 거부하는 경우		500	1,000	2,000
나. 영업장 내의 증거품을 반출하거나 숨기거나 인멸하는 등 관계 공무원의 조사를 방해하는 경우		300	600	1,200
다. 정당한 사유 없이 영업장을 이탈하는 등 조사를 기피하는 경우		100	200	400
라. 정당한 사유 없이 관계 공무원의 조사 확인이나 조사에 필요한 제품의 수거를 거부하는 등 기피행위를 한 경우		50	100	200

소프트웨어산업 진흥법[시행 2010. 5. 5] [법률 제10012호, 2010. 2. 4, 타법개정]

제1장 총칙

제1조 【목적】 이 법은 소프트웨어산업의 진흥에 필요한 사항을 정하여 소프트웨어산업 발전의 기반을 조성하고 소프트웨어산업의 경쟁력을 강화함으로써 국민생활의 향상과 국민경제의 건전한 발전에 이바지함을 목적으로 한다.

제2조 【정의】 이 법에서 사용하는 용어의 정의는 다음과 같다. <개정 2007.12.21, 2010.2.4>

1. "소프트웨어"라 함은 컴퓨터·통신·자동화 등의 장비와 그 주변장치에 대하여 명령·제어·입력·처리·저장·출력·상호작용이 가능하도록 하게 하는 지시·명령(음성이나 영상정보 등을 포함한다)의 집합과 이를 작성하기 위하여 사용된 기술서 기타 관련 자료를 말한다.

2. "소프트웨어산업"이라 함은 소프트웨어의 개발·제작·생산·유통 등과 이에 관련된 서비스 및 「전자정부법」 제2조 제13호의 규정에 의한 정보시스템의 구축·운영 등과 관련된 산업을 말한다.

3. "소프트웨어사업"이라 함은 소프트웨어산업과 관련된 경제활동을 말한다.

4. "소프트웨어사업자"라 함은 소프트웨어사업을 영위하는 자를 말한다.

5. "소프트웨어기술자"란 「국가기술자격법」에 따라 정보처리 분야의 기술자격을 취득한 자 또는 소프트웨어 기술 분야에서 대통령령으로 정하는 학력이나 경력을 가진 자를 말한다.

6. "소프트웨어프로세스"란 소프트웨어를 개발하고 유지·보수하기 위하여 사용하는 일련의 방법·절차·활동 등을 말한다.

7. "소프트웨어진흥시설"이라 함은 소프트웨어사업자와 그 지원시설 등을 집단적으로 유치함으로써 소프트웨어사업자의 영업활동을 지원하기 위하여 제5조의 규정에 의하여 지정된 시설물을 말한다.

8. "소프트웨어진흥단지"라 함은 소프트웨어사업자와 그 지원시설 등을 집단적으로 유치함으로써 소프트웨어사업자의 영업활동을 지원하기 위하여 제6조의 규정에 의하여 지정·조성된 지역을 말한다.

[제목개정 2007.12.21]

제3조 【국가와 지방자치단체의 책무】 국가와 지방자치단체는 소프트웨어산업의 진흥을 위하여 필요한 각종 시책을 수립·시행하여야 한다.

제4조 【기본계획의 수립 등】 ① 지식경제부장관은 소프트웨어산업의 진흥을 위하여 중·장기적인 기본계획(이하 "기본계획"이라 한다)을 수립하여야 한다. <개정 2008.2.29>

②기본계획에는 다음 각호의 사항이 포함되어야 한다.

1. 소프트웨어산업의 진흥을 위한 시책의 기본방향

2. 소프트웨어산업의 부문별 육성시책에 관한 사항

3. 소프트웨어산업의 기반조성에 관한 사항

4. 소프트웨어사업의 창업지원 등 소프트웨어사업자 육성에 관한 사항

5. 소프트웨어 전문인력의 양성에 관한 사항

6. 소프트웨어 기술의 연구개발 및 보급에 관한 사항

7. 소프트웨어의 이용촉진 및 유통활성화에 관한 사항

8. 소프트웨어산업의 국제협력 및 해외시장 진출에 관한 사항

9. 기타 소프트웨어산업 진흥을 위하여 필요한 사항

③지식경제부장관은 기본계획에 따라 세부시행계획(이하 "시행계획"이라 한다)을 수립·시행하여야 한다. <개정 2008.2.29>

④기본계획 및 시행계획의 수립·시행에 관하여 필요한 사항은 대통령령으로 정한다.

제2장 소프트웨어산업의 기반조성

제5조 【소프트웨어진흥시설의 지정 등】 ①지식경제부장관은 소프트웨어산업의 진흥을 위하여 소프트웨어진흥시설(이하 "진흥시설"이라 한다)을 지정하고, 자금 및 설비제공 등 그 지원을 위하여 필요한 시책을 강구할 수 있다. <개정 2008.2.29>

②제1항에 의한 진흥시설로 지정받고자 하는 자(지방자치단체를 포함한다)는 대통령령이 정하는 바에 따라 그 지정을 신청하여야 한다.

③지식경제부장관은 제1항의 규정에 의하여 진흥시설을 지정하

소프트웨어산업 진흥법[시행 2010. 5. 5] [법률 제10012호, 2010. 2. 4, 타법개정]

는 경우에는 진흥시설의 발전을 위하여 필요한 조건을 붙일 수 있다. 이 경우 당해 조건은 공공의 이익을 증진하기 위하여 필요한 최소한도의 것에 한하여야 하며 부당한 의무를 부과하는 것이어서는 아니된다. <개정 2008.2.29>

④제1항의 규정에 의하여 지정된 진흥시설은 벤처기업육성에 관한특별조치법 제18조의 규정에 의한 벤처기업집적시설로 지정된 것으로 본다.

⑤진흥시설의 지정요건 및 진흥시설에 대한 지원 등에 관하여 필요한 사항은 대통령령으로 정한다.

제6조 【소프트웨어진흥단지의 지정·조성】 ①지식경제부장관은 소프트웨어산업의 진흥을 위하여 소프트웨어사업자와 그 지원시설 등이 집단적으로 입주하여 있거나 입주하고자 하는 지역에 대하여 필요한 경우에는 소프트웨어진흥단지(이하 "진흥단지"라 한다)를 지정하거나 조성할 수 있다. <개정 2008.2.29>

②진흥단지의 지정요건 기타 지정 및 조성 등에 관하여 필요한 사항은 대통령령으로 정한다.

제7조 【진흥시설 등의 지정해제】 지식경제부장관은 진흥시설 및 진흥단지가 지정요건에 미달하게 되거나 진흥시설의 지정을 받은 자가 제5조제3항의 규정에 의한 지정조건을 이행하지 아니한 때에는 대통령령이 정하는 바에 따라 그 지정을 해제할 수 있다. <개정 2008.2.29>

제8조 【소프트웨어 창업의 활성화】 지식경제부장관은 소프트웨어사업의 창업을 촉진하고 창업자의 성장·발전을 위하여 「국유재산법」 제34조제1항제3호에 따라 국유재산을 무상으로 사용할 수 있도록 지정받은 공공단체로 하여금 소프트웨어사업의 창업을 원하는 자 기타 대통령령이 정하는 자에게 같은 법 제30조제2항의 규정에 불구하고 전대하여 사용하게 할 수 있다. <개정 2008.2.29, 2009.1.30>

제9조 【진흥시설 등에 대한 지방자치단체의 지원】 지방자치단체는 소프트웨어산업의 진흥을 위하여 필요한 경우 진흥시설 및 진흥단지를 조성하고자 하는 자와 소프트웨어사업의 창업을 지원하는 공공단체 등에 대하여 출연하거나 지방재정법의 규정에 불구하고 출자할 수 있다.

제10조 【소프트웨어 전문인력의 양성】 ①지식경제부장관은 소프트웨어기술자 등 소프트웨어전문인력의 양성과 자질향상을 위하여 교육훈련을 실시할 수 있다. <개정 2008.2.29>

②지식경제부장관은 대통령령으로 정하는 연구소나 대학, 그 밖의 기관이나 단체를 전문인력 양성기관으로 지정하여 제1항에 따른 교육훈련을 실시하게 할 수 있으며, 이에 필요한 예산을 지원할 수 있다. <개정 2008.2.29>

③소프트웨어 전문인력의 양성 및 교육훈련에 관한 계획 수립, 전문인력 양성기관의 지정 등에 관한 사항은 대통령령으로 정한다. [전문개정 2007.12.21]

제11조 【소프트웨어 기술개발의 촉진】 정부는 소프트웨어산업과 관련된 기술의 개발을 촉진하기 위하여 기술개발 사업을 실시하는 자에 대하여 그 소요되는 자금의 전부 또는 일부를 출연 또는 보조할 수 있다.

제12조 【소프트웨어 표준화의 추진】 ①지식경제부장관은 소프트웨어의 효율적 개발 및품질향상과 호환성 확보 등을 위하여 소프트웨어의 표준화를 추진하고 소프트웨어사업자에게 이를 권고할 수 있다. <개정 2008.2.29>

②지식경제부장관은 소프트웨어 표준화를 촉진하기 위하여 전문기관을 지정할 수 있으며 표준화 활동에 필요한 예산을 지원할 수 있다. <개정 2008.2.29>

제13조 【품질인증】 ①지식경제부장관은 소프트웨어의 품질확보 및 유통촉진을 위하여 소프트웨어에 관한 품질인증을 실시할 수 있다. <개정 2007.12.21, 2008.2.29>

②지식경제부장관은 제1항에 따른 품질인증을 실시하기 위하여 인증기관을 지정할 수 있다. <개정 2007.12.21, 2008.2.29>

③제2항에 따라 지정받은 인증기관은 소프트웨어 품질인증의 신청을 받은 경우 대통령령으로 정하는 인증기준에 맞다고 인정

소프트웨어산업 진흥법[시행 2010. 5. 5] [법률 제10012호, 2010. 2. 4, 타법개정]

하면 품질인증을 하여야 한다. <신설 2007.12.21>
④지식경제부장관은 제1항에 따라 인증받은 제품에 대하여 「중소기업제품 구매촉진 및 판로지원에 관한 법률」 제13조에 따른 공공기관의 우선구매 및 「기술개발촉진법」 제3조에 따른 자금지원 등을 중앙행정기관의 장에게 요청할 수 있다. <개정 2001.5.24, 2007.4.11, 2007.12.21, 2008.2.29, 2009.5.21>
⑤제2항에 따른 인증기관의 지정요건 등 소프트웨어 품질인증의 실시에 관하여 필요한 사항은 대통령령으로 정한다. <개정 2007.12.21>
[제목개정 2007.12.21]

제14조 【소프트웨어산업정보의 관리 등】
①정부는 소프트웨어산업의 진흥을 위하여 소프트웨어산업의 기술수준·연구동향·시장동향·사업자현황 및 기술인력현황 등 소프트웨어산업 전반에 관한 정보(이하 "소프트웨어산업정보"라 한다)를 종합적으로 관리하고 이를 관련 기관·단체 등에 제공할 수 있다. <개정 2007.12.21>

②지식경제부장관은 소프트웨어산업정보를 종합적으로 관리하기 위하여 대통령령으로 정하는 바에 따라 소프트웨어산업정보 종합관리체계를 구축·운영할 수 있다. <개정 2007.12.21, 2008.2.29>
③지식경제부장관은 소프트웨어산업정보를 종합적으로 관리하기 위하여 소프트웨어사업자, 소프트웨어 관련 사업자단체(2 이상의 소프트웨어사업자로 구성되어 소프트웨어산업 분야에서 활동하는 단체를 말한다. 이하 "사업자단체"라 한다) 및 제27조에 따른 소프트웨어공제조합에 소프트웨어사업의 수행에 관한 자료의 제출을 요청할 수 있다. <개정 2007.12.21, 2008.2.29>
④제3항에 따라 자료의 제출을 요청받은 자는 자료가 국 가에 관한 내용이거나, 사업자 또는 사업자단체의 영업비밀(「부정경쟁방지 및 영업비밀보호에 관한 법률」 제2조제2호에 따른 영업비밀을 말한다)에 관한 사항으로서 사업자 등의 정당한 이익을 해할 우려가 있는 등 특별한 사유가 있는 때에는 제출하지 아니할 수 있다.

<신설 2007.12.21>
⑤지식경제부장관은 제1항 및 제2항의 업무를 추진하기 위하여 소프트웨어산업정보를 전문적으로 관리하는 기관을 지정할 수 있다. <신설 2007.12.21, 2008.2.29>
⑥제3항에 따른 자료제출의 요청절차 및 제5항에 따른 정보관리기관의 지정요건 등에 관하여 필요한 사항은 대통령령으로 정한다. <신설 2007.12.21>
[제목개정 2007.12.21]

제15조 【소프트웨어 유통활성화】
①정부는 소프트웨어산업의 진흥을 위하여 소프트웨어의 유통활성화에 노력하여야 한다.
②지식경제부장관은 제1항의 규정에 의한 소프트웨어의 유통촉진을 위하여 필요한 사업을 실시할 수 있으며 정품소프트웨어의 유통을 촉진시키는 활동을 지원할 수 있다. <개정 2008.2.29>
③제2항의 규정에 의한 사업의 실시와 활동의 지원 등에 관하여 필요한 사항은 대통령령으로 정한다.

제16조 【국제협력 및 해외진출 촉

진】 ①정부는 소프트웨어산업의 국제협력 및 해외시장 진출을 추진하기 위하여 관련 기술 및 인력의 국제교류, 국제전시회 참가, 국제표준화, 국제공동연구개발 등의 사업을 지원할 수 있다.
②지식경제부장관은 대통령령이 정하는 기관이나 단체로 하여금 제1항의 사업을 수행하게 할 수 있으며 필요한 예산을 지원할 수 있다. <개정 2008.2.29>

제17조 【소프트웨어산업 진흥 전담기관】
정부는 「정보통신산업 진흥법」 제26조에 따른 정보통신산업진흥원으로 하여금 소프트웨어산업의 진흥·발전을 효율적으로 지원하기 위한 사업을 하게 할 수 있다.
[전문개정 2009.5.22]

제18조 【세제지원 등】
①정부는 소프트웨어산업의 진흥을 위하여 세제·금융 기타 행정상의 필요한 조치를 강구하여야 한다.
②국가 또는 지방자치단체는 소프트웨어산업의 진흥을 위하여 조세특례제한법·지방세법 기타 관련 법률이 정하는 바에 의하

여 소득세·법인세·취득세·재산세 및등록세 등을 감면할 수 있다.

제3장 소프트웨어사업의 활성화

제19조 【소프트웨어사업의 수요예보】 ①국가·지방자치단체·국가 또는 지방자치단체가 투자하거나 출연한 법인 또는 기타 공공단체 등(이하 "국가기관 등"이라 한다)의 장은 연 2회 이상 소관기관의 소프트웨어 구매수요 정보와 소프트웨어사업의 추진계획을 지식경제부장관에게 제출하여야 한다.
<개정 2008.2.29, 2009.12.30>
②지식경제부장관은 제1항의 규정에 의하여 접수된 소프트웨어 구매수요정보 및 소프트웨어사업 추진계획을 연 2회 이상 소프트웨어사업자에게 공개하여야 한다.
<개정 2008.2.29, 2009.12.30>
③지식경제부장관은 제2항의 규정에 의한 업무를 효율적으로 추진하기 위하여 전문기관을 지정하여 이를 위탁할 수 있으며 이에 필요한 예산을 지원할 수 있다. <개정 2008.2.29>

④제1항에 따른 제출과 제2항에 따른 공개의 구체적인 횟수·시기·방법·절차 및 제3항의 규정에 의한 전문기관의 지정 및 지원 등에 관하여 필요한 사항은 대통령령으로 정한다.
<개정 2009.12.30>

제20조 【국가기관 등의 소프트웨어사업 계약】 ①국가기관 등의 장은 소프트웨어사업의 계약을 체결하는 경우 국가를당사자로 하는계약에관한법률 제10조제2항제3호의 규정에 의한 입찰자를 낙찰자로 하는 계약방식을 우선적으로 적용하여 계약을 체결하여야 한다. 다만, 계약을 체결하고자 하는 소프트웨어사업의 특성상 필요하다고 판단되는 경우에는 달리 계약을 체결할 수 있다.
②국가기관 등의 장은 소프트웨어사업을 발주하는 경우 지식경제부장관이 정하는 분리발주 대상 소프트웨어를 개별적으로 직접 계약하여야 한다.
<신설 2009.12.30>
③지식경제부장관은 소프트웨어사업자의 기술성을 평가하는 기준을 정하여 고시하고, 국가기관 등의 장이 소프트웨어사업자

의 기술성을 평가하는 경우에 동 기준의 적용을 권장할 수 있다.
<개정 2008.2.29, 2009.12.30>
④국가기관 등이 소프트웨어사업자와 계약을 통하여 소프트웨어사업을 추진하는 경우 계약서 또는 이행계획서에 기초하여 사업의 적정한 수행여부와 산출물의 품질 등을 관리·감독하여야 한다.
<개정 2003.7.25, 2009.12.30>
⑤국가기관 등의 장은 소프트웨어의 직접 계약현황 등 대통령령으로 정하는 정보를 소프트웨어사업자에게 매년 공개하고, 지식경제부장관에게 통보하여야 한다. <신설 2009.12.30>
⑥제1항 및 제2항에 따른 계약체결의 세부절차와 기준 및 제4항에 따른 관리·감독의 기준은 지식경제부장관이 정하여 이를 고시한다. <개정 2008.2.29, 2009.12.30>
[제목개정 2003.7.25]

제20조의2 【소프트웨어사업과업변경심의위원회】 ①국가기관등의 장은 제20조에 따라 소프트웨어사업을 추진하는 경우 과업내용 변경의 적절성과 과업변경

에 따른 계약금액의 조정에 관한 사항을 심의하기 위하여 소프트웨어사업과업변경심의위원회(이하 "과업변경심의위원회"라 한다)를 둘 수 있다.
②국가기관등의 장과 소프트웨어사업의 계약을 체결한 사업자는 국가기관등의 장에게 과업변경심의위원회의 개최를 요청할 수 있다.
③과업변경심의위원회의 위원 중 과반수는 소프트웨어사업에 관한 학식 또는 경험이 있는 전문가로 구성되어야 한다.
④과업변경심의위원회의 구성·운영 등에 관하여 필요한 사항은 대통령령으로 정한다.
⑤제2항에 따른 과업변경심의위원회의 개최요청 절차에 관하여 필요한 사항은 지식경제부령으로 정한다. <개정 2009.3.18>
[본조신설 2007.12.21]

제20조의3 【하도급의 승인】 ①소프트웨어사업자가 국가기관등과 소프트웨어사업의 계약을 체결한 경우 도급받은 사업의 전부 또는 일부를 다른 소프트웨어사업자에게 하도급하거나 하수급인이 하도급받은 사업의 전부 또는 일부를 다시 하도급하

소프트웨어산업 진흥법[시행 2010. 5. 5] [법률 제10012호, 2010. 2. 4, 타법개정]

고자 할 때에는 미리 국가기관 등의 장으로부터 서면에 의한 승인을 각각 받아야 한다.
②제1항에 따른 승인절차 등에 관하여 필요한 사항은 지식경제부령으로 정한다.
<개정 2009.3.18>
[본조신설 2007.12.21]

제20조의4 【소프트웨어사업의 하자담보책임】 ①소프트웨어사업자는 국가기관등과 소프트웨어사업의 계약을 체결한 경우 사업을 종료한 날(사업에 대한 시험 및 검사를 수행하여 최종산출물을 인도한 날을 말한다)부터 1년 이내의 범위에서 발생한 하자에 대하여 담보책임이 있다.
②제1항에도 불구하고 소프트웨어사업자는 다음 각 호의 어느 하나의 사유로 발생한 하자에 대하여는 담보책임이 없다. 다만, 발주자가 제공한 물품 또는 발주자의 지시가 적당하지 아니하다는 것을 알고도 이를 발주자에게 고지하지 아니한 경우에는 그러하지 아니하다.
1. 발주자가 제공한 물품의 품질이나 규격 등의 기준 미달로 인한 경우

2. 발주자의 지시에 따라 정보시스템을 구축한 경우
[본조신설 2007.12.21]

제21조 【소프트웨어사업 제안서 보상】 ①국가기관 등의 장은 제20조의 규정에 의하여 소프트웨어사업을 추진하는 경우 낙찰자로 결정되지 아니한 자 중 제안서 평가에서 우수한 평가를 받은 자에 대하여는 예산의 범위안에서 제안서 작성비의 일부를 보상할 수 있다.
②제1항의 규정에 의한 제안서 보상기준 및 절차 등에 관하여 필요한 사항은 지식경제부장관이 정하여 이를 고시한다.
<개정 2008.2.29>

제22조 【사업대가기준】 ①지식경제부장관은 국가기관등에서 소프트웨어사업의 계약을 체결하는 경우 원가계산업무에 활용할 수 있도록 소프트웨어사업의 대가기준을 정하여 고시하고 그 기준에 의하여 시행할 것을 권장할 수 있다.
<개정 2007.12.21, 2008.2.29>
②제1항에 따른 대가기준은 소프트웨어산업의 건전한 발전과 소프트웨어사업의 품질을 보장

할 수 있는 적정한 수준이어야 한다. <개정 2007.12.21>
③제1항에 따른 소프트웨어사업의 대가기준을 결정하는데 필요한 소프트웨어기술자의 등급별 노임단가 등에 관하여 필요한 사항은 대통령령으로 정한다.
<신설 2007.12.21>
④지식경제부장관은 제1항에 따라 소프트웨어사업의 대가기준을 정하고자 하는 때에는 기획재정부장관과 협의하여야 한다.
<신설 2007.12.21, 2008.2.29, 2009.3.18>
[제목개정 2007.12.21]

제23조 【소프트웨어프로세스 품질인증】 ①지식경제부장관은 소프트웨어 및 정보시스템 개발프로세스의 품질 향상과 신뢰성 확보 등을 위하여 소프트웨어프로세스 품질인증을 실시할 수 있다. <개정 2008.2.29>
②지식경제부장관은 제1항에 따른 소프트웨어프로세스 품질인증을 실시하기 위하여 인증기관을 지정할 수 있다.
<개정 2008.2.29>
③제2항에 따라 지정받은 인증기관은 소프트웨어프로세스 품질인증의 신청을 받은 경우 대

통령령으로 정하는 인증기준에 맞다고 인정하면 소프트웨어프로세스 품질인증을 하여야 한다.
④제2항에 따른 인증기관의 지정요건 등 소프트웨어프로세스 품질인증의 실시에 관하여 필요한 사항은 대통령령으로 정한다.
[전문개정 2007.12.21]

제24조 【소프트웨어사업자의 신고】 ①지식경제부장관은 소프트웨어산업의 진흥을 위하여 소프트웨어사업자로 하여금 기술인력·사업수행실적 등의 관리에 필요한 사항을 지식경제부장관에게 신고하게 할 수 있다. 신고한 사항이 변경되는 경우에도 또한 같다.
<개정 2007.12.21, 2008.2.29>
②지식경제부장관은 대통령령으로 정하는 기관 또는 단체에 대하여 제1항에 따른 신고업무를 수행하게 할 수 있으며 이에 필요한 예산을 지원할 수 있다.
<개정 2007.12.21, 2008.2.29>
③제1항에 따른 신고사항 및 신고절차와 제2항에 따른 기관 또는 단체의 지원 등에 관하여 필요한 사항은 지식경제부령으로

소프트웨어산업 진흥법[시행 2010. 5. 5] [법률 제10012호, 2010. 2. 4, 타법개정]

정한다.
<개정 2007.12.21, 2009.3.18>
[제목개정 2007.12.21]

제24조의2 【중소소프트웨어사업자의 사업참여 지원】 ①정부는 중소소프트웨어사업자의 육성을 통한 소프트웨어산업의 건전한 발전을 위하여 국가기관 등이 발주하는 정보시스템 구축 및 이와 관련된 소프트웨어 개발사업(이하 "정보시스템 구축사업"이라 한다)에 중소소프트웨어사업자의 참여를 확대할 수 있는 조치를 강구하여야 한다.
②지식경제부장관은 국가기관 등이 발주하는 정보시스템 구축사업에 중소소프트웨어사업자의 참여를 확대하기 위하여 필요하다고 인정되는 때에는 정보시스템 구축사업의 성격을 고려하여 대기업인 소프트웨어사업자가 참여할 수 있는 사업금액의 하한을 정하여 이를 고시하고 국가기관 등의 장에게 그 적용을 요청할 수 있다.
<개정 2008.2.29>
③제1항 및 제2항의 규정에 의한 국가기관 등의 범위, 정보시스템 구축사업의 종류 및 대기업인 소프트웨어사업자의 기준

은 대통령령으로 정한다.
[본조신설 2003.7.25]

제24조의3 【소프트웨어기술자의 신고】 ①소프트웨어기술자는 근무처·경력·학력 및 자격 등(이하 "경력등"이라 한다)의 관리에 필요한 사항을 지식경제부장관에게 신고할 수 있다. 신고한 사항이 변경되는 경우에도 또한 같다. <개정 2008.2.29>
②지식경제부장관은 제1항에 따라 신고를 받은 소프트웨어기술자의 경력등에 관한 기록을 유지·관리하여야 하고, 신고받은 내용의 진실성과 정확성을 확보하기 위하여 국가기관등의 장이나 신고한 소프트웨어기술자가 소속된 관련 업체·기관의 장에게 필요한 자료의 제출을 요청할 수 있다. 이 경우 그 요청을 받은 업체·기관의 장은 특별한 사유가 없으면 그 요청에 따라야 한다. <개정 2008.2.29>
③소프트웨어기술자가 제1항에 따른 신고 또는 변경신고를 할 때에는 경력등을 거짓으로 신고하여서는 아니 된다.
④지식경제부장관은 제1항에 따라 신고한 소프트웨어기술자가 소프트웨어기술자의 경력등에

관한 증명서(이하 "소프트웨어기술경력증"이라 한다)의 발급을 신청하면 이를 발급하여야 한다. 다만, 지식경제부장관은 소프트웨어기술자가 제3항을 위반하여 거짓으로 신고한 경우에는 지식경제부령으로 정하는 절차에 따라 소프트웨어기술경력증 발급을 취소하거나 발급하지 아니할 수 있다.
<개정 2008.2.29, 2009.3.18>
⑤지식경제부장관은 대통령령으로 정하는 기관·단체로·하여금 제1항에 따른 신고업무, 제2항에 따른 기록의 유지·관리 및 제4항에 따른 소프트웨어기술경력증의 발급 업무를 수행하게 할 수 있으며, 이에 필요한 예산을 지원할 수 있다.
<개정 2008.2.29>
⑥지식경제부장관은 소프트웨어기술경력증을 발급(재발급하는 경우를 포함한다)하는 경우에는 그 신청인으로부터 실제 비용의 범위에서 수수료를 받을 수 있다. <개정 2008.2.29>
⑦제1항에 따른 소프트웨어기술자의 신고사항과 신고절차, 제2항에 따른 기록의 유지·관리방법, 제4항에 따른 소프트웨어기술경력증의 발급절차, 제5항에

따른 기관·단체의 지원 및 제6항에 따른 수수료 등에 관하여 필요한 사항은 지식경제부령으로 정한다. <개정 2009.3.18>
[본조신설 2007.12.21]

제25조 【소프트웨어산업 부문별 활성화 지원】 지식경제부장관은 제4조제2항제2호의 규정에 의한 소프트웨어산업의 부문별 육성시책을 효과적으로 추진하기 위하여 관련 전문기관 및 민간단체로 하여금 이를 수행하게 할 수 있으며 이에 필요한 예산을 지원할 수 있다.
<개정 2008.2.29>

제26조 【한국소프트웨어산업협회의 설립】 ①소프트웨어사업자는 소프트웨어산업의 건전한 발전과 소프트웨어사업자의 공동이익을 도모하기 위하여 한국소프트웨어산업협회(이하 "협회"라 한다)를 설립할 수 있다.
②협회는 법인으로 한다.
③협회는 다음 각호의 업무를 행한다.
1. 소프트웨어산업에 대한 현황 및 관련 통계의 조사
2. 소프트웨어산업의 진흥을 위한 제도의 연구 및 개선 건의

소프트웨어산업 진흥법[시행 2010. 5. 5] [법률 제10012호, 2010. 2. 4, 타법개정]

3. 소프트웨어 기술·시장정보의 수집·분석 및 제공
4. 소프트웨어사업에 대한 적정한 대가기준의 연구
5. 소프트웨어 유통촉진 및 사용자 지원에 관한 사항
6. 소프트웨어사업자의 저작권·상표권 등의 보호활동 지원에 관한 사항
7. 기타 협회의 설립목적을 달성하는데 필요한 사업
④협회에 관하여 이 법에서 규정한 것을 제외하고는 민법 중 사단법인에 관한 규정을 준용한다.

제4장 소프트웨어공제조합

제27조 【소프트웨어공제조합의 설립】
① 소프트웨어사업자는 상호협동과 자율적인 경제활동을 도모하고 소프트웨어산업의 건전한 발전을 위하여 지식경제부장관의 인가를 받아 각종 자금대여와 보증 등을 행하는 소프트웨어공제조합(이하 "공제조합"이라 한다)을 설립할 수 있다. <개정 2008.2.29>
②공제조합은 법인으로 한다.
③공제조합의 설립인가절차, 정관기재사항, 운영 및 감독 등에 관하여 필요한 사항은 대통령령으로 정한다.
④출자금 총액의 변경등기는 민법 제52조의 규정에 불구하고 매회계연도말 현재를 기준으로 하여 회계연도 종료후 3월이내에 등기할 수 있다.
⑤공제조합에 관하여 이 법에서 규정한 것을 제외하고는 민법 중 사단법인에 관한 규정을 준용한다.

제28조 【공제조합의 사업】
공제조합은 다음 각 호의 사업을 행한다. <개정 2007.12.21>
1. 소프트웨어개발 및 기술향상과 경영안정에 필요한 자금의 대여 및 투자
2. 소프트웨어개발 및 기술향상과 경영안정에 필요한 자금을 금융기관으로부터 차입하고자 할 경우 그 채무에 대한 보증
3. 소프트웨어사업에 따른 의무이행에 필요한 이행보증
4. 「중소기업제품 구매촉진 및 판로지원에 관한 법률」 제18조에 따른 성능보험사업
5. 기타 대통령령으로 정하는 사업
[제목개정 2007.12.21]

제29조 【기본재산의 조성】
①공제조합의 기본재산은 공제사업을 효율적으로 운영하기 위하여 다음 각호의 재원으로 조성하되, 정부는 예산의 범위안에서 출연 또는 보조할 수 있다.
1. 조합원의 출자금·공제부금·예탁금 또는 출연금
2. 기타 대통령령이 정하는 재원
②제1항의 기본재산중 출연금은 자본금으로 계리한다.

제30조 【공제규정】
①공제조합은 제28조의 규정에 의한 공제사업을 하고자 하는 때에는 공제규정을 정하여야 한다.
②제1항의 공제규정에는 공제사업의 종류·대상·부금·준비금 및 적립금 등과 기본재산의 조성 및 운영 등에 관하여 필요한 사항을 정하여야 한다.
③공제조합은 제2항의 규정에 의하여 공제규정에서 정하는 사항중 공제사업의 종류·대상 기타 대통령령이 정하는 중요한 사항에 관하여는 지식경제부장관의 승인을 얻어야 한다. 승인을 얻은 사항을 변경하고자 하는 때에도 또한 같다. <개정 2008.2.29>

제31조 【손실보전준비금의 적립 등】
①공제조합은 공제사업에 따른 손실을 보전하기 위하여 공제이용자로 하여금 손실보전준비금(이하 "준비금"이라 한다)을 부담하게 하여 이를 별도의 준비금계정으로 적립하여 운용할 수 있다.
②제1항의 규정에 의한 준비금의 적립·운용에 관하여 필요한 사항은 대통령령으로 정한다.

제31조의2 【공제조합의 책임】
①공제조합은 보증한 사항에 관하여 법령, 계약서 등이 정하는 바에 따라 보증금을 지급할 사유가 발생한 때에는 그 보증금을 보증채권자에게 지급하여야 한다.
②제1항의 규정에 의하여 보증채권자가 공제조합에 대하여 가지는 보증금에 관한 권리는 보증 기 만료일부터 2년간 행사하지 아니하면 시효로 인하여 소멸한다.
[본조신설 2003.7.25]

제32조 【지분의 양도 등】
①조합원 또는 조합원이었던 자는 대통령령이 정하는 바에 의하여

그 지분을 다른 조합원이나 조합원이 되고자 하는 자에게 양도할 수 있다.

②제1항의 규정에 의하여 지분을 양수한 자는 그 지분에 관한 양도인의 권리·의무를 승계한다.

③지분의 양도 및 질권설정은 상법의 규정에 의한 기명주식의 양도 및 질권설정의 방법에 의한다.

④지분은 공제조합에 대한 채무의 담보로 제공하는 경우 외에는 담보의 목적으로 사용할 수 없다.

⑤민사집행절차나 국세 등의 체납처분절차에 의하여 행하는 지분의 가압류 또는 압류는 민사집행법의 규정에 의한 지시채권의 가압류 또는 압류의 방법에 의한다. <개정 2002.1.26>

제33조 【공제조합의 지분취득 등】
①공제조합은 다음 각호의 1에 해당하는 사유가 있을 때에 한하여 조합원 또는 조합원이었던 자의 지분을 취득할 수 있다. 다만, 제1호 또는 제3호에 해당하는 때에는 그 지분을 취득하여야 한다.
1. 자본금을 감소하고자 할 때

2. 조합원에 대하여 공제조합이 권리자로서 담보권을 실행하기 위하여 필요한 때
3. 조합원 또는 공제조합에서 제명되거나 탈퇴한 자가 출자금의 회수를 위하여 공제조합에 그 지분의 취득을 요구한 때
②제1항의 규정에 의하여 공제조합이 지분을 취득한 때에는 지체없이 다음 각호의 1의 조치를 이행하여야 한다.
1. 제1항제1호의 사유로 취득한 때에는 자본금의 감소절차
2. 제1항제2호 및 제3호의 사유로 취득한 때에는 다른 조합원 또는 조합원이 되고자 하는 자에게의 처분
③제1항의 규정에 의하여 공제조합이 지분을 취득하는 때의 취득가액은 그 출자증권의 액면가액을 초과할 수 없다.

제34조 【대리인의 선임】 공제조합은 임원 또는 직원중에서 당해 공제조합의 업무에 관한 재판상 또는 재판외의 모든 행위를 할 수 있는 대리인을 선임할 수 있다.

제35조 【이익금 등의 처리】 ① 공제조합은 매사업연도의 이익

금을 배당할 수 없으며, 적립된 이익금 및 준비금 등을 자본금으로 전입할 수 없다.
②공제조합이 해산하는 경우 그 잔여재산은 민법 제80조의 규정에 의하여 처리한다. 다만, 잔여재산중 조합원의 출자금은 총회의 결의에 의하여 처리한다.

제36조 【배상책임 등】 ①공제조합의 임원이 법령 또는 정관에 위반하거나 그 임무를 게을리하여 공제조합에 손해를 발생시킨 때에는 그 임원은 공제조합에 대하여 연대하여 손해를 배상할 책임을 진다.
②공제조합의 업무에 종사하는 자가 그 업무처리에 있어서 공제조합에 손해를 발생시킨 때에는 고의 또는 중대한 과실이 있는 경우에 한하여 이를 배상할 책임을 진다. 다만, 고의로 인하여 손해를 발생시킨 경우를 제외하고는 그 책임을 경감할 수 있다.

제5장 삭제
<2009.3.18>

제37조 삭제 <2009.3.18>

제38조 삭제 <2009.3.18>

제39조 삭제 <2009.3.18>

제40조 삭제 <2009.3.18>

제41조 삭제 <2009.3.18>

제42조 삭제 <2009.3.18>

제43조 삭제 <2009.3.18>

제44조 삭제 <2009.3.18>

제45조 삭제 <2009.3.18>

제46조 삭제 <2009.3.18>

제47조 삭제 <2009.3.18>

제6장 삭제
<2009.3.18>

제48조 삭제 <2009.3.18>

제49조 삭제 <2009.3.18>

음악산업진흥에 관한 법률[시행 2010. 3.17] [법률 제10115호, 2010. 3.17, 일부개정]

제1장 총칙

제1조 【목적】 이 법은 음악산업의 진흥에 필요한 사항을 정하여 관련 산업의 발전을 촉진함으로써 국민의 문화적 삶의 질을 높이고 국민경제의 발전에 이바지함을 목적으로 한다.

제2조 【정의】 이 법에서 사용하는 용어의 정의는 다음과 같다.

1. "음악"이라 함은 소리를 소재로 박자·선율·화성·음색 등을 일정한 법칙과 형식으로 종합하여 사상과 감정을 나타낸 것을 말한다.

2. "음악산업"이라 함은 음악의 창작·공연·교육, 음반·음악파일·음악영상물·음악영상파일의 제작·유통·수출·수입, 악기·음향기기 제조 및 노래연습장업 등과 이와 관련된 산업을 말한다.

3. "음원"이라 함은 음 또는 음의 표현으로서 유형물에 고정시킬 수 있거나 전자적 형태로 수록할 수 있는 것을 말한다.

4. "음반"이라 함은 음원이 유형물에 고정되어 재생하여 들을 수 있도록 제작된 것을 말한다.

5. "음악파일"이라 함은 음원이 복제·전송·송신·수신될 수 있도록 전자적 형태로 제작되거나 전자적 기기에 수록된 것을 말한다.

6. "음악영상물"이라 함은 음원의 내용을 표현하기 위하여 당해 음원에 영상이 포함되어 제작된 것을 말하며 음악의 실연(實演)에 대한 영상물을 포함한다.

7. "음악영상파일"이라 함은 음악영상물이 복제·전송·송신·수신될 수 있도록 전자적 형태로 제작되거나 전자적 기기에 수록된 것을 말한다.

8. "음반·음악영상물제작업"이라 함은 음반, 음악파일, 음악영상물, 음악영상파일(이하 "음반등"이라 한다)을 기획제작하거나 복제제작하는 영업을 말한다.

9. "음반·음악영상물배급업"이라 함은 음반 등을 수입(원판수입을 포함한다)하거나 그 저작권을 소유·관리하여 음반·음악영상물판매업자 또는 온라인음악서비스제공업자에게 공급하는 영업을 말한다.

10. "음반·음악영상물판매업"이라 함은 음반 및 음악영상물을 소비자에게 직접 판매하는 영업을 말한다.

11. "온라인음악서비스제공업"이라 함은 「정보통신망 이용촉진 및 정보보호 등에 관한 법률」 제2조제1항제1호의 규정에 따른 정보통신망을 이용하여 음악파일·음악영상파일을 소비자의 이용에 제공하는 영업을 말한다.

12. "식별표시"라 함은 음반등의 유통통계·검색·검증 등에 활용하기 위하여 음반등에 부여한 식별번호·기호 등을 말한다.

13. "노래연습장업"이라 함은 연주자를 두지 아니하고 반주에 맞추어 노래를 부를 수 있도록 하는 영상 또는 무영상 반주장치 등의 시설을 갖추고 공중의 이용에 제공하는 영업을 말한다.

14. "청소년"이라 함은 18세 미만의 자(「초·중등교육법」 제2조의 규정에 따른 고등학교에 재학 중인 학생을 포함한다)를 말한다.

제3조 【음악산업진흥종합계획의 수립·시행 등】

①문화체육관광부장관은 음악산업의 진흥을 위하여 필요한 종합적인 계획(이하 "종합계획"이라 한다)을 수립·시행하여야 한다. 이 경우 필요한 때에는 관계중앙행정기관의 장과 협의할 수 있다. <개정 2008.2.29>

②종합계획에는 다음 각 호의 사항이 포함되어야 한다.

1. 중장기 기본계획의 수립에 관한 사항 및 법령·제도의 개선에 관한 사항

2. 창작활동 활성화에 관한 사항

3. 수출촉진과 고용창출에 관한 사항

4. 기술의 개발 및 보급에 관한 사항

5. 유통의 전문화 및 유통구조의 개선에 관한 사항

6. 창업지원 등 산업육성에 관한 사항

7. 전문인력의 양성에 관한 사항

8. 인프라 구축에 관한 사항

9. 국제협력에 관한 사항

10. 위법하게 제작되거나 판매·배포(이하 "유통"이라 한다) 또는 이용에 제공되는 음반등의 지도·단속에 관한 사항

11. 위법하게 제작·유통 또는 이용에 제공되는 음반등에 대한 「비영리민간단체 지원법」 제2

음악산업진흥에 관한 법률[시행 2010. 3.17] [법률 제10115호, 2010. 3.17, 일부개정]

조의 규정에 따른 비영리민간단체(이하 "비영리민간단체"라 한다)의 자율감시활동의 지원에 관한 사항

12. 그 밖에 관련 업소의 건전한 발전 및 육성에 관한 사항

③문화체육관광부장관은 제1항 및 제2항의 종합계획에 따라 세부시행계획을 수립·시행하여야 한다. 이 경우 필요한 사항은 대통령령으로 정한다.

<개정 2008.2.29>

제2장 음악산업의 진흥

제4조 【창업 및 제작 등의 지원】

①문화체육관광부장관은 음악산업에 관한 창업을 활성화하고 창업자의 안정적인 성장·발전을 위하여 필요한 지원을 할 수 있다. <개정 2008.2.29>

②문화체육관광부장관은 음악산업의 경쟁력을 강화하고 우수 음악상품의 개발을 촉진하기 위하여 음악창작자 및 음반·음악영상물제작자에게 필요한 재원의 전부 또는 일부를 융자하거나 그 밖의 지원을 할 수 있다. <개정 2008.2.29>

③제1항 및 제2항의 규정에 따른 지원절차 등에 관하여 필요한 사항은 대통령령으로 정한다.

제5조 【음악산업 자료의 관리 등】

①문화체육관광부장관은 음악산업의 진흥을 위하여 음반등의 관련 자료, 음악산업의 기술수준·연구동향·시장동향 및 사업자현황 등 국내외 음악산업 전반에 관한 자료·정보 및 통계 등을 수집·조사·보존·제공하여야 한다. 이를 위하여 관련 기관·단체에 자료의 제출 등 필요한 조치를 할 수 있으며, 자료 등의 제출을 요구받은 관련 기관·단체는 정당한 사유가 없는 한 이에 적극 협조하여야 한다. <개정 2008.2.29>

②문화체육관광부장관은 제1항의 업무를 추진하기 위하여 음악산업 관련 자료 및 정보를 전문적으로 관리하는 기관을 지정 또는 설립·운영할 수 있다. <개정 2008.2.29>

③제1항 및 제2항의 규정에 따른 사항을 추진하기 위하여 필요한 사항은 대통령령으로 정한다.

제6조 【전문인력의 양성】

①문화체육관광부장관은 음악산업의 기반조성에 필요한 전문인력의 양성을 위하여 다음 각 호의 시책을 강구하여야 한다. <개정 2008.2.29>

1. 음악산업 인력수급의 균형 및 우수 전문인력 확보
2. 산·학·관의 협력기능 강화
3. 전문인력의 연수·해외교류 기회 확대
4. 학계의 연구기반 및 교육역량 강화
5. 전문인력의 관련업계 진출기회 확대
6. 그 밖에 음악산업 인력의 양성에 관한 사항

②제1항의 규정에 따른 사항을 추진하기 위하여 필요한 사항은 대통령령으로 정한다.

제7조 【기술개발의 추진】

문화체육관광부장관은 음악 관련 기술개발을 위한 중장기 기본계획을 수립하고 음악산업의 기반조성에 필요한 기술개발과 기술수준의 향상을 위하여 다음 각 호의 사항을 추진하여야 한다. <개정 2008.2.29>

1. 기술동향 및 수요조사, 기술의 연구개발·평가·활용에 관한 사항
2. 기술협력·지도와 이전 및 기술정보의 원활한 유통에 관한 사항
3. 음악기술 관련 기관의 연계 및 효율적인 기술개발환경 조성에 관한 사항
4. 그 밖에 음악기술개발과 관련하여 문화체육관광부령으로 정하는 사항

제8조 【협동개발 및 연구】

①문화체육관광부장관은 음반등의 개발·연구를 위하여 인력·시설·기자재·자금 및 정보 등의 공동 활용을 통한 협동개발과 연구를 촉진시킬 수 있도록 노력하여야 한다. <개정 2008.2.29>

②문화체육관광부장관은 제1항의 규정에 따른 협동개발과 연구를 추진하는 자에 대하여 그 소요되는 경비의 전부 또는 일부를 지원할 수 있다. <개정 2008.2.29>

제9조 【표준화 추진】

①문화체육관광부장관은 음반등의 효율적인 개발·품질향상 및 범용성 확보 등을 위하여 음반등의 표준화를 추진하며, 표준화의 범위 등에 관하여 필요한 사항을 문화체육관광부령으로 정하여

음악산업진흥에 관한 법률[시행 2010. 3.17] [법률 제10115호, 2010. 3.17, 일부개정]

이를 권고할 수 있다.
<개정 2008.2.29>
②문화체육관광부장관은 제1항의 규정에 따른 표준화사업을 추진하기 위하여 필요한 경우에는 음악산업에 관한 전문기관 및 단체를 지정하여 표준화사업을 실시하도록 하고, 당해 기관 또는 단체에 표준화사업을 위한 비용의 전부 또는 일부를 지원할 수 있다.
<개정 2008.2.29>

제10조 【유통활성화】
문화체육관광부장관은 음반등의 유통을 건전화하기 위하여 음반등에 식별표시를 부착하도록 하고 이에 필요한 시책을 수립·시행하여야 한다. <개정 2008.2.29>

제11조 【노래연습장업자의 교육】
①시장·군수·구청장(자치구의 구청장을 말한다. 이하 같다)은 다음 각 호의 경우에는 대통령령이 정하는 바에 따라 노래연습장업자에 대하여 준수사항, 재난예방, 제도변경사항 등에 관한 교육을 실시할 수 있다.
1. 노래연습장업을 신규등록하는 경우
2. 노래연습장업의 운영 및 재

난방지방법 등 관련 제도가 변경된 경우
3. 그 밖에 시장·군수·구청장이 필요하다고 인정하는 경우
②시장·군수·구청장은 제1항의 규정에 불구하고 제1항제1호의 경우에는 노래연습장업자에 대한 교육을 실시하여야 한다. 이 경우 교육은 월별 또는 분기별로 통합하여 실시할 수 있다.

제12조 【국제협력 및 해외진출지원】
①문화체육관광부장관은 음악산업의 국제협력 및 교류 활성화와 국제적 위상을 강화하기 위한 기반을 조성하여야 한다. <개정 2008.2.29>
②문화체육관광부장관은 음반등의 해외시장 진출을 활성화하기 위하여 외국과의 공동제작, 해외마케팅·홍보활동 지원, 외국인의 투자유치, 국제음반전시회 개최 등 수출 관련 협력체계의 구축에 관한 사업을 지원할 수 있다. <개정 2008.2.29>
③문화체육관광부장관은 제1항 및 제2항의 규정에 따른 사항을 효율적으로 추진하기 위하여 현지에 사무소를 설치·운영할 수 있다. <개정 2008.2.29>

제13조 【음악공연의 활성화】
문화체육관광부장관은 음악공연의 활성화를 위하여 공연시설의 설치·운영 및 공연을 주관하는 자에 대하여 소요되는 자금의 일부를 지원할 수 있다.
<개정 2008.2.29>

제14조 【지적재산권의 보호】 ①
문화체육관광부장관은 음반등의 창작활동을 보호하고 육성함에 있어서 음반등의 지적재산권 보호시책을 강구하여야 한다.
<개정 2008.2.29>
②문화체육관광부장관은 음반등의 불법복제·유통 등을 방지하기 위하여 다음 각 호의 사항을 지원할 수 있다.
<개정 2008.2.29>
1. 음반등의 기술적 보호조치 및 권리관리 정보의 부착
2. 음반등의 분야의 저작권 등 지적재산권 관련 교육 및 홍보
3. 그 밖에 지적재산권 보호와 관련된 사항
③문화체육관광부장관은 제2항의 규정에 따른 사항을 추진하기 위하여 대통령령이 정하는 바에 따라 관련 전문기관 또는 단체를 지정하여 위탁할 수 있다. <개정 2008.2.29>

제15조 【이용자의 권익보호 등】
①문화체육관광부장관은 음악산업을 진흥함에 있어서 이용자의 권익보호를 위하여 다음 각 호의 시책을 강구하여야 한다.
<개정 2008.2.29>
1. 건전한 음반등의 이용을 위한 홍보 및 교육
2. 음반등의 이용자 보호를 위한 음악산업 관련자들의 사회적 책임
3. 음반등의 이용자의 불만 및 피해에 대한 구제조치
4. 그 밖에 음반등의 이용자의 보호와 관련된 사항
②음반등의 제작·유통 또는 이용에 제공하는 업에 종사하는 자는 제1항의 규정에 따른 음반등의 이용자의 보호시책 추진에 적극 협력하여야 한다.

제3장 영업의 신고·등록 및 음반등의 유통 등

제1절 영업의 신고·등록·운영 등

제16조 【음반·음악영상물제작업 등의 신고】 ①음반·음악영상

음악산업진흥에 관한 법률[시행 2010. 3.17] [법률 제10115호, 2010. 3.17, 일부개정]

물제작업 또는 음반·음악영상물배급업을 영위하고자 하는 자는 특별시장·광역시장·도지사(이하 "시·도지사"라 한다)에게 신고하여야 한다. 다만, 다음 각 호의 어느 하나에 해당하는 경우에는 신고하지 아니하고 이를 할 수 있다.
<개정 2009.3.18>
1. 국가 또는 지방자치단체가 제작하는 경우
2. 법령에 따라 설립된 교육기관 또는 연수기관이 자체교육 또는 연수의 목적으로 사용하기 위하여 제작하는 경우
3. 「방송법」에 따른 방송사업자가 방송의 목적에 사용하기 위하여 제작하는 경우
4. 「공공기관의 운영에 관한 법률」에 따른 공공기관이 그 사업의 홍보에 사용하기 위하여 제작하는 경우
5. 관혼상제 또는 종교의식 등의 행사를 기념하기 위한 목적으로 제작하는 경우. 다만, 공중에게 유통하거나 시청 또는 이용에 제공하는 경우를 제외한다.
6. 그 밖에 대통령령이 정하는 경우
②온라인음악서비스제공업을 영

위하고자 하는 자는 시장·군수·구청장에게 신고하여야 한다. 다만, 대통령령으로 정하는 온라인음악서비스제공업의 경우에는 그러하지 아니하다.
③제1항의 규정에 따라 신고한 음악영상물·음악영상파일제작업자와 음악영상물·음악영상파일배급업자는 「영화 및 비디오물의 진흥에 관한 법률」 제57조의 규정에 따른 비디오물제작업 또는 비디오물배급업의 신고를 한 것으로 본다.
④제1항 및 제2항의 규정에 따른 신고의 절차·방법 및 운영 등에 관하여 필요한 사항은 문화체육관광부령으로 정한다.
<개정 2008.2.29>

제17조 【음악영상물 등의 등급분류 등】
①음악영상물과 음악영상파일을 제작 또는 배급(수입을 포함한다)하는 자는 당해 음악영상물과 음악영상파일을 공급하기 전에 그 내용에 관하여 「영화 및 비디오물의 진흥에 관한 법률」 제71조의 규정에 따른 영상물등급위원회로부터 등급분류를 받아야 한다.
②음악영상물·음악영상파일의 등급분류 및 판매(온라인음악서

비스제공업자의 서비스제공행위를 포함한다)와 관련하여 「영화 및 비디오물의 진흥에 관한 법률」 제50조 내지 제56조·제65조·제66조·제95조제5호 내지 제7호·제97조·제98조제1항 제4호 내지 제6호·제98조제2항 제8호 및 제99조의 규정을 준용한다. 이 경우 "비디오물"을 "음악영상물·음악영상파일"로 본다.

제18조 【노래연습장업의 등록】
①노래연습장업을 영위하고자 하는 자는 문화체육관광부령으로 정하는 노래연습장 시설을 갖추어 시장·군수·구청장에게 등록하여야 한다.
<개정 2008.2.29>
②제1항의 규정에 따른 등록의 절차·방법 및 운영 등에 관하여 필요한 사항은 문화체육관광부령으로 정한다.
<개정 2008.2.29>

제19조 【영업의 제한】
제16조 및 제18조에 따라 신고 또는 등록하고자 하는 자가 다음 각 호의 어느 하나에 해당하는 때에는 제16조 및 제18조의 규정에 따른 신고 또는 등록을 할 수

없다.
1. 제27조제1항의 규정에 따라 영업의 폐쇄명령 또는 등록의 취소처분을 받은 후 1년이 경과되지 아니하거나 영업정지처분을 받은 후 그 기간이 종료되지 아니한 자(법인의 경우에는 그 대표자 또는 임원을 포함한다)가 같은 업종을 다시 영위하고자 하는 때
2. 노래연습장업자가 제27조제1항의 규정에 따라 영업의 폐쇄명령 또는 등록의 취소처분을 받은 후 1년이 경과되지 아니하거나 영업정지처분을 받은 후 그 기간이 종료되지 아니한 경우에 같은 장소에서 같은 업종을 다시 영위하고자 하는 때

제20조 【신고증·등록증의 교부】
시·도지사 또는 시장·군수·구청장은 제16조 및 제18조의 규정에 따른 신고를 받거나 등록을 한 경우에는 문화체육관광부령이 정하는 바에 따라 신청인에게 신고증 또는 등록증을 교부하여야 한다.
<개정 2008.2.29>

제21조 【신고 또는 등록사항의 변경】
①제16조 및 제18조의 규

음악산업진흥에 관한 법률[시행 2010. 3.17] [법률 제10115호, 2010. 3.17, 일부개정]

정에 따라 신고 또는 등록을 한 자가 문화체육관광부령이 정하는 중요사항을 변경하고자 하는 경우에는 문화체육관광부령이 정하는 바에 따라 시·도지사 또는 시장·군수·구청장에게 변경신고 또는 변경등록을 하여야 한다. <개정 2008.2.29>

②시·도지사 또는 시장·군수·구청장은 제1항의 규정에 따라 변경신고 또는 변경등록을 받은 경우에는 문화체육관광부령이 정하는 바에 따라 신고증 또는 등록증을 갱신하여 교부하여야 한다.

<개정 2008.2.29>

제22조 【노래연습장업자의 준수사항 등】 ① 노래연습장업자는 다음 각 호의 사항을 지켜야 한다.

1. 영업소 안에 화재 또는 안전사고 예방을 위한 조치를 할 것
2. 당해 영업장소에 대통령령이 정하는 출입시간외에 청소년이 출입하지 아니하도록 할 것. 다만, 부모 등 보호자를 동반하거나 그의 출입동의서를 받은 경우 그 밖에 대통령령이 정하는 경우에는 그러하지 아니하다.
3. 주류를 판매·제공하지 아니할 것
4. 접대부(남녀를 불문한다)를 고용·알선 호객행위를 하지 아니할 것
5. 「성매매알선 등 행위의 처벌에 관한 법률」 제2조제1항의 규정에 따른 성매매 등의 행위를 하게 하거나 이를 알선·제공하는 행위를 하지 아니할 것
6. 건전한 영업질서의 유지 등에 관하여 대통령령이 정하는 사항을 준수할 것

②누구든지 영리를 목적으로 노래연습장에서 손님과 함께 술을 마시거나 노래 또는 춤으로 손님의 유흥을 돋우는 접객행위를 하거나 타인에게 그 행위를 알선하여서는 아니 된다.

제23조 【영업의 승계 등】 ①제16조 또는 제18조의 규정에 따라 신고 또는 등록을 한 영업자가 그 영업을 양도하거나 사망한 때 또는 그 법인의 합병이 있는 때에는 그 양수인·상속인 또는 합병 후 존속하는 법인이나 합병에 의하여 설립되는 법인은 그 영업자의 지위를 승계한다.

②「민사집행법」에 따른 경매, 「채무자 회생 및 파산에 관한 법률」에 따른 환가나 「국세징수법」·「관세법」 또는 「지방세법」에 따른 압류재산의 매각 그 밖에 이에 준하는 절차에 따라 영업자의 시설·기구(대통령령이 정하는 주요시설·기구를 말한다)의 전부를 인수한 자는 그 영업자의 지위를 승계한다.

③제1항의 규정에 따라 영업자의 지위를 승계하는 경우 종전의 영업자에게 제27조제1항 각 호의 위반을 사유로 행한 행정제재처분의 효과는 그 행정제재처분일로부터 1년간 영업자의 지위를 승계 받은 자에게 승계되며, 행정제재처분의 절차가 진행 중인 때에는 영업자의 지위를 승계 받은 자에게 행정제재처분의 절차를 속행할 수 있다. 다만, 영업자의 지위를 승계 받은 자가 승계시에 그 처분 또는 는 위반사실을 알지 못한 경우에는 그러하지 아니하다.

<개정 2009.3.18>

④영업자가 그 영업을 폐지한 후에 종전의 영업자, 그 배우자 또는 직계혈족(이하 "친족등"이라 한다)이 그 영업장소에서 같은 업종을 영위하는 때에는 종전의 영업자에게 제27조제1항 각 호의 위반사유로 행한 행정제재처분의 효과는 그 행정제재처분일로부터 1년간 친족등에게 승계되며, 행정제재처분의 절차가 진행 중인 때에는 친족등에 대하여 행정제재처분의 절차를 속행할 수 있다. 다만, 친족등이 그 영업을 영위하는 때에 그 처분 또는 위반사실을 알지 못한 경우에는 그러하지 아니하다.

제24조 【폐업 및 직권말소】 ① 제16조 또는 제18조의 규정에 따라 신고 또는 등록을 한 자가 영업을 폐지한 때에는 폐지한 날부터 7일 이내에 문화체육관광부령이 정하는 바에 따라 관할 시·도지사 또는 시장·군수·구청장에게 폐업신고를 하여야 한다. <개정 2008.2.29>

②시·도지사 또는 시장·군수·구청장은 제1항의 규정에 따라 폐업신고를 하지 아니하는 자에 대하여는 문화체육관광부령이 정하는 바에 따라 폐업한 사실을 확인한 후 신고 또는 등록 사항을 직권으로 말소할 수 있다. <개정 2008.2.29>

음악산업진흥에 관한 법률[시행 2010. 3.17] [법률 제10115호, 2010. 3.17, 일부개정]

제2절 음반등의 유통 및 표시

제25조 【표시의무】 ①영리의 목적으로 음반등을 제작 또는 수입하거나 이를 복제하는 자는 당해 음반등마다 제작 또는 수입하거나 이를 복제한 자의 상호(도서에 부수되는 음반등의 경우에는 출판사의 상호를 말한다) 등을 표시하여야 한다.
②제1항의 규정에 따라 표시하여야 할 사항 및 표시방법 등에 관하여 필요한 사항은 대통령령으로 정한다.

제26조 【음반등의 건전한 유통문화 조성 지원】 문화체육관광부장관은 건전한 음반등의 유통문화 조성을 위하여 관련 기관·단체 또는 개인에게 필요한 경비를 지원할 수 있다.
<개정 2008.2.29>

제3절 등록취소 등 행정조치

제27조 【등록취소 등】 ①시·도지사 또는 시장·군수·구청장은 제2조제8호 내지 제11호 및 제13호의 규정에 따른 영업을 영위하는 자가 다음 각 호의 어느 하나에 해당하는 때에는 그

영업의 폐쇄명령, 등록의 취소처분, 6개월 이내의 영업정지명령, 시정조치 또는 경고조치를 할 수 있다. 다만, 제1호 또는 제2호에 해당하는 때에는 영업을 폐쇄하거나 등록을 취소하여야 한다.
1. 거짓 그 밖의 부정한 방법으로 신고 또는 등록을 한 때
2. 영업의 정지명령을 위반하여 영업을 계속한 때
3. 제18조의 규정에 따른 시설기준을 위반한 때
4. 제21조의 규정에 따른 변경신고 또는 변경등록을 하지 아니한 때
5. 제22조의 규정에 따른 노래연습장업자 준수사항을 위반한 때
6. 제29조제3항에 해당하는 음반등을 제작·유통 또는 이용에 제공하거나 이를 위하여 진열·보관 또는 전시한 때
②제1항의 규정에 따라 영업의 폐쇄명령 또는 등록의 취소처분을 받은 자는 그 처분의 통지를 받은 날부터 7일 이내에 신고증 또는 등록증을 반납하여야 한다.
③제1항의 규정에 따른 행정처분의 기준 등에 관하여 필요한

사항은 문화체육관광부령으로 정한다. <개정 2008.2.29>

제28조 【과징금 부과】 ①시장·군수·구청장은 노래연습장업자가 다음 각 호의 어느 하나에 해당하여 영업정지처분을 하여야 하는 때에는 대통령령이 정하는 바에 따라 그 영업정지처분에 갈음하여 3천만원 이하의 과징금을 부과할 수 있다. 이 경우 시장·군수·구청장은 과징금의 부과·징수에 관한 사항을 기록·관리하여야 한다.
1. 제18조의 규정에 따른 시설기준을 갖추지 못한 때
2. 제22조제1항제2호 또는 제6호의 규정을 위반한 때
②시장·군수·구청장은 제1항의 규정에 따라 과징금으로 징수한 금액에 상당하는 금액을 다음 각 호의 용도에 사용하여야 하며 매년 다음 연도의 과징금 운용계획을 수립·시행하여야 한다.
1. 노래연습장업의 건전한 운영
2. 노래연습장업자의 교육 및 자율지도
③시장·군수·구청장은 제1항의 규정에 따른 과징금을 납부하여야 할 자가 납부기한까지

이를 납부하지 아니하는 때에는 지방세체납처분의 예에 따라 이를 징수한다.
④제1항의 규정에 따라 과징금을 부과하는 위반행위의 종별·정도 등에 따른 과징금의 금액 및 부과절차 등에 관하여 필요한 사항은 대통령령으로 정한다.

제29조 【영업소폐쇄 및 음반등의 수거·폐기】 ①문화체육관광부장관, 시·도지사 또는 시장·군수·구청장은 제16조 및 제18조의 규정에 따른 신고 또는 등록을 하지 아니하고 영업을 하는 자와 제27조제1항의 규정에 따른 영업의 폐쇄명령 또는 등록의 취소처분을 받고 계속하여 영업을 하는 자에 대하여는 관계공무원으로 하여금 그 영업소를 폐쇄하기 위하여 다음 각 호의 조치를 하게 할 수 있다.
<개정 2008.2.29>
1. 당해 영업 또는 영업소의 간판 그 밖의 영업표지물의 제거·삭제
2. 당해 영업 또는 영업소가 위법한 것임을 알리는 게시물의 부착
3. 영업을 위하여 필요한 기구

음악산업진흥에 관한 법률[시행 2010. 3.17] [법률 제10115호, 2010. 3.17, 일부개정]

또는 시설물을 사용할 수 없게 하는 봉인

4. 당해 영업을 위하여 필요한 인터넷 주소 및 서버 등의 사용 중지 또는 압류

②제1항의 조치를 함에 있어서는 미리 당해 영업자 또는 그 대리인에게 서면으로 이를 알려주어야 한다. 다만, 대통령령으로 정하는 급박한 사유가 있는 경우에는 그러하지 아니하다.

③문화체육관광부장관, 시·도지사 또는 시장·군수·구청장은 제16조의 규정에 따른 신고를 하지 아니한 자가 영리목적으로 제작한 음반등을 발견한 때에는 관계 공무원 등으로 하여금 이를 수거하여 삭제 또는 폐기하게 할 수 있다. <개정 2008.2.29>

④제3항의 규정에 따라 관계 공무원 등이 당해 음반등을 수거한 때에는 그 소유자 또는 점유자에게 수거증을 교부하여야 한다. 다만, 수거증의 인수를 거부한 경우에는 그러하지 아니하다.

⑤문화체육관광부장관, 시·도지사 또는 시장·군수·구청장은 제3항의 규정에 따라 관계 공무원 등이 수거·폐기 등을

함에 있어서 필요한 때에는 관련 협회 또는 단체에 협조를 요청할 수 있다. <개정 2008.2.29>

⑥제1항 및 제3항의 규정에 따라 게시물의 부착·봉인·수거·폐기 등의 처분을 하는 관계 공무원이나 협회 또는 단체의 임·직원은 그 권한을 표시하는 증표를 지니고 이를 관계인에게 내보여야 한다.

제30조 【청문】 ①시·도지사 또는 시장·군수·구청장은 제27조의 규정에 따라 영업의 폐쇄명령 또는 등록의 취소를 하고자 하는 경우에는 청문을 실시하여야 한다.

②문화체육관광부장관, 시·도지사 또는 시장·군수·구청장은 제29조제1항제4호의 규정에 따른 조치를 취하고자 하는 경우에는 청문을 실시하여야 한다. <개정 2008.2.29>

제4장 보칙

제31조 【수수료】 다음 각 호의 어느 하나에 해당하는 신고 또는 등록을 하는 자는 시·도 또는 시·군·구의 조례가 정하는

바에 따라 수수료를 납부하여야 한다.

1. 제16조제1항의 규정에 따른 음반·음악영상물제작업 또는 음반·음악영상물배급업의 신고

2. 제16조제2항의 규정에 따른 온라인음악서비스제공업의 신고

3. 제18조제1항의 규정에 따른 노래연습장업의 등록

4. 제21조제1항의 규정에 따른 음반·음악영상물제작업, 음반·음악영상물배급업, 온라인음악서비스제공업 및 노래연습장업의 변경신고 또는 변경등록

제32조 【권한의 위임·위탁】 ①문화체육관광부장관 또는 시·도지사는 이 법의 규정에 따른 권한의 일부를 대통령령이 정하는 바에 따라 시·도지사 또는 시장·군수·구청장에게 위임할 수 있다. <개정 2008.2.29>

②이 법의 규정에 따른 문화체육관광부장관, 시·도지사, 시장·군수·구청장의 권한은 대통령령이 정하는 바에 따라 관련 협회 또는 단체에 위탁할 수 있다. <개정 2008.2.29>

제33조 【벌칙 적용에서의 공무원 의제】 제32조제2항의 규정에

따라 문화체육관광부장관 등이 위탁한 업무에 종사하는 관련 협회 또는 단체의 임·직원은 「형법」 제129조 내지 제132조에 따른 벌칙의 적용에 있어서는 이를 공무원으로 본다. <개정 2008.2.29>

제5장 벌칙

제34조 【벌칙】 ①제29조제1항 각 호의 규정에 따른 조치를 위반하여 영업을 한 자는 5년 이하의 징역 또는 5천만원 이하의 벌금에 처한다.

②제22조제1항제4호 또는 제5호의 규정을 위반한 노래연습장업자는 3년 이하의 징역 또는 3천만원 이하의 벌금에 처한다.

③다음 각 호의 어느 하나에 해당하는 자는 2년 이하의 징역 또는 2천만원 이하의 벌금에 처한다.

1. 제18조제1항의 규정을 위반하여 등록을 하지 아니하고 노래연습장업을 영위한 자

2. 제22조제1항제2호 또는 제3호의 규정을 위반하여 청소년을 출입하게 하거나 주류를 판매·제공한 노래연습장업자

3. 제27조제1항의 규정에 따른

음악산업진흥에 관한 법률[시행 2010. 3.17] [법률 제10115호, 2010. 3.17, 일부개정]

영업정지명령을 위반하여 영업을 계속한 자(제18조제1항의 규정에 따라 영업등록을 한 자에 한한다)

4. 제29조제3항의 규정에 해당하는 음반등을 제작·유통 또는 이용에 제공하거나 그 목적으로 진열·보관 또는 전시한 자

④제22조제2항의 규정을 위반한 자는 1년 이하의 징역 또는 300만원 이하의 벌금에 처한다.

⑤다음 각 호의 어느 하나에 해당하는 자는 1천만원 이하의 벌금에 처한다.

1. 제16조의 규정을 위반하여 신고를 하지 아니하고 영업을 한 자

2. 제27조제1항의 규정에 따른 영업정지명령을 위반하여 영업을 계속한 자(제16조의 규정에 따른 영업의 신고를 한 자에 한한다)

3. 제29조제1항 또는 제3항의 규정에 따른 관계공무원의 조치를 거부·방해 또는 기피한 자

제35조 【양벌규정】 법인의 대표자나 법인 또는 개인의 대리인, 사용인, 그 밖의 종업원이 그 법인 또는 개인의 업무에 관하여 제34조의 위반행위를 하면

그 행위자를 벌하는 외에 그 법인 또는 개인에게도 해당 조문의 벌금형을 과(科)한다. 다만, 법인 또는 개인이 그 위반행위를 방지하기 위하여 해당 업무에 관하여 상당한 주의와 감독을 게을리하지 아니한 경우에는 그러하지 아니하다.
[전문개정 2010.3.17]

제36조 【과태료】 ①다음 각 호의 어느 하나에 해당하는 자는 1천만원 이하의 과태   처한다.

1. 제11조의 규정을 위반하여 교육을 받지 아니한 노래연습장업자

2. 제21조제1항의 규정을 위반하여 변경신고 또는 변경등록을 하지 아니한 자

3. 제25조제1항의 규정을 위반하여 상호 등을 표시하지 아니한 자

②제1항의 규정에 따른 과태료는 대통령령이 정하는 바에 따라 시·도지사 또는 시장·군수·구청장(이하 "부과권자"라 한다)이 부과·징수한다.

③제2항의 규정에 따른 과태료 처분에 불복이 있는 자는 그 처분의 고지를 받은 날부터 30일

이내에 부과권자에게 이의를 제기할 수 있다.

④제2항의 규정에 따라 과태료의 처분을 받은 자가 제3항의 규정에 따른 이의를 제기한 때에는 부과권자는 지체 없이 관할법원에 그 사실을 통보하여야 하며 그 통보를 받은 법원은 「비송사건절차법」에 따른 과태료의 재판을 한다.

⑤제3항의 규정에 따른 기간 이내에 이의를 제기하지 아니하고 과태료를 납부하지 아니한 때에는 지방세 체납처분의 예에 따라 이를 징수한다.

정보통신망 이용촉진 및 정보보호 등에 관한 법률[시행 2010. 9.23] [법률 제10166호, 2010. 3.22, 타법개정]

제1장 총칙

제1조 【목적】 이 법은 정보통신망의 이용을 촉진하고 정보통신서비스를 이용하는 자의 개인정보를 보호함과 아울러 정보통신망을 건전하고 안전하게 이용할 수 있는 환경을 조성하여 국민생활의 향상과 공공복리의 증진에 이바지함을 목적으로 한다.
[전문개정 2008.6.13]

제2조 【정의】 ①이 법에서 사용하는 용어의 뜻은 다음과 같다. <개정 2004.1.29, 2007.1.26, 2007.12.21, 2008.6.13, 2010.3.22>
1. "정보통신망"이란 「전기통신사업법」 제2조제2호에 따른 전기통신설비를 이용하거나 전기통신설비와 컴퓨터 및 컴퓨터의 이용기술을 활용하여 정보를 수집·가공·저장·검색·송신 또는 수신하는 정보통신체제를 말한다.
2. "정보통신서비스"란 「전기통신사업법」 제2조제6호에 따른 전기통신역무와 이를 이용하여 정보를 제공하거나 정보의 제공을 매개하는 것을 말한다.
3. "정보통신서비스 제공자"란 「전기통신사업법」 제2조제8호에 따른 전기통신사업자와 영리를 목적으로 전기통신사업자의 전기통신역무를 이용하여 정보를 제공하거나 정보의 제공을 매개하는 자를 말한다.
4. "이용자"란 정보통신서비스제공자가 제공하는 정보통신서비스를 이용하는 자를 말한다.
5. "전자문서"란 컴퓨터 등 정보처리능력을 가진 장치에 의하여 전자적인 형태로 작성되어 송수신되거나 저장된 문서형식의 자료로서 표준화된 것을 말한다.
6. "개인정보"란 생존하는 개인에 관한 정보로서 성명·주민등록번호 등에 의하여 특정한 개인을 알아볼 수 있는 부호·문자·음성·음향 및 영상 등의 정보(해당 정보만으로는 특정 개인을 알아볼 수 없어도 다른 정보와 쉽게 결합하여 알아볼 수 있는 경우에는 그 정보를 포함한다)를 말한다.
7. "침해사고"란 해킹, 컴퓨터바이러스, 논리폭탄, 메일폭탄, 서비스 거부 또는 고출력 전자기파 등의 방법으로 정보통신망 또는 이와 관련된 정보시스템을 공격하는 행위를 하여 발생한 사태를 말한다.
8. "정보보호산업"이란 정보보호제품을 개발·생산 또는 유통하는 사업이나 정보보호에 관한 컨설팅 등과 관련된 산업을 말한다.
9. "게시판"이란 그 명칭과 관계없이 정보통신망을 이용하여 일반에게 공개할 목적으로 부호·문자·음성·음향·화상·동영상 등의 정보를 이용자가 게재할 수 있는 컴퓨터 프로그램이나 기술적 장치를 말한다.
10. "통신과금서비스"란 정보통신서비스로서 다음 각 목의 업무를 말한다.
  가. 타인이 판매·제공하는 재화 또는 용역(이하 "재화등"이라 한다)의 대가를 자신이 제공하는 전기통신역무의 요금과 함께 청구·징수하는 업무
  나. 타인이 판매·제공하는 재화등의 대가가 가목의 업무를 제공하는 자의 전기통신역무의 요금과 함께 청구·징수되도록 거래정보를 전자적으로 송수신하는 것 또는 그 대가의 정산을 대행하거나 매개하는 업무
11. "통신과금서비스제공자"란 제53조에 따라 등록을 하고 통신과금서비스를 제공하는 자를 말한다.
12. "통신과금서비스이용자"란 통신과금서비스제공자로부터 통신과금서비스를 이용하여 재화등을 구입·이용하는 자를 말한다.
②이 법에서 사용하는 용어의 뜻은 제1항에서 정하는 것 외에는 「정보화촉진기본법」으로 정하는 바에 따른다. <개정 2008.6.13>

제3조 【정보통신서비스 제공자 및 이용자의 책무】 ①정보통신서비스 제공자는 이용자의 개인정보를 보호하고 건전하고 안전한 정보통신서비스를 제공하여 이용자의 권익보호와 정보이용능력의 향상에 이바지하여야 한다.
②이용자는 건전한 정보사회가 정착되도록 노력하여야 한다.
③정부는 정보통신서비스 제공자단체 또는 이용자단체의 개인정보보호 및 정보통신망에서의 청소년 보호 등을 위한 활동을 지원할 수 있다.
[전문개정 2008.6.13]

제4조 【정보통신망 이용촉진 및 정보보호등에 관한 시책의 마련】 ①행정안전부장관, 지식경제부장관 또는 방송통신위원회

정보통신망 이용촉진 및 정보보호 등에 관한 법률[시행 2010. 9.23] [법률 제10166호, 2010. 3.22, 타법개정]

는 정보통신망의 이용촉진 및 안정적 관리·운영과 이용자의 개인정보보호 등(이하 "정보통신망 이용촉진 및 정보보호등"이라 한다)을 통하여 정보사회의 기반을 조성하기 위한 시책을 마련하여야 한다.

②제1항에 따른 시책에는 다음 각 호의 사항이 포함되어야 한다.

1. 정보통신망에 관련된 기술의 개발·보급
2. 정보통신망의 표준화
3. 정보내용물 및 제11조에 따른 정보통신망 응용서비스의 개발 등 정보통신망의 이용 활성화
4. 정보통신망을 이용한 정보의 공동활용 촉진
5. 인터넷 이용의 활성화
6. 정보통신망을 통하여 수집·처리·보관·이용되는 개인정보의 보호 및 그와 관련된 기술의 개발·보급
7. 정보통신망에서의 청소년 보호
8. 정보통신망의 안전성 및 신뢰성 제고
9. 그 밖에 정보통신망 이용촉진 및 정보보호등을 위하여 필요한 사항

③행정안전부장관, 지식경제부장관 또는 방송통신위원회는 제1항에 따른 시책을 마련할 때에는 「정보화촉진기본법」 제5조에 따른 정보화촉진기본계획과 연계되도록 하여야 한다.
[전문개정 2008.6.13]

제5조 【다른 법률과의 관계】 정보통신망 이용촉진 및 정보보호 등에 관하여는 다른 법률에서 특별히 규정된 경우 외에는 이 법으로 정하는 바에 따른다. 다만, 제7장의 통신과금서비스에 관하여 이 법과 「전자금융거래법」의 적용이 경합하는 때에는 이 법을 우선 적용한다.
[전문개정 2008.6.13]

제2장 정보통신망의 이용촉진

제6조 【기술개발의 추진 등】 ① 지식경제부장관은 정보통신망과 관련된 기술 및 기기의 개발을 효율적으로 추진하기 위하여 대통령령으로 정하는 바에 따라 관련 연구기관으로 하여금 연구개발·기술협력·기술이전 또는 기술지도 등의 사업을 하게 할 수 있다.

②정부는 제1항에 따라 연구개발 등의 사업을 하는 연구기관에는 그 사업에 드는 비용의 전부 또는 일부를 지원할 수 있다.

③제2항에 따른 비용의 지급 및 관리 등에 필요한 사항은 대통령령으로 정한다.
[전문개정 2008.6.13]

제7조 【기술관련 정보의 관리 및 보급】 ①지식경제부장관은 정보통신망과 관련된 기술 및 기기에 관한 정보(이하 이 조에서 "기술관련 정보"라 한다)를 체계적이고 종합적으로 관리하여야 한다.

②지식경제부장관은 기술관련 정보를 체계적이고 종합적으로 관리하기 위하여 필요하면 관계 행정기관 및 국공립 연구기관 등에 대하여 기술관련 정보와 관련된 자료를 요구할 수 있다. 이 경우 요구를 받은 기관의 장은 특별한 사유가 없으면 그 요구에 따라야 한다.

③지식경제부장관은 기술관련 정보를 신속하고 편리하게 이용할 수 있도록 그 보급을 위한 사업을 하여야 한다.

④제3항에 따라 보급하려는 정보통신망과 관련된 기술 및 기기의 범위에 관하여 필요한 사항은 대통령령으로 정한다.
[전문개정 2008.6.13]

제8조 【정보통신망의 표준화 및 인증】 ①지식경제부장관은 정보통신망의 이용을 촉진하기 위하여 정보통신망에 관한 표준을 정하여 고시하고, 정보통신서비스 제공자 또는 정보통신망과 관련된 제품을 제조하거나 공급하는 자에게 그 표준을 사용하도록 권고할 수 있다. 다만, 「산업표준화법」 제12조에 따른 한국산업표준이 제정되어 있는 사항에 대하여는 그 표준에 따른다.

②제1항에 따라 고시된 표준에 적합한 정보통신과 관련된 제품을 제조하거나 공급하는 자는 제9조제1항에 따른 인증기관의 인증을 받아 그 제품이 표준에 적합한 것임을 나타내는 표시를 할 수 있다.

③제1항 단서에 해당하는 경우로서 「산업표준화법」 제15조에 따라 인증을 받은 경우에는 제2항에 따른 인증을 받은 것으로 본다.

④제2항에 따른 인증을 받은 자

정보통신망 이용촉진 및 정보보호 등에 관한 법률[시행 2010. 9.23] [법률 제10166호, 2010. 3.22, 타법개정]

가 아니면 그 제품이 표준에 적합한 것임을 나타내는 표시를 하거나 이와 비슷한 표시를 하여서는 아니 되며, 이와 비슷한 표시를 한 제품을 판매하거나 판매할 목적으로 진열하여서는 아니 된다.

⑤지식경제부장관은 제4항을 위반하여 제품을 판매하거나 판매할 목적으로 진열한 자에게 그 제품을 수거·반품하도록 하거나 인증을 받아 그 표시를 하도록 하는 등 필요한 시정조치를 명할 수 있다.

⑥제1항부터 제3항까지의 규정에 따른 표준화의 대상·방법·절차 및 인증표시, 제5항에 따른 수거·반품·시정 등에 필요한 사항은 지식경제부령으로 정한다. [전문개정 2008.6.13]

제9조 【인증기관의 지정 등】

①지식경제부장관은 정보통신망과 관련된 제품을 제조하거나 공급하는 자의 제품이 제8조제1항 본문에 따라 고시된 표준에 적합한 제품임을 인증하는 기관(이하 "인증기관"이라 한다)을 지정할 수 있다.

②지식경제부장관은 인증기관이 다음 각 호의 어느 하나에 해당

하면 그 지정을 취소하거나 6개월 이내의 기간을 정하여 업무의 정지를 명할 수 있다. 다만, 제1호에 해당하는 경우에는 그 지정을 취소하여야 한다.

1. 속임수나 그 밖의 부정한 방법으로 지정을 받은 경우
2. 정당한 사유 없이 1년 이상 계속하여 인증업무를 하지 아니한 경우
3. 제3항에 따른 지정기준에 미달한 경우

③제1항 및 제2항에 따른 인증기관의 지정기준·지정절차, 지정취소·업무정지의 기준 등에 필요한 사항은 지식경제부령으로 정한다. [전문개정 2008.6.13]

제10조 【정보내용물의 개발 지원】

정부는 국가경쟁력을 확보하거나 공익을 증진하기 위하여 정보통신망을 통하여 유통되는 정보내용물을 개발하는 자에게 재정 및 기술 등 필요한 지원을 할 수 있다.

[전문개정 2008.6.13]

제11조 【정보통신망 응용서비스의 개발 촉진 등】

①정부는 국가기관·지방자치단체 및 공공기관이 정보통신망을 활용하여 업무

를 효율화·자동화·고도화하는 응용서비스(이하 "정보통신망 응용서비스"라 한다)를 개발·운영하는 경우 그 기관에 재정 및 기술 등 필요한 지원을 할 수 있다.

②정부는 민간부문에 의한 정보통신망 응용서비스의 개발을 촉진하기 위하여 재정 및 기술 등 필요한 지원을 할 수 있으며, 정보통신망 응용서비스의 개발에 필요한 기술인력을 양성하기 위하여 다음 각 호의 시책을 마련하여야 한다.

1. 각급 학교나 그 밖의 교육기관에서 시행하는 인터넷 교육에 대한 지원
2. 국민에 대한 인터넷 교육의 확대
3. 정보통신망 기술인력 양성사업에 대한 지원
4. 정보통신망 전문기술인력 양성기관의 설립·지원
5. 정보통신망 이용 교육프로그램의 개발 및 보급 지원
6. 정보통신망 관련 기술자격제도의 정착 및 전문기술인력 수급 지원
7. 그 밖에 정보통신망 관련 기술인력의 양성에 필요한 사항

[전문개정 2008.6.13]

제12조 【정보의 공동활용체제 구축】

①정부는 정보통신망을 효율적으로 활용하기 위하여 정보통신망 상호 간의 연계 운영 및 표준화 등 정보의 공동활용체제 구축을 권장할 수 있다.

②정부는 제1항에 따른 정보의 공동활용체제를 구축하는 자에게 재정 및 기술 등 필요한 지원을 할 수 있다.

③제1항과 제2항에 따른 권장 및 지원에 필요한 사항은 대통령령으로 정한다.

[전문개정 2008.6.13]

제13조 【정보통신망의 이용촉진 등에 관한 사업】

①지식경제부장관은 공공, 지역, 산업, 생활 및 사회적 복지 등 각 분야의 정보통신망의 이용촉진과 정보격차의 해소를 위하여 관련 기술·기기 및 응용서비스의 효율적인 활용·보급을 촉진하기 위한 사업을 대통령령으로 정하는 바에 따라 실시할 수 있다.

②정부는 제1항에 따른 사업에 참여하는 자에게 재정 및 기술 등 필요한 지원을 할 수 있다.

[전문개정 2008.6.13]

제14조 【인터넷 이용의 확산】 정부는 인터넷 이용이 확산될 수 있도록 공공 및 민간의 인터넷 이용시설의 효율적 활용을 유도하고 인터넷 관련 교육 및 홍보 등의 인터넷 이용기반을 확충하며, 지역별·성별·연령별 인터넷 이용격차를 해소하기 위한 시책을 마련하고 추진하여야 한다.
[전문개정 2008.6.13]

제15조 【인터넷 서비스의 품질 개선】 ①지식경제부장관은 `인터넷 서비스 이용자의 권익을 보호하고 인터넷 서비스의 품질 향상 및 안정적 제공을 보장하기 위한 시책을 마련하여야 한다.
②지식경제부장관은 제1항에 따른 시책을 추진하기 위하여 필요하면 정보통신서비스 제공자단체 및 이용자단체 등의 의견을 들어 인터넷 서비스 품질의 측정·평가에 관한 기준을 정하여 고시할 수 있다.
③정보통신서비스 제공자는 제2항에 따른 기준에 따라 자율적으로 인터넷 서비스의 품질 현황을 평가하여 그 결과를 이용자에게 알려줄 수 있다.
[전문개정 2008.6.13]

제16조 삭제 <2004.1.29>

제17조 삭제 <2004.1.29>

제3장 전자문서중계자를 통한 전자문서의 활용

제18조 【전자문서중계자에 의한 문서의 처리 등】 ①국가기관이나 지방자치단체의 장이 전자문서중계설비를 관리하는 자(이하 "전자문서중계자"라 한다)를 통하여 법령에서 규정한 허가·인가·승인·등록·신고·신청 등(이하 이 조에서 "허가등"이라 한다)을 전자문서로 처리하려면 대통령령으로 정하는 바에 따라 대상 업무와 전자문서중계자 등 필요한 사항을 정하고 고시하여야 한다.
②제1항에 따라 처리되는 전자문서와 그 문서상의 명의인을 표시한 문자 및 「전자서명법」 제2조제3호에 따른 공인전자서명은 각각 해당 법령에서 정한 문서와 그 문서상의 서명날인으로 본다.
③제1항에 따라 허가등을 전자문서로 처리한 경우에는 해당 법령에서 정한 절차에 따라 처리한 것으로 본다.
④전자문서중계자의 지정요건 및 지정절차어 필요한 사항은 대통령령으로 정한다.
[전문개정 2008.6.13]

제19조 【전자문서의 송수신 시기】 ①전자문서는 작성자 외의 자 또는 작성자의 대리인 외의 자가 관리하는 컴퓨터에 입력되었을 때에 송신된 것으로 본다.
②전자문서는 다음 각 호의 어느 하나에 해당할 때에 수신된 것으로 본다.
1. 수신자가 전자문서를 수신할 컴퓨터를 지정한 경우에는 지정한 컴퓨터에 입력되었을 때. 다만, 지정한 컴퓨터가 아닌 컴퓨터에 입력되었을 경우에는 수신자가 전자문서를 출력하였을 때를 말한다.
2. 수신자가 전자문서를 수신할 컴퓨터를 지정하지 아니한 경우에는 수신자가 관리하는 컴퓨터에 입력되었을 때
[전문개정 2008.6.13]

제20조 【전자문서 내용의 추정 등】 ①전자문서의 내용에 대하여 당사자 또는 이해관계자 사이에 다툼이 있으면 전자문서중계자의 컴퓨터의 파일에 기록된 전자문서의 내용대로 작성된 것으로 추정한다.
②전자문서중계자는 「공공기록물 관리에 관한 법률」 제19조에 따라 전자문서를 보관하여야 한다.
[전문개정 2008.6.13]

제21조 【전자문서 등의 공개 제한】 전자문서중계자는 전자문서중계설비에 의하여 처리되는 전자문서 또는 관련 기록을 적법한 절차에 따르지 아니하거나 전자문서 발신자 및 수신자의 동의 없이 공개하여서는 아니 된다.
[전문개정 2008.6.13]

제4장 개인정보의 보호

제1절 개인정보의 수집·이용 및 제공 등

제22조 【개인정보의 수집·이용 동의 등】 ①정보통신서비스 제공자는 이용자의 개인정보를 이용하려고 수집하는 경우에는 다음 각 호의 모든 사항을 이용자에게 알리고 동의를 받아야 한다. 다음 각 호의 어느 하나의 사항을 변경하려는 경우에도 또한

정보통신망 이용촉진 및 정보보호 등에 관한 법률[시행 2010. 9.23] [법률 제10166호, 2010. 3.22, 타법개정]

같다.
1. 개인정보의 수집·이용 목적
2. 수집하는 개인정보의 항목
3. 개인정보의 보유·이용 기간
②정보통신서비스 제공자는 다음 각 호의 어느 하나에 해당하는 경우에는 제1항에 따른 동의 없이 이용자의 개인정보를 수집·이용할 수 있다.
1. 정보통신서비스의 제공에 관한 계약을 이행하기 위하여 필요한 개인정보로서 경제적·기술적인 사유로 통상적인 동의를 받는 것이 뚜렷하게 곤란한 경우
2. 정보통신서비스의 제공에 따른 요금정산을 위하여 필요한 경우
3. 이 법 또는 다른 법률에 특별한 규정이 있는 경우
[전문개정 2008.6.13]

제23조 【개인정보의 수집 제한 등】
①정보통신서비스 제공자는 사상, 신념, 과거의 병력(病歷) 등 개인의 권리·이익이나 사생활을 뚜렷하게 침해할 우려가 있는 개인정보를 수집하여서는 아니 된다. 다만, 제22조제1항에 따른 이용자의 동의를 받거나 다른 법률에 따라 특별히 수집

대상 개인정보로 허용된 경우에는 그 개인정보를 수집할 수 있다.
②정보통신서비스 제공자는 이용자의 개인정보를 수집하는 경우에는 정보통신서비스의 제공을 위하여 필요한 최소한의 정보를 수집하여야 하며, 필요한 최소한의 정보 외의 개인정보를 제공하지 아니한다는 이유로 그 서비스의 제공을 거부하여서는 아니 된다.
[전문개정 2008.6.13]

제23조의2 【주민등록번호 외의 회원가입 방법】
①정보통신서비스 제공자로서 제공하는 정보통신서비스의 유형별 일일 평균 이용자 수가 대통령령으로 정하는 기준에 해당하는 자는 이용자가 정보통신망을 통하여 회원으로 가입할 경우에 주민등록번호를 사용하지 아니하고도 회원으로 가입할 수 있는 방법을 제공하여야 한다.
②제1항에 해당하는 정보통신서비스 제공자는 주민등록번호를 사용하는 회원가입 방법을 따로 제공하여 이용자가 회원가입 방법을 선택하게 할 수 있다.
[본조신설 2008.6.13]

제2절 삭제 <2007.1.26>

제24조 【개인정보의 이용 제한】
정보통신서비스 제공자는 제22조 및 제23조제1항 단서에 따라 수집한 개인정보를 이용자로부터 동의받은 목적이나 제22조제2항 각 호에서 정한 목적과 다른 목적으로 이용하여서는 아니 된다.
[전문개정 2008.6.13]

제24조의2 【개인정보의 제공 동의 등】
①정보통신서비스 제공자는 이용자의 개인정보를 제3자에게 제공하려면 제22조제2항제2호 및 제3호에 해당하는 경우 외에는 다음 각 호의 모든 사항을 이용자에게 알리고 동의를 받아야 한다. 다음 각 호의 어느 하나의 사항이 변경되는 경우에도 또한 같다.
1. 개인정보를 제공받는 자
2. 개인정보를 제공받는 자의 개인정보 이용 목적
3. 제공하는 개인정보의 항목
4. 개인정보를 제공받는 자의 개인정보 보유 및 이용 기간
②제1항에 따라 정보통신서비스 제공자로부터 이용자의 개인정

보를 제공받은 자는 그 이용자의 동의가 있거나 다른 법률에 특별한 규정이 있는 경우 외에는 개인정보를 제3자에게 제공하거나 제공받은 목적 외의 용도로 이용하여서는 아니 된다.
[전문개정 2008.6.13]

제25조 【개인정보의 취급위탁】
①정보통신서비스 제공자와 그로부터 제24조의2제1항에 따라 이용자의 개인정보를 제공받은 자(이하 "정보통신서비스 제공자등"이라 한다)는 제3자에게 이용자의 개인정보를 수집·보관·처리·이용·제공·관리·파기 등(이하 "취급"이라 한다)을 할 수 있도록 업무를 위탁(이하 "개인정보 취급위탁"이라 한다)하는 경우에는 다음 각 호의 사항 모두를 이용자에게 알리고 동의를 받아야 한다. 다음 각 호의 어느 하나의 사항이 변경되는 경우에도 또한 같다.
1. 개인정보 취급위탁을 받는 자(이하 "수탁자"라 한다)
2. 개인정보 취급위탁을 하는 업무의 내용
②정보통신서비스 제공자등은 정보통신서비스의 제공에 관한 계약을 이행하기 위하여 필요한

정보통신망 이용촉진 및 정보보호 등에 관한 법률[시행 2010. 9.23] [법률 제10166호, 2010. 3.22, 타법개정]

경우로서 제1항 각 호의 사항 모두를 제27조의2제1항에 따라 공개하거나 전자우편 등 대통령령으로 정하는 방법에 따라 이용자에게 알린 경우에는 개인정보 취급위탁에 따른 제1항의 고지절차와 동의절차를 거치지 아니할 수 있다. 제1항 각 호의 어느 하나의 사항이 변경되는 경우에도 또한 같다.

③정보통신서비스 제공자등은 개인정보 취급위탁을 하는 경우에는 수탁자가 이용자의 개인정보를 취급할 수 있는 목적을 미리 정하여야 하며, 수탁자는 이 목적을 벗어나서 이용자의 개인정보를 취급하여서는 아니 된다.

④정보통신서비스 제공자등은 수탁자가 이 장의 규정을 위반하지 아니하도록 관리·감독하여야 한다.

⑤수탁자가 개인정보 취급위탁을 받은 업무와 관련하여 이 장의 규정을 위반하여 이용자에게 손해를 발생시키면 그 수탁자를 손해배상책임에 있어서 정보통신서비스 제공자등의 소속 직원으로 본다.

[전문개정 2008.6.13]

제26조 【영업의 양수 등에 따른 개인정보의 이전】

①정보통신서비스 제공자등이 영업의 전부 또는 일부의 양도·합병 등으로 그 이용자의 개인정보를 타인에게 이전하는 경우에는 미리 다음 각 호의 사항 모두를 인터넷 홈페이지 게시, 전자우편 등 대통령령으로 정하는 방법에 따라 이용자에게 알려야 한다.

1. 개인정보를 이전하려는 사실
2. 개인정보를 이전받는 자(이하 "영업양수자등"이라 한다)의 성명(법인의 경우에는 법인의 명칭을 말한다. 이하 이 조에서 같다)·주소·전화번호 및 그 밖의 연락처
3. 이용자가 개인정보의 이전을 원하지 아니하는 경우 그 동의를 철회할 수 있는 방법과 절차

②영업양수자등은 개인정보를 이전받으면 지체 없이 그 사실을 인터넷 홈페이지 게시, 전자우편 등 대통령령으로 정하는 방법에 따라 이용자에게 알려야 한다. 다만, 정보통신서비스 제공자등이 제1항에 따라 그 이전 사실을 이미 알린 경우에는 그러하지 아니하다.

③영업양수자등은 정보통신서비스 제공자등이 이용자의 개인정보를 이용하거나 제공할 수 있는 당초 목적의 범위에서만 개인정보를 이용하거나 제공할 수 있다. 다만, 이용자로부터 별도의 동의를 받은 경우에는 그러하지 아니하다.

[전문개정 2008.6.13]

제26조의2 【동의를 받는 방법】

제22조제1항, 제23조제1항 단서, 제24조의2제1항·제2항, 제25조제1항, 제26조제3항 단서 또는 제63조제2항에 따른 동의(이하 "개인정보 수집·이용·제공 등의 동의"라 한다)를 받는 방법은 개인정보의 수집매체, 업종의 특성 및 이용자의 수 등을 고려하여 대통령령으로 정한다.

[전문개정 2008.6.13]

제2절 개인정보의 관리 및 파기 등
<신설 2007.1.26>

제27조 【개인정보 관리책임자의 지정】

①정보통신서비스 제공자등은 이용자의 개인정보를 보호하고 개인정보와 관련한 이용자의 고충을 처리하기 위하여 개인정보 관리책임자를 지정하여야 한다. 다만, 종업원 수, 이용자 수 등이 대통령령으로 정하는 기준에 해당하는 정보통신서비스 제공자등의 경우에는 지정하지 아니할 수 있다.

②제1항 단서에 따른 정보통신서비스 제공자등이 개인정보 관리책임자를 지정하지 아니하는 경우에는 그 사업주 또는 대표자가 개인정보 관리책임자가 된다.

③개인정보 관리책임자의 자격요건과 그 밖의 지정에 필요한 사항은 대통령령으로 정한다.

[전문개정 2008.6.13]

제27조의2 【개인정보 취급방침의 공개】

①정보통신서비스 제공자등은 이용자의 개인정보를 취급하는 경우에는 개인정보 취급방침을 정하여 이용자가 언제든지 쉽게 확인할 수 있도록 대통령령으로 정하는 방법에 따라 공개하여야 한다.

②제1항에 따른 개인정보 취급방침에는 다음 각 호의 사항이 모두 포함되어야 한다.

1. 개인정보의 수집·이용 목적, 수집하는 개인정보의 항목 및 수집방법
2. 개인정보를 제3자에게 제공하는 경우 제공받는 자의 성명

정보통신망 이용촉진 및 정보보호 등에 관한 법률[시행 2010. 9.23] [법률 제10166호, 2010. 3.22, 타법개정]

(법인인 경우에는 법인의 명칭을 말한다), 제공받는 자의 이용목적과 제공하는 개인정보의 항목

3. 개인정보의 보유 및 이용 기간, 개인정보의 파기절차 및 파기방법(제29조 각 호 외의 부분 단서에 따라 개인정보를 보존하여야 하는 경우에는 그 보존근거와 보존하는 개인정보 항목을 포함한다)

4. 개인정보 취급위탁을 하는 업무의 내용 및 수탁자(해당되는 경우에만 취급방침에 포함한다)

5. 이용자 및 법정대리인의 권리와 그 행사방법

6. 인터넷 접속정보파일 등 개인정보를 자동으로 수집하는 장치의 설치·운영 및 그 거부에 관한 사항

7. 개인정보 관리책임자의 성명 또는 개인정보보호 업무 및 관련 고충사항을 처리하는 부서의 명칭과 그 전화번호 등 연락처

③정보통신서비스 제공자등은 제1항에 따른 개인정보 취급방침을 변경하는 경우에는 그 이유 및 변경내용을 대통령령으로 정하는 방법에 따라 지체 없이 공지하고, 이용자가 언제든지 변경된 사항을 쉽게 알아 볼 수 있도록 조치하여야 한다.
[전문개정 2008.6.13]

제28조 【개인정보의 보호조치】

①정보통신서비스 제공자등이 개인정보를 취급할 때에는 개인정보의 분실·도난·누출·변조 또는 훼손을 방지하기 위하여 대통령령으로 정하는 기준에 따라 다음 각 호의 기술적·관리적 조치를 하여야 한다.

1. 개인정보를 안전하게 취급하기 위한 내부관리계획의 수립·시행

2. 개인정보에 대한 불법적인 접근을 차단하기 위한 침입차단시스템 등 접근 통제장치의 설치·운영

3. 접속기록의 위조·변조 방지를 위한 조치

4. 개인정보를 안전하게 저장·전송할 수 있는 암호화기술 등을 이용한 보안조치

5. 백신 소프트웨어의 설치·운영 등 컴퓨터바이러스에 의한 침해 방지조치

6. 그 밖에 개인정보의 안전성 확보를 위하여 필요한 보호조치

②정보통신서비스 제공자등은 이용자의 개인정보를 취급하는 자를 최소한으로 제한하여야 한다. [전문개정 2008.6.13]

제28조의2 【개인정보의 누설금지】

①이용자의 개인정보를 취급하고 있거나 취급하였던 자는 직무상 알게 된 개인정보를 훼손·침해 또는 누설하여서는 아니 된다.

②누구든지 그 개인정보가 누설된 사정을 알면서도 영리 또는 부정한 목적으로 개인정보를 제공받아서는 아니 된다.
[전문개정 2008.6.13]

제29조 【개인정보의 파기】

정보통신서비스 제공자등은 다음 각 호의 어느 하나에 해당하는 경우에는 해당 개인정보를 지체 없이 파기하여야 한다. 다만, 다른 법률에 따라 개인정보를 보존하여야 하는 경우에는 그러하지 아니하다.

1. 제22조제1항, 제23조제1항 단서 또는 제24조의2제1항·제2항에 따라 동의를 받은 개인정보의 수집·이용 목적이나 제22조제2항 각 호에서 정한 해당 목적을 달성한 경우

2. 제22조제1항, 제23조제1항 단서 또는 제24조의2제1항·제2항에 따라 동의를 받은 개인정보의 보유 및 이용 기간이 끝난 경우

3. 제22조제2항에 따라 이용자의 동의를 받지 아니하고 수집·이용한 경우에는 제27조의2제2항제3호에 따른 개인정보의 보유 및 이용 기간이 끝난 경우

4. 사업을 폐업하는 경우
[전문개정 2008.6.13]

제3절 이용자의 권리

제30조 【이용자의 권리 등】

①이용자는 정보통신서비스 제공자등에 대하여 언제든지 개인정보 수집·이용·제공 등의 동의를 철회할 수 있다.

②이용자는 정보통신서비스 제공자등에 대하여 본인에 관한 다음 각 호의 어느 하나의 사항에 대한 열람이나 제공을 요구할 수 있고 오류가 있는 경우에는 그 정정을 요구할 수 있다.

1. 정보통신서비스 제공자등이 가지고 있는 이용자의 개인정보

2. 정보통신서비스 제공자등이 이용자의 개인정보를 이용하거나 제3자에게 제공한 현황

3. 정보통신서비스 제공자등에게 개인정보 수집·이용·제공

정보통신망 이용촉진 및 정보보호 등에 관한 법률[시행 2010. 9.23] [법률 제10166호, 2010. 3.22, 타법개정]

등의 동의를 한 현황

③정보통신서비스 제공자등은 이용자가 제1항에 따라 동의를 철회하면 지체 없이 수집된 개인정보를 파기하는 등 필요한 조치를 하여야 한다.

④정보통신서비스 제공자등은 제2항에 따라 열람 또는 제공을 요구받으면 지체 없이 필요한 조치를 하여야 한다.

⑤정보통신서비스 제공자등은 제2항에 따라 오류의 정정을 요구받으면 지체 없이 그 오류를 정정하거나 정정하지 못하는 사유를 이용자에게 알리는 등 필요한 조치를 하여야 하고, 필요한 조치를 할 때까지는 해당 개인정보를 이용하거나 제공하여서는 아니 된다. 다만, 다른 법률에 따라 개인정보의 제공을 요청받은 경우에는 그 개인정보를 제공하거나 이용할 수 있다.

⑥정보통신서비스 제공자등은 제1항에 따른 동의의 철회 또는 제2항에 따른 개인정보의 열람·제공 또는 오류의 정정을 요구하는 방법을 개인정보의 수집방법보다 쉽게 하여야 한다.

⑦영업양수자등에 대하여는 제1항부터 제6항까지의 규정을 준용한다. 이 경우 "정보통신서비스 제공자등"은 "영업양수자등"으로 본다.

[전문개정 2008.6.13]

제31조 【법정대리인의 권리】 ① 정보통신서비스 제공자등이 만 14세 미만의 아동으로부터 개인정보 수집·이용·제공 등의 동의를 받으려면 그 법정대리인의 동의를 받아야 한다. 이 경우 정보통신서비스 제공자는 그 아동에게 법정대리인의 동의를 받기 위하여 필요한 법정대리인의 성명 등 최소한의 정보를 요구할 수 있다.

②법정대리인은 해당 아동의 개인정보에 대하여 제30조제1항 및 제2항에 따른 이용자의 권리를 행사할 수 있다.

③제2항에 따른 법정대리인의 동의 철회, 열람 또는 오류정정의 요구에 관하여는 제30조제3항부터 제5항까지의 규정을 준용한다.

[전문개정 2008.6.13]

제32조 【손해배상】 이용자는 정보통신서비스 제공자등이 이 장의 규정을 위반한 행위로 손해를 입으면 그 정보통신서비스 제공자등에게 손해배상을 청구할 수 있다. 이 경우 해당 정보통신서비스 제공자등은 고의 또는 과실이 없음을 입증하지 아니하면 책임을 면할 수 없다.

[전문개정 2008.6.13]

제4절 개인정보분쟁조정위원회

제33조 【개인정보분쟁조정위원회의 설치 및 구성】 ①개인정보에 관한 분쟁을 조정하기 위하여 개인정보분쟁조정위원회(이하 "분쟁조정위원회"라 한다)를 둔다.

②분쟁조정위원회는 위원장 1명을 포함한 15명 이내의 위원으로 구성하며, 그중 1명은 상임으로 한다.

③위원은 다음 각 호의 어느 하나에 해당하는 자 중에서 대통령령으로 정하는 바에 따라 행정안전부장관이 임명하거나 위촉한다. 이 경우 다음 각 호의 어느 하나에 해당하는 자가 1명 이상 포함되어야 한다.

1. 대학이나 공인된 연구기관에서 부교수급 이상 또는 이에 상당하는 직에 있거나 있었던 자로서 개인정보보호 관련 분야를 전공한 자

2. 4급 이상 공무원(고위공무원단에 속하는 일반직공무원을 포함한다) 또는 이에 상당하는 공공기관의 직에 있거나 있었던 자로서 개인정보보호 업무에 관한 경험이 있는 자

3. 판사·검사 또는 변호사의 자격이 있는 자

4. 정보통신서비스 이용자단체의 임원직에 있거나 있었던 자

5. 정보통신서비스 제공자 또는 정보통신서비스 제공자단체의 임원직에 있거나 있었던 자

6. 「비영리민간단체 지원법」 제2조에 따른 비영리민간단체에서 추천한 자

④위원의 임기는 3년으로 하고, 연임할 수 있다.

⑤위원장은 위원 중에서 행정안전부장관이 임명한다.

⑥분쟁조정위원회의 업무를 지원하기 위하여 제52조에 따른 한국인터넷진흥원(이하 "한국인터넷진흥원"이라 한다)에 사무국을 둔다. <개정 2009.4.22>

[전문개정 2008.6.13]

제33조의2 【조정부】 ①분쟁의 조정업무를 효율적으로 수행하기 위하여 분쟁조정위원회에 5명 이하의 위원으로 구성되는 조정부를 두되, 그중 1명은 변

정보통신망 이용촉진 및 정보보호 등에 관한 법률[시행 2010. 9.23] [법률 제10166호, 2010. 3.22, 타법개정]

호사의 자격이 있는 자로 한다.
②분쟁조정위원회는 필요하면 일부 분쟁을 제1항에 따른 조정부에 맡겨 조정하게 할 수 있다.
③제1항에 따른 조정부의 구성 및 운영에 필요한 사항은 행정안전부령으로 정한다.
[전문개정 2008.6.13]

제34조 【위원의 신분보장】 위원은 자격정지 이상의 형을 선고받거나 심신상의 장애로 직무를 수행할 수 없는 경우 외에는 그의 의사에 반하여 면직되거나 해촉되지 아니한다.
[전문개정 2008.6.13]

제35조 【위원의 제척·기피·회피】 ①위원은 다음 각 호의 어느 하나에 해당되면 해당 분쟁조정청구사건(이하 이 조에서 "사건"이라 한다)의 심의·의결에서 제척된다.
1. 위원 또는 그 배우자나 배우자이었던 자가 해당 사건의 당사자가 되거나 그 사건에 관하여 공동권리자 또는 공동의무자의 관계에 있는 경우
2. 위원이 해당 사건의 당사자와 친족관계에 있거나 있었던 경우
3. 위원이 해당 사건에 관하여 증언이나 감정을 한 경우
4. 위원이 해당 사건에 관하여 당사자의 대리인 또는 임직원으로서 관여하거나 관여하였던 경우
②당사자는 위원에게 심의·의결의 공정을 기대하기 어려운 사정이 있으면 분쟁조정위원회에 기피신청을 할 수 있다. 이 경우 분쟁조정위원회는 기피신청이 타당하다고 인정하는 경우에는 기피의 결정을 한다.
③위원이 제1항 또는 제2항의 사유에 해당하면 스스로 그 사건의 심의·의결에서 회피할 수 있다.
[전문개정 2008.6.13]

제36조 【분쟁의 조정】 ①개인정보와 관련한 분쟁의 조정을 원하는 자는 분쟁조정위원회에 분쟁의 조정을 신청할 수 있다.
②제1항에 따른 분쟁의 조정신청을 받은 분쟁조정위원회는 신청을 받은 날부터 60일 이내에 심사하여 조정안을 작성하여야 한다. 다만, 부득이한 사정이 있는 경우에는 분쟁조정위원회의 의결로 그 기간을 연장할 수 있다.
③제2항 단서에 따라 기간을 연장한 경우에는 기간연장의 사유나 그 밖의 기간연장에 대한 사항을 신청인에게 알려야 한다.
[전문개정 2008.6.13]

제37조 【자료요청 등】 ①분쟁조정위원회는 분쟁조정을 위하여 필요한 자료의 제공을 분쟁당사자에게 요청할 수 있다. 이 경우 그 분쟁당사자는 정당한 사유가 없으면 요청에 따라야 한다.
②분쟁조정위원회는 필요하다고 인정하면 분쟁당사자나 참고인을 분쟁조정위원회에 출석하도록 하여 그 의견을 들을 수 있다.
[전문개정 2008.6.13]

제38조 【조정의 효력】 ①분쟁조정위원회는 제36조제2항에 따라 조정안을 작성하면 지체 없이 각 당사자에게 제시하여야 한다.
②제1항에 따라 조정안을 제시받은 당사자는 제시받은 날부터 15일 이내에 조정안의 수락 여부를 분쟁조정위원회에 통보하여야 한다.
③당사자가 조정안을 수락하면 분쟁조정위원회는 즉시 조정서를 작성하여야 하며, 위원장 및 각 당사자는 그 조정서에 기명날인하여야 한다.
④당사자가 제3항에 따라 조정안을 수락하고 조정서에 기명날인을 하면 당사자 간에 조정서와 같은 내용의 합의가 성립된 것으로 본다.
[전문개정 2008.6.13]

제39조 【조정의 거부 및 중지】 ①분쟁조정위원회는 분쟁의 성질상 분쟁조정위원회에서 조정하는 것이 적합하지 아니하다고 인정하거나 부정한 목적으로 신청되었다고 인정하는 경우에는 그 조정을 거부할 수 있다. 이 경우 조정거부의 사유 등을 신청인에게 알려야 한다.
②분쟁조정위원회는 신청된 조정사건에 대한 처리절차를 진행하던 중에 한쪽 당사자가 소(訴)를 제기하면 그 조정의 처리를 중지하고 이를 당사자에게 알려야 한다.
[전문개정 2008.6.13]

제40조 【조정절차 등】 제36조부터 제39조까지의 규정에서 정한

것 외에 분쟁의 조정방법·조정 절차 및 조정업무의 처리 등에 필요한 사항은 대통령령으로 정한다.
[전문개정 2008.6.13]

제5장 정보통신망에서의 이용자 보호 등
<개정 2007.1.26>

제41조 【청소년 보호를 위한 시책의 마련 등】 ①방송통신위원회는 정보통신망을 통하여 유통되는 음란·폭력정보 등 청소년에게 해로운 정보(이하 "청소년유해정보"라 한다)로부터 청소년을 보호하기 위하여 다음 각 호의 시책을 마련하여야 한다.
1. 내용 선별 소프트웨어의 개발 및 보급
2. 청소년 보호를 위한 기술의 개발 및 보급
3. 청소년 보호를 위한 교육 및 홍보
4. 그 밖에 청소년 보호를 위하여 대통령령으로 정하는 사항
②방송통신위원회는 제1항에 따른 시책을 추진할 때에는 「방송통신위원회의 설치 및 운영에 관한 법률」 제18조에 따른 방송통신심의위원회(이하 "심의위원

회"라 한다), 정보통신서비스 제공자단체·이용자단체, 그 밖의 관련 전문기관이 실시하는 청소년 보호를 위한 활동을 지원할 수 있다.
[전문개정 2008.6.13]

제42조 【청소년유해매체물의 표시】 전기통신사업자의 전기통신역무를 이용하여 일반에게 공개를 목적으로 정보를 제공하는 자(이하 "정보제공자"라 한다) 중 「청소년보호법」 제7조제4호에 따른 매체물로서 같은 법 제2조제3호에 따른 청소년유해매체물을 제공하려는 자는 대통령령으로 정하는 표시방법에 따라 그 정보가 청소년유해매체물임을 표시하여야 한다.
[전문개정 2008.6.13]

제42조의2 【청소년유해매체물의 광고금지】 누구든지 「청소년보호법」 제7조제4호에 따른 매체물로서 같은 법 제2조제3호에 따른 청소년유해매체물을 광고하는 내용의 정보를 정보통신망을 이용하여 부호·문자·음성·음향·화상 또는 영상 등의 형태로 같은 법 제2조제1호에 따른 청소년에게 전송하거나 청

소년 접근을 제한하는 조치 없이 공개적으로 전시하여서는 아니 된다.
[전문개정 2008.6.13]

제42조의3 【청소년 보호 책임자의 지정 등】 ①정보통신서비스 제공자 중 열일 평균 이용자의 수, 매출액 등이 대통령령으로 정하는 기준에 해당하는 자는 정보통신망의 청소년유해정보로부터 청소년을 보호하기 위하여 청소년 보호 책임자를 지정하여야 한다.
②청소년 보호 책임자는 해당 사업자의 임원 또는 청소년 보호와 관련된 업무를 담당하는 부서의 장에 해당하는 지위에 있는 자 중에서 지정한다.
③청소년 보호 책임자는 정보통신망의 청소년유해정보를 차단·관리하그, 청소년유해정보로부터의 청소년 보호계획을 수립하는 등 청소년 보호업무를 하여야 한다.
④제1항에 따른 청소년 보호 책임자의 지정에 필요한 사항은 대통령령으로 정한다.
[전문개정 2008.6.13]

**제43조 【영상 또는 음향정보 제

공사업자의 보관의무】** ① 「청소년보호법」 제7조제4호에 따른 매체물로서 같은 법 제2조제3호에 따른 청소년유해매체물을 이용자의 컴퓨터에 저장 또는 기록되지 아니하는 방식으로 제공하는 것을 영업으로 하는 정보제공자 중 대통령령으로 정하는 자는 해당 정보를 보관하여야 한다.
②제1항에 따른 정보제공자가 해당 정보를 보관하여야 할 기간은 대통령령으로 정한다.
[전문개정 2008.6.13]

제44조 【정보통신망에서의 권리보호】 ①이용자는 사생활 침해 또는 명예훼손 등 타인의 권리를 침해하는 정보를 정보통신망에 유통시켜서는 아니 된다.
②정보통신서비스 제공자는 자신이 운영·관리하는 정보통신망에 제1항에 따른 정보가 유통되지 아니하도록 노력하여야 한다.
③방송통신위원회는 정보통신망에 유통되는 정보로 인한 사생활 침해 또는 명예훼손 등 타인에 대한 권리침해를 방지하기 위하여 기술개발·교육·홍보 등에 대한 시책을 마련하고 이

정보통신망 이용촉진 및 정보보호 등에 관한 법률[시행 2010. 9.23] [법률 제10166호, 2010. 3.22, 타법개정]

를 정보통신서비스 제공자에게 권고할 수 있다.
[전문개정 2008.6.13]

제44조의2 【정보의 삭제요청 등】

①정보통신망을 통하여 일반에게 공개를 목적으로 제공된 정보로 사생활 침해나 명예훼손 등 타인의 권리가 침해된 경우 그 침해를 받은 자는 해당 정보를 취급한 정보통신서비스 제공자에게 침해사실을 소명하여 그 정보의 삭제 또는 반박내용의 게재(이하 "삭제등"이라 한다)를 요청할 수 있다.

②정보통신서비스 제공자는 제1항에 따른 해당 정보의 삭제등을 요청받으면 지체 없이 삭제·임시조치 등의 필요한 조치를 하고 즉시 신청인 및 정보게재자에게 알려야 한다. 이 경우 정보통신서비스 제공자는 필요한 조치를 한 사실을 해당 게시판에 공시하는 등의 방법으로 이용자가 알 수 있도록 하여야 한다.

③정보통신서비스 제공자는 자신이 운영·관리하는 정보통신망에 제42조에 따른 표시방법을 지키지 아니하는 청소년유해매체물이 게재되어 있거나 제42조의2에 따른 청소년 접근을 제한하는 조치 없이 청소년유해매체물을 광고하는 내용이 전시되어 있는 경우에는 지체 없이 그 내용을 삭제하여야 한다.

④정보통신서비스 제공자는 제1항에 따른 정보의 삭제요청에도 불구하고 권리의 침해 여부를 판단하기 어렵거나 이해당사자 간에 다툼이 예상되는 경우에는 해당 정보에 대한 접근을 임시적으로 차단하는 조치(이하 "임시조치"라 한다)를 할 수 있다. 이 경우 임시조치의 기간은 30일 이내로 한다.

⑤정보통신서비스 제공자는 필요한 조치에 관한 내용·절차 등을 미리 약관에 구체적으로 밝혀야 한다.

⑥정보통신서비스 제공자는 자신이 운영·관리하는 정보통신망에 유통되는 정보에 대하여 제2항에 따른 필요한 조치를 하면 이로 인한 배상책임을 줄이거나 면제받을 수 있다.
[전문개정 2008.6.13]

제44조의3 【임의의 임시조치】

①정보통신서비스 제공자는 자신이 운영·관리하는 정보통신망에 유통되는 정보가 사생활 침해 또는 명예훼손 등 타인의 권리를 침해한다고 인정되면 임의로 임시조치를 할 수 있다.

②제1항에 따른 임시조치에 관하여는 제44조의2제2항 후단, 제4항 후단 및 제5항을 준용한다.
[전문개정 2008.6.13]

제44조의4 【자율규제】

정보통신서비스 제공자단체는 이용자를 보호하고 안전하며 신뢰할 수 있는 정보통신서비스를 제공하기 위하여 정보통신서비스 제공자 행동강령을 정하여 시행할 수 있다.
[전문개정 2008.6.13]

제44조의5 【게시판 이용자의 본인 확인】

①다음 각 호의 어느 하나에 해당하는 자가 게시판을 설치·운영하려면 그 게시판 이용자의 본인 확인을 위한 방법 및 절차의 마련 등 대통령령으로 정하는 필요한 조치(이하 "본인확인조치"라 한다)를 하여야 한다.

1. 국가기관, 지방자치단체, 「공공기관의 운영에 관한 법률」 제5조제3항에 따른 공기업·준정부기관 및 「지방공기업법」에 따른 지방공사·지방공단(이하 "공공기관등"이라 한다)

2. 정보통신서비스 제공자로서 제공하는 정보통신서비스의 유형별 일일 평균 이용자 수가 10만명 이상이면서 대통령령으로 정하는 기준에 해당되는 자

②방송통신위원회는 제1항제2호에 따른 기준에 해당되는 정보통신서비스 제공자가 본인확인조치를 하지 아니하면 본인확인조치를 하도록 명령할 수 있다.

③정부는 제1항에 따른 본인 확인을 위하여 안전하고 신뢰할 수 있는 시스템을 개발하기 위한 시책을 마련하여야 한다.

④공공기관등 및 정보통신서비스 제공자가 선량한 관리자의 주의로써 제1항에 따른 본인확인조치를 한 경우에는 이용자의 명의가 제3자에 의하여 부정사용됨에 따라 발생한 손해에 대한 배상책임을 줄이거나 면제받을 수 있다.
[전문개정 2008.6.13]

제44조의6 【이용자 정보의 제공청구】

①특정한 이용자에 의한 정보의 게재나 유통으로 사생활 침해 또는 명예훼손 등 권리를

정보통신망 이용촉진 및 정보보호 등에 관한 법률[시행 2010. 9.23] [법률 제10166호, 2010. 3.22, 타법개정]

침해당하였다고 주장하는 자는 민·형사상의 소를 제기하기 위하여 침해사실을 소명하여 제44조의10에 따른 명예훼손 분쟁조정부에 해당 정보통신서비스 제공자가 보유하고 있는 해당 이용자의 정보(민·형사상의 소를 제기하기 위한 성명·주소 등 대통령령으로 정하는 최소한의 정보를 말한다)를 제공하도록 청구할 수 있다.

②명예훼손 분쟁조정부는 제1항에 따른 청구를 받으면 해당 이용자와 연락할 수 없는 등의 특별한 사정이 있는 경우 외에는 그 이용자의 의견을 들어 정보제공 여부를 결정하여야 한다.

③제1항에 따라 해당 이용자의 정보를 제공받은 자는 해당 이용자의 정보를 민·형사상의 소를 제기하기 위한 목적 외의 목적으로 사용하여서는 아니 된다.

④그 밖의 이용자 정보 제공청구의 내용과 절차에 필요한 사항은 대통령령으로 정한다.

[전문개정 2008.6.13]

제44조의7 【불법정보의 유통금지 등】 ①누구든지 정보통신망을 통하여 다음 각 호의 어느 하나에 해당하는 정보를 유통하여서는 아니 된다.

1. 음란한 부호·문언·음향·화상 또는 영상을 배포·판매·임대하거나 공공연하게 전시하는 내용의 정보

2. 사람을 비방할 목적으로 공공연하게 사실이나 거짓의 사실을 드러내어 타인의 명예를 훼손하는 내용의 정보

3. 공포심이나 불안감을 유발하는 부호·문언·음향·화상 또는 영상을 반복적으로 상대방에게 도달하도록 하는 내용의 정보

4. 정당한 사유 없이 정보통신시스템, 데이터 또는 프로그램 등을 훼손·멸실·변경·위조하거나 그 운용을 방해하는 내용의 정보

5. 「청소년보호법」에 따른 청소년유해매체물로서 상대방의 연령 확인, 표시의무 등 법령에 따른 의무를 이행하지 아니하고 영리를 목적으로 제공하는 내용의 정보

6. 법령에 따라 금지되는 사행행위에 해당하는 내용의 정보

7. 법령에 따라 분류된 비밀 등 국가기밀을 누설하는 내용의 정보

8. 「국가보안법」에서 금지하는 행위를 수행하는 내용의 정보

9. 그 밖에 범죄를 목적으로 하거나 교사(教唆) 또는 방조하는 내용의 정보

②방송통신위원회는 제1항제1호부터 제6호까지의 정보에 대하여는 심의위원회의 심의를 거쳐 정보통신서비스 제공자 또는 게시판 관리·운영자로 하여금 그 취급을 거부·정지 또는 제한하도록 명할 수 있다. 다만, 제1항제2호 및 제3호에 따른 정보의 경우에는 해당 정보로 인하여 피해를 받은 자가 구체적으로 밝힌 의사에 반하여 그 취급의 거부·정지 또는 제한을 명할 수 없다.

③방송통신위원회는 제1항제7호부터 제9호까지의 정보가 다음 각 호의 모두에 해당하는 경우에는 정보통신서비스 제공자 또는 게시판 관리·운영자에게 해당 정보의 취급을 거부·정지 또는 제한하도록 명하여야 한다.

1. 관계 중앙행정기관의 장의 요청이 있었을 것

2. 제1호의 요청을 받은 날부터 7일 이내에 심의위원회의 심의를 거친 후 「방송통신위원회의 설치 및 운영에 관한 법률」 제21조제4호에 따른 시정 요구를 하였을 것

3. 정보통신서비스 제공자나 게시판 관리·운영자가 시정 요구에 따르지 아니하였을 것

④방송통신위원회는 제2항 및 제3항에 따른 명령의 대상이 되는 정보통신서비스 제공자, 게시판 관리·운영자 또는 해당 이용자에게 미리 의견제출의 기회를 주어야 한다. 다만, 다음 각 호의 어느 하나에 해당하는 경우에는 의견제출의 기회를 주지 아니할 수 있다.

1. 공공의 안전 또는 복리를 위하여 긴급히 처분을 할 필요가 있는 경우

2. 의견청취가 뚜렷이 곤란하거나 명백히 불필요한 경우로서 대통령령으로 정하는 경우

3. 의견제출의 기회를 포기한다는 뜻을 명백히 표시한 경우

[전문개정 2008.6.13]

제44조의8 삭제 <2008.2.29>

제44조의9 삭제 <2008.2.29>

제44조의10 【명예훼손 분쟁조정부】

정보통신망 이용촉진 및 정보보호 등에 관한 법률[시행 2010. 9.23] [법률 제10166호, 2010. 3.22, 타법개정]

①심의위원회는 정보통신망을 통하여 유통되는 정보 중 사생활의 침해 또는 명예훼손 등 타인의 권리를 침해하는 정보와 관련된 분쟁의 조정업무를 효율적으로 수행하기 위하여 5명 이하의 위원으로 구성된 명예훼손 분쟁조정부를 두되, 그중 1명 이상은 변호사의 자격이 있는 자로 한다.

②명예훼손 분쟁조정부의 위원은 심의위원회의 위원장이 심의위원회의 동의를 받아 위촉한다.

③명예훼손 분쟁조정부의 분쟁조정절차 등에 관하여는 제33조의2제2항, 제35조부터 제39조까지의 규정을 준용한다. 이 경우 "분쟁조정위원회"는 "심의위원회"로, "개인정보와 관련한 분쟁"은 "정보통신망을 통하여 유통되는 정보 중 사생활의 침해 또는 명예훼손 등 타인의 권리를 침해하는 정보와 관련된 분쟁"으로 본다.

④명예훼손 분쟁조정부의 설치·운영 및 분쟁조정 등에 관하여 그 밖의 필요한 사항은 대통령령으로 정한다.

[전문개정 2008.6.13]

제6장 정보통신망의 안정성 확보 등

제45조 【정보통신망의 안정성 확보 등】

①정보통신서비스 제공자는 정보통신서비스의 제공에 사용되는 정보통신망의 안정성 및 정보의 신뢰성을 확보하기 위한 보호조치를 하여야 한다.

②방송통신위원회는 제1항에 따른 보호조치의 구체적 내용을 정한 정보보호조치 및 안전진단의 방법·절차·수수료에 관한 지침(이하 "정보보호지침"이라 한다)을 정하여 고시하고 정보통신서비스 제공자에게 이를 지키도록 권고할 수 있다.

③정보보호지침에는 다음 각 호의 사항이 포함되어야 한다.

1. 정당한 권한이 없는 자가 정보통신망에 접근·침입하는 것을 방지하거나 대응하기 위한 정보보호시스템의 설치·운영 등 기술적·물리적 보호조치

2. 정보의 불법 유출·변조·삭제 등을 방지하기 위한 기술적 보호조치

3. 정보통신망의 지속적인 이용이 가능한 상태를 확보하기 위한 기술적·물리적 보호조치

4. 정보통신망의 안정 및 정보보호를 위한 인력·조직·경비의 확보 및 관련 계획수립 등 관리적 보호조치

[전문개정 2008.6.13]

제45조의2 삭제 <2007.1.26>

제46조 【집적된 정보통신시설의 보호】

①타인의 정보통신서비스 제공을 위하여 집적된 정보통신시설을 운영·관리하는 사업자(이하 "집적정보통신시설 사업자"라 한다)는 정보통신시설을 안정적으로 운영하기 위하여 대통령령으로 정하는 바에 따른 보호조치를 하여야 한다.

②집적정보통신시설 사업자는 집적된 정보통신시설의 멸실, 훼손, 그 밖의 운영장애로 발생한 피해를 보상하기 위하여 대통령령으로 정하는 바에 따라 보험에 가입하여야 한다.

[전문개정 2008.6.13]

제46조의2 【집적정보통신시설 사업자의 긴급대응】

①집적정보통신시설 사업자는 다음 각 호의 어느 하나에 해당하는 경우에는 이용약관으로 정하는 바에 따라 해당 서비스의 전부 또는 일부의 제공을 중단할 수 있다.

<개정 2009.4.22>

1. 집적정보통신시설을 이용하는 자(이하 "시설이용자"라 한다)의 정보시스템에서 발생한 이상현상으로 다른 시설이용자의 정보통신망 또는 집적된 정보통신시설의 정보통신망에 심각한 장애를 발생시킬 우려가 있다고 판단되는 경우

2. 외부에서 발생한 침해사고로 집적된 정보통신시설에 심각한 장애가 발생할 우려가 있다고 판단되는 경우

3. 중대한 침해사고가 발생하여 방송통신위원회나 한국인터넷진흥원이 요청하는 경우

②집적정보통신시설 사업자는 제1항에 따라 해당 서비스의 제공을 중단하는 경우에는 중단사유, 발생일시, 기간 및 내용 등을 구체적으로 밝혀 시설이용자에게 즉시 알려야 한다.

③집적정보통신시설 사업자는 중단사유가 없어지면 즉시 해당 서비스의 제공을 재개하여야 한다.

[전문개정 2008.6.13]

제46조의3 【정보보호 안전진단】

①다음 각 호의 어느 하나에 해당하는 자는 방송통신위원회가

정보통신망 이용촉진 및 정보보호 등에 관한 법률[시행 2010. 9.23] [법률 제10166호, 2010. 3.22, 타법개정]

안전진단을 수행할 수 있다고 인정한 자(이하 "안전진단 수행기관"이라 한다)로부터 자신의 정보통신망 또는 집적정보통신시설에 대하여 매년 정보보호지침에 따른 정보보호 안전진단을 받아야 한다. 이 경우 안전진단 수행기관은 15명 이상의 정보보호 기술인력을 보유하고 최근 3년 이내에 정보보호컨설팅을 수행한 실적이 있는 법인이어야 한다. <개정 2010.3.22>

1. 「전기통신사업법」 제2조제8호에 따른 전기통신사업자로서 전국적으로 정보통신망서비스를 제공하는 자(이하 "주요정보통신서비스 제공자"라 한다)

2. 집적정보통신시설 사업자

3. 정보통신서비스 제공자로서 매출액, 이용자 수 등이 대통령령으로 정하는 기준에 해당하는 자

②제1항에 따라 정보보호 안전진단을 받는 사업자는 관련 정보의 제공 및 시설·장소에의 출입 허용 등 안전진단 수행기관의 정보보호 안전진단 업무에 협력하고, 대통령령으로 정하는 바에 따라 정보보호 안전진단의 결과를 방송통신위원회에 제출하여야 한다.

③제1항에 따라 정보보호 안전진단을 받아야 하는 사업자가 「정보통신기반 보호법」 제9조에 따라 취약점의 분석·평가를 받거나 제47조에 따른 정보보호 관리체계의 인증을 받으면 그 분석·평가를 받거나 인증을 받은 해당 연도에는 제1항에 따른 정보보호 안전진단을 받은 것으로 본다.

④안전진단 수행기관은 제1항에 따른 정보보호 안전진단을 받은 사업자에게 안전진단의 결과에 따라 정보보호조치의 개선을 권고할 수 있다.

⑤안전진단 수행기관은 제4항에 따라 정보보호조치의 개선을 권고하였으면 그 권고내용 및 처리 결과를 방송통신위원회에 통보하여야 한다.

⑥방송통신위원회는 제2항에 따라 제출된 정보보호 안전진단의 결과와 제5항에 따른 통보내용에 따라 필요하면 정보보호 안전진단을 받은 사업자에게 정보보호조치에 관한 개선명령을 할 수 있다.

⑦제1항에 따른 정보보호 안전진단의 방법·절차·수수료, 안전진단 수행기관의 인정절차, 정보보호 기술인력의 자격기준, 정보보호컨설팅 수행실적, 그 밖에 필요한 사항은 대통령령으로 정한다.

⑧방송통신위원회는 제1항제3호의 요건에 해당하는지를 확인하기 위하여 필요하면 관계 행정기관, 관련 자료 보유기관 또는 정보통신서비스 제공자에 대하여 필요한 자료의 제공 또는 사실의 확인을 요청할 수 있다.
[전문개정 2008.6.13]

제47조 【정보보호 관리체계의 인증】

①정보통신망의 안정성 및 신뢰성을 확보하기 위하여 기술적·물리적 보호조치를 포함한 종합적 관리체계(이하 "정보보호 관리체계"라 한다)를 수립·운영하고 있는 자는 정보보호 관리체계가 제2항에 따라 방송통신위원회가 고시한 기준에 적합한지에 관하여 방송통신위원회나 한국인터넷진흥원이 지정하는 기관(이하 "정보보호 관리체계 인증기관"이라 한다)으로부터 인증을 받을 수 있다. <개정 2009.4.22>

②방송통신위원회는 제1항에 따른 인증에 관한 정보보호 관리기준 등 필요한 기준을 정하여 고시할 수 있다.

③제1항에 따라 정보보호 관리체계의 인증을 받은 자는 대통령령으로 정하는 바에 따라 인증의 내용을 표시하거나 홍보할 수 있다.

④제1항에 따른 인증의 방법·절차와 그 밖에 필요한 사항은 대통령령으로 정한다.

⑤정보보호 관리체계 인증기관 지정의 기준·절차·유효기간 등에 필요한 사항은 대통령령으로 정한다.
[전문개정 2008.6.13]

제47조의2 【정보보호 관리체계 인증기관의 지정취소 등】

①방송통신위원회는 제47조에 따라 정보보호 관리체계 인증기관으로 지정받은 법인 또는 단체가 다음 각 호의 어느 하나에 해당하면 그 지정을 취소하거나 1년 이내의 기간을 정하여 해당 업무의 전부 또는 일부의 정지를 명할 수 있다. 다만, 제1호나 제2호에 해당하는 경우에는 그 지정을 취소하여야 한다.

1. 거짓이나 그 밖의 부정한 방법으로 정보보호 관리체계 인증기관의 지정을 받은 경우

2. 업무정지기간 중에 인증을 한 경우

정보통신망 이용촉진 및 정보보호 등에 관한 법률[시행 2010. 9.23] [법률 제10166호, 2010. 3.22, 타법개정]

3. 정당한 사유 없이 인증을 하지 아니한 경우
4. 제47조제4항을 위반하여 인증을 한 경우
5. 제47조제5항에 따른 지정기준에 적합하지 아니하게 된 경우
②제1항에 따른 지정취소 및 업무정지 등에 필요한 사항은 대통령령으로 정한다.
[전문개정 2008.6.13]

제47조의3 【이용자의 정보보호】
①정부는 이용자의 정보보호에 필요한 기준을 정하여 이용자에게 권고하고, 침해사고의 예방 및 확산 방지를 위하여 취약점 점검, 기술 지원 등 필요한 조치를 할 수 있다.
②주요정보통신서비스 제공자는 정보통신망에 중대한 침해사고가 발생하여 자신의 서비스를 이용하는 이용자의 정보시스템 또는 정보통신망 등에 심각한 장애가 발생할 가능성이 있으면 이용약관으로 정하는 바에 따라 그 이용자에게 보호조치를 취하도록 요청하고, 이를 이행하지 아니하는 경우에는 해당 정보통신망으로의 접속을 일시적으로 제한할 수 있다.

③「소프트웨어산업 진흥법」제2조에 따른 소프트웨어사업자는 보안에 관한 취약점을 보완하는 프로그램을 제작하였을 때에는 한국인터넷진흥원에 알려야 하고, 그 소프트웨어 사용자에게는 제작한 날부터 1개월 이내에 2회 이상 알려야 한다. <개정 2009.4.22>
④제2항에 따른 보호조치의 요청 등에 관하여 이용약관으로 정하여야 하는 구체적인 사항은 대통령령으로 정한다.
[전문개정 2008.6.13]

제48조 【정보통신망 침해행위 등의 금지】 ①누구든지 정당한 접근권한 없이 또는 허용된 접근권한을 넘어 정보통신망에 침입하여서는 아니 된다.
②누구든지 정당한 사유 없이 정보통신시스템, 데이터 또는 프로그램 등을 훼손·멸실·변경·위조하거나 그 운용을 방해할 수 있는 프로그램(이하 "악성프로그램"이라 한다)을 전달 또는 유포하여서는 아니 된다.
③누구든지 정보통신망의 안정적 운영을 방해할 목적으로 대량의 신호 또는 데이터를 보내거나 부정한 명령을 처리하도록

하는 등의 방법으로 정보통신망에 장애가 발생하게 하여서는 아니 된다.
[전문개정 2008.6.13]

제48조의2 【침해사고의 대응 등】
①방송통신위원회는 침해사고에 적절히 대응하기 위하여 다음 각 호의 업무를 수행하고, 필요하면 업무의 전부 또는 일부를 한국인터넷진흥원이 수행하도록 할 수 있다. <개정 2009.4.22>
1. 침해사고에 관한 정보의 수집·전파
2. 침해사고의 예보·경보
3. 침해사고에 대한 긴급조치
4. 그 밖에 대통령령으로 정하는 침해사고 대응조치
②다음 각 호의 어느 하나에 해당하는 자는 대통령령으로 정하는 바에 따라 침해사고의 유형별 통계, 해당 정보통신망의 소통량 통계 및 접속경로별 이용통계 등 침해사고 관련 정보를 방송통신위원회나 한국인터넷진흥원에 제공하여야 한다. <개정 2009.4.22>
1. 주요정보통신서비스 제공자
2. 집적정보통신시설 사업자
3. 그 밖에 정보통신망을 운영하는 자로서 대통령령으로 정하

는 자
③한국인터넷진흥원은 제2항에 따른 정보를 분석하여 방송통신위원회에 보고하여야 한다. <개정 2009.4.22>
④방송통신위원회는 제2항에 따라 정보를 제공하여야 하는 사업자가 정당한 사유 없이 정보의 제공을 거부하거나 거짓 정보를 제공하면 상당한 기간을 정하여 그 사업자에게 시정을 명할 수 있다.
⑤방송통신위원회나 한국인터넷진흥원은 제2항에 따라 제공받은 정보를 침해사고의 대응을 위하여 필요한 범위에서만 정당하게 사용하여야 한다. <개정 2009.4.22>
⑥방송통신위원회나 한국인터넷진흥원은 침해사고의 대응을 위하여 필요하면 제2항 각 호의 어느 하나에 해당하는 자에게 인력지원을 요청할 수 있다. <개정 2009.4.22>
[전문개정 2008.6.13]

제48조의3 【침해사고의 신고 등】
①다음 각 호의 어느 하나에 해당하는 자는 침해사고가 발생하면 즉시 그 사실을 방송통신위원회나 한국인터넷진흥원에 신

정보통신망 이용촉진 및 정보보호 등에 관한 법률[시행 2010. 9.23] [법률 제10166호, 2010. 3.22, 타법개정]

고하여야 한다. 이 경우 「정보통신기반 보호법」 제13조제1항에 따른 통지가 있으면 전단에 따른 신고를 한 것으로 본다. <개정 2009.4.22>

1. 정보통신서비스 제공자

2. 집적정보통신시설 사업자

②방송통신위원회나 한국인터넷진흥원은 제1항에 따라 침해사고의 신고를 받거나 침해사고를 알게 되면 제48조의2제1항 각 호에 따른 필요한 조치를 하여야 한다. <개정 2009.4.22>

[전문개정 2008.6.13]

제48조의4 【침해사고의 원인 분석 등】 ①정보통신서비스 제공자 등 정보통신망을 운영하는 자는 침해사고가 발생하면 침해사고의 원인을 분석하고 피해의 확산을 방지하여야 한다.

②방송통신위원회는 정보통신서비스 제공자의 정보통신망에 중대한 침해사고가 발생하면 피해 확산 방지, 사고대응, 복구 및 재발 방지를 위하여 정보보호에 전문성을 갖춘 민·관합동조사단을 구성하여 그 침해사고의 원인 분석을 할 수 있다.

③방송통신위원회는 제2항에 따른 침해사고의 원인을 분석하기 위하여 필요하다고 인정하면 정보통신서비스 제공자와 집적정보통신시설 사업자에게 정보통신망의 접속기록 등 관련 자료의 보전을 명할 수 있다.

④방송통신위원회는 침해사고의 원인을 분석하기 위하여 필요하면 정보통신서비스 제공자와 집적정보통신시설 사업자에게 침해사고 관련 자료의 제출을 요구할 수 있으며, 제2항에 따른 민·관합동조사단에게 관계인의 사업장에 출입하여 침해사고 원인을 조사하도록 할 수 있다. 다만, 「통신비밀보호법」 제2조제11호에 따른 통신사실확인자료에 해당하는 자료의 제출은 같은 법으로 정하는 바에 따른다.

⑤방송통신위원회나 민·관합동조사단은 제4항에 따라 제출받은 자료와 조사를 통하여 알게 된 정보를 침해사고의 원인 분석 및 대책 마련 외의 목적으로는 사용하지 못하며, 원인 분석이 끝난 후에는 즉시 파기하여야 한다.

⑥제2항에 따른 민·관합동조사단의 구성과 제4항에 따라 제출된 침해사고 관련 자료의 보호 등에 필요한 사항은 대통령령으로 정한다.

[전문개정 2008.6.13]

제49조 【비밀 등의 보호】 누구든지 정보통신망에 의하여 처리·보관 또는 전송되는 타인의 정보를 훼손하거나 타인의 비밀을 침해·도용 또는 누설하여서는 아니 된다.

[전문개정 2008.6.13]

제49조의2 【속이는 행위에 의한 개인정보의 수집금지 등】 ①누구든지 정보통신망을 통하여 속이는 행위로 다른 사람의 정보를 수집하거나 다른 사람이 정보를 제공하도록 유인하여서는 아니 된다.

②정보통신서비스 제공자는 제1항을 위반한 사실을 발견하면 즉시 방송통신위원회나 한국인터넷진흥원에 신고하여야 한다. <개정 2009.4.22>

③방송통신위원회나 한국인터넷진흥원은 제2항에 따른 신고를 받거나 제1항을 위반한 사실을 알게 되면 다음 각 호의 필요한 조치를 하여야 한다. <개정 2009.4.22>

1. 위반 사실에 관한 정보의 수집·전파

2. 유사 피해에 대한 예보·경보

3. 정보통신서비스 제공자에 대한 접속경로의 차단요청 등 피해 확산을 방지하기 위한 긴급조치

[전문개정 2008.6.13]

제50조 【영리목적의 광고성 정보 전송 제한】 ①누구든지 전자우편이나 그 밖에 대통령령으로 정하는 매체를 이용하여 수신자의 명시적인 수신거부의사에 반하는 영리목적의 광고성 정보를 전송하여서는 아니 된다.

②수신자의 전화·모사전송기기에 영리목적의 광고성 정보를 전송하려는 자는 그 수신자의 사전 동의를 받아야 한다. 다만, 다음 각 호의 어느 하나에 해당하는 경우에는 사전 동의를 받지 아니한다.

1. 재화등의 거래관계를 통하여 수신자로부터 직접 연락처를 수집한 자가 그가 취급하는 재화등에 대한 영리목적의 광고성 정보를 전송하려는 경우

2. 「전자상거래 등에서의 소비자보호에 관한 법률」 제13조제1항에 따른 광고 및 「방문판매 등에 관한 법률」 제6조제3항에

정보통신망 이용촉진 및 정보보호 등에 관한 법률[시행 2010. 9.23] [법률 제10166호, 2010. 3.22, 타법개정]

따른 전화권유의 경우

③오후 9시부터 그 다음 날 오전 8시까지의 시간에 수신자의 전화·모사전송기기에 영리목적의 광고성 정보를 전송하려는 자는 제2항에도 불구하고 그 수신자로부터 별도의 사전 동의를 받아야 한다.

④영리목적의 광고성 정보를 전자우편이나 그 밖에 대통령령으로 정하는 매체를 이용하여 전송하는 자는 대통령령으로 정하는 바에 따라 다음 각 호의 사항을 광고성 정보에 구체적으로 밝혀야 한다.

1. 전송정보의 유형 및 주요 내용
2. 전송자의 명칭 및 연락처
3. 전자우편주소를 수집한 출처 (전자우편으로 전송하는 경우에만 해당한다)
4. 수신거부의 의사표시를 쉽게 할 수 있는 조치 및 방법에 관한 사항

⑤영리목적의 광고성 정보를 수신자의 전화·모사전송기기에 전송하는 자는 대통령령으로 정하는 바에 따라 다음 각 호의 사항을 광고성 정보에 구체적으로 밝혀야 한다.

1. 전송자의 명칭 및 연락처

2. 수신동의의 철회 의사표시를 쉽게 할 수 있는 조치 및 방법에 관한 사항

⑥영리를 목적으로 광고를 전송하는 자는 다음 각 호의 어느 하나에 해당하는 기술적 조치를 하여서는 아니 된다.

1. 광고성 정보 수신자의 수신거부 또는 수신동의의 철회를 회피·방해하는 조치
2. 숫자·부호 또는 문자를 조합하여 전화번호·전자우편주소 등 수신자의 연락처를 자동으로 만들어 내는 조치
3. 영리목적의 광고성 정보를 전송할 목적으로 전자우편주소를 자동으로 등록하는 조치
4. 광고성 정보 전송자의 신원이나 광고 전송 출처를 감추기 위한 각종 조치

⑦영리목적으로 광고성 정보를 전송하는 자는 수신자가 수신거부나 수신동의의 철회를 할 때 발생하는 전화요금 등의 금전적 비용을 수신자가 부담하지 아니하도록 대통령령으로 정하는 바에 따라 필요한 조치를 하여야 한다.

[전문개정 2008.6.13]

제50조의2 【전자우편주소의 무단

수집행위 등 금지】 ①누구든지 인터넷 홈페이지 운영자 또는 관리자의 사전 동의 없이 인터넷 홈페이지에서 자동으로 전자우편주소를 수집하는 프로그램이나 그 밖의 기술적 장치를 이용하여 전자우편주소를 수집하여서는 아니 된다.

②누구든지 제1항을 위반하여 수집된 전자우편주소를 판매·유통하여서는 아니 된다.

③누구든지 제1항과 제2항에 따라 수집·판매 및 유통이 금지된 전자우편주소임을 알면서 이를 정보 전송에 이용하여서는 아니 된다.

[전문개정 2008.6.13]

제50조의3 【영리목적의 광고성 정보 전송의 위탁 등】 ①영리목적의 광고성 정보의 전송을 타인에게 위탁한 자는 그 업무를 위탁받은 자가 제50조 및 제50조의2를 위반하지 아니하도록 관리·감독하여야 한다.

②제1항에 따라 영리목적의 광고성 정보의 전송을 위탁받은 자는 그 업무와 관련한 법을 위반하여 발생한 손해의 배상책임에 있어 정보 전송을 위탁한 자의 소속 직원으로 본다.

[전문개정 2008.6.13]

제50조의4 【정보 전송 역무 제공 등의 제한】 ①정보통신서비스 제공자는 다음 각 호의 어느 하나에 해당하는 경우에 해당 역무의 제공을 거부하는 조치를 할 수 있다.

1. 광고성 정보의 전송 또는 수신으로 역무의 제공에 장애가 일어나거나 일어날 우려가 있는 경우
2. 이용자가 광고성 정보의 수신을 원하지 아니하는 경우
3. 이용계약을 통하여 해당 정보통신서비스 제공자가 이용자에게 제공하는 서비스가 불법 광고성 정보 전송에 이용되고 있는 경우

②정보통신서비스 제공자는 제1항에 따른 거부조치를 하려면 해당 역무 제공의 거부에 관한 사항을 그 역무의 이용자와 체결하는 정보통신서비스 이용계약의 내용에 포함하여야 한다.

③정보통신서비스 제공자는 제1항에 따라 거부조치를 하려면 그 역무를 제공받는 이용자 등 이해관계인에게 그 사실을 알려야 한다. 다만, 미리 알리는 것이 곤란한 경우에는 거부조치를

정보통신망 이용촉진 및 정보보호 등에 관한 법률[시행 2010. 9.23] [법률 제10166호, 2010. 3.22, 타법개정]

한 후 지체 없이 알려야 한다.
[전문개정 2008.6.13]

제50조의5 【영리목적의 광고성 프로그램 등의 설치】

정보통신서비스 제공자는 영리목적의 광고성 정보가 보이도록 하거나 개인정보를 수집하는 프로그램을 이용자의 컴퓨터나 그 밖에 대통령령으로 정하는 정보처리장치에 설치하려면 이용자의 동의를 받아야 한다. 이 경우 해당 프로그램의 용도와 삭제방법을 고지하여야 한다.
[전문개정 2008.6.13]

제50조의6 【영리목적의 광고성 정보 전송차단 소프트웨어의 보급 등】

①방송통신위원회는 수신자가 제50조를 위반하여 전송되는 영리목적의 광고성 정보를 편리하게 차단하거나 신고할 수 있는 소프트웨어나 컴퓨터프로그램을 개발하여 보급할 수 있다.

②방송통신위원회는 제1항에 따른 전송차단, 신고 소프트웨어 또는 컴퓨터프로그램의 개발과 보급을 촉진하기 위하여 관련 공공기관·법인·단체 등에 필요한 지원을 할 수 있다.

③방송통신위원회는 정보통신서비스 제공자의 전기통신역무가 제50조를 위반하여 발송되는 영리목적의 광고성 정보 전송에 이용되면 수신자 보호를 위하여 기술개발·교육·홍보 등 필요한 조치를 할 것을 정보통신서비스 제공자에게 권고할 수 있다.

④제1항에 따른 개발·보급의 방법과 제2항에 따른 지원에 필요한 사항은 대통령령으로 정한다.
[전문개정 2008.6.13]

제50조의7 【영리목적의 광고성 정보 게시의 제한】

①누구든지 인터넷 홈페이지 운영자 또는 관리자가 구체적으로 밝힌 거부의 사에 반하여 영리목적의 광고성 정보를 인터넷 홈페이지에 게시하여서는 아니 된다.

②인터넷 홈페이지 운영자 또는 관리자는 제1항을 위반하여 게시된 영리목적의 광고성 정보를 삭제하는 등의 조치를 할 수 있다.
[전문개정 2008.6.13]

제50조의8 【불법행위를 위한 광고성 정보 전송금지】

누구든지 정보통신망을 이용하여 이 법 또는 다른 법률에서 금지하는 재화 또는 서비스에 대한 광고성 정보를 전송하여서는 아니 된다.
[전문개정 2008.6.13]

제51조 【중요 정보의 국외유출 제한 등】

①정부는 국내의 산업·경제 및 과학기술 등에 관한 중요 정보가 정보통신망을 통하여 국외로 유출되는 것을 방지하기 위하여 정보통신서비스 제공자 또는 이용자에게 필요한 조치를 하도록 할 수 있다.

②제1항에 따른 중요 정보의 범위는 다음 각 호와 같다.

1. 국가안전보장과 관련된 보안 정보 및 주요 정책에 관한 정보
2. 국내에서 개발된 첨단과학기술 또는 기기의 내용에 관한 정보

③정부는 제2항 각 호에 따른 정보를 취급하는 정보통신서비스 제공자에게 다음 각 호의 조치를 하도록 할 수 있다.

1. 정보통신망의 부당한 이용을 방지할 수 있는 제도적·기술적 장치의 설정
2. 정보의 불법파괴 또는 불법 조작을 방지할 수 있는 제도적·기술적 조치
3. 정보통신서비스 제공자가 취급 중 알게 된 중요 정보의 누출을 방지할 수 있는 조치
[전문개정 2008.6.13]

제52조 【한국인터넷진흥원】

①정부는 정보통신망의 고도화(정보통신망의 구축·개선 및 관리에 관한 사항을 제외한다)와 안전한 이용 촉진 및 방송통신과 관련한 국제협력·국외진출 지원을 효율적으로 추진하기 위하여 한국인터넷진흥원(이하 "인터넷진흥원"이라 한다)을 설립한다. <개정 2009.4.22>

②인터넷진흥원은 법인으로 한다. <개정 2009.4.22>

③인터넷진흥원은 다음 각 호의 사업을 한다. <개정 2009.4.22>

1. 정보통신망의 이용 및 보호, 방송통신과 관련한 국제협력·국외진출 등을 위한 법·정책 및 제도의 조사·연구
2. 정보통신망의 이용 및 보호와 관련한 통계의 조사·분석
3. 정보통신망의 이용에 따른 역기능 분석 및 대책 연구
4. 정보통신망의 이용 및 보호

정보통신망 이용촉진 및 정보보호 등에 관한 법률[시행 2010. 9.23] [법률 제10166호, 2010. 3.22, 타법개정]

를 위한 홍보 및 교육·훈련

5. 정보통신망의 정보보호 및 인터넷주소자원 관련 기술 개발 및 표준화

6. 지식정보보안 산업정책 지원 및 관련 기술 개발과 인력양성

7. 정보보호 안전진단, 정보보호 관리체계의 인증, 정보보호시스템 평가·인증 등 정보보호 인증·평가 등의 실시 및 지원

8. 개인정보보호를 위한 대책의 연구 및 보호기술의 개발·보급 지원

9. 분쟁조정위원회의 운영 지원과 개인정보침해 신고센터의 운영

10. 광고성 정보 전송 및 인터넷광고와 관련한 고충의 상담·처리

11. 정보통신망 침해사고의 처리·원인분석 및 대응체계 운영

12. 「전자서명법」 제25조제1항에 따른 전자서명인증관리

13. 인터넷의 효율적 운영과 이용활성화를 위한 지원

14. 인터넷 이용자의 저장 정보보호 지원

15. 인터넷 관련 서비스정책 지원

16. 인터넷상에서의 이용자 보호 및 건전 정보 유통 확산 지

원

17. 「인터넷주소자원에 관한 법률」에 따른 인터넷주소자원의 관리에 관한 업무

18. 「인터넷주소자원에 관한 법률」 제16조에 따른 인터넷주소분쟁조정위원회의 운영 지원

19. 방송통신과 관련한 국제협력·국외진출 및 국외홍보 지원

20. 제1호부터 제19호까지의 사업에 부수되는 사업

21. 그 밖에 이 법 또는 다른 법령에 따라 인터넷진흥원의 업무로 정하거나 위탁한 사업이나 행정안전부장관·지식경제부장관·방송통신위원회 또는 다른 행정기관의 장으로부터 위탁받은 사업

④정부는 인터넷진흥원이 사업을 수행하는 데에 필요한 경비를 충당하기 위하여 출연할 수 있다. <개정 2009.4.22>

⑤인터넷진흥원에 관하여 이 법에서 정하지 아니한 사항에 대하여는 「민법」의 재단법인에 관한 규정을 준용한다. <개정 2009.4.22>

⑥인터넷진흥원이 아닌 자는 한국인터넷진흥원의 명칭을 사용하지 못한다. <개정 2009.4.22>

⑦인터넷진흥원의 운영 및 업무 수행에 필요한 사항은 대통령령으로 정한다.

<개정 2009.4.22>

[전문개정 2008.6.13]

제7장 통신과금서비스
<신설 2007.12.21>

제53조 【통신과금서비스제공자의 등록 등】
①통신과금서비스를 제공하려는 자는 대통령령으로 정하는 바에 따라 다음 각 호의 사항을 갖추어 방송통신위원회에 등록하여야 한다.

<개정 2008.2.29>

1. 재무건전성

2. 통신과금서비스이용자보호계획

3. 업무를 수행할 수 있는 인력과 물적 설비

4. 사업계획서

②제1항에 따라 등록할 수 있는 자는 「상법」 제170조에 따른 회사 또는 「민법」 제32조에 따른 법인으로서 자본금·출자총액 또는 기본재산이 5억원 이상의 범위에서 대통령령으로 정하는 금액 이상이어야 한다.

③통신과금서비스제공자는 「전기통신사업법」 제22조에도 불

구하고 부가통신사업자의 신고를 하지 아니할 수 있다.

<개정 2010.3.22>

④「전기통신사업법」 제23조부터 제26조까지의 규정은 통신과금서비스제공자의 등록사항의 변경, 사업의 양도·양수 또는 합병·상속, 사업의 승계, 사업의 휴지·폐지·해산 등에 준용한다. 이 경우 "별정통신사업자"는 "통신과금서비스제공자"로 보고, "별정통신사업"은 "통신과금서비스제공업"으로 본다.

<개정 2010.3.22>

⑤제1항에 따른 등록의 세부요건, 절차, 그 밖에 필요한 사항은 대통령령으로 정한다.

[본조신설 2007.12.21]

[종전 제53조는 제62조로 이동

<2007.12.21>]

제54조 【등록의 결격사유】
다음 각 호의 어느 하나에 해당하는 자는 제53조에 따른 등록을 할 수 없다. <개정 2008.2.29>

1. 제53조제4항에 따라 사업을 폐지한 날부터 1년이 지나지 아니한 법인 및 그 사업이 폐지될 당시 그 법인의 대주주(대통령령으로 정하는 출자자를 말한다. 이하 같다)이었던 자로서 그

정보통신망 이용촉진 및 정보보호 등에 관한 법률[시행 2010. 9.23] [법률 제10166호, 2010. 3.22, 타법개정]

폐지일부터 1년이 지나지 아니한 자
2. 제55조제1항에 따라 등록이 취소된 날부터 3년이 지나지 아니한 법인 및 그 취소 당시 그 법인의 대주주이었던 자로서 그 취소가 된 날부터 3년이 지나지 아니한 자
3. 「채무자 회생 및 파산에 관한 법률」에 따른 회생절차 중에 있는 법인 및 그 법인의 대주주
4. 금융거래 등 상거래에 있어서 약정한 기일 내에 채무를 변제하지 아니한 자로서 방송통신위원회가 정하는 자
5. 제1호부터 제4호까지의 규정에 해당하는 자가 대주주인 법인
[본조신설 2007.12.21]
[종전 제54조는 제63조로 이동 <2007.12.21>]

제55조 【등록의 취소명령 등】
①방송통신위원회는 통신과금서비스제공자가 다음 각 호의 어느 하나에 해당하는 때에는 등록을 취소하거나 1년 이내의 기간을 정하여 사업의 정지를 명할 수 있다. 다만, 제1호에 해당하는 때에는 등록을 취소하여야

한다. <개정 2008.2.29>
1. 거짓이나 그 밖의 부정한 방법으로 등록을 한 때
2. 제53조제1항에 따라 등록한 날부터 1년 이내에 사업을 개시하지 아니하거나 1년 이상 계속하여 휴업한 때
②제1항에 따른 처분의 기준, 절차, 그 밖에 필요한 사항은 대통령령으로 정한다.
[본조신설 2007.12.21]
[종전 제55조는 제64조로 이동 <2007.12.21>]

제56조 【약관의 신고 등】 ①통신과금서비스제공자는 통신과금서비스에 관한 약관을 정하여 방송통신위원회에 신고(변경신고를 포함한다)하여야 한다. <개정 2008.2.29>
②방송통신위원회는 제1항에 따른 약관이 통신과금서비스이용자의 이익을 침해할 우려가 있다고 판단되는 경우에는 통신과금서비스제공자에게 약관의 변경을 권고할 수 있다. <개정 2008.2.29>
[본조신설 2007.12.21]
[종전 제56조는 제65조로 이동 <2007.12.21>]

제57조 【통신과금서비스의 안전성 확보 등】 ①통신과금서비스제공자는 통신과금서비스가 안전하게 제공될 수 있도록 선량한 관리자로서의 주의를 다하여야 한다.
②통신과금서비스제공자는 통신과금서비스를 통한 거래의 안전성과 신뢰성을 확보하기 위하여 대통령령으로 정하는 바에 따라 업무처리지침의 제정 및 회계처리 구분 등의 관리적 조치와 정보보호시스템 구축 등의 기술적 조치를 하여야 한다.
[본조신설 2007.12.21]
[종전 제57조는 제66조로 이동 <2007.12.21>]

제58조 【통신과금서비스이용자의 권리 등】 ①통신과금서비스제공자는 재화등의 판매·제공의 대가를 청구할 때에 통신과금서비스이용자에게 구매·이용 내역, 이의신청의 방법 등 대통령령으로 정하는 사항을 고지하여야 한다.
②통신과금서비스제공자는 통신과금서비스이용자가 구매·이용 내역을 확인할 수 있는 방법을 제공하여야 하며, 통신과금서비스이용자가 구매·이용 내역에

관한 서면(전자문서를 포함한다. 이하 같다)을 요청하는 경우에는 그 요청을 받은 날부터 2주 이내에 이를 제공하여야 한다.
③통신과금서비스이용자는 통신과금서비스가 자신의 의사에 반하여 제공되었음을 안 때에는 통신과금서비스제공자에게 이에 대한 정정을 요구할 수 있으며(통신과금서비스이용자의 고의 또는 중과실이 있는 경우는 제외한다), 통신과금서비스제공자는 그 정정 요구를 받은 날부터 2주 이내에 처리 결과를 알려주어야 한다.
④통신과금서비스제공자는 통신과금서비스에 관한 기록을 5년 이내의 범위에서 대통령령으로 정하는 기간 동안 보존하여야 한다.
⑤제2항에 따라 통신과금서비스제공자가 제공하여야 하는 구매·이용내역의 대상기간, 종류 및 범위, 제4항에 따라 통신과금서비스제공자가 보존하여야 하는 기록의 종류 및 보존방법 등에 관한 사항은 대통령령으로 정한다.
[본조신설 2007.12.21]
[종전 제58조는 제67조로 이동 <2007.12.21>]

정보통신망 이용촉진 및 정보보호 등에 관한 법률[시행 2010. 9.23] [법률 제10166호, 2010. 3.22, 타법개정]

제59조 【분쟁해결 등】 ①통신과금서비스제공자는 통신과금서비스에 있어서 이용자의 권익을 보호하기 위하여 자율적인 분쟁해결 등을 시행 기관 또는 단체를 설치·운영할 수 있다.
②통신과금서비스제공자는 대통령령으로 정하는 바에 따라 통신과금서비스와 관련한 통신과금서비스이용자의 이의신청 및 권리구제를 위한 절차를 마련하여야 한다.
[본조신설 2007.12.21]
[종전 제59조는 제68조로 이동 <2007.12.21>]

제60조 【손해배상 등】 ①통신과금서비스제공자는 통신과금서비스를 제공함에 있어서 통신과금서비스이용자에게 손해가 발생한 경우에 그 손해를 배상하여야 한다. 다만, 그 손해의 발생이 통신과금서비스이용자의 고의 또는 중과실로 인한 경우에는 그러하지 아니하다.
②제1항에 따른 손해배상을 함에 있어서는 손해배상을 받을 자와 협의하여야 한다.
③제2항에 따른 손해배상에 관한 협의가 성립되지 아니하거나

협의를 할 수 없는 경우에는 당사자는 방송통신위원회에 재정을 신청할 수 있다. <개정 2008.2.29>
[본조신설 2007.12.21]
[종전 제60조는 제69조로 이동 <2007.12.21>]

제61조 【통신과금서비스의 이용제한】 방송통신위원회는 통신과금서비스제공자에게 다음 각 호의 어느 하나에 해당하는 자에 대한 서비스의 제공을 거부, 정지 또는 제한하도록 명할 수 있다. <개정 2008.2.29>
1. 「청소년보호법」 제17조를 위반하여 청소년유해매체물을 청소년에게 판매·대여·제공하는 자
2. 다음 각 목의 어느 하나에 해당하는 수단을 이용하여 통신과금서비스이용자로 하여금 재화등을 구매·이용하게 함으로써 통신과금서비스이용자의 이익을 현저하게 저해하는 자
  가. 제50조를 위반한 영리목적의 광고성 정보 전송
  나. 통신과금서비스이용자에 대한 기망 또는 부당한 유인
3. 이 법 또는 다른 법률에서 금지하는 재화등을 판매·제공

하는 자
[본조신설 2007.12.21]
[종전 제61조는 제70조로 이동 <2007.12.21>]

제8장 국제협력
<신설 2007.12.21>

제62조 【국제협력】 정부는 다음 각 호의 사항을 추진할 때 다른 국가 또는 국제기구와 상호 협력하여야 한다.
1. 개인정보의 국가간 이전 및 개인정보의 보호에 관련된 업무
2. 정보통신망에서의 청소년 보호를 위한 업무
3. 정보통신망의 안전성을 침해하는 행위를 방지하기 위한 업무
4. 그 밖에 정보통신서비스의 건전하고 안전한 이용에 관한 업무
[전문개정 2008.6.13]

제63조 【국외 이전 개인정보의 보호】 ①정보통신서비스 제공자등은 이용자의 개인정보에 관하여 이 법을 위반하는 사항을 내용으로 하는 국제계약을 체결하여서는 아니 된다.
②정보통신서비스 제공자등은

이용자의 개인정보를 국외로 이전하려면 이용자의 동의를 받아야 한다.
③정보통신서비스 제공자등은 제2항에 따른 동의를 받으려면 미리 다음 각 호의 사항 모두를 이용자에게 고지하여야 한다.
1. 이전되는 개인정보 항목
2. 개인정보가 이전되는 국가, 이전일시 및 이전방법
3. 개인정보를 이전받는 자의 성명(법인인 경우에는 그 명칭 및 정보관리책임자의 연락처를 말한다)
4. 개인정보를 이전받는 자의 개인정보 이용목적 및 보유·이용 기간
④정보통신서비스 제공자등은 제2항에 따른 동의를 받아 개인정보를 국외로 이전하는 경우 대통령령으로 정하는 바에 따라 보호조치를 하여야 한다.
[전문개정 2008.6.13]

제9장 보칙
<신설 2007.12.21>

제64조 【자료의 제출 등】 ①행정안전부장관 또는 방송통신위원회는 다음 각 호의 어느 하나에 해당하는 경우에는 정보통신

정보통신망 이용촉진 및 정보보호 등에 관한 법률[시행 2010. 9.23] [법률 제10166호, 2010. 3.22, 타법개정]

서비스 제공자등(제67조에 따라 준용되는 자를 포함한다. 이하 이 조에서 같다)에게 관계 물품·서류 등을 제출하게 할 수 있다.
1. 이 법에 위반되는 사항을 발견하거나 혐의가 있음을 알게 된 경우
2. 이 법의 위반에 대한 신고를 받거나 민원이 접수된 경우
3. 그 밖에 이용자 보호를 위하여 필요한 경우로서 대통령령으로 정하는 경우
②방송통신위원회는 이 법을 위반하여 영리목적 광고성 정보를 전송한 자에게 다음 각 호의 조치를 하기 위하여 정보통신서비스 제공자등에게 해당 광고성 정보 전송자의 성명·주소·주민등록번호·이용기간 등에 대한 자료의 열람이나 제출을 요청할 수 있다.
1. 제4항에 따른 시정조치
2. 제76조에 따른 과태료 부과
3. 그 밖에 이에 준하는 조치
③행정안전부장관 또는 방송통신위원회는 정보통신서비스 제공자등이 제1항 및 제2항에 따른 자료를 제출하지 아니하거나 이 법을 위반한 사실이 있다고 인정되면 소속 공무원에게 정보

통신서비스 제공자등의 사업장에 출입하여 업무상황, 장부 또는 서류 등을 검사하도록 할 수 있다.
④행정안전부장관 또는 방송통신위원회는 이 법을 위반한 정보통신서비스 제공자등에게 해당 위반행위의 중지나 시정을 위하여 필요한 시정조치를 명할 수 있고, 시정조치의 명령을 받은 정보통신서비스 제공자등에게 시정조치의 명령을 받은 사실을 공표하도록 할 수 있다. 이 경우 공표의 방법·기준 및 절차 등에 필요한 사항은 대통령령으로 정한다.
⑤행정안전부장관 또는 방송통신위원회는 제4항에 따라 필요한 시정조치를 명한 경우에는 시정조치를 명한 사실을 공개할 수 있다. 이 경우 공개의 방법·기준 및 절차 등에 필요한 사항은 대통령령으로 정한다.
⑥행정안전부장관 또는 방송통신위원회가 제1항 및 제2항에 따라 자료 등의 제출 또는 열람을 요구할 때에는 요구사유, 법적 근거, 제출시한 또는 열람일시, 제출·열람할 자료의 내용 등을 구체적으로 밝혀 서면(전자문서를 포함한다)으로 알려야

한다.
⑦제3항에 따른 검사를 하는 경우에는 검사 시작 7일 전까지 검사일시, 검사이유 및 검사내용 등에 대한 검사계획을 해당 정보통신서비스 제공자등에게 알려야 한다. 다만, 긴급한 경우나 사전통지를 하면 증거인멸 등으로 검사목적을 달성할 수 없다고 인정하는 경우에는 그 검사계획을 알리지 아니한다.
⑧제3항에 따라 검사를 하는 공무원은 그 권한을 표시하는 증표를 지니고 이를 관계인에게 내보여야 하며, 출입할 때 성명·출입시간·출입목적 등이 표시된 문서를 관계인에게 내주어야 한다.
⑨행정안전부장관 또는 방송통신위원회는 제1항부터 제3항까지의 규정에 따라 자료 등을 제출받거나 열람 또는 검사한 경우에는 그 결과(조사 결과 시정조치명령 등의 처분을 하려는 경우에는 그 처분의 내용을 포함한다)를 해당 정보통신서비스 제공자등에게 서면으로 알려야 한다.
⑩행정안전부장관 또는 방송통신위원회는 제1항부터 제4항까지의 규정에 따른 자료의 제출

요구 및 검사 등을 위하여 인터넷진흥원의 장에게 기술적 자문을 하거나 그 밖에 필요한 지원을 요청할 수 있다.
<개정 2009.4.22>
⑪제1항부터 제3항까지의 규정에 따른 자료 등의 제출 요구, 열람 및 검사 등은 이 법의 시행을 위하여 필요한 최소한의 범위에서 하여야 하며 다른 목적을 위하여 남용하여서는 아니된다.
[전문개정 2008.6.13]

제64조의2 【자료 등의 보호 및 폐기】 ①행정안전부장관 또는 방송통신위원회는 정보통신서비스 제공자등으로부터 제64조에 따라 제출되거나 수집된 서류·자료 등에 대한 보호 요구를 받으면 이를 제3자에게 제공하거나 일반에게 공개하여서는 아니된다.
②행정안전부장관 또는 방송통신위원회는 정보통신망을 통하여 자료의 제출 등을 받은 경우나 수집한 자료 등을 전자화한 경우에는 개인정보·영업비밀 등이 유출되지 아니하도록 제도적·기술적 보안조치를 하여야 한다.

정보통신망 이용촉진 및 정보보호 등에 관한 법률[시행 2010. 9.23] [법률 제10166호, 2010. 3.22, 타법개정]

③행정안전부장관 또는 방송통신위원회는 다른 법률에 특별한 규정이 있는 경우 외에 다음 각 호의 어느 하나에 해당하는 사유가 발생하면 제64조에 따라 제출되거나 수집된 서류·자료 등을 즉시 폐기하여야 한다. 제65조에 따라 행정안전부장관, 지식경제부장관 또는 방송통신위원회의 권한의 전부 또는 일부를 위임 또는 위탁받은 자도 또한 같다.
1. 제64조에 따른 자료제출 요구, 출입검사, 시정명령 등의 목적이 달성된 경우
2. 제64조제4항에 따른 시정조치명령에 불복하여 행정심판이 청구되거나 행정소송이 제기된 경우에는 해당 행정쟁송절차가 끝난 경우
3. 제76조제4항에 따른 과태료 처분이 있고 이에 대한 이의제기가 없는 경우에는 같은 조 제5항에 따른 이의제기기간이 끝난 경우
4. 제76조제4항에 따른 과태료 처분에 대하여 이의제기가 있는 경우에는 해당 관할 법원에 의한 비송사건절차가 끝난 경우
[전문개정 2008.6.13]

제64조의3 【과징금의 부과 등】 ① 방송통신위원회는 다음 각 호의 어느 하나에 해당하는 행위가 있는 경우에는 해당 전기통신사업자에게 위반행위와 관련한 매출액의 100분의 1 이하에 해당하는 금액을 과징금으로 부과할 수 있다. 다만, 제6호에 해당하는 행위가 있는 경우에는 1억원 이하의 과징금을 부과할 수 있다.
1. 제22조제1항을 위반하여 이용자의 동의를 받지 아니하고 개인정보를 수집한 경우
2. 제23조제1항을 위반하여 이용자의 동의를 받지 아니하고 개인의 권리·이익이나 사생활을 뚜렷하게 침해할 우려가 있는 개인정보를 수집한 경우
3. 제24조를 위반하여 개인정보를 이용한 경우
4. 제24조의2를 위반하여 개인정보를 제3자에게 제공한 경우
5. 제25조제1항을 위반하여 이용자의 동의를 받지 아니하고 개인정보 취급위탁을 한 경우
6. 제28조제1항제2호부터 제5호까지의 조치를 하지 아니하여 이용자의 개인정보를 분실·도난·누출·변조 또는 훼손한 경우
7. 제31조제1항을 위반하여 법정대리인의 동의를 받지 아니하고 만 14세 미만인 아동의 개인정보를 수집한 경우

②제1항에 따른 과징금을 부과하는 경우 전기통신사업자가 매출액 산정자료의 제출을 거부하거나 거짓의 자료를 제출한 경우에는 해당 전기통신사업자와 비슷한 규모의 전기통신사업자의 재무제표 등 회계자료와 가입자 수 및 이용요금 등 영업현황 자료에 근거하여 매출액을 추정할 수 있다. 다만, 매출액이 없거나 매출액의 산정이 곤란한 경우로서 대통령령으로 정하는 경우에는 4억원 이하의 과징금을 부과할 수 있다.

③방송통신위원회는 제1항에 따른 과징금을 부과하려면 다음 각 호의 사항을 고려하여야 한다.
1. 위반행위의 내용 및 정도
2. 위반행위의 기간 및 횟수
3. 위반행위로 인하여 취득한 이익의 규모

④제1항에 따른 과징금은 제3항을 고려하여 산정하되, 구체적인 산정기준과 산정절차는 대통령령으로 정한다.

⑤방송통신위원회는 제1항에 따른 과징금을 내야 할 자가 납부기한까지 이를 내지 아니하면 납부기한의 다음 날부터 내지 아니한 과징금의 연 100분의 6에 해당하는 가산금을 징수한다.

⑥방송통신위원회는 제1항에 따른 과징금을 내야 할 자가 납부기한까지 이를 내지 아니한 경우에는 기간을 정하여 독촉을 하고, 그 지정된 기간에 과징금과 제5항에 따른 가산금을 내지 아니하면 국세 체납처분의 예에 따라 징수한다.

⑦법원의 판결 등의 사유로 제1항에 따라 부과된 과징금을 환급하는 경우에는 과징금을 낸 날부터 환급하는 날까지 연 100분의 6에 해당하는 환급가산금을 지급하여야 한다.
[본조신설 2008.6.13]

제65조 【권한의 위임·위탁】 ① 이 법에 따른 행정안전부장관, 지식경제부장관 또는 방송통신위원회의 권한은 대통령령으로 정하는 바에 따라 그 일부를 그 소속 기관의 장 또는 체신청장에게 위임·위탁할 수 있다.
②지식경제부장관은 제13조에 따른 정보통신망의 이용촉진 등

에 관한 사업을 대통령령으로 정하는 바에 따라 「정보화촉진기본법」 제10조에 따른 한국정보사회진흥원에 위탁할 수 있다.

③행정안전부장관 또는 방송통신위원회는 제64조제1항 및 제2항에 따른 자료의 제출 요구 및 검사에 관한 업무를 대통령령으로 정하는 바에 따라 인터넷진흥원에 위탁할 수 있다. <개정 2009.4.22>

④제3항에 따른 인터넷진흥원의 직원에게는 제64조제8항을 준용한다. <개정 2009.4.22>

[전문개정 2008.6.13]

제65조의2 삭제 <2005.12.30>

제66조 【비밀유지 등】 다음 각 호의 어느 하나에 해당하는 업무에 종사하는 자 또는 종사하였던 자는 그 직무상 알게 된 비밀을 타인에게 누설하거나 직무 외의 목적으로 사용하여서는 아니 된다. 다만, 다른 법률에 특별한 규정이 있는 경우에는 그러하지 아니하다.

1. 제33조에 따른 분쟁조정위원회의 분쟁조정 업무
2. 제47조에 따른 정보보호 관리체계 인증 업무
3. 제52조제3항제4호에 따른 정보보호시스템의 평가 업무
4. 제46조의3에 따른 정보보호 안전진단 업무
5. 제44조의10에 따른 명예훼손 분쟁조정부의 분쟁조정 업무

[전문개정 2008.6.13]

제67조 【정보통신서비스 제공자 외의 자에 대한 준용】 ①정보통신서비스 제공자 외의 자로서 재화등을 제공하는 자 중 대통령령으로 정하는 자가 자신이 제공하는 재화등을 제공받는 자의 개인정보를 수집·이용 또는 제공하는 경우에는 제22조, 제23조, 제23조의2, 제24조, 제24조의2, 제25조, 제26조, 제26조의2, 제27조, 제27조의2, 제28조, 제28조의2 및 제29조부터 제32조까지의 규정을 준용한다. 이 경우 "정보통신서비스 제공자" 또는 "정보통신서비스 제공자등"은 "재화등을 제공하는 자"로, "이용자"는 "재화등을 제공받는 자"로 본다.

또한 제22조, 제23조, 제23조의2, 제24조, 제24조의2, 제25조, 제26조, 제26조의2, 제27조, 제27조의2, 제28조, 제28조의2 및 제29조부터 제32조까지의 규정을 준용하는 자에 대하여는 제27조제1항·제3항, 제27조의2제1항·제3항 및 제28조제1항에 따른 기준, 방법 등 세부사항을 행정안전부령으로 정한다.

②제25조제1항에 따른 수탁자에 관하여는 제22조, 제23조, 제23조의2, 제24조, 제24조의2, 제26조, 제26조의2, 제27조, 제27조의2, 제28조, 제28조의2 및 제29조부터 제31조까지의 규정을 준용한다.

[전문개정 2008.6.13]

제68조 삭제 <2010.3.22>

제68조의2 【한국정보보호산업협회의 설립】 ①정보보호에 관련된 사업을 경영하는 자는 정보보호산업을 건전하게 발전시키고 국가산업 전반의 정보보호 수준을 높이기 위하여 지식경제부장관의 인가를 받아 한국정보보호산업협회를 설립할 수 있다.

②한국정보보호산업협회는 법인으로 한다.

③한국정보보호산업협회의 인가절차·사업 및 감독 등에 필요한 사항은 대통령령으로 정한다.

④한국정보보호산업협회에 관하여 이 법에서 정한 것 외에는 「민법」 중 사단법인에 관한 규정을 준용한다.

[전문개정 2008.6.13]

제69조 【벌칙 적용 시의 공무원 의제】 행정안전부장관, 지식경제부장관 또는 방송통신위원회가 제65조제2항 및 제3항에 따라 위탁한 업무에 종사하는 한국정보사회진흥원과 인터넷진흥원의 임직원은 「형법」 제129조부터 제132조까지의 규정에 따른 벌칙을 적용할 때에는 공무원으로 본다.

<개정 2009.4.22>

[전문개정 2008.6.13]

제10장 벌칙

<신설 2007.12.21>

제70조 【벌칙】 ①사람을 비방할 목적으로 정보통신망을 통하여 공공연하게 사실을 드러내어 다른 사람의 명예를 훼손한 자는 3년 이하의 징역이나 금고 또는 2천만원 이하의 벌금에 처한다.

②사람을 비방할 목적으로 정보통신망을 통하여 공공연하게 거

정보통신망 이용촉진 및 정보보호 등에 관한 법률[시행 2010. 9.23] [법률 제10166호, 2010. 3.22, 타법개정]

짓의 사실을 드러내어 다른 사람의 명예를 훼손한 자는 7년 이하의 징역, 10년 이하의 자격정지 또는 5천만원 이하의 벌금에 처한다.

③제1항과 제2항의 죄는 피해자가 구체적으로 밝혀사에 반하여 공소를 제기할 수 없다.

[전문개정 2008.6.13]

제71조 【벌칙】 다음 각 호의 어느 하나에 해당하는 자는 5년 이하의 징역 또는 5천만원 이하의 벌금에 처한다.

1. 제22조제1항(제67조에 따라 준용되는 경우를 포함한다)을 위반하여 이용자의 동의를 받지 아니하고 개인정보를 수집한 자
2. 제23조제1항(제67조에 따라 준용되는 경우를 포함한다)을 위반하여 이용자의 동의를 받지 아니하고 개인의 권리·이익이나 사생활을 뚜렷하게 침해할 우려가 있는 개인정보를 수집한 자
3. 제24조, 제24조의2제1항 및 제2항 또는 제26조제3항(제67조에 따라 준용되는 경우를 포함한다)을 위반하여 개인정보를 이용하거나 제3자에게 제공한 자 및 그 사정을 알면서도 영리 또는 부정한 목적으로 개인정보를 제공받은 자
4. 제25조제1항(제67조에 따라 준용되는 경우를 포함한다)을 위반하여 이용자의 동의를 받지 아니하고 개인정보 취급위탁을 한 자
5. 제28조의2제1항(제67조에 따라 준용되는 경우를 포함한다)을 위반하여 이용자의 개인정보를 훼손·침해 또는 누설한 자
6. 제28조의2제2항을 위반하여 그 개인정보가 누설된 사정을 알면서도 영리 또는 부정한 목적으로 개인정보를 제공받은 자
7. 제30조제5항(제30조제7항, 제31조제3항 및 제67조에 따라 준용되는 경우를 포함한다)을 위반하여 필요한 조치를 하지 아니하고 개인정보를 제공하거나 이용한 자
8. 제31조제1항(제67조에 따라 준용되는 경우를 포함한다)을 위반하여 법정대리인의 동의를 받지 아니하고 만 14세 미만인 아동의 개인정보를 수집한 자
9. 제48조제2항을 위반하여 악성프로그램을 전달 또는 유포한 자
10. 제48조제3항을 위반하여 정보통신망에 장애가 발생하게 한 자
11. 제49조를 위반하여 타인의 정보를 훼손하거나 타인의 비밀을 침해·도용 또는 누설한 자

[전문개정 2008.6.13]

제72조 【벌칙】 ①다음 각 호의 어느 하나에 해당하는 자는 3년 이하의 징역 또는 3천만원 이하의 벌금에 처한다.

1. 제48조제1항을 위반하여 정보통신망에 침입한 자
2. 제49조의2제1항을 위반하여 다른 사람의 개인정보를 수집한 자
3. 제53조제1항에 따른 등록을 하지 아니하고 그 업무를 수행한 자
4. 다음 각 목의 어느 하나에 해당하는 행위를 통하여 자금을 융통하여 준 자 또는 이를 알선한 자
   가. 재화등의 판매·제공을 가장하거나 실제 매출금액을 초과하여 통신과금서비스에 의한 거래를 하거나 이를 대행하게 하는 행위
   나. 통신과금서비스이용자로 하여금 통신과금서비스에 의하여 재화등을 구매·이용하도록 한 후 통신과금서비스이용자가 구매·이용한 재화등을 할인하여 매입하는 행위
5. 제66조를 위반하여 직무상 알게 된 비밀을 타인에게 누설하거나 직무 외의 목적으로 사용한 자

②제1항제1호의 미수범은 처벌한다.

[전문개정 2008.6.13]

제73조 【벌칙】 다음 각 호의 어느 하나에 해당하는 자는 2년 이하의 징역 또는 1천만원 이하의 벌금에 처한다.

1. 제28조제1항제2호부터 제5호까지(제67조에 따라 준용되는 경우를 포함한다)의 규정에 따른 기술적·관리적 조치를 하지 아니하여 이용자의 개인정보를 분실·도난·누출·변조 또는 훼손한 자
2. 제42조를 위반하여 청소년유해매체물임을 표시하지 아니하고 영리를 목적으로 제공한 자
3. 제42조의2를 위반하여 청소년유해매체물을 광고하는 내용의 정보를 청소년에게 전송하거나 청소년 접근을 제한하는 조치 없이 공개적으로 전시한 자
4. 제44조의6제3항을 위반하여 이용자의 정보를 민·형사상의

정보통신망 이용촉진 및 정보보호 등에 관한 법률[시행 2010. 9.23] [법률 제10166호, 2010. 3.22, 타법개정]

소를 제기하는 것 외의 목적으로 사용한 자
5. 제44조의7제2항 및 제3항에 따른 방송통신위원회의 명령을 이행하지 아니한 자
6. 제48조의4제3항에 따른 명령을 위반하여 관련 자료를 보전하지 아니한 자
7. 제49조의2제1항을 위반하여 개인정보의 제공을 유인한 자
8. 제61조에 따른 명령을 이행하지 아니한 자
[전문개정 2008.6.13]

제74조 【벌칙】 ①다음 각 호의 어느 하나에 해당하는 자는 1년 이하의 징역 또는 1천만원 이하의 벌금에 처한다.
1. 제8조제4항을 위반하여 비슷한 표시를 한 제품을 표시·판매 또는 판매할 목적으로 진열한 자
2. 제44조의7제1항제1호를 위반하여 음란 부호·문언·음향·화상 또는 영상을 배포·판매·임대하거나 공공연하게 전시한 자
3. 제44조의7제1항제3호를 위반하여 공포심이나 불안감을 유발하는 부호·문언·음향·화상 또는 영상을 반복적으로 상대방에게 도달하게 한 자
4. 제50조제6항을 위반하여 기술적 조치를 한 자
5. 제50조의2를 위반하여 전자우편주소를 수집·판매·유통하거나 정보 전송에 이용한 자
6. 제50조의8을 위반하여 광고성 정보를 전송한 자
7. 제53조제4항을 위반하여 등록사항의 변경등록 또는 사업의 양도·양수 또는 합병·상속의 신고를 하지 아니한 자
②제1항제3호의 죄는 피해자가 구체적으로 밝힌 의사에 반하여 공소를 제기할 수 없다.
[전문개정 2008.6.13]

제75조 【양벌규정】 법인의 대표자나 법인 또는 개인의 대리인, 사용인, 그 밖의 종업원이 그 법인 또는 개인의 업무에 관하여 제71조부터 제73조까지 또는 제74조제1항의 어느 하나에 해당하는 위반행위를 하면 그 행위자를 벌하는 외에 그 법인 또는 개인에게도 해당 조문의 벌금형을 과(科)한다. 다만, 법인 또는 개인이 그 위반행위를 방지하기 위하여 해당 업무에 관하여 상당한 주의와 감독을 게을리하지 아니한 경우에는 그러하지 아니하다.
[전문개정 2010.3.17]

제76조 【과태료】 ①다음 각 호의 어느 하나에 해당하는 자와 제7호부터 제11호까지의 경우에 해당하는 행위를 하도록 한 자에게는 3천만원 이하의 과태료를 부과한다.
1. 제23조제2항(제67조에 따라 준용되는 경우를 포함한다)을 위반하여 서비스의 제공을 거부한 자
2. 제23조의2를 위반하여 필요한 조치를 하지 아니한 자
3. 제28조제1항제1호 및 제6호(제67조에 따라 준용되는 경우를 포함한다)에 따른 기술적·관리적 조치를 하지 아니한 자
4. 제29조 본문(제67조에 따라 준용되는 경우를 포함한다)을 위반하여 개인정보를 파기하지 아니한 자
5. 제30조제3항·제4항 및 제6항(제30조제7항, 제31조제3항 및 제67조에 따라 준용되는 경우를 포함한다)을 위반하여 필요한 조치를 하지 아니한 자
6. 제44조의5제2항에 따른 방송통신위원회의 명령을 이행하지 아니한 자
7. 제50조제1항부터 제3항까지의 규정을 위반하여 영리 목적의 광고성 정보를 전송한 자
8. 제50조제4항 또는 제5항을 위반하여 광고성 정보를 전송할 때 밝혀야 하는 사항을 밝히지 아니하거나 거짓으로 밝힌 자
9. 제50조제7항을 위반하여 비용을 수신자에게 부담하도록 한 자
10. 제50조의5를 위반하여 이용자의 동의를 받지 아니하고 프로그램을 설치한 자
11. 제50조의7제1항을 위반하여 인터넷 홈페이지에 영리목적의 광고성 정보를 게시한 자
12. 제71조부터 제74조까지, 제1호부터 제11호까지 및 제2항의 위반행위를 하여 제64조제4항에 따른 행정안전부장관 또는 방송통신위원회의 시정조치 명령을 이행하지 아니한 자
②다음 각 호의 어느 하나에 해당하는 자에게는 2천만원 이하의 과태료를 부과한다.
1. 제25조제2항(제67조에 따라 준용되는 경우를 포함한다)을 위반하여 이용자에게 개인정보 취급위탁에 관한 사항을 공개하지 아니하거나 알리지 아니한 자

정보통신망 이용촉진 및 정보보호 등에 관한 법률[시행 2010. 9.23] [법률 제10166호, 2010. 3.22, 타법개정]

2. 제26조제1항 및 제2항(제67조에 따라 준용되는 경우를 포함한다)을 위반하여 이용자에게 개인정보의 이전사실을 알리지 아니한 자

3. 제27조제1항(제67조에 따라 준용되는 경우를 포함한다)을 위반하여 개인정보 관리책임자를 지정하지 아니한 자

4. 제27조의2제1항(제67조에 따라 준용되는 경우를 포함한다)을 위반하여 개인정보 취급방침을 공개하지 아니한 자

③다음 각 호의 어느 하나에 해당하는 자에게는 1천만원 이하의 과태료를 부과한다.

<개정 2009.4.22>

1. 제20조제2항을 위반하여 전자문서를 보관하지 아니한 자

2. 제21조를 위반하여 전자문서를 공개한 자

3. 제42조의3제1항을 위반하여 청소년 보호 책임자를 지정하지 아니한 자

4. 제43조를 위반하여 정보를 보관하지 아니한 자

5. 제46조제2항을 위반하여 보험에 가입하지 아니한 자

6. 제46조의3제1항을 위반하여 정보보호 안전진단을 받지 아니한 자

7. 제46조의3제2항을 위반하여 정보보호 안전진단의 결과를 제출하지 아니하거나 거짓으로 제출한 자

8. 제46조의3제5항에 따른 권고 내용 또는 처리 결과를 거짓으로 통보한 자

9. 제46조의3제6항에 따른 개선명령을 이행하지 아니한 자

10. 제47조의3제3항을 위반하여 소프트웨어 사용자에게 알리지 아니한 자

11. 제48조의2제4항에 따른 시정명령을 이행하지 아니한 자

12. 제48조의4제4항에 따른 사업장 출입 및 조사를 방해하거나 거부 또는 기피한 자

13. 제52조제6항을 위반하여 한국인터넷진흥원의 명칭을 사용한 자

14. 제53조제4항을 위반하여 사업의 휴지·폐지·해산의 신고를 아니한 자

15. 제56조제1항을 위반하여 약관을 신고하지 아니한 자

16. 제57조제2항을 위반하여 관리적 조치 또는 기술적 조치를 하지 아니한 자

17. 제58조제1항을 위반하여 구매·이용 내역 및 이의신청의 방법 등 대통령령으로 정하는 사항을 통신과금서비스이용자에게 고지하지 아니한 자

18. 제58조제2항을 위반하여 통신과금서비스이용자가 구매·이용 내역을 확인할 수 있는 방법을 제공하지 아니하거나 통신과금서비스이용자의 제공 요청에 응하지 아니한 자

19. 제58조제3항을 위반하여 통신과금서비스이용자의 요청에 대한 처리 결과를 통신과금서비스이용자에게 알려 주지 아니한 자

20. 제58조제4항을 위반하여 통신과금서비스에 관한 기록을 보존하지 아니한 자

21. 제59조제2항을 위반하여 통신과금서비스이용자의 이의신청 및 권리구제를 위한 절차를 마련하지 아니한 자

22. 제64조제1항에 따른 관계 물품·서류 등을 제출하지 아니하거나 거짓으로 제출한 자

23. 제64조제2항에 따른 자료의 열람·제출요청에 따르지 아니한 자

24. 제64조제3항에 따른 출입·검사를 거부·방해 또는 기피한 자

④제1항부터 제3항까지의 과태료는 대통령령으로 정하는 바에 따라 행정안전부장관 또는 방송통신위원회가 부과·징수한다.

⑤제4항에 따른 과태료 처분에 불복하는 자는 그 처분을 고지받은 날부터 30일 이내에 행정안전부장관 또는 방송통신위원회에 이의를 제기할 수 있다.

⑥제4항에 따라 과태료 처분을 받은 자가 제5항에 따라 이의를 제기하면 행정안전부장관 또는 방송통신위원회는 지체 없이 관할 법원에 그 사실을 통보하여야 하며, 그 통보를 받은 관할 법원은 「비송사건절차법」에 따른 과태료 재판을 한다.

⑦제5항에 따른 기간에 이의를 제기하지 아니하고 과태료를 내지 아니하면 국세 체납처분의 예에 따라 징수한다.

[전문개정 2008.6.13]

문학 · 예술적 저작물의 보호를 위한 베른협약(Berne Convention for the Protection of Literary and Artistic Works)
[다자조약, 제1349호, 1996. 08. 17]

제1조

이 협약이 적용되는 국가들은 자국의 문학·예술적 저작물상의 저작자의 권리의 보호를 위한 동맹을 구성한다.

제2조

1. "문학·예술적 저작물"이란 표현은 그 표현의 형태나 방식이 어떠하든 간에 서적, 소책자 및 기타 문서, 강의·강연·설교 및 기타 같은 성격의 저작물, 연극 또는 악극저작물, 무용저작물과 무언극, 가사가 있거나 또는 없는 작곡, 영화와 유사한 과정에 의하여 표현된 저작물을 포함하는 영화저작물, 소묘·회화·건축·조각·판화 및 석판화, 사진과 유사한 과정에 의해 표현된 저작물을 포함하는 사진저작물, 응용미술저작물, 도해·지도·설계도·스케치 및 지리학·지형학·건축학 또는 과학에 관한 3차원저작물과 같은 문학·학술 및 예술의 범위에 속하는 모든 제작물을 포함한다.

2. 다만, 저작물 일반이나 특정한 범주의 저작물이 유형적인 형태로 고정되어 있지 않는 한 보호되지 않는다고 규정하는 것

은 동맹국의 입법에 맡긴다.

3. 문학 또는 예술적 저작물의 번역물·각색물·편곡물 기타 개작물은 원저작물의 저작권을 해치지 않고, 원저작물로서 보호된다.

4. 입법·행정 및 사법적 성격의 공문서와 그 공식 번역물에 부여하는 보호는 동맹국의 입법에 맡겨 결정한다.

5. 내용의 선택과 배열로 인하여 지적 창작물이 되는 백과사전 및 선집과 같은 문학 또는 예술적 저작물의 수집물은 그 수집물을 구성하는 각 저작물의 저작권을 해치지 않고, 지적 창작물로서 보호된다.

6. 이조에서 말하는 저작물은 모든 동맹국에서 보호를 받는다. 이 보호는 저작자 및 권리승계인의 이익이 되도록 한다.

7. 이 협약 제7조 제4항의 규정에 따를 것을조건으로, 응용미술저작물 및 산업의장·모형에 관한 법률의 적용범위와 그러한 저작물·의장 및 모형이 보호되는조건은 동맹국의 입법에 맡겨 결정한다. 본국에서 오로지 의장과 모형으로만 보호되는 저작물은 다른 동맹국에서 의장과 모형에 부여하는 것과 같은, 그

러한 특별한 보호만을 받는다. 다만, 그 다른 동맹국에서 그러한 특별한 보호를 부여하지 않는 경우에, 그 저작물은 예술적 저작물로서 보호된다.

8. 이 협약의 보호는 시사보도나 단순히 언론보도의 성격을 갖는 기타 사실에 대하여 적용되지 아니한다.

제2조의2

1. 정치적 연술 및 재판절차에서의 연술을 전조에서 규정한 보호로부터 전부 또는 일부 배제하는 것은 동맹국의 입법에 맡긴다.

2. 또한 강의, 강연 및 기타 공중에 전하는 같은 성격의 저작물이 언론에 의하여 복제·방송되고, 유선에 의하여 공중에 전달되고, 이 협약 제11조의 2 제1항에서 마련하고 있는 공중전달의 대상이 될 수 있는조건은, 그러한 사용이 보도의 목적에 의하여 정당화되는 경우에, 동맹국의 입법에 맡겨 결정한다.

3. 다만, 저작자는 전항들에서 말한 저작물의 수집물을 만들 배타적 권리를 가진다.

제3조

1. 이 협약상의 보호는 다음에 적용된다.

가. 발행여부를 불문한 저작물에 대하여, 어느 동맹국의 국민인 저작자

나. 최초로 어느 동맹국에서 발행된, 또는 어느 비동맹국과 어느 동맹국에서 동시에 발행된 저작물에 대하여, 어느 동맹국의 국민이 아닌 저작자

2. 비동맹국의 국민으로 어느 동맹국에 상거소를 가지는 저작자는 이 협약의 적용상 그 동맹국의 국민으로 대우한다.

3. "발행된 저작물"이란 복사물의 제조방법이 어떠하든 간에, 저작자의 동의를 얻어 발행된 저작물로서, 저작물의 성질을 고려하여, 공중의 합리적인 수요를 만족시킬 수 있는 수량의 복사물이 제공된 것을 의미한다. 연극·악극·영화 또는 음악저작물의 실연·문화적 또는 예술적 저작물의 유선에 의한 전달 또는 방송·미술저작물의 전시 및 건축저작물의 건조는 발행이 되지 아니한다.

4. 저작물의 최초 발행으로부터 30일내에 둘 이상의 국가에서 발행된 경우에 그 저작물은 여러 국가에서 동시에 발행된 것

문학 · 예술적 저작물의 보호를 위한 베른협약(Berne Convention for the Protection of Literary and Artistic Works)
[다자조약, 제1349호, 1996. 08. 17]

으로 본다.

제4조

이 협약상의 보호는, 제3조의조건이 충족되지 않은 경우일지라도 다음에 적용된다.

가. 영화저작물의 제작자가 어느 동맹국에서 주사무소나 상거소를 가지는 경우, 그 영화저작물의 저작자

나. 어느 동맹국에 세워진 건축저작물 또는 어느 동맹국에 소재한 건물이나 기타 구조물에 포함된 기타 예술저작물의 저작자

제5조

1. 저작자는 이 협약에 따라 보호되는 저작물에 관하여, 본국 이외의 동맹국에서 각 법률이 현재 또는 장래에 자국민에게 부여하는 권리 및 이 협약이 특별히 부여하는 권리를 향유한다.

2. 그러한 권리의 향유와 행사는 어떠한 방식에 따른 것을 조건으로 하지 아니한다. 그러한 향유와 행사는 저작물의 본국에서 보호가 존재하는 여부와 관계가 없다. 따라서 이 협약의 규정과는 별도로, 보호의 범위

와 저작자의 권리를 보호하기 위하여 주어지는 구제의 방법은 오로지 보호가 주장되는 국가의 법률의 지배를 받는다.

3. 본국에서의 보호는 국내법에 의하여 지배된다. 다만, 저작자가 이 협약에 따라 보호되는 저작물의 본국의 국민이 아닌 경우에는 본국에서 자국민과 같은 권리를 향유한다.

4. 본국은 다음과 같이 본다.

가. 최초로 어느 동맹국에서 발행된 저작물의 경우, 그 국가. 서로 다른 보호기간을 부여하는 여러 동맹국에서 동시에 발행된 경우에는 입법상 가장 짧은 보호기간을 부여하는 국가

나. 어느 비동맹국과 어느 동맹국에서 동시에 발행된 저작물의 경우, 후자의 국가

다. 미발행 저작물 또는 최초로 어느 비동맹국에서 발행되었으나 어느 동맹국에서 동시에 발행되지 않은 저작물의 경우, 저작자가 자국 국민인 동맹국. 다만,

i. 영화저작물의 제작자가 어느 동맹국에 주사무소나 상거소를 가지는 영화저작물의 경우, 본국은 그 국가이고

ii. 어느 동맹국에 세워진 건

축저작물 또는 어느 동맹국에 소재한 건물이나 기타 구조물에 포함된 기타 예술저작물의 경우, 본국은 그 국가이다.

제6조

1. 어느 비동맹국이 어느 동맹국의 국민인 저작자의 저작물을 적절한 방법으로 보호하지 않는 경우에 후자의 국가는 최초 발행일에 그 비동맹국의 국민이고 어느 동맹국에 상시 거주하지 않는 저작자의 저작물에 주는 보호를 제한할 수 있다. 최초 발행국이 이 권리를 원용하는 경우에 다른 동맹국은 최초 발행국이 부여한 보호보다 더 넓은 보호를 부여하여 특별히 다루도록 요구되지 아니한다.

2. 전항에 따라 생긴 제한은, 어느 동맹국에서 발행된 저작물에 관하여 저작자가 그러한 제한의 실시 전에 취득한 권리에 영향을 미치지 아니한다.

3. 이조에 따라 저작권의 부여를 제한하는 동맹국은 보호가 제한되는 국가 및 그 국가의 국민인 저작자의 권리에 대한 제한을 명시하는 선언서에 의하여 세계지적재산권기구 사무총장(이하 "사무총장"이라 한다)에게

통고한다. 사무총장은 이 선언을 모든 동맹국에 즉시 전달한다.

제6조의2

1. 저작자의 재산권과 독립하여, 그리고 이 권리의 양도 후에도, 저작자는 저작물의 저작자라고 주장할 권리 및 이 저작물에 관련하여 그의 명예나 명성을 해치는 왜곡 · 절단 · 기타 변경 또는 기타 훼손행위에 대하여 이의를 제기할 권리를 가진다.

2. 전항에 따라 저작자에게 부여되는 권리는 그의 사망 후에 적어도 재산권의 만기까지 계속되고, 보호가 주장되는 국가의 입법에 의한 권한이 있는 사람이나 단체에 의해 행사될 수 있다. 다만, 이 의정서를 비준하거나 또는 이에 가입할 당시에, 저작자의 사망후에 전항에 규정된 모든 권리의 보호를 입법으로 규정하지 않은 국가는 이러한 권리중 일부를 저작자가 사망한 후에는 존속하지 않도록 할 수 있다.

3. 이조에서 의하여 부여되는 권리를 보전하기 위한 구제의 방법은 보호가 주장되는 국가의 입법의 지배를 받는다.

문학 · 예술적 저작물의 보호를 위한 베른협약(Berne Convention for the Protection of Literary and Artistic Works)
[다자조약, 제1349호, 1996. 08. 17]

제7조

1. 이 협약이 부여하는 보호기간은 저작자의 생존기간과 그의 사망 후 50년이다.

2. 다만, 영화저작물의 경우에 있어서, 동맹국은 보호기간을 저작자의 동의를 얻어 공중에 제공된 때로부터 50년후, 또는 저작물이 만들어진 후 50년내에 동의를 얻지 못한 경우에 그 만들어진 때로부터 50년 후에 소멸하도록 규정할 수 있다.

3. 무명이나 이명저작물의 경우에서, 이 협약이 부여하고 있는 보호기간은 저작물이 적법하게 공중에 제공된 때로부터 50년후에 소멸한다. 다만, 저작자가 이명을 사용하였으나 그의 신원에 의심이 가지 않는 경우에, 보호기간은 제1항에서 규정한대로 한다. 무명이나 이명저작물의 저작자가 위 기간 동안에 신원을 밝힌 경우에, 적용될 보호기간은 제1항에서 규정한대로 한다. 무명이나 이명저작물에 관하여 저작자가 사망한 때로부터 50년이 되었다고 추정하는 것이 합리적인 경우에, 동맹국은 이러한 저작물을 보호하도록 요구되지 아니한다.

4. 예술저작물로서 보호되는 사진저작물과 응용미술저작물의 보호기간은 동맹국의 입법에 맡겨 결정한다. 다만, 이 기간은 그러한 저작물이 만들어진 때로부터 적어도 25년의 기간 만료시까지 계속된다.

5. 저작자 사망 후의 보호기간과 제2항, 제3항 및 제4항에서 규정한 기간은 사망일 또는 각 항에서 언급한 사건 발생일로부터 기산한다. 다만, 그러한 기간은 언제나 그 사망이나 사건의 익년 1월 1일에 시작하는 것으로 본다.

6. 동맹국은 전항들에서 정한 기간을 초과하여 보호기간을 부여할 수 있다.

7. 이 협약의 로마의정서에 구속되는 동맹국이 이 의정서의 서명 당시에 효력있는 국내입법으로 전항들에서 규정한 기간보다 짧은 보호기간을 부여한 경우에, 그 동맹국은 이 의정서를 비준 또는 이에 가입하는 때에 그러한 기간을 유지할 권리가 있다.

8. 어떠한 경우에도 그 기간은 보호가 주장되는 국가의 입법의 지배를 받는다. 다만, 그 국가의 입법으로 다르게 규정하지 않는한, 그 기간은 저작물의 본국에서 정한 기간을 초과할 수 없다.

제7조의2

전조의 규정은 공동저작물의 경우에도 적용된다. 다만, 저작자의 사망으로부터 기산하는 기간은 최후 생존자의 사망으로부터 기산한다.

제8조

이 협약이 보호하는 문학·예술적 저작물의 저작자는 원저작물에 있는 권리의 보호기간 동안 그의 저작물을 번역하고 이의 번역을 허락할 배타적 권리를 향유한다.

제9조

1. 이 협약이 보호하는 문학·예술적 저작물의 저작자는 어떠한 방법이나 방식으로, 이 저작물의 복제를 허락할 배타적 권리를 갖는다.

2. 특별한 경우에 있어서 그러한 저작물의 복제를 허락하는 것은 동맹국의 입법에 맡긴다. 다만, 그러한 복제는 저작물의 통상적인 이용과 충돌하지 않아야 하며 저작자의 합법적인 이익을 불합리하게 해치지 않아야 한다.

3. 녹음이나 녹화는 이 협약의 적용상, 복제로 간주한다.

제10조

1. 이미 적법하게 공중에 제공된 저작물을 인용하는 것은 허용된다. 다만, 그 인용이 공정한 관행과 양립하고, 그 범위가 목적에 의하여 정당화되는 범위를 넘지 않아야 하며 이 경우 언론요약의 형태로, 신문기사와 정기간행물을 인용하는 것을 포함한다.

2. 정당화되는 범위내에서, 교육을 위하여 문학 또는 예술적 저작물을 도해로서 발행·방송 또는 녹음이나 사용하도록 허락하는 것은 동맹국의 입법, 그리고 동맹국들 사이에 존재하고 있는, 또는 체결될 특별 협정에 맡긴다. 다만, 그러한 사용은 공정한 관행과 양립하여야 한다.

3. 이조의 전항들에 따라 저작물이 사용되는 경우에, 출처와 저작물 위에 저작자의 성명이 나타나게 되면 그 성명을 명시한다.

제10조의2

문학 · 예술적 저작물의 보호를 위한 베른협약(Berne Convention for the Protection of Literary and Artistic Works)
[다자조약, 제1349호, 1996. 08. 17]

1. 경제·정치 또는 종교적인 시사문제에 관하여 신문이나 정기간행물에 발행된 기사 및 같은 성격의 방송저작물이 언론에 의하여 복제하거나, 방송되거나, 유선으로 공중에 전달되는 것을 허락하는 것은 그 복제, 방송 또는 전달이 명시적으로 유보되지 않은 경우에, 동맹국의 입법에 맡긴다. 다만, 출처는 항상 분명히 표시되어야 한다. 이 의무의 위반에 따른 법적 효과는 보호가 주장되는 국가의 입법에 따라 결정한다.
2. 사진·영화·방송 또는 유선에 의한 공중에의 전달을 통하여, 시사사건을 보도하고자 하는 목적으로, 그 사건의 과정에서 보이고 들리는 문학 또는 예술적 저작물을 보도의 목적상 정당화 되는 범위내에서 복제하고 공중에 제공하는조건은 동맹국의 입법에 맡겨 결정한다.

제11조
1. 연극·악극 및 음악저작물의 저작자는 다음을 허락할 배타적 권리를 향유한다.
   i. 어떠한 방법이나 절차에 의한 경우를 포함하는, 그의 저작물의 공개실연

ii. 그의 저작물의 실연의 공중에의 전달
2. 연극이나 악극저작물의 저작자는 원저작물상의 그의 권리의 전기간 동안, 번역에 관하여 같은 권리를 향유한다.

제11조의2
1. 문학·예술적 저작물의 저작자는 다음을 허락할 배타적 권리를 향유한다.
   i. 그의 저작물을 방송하거나 또는 기타 무선송신의 방법으로 기호, 소리 또는 영상을 공중에 전달하는 것
   ii. 원기관이외의 기관이 유선이나 재방송에 의하여 저작물의 방송물을 공중에 전달하는 것
   iii. 확성기나 기호·소리 또는 저작물의 방송물을 송신하는 기타 유사한 장치에 의하여 공중 전달하는 것
2. 전항에서 말한 권리가 행사될 수 있는 조건은 동맹국의 입법에 맡겨 결정한다. 다만, 이러한 조건은 이를 정한 국가에서만 적용된다. 어떠한 경우에도 저작자의 인격권 및 합의가 없는 경우에 권한있는 기관이 정할, 정당한 보수를 받을 권리를 해치지 않아야 한다.

3. 다르게 규정하지 않는 한, 이조 제1항에 따라 부여되는 승낙은 방송되는 저작물을 소리나 영상을 기록하는 장치에 의하여 기록하도록 승낙하는 것을 의미하지 아니한다. 다만, 방송사업자가 자체의 시설에 의하여 자신의 방송물에 사용되는 일시적 기록물에 관한 규칙은 동맹국의 입법에 따라 결정한다. 이 기록물을 그 예외적인 기록적 성격으로 인하여 공식기록보존소에 보존하는 것은 그러한 입법에 의하여 허용된다.

제11조의3
1. 문학적 저작물의 저작자는 다음을 허락할 배타적 권리를 향유한다.
   i. 어떠한 방법과 절차에 의한 공개낭송을 포함하는, 그의 저작물의 공개낭송
   ii. 그의 저작물의 낭송을 공중에 전달하는 것
2. 문학적 저작물의 저작자는 원저작물상의 그의 권리의 전기간 동안에, 번역물에 관하여 같은 권리를 향유한다.

제12조
문학 또는 예술적 저작물의 저

작자는 그의 저작물의 각색·편곡·기타 개작을 허락할 배타적 권리를 향유한다.

제13조
1. 각 동맹국은 음악저작물의 저작자에게, 그리고 어느 가사의 저작자가 그 가사를 그 음악저작물과 함께 기록하도록 이미 허락한 경우 그 가사의 저작자에게, 그러한 가사와 함께 그 음악저작물의 녹음을 허락하도록 부여한 배타적 권리에 대한 유보와 조건을 스스로 부과할 수 있다. 다만, 그러한 모든 유보와 조건은 이를 부과한 국가에 대하여만 적용되고 어떠한 경우에도 합의가 없는 경우에는 권한있는 기관이 정할, 정당한 보수를 받을 권리를 해치지 않아야 한다.
2. 1 9년 6월 2일 로마에서, 그리고 1948년 6월 26일 브뤼셀에서 서명된 협약 제13조 제3항에 따라, 어느 동맹국에서 만들어진 음악저작물의 기록물은 그 국가가 이 의정서에 구속되는 때로부터 2년후까지는 음악저작물의 저작자의 승낙없이 그 국가에서 복제될 수 있다.
3. 이조 제1항과 제2항에 따라

문학·예술적 저작물의 보호를 위한 베른협약(Berne Convention for the Protection of Literary and Artistic Works)
[다자조약, 제1349호, 1996. 08. 17]

만들어진 기록물로서 그것이 침해저작물로 다루어지는 국가에, 관련 당사자의 승낙없이 수입된 것은 압류될 수 있다.

제14조

1. 문학 또는 예술적 저작물의 저작자는 다음을 허락할 배타적 권리를 가진다.

　i. 이 저작물의 영화적 각색과 복제및 그와 같이 각색되거나 복제된 저작물의 배포

　ii. 그와 같이 각색되거나 복제된 저작물의 공개실연 및 유선에 의한 공중에의 전달

2. 문학 또는 예술적 저작물로부터 파생된 영화제작물을 기타 다른 예술적 형태로 각색하는 것은 영화제작물의 저작자가 허락하는 것을 해치지 않는 한, 원저작물의 저작자의 허락을 거쳐야 한다.

3. 제13조 제1항의 규정은 적용되지 아니한다.

제14조의2

1. 각색되거나 복제된 저작물상의 저작권을 해치지 않는 한, 영화저작물은 원저작물로서 보호된다. 영화저작물의 저작권자는 전조에서 언급한 권리를 포함하는, 원저작물의 저작자와 같은 권리를 향유한다.

2. 가. 영화저작물의 저작권자의 결정은 보호가 주장되는 국가의 입법에 맡긴다.

　나. 다만, 입법으로 영화저작물의 제작에 기여한 저작자를 그 저작물의 저작권자중에 포함시키는 국가에 있어서, 그러한 저작자는 그러한 기여를 할 것을 약정한 경우에, 다른 규정이나 특별한 규정이 없는 한, 그 저작물을 복제·배포 또는 공개실연하거나 유선에 의하여 공중에 전달하거나, 방송하거나 또는 기타 다른 방법으로 공중에 전달하거나, 또는 그 본문을 자막에 넣거나 더빙하는 것에 이의를 제기할 수 없다.

　다. 위에 언급한 약정의 형태가 (나)의 적용상 서면합의로 하는 지 또는 같은 효과를 갖는 문서로 하는지에 관한 문제를 영화저작물의 제작자가 주사무소나 상거소를 가지는 국가의 입법에 맡긴다. 다만, 위의 약정이 서면합의로 하는지 또는 같은 효과를 갖는 문서로 하는 지를 정하는 것은 보호가 주장되는 동맹국의 입법에 맡긴다. 입법으로 그와 같이 정한 국가는 사무총장에게 선언서로 통고하여야 하고 사무총장은 이를 다른 모든 동맹국에 즉각 전달한다.

　라. "다른 규정이나 특별한 규정"이란 위 약정에 관련되는 제한적인조건을 의미한다.

3. 국내법으로 다르게 정하지 않는 한, (나)의 규정은 영화저작물의 제작을 위하여 창작된 각본, 대사 및 음악저작물의 저작자 또는 영화저작물의 주감독에게 적용되지 아니한다. 다만, 입법으로 그러한 감독에게 전항 (나)의 적용에 관한 규칙을 두지 않은 동맹국은 사무총장에게 선언서로 통고하고, 사무총장은 이를 다른 동맹국에 즉각 전달한다.

제14조의3

1. 저작자 또는 그의 사망후에 국내입법으로 권한을 받은 자연인이나 단체는 원미술저작물 및 작사자와 작곡자의 원고에 관하여, 저작자가 저작물을 최초로 이전한 후에 그 저작물의 매매에 있어서의 이익에 대하여 양도할 수 없는 권리를 향유한다.

2. 전항에서 규정한 보호는, 저작자가 속한 국가의 입법으로 그와 같이 허용한 경우에, 그리고 이 보호가 주장되는 국가가 허용하는 범위내에서만 각 동맹국에서 주장될 수 있다.

3. 징수의 절차와 금액은 국내입법에 맡겨 결정한다.

제15조

1. 이 협약이 보호하는 문학 또는 예술적 저작물의 저작자를, 다른 증거가 없는 한, 그 저작물의 저작자로 보고, 따라서 그가 동맹국에서 침해소송을 제기할 수 있도록 하기 위하여는 통상의 방법으로 저작물상에 그의 성명이 나타나는 것으로 충분하다. 이 항은 저작자가 채택한 성명이 이명이라 할지라도 그의 신원을 나타내는 데 의심이 없는 한 적용된다.

2. 자연인이나 법인의 성명이 통상의 방법으로 영화저작물에 나타난 경우 그 자연인이나 법인은, 다른 증거가 없는 한, 위 저작물의 저작자로 추정한다.

3. 제1항에서 언급한 이외의 무명 및 이명저작물에 있어서 저작물에 성명이 나타난 발행자는, 다른 증거가 없는 한, 저작자를 대신하는 것으로 보며 그는 그 자격으로써 저작자의 권

문학 · 예술적 저작물의 보호를 위한 베른협약(Berne Convention for the Protection of Literary and Artistic Works)
[다자조약, 제1349호, 1996. 08. 17]

리를 보호하고 행사할 수 있다. 이 항의 규정은 저작자가 그의 신원을 밝히고 그 저작물의 저작자라는 주장을 입증한 때에는 적용되지 아니한다.

4. 가. 저작자의 신원이 밝혀지지 않았으나 그가 동맹국의 국민임을 추정할 근거가 있는 미발행 저작물에 있어서, 저작자를 대신하고 또한 그 동맹국에서 그의 권리를 보호하고 행사할 수 있는 권한있는 기관을 지정하는 것은 그 국가의 입법에 맡긴다.

나. 이 규정의조건에 따라 그러한 지정을 한 동맹국은 그와 같이 지정된 기관에 관한 모든 정보를 기재한 선언서에 의하여 사무총장에게 통고한다. 사무총장은 이 선언을 다른 모든 동맹국에 즉시 전달한다.

제16조

1. 저작권을 침해하는 어느 저작물의 복사물은 그 저작물이 법적보호를 향유하는 동맹국에서 압류될 수 있다.

2. 전항의 규정은 또한 그 저작물이 보호되지 않거나 보호가 중지된 국가로부터 나오는 복제물에도 적용된다.

3. 압류는 각 국가의 입법에 따라 행한다.

제17조

이 협약의 규정은 어떠한 경우에도 권한있는 기관이 필요하다고 인정한 경우에, 각 동맹국이 법령으로 어떠한 저작물이나 제작물의 유통 · 실연 또는 전시를 허용 · 통제하거나 또는 금지할 권리에 영향을 미치지 아니한다.

제18조

1. 이 협약은 효력발생 당시에 본국에서의 보호기간 만료에 의하여 이미 저작권이 소멸된 상태에 놓인 것이 아닌 모든 저작물에 적용된다.

2. 다만, 보호가 요구되는 국가에서 어느 저작물이 종래 주어진 보호기간이 만료됨으로서 저작권이 소멸된 상태에 놓인 경우에, 그 저작물은 다시 보호되지 아니한다.

3. 이 원칙의 적용은 그러한 효과를 갖는 기존의 또는 장래 체결될 동 맹 사이의 특별협약에 담긴 규정들을 따를 것을조건으로 한다. 그러한 규정들이 없는 경우에, 각 국가는 자국에 대하여 이 원칙이 적용될조건을 결정한다.

4. 위 규정들은 또한 동맹에 새로 가입하는 경우 및 제7조의 적용에 의하여 또는 유보의 포기에 의하여 보호가 확대되는 경우에도 적용된다.

제19조

이 협약의 규정은 동맹국이 입법으로 보다 광범위한 보호를 부여하는 데 따를 혜택을 주장하는 것을 배제하지 아니한다.

제20조

동맹국 정부는 그들 사이의 특별 협정이 저작자에게 이 협약보다 광범위한 권리를 부여하거나 이 협약에 저촉되지 않는 다른 규정들을 담고 있는 한, 그 협정을 체결할 권리를 유보한다. 이러한 조건을 충족하는 기존의 협정 규정들은 그대로 적용된다.

제21조

1. 개발도상국에 관한 특별 규정은 부속서에 포함된다.

2. 제28조 제1항 (나)에 따른 것을조건으로, 부속서는 이 의정서의 불가분의 일부를 구성한다.

제22조

1. 가. 동맹은 제22조에서 제26조에 구속되는 동맹국들로 구성되는 총회를 둔다.

나. 각국 정부는 1인의 대표에 의하여 대표되고 그 대표는 교체대표, 고문 및 전문가에 의하여 보좌될 수 있다.

다. 각 대표단의 경비는 이를 지명한 정부가 진다.

2. 가. 총회는

i. 동맹의 유지와 발전 및 이 협약의 시행에 관한 모든 문제를 다룬다.

ii. 제22조에서 제26조에 구속되지 않는 동맹국의 의견을 충분히 고려하여, 세계지적재산권기구(이하 "기구"라 한다) 설립협약에서 언급하고 있는 지적재산권국제사무국(이하 "국제사무국"이라 한다)에 관한 개정회의를 위한 준비에 관하여 지침을 준다.

iii. 기구 사무총장의 동맹에 관한 보고와 활동을 검토하고 승인하며 동맹의 권한내에 있는 문제에 관하여 그에게 모든 필요한 지시를 한다.

iv. 총회의 집행위원회의 회

문학 · 예술적 저작물의 보호를 위한 베른협약(Berne Convention for the Protection of Literary and Artistic Works)
[다자조약, 제1349호, 1996. 08. 17]

원국을 선출한다.

v . 집행위원회의 보고와 활동을 검토하고 승인하여 그 위원회에 지시한다.

vi. 동맹의 사업을 결정하고 3년 예산을 채택하며 결산을 승인한다.

vii. 동맹의 재정 규칙을 채택한다. viii. 동맹의 업무를 위하여 필요하다고 보는 전문가위원회와 실무소위원회를 설립한다.

ix. 어느 비동맹국·정부간 기구 및 비정부간 국제기구를 옵서버로서 회의에 참석시키는 여부를 결정한다. x . 제22조에서 제26조의 개정을 채택한다. xi. 동맹의 목적을 추진하기 위한 기타 적절한조치를 취한다. xii. 이 협약에 따른 적절한 기타 기능을 행사한다. xiii. 총회의 수락에 따를 것을조건으로, 기구설립협약에서 총회에 주어진 권리를 행사한다.

나. 총회는 기구가 관리하는 다른 동맹에도 이해관계가 있는 문제에 관하여, 기구의조정위원회의 건의를 들은 후에 결정을 내린다.

3. 가. 총회의 각 회원국은 1표를 갖는다.

나. 의사정족수는 총회의 회원국의 2분의 1이다.

다. (나)의 규정에도 불구하고, 참석한 회원국의 수가 어느 회기에 총회의 회원국의 2분의 1미만, 3분의 1이상인 경우에, 총회는 결정을 내릴 수 있다. 다만, 절차에 관한 결정을 제외하고는 모든 결정은 다음 이 충족된 경우에만 효력을 발생한다. 국제사무국은 위 결정을 참석하지 않은 총회의 회원국에 전달하여 전달한 날로부터 3월의 기간내에 투표나 기권을 서면으로 표시하도록 한다. 이 기간만료 당시에, 그와 같이 투표나 기권을 표시한 국가의 수가 그 회기의 의사정족수에 부족한 국가의 수에 도달한 경우에 그러한 결정은 효력을 발생한다. 다만, 필요한 다수결이 동시에 확보되어야 한다.

라. 제26조 제2항의 규정에 따를 것을조건으로, 총회의 결정은 투표수의 3분의 2를 필요로 한다.

마. 기권은 투표로 보지 아니한다.

바. 대표는 한 국가만을 대표하고 그 국가의 이름으로만 투표할 수 있다.

사. 총회의 회원국이 아닌 동맹국은 총회에 옵서버로 참석할 수 있다.

4. 가. 총회는 3년에 1회, 사무총장이 소집하는 정기회기에서 회합하고, 예외적인 상황이 없는 경우에는 기구의 총회와 같은 기간에 같은 장소에서 한다.

나. 총회는 집행위원회의 요청이나 총회의 회원국의 4분의 1의 요청으로 사무총장이 소집하는 임시회기에서 회합한다.

5. 총회는 자체의 절차 규칙을 채택한다.

제23조

1. 총회는 집행위원회를 둔다.

2. 가. 집행위원회는 총회의 회원국 중에서 총회가 선출한 국가로 구성된다. 또한 영토내에 기구의 본부가 있는 국가는 제25조 제7항 (나)의 규정에 따를 것을 조건으로, 위원회에 당연직 의석을 갖는다.

나. 집행위원회의 각 회원국 정부는 1인의 대표에 의하여 대표되고 그 대표는 교체대표·고문 및 전문가에 의하여 보좌될 수 있다.

다. 각 대표단의 경비는 이를 지명한 정부가 진다.

3. 집행위원회의 회원국의 수는 총회의 회원국 수의 4분의 1에 상응해야 한다. 채워야 할 의석 수를 결정하는 데 있어서, 4로 나눈 나머지는 고려하지 아니한다.

4. 집행위원회의 회원국을 선출하는데 있어서 총회는 정당한 지리적 배분을 고려하고 또한 동맹과 관련하여 설립될 수 있는 특별 협정의 당사국이 집행위원회를 구성하는 국가가 될 필요성을 고려하여야 한다.

5. 가. 집행위원회의 각 회원국은 이를 선출한 총회의 회기말부터 총회의 다음 정기회기 말까지 임무를 수행한다.

나. 집행위원회의 회원국은 3분의 2를 초과하지 않는 한 재선될 수 있다.

다. 총회는 집행위원회의 선출과 가능한 재선에 관하여 세부규칙을 정한다.

6. 가. 집행위원회는

i. 총회의 의사록 초안을 준비한다.

ii. 사무총장이 준비한 사업 초안 및 동맹의 3년 예산에 관한 제안을 총회에서 제출한다.

iii. 사업과 3년 예산의 범위 내에서, 사무총장이 준비한 특정의 연차 예산과 사업을 승인

문학 · 예술적 저작물의 보호를 위한 베른협약(Berne Convention for the Protection of Literary and Artistic Works)
[다자조약, 제1349호, 1996. 08. 17]

한다.

iv. 사무총장의 정기보고서 및 회계에 관한 연차 감사보고서를 적절한 의견을 붙여 제출한다.

v. 총회의 결정에 따라, 그리고 총회의 정기회기 사이에 발생한 상황에 관하여, 사무총장에 의한 동맹의 사업의 집행을 확보하기 위하여 필요한 모든조치를 취한다.

vi. 이 협약에 따라 집행위원회에 주어진 기타 기능을 수행한다.

나. 집행위원회는 기구가 관리하는 다른 동맹에도 이해관계가 있는 문제에 관하여, 기구의 조정위원회의 건의를 들은 후에 결정을 내린다.

7. 가. 집행위원회는 1년에 1회, 사무총장이 소집하는 정기회기에서 회합하고, 우선적으로조정위원회와 같은 기간에 같은 장소에서 한다.

나. 집행위원회는 스스로 또는 의장이나 회원국의 4분의 1의 요청으로 사무총장이 소집하는 임시회기에서 회합한다.

8. 가. 집행위원회의 각 회원국은 1표를 갖는다.

나. 의사정족수는 집행위원회의 회원국의 2분의 1이다.

다. 결정은 투표수의 단순 다수결로 한다.

라. 기권은 투표로 보지 아니한다.

마. 대표는 한 국가만을 대표하고 그 국가의 이름으로만 투표할 수 있다.

9. 집행위원회의 회원국이 아닌 동맹국은 회의에 옵서버로 참석할 수 있다.

10. 집행위원회는 자체의 절차규칙을 채택한다.

제24조

1. 가. 동맹에 관한 관리업무는 공업소유권의 보호를 위한 국제협약에 의하여 설립된 동맹사무국과 통합된 동맹사무국의 연장인 국제사무국에 의하여 수행된다.

나. 특히, 국제사무국은 동맹의 여러 기관의 사무국이다.

다. 기구의 사무총장은 동맹의 수석 집행자이며 동맹을 대표한다.

2. 국제사무국은 저작권 보호에 관한 정보를 수집하고 발행한다. 각 동맹국은 저작권 보호에 관한 모든 새로운 법과 공문서를 국제사무국에 신속하게 전달하여야 한다.

3. 국제사무국은 월간 정기간행물을 발행한다.

4. 국제사무국은 동맹국의 요청에 따라, 저작권 보호에 관한 문제에 있어서 정보를 제공한다.

5. 국제사무국은 저작권 보호를 촉진하기 위하여 연구하고 서비스를 제공한다.

6. 사무총장 및 그가 지명한 직원은 총회·집행위원회 및 기타 다른 전문가위원회나 실무소위원회의 모든 회의에 투표권 없이 참가한다. 사무총장 또는 그가 지명한 직원은 이러한 기관의 당연직 서기가 된다.

7. 가. 국제사무국은 총회의 지시에 따라, 집행위원회와 협력하여 협약 제22조에서 제26조외의 규정의 개정회의를 위한 준비를 한다.

나. 국제사무국은 개정회의를 위한 준비에 관하여 정부간 기구 및 비정부간 국제기구와 협의할 수 있다.

다. 사무총장 및 그가 지명한 사람은 이 회의의 토론에 투표권 없이 참가한다.

8. 국제사무국은 그에 주어진 기타 다른 업무를 수행한다.

제25조

1. 가. 동맹은 예산을 갖는다.

나. 동맹의 예산은 동맹에 고유한 수입과 비용, 동맹들에 공통된 예산경비의 분담금 및 경우에 따라 기구의 회의의 예산에 이용될 수 있는 금액을 포함한다.

다. 전적으로 동맹에 귀속시킬 수 없고 기구가 관리하는 하나 또는 둘 이상의 다른 동맹들에 귀속시킬 수 있는 비용은 동맹들에 공통되는 비용으로 본다. 그러나 공통비용에 있어서 동맹의 분담은 동맹들에 갖는 이해관계에 비례한다.

2. 동맹의 예산은 기구가 관리하는 다른 동맹들의 예산과의조정의 필요성을 고려하여 성립된다.

3. 동맹의 예산은 다음의 재원으로부터 나온다.

i. 동맹국의 분담금

ii. 동맹에 관하여 국제사무국이 수행하는 서비스에 대한 보수와 부담금

iii. 동맹에 관한 국제사무국의 발행물의 판매 또는 이용료

iv. 증여·유증 및 보조금

v. 지대·이자 및 기타 잡수

문학 · 예술적 저작물의 보호를 위한 베른협약(Berne Convention for the Protection of Literary and Artistic Works)
[다자조약, 제1349호, 1996. 08. 17]

입

4. 가. 각 동맹국은 예산에 대한 자국의 분담금을 결정하기 위하여 어느 등급에 속하며 다음과 같이 정한 단위 수에 근거하여 연간 분담금을 지급한다.

1등급 25
2등급 20
3등급 15
4등급 10
5등급 5
6등급 3
7등급 1

나. 위와 같이 하지 아니한 경우에, 각국은 비준서나 가입서를 기탁함과 동시에, 속하고자 하는 등급을 지정한다. 어느 국가든지 등급을 변경할 수 있다. 어느 국가가 보다 낮은 등급을 선택하는 경우에는 정기회기에서 총회에 이를 통지하여야 한다. 그러한 변경은 회기 다음 해 초부터 효력이 발생한다.

다. 각국의 연간 분담금은 그 분담금과 동맹의 연간 예산에 대한 모든 국가의 분담금 총액과의 비율이 그 국가의 단위 수와 모든 분담 국가의 전체 단위 수와의 비율과 같이 되는 액수로 한다.

라. 분담금은 매년 1월 1일에 만기가 된다.

마. 분담금 지급을 지체한 국가는 그 지체액이 그 전의 만 2년동안 지급해야 할 분담금의 액수와 같거나 이를 초과한 경우에 그 국가가 회원국인 어떠한 동맹의 기관에서도 투표할 수 없다. 다만, 동맹의 어느 기관은 지급의 지연이 예외적이고 피할 수 없는 상황으로 인한 것이라고 인정하는 한, 투표를 계속할 수 있도록 허용할 수 있다.

바. 예산이 새로운 회계년도 시작전에 채택되지 않은 경우에 그 예산은 재무규정에 따라 전년도의 예산과 같은 수준으로 한다.

5. 동맹에 관하여 국제사무국이 하는 서비스에 대한 보수와 비용의 액수는 사무총장이 정하여 총회와 집행위원회에 보고한다.

6. 가. 동맹은 각 동맹국의 1회의 지급금으로 이루어지는 운전자금을 갖는다. 그 자금이 불충분한 경우에는 총회가 그 증액을 결정한다.

나. 각국의 위 자금에 대한 최초의 지급금 또는 증액에 대한 분담금은 그 자금이 설립되거나 그 증액이 결정된 해에 있어서의 그 국가의 분담 비율에 따른다.

다. 그 비율과 지급조건은 사무총장의 제안에 따라 기구의조정위원회의 견의를 들은 총회가 결정한다.

7. 가. 그 영토내에 기구의 본부가 소재한 국가와 체결하는 본부협정에는, 운전자금이 불충분한 경우에 그 국가가 선급금을 제공하도록 규정한다. 이 선급금의 액수와 선급금이 제공되는 조건은 경우에 따라 그 국가와 기구 사이의 별개의 협정의 대상이 된다. 그 국가가 선급금을 제공할 의무가 있는 한, 그 국가는 집행위원회에 당연직 의석을 가진다.

나. (가)에서 언급한 국가와 기구는 각각 서면 통고에 의하여 선급금 제공 의무를 폐기할 권리를 가진다.

8. 회계의 감사는 하나 또는 둘 이상의 동맹국이나 외부 감사인에 의해 재무규정에 마련된 바에 따라 시행한다. 그 동맹국이나 감사인은 총회가 이들의 동의를 얻어 지정한다.

제26조

1. 제22조, 제23조, 제24조, 제25조 및 이조의 개정의 제안은 총회의 어느 회원국 · 집행위원회 또는 사무총장이 할 수 있다. 그러한 제안은 적어도 총회가 심의하기 6월 전에 사무총장이 총회의 회원국에 전달한다.

2. 제1항에서 언급한조항의 개정은 총회가 채택한다. 그 채택에는 투표수의 4분의 3을 필요로 한다. 다만, 제22조와 이의 개정은 투표수의 5분의 4를 필요로 한다.

3. 제1항에서 언급하고 있는 조항들의 개정은 총회가 개정을 채택할 당시의 총회의 회원국의 4분의 3으로부터 자국의 헌법적 절차에 따라, 수락의 서면통고를 사무총장이 받은 때로부터 1월 후에 효력이 발생한다. 이와 같이 수락된 조항들의 개정은 개정 당시에 총회의 회원국 또는 그 후에 회원국이 된 모든 국가를 구속한다. 다만, 동맹국의 재정적 의무를 증가시키는 개정을 수락한 국가만을 구속한다.

제27조

1. 이 협약은 동맹 체제를 개선하기 위하여 개정된다.

2. 이 목적을 위하여 어느 동맹

문학 · 예술적 저작물의 보호를 위한 베른협약(Berne Convention for the Protection of Literary and Artistic Works)
[다자조약, 제1349호, 1996. 08. 17]

국에서 순차적으로 동맹국 대표들 사이에 개정회의를 개최한다.

3. 제22조에서 제26조의 개정에 적용되는 제26조의 규정에 따를 것을 조건으로, 부속서를 포함한 이 의정서의 개정은 투표수의 만장일치를 필요로 한다.

제28조

1. 가. 이 의정서에 서명한 동맹국은 이를 비준할 수 있고, 서명하지 않은 동맹국은 이에 가입할 수 있다. 비준서나 가입서는 사무총장에게 기탁한다.

나. 동맹국은 비준서나 가입서에 비준이나 가입이 제1조에서 제21조 및 부속서에 적용되지 않는다고 선언할 수 있다. 다만, 그 국가가 이미 부속서 제IX조 제1항에 따라 선언한 경우에 그 국가는 위 문서에 그 비준이나 가입이 제1조에서 제21조에는 적용되지 않는다고 선언할 수 있다.

다. (나)에서 언급한 규정들을 (나)에 따라, 그 비준이나 가입의 효력으로부터 배제한 동맹국은 그 후 언제든지 그 비준이나 가입의 효력을 그 규정들에 확대한다고 선언할 수 있다. 그리

한 선언은 사무총장에게 기탁한다.

2. 가. 제1조에서 제21조 및 부속서는 다음의 두 조건 모두가 충족된 때로부터 3월 후에 효력을 발생한다.

i. 적어도 5개 동맹국이 제1항 (나)에 따른 선언을 하지 않고 이 개정조약을 비준하거나 이에 가입한 경우,

ii. 프랑스, 스페인, 영국 및 미국이 1971년 7월 24일 파리에서 개정된 세계저작권협약에 의하여 구속되는 경우

나. (가)에서 언급한 효력발생은 적어도 효력발생 3월 전에 제1항(나)에 따른 선언을 담고 있지 않은 비준서나 가입서를 기탁한 동맹국에는 적용되지 아니한다.

다. (나)가 적용되지 않고 제1항 (나)에 따른 선언을 하지 않고 이 의정서를 비준하거나 이에 가입한 국가에 대하여, 제1조에서 제21조 및 부속서는 사무총장이 관계 비준서나 가입서의 기탁을 통고한 날로부터 3월 후에 효력이 발행한다. 다만, 기탁된 문서에 그 후의 날짜를 지정한 경우에, 제1조에서 제21조 및 부속서는 그 지정된 날짜에

그 국가에 대하여 효력이 발생한다.

라. (가)에서 (다)의 규정은 부속서 제IV조의 적용에 영향을 미치지 않는다.

3. 제1항 (나)에 따른 선언이 있거나 없거나, 이 의정서를 비준하거나 이에 가입한 동맹국에 대하여 제22조에서 제38조는 사무총장이 관계 비준서나 가입서의 기탁을 통고한 날로부터 3월 후에 효력이 발생한다. 다만, 기탁된 문서에 그 후의 날짜를 지정한 경우에, 제22조에서 제38조는 그 지정된 날짜에 그 국가에 대하여 효력이 발생한다.

제29조

1. 비동맹국은 이 의정서에 가입함으로써 이 협약의 당사국이 되어 동맹 회원국이 될 수 있다. 가입서는 사무총장에게 기탁한다.

2. 가. (나)에 따를 것을 조건으로, 이 협약은 비동맹국에 대하여, 사무총장이 가입서의 기탁을 통고한 날로부터 3월 후에 효력이 발생한다. 다만, 기탁된 문서에 그 후의 날짜를 지정한 경우에, 이 협약은 그 지정된 날짜에 그 국가에 대하여 효력

이 발생한다.

나. (가)에 따른 효력발생이 제28조 제2항 (가)에 따른 제1조에서 제21조 및 부속서의 효력 발생보다 앞서는 경우에, 위 국가는 당분간 제1조에서 제21조 및 부속서 대신에 이 협약의 브뤼셀의정서 제1조에서 제20조에 구속된다.

제29조의2

이 협약의 스톡홀름의정서 제22조에서 제38조에 구속되지 않는 국가가 이 의정서를 비준하거나 이에 가입하는 것은 기구설립협약 제14조 제2항의 적용상, 위 스톡홀름의정서 제28조 제1항 (나) (i)에 마련된 제한과 함께 스톡홀름의정서를 비준하거나 이에 가입한 것이 된다.

제30조

1. 이조 제2항과 제28조 제1항 (나), 제33조 제2항 및 부속서에 의하여 허용되는 예외에 따를 것을 조건으로, 비준이나 가입은 자동적으로 모든 규정의 수락을 가져오고 이 협약의 모두 이익을 향유할 수 있도록 한다.

2. 가. 이 협약을 비준하거나 이에 가입하는 동맹국은, 부속서

의 제Ⅴ조 제2항에 따를 것을 조건으로, 종전에 표명한 유보의 이익을 유지할 수 있다. 다만, 비준서나 가입서는 기탁할 당시에 그러한 효과를 갖는 선언을 하여야 한다.

나. 비동맹국은 이 협약에 가입하는 당시에 부속서 제Ⅴ조 제2항에 따를 것을 조건으로, 적어도 임시적으로 1896년 파리에서 완성된 1886년 동맹협약 제5조의 규정으로 번역권에 관한 이 의정서 제8조를 대신하겠다고 선언할 수 있다. 다만, 위 규정들이 그 국가에서 일반적으로 사용되는 언어로 번역되는 경우에만 적용된다는 분명한 이해가 있어야 한다. 부속서 제Ⅰ조 제6항 (나)에 따를 것을 조건으로, 그와 같은 유보를 원용하는 국가를 본국으로 하는 저작물의 번역권에 대하여, 어느 국가든지 본국이 부여하는 보호에 상당하는 보호를 적용할 권리를 갖는다.

다. 어느 국가든지 언제든지 사무총장에게 통고하여 그러한 유보를 철회할 수 있다.

제31조

1. 어느 국가든지 비준서나 가입서에 의한 선언 또는 그 후에 사무총장에게 문서에 의한 통고로, 자국이 국제관계의 책임을 지는 영토의 전부나 일부를 지정하여 이 협약이 적용된다고 할 수 있다.

2. 그와 같은 선언이나 통고를 한 국가는 언제든지 이 협약이 그 영토의 전부나 일부에 적용되지 않는다고 사무총장에게 통고할 수 있다.

3. 가. 제1항에 따른 선언은 그 선언을 포함한 비준 또는 가입과 같은 날짜에 효력이 발생하고 통고는 사무총장이 통고한 때로부터 3월 후에 효력이 발생한다.

나. 제2항에 따른 통고는 사무총장이 접수한 때로부터 12월 후에 효력이 발생한다.

4. 이조는 어떠한 경우에도 어느 동맹국이 제1항에 따른 선언으로 인하여, 이 협약이 적용되는 어느 영토에 대한 사실상의 상태를 다른 동맹국이 승인하거나 또는 묵시적으로 수락한다는 것을 암시하지 아니한다.

제32조

1. 이 의정서는 동맹국 사이의 관계에 있어서 그리고 이 의정서가 적용되는 범위내에서 1886년 9월 9일 베른협약 및 그 후의 개정의정서를 대신한다. 종전에 효력이 있었던 의정서는 이 의정서를 비준하거나 이에 가입하지 않은 동맹국들과의 관계에 있어서 전체적으로 또는 본문으로 인하여 이 의정서가 대신하지 않는 범위내에서 계속 적용될 수 있다.

2. 이 의정서의 당사국이 된 비동맹국들은, 제3항에 따를 것을 조건으로, 이 의정서에 구속되는 동맹국이나 또는 이 의정서에 구속되지만 제28조 제1항 (나)에 따른 선언을 한 동맹국에 대하여 이 의정서를 적용한다. 그러한 국가들은 위 동맹국이 그들과의 관계에 있어서

ⅰ. 위 동맹국이 구속되는 가장 최근의 의정서의 규정을 적용할 수 있고, 또한

ⅱ. 부속서 제1조 제6항에 따를 것을 조건으로, 이 의정서에서 규정한 수준의 보호를 채택할 권리를 갖는다는 것을 인정한다.

3. 부속서에서 규정한 권한을 원용한 동맹국은 이 의정서에 구속되지 않는 다른 동맹국과의 관계에 있어서, 자국이 원용한 권한에 관하여 부속서의 규정을 적용할 수 있다. 다만, 후자의 국가는 위 규정의 적용을 수락하여야 한다.

제33조

1. 이 협약의 해석이나 적용에 관하여 둘 이상의 동맹국 사이의 분쟁은, 협의에 의하여 해결되지 않은 경우에, 관계 당사국이 다른 해결방법에 합의하지 않는 한, 어느 관계 당사국에 의하여 국제사법재판소 규정에 따라 국제사법재판소에 회부될 수 있다. 재판소에 그 분쟁을 회부한 국가는 국제사무국에 이를 통고하여 국제사무국은 이를 다른 동맹국에 알린다.

2. 각 동맹국은 이 의정서를 서명하거나 비준서나 가입서를 기탁할 당시에, 제1항의 규정에 구속되지 않는다고 선언할 수 있다. 그러한 국가와 다른 동맹국 사이의 분쟁에 있어서 제1항의 규정은 적용되지 아니한다.

3. 제2항의 규정에 따른 선언을 한 국가는 언제든지 사무총장 앞으로 보낸 통고에 의하여 그 선언을 철회할 수 있다.

제34조

문학 · 예술적 저작물의 보호를 위한 베른협약(Berne Convention for the Protection of Literary and Artistic Works)
[다자조약, 제1349호, 1996. 08. 17]

1. 제29조의 2에 따를 것을 조건으로, 어느 국가든지 제1조에서 제21조 및 부속서가 효력을 발생하면 이 조약의 종전의 의정서들을 비준하거나 이에 가입할 수 없다.

2. 제1조에서 제21조 및 부속서가 효력을 발생하면, 어느 국가든지 스톡홀름의정서에 부속된 개발도상국에 관한 의정서 제5조에 따른 선언을 할 수 없다.

제35조

1. 이 협약은 시간에 있어서 제한이 없이 효력을 유지한다.

2. 어느 국가든지 사무총장 앞으로 보낸 통고에 의하여 이 의정서를 폐기할 수 있다. 그러한 폐기는 종전의 모든 의정서들을 폐기하는 것이 되고 폐기를 한 국가에 대하여만 영향을 미치고 또한 이 협약은 다른 동맹국에 대하여 완전한 효력을 유지한다.

3. 폐기는 사무총장이 통고를 접수한 날로부터 1년 후에 효력을 발생한다.

4. 이조에서 정한 폐기권은 어느 국가가 동맹의 회원국이 된 날로부터 5년이 경과하기 전에 행사될 수 없다.

제36조

1. 이 협약의 당사국은 자국 헌법에 따라 이 협약의 적용을 확보하기 위하여 필요한 조치를 채택할 것을 약속한다.

2. 어느 국가가 이 협약에 구속될 당시에 자국이 국내법에 따라 이 협약의 규정이 실시되는 것으로 이해된다.

제37조

1. 가. 이 의정서는 프랑스어와 영어로 된 1부에 서명되고 또한 제2항에 따를 것을 조건으로, 사무총장에게 기탁된다.

나. 공식문은 관계 정부와의 협의를 거친 후에, 아랍어, 독일어, 이탈리어, 포르투갈어와 스페인어 및 총회가 지정할 수 있는 다른 언어들로 작성된다.

다. 여러 본문의 해석에 있어서 차이가 있는 경우에 프랑스어본이 우선한다.

2. 이 의정서는 1972년 1월 31일까지 서명을 위하여 개방된다. 그 날짜까지 제1항 (가)에서 언급한 등본을 프랑스 공화국 정부에 기탁한다.

3. 사무총장은 모든 동맹국 정부 및 요청이 있는 경우 다른 국가의 정부에 서명된 의정서 인증등본 2부를 송부한다.

4. 사무총장은 이 의정서를 국제연합 사무국에 등록한다.

5. 사무총장은 모든 동맹국 정부에 서명, 비준서와 가입서의 기탁, 그러한 문서에 포함된 또는 제28조 제1항 (다), 제30조 제2항 (가)와 (나) 및 제33조 제2항에 따른 선언, 이 의정서 규정의 효력발생, 폐기의 통고, 제30조 제2항 (다), 제31조 제2항과 제3항, 제33조 제3항, 제38조 제1항 및 부속서에 따른 통고를 통보한다.

제38조

1. 이 의정서를 비준하지 않거나 이에 가입하지 않은 동맹국 및 이 협약의 스톡홀름의정서 제22조에서 제26조에 구속되지 않는 동맹국은, 원하는 경우에, 1975년 4월 26일까지 위조항들에 구속되는 것처럼 위조항들이 정한 권리를 행사할 수 있다. 이러한 권리를 행사하고자 하는 국가는 사무총장에게 이러한 효과를 갖는 통고서를 송부한다. 이 통고는 접수일에 효력이 발생한다. 그러한 국가는 위 날짜까지 총회의 회원국으로 본다.

2. 동맹국이 모두 기구의 회원국이지 않는 한, 기구의 국제사무국은 동맹사무국으로서 운영되고 사무총장은 동맹사무국의 사무총장으로서 직무를 행사한다.

3. 모든 동맹국이 기구의 회원국이 되면 동맹국의 권리, 의무 및 재산은 기구의 국제사무국에 승계된다.

실연자, 음반제작자 및 방송사업자의 보호를 위한 국제협약(INTERNATIONAL CONVENTION FOR THE PROTECTION OF PERFORMERS, PRODUCERS OF PHONOGRAMS AND BROADCASTING ORGANISATIONS)[발효일 1962. 05. 18] [다자조약, 제1941호, 2009. 03. 18]

제1조

이 협약에 의하여 부여되는 보호는 문학·예술 저작물에 대한 저작권 보호를 손상시키지 아니하고, 어떠한 경우에도 이에 영향을 미치지 아니한다. 따라서 이 협약의 어떠한 규정도 그러한 보호를 해하는 것으로 해석되지 아니한다.

제2조

1. 이 협약의 목적상, 내국민대우란 보호가 요구되는 체약국의 국내법에 의하여 다음의 사람에게 주어지는 대우를 말한다.가. 그 영역 내에서 행해지거나, 방송되거나 또는 최초로 고정된 실연에 관하여, 자국민인 실연자나. 그 영역 내에서 최초로 고정되거나 최초로 발행된 음반에 관하여, 자국민인 음반제작자다. 그 영역 내에 소재하고 있는 송신기로부터 송신된 방송에 관하여, 자국 내에 주사무소를 가지는 방송사업자
2. 내국민대우는 이 협약이 특별히 보장하는 보호 및 특별히 정하는 제한에 따를 것을 조건으로 한다.

제3조

이 협약의 목적상,

가. "실연자"란 배우·가수·연주자·무용가와 그 밖의 문학 또는 예술저작물을 연기·가창·전달·표현·연주 또는 달리 실연하는 자를 말한다.

나. "음반"이란 실연의 소리 또는 그 밖의 소리를 오로지 청각적으로 고정한 것을 말한다.

다. "음반제작자"란 실연의 또는 그 밖의 소리를 최초로 고정한 자연인이나 법인을 말한다.

라. "발행"이란 음반의 복제물을 합리적인 수량으로 공중에게 제공하는 것을 말한다.

마. "복제"란 고정물을 하나 또는 그 이상의 복제물로 만드는 것을 말한다.

바. "방송"이란 공중이 수신하도록 무선의 수단에 의하여 소리 또는 영상과 소리를 송신하는 것을 말한다.

사. "재방송"이란 어느 방송사업자가 다른 방송사업자의 방송을 동시에 방송하는 것을 말한다.

제4조

각 체약국은 다음의 조건 중 하나 이상이 충족되는 경우, 실연자에게 내국민대우를 부여한다.

가. 실연이 다른 체약국 내에서 행하여지거나

나. 실연이 이 협약 제5조에 따라 보호되는 음반에 수록되거나,

다. 음반으로 고정되어 있지 아니한 실연이 이 협약 제6조에 따라 보호되는 방송에 의하여 전해지는 경우

제5조

1. 각 체약국은 다음의 조건 중 하나 이상이 충족되는 경우, 음반제작자에게 내국민대우를 부여한다.

가. 음반제작자가 다른 체약국의 국민이거나(국적 기준),

나. 소리의 최초의 고정이 다른 체약국 내에서 이루어지거나(고정기준),

다. 음반이 다른 체약국에서 최초로 발행된 경우(발행 기준)

2. 비체약국에서 최초로 발행된 음반이 그 최초 발행일부터 30일 이내에 체약국에서도 발행(동시발행)된 때에는, 그 음반은 그 체약국 내에서 최초로 발행된 것으로 본다.

제6조

1. 각 체약국은 다음의 조건 중 어느 하나 이상이 충족되는 경우, 방송사업자에게 내국민대우를 부여한다.

가. 방송사업자의 주사무소가 다른 체약국 내에 소재하고 있거나,

나. 방송이 다른 체약국 내에 소재하고 있는 송신기로부터 송신되는 경우

2. 체약국은 국제연합 사무총장에게 기탁하는 통고를 통하여 방송사업자의 주사무소가 다른 체약국 내에 소재하고 있고 방송이 그 체약국 내에 있는 송신기로부터 송신되는 경우에 한하여 방송을 보호한다고 선언할

3. 체약국은 국제연합 사무총장에게 기탁하는 통고를 통하여 발행의 기준 또는 이에 대신하여 고정의 기준을 적용하지 아니한다고 선언할 수 있다. 이러한 통고는 비준, 수락 또는 가입시에 기탁할 수 있으며, 또는 그 후에 언제든지 기탁할 수 있다. 마지막 경우에는 그 통고가 기탁된 때부터 6개월 후에 효력이 발생한다.

실연자, 음반제작자 및 방송사업자의 보호를 위한 국제협약(INTERNATIONAL CONVENTION FOR THE PROTECTION OF PERFORMERS, PRODUCERS OF PHONOGRAMS AND BROADCASTING ORGANISATIONS)[발효일 1962. 05. 18] [다자조약, 제1941호, 2009. 03. 18]

수 있다. 이러한 통고는 비준, 수락 또는 가입시에 기탁할 수 있으며, 또는 그 후에 언제든지 기탁할 수 있다. 마지막 경우에는 그 통고가 기탁된 때부터 6개월 후에 효력이 발생한다.

제7조
1. 이 협약이 실연자에게 부여하는 보호는 다음을 방지하는 가능성을 포함한다.

가. 실연자의 동의를 받지 아니한 실연의 방송 또는 공중 전달. 다만, 방송이나 공중 전달에 이용되는 실연 그 자체가 이미 방송 실연이거나 또는 고정물로부터 행하여지는 경우는 예외로 한다.

나. 실연자의 동의를 받지 아니한 고정되지 아니한 실연의 고정,

다. 다음의 경우에 실연자의 동의를 받지 아니한 실연의 고정물의 복제

(1) 원고정물 자체가 동의 없이 만들어졌거나,

(2) 실연자가 동의한 목적과 다르게 복제가 되거나,

(3) 원고정물이 제15조의 규정에 따라 만들어졌고 복제가 그 규정에서 언급한 목적과 다르게

이루어지는 경우

2. 1) 실연자가 방송에 동의한 경우에, 재방송, 방송 목적을 위한 고정 및 방송을 목적으로 그러한 고정물의 복제로부터의 보호를 규율하는 것은 보호가 주장되는 체약국 국내법의 관할사항이다.

2) 방송 목적을 위하여 만들어진 고정물의 방송사업자에 의한 사용을 관할하는 조건은 보호가 주장되는 체약국의 국내법에 따라 결정된다.

3) 다만, 제1호와 제2호에서 언급한 국내법은 실연자가 계약에 의하여 방송사업자와의 관계를 정할 권한을 빼앗을 목적으로 작용하지 아니한다.

제8조
동일한 실연에 다수의 실연자가 참가하는 경우에, 체약국은 국내 법령에 의하여 그들의 권리 행사와 관련하여 대표를 결정하는 방법을 규정할 수 있다.

제9조
체약국은 국내 법령에 의하여 이 협약에서 규정한 보호를 문학·예술 저작물을 실연하지 아니하는 예술가에게 확장할 수

있다.

제10조
음반제작자는 그의 음반을 직접 또는 간접으로 복제하는 것을 허가하거나 금지할 권리를 향유한다.

제11조
어떤 체약국이 음반과 관련하여 음반제작자나 실연자 또는 이들 양자의 권리를 보호하는 조건으로 자국의 국내법으로 특정한 형식에 따를 것을 요구하는 경우에, 발행된 음반의 모든 상업적 복제물이나 그 용기에 최초의 발행연도와 더불어 보호의 주장을 합리적으로 표시하는 방법으로 ℗의 기호가 표시되어 있으면 이러한 요건은 충족된 것으로 간주된다. 다만, 그 복제물이나 용기로부터 (성명, 상표 또는 그 밖의 적절한 표시에 의하여) 제작자나 제작자의 허락을 받은 사람이 식별되지 아니하는 경우에는 제작자의 권리의 소유자의 성명도 그 표시에 넣어야 한다. 또한, 그 복제물이나 용기로부터 주요 실연자가 식별되지 아니하는 경우에는 고정이 이루어진 국가에서 그 실연자의

권리를 소유한 사람의 성명도 그 표시에 넣어야 한다.

제12조
상업적인 목적으로 발행된 음반 또는 그러한 음반의 복제물이 방송 또는 공중전달에 직접적으로 사용되는 경우에, 단일의 공정한 보상이 사용자에 의하여 실연자나 음반제작자 또는 이들 양자에게 지급되어야 한다. 당사자 사이에 약정이 없는 경우에는 국내법으로 이 보상금의 배분 조건을 정할 수 있다.

제13조
방송사업자는 다음을 허가하거나 금지할 권리를 향유한다.

가. 자신의 방송물의 재방송

나. 자신의 방송물의 고정

다. 아래에 해당 하는 복제

(1) 방송사업자의 동의를 받지 아니하고 만들어진 방송 고정물의 복제

(2) 제15조에 따라 만들어진 방송물의 고정물의 복제로서 그 규정에서 언급하고 있는 목적과 다른 목적으로 복제가 이루어진 경우, 그 복제

라. 입장료를 지급함으로써 공중이 입장할 수 있는 장소에

실연자, 음반제작자 및 방송사업자의 보호를 위한 국제협약(INTERNATIONAL CONVENTION FOR THE PROTECTION OF PERFORMERS, PRODUCERS OF PHONOGRAMS AND BROADCASTING ORGANISATIONS)[발효일 1962. 05. 18] [다자조약, 제1941호, 2009. 03. 18]

서 텔레비전 방송물이 공중에 전달되는 경우의 그 전달. 다만, 이러한 권리를 행사할 수 있는 조건의 결정은 이러한 권리의 보호가 주장되는 국가의 국내법의 관할사항이다.

제14조

이 협약에 따라 부여되는 보호의 기간은 다음의 연도 말부터 기산하여 적어도 20년의 기간 만료시까지 존속한다.

가. 음반 및 음반에 수록된 실연에 대해서는, 고정이 이루어진 때

나. 음반에 수록되지 아니한 실연에 대해서는, 실연이 행하여진 때다. 방송물에 대해서는, 방송이 이루어진 때

제15조

1. 체약국은 다음과 관련하여 이 협약에 보장된 보호에 대한 예외를 국내 법령으로 정할 수 있다.가. 사적 이용나. 시사 사건의 보도와 관련한 짧은 발췌의 사용다. 자신의 방송을 위해서 자체의 시설을 사용하여 행하여진 방송사업자의 일시적 고정라. 오직 교육이나 학술 연구의 목적을 위한 사용.

2. 본 조의 제1항에도 불구하고, 체약국은 국내 법령으로 문학·예술 저작물의 저작권의 보호와 관련하여 규정하고 있는 바와 같이, 국내 법령으로 실연자, 음반제작자 및 방송사업자의 보호에 관하여 같은 종류의 제한을 규정할 수 있다. 다만, 강제허락은 이 협약과 양립하는 범위 내에서만 규정될 수 있다.

제16조

1. 이 협약의 당사국이 된 국가는 이 협약상의 모든 의무에 구속되고 그로 인한 모든 이익을 향유한다. 다만, 어느 국가든지 국제연합 사무총장에 통고를 기탁함으로써 언제든지 다음과 같이 선언할 수 있다.

가. 제12조에 관하여,

(1) 같은 조의 규정을 적용하지 아니한다는 것

(2) 같은 조의 규정을 어떤 특정의 사용에 관하여 적용하지 아니한다는 것

(3) 다른 체약국의 국민이 아닌 자가 제작한 음반의 경우에 관하여, 같은 조의 규정을 적용하지 아니한다는 것

(4) 다른 체약국의 국민인 자가 제작한 음반의 경우에 관하여,

이 선언을 한 국가의 국민이 최초로 고정한 음반에 대하여 그 다른 체약국이 부여하는 보호의 범위와 기간 내에서, 같은 조에 의하여 규정된 보호를 제한할 수 있다는 것. 다만, 동일한 수혜자에 대하여 제작자가 자국민인 체약국이 선언을 행한 국가와 같은 보호를 부여하지 아니한다는 사실은 보호의 범위에 있어서의 차이로 간주되지 아니한다.

나. 제13조에 관하여, 같은 조 라호를 적용하지 아니한다는 것. 체약국이 이러한 선언을 하는 경우에, 다른 체약국은 주사무소가 그 체약국 내에 있는 방송사업자에게 제13조라호에서 언급하고 있는 권리를 부여할 의무를 지지 아니한다.

2. 제1항에서 언급하고 있는 통고가 비준, 수락 또는 가입서의 기탁일 이후에 이루어진 경우에, 이러한 선언은 기탁 후 6개월 후에 효력을 발생한다.

제17조

1961년 10월 26일에 오로지 고정의 기준에 근거하여 음반제작자에 대하여 보호를 부여하고 있는 국가는 비준, 수락 또는

가입시에 국제연합 사무총장에게 통고를 기탁함으로써, 제5조의 목적상 고정의 기준만을, 그리고 제16조제1항가호(3)목과 (4)목의 목적상 국적의 기준 대신에 고정의 기준을 적용한다고 선언할 수 있다.

제18조

제5조제3항, 제6조제2항, 제16조 또는 제17조의 규정에 따라 통고를 기탁한 국가는 국제연합 사무총장에게 새로운 통고를 기탁함으로써 그 범위를 축소하거나 이를 철회할 수 있다.

제19조

이 협약에도 불구하고, 제7조의 규정은 실연자가 그의 실연을 시각이나 시청각고정물에 싣는 것을 동의한 경우에는 더 이상 적용되지 아니한다.

제20조

1. 이 협약은 그 효력 발생일 전에 체약국이 획득한 권리를 해하지 아니한다.

2. 체약국은 이 협약의 효력 발생일 전에 행하여진 실연이나 방송 또는 고정된 음반에 관하여 이 협약의 규정을 적용하도

실연자, 음반제작자 및 방송사업자의 보호를 위한 국제협약(INTERNATIONAL CONVENTION FOR THE PROTECTION OF PERFORMERS, PRODUCERS OF PHONOGRAMS AND BROADCASTING ORGANISATIONS)[발효일 1962. 05. 18] [다자조약, 제1941호, 2009. 03. 18]

록 구속되지 아니한다.

제21조

이 협약에서 규정하는 보호는 실연자, 음반제작자 및 방송사업자에 대하여 달리 보장된 보호를 해하지 아니한다.

제22조

체약국은 체약국 간의 특별 협정으로 실연자, 음반제작자 또는 방송사업자에게 이 협약에 의하여 부여되는 권리보다 광범위한 권리를 부여하거나 이 협약에 저촉되지 아니하는 다른 규정을 둘 권리를 유보한다.

제23조

이 협약은 국제연합 사무총장에게 기탁한다. 이 협약은 1962년 6월 30일까지 세계저작권협약의 당사국 또는 문학·예술 저작물의 보호를 위한 국제동맹의 회원국이며 실연자, 음반제작자 및 방송사업자의 국제적 보호에 관한 외교회의에 초청받은 모든 국가에 대하여 서명을 위하여 개방된다.

제24조

1. 이 협약은 서명국에 의하여

비준이나 수락을 받아야 한다.

2. 이 협약은 제23조에서 언급한 회의에 초청받은 국가 및 국제연합 회원국의 가입을 위하여 개방된다. 다만, 그러한 국가는 어느 경우에도 세계저작권협약의 당사국 또는 문학·예술 저작물의 보호를 위한 국제동맹의 회원국이어야 한다.

3. 비준, 수락 또는 가입은 국제연합 사무총장에게 이러한 목적을 위하여 문서를 기탁함으로써 효력이 발생한다.

제25조

1. 이 협약은 여섯 번째의 비준, 수락 또는 가입서의 기탁일부터 3개월 후에 발효한다.

2. 그 후에, 이 협약은 각국에 대하여 비준, 수락 또는 가입문서의 기탁일부터 3개월 후에 발효한다.

제26조

1. 각 체약국은 자국의 헌법에 따라 이 협약의 적용을 확보하기 위하여 필요한 조치를 취한다.

2. 비준, 수락 또는 가입서의 기탁시에 각국은 자국의 국내법에 따라 이 협약의 규정을 실시할

수 있는 상태이어야 한다.

제27조

1. 국가는 비준, 수락 또는 가입시 또는 그 후에 언제든지, 국제연합 사무총장에 대한 통고에 의하여 이 협약이 외교 관계에 대하여 자국이 책임지는 영역의 전부나 일부에 확대 적용된다고 선언할 수 있다. 다만, 세계저작권협약이나 문학·예술 저작물의 보호를 위한 국제협약이 그 영역이나 관련 영역에 대하여 적용되는 경우에 한한다. 이러한 통고는 수령일부터 3개월 후에 효력을 발생한다.

2. 제5조제3항, 제6조제2항, 제16조제1항, 제17조 및 제18조에서 언급한 통고는 본 조 제1항에서 언급한 영역의 전부나 일부를 포함하도록 확대 적용될 수 있다.

제28조

1. 체약국은 자국을 위하여 또는 제27조에서 언급한 영역의 전부나 일부를 위하여 이 협약을 폐기할 수 있다.

2. 폐기는 국제연합 사무총장에 대한 통고에 의하여 효력이 발생하며, 이러한 폐기는 통고의

수령일부터 12개월 후에 발효한다.

3. 체약국은 그 국가에 대한 이 협약의 효력 발생일부터 5년의 기간이 만료하기 전에는 폐기권을 행사할 수 없다.

4. 체약국은 세계저작권협약의 당사국 또는 문학·예술 저작물의 보호를 위한 국제동맹의 회원국이 아닌 때부터 이 협약의 당사국 지위를 상실한다.

5. 제27조에서 언급한 영역에 대하여 세계저작권협약과 문학·예술 저작물의 보호를 위한 국제협약이 적용되지 아니하는 때부터 이 협약은 적용되지 아니한다.

제29조

1. 이 협약이 5년간 효력을 발생한 후, 체약국은 국제연합 사무총장에 대한 통고에 의하여 이 협약의 개정을 위한 회의를 소집하도록 요청할 수 있다. 사무총장은 이 요청을 모든 체약국에게 통고한다. 국제연합 사무총장의 통고일부터 6개월의 기간 내에 체약국의 2분의 1 이상이 이러한 요청에 찬성한다고 사무총장에게 통고한 경우에, 사무총장은 이를 국제노동기구

실연자, 음반제작자 및 방송사업자의 보호를 위한 국제협약(INTERNATIONAL CONVENTION FOR THE PROTECTION OF PERFORMERS, PRODUCERS OF PHONOGRAMS AND BROADCASTING ORGANISATIONS)[발효일 1962. 05. 18] [다자조약, 제1941호, 2009. 03. 18]

사무총장, 국제연합 교육과학문화기구 사무총장과 문학·예술 저작물의 보호를 위한 국제동맹 사무총장에게 통보하여 이들 사무총장들은 제32조에서 규정된 정부간 위원회와 협의하여 개정 회의를 개최한다.

2. 이 협약의 개정을 채택하기 위해서는 개정 회의 당시에 이 협약 당사국의 3분의 2를 포함하여 개정 회의에 출석한 국가의 3분의 2의 찬성투표를 필요로 한다.

3. 이 협약의 전부나 일부를 개정하는 협약이 채택된 경우, 그 개정 협약이 별도로 규정하지 아니하는 한,

가. 이 협약은 그 개정 협약의 발효일부터 비준, 수락 또는 가입을 위하여 개방되지 아니한다.

나. 개정 협약의 당사국이 되지 아니한 체약국들 사이에 또는 그들과의 관계에 있어서 이 협약은 효력을 유지한다.

제30조

이 협약의 해석이나 적용에 관하여 둘 또는 그 이상의 체약국 사이에 발생하여 협의로 해결할 수 없는 분쟁은 그들이 다른 해결방법에 대하여 동의하지 아니하는 한, 그 중 어느 한 분쟁당사국의 요청으로 국제사법재판소에 회부하여 결정하도록 한다.

제31조

제5조제3항, 제6조제2항, 제16조제1항 및 제17조의 규정을 해하지 아니하는 범위 내에서, 이 협약에 대한 유보는 허용되지 아니한다.

제32조

1. 이 협약에 의하여 다음의 임무를 갖는 정부간 위원회를 설치한다.

가. 이 협약의 적용과 운영에 관한 문제를 연구하는 것

나. 이 협약의 장래의 개정을 위한 제안을 수집하고 자료를 준비하는 것

2. 위원회는 공평한 지리적 분배를 고려하여 선출되는 체약국의 대표자로 구성된다. 위원의 수는 체약국이 12개국 이하인 때에는 6명, 13개국 이상 18개국 이하인 때에는 9명, 18개국을 초과하는 때에는 12명으로 한다.

3. 위원회는 이 협약의 효력이 발생한 때부터 12개월 후에, 모든 체약국의 다수결에 의하여 미리 승인된 규칙에 따라, 각 1표를 가지는 체약국들 사이에 선출된 위원들과 국제노동기구 사무총장, 국제연합 교육과학문화기구 사무총장 및 문학·예술 저작물의 보호를 위한 국제동맹의 사무총장으로 구성된다.

4. 위원회는 의장과 임원을 선출한다. 위원회는 자체의 절차규칙을 형성한다. 이 규칙은 특히 위원회의 장래의 운영과, 여러 체약국 간에 향후 교대를 보장할 수 있도록 그 위원을 선출하는 방법을 정한다.

5. 위원회의 사무국은 국제노동기구, 국제연합 교육과학문화기구와 문학·예술 저작물의 보호를 위한 국제동맹 사무국의 직원 중 위 사무총장들이 지명한 직원으로 구성한다.

6. 위원회의 회의는 위원의 다수결로 필요한 경우에 소집하고, 국제노동기구, 국제연합 교육과학문화기구와 문학·예술 저작물의 보호를 위한 국제동맹 사무국의 본부에서 순차적으로 개최한다.

7. 위원회 위원의 경비는 각 위원의 정부가 부담한다.

제33조

1. 이 협약은 동등하게 정본인 영어, 프랑스어 및 스페인어로 작성되었다.

2. 또한, 이 협약의 공식문은 독일어, 이탈리아어 및 포르투갈어로 작성된다.

제34조

1. 국제연합 사무총장은 국제노동기구 사무총장, 국제연합 교육과학문화기구 사무총장 및 문학·예술 저작물의 보호를 위한 국제동맹 사무총장뿐만 아니라 제23조의 회의에 초청받은 국가와 국제연합의 모든 회원국에게 다음의 사항을 통고한다.

가. 비준, 수락 또는 가입서의 기탁

나. 이 협약의 발효일

다. 이 협약에서 규정한 모든 통고, 선언 또는 통보

라. 제28조제4항과 제5항에서 언급한 상황의 발생 여부

2. 국제연합 사무총장은 또한 제29조에 따라 그가 이 협약의 개정에 관하여 체약국으로부터 수령한 통보를 포함한 모든 요청을 국제노동기구 사무총장, 국제연합 교육과학문화기구 사

실연자, 음반제작자 및 방송사업자의 보호를 위한 국제협약(INTERNATIONAL CONVENTION FOR THE PROTECTION OF PERFORMERS, PRODUCERS OF PHONOGRAMS AND BROADCASTING ORGANISATIONS)[발효일 1962. 05. 18] [다자조약, 제1941호, 2009. 03. 18]			
무총장 및 문학·예술 저작물의 보호를 위한 국제동맹 사무총장에게 통고한다. 이상의 증거로, 아래 서명자는 정당한 권한을 위임받아 이 협약에 서명하였다. 1961년 10월 26일에, 로마에서 영어, 프랑스어 및 스페인어로 단일본을 작성하였다. 국제연합 사무총장은 국제노동기구 사무총장, 국제연합 교육과학문화기구 사무총장 및 문학·예술 저작물의 보호를 위한 국제동맹 사무총장뿐만 아니라 제23조의 회의에 초청받은 국가와 국제연합의 모든 회원국에게 인증 등본을 송부한다.			

세계지적재산권기구 저작권 조약(WIPO Copyright Treaty)[발효일 2002. 03. 16] [다자조약, 제1676호, 2004. 06. 15]

제1조 베른협약과의 관계

1. 이 조약은 "문학·예술적저작물의보호를위한베른협약"의 동맹국인 체약당사자에 대하여 동 협약 제20조에 따른 특별 협정이 된다. 이 조약은 베른협약 외의 조약과 관계가 없으며 다른 조약의 권리·의무에 영향을 미치지 아니한다.

2. 이 조약의 규정은 "문학·예술적저작물의보호를위한베른협약"에 따라 체약 당사자가 서로 부담하는 기존의 의무를 저해하지 아니한다.

3. "베른협약"이라 함은 "문학·예술적저작물의보호를위한베른협약의 1971년7월24일파리의정서"를 말한다.

4. 체약 당사자는 베른협약 제1조내지 제21조및 부속서를 준수하여야 한다.

제2조 저작권 보호

범위저작권의 보호는 표현에 대한 보호를 포함하지만 사상·절차·운용 방법 또는 수학적 개념 그 자체는 포함하지 아니한다.

제3조 베른협약

제2조내지 제6조의 적용체약당사자는 이 조약에 규정된 보호에 관하여 베른 협약 제2조내지 제6조의 규정을 준용한다.

제4조 컴퓨터프로그램

컴퓨터프로그램은 베른협약 제2조에 규정된 문학적 저작물로서 보호된다. 이러한 보호는 컴퓨터프로그램의 표현 방식 또는 형태와 관계없이 적용된다.

제5조 데이터의 편집물 (데이터베이스)

내용 선택 또는 배열로 인하여 지적 창작물의 성격을 갖는 데이터 또는 다른 소재의 편집물은 형태와 관계없이 그 자체로서 보호된다. 이러한 보호는 당해 데이터 또는 소재 그 자체에는 적용되지 아니하며 편집물에 수록된 데이터 또는 소재에 대한 저작권에 영향을 미치지 아니한다.

제6조 배포권

1. 문학·예술적 저작물의 저작자는 판매 또는 그 밖의 소유권 이전을 통하여 저작물의 원본이나 복제물을 공중이 이용할 수 있도록 허가할 배타적 권리를 향유한다.

2. 이 조약의 규정은 체약당사자가 저작자의 허가를 받아 이루어진 저작물 또는 복제물의 최초 판매 또는 그 밖의 소유권 이전 후 제1항의 권리가 소진되는 적용 조건을 결정할 자유에 영향을 미치지 아니한다.

제7조 대여권

1. 다음과 같은 저작물의 저작자는 저작물 또는 복제물의 공중에 대한 상업적 대여를 허가할 배타적 권리를 향유한다.

    가. 컴퓨터프로그램

    나. 영상저작물다. 체약 당사자의 국내법에 따라 음반에 수록된 저작물

2. 제1항의 규정은 다음과 같은 경우 적용되지 아니한다.

    가. 프로그램 자체가 대여의 본질적 대상이 아닌 컴퓨터프로그램

    나. 상업적 대여로 저작물의 광범위한 복제가 이루어져 배타적 복제권이 실질적으로 침해된 경우를 제외한 영상저작물

3. 제1항의 규정에도 불구하고 1994년 4월 25일 음반에 수록된 저작물의 대여와 관련하여 저작자에 대한 긍정한 보상 제도가 존재하였고 그 이후 이러한 제도를 계속 시행중인 체약당사자는 음반에 수록된 저작물의 상업적 대여가 저작자의 배타적 복제권을 실질적으로 침해하지 아니한다는 조건으로 이 제도를 계속 유지할 수 있다. 제8조 공중 전달권

베른협약 제11조제1항(ii)호, 제11조의2제1항(i)호 및 (ii)호, 제11조의3 제1항(ii)호, 제14조제1항(ii)호 그리고 제14조의2제1항의 규정에 영향을 미치지 아니하고 문학·예술적 저작물의 저작자는, 공중의 구성원이 개별적으로 선택한 장소와 시간에 이러한 저작물에 접근할 수 있게 저작물을 공중에 전달하는 것을 포함하여, 유선 또는 무선의 수단에 의하여 자신의 저작물을 공중에 전달할 수 있도록 허가할 배타적 권리를 향유한다. 제9조 사진저작물의 보호기간체약당사자는 사진저작물에 관하여 베른협약 제7조제4항의 규정을 적용하지 아니한다.

제10조 제한과 예외

1. 체약당사자는 저작물의 통상적 이용과 상충하지 아니하고 저작자의 정당한 이익에 불합리한 영향을 주지 않는 일부 특별

세계지적재산권기구 저작권 조약(WIPO Copyright Treaty)[발효일 2002. 03. 16] [다자조약, 제1676호, 2004. 06. 15]

한 경우 이 조약이 문학·예술적 저작물의 저작자에게 부여한 권리에 대한 제한 또는 예외를 국내법으로 규정할 수 있다.

2. 체약당사자는 베른협약 적용시 동 협약에 규정된 권리에 대한 제한 또는 예외를 저작물의 통상적 이용과 상충하지 아니하고 저작자의 정당한 이익에 불합리한 영향을 주지 않는 일부 특별한 경우로 한정하여야 한다.

제11조 기술 조치에 관한 의무

기술 조치에 관한 의무체약당사자는 이 조약 또는 베른협약상의 권리 행사를 위하여 저작자가 이용하고 관련 저작자 또는 법에 의한 허가 없이 이루어지는 저작물 관련 행위를 제한하는 유효 기술 조치를 회피하는 행위에 대한 충분한 법적 보호와 효과적인 법적 구제에 대하여 규정하여야 한다.

제12조 권리관리정보에 관한 의무

1. 체약당사자는 이 조약 또는 베른 협약상의 권리의 침해를 유도·방조·조장 또는 은닉할 것이라는 사실을 알면서 또는 민사 구제와 관련하여 이러한

사실을 알았을 합리적 근거가 있음에도 다음과 같은 행위를 한 자에 대한 충분하고 효과적인 법적 조치에 대하여 규정하여야 한다.

가. 전자적 권리관리정보를 권한 없이 제거·변경하는 행위

나. 전자적 권리관리정보가 권한 없이 제거·변경된 것을 알면서 저작물 또는 복제물을 권한 없이 배포하거나 배포하기 위하여 수입하거나 방송 또는 공중에 전달하는 행위

2. 이 조에서 사용된 바와 같이 "권리관리정보"라 함은 저작물·저작물의 저작자·저작물에 대한 권리 소유자를 식별하는 정보 또는 저작물의 이용 조건에 관한 정보 및 이러한 정보를 나타내는 숫자나 부호로서 이러한 정보의 한 항목이라도 저작물의 복제물에 부착되거나 저작물의 공중 전달과 관련하여 나타나는 경우를 말한다.

제13조 시간적 적용

체약 당사자는 이 조약이 규정한 모든 보호에 대하여 베른협약 제18조의 규정을 적용하여야 한다.

제14조 권리 시행에 관한 규정

1. 체약당사자는 자국의 법령체계에 따라 이 조약의 적용을 보장하기 위하여 필요한 조치를 취할 것을 약속한다.

2. 체약당사자는 침해를 예방하기 위한 신속한 구제와 추가 침해를 억제하기 위한 구제를 포함하여 이 조약상의 모든 권리의 침해행위에 대한 효과적 대처를 가능하게 하는 시행절차를 자국의 법으로 보장하여야 한다.

제15조 총회

1. 가. 체약당사자는 총회를 구성한다.

나. 각 체약당사자는 1인의 대표가 대표하고, 대표는 교체대표·자문 및 전문가의 보좌를 받을 수 있다.

다. 각 대표단의 경비는 그 대표단을 임명한 체약당사자가 부담한다. 총회는 세계지적재산권기구(이하 "기구"라 한다)에 대하여 국제연합 총회의 확립된 관행에 따라 개발도상국으로 보는 체약당사자 또는 시장경제로 전환중인 국가인 체약당사자 대표단의 참여를 촉진하기 위한 재정적 후원을 요청할 수 있다.

2. 가. 총회는 이 조약의 유지·발전과 이 조약의 적용·운영에 관한 모든 사항을 다룬다.

나. 총회는 특정 정부간기구의 이 조약 당사자로서의 수락에 관하여 제17조제2항에 의하여 총회에 부여된 기능을 행사한다.

다. 총회는 이 조약의 개정을 위한 외교회의의 소집을 결정하고 외교회의 준비를 위하여 기구 사무총장에게 필요한 지침을 준다.

3. 가. 국가인 체약당사자는 각 1표의 투표권을 가지며 자국의 명의로만 투표한다.

나. 정부간기구인 체약당사자는 그 회원국을 대신하여 이 조약의 당사국인 회원국의 수만큼 투표권을 행사할 수 있다. 이러한 정부간 기구는 그 회원국이 투표권을 행사하는 경우 투표에 참여할 수 없고, 그 반대의 경우에도 마찬가지이다.

4. 총회는 2년에 1회 기구 사무총장이 소집하는 정기회기에 회합한다.

5. 총회는 임시회기 소집·정족수 요건 및 이 조약 규정에 따른 각종 결정에 있어서의 다수결 요건 등에 관한 자체 절차

세계지적재산권기구 저작권 조약(WIPO Copyright Treaty)[발효일 2002. 03. 16] [다자조약, 제1676호, 2004. 06. 15]

규칙을 채택한다.

제16조 국제사무국기구

국제사무국은 이 조약과 관련된 행정 업무를 수행한다.

제17조 조약의 당사자 자격

1. 기구 회원국은 이 조약의 당사자가 될 수 있다.
2. 총회는 이 조약 내용을 다룰 능력과 이에 관하여 그 회원국을 구속하는 입법이 있고 그 내부 절차에 따라 이 조약의 당사자가 되도록 정당하게 권한을 위임받았음을 선언하는 정부간기구의 조약 당사자로서의 수락 여부를 결정할 수 있다.
3. 유럽공동체는 이 조약이 채택된 외교회의에서 전항의 규정에 따라 선언하였으므로 이 조약의 당사자가 될 수 있다.

제18조 조약상의 권리와 의무

이 조약의 세부 조항에 달리 규정된 경우를 제외하고 각 체약당사자는 이 조약상의 모든 권리를 향유하고 모든 의무를 부담한다.

제19조 조약 서명

이 조약은 1997년 12월 31일까지 서명을 위하여 모든 기구 회원국과 유럽공동체에 개방된다.

제20조 조약의 효력 발생

이 조약은 30개국의 비준서 또는 가입서가 기구 사무총장에게 기탁된 때부터 3월 후 효력을 발생한다.

제21조 조약 당사자에 대한 효력 발생일

이 조약은 다음과 같은 날부터 체약당사자를 기속한다.

가. 제20조에 언급된 30개국은 이 조약의 효력 발생일

나. 다른 국가는 그 국가가 기구 사무총장에게 가입 문서를 기탁한 날부터 3월이 경과한 때

다. 유럽공동체는 제20조에 따른 조약의 효력 발생 후 비준서 또는 가입서를 기탁한 경우 그 비준서 또는 가입서의 기탁 후 3월이 경과한 때, 가입문서가 조약의 효력 발생 전에 기탁된 경우 조약의 효력 발생일부터 3월이 경과한 때

라. 이 조약에 당사자로서의 가입이 허락된 다른 정부간기구는 가입서 기탁 후 3월이 경과

한 때

제22조 조약에 대한 유보 불가

이 조약에 대한 유보는 인정되지 아니한다.

제23조 조약의 폐기

모든 체약당사자는 기구 사무총장에 대한 통고로써 이 조약을 폐기할 수 있다. 이러한 폐기는 기구 사무총장이 통고를 접수한 날부터 1년이 경과한 때 효력을 발생한다.

제24조 조약의 언어

1. 이 조약은 동등히 정본인 영어·아랍어·중국어·프랑스어·러시아어·스페인어로 작성된 단일 원본에 서명된다.
2. 기구 사무총장은 이해관계자의 요청에 따라 모든 이해관계자와의 협의 후 제1항 외의 언어로 작성된 공식문서를 확정한다. 이 항에서 "이해관계자"라 함은 자국의 공용어 또는 다수의 공용어 중 하나가 관련된 기구 회원국·유럽공동체·그 공용어 중 하나가 관련되고 이 조약의 당사자가 될 수 있는 다른 정부간기구를 말한다. 제25조

기탁기구

사무총장은 이 조약의 수탁자이다.

세계지적재산기구 실연 및 음반 조약(1996년)(WIPO Performances and Phonograms Treaty, 1996)
[발효일 2002. 05. 20] [다자조약, 제1940호, 2009. 03. 18]

제1장 총 칙

제1조 다른 협약과의 관계

1. 이 조약의 어떤 규정도 1961년 10월 26일 로마에서 체결된 「실연자, 음반제작자 및 방송사업자의 보호를 위한 국제협약」(이하 「로마협약」이라 한다)에 의하여 체약당사자 상호간에 부담하는 기존의 의무를 저해하지 아니한다.

2. 이 조약상의 보호는 그대로 유지되며, 어떠한 경우에도 문학·예술 저작물에 대한 저작권 보호에 영향을 미치지 아니한다. 따라서 이 조약상의 어떠한 규정도 이러한 보호를 해하는 것으로 해석되지 아니한다.

3. 이 조약은 다른 조약과는 아무런 관련성을 가지지 않으며, 다른 조약상의 권리와 의무를 해하지 아니한다.

제2조 정의

이 조약의 목적상,

가. "실연자"란 배우·가수·연주자·무용가와 그 밖의 문학 또는 예술저작물 또는 민속물의 표현을 연기·가창·전달·표현·연주·해석 또는 달리 실연하는 자를 말한다.

나. "음반"이란 영화 또는 그 밖의 영상저작물에 수록된 고정물의 형태 이외의 실연의 소리, 그 밖의 소리 또는 소리의 표현물의 고정물을 말한다.

다. "고정"이란 소리 또는 소리의 표현물의 체화로서, 장치를 통하여 소리 또는 소리의 표현물이 인지·복제 또는 전달될 수 있는 것을 말한다.

라. "음반제작자"란 실연의 소리, 그 밖의 소리 또는 소리의 표현물을 최초로 고정하는 것을 기획하고 이를 책임지는 자연인 또는 법인을 말한다.

마. 고정된 실연이나 음반의 "발행"이란 고정된 실연 또는 음반의 복제물을 권리자의 동의를 받아 공중에 제공하는 것을 말한다. 다만, 복제물은 합리적인 수량으로 공중에 제공되어야 한다.

바. "방송"이란 공중이 수신하도록 무선 수단에 의하여 소리, 소리와 이미지, 또는 그의 표현을 공중에게 송신하는 것을 말한다. 위성에 의한 송신도 또한 "방송"이다. 암호화된 신호의 송신은 복호화된 수단이 방송기관에 의하여 또는 방송기관의 동의를 받아 공중에게 제공된 경우에 "방송"이다.

사. 실연이나 음반의 "공중전달"이란 방송이외의 매체에 의하여 실연의 소리, 음반에 고정된 소리 또는 소리의 표현물을 공중에게 송신하는 것을 말한다. 제15조의 목적상 "공중전달"은 음반에 고정된 소리 또는 소리의 표현물을 공중이 청취할 수 있도록 제공하는 것을 포함한다.

제3조 조약의 보호 대상

1. 체약당사자는 다른 체약당사자의 국민인 실연자와 음반제작자에게 이 조약이 규정하는 보호를 부여한다.

2. 다른 체약당사자의 국민은 이 조약의 체약당사자가 모두 「로마협약」의 체약국인 경우에 「로마협약」상 보호의 적격기준을 충족하는 실연자와 음반제작자로 이해된다. 체약당사자는 이 적격 기준에 관하여 이 조약 제2조의 관련 정의를 적용한다.

3. 「로마협약」 제5조제3항에 규정된 가능성 또는 같은 협약 제5조의 목적상 같은 협약 제17조의 가능성을 원용하는 체약당사자는 이들 조항에 규정된 바와 같이 세계지적재산기구 사무총장에게 통고한다.

제4조 내국민 대우

1. 각 체약당사자는 이 조약에서 특별히 부여한 배타적 권리 및 이 조약 제15조에서 규정한 공정한 보상에 관하여 자국의 국민에게 부여하는 대우를 제3조제2항에서 규정한 바와 같이 다른 체약국의 국민에게 부여한다.

2. 제1항에서 규정한 의무는 다른 체약당사자가 이 조약 제15조제3항에서 허용한 유보를 이용하는 경우에는 적용되지 아니한다.

제2장 실연자의 권리

제5조 실연자의 인격권

1. 실연의 이용 방법상 생략이 요구되는 경우를 제외하고는, 실연자는 자신의 경제적 권리와 별개로, 그리고 이러한 권리의 이전 후에도, 자신의 청각적 생실연 또는 음반에 고정된 실연에 관하여 자신이 한 실연의 실연자로 인정하여달라는 주장과 자신의 명성을 해할 수 있는 실연의 왜곡, 훼손, 그 밖의 변경

에 대하여 이의를 제기할 권리를 가진다.

2. 제1항에 따라 실연자에게 부여되는 권리는 그의 사망 후, 적어도 그 경제적 권리가 종료할 때까지 존속하고, 보호가 주장되는 체약당사자의 입법에 의하여 권한 있는 사람이나 단체에 의하여 행사될 수 있다. 다만, 이 조약의 비준 또는 가입시에 체약당사자가 자국의 입법으로 이전 항에서 규정한 모든 권리를 실연자의 사망 후에는 보호하지 아니하는 체약국은 이러한 권리 중 일부가 그의 사망 후에는 존속하지 아니한다고 규정할 수 있다.

3. 이 조에서 부여한 권리를 보장하기 위한 구제 수단은 보호가 주장되는 체약당사자의 입법에 따른 지배를 받는다.

제6조 고정되지 아니한 실연에 대한 실연자의 경제적 권리

실연자는 자신의 실연에 관하여 다음을 허락할 배타적인 권리를 향유한다.(1) 실연이 이미 방송된 실연인 경우를 제외하고, 자신의 고정되지 아니한 실연을 방송하거나 공중에 전달하는 것, 그리고 (2) 자신의 고정되지 아니한 실연을 고정하는 것

제7조 복제권

실연자는 그 방법 또는 형태를 불문하고 음반에 고정된 자신의 실연에 대한 직접적 또는 간접적 복제를 허락할 배타적인 권리를 향유한다.

제8조 배포권

1. 실연자는 판매 또는 그 밖의 소유권의 이전을 통하여 음반에 고정된 자신의 실연의 원본이나 복제물을 공중이 이용가능하게 하는 것을 허락할 배타적인 권리를 향유한다.

2. 이 조약의 어떠한 규정도 체약당사자가 고정된 실연의 원본이나 복제물이 실연자의 허락 하에 최초 판매되거나 또는 그 밖의 소유권이 이전된 후에 제1항의 권리가 소진되는 적용 조건을 결정할 자유에 영향을 미치지 아니한다.

제9조 대여권

1. 실연자는 음반에 고정된 자신의 실연의 원본이나 복제물이 자신의 허락에 의하여, 또는 자신의 허락에 따라 배포된 후에도, 체약당사자의 국내법이 정하는 바대로 이를 공중에 상업적으로 대여하는 것을 허락할 배타적인 권리를 향유한다.

2. 제1항에도 불구하고, 1994년 4월 15일 당시에 음반에 고정된 실연의 복제물의 대여와 관련하여 실연자에 대한 공정한 보상제도가 존재하였고, 그 이후 이러한 제도를 계속 시행중인 체약당사자는 음반의 상업적 대여가 실연자의 배타적 복제권을 실질적으로 침해하지 아니한다는 조건으로 이 제도를 계속 유지할 수 있다.

제10조 고정된 실연을 이용가능하게 할 권리

실연자는 공중의 구성원이 개별적으로 선택한 장소와 시간에 음반에 고정된 실연에 접근할 수 있는 방법으로, 유선 또는 무선의 수단에 의하여 음반에 고정된 실연을 공중이 이용가능하게 하는 것을 허락할 배타적인 권리를 향유한다.

제3장 음반제작자의 권리

제11조 복제권

음반제작자는 그 방법 또는 형태를 불문하고 음반의 직접적 또는 간접적 복제를 허락할 배타적인 권리를 향유한다.

제12조 배포권

1. 음반제작자는 판매 또는 그 밖의 소유권의 이전을 통하여 자신의 음반의 원본이나 복제물을 공중이 이용가능하게 하는 것을 허락할 배타적인 권리를 향유한다.

2. 이 조약의 어떠한 규정도 체약당사자가 음반 제작자의 허락을 받아 이루어진 음반의 원본이나 복제물이 최초로 판매되거나 또는 그 밖의 소유권이 이전된 후에 제1항의 권리가 소진되는 적용 조건을 결정할 자유에 영향을 미치지 아니한다.

제13조 대여권

1. 음반제작자는 음반의 원본이나 복제물이 자신의 허락에 의하여 또는 자신의 허락에 따라 배포된 후에도 체약당사자의 국내법이 정한 바대로 이를 공중에 상업적으로 대여하는 것을 허락할 배타적인 권리를 향유한다.

2. 제1항에도 불구하고, 1994년 4월 15일 당시에 음반의 복제물의 대여와 관련하여 음반 제작

세계지적재산기구 실연 및 음반 조약(1996년)(WIPO Performances and Phonograms Treaty, 1996)
[발효일 2002. 05. 20] [다자조약, 제1940호, 2009. 03. 18]

자에 대한 공정한 보상 제도가 존재하였고, 그 이후 이러한 제도를 계속 시행중인 체약당사자는 음반의 상업적 대여가 음반제작자의 배타적 복제권을 실질적으로 침해하지 아니한다는 조건으로 이 제도를 계속 유지할 수 있다.

제14조 음반을 이용가능하게 할 권리

음반제작자는 공중의 구성원이 개별적으로 선택한 장소와 시간에 음반에 접근할 수 있는 방법으로, 유선 또는 무선의 수단에 의하여 음반을 공중이 이용가능하게 하는 것을 허락할 배타적인 권리를 향유한다.

제4장 공통 규정

제15조 방송과 공중전달에 대한 보상청구권

1. 실연자와 음반제작자는 상업적인 목적으로 발행된 음반이 방송이나 공중에 대한 전달을 위하여 직접적 또는 간접적으로 이용되는 경우에 공정한 단일 보상에 대한 권리를 향유한다.

2. 체약당사자는 실연자나 음반제작자 또는 양자가 이용자에게 공정한 단일 보상을 청구하도록 국내입법으로 정할 수 있다. 체약당사자는 실연자와 음반제작자 사이에 합의가 없는 경우에 실연자와 음반제작자가 공정한 단일 보상금을 분배하는 조건을 정하는 국내입법을 제정할 수 있다.

3. 체약당사자는 세계지적재산권기구 사무총장에게 통고를 기탁함으로써 제1항의 규정을 특정한 이용에 대해서만 적용하거나, 다른 방법으로 그 적용을 제한하거나 또는 동 규정을 적용하지 아니한다는 선언을 할 수 있다.

4. 이 조의 목적상, 공중의 구성원이 개별적으로 선택한 장소와 시간에 접근할 수 있는 방법으로 유선이나 무선 수단에 의하여 공중이 이용가능하게 된 음반은 상업적인 목적으로 발행된 것으로 간주한다.

제16조 제한과 예외

1. 체약당사자는 실연자와 음반제작자의 보호에 관하여, 문학·예술 저작물에 대한 저작권 보호와 관련하여 국내법에서 규정한 바와 같은 종류의 제한이나 예외를 국내법으로 규정할 수 있다.

2. 체약당사자는 이 조약에서 규정한 권리에 대한 제한 예외를 실연이나 음반의 통상적 이용과 상충하지 아니하고 실연자나 음반 제작자의 정당한 이익에 불합리한 영향을 주지 아니하는 일부 특별한 경우로 한정한다.

제17조 보호기간

1. 이 조약에 따라 실연자에게 부여되는 보호기간은 실연이 음반으로 고정된 연도의 말부터 기산하여 적어도 50년의 기간이 종료하는 때까지 존속한다.

2. 이 조약에 따라 음반제작자에게 부여되는 보호기간은 음반이 발행된 연도의 말부터 기산하여 적어도 50년의 기간이 종료할 때까지, 또는 그 음반의 고정으로부터 50년 내에 발행이 행하여지지 아니하였을 경우에는 그 고정이 이루어진 연도의 말부터 50년의 기간이 종료하는 때까지 존속한다.

제18조 기술 조치에 관한 의무

체약당사자는 실연자 또는 음반제작자가 이 조약상의 권리 행사와 관련하여 사용하고, 그의 실연 및 음반과 관련하여 실연자 또는 음반제작자에게 허락받지 아니하거나 법에서 허용하지 아니하는 행위를 제한하는 효과적인 기술 조치의 우회에 대하여 충분한 법적 보호와 효과적인 법적 구제를 제공한다.

제19조 권리관리정보에 관한 의무

1. 체약당사자는 다음의 행위가 이 조약상의 권리의 침해를 유인·가능·용이 또는 은폐할 것을 알면서, 또는 민사구제에 대하여는 이를 알만한 합리적인 근거가 있음에도 이를 고의로 행하는 자에 대하여 충분하고 효과적인 법적 구제를 제공한다.

(1) 전자적인 권리관리정보를 권한 없이 제거하거나 변경하는 것

(2) 전자적인 권리관리정보가 권한 없이 제거되었거나 변경되었다는 것을 알면서 실연, 고정된 실연의 복제물 또는 음반을 권한 없이 배포, 배포를 위하여 수입, 방송하거나 공중이 이용가능하게 하는 것

2. 이 조의 목적상, "권리관리정보"란 실연자, 실연자의 실연, 음반제작자, 음반, 실연이나 음반의 권리자를 식별하는 정보

세계지적재산기구 실연 및 음반 조약(1996년)(WIPO Performances and Phonograms Treaty, 1996)
[발효일 2002. 05. 20] [다자조약, 제1940호, 2009. 03. 18]

또는 실연이나 음반의 이용 조건에 관한 정보 및 그러한 정보를 나타내는 어떠한 숫자나 부호로서, 이들 정보의 어느 항목이 고정된 실연의 복제물이나 음반에 부착되거나, 고정된 실연·음반의 공중전달 또는 공중에게 이용가능하게 하는 것과 관련하여 나타나는 것을 말한다.

제20조 형식
이 조약에서 규정한 권리의 향유와 행사는 어떠한 형식에 따를 것을 조건으로 하지 아니한다.

제21조 유보
제15조 제3항의 규정에 따를 것을 조건으로, 이 조약에 대한 유보는 허용되지 아니한다.

제22조 시간적 적용
1. 체약당사자는 이 조약에서 규정한 실연자와 음반제작자의 권리에 대하여 「베른협약」 제18조의 규정을 준용한다.
2. 제1항에도 불구하고, 체약당사자는 이 조약의 발효 후에 자국에 대하여 행하여지는 실연에 이 조약 제5조의 적용을 한정할

수 있다.

제23조 권리 집행에 관한 규정
1. 체약당사자는 자국의 법령체계에 따라 이 조약의 적용을 보장하기 위하여 필요한 조치를 취할 것을 약속한다.
2. 체약당사자는 침해를 예방하기 위한 신속한 구제와 추가 침해를 억제하기 위한 구제를 포함하여 이 조약상의 모든 권리의 침해행위에 대한 효과적인 대처를 가능하게 하는 집행절차를 자국의 법으로 보장한다.

제5장 행정 및 종결 조항

제24조 총회
1. 가. 체약당사자는 총회를 구성한다.
나. 각 체약당사자는 1명의 대표가 대표하고, 그 대표는 교체대표·자문 및 전문가의 보좌를 받을 수 있다.
다. 각 대표단의 경비는 그 대표단을 임명한 체약당사자가 부담한다. 총회는 세계지적재산기구에 대하여 국제연합 총회의 확립된 관행에 따라 개발도상국으로 보는 체약당사자 또는 시장 경제로 전환중인 국가인 체

약당사자 대표단의 참여를 촉진하기 위한 재정적 후원을 요청할 수 있다.
2. 가. 총회는 이 조약의 유지·발전과 이 조약의 적용·운영에 관한 사항을 다룬다.
나. 총회는 특정 정부간 기구의 이 조약 당사자로서의 수락에 관하여 제26조제2항에 의하여 총회에 부여된 기능을 행사한다.
다. 총회는 이 조약의 개정을 위한 외교회의의 소집을 결정하고, 이러한 외교회의의 준비에 관하여 세계지적재산기구 사무총장에게 필요한 지침을 준다.
3. 가. 국가인 체약당사자는 각 1표의 투표권을 가지며 자국의 명의로만 투표한다.
나. 정부간 기구인 체약당사자는 그 회원국을 대신하여 이 조약의 당사국인 회원국의 수만큼 투표권을 행사할 수 있다. 이러한 정부간 기구는 그 회원국이 투표권을 행사하는 경우 투표에 참여할 수 없고, 그 반대의 경우에도 마찬가지이다.
4. 총회는 2년에 1회 세계지적재산기구 사무총장이 소집하는 정기회의에 회합한다.
5. 총회는 임시회기 소집·정족

수 요건 및 이 조약 규정에 따른 각종 결정에 있어서의 다수결 요건 등에 관한 자체 절차 규칙을 채택한다.

제25조 국제사무국
세계지적재산기구 국제사무국은 이 조약과 관련된 행정 업무를 수행한다.

제26조 조약 당사자 적격
1. 세계지적재산기구의 회원국은 이 조약의 당사자가 될 수 있다.
2. 총회는 이 조약 내용을 다룰 권한과 이에 관하여 그 회원국을 구속하는 입법이 있고 그 내부 절차에 따라 이 조약의 당사자가 되도록 정당하게 권한을 위임받았음을 선언하는 정부간 기구의 조약 당사자로서의 수락 여부를 결정할 수 있다.
3. 유럽공동체는 이 조약이 채택된 외교회의에서 이전 항의 규정에 따라 선언함에 따라 이 조약의 당사자가 될 수 있다.

제27조 조약상의 권리와 의무
이 조약에서 달리 특별히 규정된 경우를 제외하고 각 체약당사자는 이 조약상의 모든 권리

세계지적재산기구 실연 및 음반 조약(1996년)(WIPO Performances and Phonograms Treaty, 1996)
[발효일 2002. 05. 20] [다자조약, 제1940호, 2009. 03. 18]

를 향유하고 모든 의무를 부담한다.

제28조 조약에의 서명
이 조약은 1997년 12월 31일까지 서명을 위하여 세계지적재산기구의 회원국과 유럽공동체에 개방된다.

제29조 조약의 발효
이 조약은 30개국의 비준서 또는 가입서가 세계지적재산기구 사무총장에게 기탁된 때부터 3개월 후 효력을 발생한다.

제30조 조약당사자에 대한 효력 발생일
이 조약은 다음과 같은 날부터 당사자를 기속한다.
(1) 제29조에 언급된 30개국은 이 조약의 효력 발생일
(2) 다른 국가는 그 국가가 세계지적재산기구 사무총장에게 가입 문서를 기탁한 날부터 3개월이 경과한 때
(3) 유럽 공동체는 제29조에 따른 조약의 효력 발생 후 비준서 또는 가입서를 기탁한 경우 그 비준서 또는 가입서의 기탁 후 3개월이 경과한 때, 가입문서가 조약의 효력 발생 전에 기탁된

경우 조약의 효력 발생일로부터 3개월이 경과한 때
(4) 이 조약에 당사자로서의 가입이 허락된 다른 정부간 기구는 가입서 기탁 후 3개월이 경과한 때

제31조 조약의 폐기
모든 체약당사자는 세계지적재산기구 사무총장에 대해 통고함으로써 이 조약을 폐기할 수 있다. 이러한 폐기는 세계지적재산기구 사무총장이 통고를 접수한 날부터 1년 후에 효력을 발생한다.

제32조 조약의 언어
1. 이 조약은 동등하게 정본인 영어, 아랍어, 중국어, 프랑스어, 러시아어 및 스페인어로 된 단일의 원본에 의하여 서명되었다.
2. 세계지적재산기구 사무총장은 이해 관계자의 요청에 따라 모든 이해관자와의 협의 후 제1항외의 언어로 작성된 공식문서를 확정한다. 이 항에서 "이해관계자"란 자국의 공식 언어 또는 다수의 공식 언어 중 하나가 관련된 세계지적재산기구 회원국, 유럽공동체, 또는 그 공식

언어 중 하나가 관련되고 이 조약의 당사자가 될 수 있는 다른 정부간 기구를 말한다.

제33조 기탁
세계지적재산기구 사무총장은 이 조약의 수탁자이다.

조문 색인

p.705 - p.752

특허법	실용신안법	디자인보호법	상표법
제1조 【목적】 …… 1	제1조 【목적】 …… 1	제1조 【목적】 …… 1	제1조 【목적】 …… 1
제2조 【정의】 …… 1	제2조 【정의】 …… 1	제2조 【정의】 …… 1	제2조 【정의】 …… 1
제3조 【미성년자등의 행위능력】 … 4	제3조 【「특허법」의 준용】 …… 4	제4조 【미성년자등의 행위능력】 … 4	제5조 【「특허법」의 준용】 … 4
제4조 【법인이 아닌 사단등】 … 5	제3조 【「특허법」의 준용】 …… 5	제4조의2 【법인이 아닌 사단 등】 … 5	제5조 【「특허법」의 준용】 … 5
제5조 【재외자의 특허관리인】 … 6	제3조 【「특허법」의 준용】 …… 6	제4조의3 【재외자의 디자인관리인】 … 6	제5조 【「특허법」의 준용】 … 6
제6조 【대리권의 범위】 …… 6	제3조 【「특허법」의 준용】 …… 6	제4조의4 【대리권의 범위】 …… 6	제5조 【「특허법」의 준용】 … 6
제7조 【대리권의 증명】 …… 7	제3조 【「특허법」의 준용】 …… 7	제4조의5 【대리권의 증명】 …… 7	제5조 【「특허법」의 준용】 … 7
제7조의2 【행위능력 등의 흠에 대한 추인】 …… 7	제3조 【「특허법」의 준용】 …… 7	제4조의6 【행위능력 등의 흠결에 대한 추인】 …… 7	
제8조 【대리권의 불소멸】 …… 7	제3조 【「특허법」의 준용】 …… 7	제4조의7 【대리권의 불소멸】 …… 7	제5조 【「특허법」의 준용】 … 7
제9조 【개별대리】 …… 8	제3조 【「특허법」의 준용】 …… 8	제4조의8 【개별대리】 …… 8	제5조 【「특허법」의 준용】 … 8
제10조 【대리인의 개임등】 …… 8	제3조 【「특허법」의 준용】 …… 8	제4조의9 【대리인의 개임 등】 …… 8	제5조 【「특허법」의 준용】 … 8
제11조 【복수당사자의 대표】 …… 9	제3조 【「특허법」의 준용】 …… 9	제4조의10 【복수당사자의 대표】 …… 9	제5조 【「특허법」의 준용】 … 9
제12조 【「민사소송법」의 준용】 … 10	제3조 【「특허법」의 준용】 …… 10	제4조의11 【「민사소송법」의 준용】 … 10	제5조 【「특허법」의 준용】 … 10
제13조 【재외자의 재판적】 …… 10	제3조 【「특허법」의 준용】 …… 10	제4조의12 【재외자의 재판관할】 … 10	제5조 【「특허법」의 준용】 … 10
제14조 【기간의 계산】 …… 11	제3조 【「특허법」의 준용】 …… 11	제4조의13 【기간의 계산】 …… 11	제5조 【「특허법」의 준용】 … 11
제15조 【기간의 연장등】 …… 12	제3조 【「특허법」의 준용】 …… 12	제4조의14 【기간의 연장 등】 …… 12	제5조 【「특허법」의 준용】 … 12

제2장 특허출원

제6장 특허협력조약에 의한 국제출원

제1절 국제출원절차등

제1관 통칙

산업재산권 4법 대조식과 지적재산권 관련
법, 판례, 조약, 규정, 협약들을 총 수록한

지 적 재 산 권 법 총 람　定價 35,000원

2010年 10月　5日 1판 인쇄
2010年 10月 10日 1판 발행
편　저 : 대한법률편찬연구회
발행인 : 김 현 호
발행처 : 법문 북스
공급처 : 법률미디어

152-050
서울 구로구 구로동 636-62
TEL : 2636-2911∼3, FAX : 2636∼3012
등록 : 1979년 8월 27일 제5-22호
Home : www.bubmun.co.kr

ISBN 978-89-7535-179-2 13360